U0139128

國際關係新論

翁明賢・吳建德・張蜀誠・王海良・朱顯龍
王瑋琦・林文程・李銘義・李樑堅・余元傑
夏立平・馬祥祐・蔡宗哲 ◆ 主編

廖舜右・李明正・李黎明・黃清賢・葉怡君
蔡裕明・羅天人・楊仕樂・梁文興・許克文
戴振良・林信雄・朱家敏・王志鵬 ◆ 著

　　國際社會時而風平浪靜，時而呈現山雨欲來風滿樓之勢；甚至，常出現牽一髮而動全身之緊張情勢。所以，如何在詭譎多變的國際關係中，保障自己國家的利益，便成為一個國家戮力以赴之目標。事實上，這股趨勢已呈現沛然莫之能禦之現象。曾經在十九世紀三度出任英國外相及兩度擔任首相的帕默斯頓爵士（Lord Palmerston, 1784-1865）在國際現勢舞台上，曾留下一句名言：「我們沒有永恆的盟友，我們也沒有永久的敵人：我們的利益才是永恆的、永久的，而我們的責任即是去追求那些利益。」（We have no eternal allies and we have no perpetual enemies. Our interests are eternal and perpetual, and those interests it is our duty to follow.）這句話不僅反映出國際舞台爾虞我詐之現象描寫得淋漓盡致，更對各國外交行為之影響既深且鉅；事實上，在現實主義學派的分析中，迄今仍有許多國家將帕氏名言奉為圭臬而奉行不渝。

　　美國學者杭廷頓（Samuel P. Huntington）曾指出，冷戰結束後，或許世人將面臨更多的傳統戰爭，而亞洲可能是後冷戰（Post-Cold War）時期最有可能爆發區域衝突的地區。一般而言，在後冷戰時期的東亞有幾個能爆發衝突或戰爭地區，大抵有：（一）朝鮮半島；（二）中、印、越邊界；（三）南中國海地區；（四）台海地區；（五）釣魚台地區。就上述可能爆發戰爭之地區而言，中共因主權、領土或利益因素均牽涉其中，而使情形益加複雜。且就台海與南海島礁主權爭端問題而言，中共發展已成為亞洲地區的國際關係發展過程中一個潛在的變數。

　　在國際關係發展過程中，二十世紀發生的兩次世界大戰、國際聯盟演變而成的聯合國；世界上曾簽署的條約，其中提及的理想或現實主義等理論，都是影響人類生活的點點滴滴。現代的國際狀況，我們可以藉由分析國際新聞而逐步摸索；因此，了解國際間發生的事件，能加強己身對國際關係的相關知識。現今世界，在未來幾十年間不會有太劇烈的變動，持續僵持中的情勢，還是會繼續；因為多方歧見，無法迅速達成具體共識。人類總是在不斷蹉跎中，浪費許多寶貴的時機。處理國際關係，需要智慧，而這智慧很難由一個人獨自產生；國際關係詭譎多變，議題層出不窮，要有效地掌握，亦非一人之力所能勝任。

　　職是之故，國際關係是一門複雜的學問，牽涉到許多方面的專有知識，所涵蓋之主要議題，都是人類在歷史中必須面對的難題；有衝突與戰爭，有合作與和平，也有競爭和發展。研習國際關係之目的，在正確地認識國際情勢發展，從國際間所發生之重大事件與發展路徑，了解國際情勢走向。值二十一世紀濫觴之際，東西方國際政治的疆界逐漸淡化，跨地域的經濟互動更顯頻繁，國與國、人與人之間的關係錯綜複雜；並且，其中連環的關係，一兩篇文章不能盡數分析，勢必要群策群力。

　　因此，藉由多位學有專精的學者們分頭研究，再集合討論，始能全盤了解、窺其堂奧。藉由國內外大學院校與智庫的優秀教授群，採取集思廣益、分工合作、互相研討之方式，針對國際關係作全盤、客觀、中立之探討，對國際關係之發展投入心血、戮力研析；藉由上述教授之研究成果，對未來我國之外交、大陸政策，冀望有更穩健之制定與發展，俾促進整體國家安全。所以，本書係集合兩岸三地近三十位知名學者，分別來自臺灣樹德科技大學、中山大學、成功大學、中興大學、屏東教育大學、高雄空中大學、台南大學、屏東科技大學、淡江大學、義守大學、實踐大學、南華大學、嘉南藥理科技大學、高苑科技大學、大仁科技大學、正修科技大學、空軍官校、陸軍學校、中華經略國防知識協會；中國大陸與澳洲地區的上海社會科學院、上海同濟大學、澳門理工學院的教授群，針對國際關係之發展，加以探討研析；上述教授群，進行近一年的深入研究，希望對未來國際暨兩岸關係之發展提出蠡測，俾提供各界之決策參考。

　　而且，本書內容取材豐富，引證資料具體詳實，論點不偏不倚、切中要點，客觀平衡地提供讀者宏觀思考與微觀分析，針對國際暨兩岸關係理論與實務，作整體分析與探討的專書。所以，本書不僅可提供大學部與研究所國際與兩岸關係課程之用書，亦有助於兩岸與國際關係、軍事、外交、戰略研究者之後續參考；因此，本書具有研究與實務之多重價值，更可供兩岸政府決策階層制定政策之參考。此外，希望本書的出版，能為學術界在國際關係的研究上略盡棉薄之力，藉此專書強化這個領域的諸多知識，並為大學與研究所學生理解現代國際關係的奧妙，讓青年學子可藉由閱讀本書，進入國際暨兩岸關係的理論與實務的殿堂，也凸顯本書的意義與學術實用與價值。

吳建德、張蜀誠、王瑋琦　誌於
台灣樹德科技大學兩岸和平研究中心
2013年1月1日

主編簡介

翁明賢　淡江大學戰略研究所教授兼所長
吳建德　樹德科技大學兩岸和平研究中心副教授兼主任
張蜀誠　樹德科技大學兩岸和平研究中心助理教授兼副執行長
王海良　上海社會科學院臺灣研究中心秘書長
朱顯龍　澳門理工學院公共政策研究所教授
王瑋琦　樹德科技大學兩岸和平研究中心副教授兼顧問
林文程　國立中山大學社會科學院教授兼院長
李銘義　國立屏東教育大學副教授兼所長
李樑堅　義守大學EMBA班副教授兼執行長
余元傑　嘉南科技大學南瀛文化創意中心副教授兼主任
夏立平　同濟大學政治與國際關係學院院長
馬祥祐　南華大學國際暨大陸事務學系副教授兼系主任
蔡宗哲　高雄市立空中大學助理教授

作者簡介

廖舜右　中興大學國際政治研究所助理教授

李明正　大仁科技大學助理教授

李黎明　東吳大學政治學系兼任助理教授

黃清賢　國立成功大學兩岸統合研究中心執行長

葉怡君　高苑科技大學助理教授兼研究發展處副研發長

蔡裕明　實踐大學（高雄校區）博雅學部助理教授、中央警察大學國境警察學系兼
　　　　任助理教授

羅天人　大仁科技大學助理教授

楊仕樂　南華大學國際暨大陸事務學系助理教授

梁文興　陸軍官校暨樹德科技大學兼任助理教授

許克文　正修科技大學兼任助理教授

戴振良　淡江大學公共行政學系、萬能科技大學通識中心兼任講師

林信雄　國立屏東科技大學兼任講師

朱家敏　空軍官校兼任講師

王志鵬　中華經略國防知識協會副研究員、北京大學國際關係學院博士生

目　錄

第壹篇

國際關係理論與變數

蔡宗哲

壹、前言

　　長久以來，國際關係的論述大多零星地散見於他們的歷史學、政治學、地理學、哲學和法學的著作當中。一次大戰前，國際關係仍是以各國的外交史作為基礎資料而來闡述，自一次大戰後，國際關係的學術著作才有如雨後春筍般出現，才開始有更為明確的研究定向。

　　二十世紀中期以來，國際關係理論出現三次大辯論（great debate）。首次辯論係1940年代至1950年代理想主義對現實主義，辯論的核心在於國際關係本質。第二次辯論發生於1960年代，係傳統主義對行為主義，主要針對研究方法（research method）選擇問題。

　　關於國際關係理論第三次大辯論，學界有不一說法。在國際關係文獻實例上，第三次大辯論所呈現的兩大派別，學者所使用名稱略有出入[1]。例如：Yosef Lapid（1989.）則概括區分為「實證主義VS後實證主義。」[2]；Mark Neufeld（1993）區分為「實證主義VS詮釋主義」[3]；Robert Keohane（1988）、Ole Waever（1996；1997）區分為「理性主義」與「反思主義」[4]；Emanuel Adler（1997）區分為「理性主義VS詮釋／相對主義」。John Ruggie（1998）則區分為「新功利主義VS社會建構論」[5]。儘管學界對於國際關係理論的第三次大辯論之界定仍尚未有完全的定

---

[1] 林俏靜，「國際關係理論大辯論－從實證主義到後實證主義」，淡江人文社會學刊，第39期，頁89-97。

[2] Y. Lapid, "The Third Debate: On the Prospects of International Theory in a Post-Positivist Era," *International Studies Quarterly*, Vol.33, pp.236-237.

[3] M A. Neufeld, *The Restructuring of International Relations Theory* (London: Cambridge University Press, 1995).

[4] O.Waver, "The Rise and Fall of the Inter-Paradigm Debate,"in S. Smith, K. Booth, and M. Zalewski, eds., *International Theory: Positivism and Beyond* (New York: Cambridge University Press, 1997, pp.149-185).

[5] J. G. Ruggie, *Constructing the World Policy* (London: Routledge, 1998).

論，然由之前國際關係研究，所針對之本體論、認識論以及方法論的討論，對是應於西方後實證主義思潮，國際關係意涵與分析層次的影響。本章以拉皮特（Yosef Lapid）的見解為基礎，以國際關係理論第三次辯論為「實證主義」（Positivism）對「後實證主義」（Post-Positivism）。

第三次辯論大致可分為二大階段，首先第一階段先介紹新現實主義（Neorealism）與新自由主義（Neoliberalism）的爭論。再來第二階段再介紹其中新自由主義被視為與新現實主義逐漸趨同後之「實證主義」（Positivism）、「後實證主義」（Post-Positivism）與社會建構主義（Social Constructivism）：1980年代中期至1990年代初期主要是新現實主義（Neorealism）與新自由主義（Neoliberalism）的爭論，唯該二者均呈現強烈實證主義取向為主的新實證、理性主義（或新功利主義，Neo-Utilitarianism）的合流趨勢。因此時至1990年代迄今，做為針對理論進行自我反思探索「理論反思」（theoretical reflexivity）之後實證主義學派（Post-Positivist Schools）與社會建構主義（Social Constructivism）同時蓬勃發展，對於以新現實主義與新自由主義為主的實證主義，與逐漸呈現挑戰的趨勢[6]。

以下將分別敘述三次大辯論重要內涵，從中點出國際關係重要理論基本核心命題間對話、力抗、合流、解構及再建構論述脈絡。

貳、第一階段的辯論：理想主義與現實主義

國際關係學發展史上第一次辯論發生於第一次世界大戰結束後1940年代至1960年代。維也納會議以來的大國均勢政策帶來的歐洲百年和平局面被第一次世界大戰徹底打破，並給人類生存與世界和平帶來了空前的災難。因此，要如何消彌戰爭、維護和平的終極問題，成了當時政治家與國際關係學者最關心的議題，而此時做為社會科學主流思想的即為理想主義（Idealism），所關注「國際關係應如何」（what ought to be）[7]。以下針對理想主義核心概念進行說明[8]：

---

[6] O.Waver, "The Rise and Fall of the Inter-Paradigm Debate," in S. Smith, K. Booth, and M. Zalewski, eds., *International Theory: Positivism and Beyond* (New York: Cambridge University Press, 1997), pp.149-185.

[7] E. Navon, "The Third Debate Revisited," *Review of International Studies,* Vol. 27 (2001) , pp.612-613.

[8] 鄭安光，「自由主義國際關係理論的源流」，歷史教學問題，2004年第6期，頁41。

一、主要觀點——自然狀態學說

認為和諧是人類自然狀態的固有的性質，人類的自然狀態是與公正、理性和人類福利相關的，平等、自由是人類的自然權利。

二、人性為善，具有利他本質，因此能夠相互幫助及合作

自由主義認為人性是善良的，並且是可以教化的；強調通過道義和精神教育可以喚醒人類的良知；而且國與國之間的交往和彼此間的相互學習，可以充分發揮人類的理性，從而達到防止戰爭的目標[9]。

三、人性中關心他人福祉的本質可以創造進步

自由主義的理論基礎是從啟蒙時期以來人類崇尚的「理性」與「自由」為出發點，可以說是人性樂觀主義。因此，維護世界和平要靠人民和群眾力量的觀點。

四、人類惡劣行為係來自不良制度及結構安排

自由主義者認為人類惡劣行為並非源自人性，例如戰爭乃因國際體系之缺陷所造成，因此可透過利益協調而避免戰爭發生。

五、戰爭並非不可避免

自由主義者認為降低其發生頻率並根除爆發戰爭因素最重要；另外強調符合國際道德行為的國家外交政策。

六、戰爭及正義係國際問題，需要集體或多邊國際努力

自由主義者威爾遜認為第一次世界大戰後應建立一個可以維護界和平與安全為目的國際組織，也就是國際聯盟，才能具體落實國際的和平與正義。「十四點和平方案」的核心。

七、國際社會須透過制度來消除造成戰爭衝突等之無政府狀態

國際法和國際組織是自由主義的兩大支柱，自由主義也依靠著他們追求國際社

9　伍德羅‧威爾遜，「美國各任總統就職演講詞」，**美國文獻選集**（北京：美國駐華大使館新聞文化處編，1985），頁127。

會的永久和平和國際間的正義。因此自由主義者認為：國際間處在一種無政府狀態各國因利益矛盾而採取權力平衡以維持世界和平，一戰的實踐證明此模式無效，故應設立國際機構運用集體安全，集體制裁來維持世界和平[10]。

基本上，自由主義是一種樂觀主義學派，卻也因此廣受批評為一烏托邦式的學說[11]。雖然威爾遜將民族自決，裁軍和公開外交等政治原則道德化，理想主義無法處理1930年代德國希特勒法西斯主義與日本的軍國主義的發展，再逢第二次世界大戰，更使得理想主義的主張幾無說服力。

相對於自由主義，國際關係理論第一次大辯論的另一對手是現實主義（Realism）其在第二次世界大戰的背景之下，形成於1930年代，發展於1940年代遂成為國際政治的主流思想，至1950～1960年代已於國際關係研究領域占據主導地位。基本上，現實主義學派的理論發展是奠基於理想主義的批判上[12]，在西方社會科學領域形成頗具影響力的第一次論戰，代表人物如英國學者卡爾（Edward H. Carr）、摩根索（Hans Morgenthau）等。在知識建構上，現實主義則是主張必須認清「國際關係為何」（what is it）之課題[13]。以下針對現實主義核心概念進行說明：

一、世界政治本質的爭論，即人性為惡

馬基維利（Niccolo Machiavelli）與霍布斯（Thomas Hobbes）的政治思想哲學理念，人類本質就如霍布斯所描述的殘酷、骯髒、不堪，因此國際體系須設法避免成員間相殘[14]。

---

[10] Leroy A Bennett, *International Organization: Principles and Issues* (N.Y.: Prentice Hall, 1995), p.22.

[11] Taylor Treavor, *Approaches and Theory in International Relations* (London: Longman Press, 1978), p.106.

[12] 卡爾對自由主義的批判主要是因自由主義犯了六方面的弊病：第一、自由主義以"should be"（應該如何）替代了"to be"（現實如何）；第二、過分地從倫理和道德看世界，將道義絕對化；第三、過分地強調利益和諧，忽視利益衝突；第四、忽視國際政治中權力的作用；第五、過分地強調國際法和國際組織的作用，實際上國際法和國際組織並非萬能；第六、世界政府是世界未來不可實現的一種烏托邦。

[13] E. Navon, "The Third Debate Revisited," *Review of International Studies*, Vol.27, (2001), pp.612-613.

[14] Hans J. Morgenthau, *Politics Among Nation's: the Struggle for Power and Peace* (New York: Knopf 4th ed.,1967), pp.4-11.

二、自然狀態：國際社會顯著的特徵為無政府（anarchy）狀態

現實主義的自然狀態即霍布斯「人人為敵」，將其置於國際社會就形成一種國與國之間相互為敵、弱肉強食的無政府（anarchy）狀態。因此國家須靠本身的力量來保障國家安全及追求國家利益，而「生存（安全）」乃各國最基本、也是最高的國家利益。

三、國家是國際政治中最重要的行為者

現實主義者認為，從1648年威斯發利亞條約起，主權國家就是主要的成員。基本上古典現實主義者是國家中心論者，也就是認為國家是整個國際社會的唯一行為者，國家因而能夠獨立地確立自己的國家利益，制定並執行一國對內及對外的政策。國家的目標卻具有整體性和統一性，只有這些整體、統一的目標才能夠構成國家的利益[15]。儘管受到國際間政府組織以及跨國企業的挑戰，和其他權威相比，國家主權在國際關係中依然是最強大的角色。同時，國家被視為單一的主角。因為國家的主要問題被侷限在國際體系中，國家行動被視為主要在回應外在變化，而與內政無關。

四、國家尋求權力或安全的極大化

以權力界定利益的概念是政治現實主義研究國際政治的主要特徵，政治家的思想和行動以利益為準，而利益又以權力為準，此對於政治家的行動，提供了合理的方向和規律，因而形成了一國外交政策的連續性[16]。因此各國基於自利，關注的焦點在於如何擴充本國的權力[17]。

五、國家是理性的行為者

國家在行動之前，會先計算利益與成本，採取理性的政策以達到權力或安全的目標[18]。國家是依據「國家利益」來行事，且以「理性前提」，而避免有關動機和

---

[15] Stephen Krasner, *Defending the National Interest* (Princeton: Princeton University Press, 1978), pp.42-45. Bruce Bueno Mesquita, *The War Trap* (New Haven: Yale University Press, 1981), p.20.

[16] Hans J. Morgenthau, *Politics Among Nation's: the Struggle for Power and Peace* (New York: Knopf 4th ed.,1967), pp.4-11.

[17] Gilpin Robert, "No One Loves a Political Realism," *Security Studies*, Vol.5, No.3 (Spring 1996), pp.7-8.

[18] Robert Gilpin, *War and Change in World Politics* (New York: Cambridge University Press, 1981), pp.9-11.

意識型態偏好的謬論。所謂「國家利益」是可以被分類和排序，其中包含國家生存、獨立自主、政經利益、意識形態價值利益等，但在每一個案例中都由決策者主觀決定。

以每個國家的理性行為同樣可解釋國際合作為何不會成功：因國際合作固然對各國有利，但受到彼此競爭壓力及合作力量的不對稱性影響，追求「相對利益」（relative gains）的誘因更甚於「絕對利益」（absolute gains）的增加，使得國際合作困難重重，這種「合作有利但卻拒絕合作」的國際現象，即所謂的「囚徒困境」（prisoner's dilemma）[19]。

六、國家在國際政治中會依靠威脅或使用武力以確保他們的目標。

因此外交政治即為「權力政治」，而軍事力量則是重要的權力工具。每個國家若均以自助原則獲取生存，很不幸的最終會採建立軍備的途徑，以武力去威脅敵人或保護自身的利益與安全，但也會導致軍備競賽，造成安全困境（security dilemma）的產生[20]。

首次辯論為理想主義對上現實主義。第一次世界大戰後自由主義獨領風騷，然第二次世界大戰的來臨，國際聯盟失敗，使得理想主義形同破產；使得現實主義崛起，特別在大戰結束後美蘇兩強形成對峙關係，更強化現實主義論點。雖然其在對於「互賴合作」上、經濟對政治的影響等解釋力不足，然此次辯論，現實主義顯是贏家。

---

[19] 1950年弗勒德（Merrill Flood）和德雷希爾（Melvin Dresher）擬定出相關困境的理論，後來由塔克（Albert Tucker）以囚徒方式闡述，並命名為「囚徒困境」。經典的囚徒困境如下：
警方逮捕甲、乙兩名嫌疑犯，但沒有足夠證據指控二人有罪。於是警方分開囚禁嫌疑犯，分別和二人見面，並向雙方提供以下相同的選擇：
a.若一人認罪並作證檢控「背叛」對方，而對方保持沉默，此人將即獲釋，沉默者將判監十年。
b.若二人都保持沉默，即互相「合作」，則二人同樣判監半年。
c.若二人都互相檢舉作證檢控「背叛」對方，則二人同樣判監兩年。
二人面對的情況一樣，所以二人的理性思考都會得出相同的結論—選擇背叛，就是雙方參與者都背叛對方，結果二人同樣服刑兩年。
[20] John H. Herz, "Idealist Internationalism and the Security Dilemma," *World Politics*, Vol.5, No.2 (January 1950), pp.157-180.

參、第二階段的辯論：行為主義與傳統主義

第二次論戰發生於1960年代，辯論的雙方是行為主義學派（Behavioralism）與傳統主義學派（Traditionalism）。研究方法的辯論根植於對「知識」（knowledge）的看法，論戰的焦點其實在於方法論上、研究方法上（research method）的辯論。

行為主義學派主張用新的科學方法研究國際關係，知識可以理解任何事物。行為主義學派反對現實主義與理想主義等過往所強調的歷史、哲學的研究方法，視此等為傳統的或古典的理論，注重以及提倡實證的研究方法。行為主義者積極的想把國際關係研究變成科學研究，因科學方法體現理性主義內涵，認為「理性」（reason）係通向真理（truth）之唯一途徑，可獲得完全的知識。易言之，行為主義是重視演繹，相信只要具備理性的思維，即獲得全部的事實，進而認識真理。

行為主義主張從經驗和事實出發探討國際關係學的因果關係，並以量化方式加以驗證；以自然科學方法代替傳統研究的歷史研究、定性研究和規範研究。科學行為主義進而提出了統計、模擬...等方法，以使國際關係的方法能與自然學科相聯繫。他們是用角色、結構、功能和互動等新觀念來替代權力、利益、主權等新概念[21]。

卡普蘭（Morton Kaplan）係代表該該觀點之代表人物，其認為必須運用理性模型於國際關係研究。科學行為主義對國際關係具有其卓越的貢獻，主要它是將自然學科的研究方法帶入社會科學的研究方法論之中。以下針對行為主義核心概念進行說明[22]：

一、研究方法上的主張

　　（一）提倡實證的或實驗的研究方法－整體研究（範疇分析和模式分析）、策略研究（博奕分析和決策分析）以及計量研究（統計分析、數量分析和電腦類比研發）。

　　（二）注重國際關係的數量變化的研究，把國際關係的一切活動看成是一個參

---

[21] 郭樹勇，「譯序新現實主義及其批判與國際政治學的本體論革命」，載於羅伯特‧基歐漢著，郭樹勇譯，新現實主義及其批判（北京：北京大學出版社，2002年），頁16。

[22] 劉貞曄，「西方國際關係理論與流派」，教學大綱，詳參網址http://jwc.cupl.edu.cn/dg/gjzz/11.pdf。

　　數和變數的總和，認為國際關係研究正趨於計量化。

（三）在具體方法上，科學行為主義學派強調資料的收集、整理和分析，著重於行為經驗的實證研究。

（四）力圖把其他學科中的理論概念框架、方法論和思想加以改造利用，特別包括社會學、心理學、人類學、經濟學和學等學科的研究方法和理論建構模式。

（五）注重行為體分析和層次分析方法。

（六）科學主義者雖不能完全避免在選擇課題、提出假設、制定分類方法時運用個人的判斷，但他們力圖超越個人判斷的範圍，採用不受個人偏見影響的演繹法或歸納法，用邏輯推理的數學推理來取代直覺性的說明。

二、行為主義的主要研究領域

（一）統合研究

（二）戰略研究

（三）衝突研究

（四）決策研究

（五）和平研究

（六）系統分析（國際體系研究）

　　傳統主義認為人們透過知識理解世界有限，因此堅持歷史、法律、哲學與政治論點的等傳統研究方法不可偏廢，且應是國際關係的研究基礎。傳統主義偏好解釋國際關係的歷史脈絡，並重視歸納。傳統研究學派批評行為主義學派過於強調實證而忽略哲學、歷史與倫理等因素，認為許多社會科學的事務或人類的心理因素根本就難以量化。霍夫曼（Stanley Hoffmann）係代表該觀點之代表人物。霍夫曼則是強調透過史學研究，從中建立通則，並不把國際關係當作是科學。同時，傳統主義認為理解真理的途徑很多，「理性」只是其中一條路，此外人們不可能獲得所有的知識[23]。以下針對傳統主義核心概念進行說明[24]：

---

[23] M.Hoffman, "Critical theory and inter-paradigm debate," *Millennium*, Vol.16, No.2 (2000), pp.231-249.

[24] 劉貞曄，「西方國際關係理論與流派」，**教學大綱**，詳參網址http://jwc.cupl.edu.cn/dg/gjzz/11.pdf。

一、研究方法上的主張

　　傳統主義注重國際關係的質的變化，把國際關係看成是一個歷史進程，堅持傳統的哲學、歷史學研究方法。注重概念的基本屬性和主要功能的規定與研究。在具體方法上，強調歷史事件的起因、經過、結果以及相互內在聯繫的研究，注重事件分析。注重對國家行為體的分析，而較少關注國家之外的行為體和國家行為體本身內部的各種複雜因素的分析。注重歷史與現實的規範研究，認為法律、哲學、歷史、倫理學仍是國際關係理論研究的基礎。

二、傳統主義的主要研究領域

（一）權力政治研究及戰爭與和平理論

1. 權力政治學者提出，無政府狀態和等級狀態是國際衝突及其解決的兩面。
2. 權力政治學者指出，在無政府的和等級的國際體系中，解決國際衝突的戰爭的主要手段是通過各國的「自助方式」。
3. 權力政治學者認為，戰爭與衝突的最重要根源來自人性本身（生物功能），解決國際戰爭與衝突主要不能依靠訴諸人的良心內省或任何倫理道德。
4. 權力政治學者同時認為，戰爭與衝突還有重要的心理學的社會學根源。
5. 他們認為，二十世紀隨著核武器的發明，人類戰爭與衝突形勢發生了質的改變，國際衝突解決必須擁有不同於以往任何時代的特點。
6. 他們重視外交領域的全球擴展及其對國際衝突解決的含義。
7. 將和平分為三種類型：均勢、霸權、和帝國和平。
8. 他們雖不完全排除未來比較理想的國際衝突解決方式的出現，但他們更關心當下的國家間利益的摩擦與爭鬥。
9. 將國際政治區分「低級政治」和「高級政治」。

（二）外交政策研究

1. 認為外交在國際政治中具有不同尋常的價值。
2. 外交是一門藝術。
3. 外交有明確和有限的目標。
4. 外交應盡量避免與意識形態掛鉤。

5. 外交與國際關係的道德不能以理想主義標準衡量。

6. 外交的主要手段是把握力量平衡。

7. 外交與內政間存在著複雜的有機聯繫。

（三）地緣政治研究

第二次大辯論發生於1950年代，係對國際關係研究方法之爭辯，為歷史研究對行為科學研究之爭辯，行為主義明顯獲得勝利外，給國際關係研究注入新的活力，對國際關係研究產生深遠影響，這個學科朝向科學研究發展趨勢，國際關係的研究方法論才會有不斷向前生長的空間[25]。

肆、第三次的辯論：新現實主義、新自由主義、實證主義、後實證主義、社會建構主義

第三次辯論呈現明顯的階段性，辯論顯為精緻[26]。本次論戰可分二個階段：第一階段係自1980年代中期至1990年代初期主要是新現實主義（Neorealism）與新自由主義（Neoliberalism）的爭論。檢視第二次辯論，行為主義成為贏者，這隱含國關研究朝向科學研究的趨勢，實證主義影響再次獲得提昇。當代前主流理論如新現實主義與新自由制度主義（Neo-Liberal Institutionalism）等都呈現強烈實證主義取向。

而第三次論戰的第二階段係自1990年代迄今，即以新現實主義、新自由主義為主的實證主義，對上後實證主義學派（Post-Positivist Schools）、反思主義與社會建構主義（Social Constructivism）同時蓬勃發展[27]。

第三次論戰的第一階段登場乃因應國際情勢發生重大變化，全球的權力結構逐漸分散化，新現實主義提出體系（system）以及結構的（structure）分析，作為

---

[25] Knorr Klause, and James Rosenau, *Contending Approaches to International Politics* (Princeton: Princeton University Press, 1969), p.214.

[26] Y. Lapid, "The Third Debate: On the Prospects of International Theory in a Post-Positivist era.," *International Studies Quarterly*, Vol.33 (1989), pp.236-237.

[27] O.Waver,"The Rise and Fall of the Inter-Paradigm Debate (1996)," in S. Smith, K. Booth, and M. Zalewski, eds., *International Theory: Positivism and Beyond* (New York: Cambridge University Press, 1997), pp.149-185. John Gerard Ruggie, *Constructing the World Polity* (London: Routledge, 1998).

對傳統現實主義的修補，學者霍夫曼（Stanley Hoffmann）認為結構現實主義有異於古典現實主義者包括了體系論、權力結構分析及國際合作等面向[28]。新現實主義學派的代表人物為華爾茲（Kenneth Waltz），以下針對傳統主義核心概念進行說明[29]：

一、體系結構理論

新現實主義者認為一個體系包括兩個變數，其一是單位，其二是結構。諸多國家行為體根據自身力量的權力決定在體系中的排列，也構成在無政府的國際體系結構。

二、體系結構的要素

體系結構構成的三個要素，包括：第一，國際體系是無政府而非等級的－此為不變的要素；第二，國際體系是由功能相同的國家行為互動體構成的－此亦為不變的要素；第三，國際體系的變化是由體系內力量分布不同引起的－此為變動的要素。因此，國際體系除非發生重大的革命事件，否則結構具有一種持久性，要隨著結構發生了變化，其可以改變行為體的行為，同時也可改變行為體間的互動結果。

三、權力與安全觀

華爾茲則認為國家最終目的是要藉權力而獲得安全，權力僅是實現安全目的的一種手段。權力在體系中大小排列形成結構，權力的變化引起結構的變化。此與古典現實主義者摩根索所提出權力等於利益，權力更是等於目的，顯有不同。

---

[28] 學者霍夫曼（Stanley Hoffmann）則認為古典現實主義與華爾茲結構現實主義的差異有三點不同：第一，古典現實主義著眼於國家，強調世界處於無政府狀態；結構現實主義著眼於體系，認為世界包含著國際政治經濟的相互依存關係。第二，古典現實主義著重研究國家利益和國家權力；結構現實主義則著重研究全球國家間的權力分配，主張結構分析。第三，古典現實主義強調國家衝突，淡化國際合作的可能性，忽視國際機構促進合作的使用；結構現實主義則主張國際衝突與國際合作的結合，強調國際合作的可能性，重視國際機制促進合作的作用。請參見Stanley Hoffmann, *Primacy or World Order-American Foreign Policy Since the Cold War* (New York : McGraw-Hill, 1978), p.109, p.188.

[29] Kenneth Waltz, *Theory of International Politics* (New York: McGraw-Hill, 1979), pp.79-80, p.88, p.93, p.97.

四、均勢理論

華爾茲認為通過國家權力護持戰略的「制衡」（balancing）VS「搭車」（bandwagoning）二分法，主張「均勢自動生成論」，在結果的意義上強調制衡傾向的規律性和必然性。

不滿於新現實主義於國際關係分析上的論點，新自由主義者提出不同的看法。新自由主義的主要論點為：

一、國際合作

新自由制度主義與新現實主義同認為國際社會的無政府狀態，每個行動體在個體主義的理性思維下，以利己的國家利益做為考慮之背景下，易出現「囚徒困境」的現象。以上推衍與現實主義有相當類似之處。然接下來，新自由制度主義則認為，國際社會需要用典則（regime），來降低誤判與欺騙，國際社會的成員均具有理性與功利至上極大者（a rational utility－maximezer）[30]，對外行為即是要追求國家的利益為依歸[31]。然而要如何解決「囚徒困境」呢[32]？新自由主義者提出了解決之道：

（一）重複博奕：重複執行博奕的互動持續發生，國家最終會發現共同合作是每個國家最好的選擇，因此國際之間的合作就很容易實現。

（二）集體行動目標的達成與合作伙伴國的數量成反比：新自由制度主義認為在國際合作的環境中，參與者愈少，其彼此間的透明程度即愈明顯，愈少的參與者則典則的形成愈容易。

（三）多領域、多層次的博奕：國際事務各個的領域相互聯繫，且不斷進行討價還價的過程，有助於合作的實現。

（四）互惠利益：國家間乃基於互惠利益（reciprocity）而非單純為道德聲譽（reputation）來進行合作。自利是國家的特色，但卻不一定會產生衝突[33]。國家間乃基於其所關心的他們國家之絕對利得（absolute gains）

---

[30] K.Buchanan, et al., *The Economics of Politics* (London: Institute for Economic Affairs, 1978), p.17.

[31] Robert Keohane, *International Institutions and State Power: Essays in International Relations Theory* (Boulder: Westview Press, 1989), p.6.

[32] 大衛‧鮑德溫主編，蕭歡容譯，**新現實主義和新自由主義**（杭州：浙江人民出版社，2001），頁83-117。

[33] Robert Keohane, *After Hegemony: Cooperation and Discord in the World Political Economy* (Princeton, N.J.: Princeton University Press ,1986), pp.51-52

而非其他國家到底可以獲得多少利益之相對獲利（relative gains）以進行合作[34]。

二、國際典則

國際社會可以是一個無政府，但卻有可能是個有序的社會[35]。新自由制度主義強調典則（regime）的作用，他們認為有效的國際典則的作用主要表現在以下幾個方面：第一，典則是國際穩定的主因；第二，典則可以降低交易成本；第三，典則可通過國內制度以改變偏好，國際安排改變社會集團的權力、信仰和目標並改變了它們對外的政策，限制了國家主權以及其偏好和價值方面[36]。

國際典則乃基於相關國家的合作意願所產生，這種合作國際典則之成功與否，端視成員間是否具有共同利益、制度化的結果是否可以影響成員國家之行為等條件而定。而國家在國際典則中之行為端視國際典則之設計與具體的外在條件及國內因素而定[37]。

三、互賴理論

所謂「互賴」所指的是以國家之間或不同國家之間的行為體之間以相互影響為特徵的情形[38]。因為通訊、交通和軍事技術迅速和持續的發展使世界正變後越來越小，而且日益導致國家、民族國家、國家體系等在爭取人類福利和安全方面所能發揮的作用越來越小[39]。「互賴」有三個特徵[40]：

（一）國際體系內各種不同層次、規模大小、數量龐大之行動者（actors），
　　　且彼此之間越來越緊密連結：包括了政府精英之間的正式聯繫或對外部

---

[34] Robert Keohane, *International Institutions and State Power: Essays in International Relations Theory*, op. cit., pp.17-20.

[35] Robert Axelrod, and Robert Keohane, "Achieving Cooperation under Anarchy and Institutions," in Robert Oye, *Cooperation under Anarchy* (Princeton NJ, Princeton University Press, 1986), pp.238-246.

[36] Andreas Hasenclever, Peter Mayer, and Volker Rittberger, *Theories of International Regimes* (Cambridge: Cambridge University Press, 1997), pp.108-120.

[37] Liliana Botcheva and Lisa L. Martin, "Institutions Effects on State Behavior: Convergence and Divergence," *International Studies Quarterly*, Vol.45, No.1 (March, 2001), pp.1-26.

[38] R. Koehane and J. Nye, *Power and Interdependence* (Boston: Longman 3rd ed., 2001), p.7.

[39] R. Keohane, *International Institutions and State Power* (Princeton: Princeton University Press, 1986), pp.7-9.

[40] 羅伯特・基歐漢，約瑟夫・奈伊著，門洪華譯，**權力與相互依賴－轉變中的世界政治**，頁25-26。

門的正式關係、非政府精英之間的非正式聯繫（包括了面對面的交往或
通過資訊的聯繫等），其中新的非國家行為體－如跨國企業（多國籍企
業）、非政府性國際組織以及各種形式的國際組織的角色益形重要與更
具影響力，通過非正式渠道影響著政府決策、國民經濟、國際市場以及
國家間的關係。

（二）國家間相互連結的議程包含了許多沒有明確或固定等級之分的議題，需
強調的是軍事安全並非始終是國家間的首要問題。

（三）當合作的互賴普遍存在時，一國政府對他國政府動用武力機率變小。

　　另外，國際關係中也從單一型的互賴轉變成「複合型的互賴」（complex inter-
dependence），即從研究經濟上的單一相互依存到研究包括政治、經濟、軍事和外
交在內的複合相互依存出現的，其中尤其重視非高層政治面（社會領域）的全球相
互依賴度的確是已增加，此種互賴可稱為「複合式互賴」[41]。「複合式互賴」係通
過「敏感性」（sensitivity）和「脆弱性」（vulnerability）兩種權力形式，成為該
關係的根本特點。此二種權力形式，透過不同領域的權力模式由於面臨不同的資源
環境和運行規則，即雙方都對對方的有關政策表現出某種敏感性，但由於雙方依賴
程度可能不同，各自的敏感程度也有異，而會產生出不同的力量排列，而參與其中
的行為體也會顯示出不同的影響力。某一個國家行為體在軍事實力和經濟總體上的
優勢並不能使其壟斷所有的問題領域的最終決策權[42]。

　　第三次大辯論的第一階段，係由新現實與新自由主義先行登場，然而接踵而來
的冷戰結束給了國際關係思維帶來強烈的衝擊。瞬息間發生轉變改變國際關係的環
境、權力結構、與國家間的互動關係，然而面對冷戰的結束、蘇聯的瓦解,也非新
自由主義所認為係來自於制度的壓力，也非新現實主義所認為係來自於戰爭的爆發
或國際間權力的演變。因此主流理論的解釋性廣被各方質疑。

　　另一方面，新現實主義和新自由主義二者間從論爭到趨同越來越明顯，因二者
均呈現強烈實證主義取向為主的新實證、理性主義（或新功利主義，Neo-Utilitari-
anism）的合流趨勢[43]。

---

[41] R. Keohane and J. Nye, *Power and Interdependence* (Boston: Longman 3rd ed., 2001).

[42] 劉武通，「從結構理論反結構決定論－新現實主義與新由主義理論評析」，歐洲月刊，第1
期（1999），頁30。

[43] 秦亞青，「現實主義和新自由主義：從論爭到趨同」，國際論壇，第3卷，第3期（2001年6
月），頁8。

　　國際關係理論第三次辯論第二階段為「實證主義」（Positivism）對「後實證主義」（Post-Positivism）。本文以拉皮特（Yosef Lapid）的見解為基礎，前者為以新現實主義與新自由主義為主的實證主義；後者則為1990年代迄今，做為針對理論進行自我反思探索「理論反思」（theoretical reflexivity）的後實證主義學派（Post-Positivist Schools）。所謂「理論反思」係因後現代主義、後結構主義等解構意涵，跳開理論既定框架，以檢視理論意涵，知識、研究方法及理論構成所隱含權力關係及歷史脈絡，故稱為「後設理論」（meta-theory）研究途徑。

　　國際關係理論一如其他早期社會科學，受到實證主義諸多影響，隨著時間演變，已經形成涵蓋不同假說與學派實證主義之大流派，檢視其認識論、方法論及本體論等不同層次意涵，實證主義以下四大重要概念，簡述如下[44]：

一、客觀主義（Objectivism）

　　可獲取理解世界事物之客觀知識，不論該知識是否來自主觀經驗。科學知識具價值中立之特性，隱含對事實與價值分立之假設。

二、自然主義（Naturalism）

　　人類及社會皆屬於單一自然秩序的一部分，爰可從單一科學方法來探究其奧妙之處。科學方法論隱含自然主義（Naturalism）內涵，因社會生活亦為自然整體一部分，故社會領域與自然界同樣存在相同規律性，行為規律性可超脫時空，並符合與主體與客體分立之原則。

三、經驗主義（Empiricism）

　　關於瞭解這個世界的知識最終僅能由經驗來判定。實證知識因為其對應可觀察及經驗領域，故為可信。

四、行為主義（Behaviorism）

　　生命僅為致力於社會科學目的之四肢活動。

　　從操作概念，實證主義指涉對研究所採取的認識論看法，隱含對某些方法論或研究方法之取決。

---

[44] M. Neufeld, *The Restructuring of International Relations Theory* (London: Cambridge University Press, 1995), pp.33-36。

　　第三次的大辯論一方面反映當代社會與政治理論發展的趨勢，另一方也呈現國際關係研究出現後實證或反實證的思潮。來自歐陸批判思潮對當代主流國際關係理論之解構力量，擴大許多如全球社會、非國家行動者、認同社群、社會建構以及種族/階級/性別等分析層次分析範疇及議題，「理論反思」為第三次辯論精神內涵，所謂的「反思」就是審視理論前提假設，並認識到每個典範都隱含某一特定政治規範。後實證主義理論與傳統理論的辯論雖在進行中，然而後實證主義理論如後現代主義、批判理論等成為弱勢理論卻是不爭事實。溫特（Alexander Wendt）的建構主義定位為採取中間地帶，成為係獲得較多認同學派，其試圖將一些後實證主義的認識論和實體論前提與實證主義的理論結合。易言之，建構主義已非純粹之後實證主義理論。建構主義的主要論點為[45]：

一、國際關係理論之後設理論的檢視

　　溫特把國際關係理論區分為四種類型，可做為一個後設理論的檢視，頗有參考價值，相關矩陣分析如下[46]：

（一）整體主義／物質主義

　　包括世界體系理論、新葛蘭西主義。

（二）整體主義／理念主義

　　包括世界社會理論、後現代國關理論。

（三）個體主義／物質主義

　　包括古典現實主義、新現實主義。

（四）個體主義／理念主義

　　包括自由主義、新自由主義。

---

[45] 鄭瑞耀，「國際關係〈社會建構主義〉理論評析」，**美歐季刊**，第15卷，第2期（2001夏季號），頁200；黃競涓，「國際關係理論中的後實證主義學派」，張亞中主編，**國際關係總論**（台北：揚智，2003），頁120-122。

[46] 秦亞青譯，亞歷山大·溫特著，**國際政治的社會理論**（上海：世紀出版集團，2004年），頁21，302-306。

　　溫特將其國際關係理論定位為第二類型的理論，即整體主義／理念主義的理論。建構主義的主要內容包括三個方面：國家身分理論、國際體系結構理論和國際體系進程理論等。該理論認為[47]：

1. 國家是國際政治理論的重要分析單位。

2. 國家身分觀念的形成，建構了國家的利益觀念（主觀利益），而利益觀念又導致與其他屬於一致的國家對外政策和行為。國家只有在國際體系中確定自我身分或自我認同後，才能相對地確定其利益範圍、程度或數量。國家身分利益是社會結構所構成的[48]。

3. 國際體系的本質是基於對物質意義認知的觀念分配，國際體系的關鍵結構是主體間性（intersubjective），而不是物質的；它是由內含於國際制度的共有理解[49]。

4. 國際體系的變化是一種文化選擇的結果，國家在彼此的互動過程中，通過複雜的社會學習（complex social learning），形成新的集體認同，這時國際體系就發生了改變。集體認同形成的主要變量包括相互依存、共同命運、同質性和自我約束等因素[50]。

二、無政府狀態下的國際體系文化

　　溫特認為主流國際政治，尤其是新現實主義的無政府理論來自於這樣一個假定，提出三種類型的無政府狀態下的國際體系文化[51]：

（一）霍布斯文化

　　此種文化也分別建構了「敵人」的身分關係。霍布斯文化中行為體相互敵對，任意地使用暴力以圖消滅或統治對方，霍認為這是人的自然狀態（戰爭狀態），因而殘暴與衝突是霍布斯文化下的國際關係之特徵。

---

[47] Matha Finnemore, *National Interests in International Society* (Ithaca: Cornell University Press, 1996), pp.1-4.

[48] Matha Finnemore, op. cit., p.2.

[49] Alexander Wendt, "Collective Identity Formation and The International State," *American Political Science Review*, Vol.88, No.2 (June 1994), p.385.

[50] 秦亞青譯，亞歷山大‧溫特著，**國際政治的社會理論**（上海：世紀出版集團，2004年），頁342-351。

[51] 秦亞青譯，亞歷山大‧溫特著，**國際政治的社會理論**，前揭書，頁328-38，383-4。

（二）洛克文化

此種文化也分別建構了「競爭對手」的身分關係。洛克文化中，行為體的競爭對手關係，使各國擺脫了殘暴的戰爭狀態（自然狀態），競爭與合作構成了洛克文化的國際關係之特徵。

（三）康德文化

此種文化也分別建構了「朋友」的身分關係，而基於朋友角色的康德文化則使行為體培育出朋友關係的身分和認同，行為體之間的關係模式超越了競爭與合作，不僅不以對方為敵，而且將對方的利益「內化」為共同體的利益，並由此建立了新的合作觀念。

三、國際體系的進程理論

（一）國際體系結構的變化因素

溫特認為國際體系的變化來自於行為體在國際社會中的互動與實踐的。國際體系的變化際上是基於角色關係的文化體系。

（二）國際社會進程與國家身分的形成

國際體系文化的構成是由行動者之間的角色和結構所決定，同時，角色和結構是指行為體相對於主體的位置。如同以上分析，國際體系中可以存在敵人、對手和朋友等不同的體系文化三種角色結構。而身分形成可透過的兩種邏輯形成[52]：

1. 模仿：建構主義認為集體認同的轉換是通過社會模仿、簡單及複雜的學習等管道得以形成集體認同。
2. 社會學習：即認為行為體的個別內化方式，必須根據對社會規範的服從程度來影響行為體。

---

[52] Alexander Wendt, op.cit., p.327, p.325.

四、建構主義的觀念、利益與規範

（一）觀念與利益

利益的產生是由觀念建構出來的，所以利益的形成必須要有「主體間性」的承認[53]。對決策者理念的分析有助於全面的理解他們的對外行為及可能產生的結果[54]。建構主義認為，社會環境是由觀念建構而成，觀念的形成是來自於社會的實踐，並在實踐過程中逐漸形成[55]。

（二）觀念與規範

建構主義認為，規範屬於一種社會約定，包括了規則、法律、習慣、習俗等。社會規範的一個重要特徵是他們創造出行為模式[56]。從信念誘導的立場出發，認為共享期望或規範是主體間的信念，根植於社會實踐，並在實踐中得到新生命[57]。行為者為什麼要遵守規範。導致制度動力反對他們自己的利益，制度的動力同時也塑造了他們的利益[58]。

伍、結語

國際關係理論在百年內的發展與變化一日千里，因此若將其置於時間的縱軸，再來檢視理論間的對話，是較好理解的一種方式。

第一階段的辯論係由理想主義與現實主義進行對話，學者西伯里（Paul Seabury）指出[59]：「在哲學意義上，現實主義和理想主義是看待事物本質的兩種相互

---

[53] Stefano Guzzini, "Structural Power: the Limits of Neorealist Power Analysis," *International Organization*, Vol.47, No.3 (1993), p.402.

[54] Judith Goldstein and Keohane, *Ideas and Foreign Policy: Belief, Institutions, and Political Change* (Ithaca: Cornel University Press, 1993), p.8.

[55] Steven Weber, "Institutions and Change," in Michael W. Doyle and G. John Ikenberry, *New Thinking in International Relations Theory* (Boulder: Westview press, 1997), p.244.

[56] 瑪莎‧費麗莫著，袁正清譯，**國際社會中的國家的利益**（浙江人民大學出版社，2001年），頁130。

[57] Alexander Wendt, op.cit., p.386.

[58] Andreas Hasenclever, Peter Mayer, and Volker Rittberger, *Theories of International Regimes* (Cambridge: Cambridge University Press, 1977), p.156.

[59] Paul Seabury,"Realism and Idealism,"in Alexander DeConde, ed., *Encyclopedia of American For-*

對立的方法。現實主義以事物的本來面目來看待和接受它,理想主義具有理想化的習慣,傾向於用理想的形式來描述事物,或渴望事物採取這種理想形式。」而這正說明了兩種相互對立的國際關係理論的最佳寫照。現實主義與理想主義對國際關係觀點,反應出其對「人性」(human nature)之兩種角度與不同的政治哲學信念。

　　第二次論戰發生於1960年代,辯論的雙方是行為主義學派與傳統主義學派。研究方法的辯論根植於對「知識」(knowledge)的看法,論戰的焦點其實在於方法論上、研究方法上的(research method)辯論。

　　第三次辯論開始,國際關係理論探索,才正式出現非實證主義觀點,形成以新現實主義、新自由主義為主的「實證主義」,對上包含後現代主義、批判理論、建構主義、女性主義及後殖民主義等「後實證主義」,其之間的產生的對抗與對話關係。第三次辯論特殊處在於「後設理論」之「理論反思」過程,即先質問理論構成所涉及認識論觀點、對於差異之界定與處理過程、社會脈絡下權力關係等,這些都涉及人類意識的作用。該次辯論已經跳開既有理論架構或論點,而是從一個更廣泛的概念體系中探索理論的選擇。然實證主義雖假定有跨越時空之實存客體,其在解釋國際關係的透析力仍不容忽視。

---

eign Policy, Studies of the Principles Movement and Ideas, Vol.2 (New York: Charles Scribner's Sons, 1978), p.856.

張蜀誠、王瑋琦、余元傑

壹、前言

繼擊垮阿富汗塔利班政權（Taliban）之後，美國再度於2003年3月，耗費僅僅二十一天的時間攻克伊拉克的海珊政權。然而，值得注意的是，雖然這兩場戰爭在美國相同的政治、經濟與軍事力量條件下進行，但卻遭遇國際環境不同的「限制」與「機會」[1]，並且在相當程度上影響美國相關對外政策的後續發展。對此，能否視之為國際各行為者，特別是強權國家之間對於「國際體系」（International System）不同觀點的對抗所導致？同時，身為全世界唯一超強的美國在國際事務上與歐盟、俄羅斯與中國等國家在態度意見上的相左，對於國際環境的未來發展將產生哪些影響？上述問題的癥結在在牽動著全球長遠的前途展望。

事實上，研究國際關係的學者們在觀察國家雙邊或多邊關係演變時，通常會以「體系」的概念作為其分析架構[2]；然而，對於何謂國際體系、其成員的界定以及哪些因素能夠維持體系穩定或引發其變動，則不同時期的不同學派存在著各不相同，有時甚至互相排斥的看法。但誠如後文所分析，歸納而言，國際體系涵蓋著理論分析層面與實際發展層面等兩大範疇，因此將兩者進行對照檢視便成為研究此一議題的重要途徑。本章旨在延續前面有關國際關係理論與派系的探討，以國際體系為主軸進行綜整性的比較；接著，針對國際體系實際發展歷程進行分析，同時據以作為展望未來的基礎；最後，對於國際體系的理論與實際發展情況進行比較，俾利讀者以更為客觀卻不失偏頗地理解其內涵。

---

[1] 亦即淦克超所謂的「牽制」與「促進」因素，參見淦克超，**外交政策分析**（台北：黎明文化圖書公司，民國68年），頁8。

[2] 關中，**國際關係理論簡介**（台北：民主文教基金會，民國81年），頁17。

貳、國際體系的理論視野

就本質而言，國際體系基本上可分別從其內涵、成員與維持穩定與否狀態等三大範疇加以探討。因此，對上述三大主軸進行比較分析，有助於理解各學派對此一議題在觀念上的異同之處。

一、國際體系概念、內涵與特色

體系的觀念源自自然科學，其後經由學者引進成為政治科學界的重要概念之一；從政治學的角度觀之，體系代表任何有條不紊的事物。雖然早在十七世紀國際法學家Pufendorf便運用體系概念分析國際間的互動情形，但直到Morton Kaplan於1957年在*System and Process in International Politics*一書中首先採用「國際體系」的觀念[3]，才開始逐漸廣為其他學者採用。國際體系理論與傳統方法不同，並非以國家，而是從整個國際體系著眼，試圖透過對於結構的整體性質與功能的分析，對國際關係的運作進行研究[4]。截至目前為止，對於「國際體系」定義，不同學者存在著不同的主張以致於形成人言言殊現象。關於這一點，可以參考表2-1所示。

表2-1　國際關係學者對於國際體系的定義

學者姓名	國際體系本質定義
Morton A. Kaplan	若干相互關連的變數。在外在環境不變的情況下，國際體系可以影響，甚至左右構成員的行為。
Charles A. McClelland	國際體系是一個分析架構，可以用來找尋、測量並且檢測體系與次級體系構成員之間的互動，假使這樣的分析架構真是簡單有效，那麼我們就可以明白國家體系與國際體系互動的本質。
George Modelski	國際結構也是具有結構與功能兩方面需求的社會體系；該體系不僅維持了體系內部的構成員，同時也包含個各個成員之間的關係。
Richard N. Rosecrance	國際體系包含了相互激盪的輸入、經常變動的規範、外環境的限制與輸出等。
K. J. Holsti	國際體系是由獨立的政治單位（通常是指民族國家）所組成的集合體；而這些獨立的政治單位依據規範化的過程進行經常性的互動。

---

[3]　Mortan A. Kaplan, *System and Process in International Relations* (New York :John Wiley, 1957) pp.22-6.

[4]　陳漢文，**在國際舞臺上—西方現代國際關係學淺說**（台北：穀風出版社，民國76年），頁148-9。

學者姓名	國際體系本質定義
P. A. Reynold	國際體系是一種以體系內相互作用、性質、變動及變動原因作為研究重心的一種可行方法；另外，它也指一組相互作用的要素。
David Singer	國際體系是最廣泛的分析層次，使觀察者可以將國際關係做一個整體來研究；也就是說，觀察各國之間的全球性行為模式，以及國家之間相互依賴的程度。其內容涵蓋在世界政治中能力、資源及地位的整體性分配情況。
Immanue Wallerstein	是一個實體，這種實體具有單一的勞動分工與多元文化；作為一個體系，其主要涉及三個方面，亦即世界經濟、世界政治與文明。
Bruce Russet, Harvey Starr	一個國際體系就是一套彼此互動著的要素。
Kenneth N. Waltz	體系構成單元之間的排列原則、功能差異以及力量分佈。
林碧炤	體系代表一套因素或單位，它們在某一範圍內彼此相互行動。

資料來源：Robert L. Plalezgraff Jr., James E. Dougherty，胡祖慶譯，**國際關係理論導讀**（台北：五南圖書出版公司，民國82年）頁98-9；K. J. Holsti, *International Politics: A Framework for Analysis* (Englewood Cliffs, New Jersy: Prentice-Hall, Inc., 1983, 4th ed., p.96; 王逸舟，「西方國際政治學」，**歷史與理論**（上海：上海人民出版社，1998年）頁556-7；林碧炤，**國際政治與外交政策**（台北：五南圖書出版公司，民國82年）頁133；Bruce Russet, Harvey Starr, 張明澍譯，**國際政治**（台北：五南圖書出版公司，民國84年），頁12-14；P. A. Reynold，張敏秋、劉金質譯，**國際關係學**（台北：風雲論壇出版社，民國86年），頁221-2。

綜合上述，誠如國內學者林碧炤的研究所顯示，在國際關係理論界當中，國際體系的概念可分為兩種看法[5]：其一是國際政治體系，也就是指包括古代國際體系及1648年以後的近代國際體系；另一則是以理論建構方式，建立幾種模式，以利說明國際政治的變化。不過，對於林碧炤認為，1648年以後國際體系是近代國家體系，由於國際體系由國家為唯一成員，逐漸轉變為含括其他具有國際政治影響力的非國家組織或個人，實際上無法單純以「國家體系」論之，因此有值得商榷的必要。本章對於國際體系的定義則為，「以國際為一個整體的架構下，各行為單元相互接觸影響，進而形成一個包括合作、衝突、溝通、貿易等在內的互動關係。[6]」另一方面，對於國際體系的理論分析，有助於理解國際政治的形成、結構及其運作

---

[5] 林碧炤，**國際政治與外交政策**（台北：五南圖書出版公司，民國82年），頁133。

[6] 此一定義與國內政治學者柯玉芝所提出的相類似，不同之處在於此處所謂國際體系行為者不僅是指國家，還包括其他非國家行為者。柯玉芝，「從國際體系變遷看後冷戰時期中共與日本之外交關係」，**中國大陸研究**，第41卷第6期，民國87年6月，頁20。

表2-2　國際關係主要學派有關國際體系內涵與特色主張

學派	國際體系內涵	國際體系特色
自由主義	有秩序的道德體系	國際機構或組織建構起秩序與規範
現實主義	呈現無政府狀態	以權力為中心
新現實主義	呈現無政府狀態	由大國所建立的權力結構所主導
新自由主義	呈現無政府狀態	互相依存
馬克思主義	世界體系理論	呈現中心—邊陲狀態的階級剝削
建構主義	國家觀念造就無政府狀態	社會建構

資料來源：Judith Goldstein and Robert Keohane, eds., *Ideas and Foreign Policy* (Ithaca: Cornell University Press, 1993) pp.6-24; Paul R. Viotti and Mark V. Kauppi, *International Relations Theory: Realism, Pluralism, Globalism* (New York: Macmillan, 1993) pp.2-60; Alexander Wendt, "Anarchy is What States Make of it: the Construction of Power Politics", *International Organization*, Vol.46, No.2 (1992), p.391.

效能。因此，以國際體系的實際發展為基礎，檢視國際關係各主要學派有關國際體系的觀點，成為探討此一議題的必要途徑。

　　在國際體系內涵與特色論述方面，各主要國際關係學派的觀點可以參考表2-2所示。

　　根據上表內容可知，在國際體系的內涵上，除了理想主義（Idealism，或稱自由主義）與馬克思主義（Marxism）之外，其他學派都認為國際體系是處於無秩序或無政府的狀態（anarchy）[7]，就連新自由主義(Neo-Liberalism)也一反過去自由主義的立場，承認國際體系處於無政府狀態[8]。儘管如此，上述主張國際體系呈現無政府狀態的學派對於體系特色的論述仍然存在著不同程度差異。現實主義（Realism）強調國家權力，新現實主義（Neo-Realism）更進一步指出國際體系受到強權所建立起的結構所主宰，因此該學派亦稱為「結構現實主義學派（Structural Realism）；新自由主義則認為「互相依存（Interdependance）」才是體系的首要面貌；至於建構主義（Constructinalism）認為國際無秩序的客觀現象，是由於國

---

[7]　秦亞青，「國際體系的無政府性-讀溫特的『國際政治的社會理論』」，美國研究，2001年第3期，2001年3月，頁3-6；鮑德溫著，蕭歡容譯，新現實主義和新自由主義（浙江：浙江人民出版社，2001年），頁44-56。

[8]　Waltz便曾指出，新自由制度主義的核心仍然是結構現實主義，所以其研究必然與結構現實主義相似。Kenneth Waltz, "Structural Realism after the Cold War," International Security, Vol. 25, No. 1 (Summer 2000) pp. 24-25. 關於新自由主義有關無政府狀態國際體系的論述，請參見Robert O Keohnae , *International Institutions and State Power: Essays in International Relations Theory* (Boulder: Westview Press Inc, ,1989) pp.7-8., p.47, pp.104-105.

家間共享的「觀念」所形成的。這樣的觀念一旦改變，國際體系的內涵也會隨之而起變化。換句話說，無政府狀態是國際體系行為者透過互動所「社會建構」的結果[9]。不同的初始行為，通過互相反應機制，產生出不同特徵的無政府狀態。因此「無政府狀態是國家造就的」[10]，實際上並不存在無政府邏輯的必然性。此外，對於馬克思主義論者而言，現行的國際體系是按照「中心－邊陲」的方式所排列而成的剝削的不公義的秩序關係，此觀點與主張體系「功能」論點的自由主義學派看法正好相反。

二、國際體系成員、屬性與目標

就國際體系成員而言，國際關係各主要學派的觀點可參考表2-3所示。

由於現實主義與新現實主義在國際關係理論中的主流地位，使得主張以國家作為國際體系的基本單元的國家中心主義廣受各方接受[11]。然至1970年代起，世界環境發生了很大的變化使現實主義的基本假定遭受質疑，因而自由主義思潮再起。例如Robert Keohane和Joseph Nye等兩位學者便否定了現實主義的核心概念，認為國

表2-3 國際關係主要學派有關國際體系成員、屬性與目標看法一覽表

學派	體系成員	屬性	任務與目標
自由主義	國家	良善守法	建立世界政府，維持永久和平
現實主義	國家	理性自利	追求權力為職志
新現實主義	國家	理性自利	國家的使命在於生存，權力極大化將使得國家安全更形鞏固
新自由主義	不限於國家	理性自利	追求國家利益最大化及制度性權力
馬克思主義	階級體系	階級鬥爭	打破階級剝削與不平等現象
建構主義	國家	觀念建構	國家的目標是透由認知學習而來。

資料來源：胡宗山，「假設、模型、範式：方法論視角的國際關係理論」，歐洲研究，2004年第4期，2004年4月，頁3-6；秦亞青，「國際關係理論的核心問題與中國學派的生成」，中國社會科學，2005年第3期，2005年3月，頁170-1。

---

[9] 秦亞青，「國際政治的社會建構-溫特及其建構主義國際政治理論」，歐美季刊，第15卷第2期，民國90年，夏季號，頁235。

[10] Alexander Wendt, "Anarchy is What States Make of it: the Construction of Power Politics," International Organization, Vol.46, No.2 (1992), p.391；秦亞青，「國際體系的無政府性」，美國研究，2001年第2期，2001年2月，頁32。

[11] 胡宗山，「假設、模型、範式：方法論視角的國際關係理論」，歐洲研究，2004年第4期，2004年4月，頁3-6。

家不是唯一的國際行為體[12]。其他自由主義學派也圍繞這個核心問題提出質疑[13]。從根本上說，上述兩個學派的爭論，涉及國際行為主體的認定，亦即國家是否是國際體系中唯一具有意義的單一性和理性行為體；所以，同樣也可以把兩派稱之為國家中心（State-Centric）理論和多元中心（Multi-Centric）理論。有趣的是，近年來正當新現實主義論者逐漸正視「非國家」組織在國際體系中所扮演的角色同時，新自由主義也為了解決其理論困境，而逐漸接納國家為國際體系唯一成成員的「國家中心主義」傾向[14]。此外，兩個學派也以國家作為一個整體進行分析，忽略國家內部對其行為所產生的作用。

　　建構主義則效仿了Waltz的系統理論，把國家假定為自行組織的、先於國際社會的行為體，因此把國家比擬為人，從社會角度探討社會層面的關係。因此，建構主義認為至少就中期而言，國家是國際體系的主要成員[15]。至於馬克思主義在國際關係領域的分析單位並非國家，而是階級和世界體系，它視階級衝突為國際政治進化的主要動力，強調世界歷史的進程性和世界體系的革命性因素；然而，儘管馬克思認為國家終將消滅，但在探究世界體系時，卻仍以「國家」所處中心或邊陲位置，作為理論探討基礎。所以，在國家被完全消滅以前，仍然是探討世界體系的唯一單位。因此，可以說儘管自由主義與新自由主義及馬克思主義反對國家做為國際體系的單一角色，但實際在分析國際體系時，新自由主義與馬克思學派基於理論困境不得不仍以國家作為分析首要，甚至是唯一的對象[16]。

　　在國際體系行為者的屬性方面，現實主義和新自由制度主義都遵循理性主義（Rationalism）的研究模式，主張國家是理性的國際行為體[17]。所以Keohane將這些理論統稱為理性主義理論（Rationalistic Theories）[18]。其原因在於無政府狀態所

---

[12] Robert Keohane and Joseph Nye, *Power and Interdependnece: World Politics in Transition* (Boston: Little, Brown, 1977).

[13] Graham T. Allison, *Essence of Decision: Explaining the Cuban Missile Crisis* (Boston: Little, Brown, 1971).

[14] 參見秦亞青，「權力、制度、文化-國際政治學的三種體系理論」，世界經濟與政治，2002年第6期，頁33。

[15] Alexander Wendt, "Anarchy is What Sates Make of It: The Social Construction of Power Politics," p.392.

[16] Robert Keohane, *International Institution and State Power: Essays in International Relations Theory*, pp.158-179.

[17] 時殷弘、葉鳳麗，「現實主義、理性主義、革命主義」，歐洲，1995年第3期，1995年3月，頁4。

[18] Robert Keohane, "International Institutions: Two Approaches," *International Institutions and State Power: Essays in International Relations Theory* (Boulder: Westview, 1989), pp.158-179.

產生自求多福的環境;為此,國家必須運用合理、明智的手段和措施,既能做到成本最小、獲益最大,同時又能使行為控制在自己的能力範圍之內[19]。其目標即在於,實現利益(權力、安全、福利)最大化,同時必須透過占有權力維持均勢、增強實力實行自助,或是創設國際制度進行合作,以確保自身安全。值得注意的是,面對主張相互依存、國際制度、國際合作的新自由主義的挑戰,新現實主義在權力研究中也開始重視經濟實力,強調國際政治與國際經濟相結合,並且同意體系中不僅存在國際衝突也存在國際合作的觀點[20]。這樣的改變,使得新現實主義與新自由主義在有關國際體系方面的論點,存在越來越明顯的「趨同」現象。

建構主義則不屬於因果理論(Causal Theory),該學派強調解釋變數本身就存在於被解釋的現象之中,無所謂獨立存在和時間上的先後順序。因果理論的目的是對事物的原因進行說明,而建構主義的目標是要弄清楚,是什麼具體說明了現象,而不是現象為什麼產生。因此,可以說建構主義屬於屬性理論,它利用存在的結構來解釋事物的屬性,著重探討的是體系的屬性是如何被建構的。但必須說明的是,基於認識論角度而言,建構主義並不必然與因果理論相異,相反,它也尋求其解釋與客觀世界的符合問題。在國際關係領域,建構主義強調國際社會存在以共有知識和文化為根本因素的觀念結構,觀念結構制約國家的規範和認同,並影響國家對各自利益和行為的判斷,物質性因素要通過觀念結構才能影響國家行為[21],因而反映出身分、認同和文化是國家的核心屬性,並主導、操縱著國家的活動與目標選擇。

三、國際體系的維持與變遷

在國際體系的維持方面,現實主義與新現實主義主張權力平衡將是國際穩定的關鍵因素[22]。兩者相較,新現實主義更進一步強調國家行為是由由強權合縱連橫產生的國際結構所形塑[23];新自由主義與傳統自由主義認為國際典則(International

---

[19] 在國家追求權力最大化方面,防禦性現實主義主張維持現有權力分配現狀;進攻性現實主義則認為應該盡可能的爭取霸權地位。參見李永成,「被誤讀的米爾斯海默—也談進攻性現實主義與單邊現實主義關係」,**國際觀察**,2004年第5期,2004年5月,頁6-14。

[20] 崔海寧,「現實主義權力理論比較分析」,**國際關係學院學報**,2004年第1期,2004年1月,頁6-7。

[21] 倪世雄著,**當代西方國際關係理論**(上海:復旦大學出版社,2001年),頁230-1。

[22] 漢斯・摩根索,**國際縱橫策論:爭強權、求和平**(上海:譯文出版社,1987年),頁228-33。

[23] Waltz, *Theory of International Politics* (MA: Addison-Wesley, 1979), pp.79-101.

Regime）與國際機構是國際秩序的穩定支柱[24]，然而兩者不同之處在於，前者主張國際體系影響著國家行為，後者則反是[25]；馬克思主義與建構主義則認為國際結構與其成員之間乃為互相形塑的關係；前者認為國際結構制約著國家行為，但是國際體系一如國內社會一般，是屬於資本主義的體系，因此形成資本國家壓迫弱小國家的階級剝削情形，唯有透過「階級鬥爭」方能解決剝削問題，方能得國際體系達成最終的穩定狀態；後者則主張國際秩序雖然主宰著國家的行為，但是國際秩序是由國家間的互動所形成的一種規範體系，因此國家也可以反過來影響國際體系的建立、維持與改變[26]。

　　至於國際體系的變遷方面，新自由主義對於體系變遷的基本假設在於：（一）假若沒有國家認為改變體系是合乎利益，體系就會穩定；（二）假如某一國家的期望利益超過期望成本，其將會企圖改變體系；（三）某一國家將會使用領土、政治和經濟擴張，藉以改變國際體系，一直到邊際成本等於或超過邊際利益；（四）當成本與利益達到平衡時，維持平衡的經濟成本將比支持現況所需的能力上升的更快；（五）假若體系內的不平衡不能解決，體系將會改變，新的平衡隨著出現，反應新的權力分配。對於新現實主義來說，雖然其結構的表現形式可以改變，但是，國家追求權力的自私本能和國際無政府狀態的本質永遠不會改變，因此，國際政治的性質也永遠不會改變[27]。建構主義則指出這些被現實主義認為不變的因素實際上是變化的。這些觀念結構由社會建構而成，如果行為者的互動方式發生變化，國際體系的結構也會隨之改變。同時，由於建構主義對體系的變化採取「進化」觀點[28]，因此主張體系的變化不僅是可能的，而且也是可欲的。

---

[24] 請參閱Ole Waever, "The Rise and Fall of the Inter-Paradigm Debate," in Steve Smith, Ken Booth, and Maryasia Zalewski, eds., *International Relations Theory: Positivism and Beyond* (Cambridge: Cambridge University Press, 1996), pp.149-85.

[25] 秦亞青，「國際關係中的進程因素」，中國書評，1998年總第13期，1998年1月，頁5-18。

[26] Wendt指出，體系結構有兩種作用，一是因果作用，二是建構作用，即體系結構不僅對行為體行為產生影響，也塑造了行為體的認同。

[27] John M. Hobson著，周劭彥譯，國家與國際關係（台北：弘智出版社，民國92年），頁41-3。

[28] 秦亞青，「國際政治的社會建構-溫特及其建構主義國際政治理論」，頁256-7。

參、國際體系過去發展的歷程

　　火藥的引進不僅摧毀了封建制度所賴以維生的城堡，各政治、宗教集團之間的競爭也促使歐洲民族國家的成立，並在歷經大大小小戰爭後所達成西發里亞和約（Peace of Westphalia），成為現代國際體系的濫觴[29]。然而現代國際體系並非在1648年的某個一夕之間所產生出來的，在此之前的歷史發展中各項主客觀因素與偶、必然事件，都直接或間接促成此一具現代意義國際體系的出現與運作。因此，探索國際體系的過去，對其現狀的理解與未來發展的預估，均有著不可忽視的意義[30]。本節將分從國際體系的緣起、演變與未來展望三個部分加以探討。

一、國際體系的源起（西元前6萬年～1648年）

　　儘管不同國際關係派別對於國際體系發展的歷程，存在著不同解讀與看法，有時甚至引起激烈的爭論[31]。然在國際體系形塑上，Barry Buzan的研究值得做為國際體系探討的參考，他將世界史設定了三個轉捩點[32]：

（一）是大約西元前6萬年至4萬年前現代國際體系（pre-international sys-tems）的出現。在這段期間裡，採獵群的興起使得人類相互作用的效果開始延伸到遙遠的距離，顯示前現代國際體系的開始；

（二）是大約西元前3500年第一個國際體系（international systems）成型之時，被認為是文明開始的標誌；

（三）西元1500年左右，現代全球國際體系（the modern global international system）最早成型之時。從此時起，野蠻和文明的群體之間在空間上截然地分開了。其中，政治權力和社會等級的制度化的出現，體現了這些前現代國家的鞏固，標誌著最突出的轉捩點。城邦國家和王國（city-states and kingdoms），構成了第一個國際體系，它們更加穩定和持久。這些單位通過明確的「國際」方式相互聯繫在一起，其方式包括貿易、外交、聯盟、軍事競爭和戰爭等。

---

[29] 李其泰，前揭書，頁7-10。

[30] Barry Buzan and Richard Little, *International Systems in World History: Remaking the Study of International Relations* (Oxford: Oxford University Press, 2000), p.1.

[31] 關於這一點可參見Richard Little著，劉德斌譯，「世界歷史、英國學派與國際關係理論」，**史學集刊**，第4期，2005年10月，頁1-16。

[32] Barry Buzan著，劉德斌譯，「世界歷史的分期與國際體系的演變」，**人民網強國論壇**，2005年7月11日，網址：http://bbs.people.com.cn/bbs/ReadFile?whichfile=12354&typeid=40。

　　儘管有些學者主張在現代意義國際體系真正成形之前，可以粗略劃分為兩個發展階段[33]：第一階段為全世界各帝國的興衰循環體系；當時國際體系歷史是由「統一與秩序」（Unified and Ordered）為主要特徵所構成的以帝國的繼承或循環為中心的國際社會；到了西元1500年以後，帝國循環體系由於被民族國家、持續的經濟發展和世界市場經濟所打破，國際體系發展因此進入第二個階段，也就是在歐洲所興起一種由強大的獨立國家組成的無政府體系，體系內國家能夠阻止任何帝國的出現。然實際上，帝國型態與權力平衡型態始終並存，或形成交互替換狀態；前者如希臘城邦與波斯帝國並存，後者如周、漢朝統一性帝國之後隨之而來的春秋戰國或三國時期等「合久必分，分久必合」的循環型態，均印證了這樣的情況。

　　以長期眼光觀之，西元1500年的關鍵性在於，民族國家不僅被證明為比其他類型組織更具戰爭能力，也是最有效率的經濟單位[34]；因此整個世界由「前現代」時期跨越至「現代」階段，在這一時期裡不僅產生出一種新的歷史單位（民族國家），而且活動能力的重大突破，亦即遠洋帆船的建立與營運觸發了第一個全球規模的國際體系的出現[35]。使得原本全世界少有互動聯繫的各個國際社會，無論是處於帝國秩序或均勢環境嚇得成員，都隨著歐洲體系的單向性擴張而形成世界性的經濟體系，被依照中心、半邊陲及邊陲方式予以定位[36]。Halford J. Mackinder便指出十六世紀之後，歐洲人得以從歐洲的地塊上解脫出來，把封閉的歐洲體系轉換成一種開放的體系[37]。換句話說，國際體系原本存在著因共同身份與文明認同而劃分的國際社會[38]；自此時起，隨著主權和平等國家所構成的歐洲國際社會逐漸拓展，逐漸改變了整個國際體系的樣貌。

---

[33] Robert Gilpin, *War and Change in World Politics* (Cambridge: Cambridge University Press, 1981), pp.110-1.

[34] Hendrik Spruyt, "Institutional Seclection in International Relations: State Anarchy as Order," *International Organization*, Vol.48, No.4 (1994), pp.527-8.

[35] McNeill, William H., "'The Rise of the West after Twenty-five Years," in *The Rise of the West: A History of the Human Community* (Chicago: University of Chicago Press, 1991), pp.xv-xxx.

[36] Immanuel Wallerstein, *The Modern World- System* (New York: Academic Press, 1974), pp.4-61.

[37] Halford J. Mackinder, "The Geographical Pivot of History,"*Geographical Journal*, No.13 (1904), pp.421-437.

[38] Christian Reus-Smit, *The Moral Purpose of the State: Culture, Social Identity and Institutional Rationality in International Relations* (Princeton: Princeton University Press, 1999), p.6.

二、國際體系的演變（1648～1989年）

　　誠如前節所述，儘管1500年在國際體系發展上，具有關鍵性的地位。但要等到將近一個半世紀以後，也就是1648年西發里亞條約的簽訂，才標誌著現代國際體系的正式出現[39]，此時國際體系的成員民族國家正式出現，並且具備行使主權的政府、固定的人民及其所居住的疆界[40]。隨著資本主義生產方式的發展及西方強權的殖民地擴張，自十九世紀中期起世界性的國際體系開始成形[41]，形成一個單一性的國際社會[42]。到了二十世紀初期時，歐洲強權列奪各地領土、輸出資本並擴大國際貿易，使得全世界連結成一個有機整體[43]。歐洲的支配地位帶來的直接結果是，歐洲國際社會的規則與機制，成為趨於成形的全球國際社會的規則與機制。直到第一次世界大戰結束為止，歐洲國家之間雖然存在一套相互交往規範、程序，但和平的維持卻依靠著極為脆弱的大國之間的力量均勢，一旦均勢被打破，戰爭就無法避免。在這樣的國際體系中，主權國家各自追求自身利益時奉行的是權力政治（power politics）原則，戰爭和戰爭賠款被普遍接受為謀求國家利益的合法手段而不會受到譴責，均勢考慮成為各國外交基本的指導觀念[44]。從嚴格的意義上說，歐洲乃至整個國際社會並無一個秩序可言。但第一次世界大戰導致歐洲乃至整個國際體系傾覆，不僅使美國看到了戰後建立新的國際秩序的必要性，因此威爾遜謀求建立的國際秩序的核心是以自由國際主義（Liberal Internationalism）秩序取代近代以來歐洲盛行的權力政治秩序[45]。儘管如此，由於國際聯盟成效不彰，讓維護國際秩序的理想成為空洞的理念，也無法阻擋另一個更慘烈的世界性戰爭悲劇的爆發[46]。第二次世界大戰結束後，日、德退出體系強權之列，全球因此走向冷戰體系[47]，此

---

[39] Adam Watson, *The Evolution of International Society* (London: Routledge, 1992), p.241.

[40] Frederic S. Pearson, J. Martin Rochester, 胡祖慶譯，國際關係（台北：五南圖書出版公司，民國81年），頁27。

[41] Hedley Bull and Adam Watson, eds, *The Expansion of International Society* (Oxford: Oxford University Press, 1984).

[42] Yasuaki Onuma, *"When was the Law of International Society Born? An Inquiry into the History of International Law from an Intercivilizational Perspective,"* *Journal of the History of International Law,* Vol.2 (2000), pp.1-66.

[43] 王祖繩主編，國際關係史第三卷（北京：世界知識出版社，1995年），頁8。

[44] Paul Kennedy著，張春柏、陸乃聖等譯，霸權興衰史（台北：五南出版社，民國84年），頁181-245。

[45] 王立新，「美國的國際秩序觀與遠東國際體系的演變（1900－1945）」，東南亞研究，2003年第4-5期，2003年5月，頁23-28。

[46] Henry Kissinger著，顧淑馨、林添貴譯，大外交（上）（台北：智庫文化，民國87年），頁289-516。

[47] 有關冷戰體系的起源，參見Kenneth M. Jensen ed., *Origin of the Cold War: The Novikov, Kennan*

時的國際體系具有下列特點[48]：其一仍然是均勢；其二是在結構上呈現明顯的兩極型態；第三則是十分強調意識型態的作用。因此，在第二次世界大戰之後，全球體系先形成緊密的兩極體系，接著轉變為鬆散的兩極體系，直到1989年才因「蘇東波」風潮及其後前蘇聯的瓦解，才再度發生重大轉變。

這段期間國際體系所發生的變化，可以引用Frederic S. Pearson, J. Martin Rochester的研究來加以說明。在表2-4的列強數顯示出國際體系一開始呈現出多極化的特色，這樣的情況在但1800年後開始穩定成長並於1910年達到最高峰，全球共計奧、法、英、德、俄、義、日與美國等八個強權國家；但是由於戰爭的消耗與破壞，第二次世界大戰結束時，只剩下兩個超級強權主導國際局勢的發展走向了。然而，如果因此而認為以帝國為中心的霸權體系從這一時期開始便不復存在，就大錯特錯了。不僅十六世紀以降的歐洲國家之間，儘管形成均勢狀態，但各國家所擁有在歐洲以外地區的殖民地，也形成的統一與秩序狀態的帝國體系；此後繼西班牙之外，十九世紀更出現出現全球性的大英帝國。即便是在殖民地主義消亡的冷戰時期兩極體系裡，美蘇各自集團成員國家也按照關係遠近的方式加以排列，並視對方為「社會主義帝國」與「資本主義帝國」。不結盟國家的出現，雖然鬆動了兩極體系，但並未在本質上改變這樣的情況。誠如阮銘與張怡菁的研究所指出，雅爾達密約所形成的兩極體系，實際上將全世界瓜分別屬於美國的民主與前蘇聯的社會主義勢力範圍，形成彼此勢均力敵的權力平衡狀態[49]。

同樣重要的趨勢是，隨著體系各國互賴程度日益加深，越來越難單靠一國之力解決所遭遇的問題，因此於1815年所成立目的在於保障各有關國家在萊茵和流域的航行自由與平等待遇的「萊茵河航運管理委員會」（Central Commission for the Navigation of the Rhine）政府間組織（IGO）[50]，成為國際組織興起的濫觴，也使得由國家所壟斷的國際體系，逐漸朝向多元化方向邁進。此後其他具有國際影響力的政府間組織或民間組織，如國際聯盟、聯合國等相繼如雨後春筍班的成立，使得國際體系按照不同性質的議題有著影響力大小不等的多元化成員。

---

and Roberts "ong telegrams" of 1946 (Washington D.C.: United States Institute of Peace Press, 1993).

[48] 代兵、孫健，「論中國與國際體系關係」，2000年第12期，2000年12月，頁11-26。

[49] 阮銘、張怡菁，歷史的錯誤：台美中關係探源（台北：玉山社，民國95年），頁85-108。

[50] 李國威，國際關係論（台北：商務出版社，民國89年三版），頁23。

表2-4　國際體系的「極化」分佈一覽表

強權	1700	1800	1875	1910	1935	1945-89
土耳其	⊙					
瑞典	⊙					
荷蘭	⊙					
西班牙	⊙					
奧（匈帝）國	⊙	⊙	⊙	⊙		
法國	⊙	⊙	⊙	⊙	⊙	
英國（大英國協）	⊙	⊙	⊙	⊙	⊙	
德國（普魯士）		⊙	⊙	⊙	⊙	
俄國（蘇聯）		⊙	⊙	⊙	⊙	⊙
義大利			⊙	⊙	⊙	
日本				⊙	⊙	
美國				⊙	⊙	⊙

資料來源：Frederic S. Pearson, J. Martin Rochester，胡祖慶譯，國際關係（台北：五南圖書出版公司，民國81年），頁34。

三、國際體系的現狀與未來（1989年至今）

　　對於現今屬於何種國際體系，學者間可說是爭論不休；有些學者延續過去的說法稱之為「後冷戰體系」，認為此一體系是未來多極體系真正來臨前的過渡階段。另外一些學者則強調，美國成為世界唯一超強的時代已經十餘年了，在可見的前景中仍將維持這樣的情況，因此主張應稱為「單極體系」[51]。至於有關國際體系往後走向的看法，學者們的意見更是莫衷一是[52]。

　　事實上，美國在二十世紀90年代實現了長達十年的經濟繁榮，強大的經濟實力和軍事力量再次成為美國稱霸世界的堅實物質基礎，這為強調物質力量尤其是軍事實力並且謀求體系霸權[53]。然「後冷戰時期的矛盾現象[54]」加上「九一一」事件的

---

[51] 彭懷恩編著，國際關係與現勢Q＆A（台北：風雲論壇出版社，民國91年），頁70-3。

[52] 關於這一點，可參閱Kenneth N. Waltz, "Structural Realism After the Cold War," *International Security*, Vol.25, No.1 (2000), pp.5-41; William C. Wohlforth, "The Stability of a Unipolar World," *International Security,* Vol.24, No.1 (1999), pp.5-41; John G. Ikenberry, *After Victory: Institutions, Strategic Restraint, and the Rebuilding of Order after Major Wars* (Princeton: Princeton University Press, 2001).

[53] 崔海寧，前揭文，頁6-7。

[54] 矛盾現象主要有三個面向：（一）一些國家擁有良好的武器，卻眼睜睜看到世界存在屠殺；

發生，國際形勢發生深刻的變化，國際體系正在由無政府狀態下的國際均勢體系向以相互依存狀態為主要特徵的新的國際體系轉變。特別是美、伊戰後，美國的單極霸權地位已獲得確認，法德等國無法組成牽制美國的力量，但在許多議題上，美國仍然需要國際的多邊合作[55]。因此美國儘管成為當今唯一超級大國與全世界權力的中心，但其他強權國家或組織，例如中共、日本、俄羅斯與歐盟的力量也正在同步增加當中，形成「一超多強」的格局[56]。與此同時，由於經濟和政治不平衡發展規律的作用，國際戰略格局在向多極化曲折發展過程中呈現多層次結構。這些將對當前及今後國際關係的發展和國際關係理念的演變產生重大影響。

　　目前，國際體系內涵呈現出下列特色，且這些特色的發展趨勢，將在相當程度上牽動著體系未來的前景[57]：

（一）經濟全球化與地區經濟一體化

　　二十世紀80年代以來，在國際競爭日趨激烈的形勢下，經濟全球化呈現出全方位發展的態勢。世界各國、各地區經濟在貿易、投資、金融等領域的相互滲透和相互依存大大加深，經濟體之間相互流通的障礙不斷減弱，經濟融合的需求在日益加強。與此同時，以資訊技術為核心的新科技革命潮流也在強勁地推動經濟全球化潮流。地區經濟一體化趨勢是經濟全球化趨勢的一個發展階段，又促進了經濟全球化趨勢的發展。這兩種趨勢有利於世界範圍內生產力的迅速提升，促進了國家之間、特別是各強權間經濟上相互依存關係的增強。但另一方面，經濟全球化既是機遇，也是挑戰。它可能導致一些發展中國家在全球經濟中的地位邊緣化，給金融資本在全球範圍的投機創造了更多便利的機會，使許多缺乏競爭能力的企業的經營者和雇員受到嚴重衝擊。

（二）一些國家糧食生產過剩，而世界上仍存在飢餓；（三）人人要和平，但不放棄手中武器。參見Charles Handy著，周旭華譯，**覺醒的年代—解讀弔詭新未來**（台北：天下文化出版公司，民國84年），頁6。

[55] 「美國單邊霸權仍須多邊合作」，中華資訊網，2003年4月20日，網址：http://www.ttnn.com/cna/news.cfm/030420/120。

[56] 陳重成、唐欣偉，「中國大陸崛起對當前國際體系的衝擊」，**遠景基金會季刊**，第6卷第4期，2005年10月，頁101-37。

[57] 夏立平，「國際關係體系轉變中的戰略思考」，上海國際問題研究所，2004年1月18日，網址：http://www.siis.org.cn/focus/gjwtlt/2003/lpxia.htm。

（二）非傳統安全威脅對國際關係的影響

　　非傳統安全威脅又可以稱為全球問題、跨國問題或低政治問題，包括環境污染、全球變暖、人口爆炸、毒品走私、國際犯罪、恐怖主義、愛滋病等。非傳統安全威脅有兩個重要特點。一是具有全球性和全人類性。這些問題不是某些國家和局部地區存在的個別問題，而是在世界範圍內普遍存在並且關係到整個人類的問題；二是就其後果的嚴重性，它不是人類社會發展中遇到的一般困難和障礙，而是威脅人類的生存和發展，決定人類命運的重大問題。近年來非傳統安全威脅日益突出，造成安全問題的多元化和全球化，對國際關係的影響越來越大，導致各國安全需求的多樣化。這大大增加了世界各國之間的共同利益，使它們不得不積極進行合作來應對和解決這些問題。

（三）非國家行為體在國際關係中的作用大大增加

　　非國家行為體包括跨國公司、非政府組織、恐怖主義組織等。近年來，非國家行為體已經成為國際關係中的重要行為者。現在一些非國家行為體能擁有原先只有國家才能掌握的資本和手段。一些大的跨國公司的資本不僅「富可敵國」，甚至超過幾個中等國家的國內總產值之和。國際上的非政府組織種類繁多、活動領域廣泛，在國際關係、國際政治以及各個領域的聲音越來越引人矚目。冷戰結束後，恐怖主義組織及其活動有較大發展，成為人類社會的新威脅，「九一一」事件就是一個最突出的例子。這些非國家行為體對國際關係產生著重大影響。

（四）國際戰略格局呈現多層次結構

　　由於經濟和政治不平衡發展規律的作用，國際戰略格局在向多極化曲折發展過程中呈現多層次結構。在政治領域方面，由於非傳統安全威脅對國際關係的影響越來越大和各國之間的共同利益上升，世界各國，特別是各大國不得不通過協商和協調以解決分歧和控制傳統安全威脅，並進行合作對付非傳統安全威脅；在經濟領域，隨著歐盟一體化進程的進展、北美自由貿易區的建立和東亞地區經濟合作的發展，多極化正在逐漸形成。世界經濟的多極化將促進世界力量的均衡化趨勢。至於在在軍事領域方面，國際格局仍然是單極，美國是世界上唯一的具有全球大規模力量投送能力和全球作戰能力的軍事超級大國，儘管如此，但許多跨國問題並不是用軍事力量就能解決的。

必須強調的是，無論是一超多強或是單極體系，帝國型態霸權體系仍然存在；美國前國家安全顧問Zbigniew Brzeninski便明確指出，雖然與過去帝國體系內涵有所不同，但美國在後冷戰之後成為全球僅存帝國則殆無疑義[58]。Robert D. Kaplan更從歷史教訓的角度，分析美國擔當帝國霸權角色所應採取的政策，並認為唯有如此方是世局長治久安的必要手段。特別是，在Kaplan的眼中，帝國政治體制從過去到未來始終存在[59]，關於這一點可從本章前述內容中得到歷史實證。至於是否如其所言為穩定世局良策，則見仁見智了[60]。例如，F. William Engdahl就認為美國自1992年起的「伍弗維茨主義」與其後的「布希主義」式的帝國主義策略，是美國在地緣政治上的一場惡夢。

肆、結語

國際體系儘管不如某些學者所描述那樣全面的主導各行為者的活動，但仍然在相當程度上影響著成員的策略與態度[61]。因此，要深入探究國際關係就不能忽略其結構所扮演的角色與功能。本章在有關國際體系的探討方面，除了比較國際關係各主要理論觀點外，也透過國際體系的實際發展過程分析，檢視體系的界定、成員及其維持與變遷等三項主要議題。對此，可以歸納出下列體系發展的內涵：

一、國際體系是動態，而非靜態概念

與現實主義觀點不同，國際體系並非是一靜態的現象，而是呈現出動態與進化的特色。近代歐洲的國際體系是一個不斷擴展的有機體，它最初存在於西歐地區，十八世紀初擴及東歐地區。彼得大帝推行「西化」改革並領導俄羅斯進行一場勝利的對外戰爭（北方大戰1700～1721年），俄國得以加入了歐洲國際體系。其後的領土擴張又逐漸將巴爾幹諸民族納入歐洲國際體系。與此同時，西歐各海權國家的

---

[58] 參見Zbigniew Brzeninski著，林添貴譯，大棋盤：全球戰略大思考（台北：立緒文化，民國87年）。

[59] 參見Robert D. Kaplan著，杜默譯，戰之華：美國帝國主義大戰略（台北：時報文化，民國91年）。

[60] 參見F. William Engdahl, "The U.S.'s Geopolitical Nightmare," *Asia Times* (May 9, 2006), website: http//:www.atimes.com/atimes/China/HE09Ad01.html.

[61] Martin Hollis, Steve Smith, *Explaining and Understanding International Relations* (Oxford: Clarendon Press, 1990) pp.92-118.

海外擴張也日益成功，因此到了十九世紀末期，當日本和美國這兩個非歐洲強國崛起後，歐洲國際體系才擴展成為一個全球體系；再經過兩次世界大戰，歐洲國家相對實力下降，「歐洲中心地位」瓦解，歐洲國際體系便完全融入了世界國際體系[62]。因此，動態發展概念是認識國際體系的核心基礎。

可以說，國際體系是由原來以各文明或帝國所建構的各個國際社會，隨著全球化的開展而逐漸融為一體所致。儘管有學者認為「國際體系」與「國際社會」兩者觀念不可混為一談[63]，然而隨著國際體系的擴張與國家間互相依賴程度的日益深化等原因，現在要強調兩者之間的差別，並沒有太大的意義。

二、國際體系成員由單一而多元並蓄

國際體系於1648年正式確立以後，國家成為體系的唯一成員；然而1815年起，特別是後冷戰時期以後，隨著國家安全定義的改變與擴增，含括政治、經濟、社會、科技與心理等綜合國力成為國際結構中強權的評定標準之後，國家已經難以獨攬所有國際體系的活動；與此同時，許多富可敵國的企業，深具社會與政治影響力的個人，逐漸參與國際體系的發展，形成兼容並蓄的現象[64]。這樣的情況，同樣也反映在國際法體系上。一般而言國際法體系歷經了三個階段[65]：第一階段就是所謂「西發里亞」時期，在這個時期國家是國際法的唯一主體；第二階段為國際社會組織化時期，該時期由十九世紀下半葉展開，並於二十世紀完全形成。在這個階段中國際政府間組織與國家共同成為重要行為者；第三階段為全球化時代，在此階段任何能夠達到國際影響力的組織與個人，都被納入國際法規範之中。Thomas Friedman甚至認為就大歷史觀點而言，可分為三個「紀元」[66]：第一是從1492年至1800年，此時講究的是國家力量；第二是自1800年到2000年，主要變革的驅動者為跨國組織；最後一個紀元是在2000年以後，標誌著個人化時代的來臨。雖然在

---

[62] 計秋楓，「略論近代歐洲國際體系的建立與演變」，**人民網學術專欄**，2006年3月1日，網址：http://www.booker.com.cn/gb/paper18/6/class001800003/hwz39510.htm。

[63] 例如Hedley Bull認為國際體系不一定構成國際社會，但國際社會必然以國際體系的存在為先決條件，參見Hedley Bull, *The Anacharchical Society: A Study of Order in World Politics* (London: Cambridge University Press, 1977), pp.23-6.

[64] 有關非政府組織對國際體系的影響與作用，參見Robert O. Keohane and Joseph S. Nye, Jr. eds., *Transnational Relations and World Politics* (Cambridge: Harvard University Press, 1972), pp.374-84.

[65] 李潔，「全球化時代國際法的發展」，**江漢論壇**，2005年第11期，2005年11月，頁131。

[66] Thomas Friedman著，楊振富、潘勛譯，**世界是平的**（台北：雅言文化，民國94年）頁12-4。

時間分期上，存在著不同的看法，但對於體系成員多元化趨勢，卻存在高度的共識。

　　因此，在國際體系成員不斷增加的後冷戰時期，「全球政治」或「世界政治」取代「國際政治」或「國際關係」概念的同時[67]，「國際體系」概念也開始動搖。基於體系成員含括國家與非國家角色，或許以「全球體系」來取代「國際體系」並避免與「世界體系」理論混淆，更符合現實需求。

三、一超多強體系仍將成為未來體系模式

　　國際體系穩定與否，涉及到兩個主要的變數，其一為體系成員互動的基本模式是否改變；另一則為體系中爆發戰爭的次數與其所耗費的時間[68]。因此許多學者對主宰成員互動類型與戰爭是否易於爆發的「極化」現象感到相當程度的興趣並提出不同的見解。例如Robert Gilpin認為一極結構更能保證和平[69]；Karl Deutsch與David Singer認為當國際體系由兩極趨向多極時，戰爭風險與衝突強度亦相映減少[70]；Richard N. Roscrance提出兩極多元的和諧與對立特徵，保障世局呈現穩定狀態[71]；Bruce Bueno de Mesquita認為極的數目與戰爭概率無關，同盟結構才是問題的核心[72]。然而，從歷史經驗可以發現，兩極結構容易導致規模較大的戰爭，而多極結構容易發生小規模的戰爭[73]。對於Waltz堅持兩極體系有助於維持國際體系的穩定，同時也認為此一結構是1945年以來強權沒有爆發大戰的結構因素[74]。但事實上，核子武器所形成的「恐怖平衡」才是強權間維持基本和平的關鍵[75]。顯然，「威脅平

---

[67] 王逸舟，「西方國際關係研究的新課題：新視角」，外交評論，2006年第2期，2006年2月，頁1-4。

[68] Bruce Russet, Harvey Starr，張明澍譯，國際政治（台北：五南圖書出版公司，民國84年），頁104-6。

[69] Robert Gilpin, *War and Change in World Politics*, pp.102-10.

[70] Robert L. Plalezgraff Jr., James E. Dougherty，胡祖慶譯，國際關係理論導讀（台北：五南圖書出版公司，民國82年），頁107。

[71] 轉引自周世雄，國際關係：權力與制度（台北：五南圖書出版公司，民國92年），頁32-3。

[72] Bruce Bueno de Mesquita , "Measuring Systemic Polarity," *Journal of Conflict Resolution*, Vol.19, No.2 (1975), pp.187-216; Bruce Bueno de Mesquita, "Systemic Polarization and the Occurrence and Duration of War," *Journal of Conflict Resolution*, Vol.22, No.2 (1978), pp.241-67.

[73] 黃玉君、張貴洪，「關於戰爭根源的思考—兼評肯尼士‧N‧華爾滋的『人、國家與戰爭』」，中共浙江省委黨校學報，2002年第5期，2002年5月，頁74-9。

[74] Kenneth N. Waltz, "International Structure , National Force, and the Balance of World Power," *Journal of International Affairs*, Vol.21, No.2 (1967), pp.215-31; Kenneth N. Waltz, "The Stability of a Bipolar World," Deadalus, Vol.93, No.3 (1964), pp.88-909.

[75] George H. Quester著，蘭育璠譯，國際體系的攻擊與防禦（台北：國防部史政編譯室，民國93年），頁211-22。

衡」比「權力平衡」更能解釋體系的穩定與變遷，以及國家間戰爭與和平現象[76]。

　　然而，誠如美國甘迺迪學院院長Joseph Nye所觀察，美國在軍事方面擁有全世界無可匹敵的力量，但在經濟方面則與其他諸強並列；至於更下一層的跨國領域，則呈現出權力分散的現象，美國並沒有能力隨心所欲地主導[77]。甚至一場金融危機或社會騷亂就能導致比戰爭所造成的更大損失，成為國家安全所必須納入考量者[78]。這顯示出，國際體系不僅依照強弱劃分，更依照政治、經濟、軍事、社會心理與文化滲透力予以綜合評定。因此，可見的未來，美國是當今世界軍事能力方面的「一超」，其經濟力量亦執全球之牛耳，但在其他方面國際體系則呈現多強局面。這樣的情況致使科技的革新、人口的變化、大眾政治、意識型態的轉變、自然環境的變遷，以及國際經濟與軍事條件和作用等因素[79]，都將是體系維繫與否的重要變數。

　　回顧過去歷史，在國際體系的發展過程裡，權力平衡與帝國模式或同時存在，或先後替換，成為主要的兩大特色，同時也成為體系向前發展的重要指標。隨著冷戰的結束，民主主義與共產主義的意識形態區分已不再現，意味著國際環境應趨於「和平與合作」方向發展，甚至經濟力量凌駕軍事力量成為國際體系多極化首要特色[80]；但是在可見的未來，真正影響國際體系未來走向的將是以「中國模式」為首的威權主義發展模式，以及由美國所領導「民主和平」模式[81]；目前，前者正逐漸形成對後者的挑戰，同時各自逐漸形成利益共同體式的勢力範圍，使得「擴大民主」與「不干涉內政」成為彼此衝撞的威脅認知[82]；更有甚者，美國的「單極霸

[76] 有關「威脅平衡」論述，參見Alastair Iain Johnston, *Cultural Realism: Strategic Culture and Grand Strategy in Chinese History* (Princeton: Princeton University Press, 1995).

[77] Joseph S. Nye, Jr.著，蔡東傑譯，**美國霸權的矛盾與未來**（台北：左岸文化，民國91年），頁1-94。

[78] 喬良、王湘穗，**超限戰：對全球化戰爭與戰法的想定**（北京：解放軍文藝出版社，1999年），頁34-59。

[79] P. A. Reynold，張敏秋、劉金質譯，**國際關係學**（台北：風雲論壇出版社，民國86年），頁293-311。

[80] 於黯君，「『霸權空位』後的世界經濟」，**南京社會科學**，1996年第3期，1996年3月，頁66-70。

[81] 參見George Modelski, and William R. Thompson, "The Long and the Short of Global Politics in the 21st Century: An Evolutionary Approach," *Interntional Studies Review*, Vol.1 (Summer 1999) pp.109-16.

[82] 有關美國的「擴大民主」戰略，請參閱Henry Kissinger著，顧淑馨、林添貴譯，**大外交**（下）（台北：智庫文化，民國87年），頁1089-1129。中共視其為「新帝國主義」或「干涉主義」，並與中共所奉行的「不干涉內政」原則衝突，這種情況使得拉丁美洲及沙烏地阿拉伯的國家逐漸與中共建立起更加緊密的外交關係，並引起美國的疑慮與反對。有關論述參

權」國際體系認知，受到體系內更廣泛成員的對抗；因此，未來這兩個模式之間的互動，與強權間國際體系觀念（單極對多極）較量的結果，將決定國際體系的最終走向。

見陳佩堯、夏立平主編，新世紀機遇期與中國國際戰略（北京：時事出版社，2004年）。

羅天人

壹、前言

權力（Power）與國家安全（National Security）向來為國際關係重要的研究途徑之一。由於各國互動且利害關係趨使下的國際體系中，難免會有衝突發生，而一國的外交政策在追求國家安全，深恐他國的政策與行動危及本國安全。反之，他國亦有同樣的安全與需要。有時一國的安全政策與行為，雖說是自衛，也許威脅到他國的最大利益範圍或安全。在此假設前提下，為維繫國際間各國對安全的追求，並有效的約束權力的失衡可能引起衝突的局面發生，「權力平衡」（Balance of Power）和「集體安全」（Collective Security）制度的持續性研究與落實，到了二十一世紀的今天，仍為國際關係學者，探討國際間如何維持權力均勢以追求和平的基礎理論。

冷戰時期曾擔任美國國務卿的季辛吉，認為美國及盟國安全的重要基礎是透過「權力平衡」並輔以集體安全體系；亦即，一方面促成美國與中、俄間的權力平衡；另一方面加強北約和其他雙邊、多邊的盟約關係，即可消除危機，保有和平。冷戰結束後，國際體系的變化，由過去的兩極對立體系轉變為多極體系的格局，全球追求和平的理想更為殷切，權力與國家安全的議題必然是各國致力於生存發展的重要圭臬。現今，在全球化的腳步日益深化的國際現勢中，如何透過各國節制權力，防止權力過度的集中，並透過預防性安全的措施，維護國際間的和平，對於權力與國家安全的理論基礎，仍然為國際關係所重視的研究途徑。

貳、權力與權力平衡

一、權力研究的途徑

權力（Power）的概念，是國際關係研究的核心議題，由於國際間沒有用來解

決衝突的機構，因此衝突的方式與結果，通常都視當事國的權力大小而定[1]。而權力一詞在國際關係的研究，因學者的研究取向不同，其看法亦有所不同。國際關係為一種政治權力的現象，誠如摩根索（Hans J. Morgenthau）認為，人性本惡，充滿自私、罪惡以及暴力的傾向，人性本質即是追求權力，而國家既是由個人所組成的集體，也必然會為權力而鬥爭，因此，國際政治就如國內政治一樣，或為了獲取權力，各國往往會使用武力[2]。而在他的經典著作《國家之間的政治》一書中，他對於以權力鬥爭為主體的國際政治一節中，即開宗明義的說道：「國際政治就如同其他政治一樣，是一種權力鬥爭，無論國際政治的最終目的為何？權力總是最直接的目的。」杜意契認為，在一個國際競爭的環境中，權力所代表的是影響力，愈有實力的國家，影響力愈大。因此，影響力似乎是以該國國力為考量的依據。一般而言，一個國家權力的大小，通常從政治、經濟、軍事及是否有豐沛之自然資源為考量因素。

　　雖然大多數學者認為，權力是可以被衡量的，而其衡量的要素包括：（一）人口：廣大的人口為強權的必要條件，但是人口的素質與教育應為其重要的因素；（二）國家領土：因為廣大的領土，其所含的天然物質與資源較為豐富，可具體的展現其國力；（三）經濟：一個國家國民生產毛額（GNP）的多寡，判定其經濟實力；（四）軍事力量：一個國家的國防預算所占的比例、武器裝備及各軍種的戰鬥實力為衡量標準。然而，為了防止國際間的失序現象，而永無止境的追求權力的擴充，因此有「權力平衡」概念的產生，亦即，如何維持兩個敵對國家間均衡，或是相對權力的分配。

二、防止權力失衡的方式

　　現代權力平衡概念和牛頓平衡的宇宙概念有關。平衡概念為許多科學研究的基礎，就如，經濟學家認為維持經濟環境的穩定，必須供給和需求的平衡；化學家有謂穩定平衡狀態下的分解；生物學家則歸納出大自然的平衡狀態。而國際關係的理論學者則是以「平衡」作為民族國家權力關係的中心概念，似乎各個國家都依據「權力平衡」的各種方式去追求他們的安全[3]。而在權力平衡下，各國互相監視，

---

[1] Doughtery & Pfaltzgraff, *Contending Theories of International Relations* (New York: Harper & Row, Publishers, Inc., 1990), P.84.

[2] 沈玄池，**國際關係**（台北：高立圖書出版公司，2002年），頁21。

[3] 洪秀菊等譯，James E. Dougherty等著，**爭辯中之國際關係理論**（台北：黎明文化，1983年），頁26-27。

無一世界霸權（Universal Hegemony）有能力破壞此一平衡，這將可避免任何一國發動戰爭，而和平得以維持。

「權力平衡」為國際關係領域中，最古老、最持久和最受爭論的理論之一。就國際社會的發展過程，人類進入十五世紀時，已逐漸建立現代國家體系。由於追求國家利益的目標或有差異，也使得國際現實中潛存衝突競爭與對立的情境下，彼此間為了維持和諧，避免緊張情勢，以維持國際社會和平相處，因此產生了「權力平衡」的思想。首創此概念者，為十六世紀的義大利歷史學者琪西亞蒂利（Francesco Guicciardini），其後馬基維里（Niccolo Machiavelli）等政治思想家均有所闡述。早期「權力平衡」概念的提出，主要是國際社會並無一個超級政府可控制一切，支配各國之行為，於是國際政治學者依據歷史之演變，而有「權力平衡」的主張，期望奠定國際環境之穩定，使所有國家，均能永續發展[4]。當然，如何維繫國際間的和平及防止戰爭的出現，「權力平衡」是國際關係發展的重要依循。

自國際「權力平衡」體系存在以來，直到二次大戰結束時，國際間為分配均勢，或多元均勢，從戰後到1960年代末期，為兩極均勢，由1970年代開始，又逐漸走向傳統的分配均勢[5]。傳統上的權力平衡著重軍事均勢，現在與未來的均勢是多方面的，包括軍事、政治、外交、文化、經濟等均勢，但仍以軍事為均勢之首[6]。就歷史的發展而言，均勢的發展是由內向外的，參加均勢的大國，選擇的餘地較多，可以參與均勢，維持穩定的現狀或和平，亦可摧毀均勢，走向戰爭，所以選擇的路線，端視本身利益而定。現實的均勢，來自外在的因素較多，參與均勢的國家，因受現實環境所影響，已失去挑選的能力，唯有支持均勢一途，方能保持生存，否則玉石俱焚，這就是「恐怖平衡」的道理。造成此種情勢者，乃可怕核子武器的發展所導致。

三、維持國際體系的均衡

從歷史的發展過程中，不難看出在任何階段中，國家衝突都是在追求擴大權力和維持權力，但如何制衡人類追求權力永無止境的慾望，而達到權力平衡的目的，分述如下：

---

[4] 張正中，**國際政治學—世界政治發展與變遷**（台北：正中書局印行，1991年），頁207。
[5] 王育三，**核子時代的國際關係**（台北：黎明文化事業股份有限公司，1985年），頁134-135。
[6] 王育三，前揭書，頁135。

（一）國與國的交往維持均勢

莫根索認為，「權力平衡是由若干自治武力組成的系統內的穩定，當均勢受到外在武力的擾亂或組成系統的一個或其他份子的改變，系統會傾向於重新建立原始的均勢或新的均勢。[7]」此觀點，就如克勞德（Inis Claude）在分析權力平衡時曾就政策（policy）的取向分析中指出，一個國家的外交政策應以追求平衡為目標。亦即，所有國家均認為不平衡的權力關係是危險的。因此，當權力平衡發生變化，這項變化是對於敵對國有力時，該國必然要執行新的政策，以恢復平衡[8]。此一概念，就國與國之間交往的過程，在於如何保持一定程度的平衡；阻止任何一國或一群國家過於強大，進而威脅其他一國或多國的安全。

（二）維繫各國穩定發展勢力

萊特（Quincy Wright）認為，「權力平衡是一種設計用來維繫在每一個國家間持續性的信念，亦即，如果企圖侵略將會遭遇到其他國家無法克服的結合。[9]」其作用在於依據一定的遊戲規則，約束任何國家一旦有意破壞和平，將形成另一股相當勢力，以阻止該國蠢動。」

（三）防止霸權促進體系和平

在國際體系中如何防止霸權的出現，進而維持和平的景象，就如布林布洛克（Bolinbroke）、簡茲（Gentz）、梅特涅（Metternich）、卡司特里伊弗（Castlereagh）等人說明，權力平衡的目的與功能在於[10]：1.防止世界性霸權的建立；2.維繫系統的組成份子以及系統本身；3.在國際系統中確保穩定與相互的安全；4.藉由嚇阻戰爭來強化與延長和平。

（四）力求維繫國際體系秩序

二十世紀的現實主義者，盧塞爾（Bertrand Russell）、卡爾（E. E. Carr）、莫

---

[7] Hans J. Morgenthau, *Politics among Nations: The Struggle for Power and Peace* (New York: Alfred A. Knope Inc. 2nd ed., 1954), p.156.

[8] Inis Claude, Jr. *Power and International Relation* (New York: Randon House, 1962), pp.13-25.

[9] Partha Cartterjee, *Arms, Alliances and Stability: The Development of the Structure of International Politics* (New York: Halsted Press, 1975), p.70.

[10] Doughtery & Pfaltzgraff, *Contending Theories of International Relations* (New York: Harper & Row, Publishers,Inc., 1990), P.31.

根索等人，均以為國家必須與侵略者的力量取得平衡，否則有一個國家最後會取得霸權地位，進而廢止現存的國家體系[11]。在此前提下，就是力求在現存的國際體系中，保障體系內各成員的穩定，以嚇阻某些體系成員發動戰爭，以維持國際秩序。

參、國家安全與集體安全

一、國家安全的研究途徑

在現代社會中，「安全」是一個被大量使用的語彙。但安全政策的目的是在保障誰的安全：是人民、統治者、國家，還是國際社會？由於大眾對這類問題不具有批判思辨能力，因此政治菁英不斷將安全、國家、威脅等概念型塑成簡單的政治語言或口號，進而創造出「人民的安全＝國家安全＝免於外來威脅」的標準安全論述[12]。而國家安全之內涵為維持國家長久生存、發展，確保主權與國家利益，並提升國家在國際上的地位，以保障國民福祉[13]。克勞德（Inis L. Claude Jr.）認為，國家安全係指一個國家維持其領土完整，政治獨立，並保障其所致力的價值體系，不受外來的干預。國家安全經常會與國家利益相互連結，其所涉及的是包括一個國家歷史、文化、經濟、土地、國內外政治環境之國家利益，這些均與國家安全息息相關。

有鑑於此，防止武器擴散已成為全球集體行動的問題，而環境保護、經濟、毒品、恐怖主義、文化、犯罪及其他構成國家安全的各種威脅都無法單獨透過軍事手段獲得解決。為了處理逐漸擴張的安全威脅，全球合作機制已成為必然的發展趨勢[14]。換言之，為達國家安全之目的，可在國際事務中，有效利用其政治、經濟、軍事、外交等手段，以充實國家力量，提高國家地位、抗拒外來威脅，進而消除內部不安，以增進國家利益。在面對全球化的現實國際關係中，國家安全所涉及之國家利益已無法從單一面向解釋，因此，日本首相太平正芳於1970年代後期，提出所謂綜合性國家安全的概念，而後在東南亞國協國家間引起共鳴，並獲得廣泛之討

---

[11] Richard Rosecrance, "Has Realism Become Cost-Benefit Analysis?" *International Security*, Vol.26, No.2 (Fall 2001), p.133.

[12] 陳牧民，**國際安全理論－權力、主權與威脅**（台北：五南書局，2009年）。

[13] 曾章瑞等，**新世紀國家安全與國防思維**（台北：國立空中大學印行，2005年），頁49。

[14] 沈宗瑞等譯，David Goldblatt & Jonathan Perraton著，**全球化大轉變**，（台北：韋伯文化，2001），頁126。

論與重視[15]。此概念，主要植基於國家安全不僅依賴軍事國防安全，並與國內之政治、經濟、社會等面向不可分離。換言之，所涵蓋之層面相當多元化，包括軍事性的安全與非軍事性的安全，例如：經濟、社會、環境和文化安全等。但是，國際社會基於日益相互依存性愈高，國家安全已非一國之力可以應對，必須透過國際間共同合作的方式才足以因應。而國際間為維持其國家安全所採取的方式中，集體安全則為國際關係常探討之議題之一[16]。

二、維繫國家安全的方式

自古以來，無論是東西方國家，早已有集體安全的概念，而其理想在於達到權力平衡的目標。中國戰國時代，蘇秦欲聯合齊楚、燕、韓、趙、魏等六國共同抵抗秦國，即是一種尋求集體防衛或集體安全的作為。希臘城邦時代之間曾合作共同對抗馬其頓等國，或對抗波斯軍隊，這都是達到集體安全的目的。而第一次世界大戰之後，國際聯盟的成立到二次大戰之後聯合國的運作，或許多國際組織的成立，均為集體安全的延續。

國際社會內成員國的利益是與國際社會的利益密切相連的，而集體安全是指在國際體系中的所有國家，共同締結多邊條約或參與一國際機構，以結合體系內全體成員的力量，依照規定對破壞體系和平的成員國，實施國共同執行。必要的制裁，從而確保體系的穩定及國際秩序的維持。基本上，它不是一個代替主權國家的超級政府，而是將集體安全，國際法規則的執行，經由國際社會有關份子，以集體安全與和平方式解決國際問題，被視為維持世界和平的最佳途徑。而集體安全為「愛好和平」國家的團結，阻嚇侵略國家，避免戰爭的發生。在另一方面，用非武力的方式解決國際間的衝突，企圖影響各國逐漸放棄以軍事為服務國家利益的工具[17]。其最大特色，就是超越國家主權的限制，以及弱小國家安全空間的提升。在集體安全制度下，任何試圖以武力威脅或侵略他國的行徑，都將被視為是對全體成員的侵略。就此而言，集體安全的概念為以集體力量共同保衛或制裁侵略國家[18]。正如摩根索所言的「人人為我，我為人人」，集體安全強調的正是大公無私，尤其是「和平不可分割」的概念，與權力平衡時代著眼於聯合性的自私、犧牲小國以保障大國

---

[15] 曾章瑞等，**新世紀國家安全與國防思維**（台北：國立空中大學印行，2005年），頁50。

[16] 整體而言，國際關係的理論發展迄今，有關國家安全戰略思想的走向共分為五個層次：集體安全、共同安全、合作安全、綜合性安全與人類安全。曾章瑞等，前揭書，頁52。

[17] 王育三，前揭書，頁183。

[18] 沈玄池，**國際關係**，（台北：高立圖書出版公司，2002年），頁111。

權益的作法較之，可說是有大大的不同。從此定義而言，集體安全具有以下幾個特徵：1. 集體安全所對付的是侵略行為；2. 這種侵略行為來自集體安全組織內部；3. 是以集體的力量來對付侵略行為。

　　國際關係學者的研究，咸認在第一次世界大戰的爆發顯示，權力平衡不足以維持和平。盟國之間的結合乃由於彼此在特定時空有特定利益之競合，並非由於認知維持國際和平是共同的利益，因此無法一以貫之的嚇阻侵略。國家決策者對國際情勢之評估未必明智，或者認為國家利益遠高於可能的風險，致不顧可能發生的不利後果而[19]導致權力失衡。權力平衡下的同盟體系亦可能趨於僵化，致無法達成預期的彈性運作。因此，集體安全的倡導者美國威爾遜（Woodrow Wilson）總統，認為在以主權國家為基本成員的國際社會中，集體安全體系比權力平衡體系更可有效的防阻或控制戰爭[20]。換言之，國際間的交往過程中集體安全在於對潛在威脅的國家拉進該體系中，從而以集體的義務來遏制其對霸權的追求。

　　集體安全模式，其簡約化而言，就是三國以上的攻守同盟，有事共同出兵，無事則各自為政。在國聯時代，國際社會有集體安全制度，但談不上集體防衛。以後到了聯合國時代，也有集體安全制度，不過西方主要國家成立了北大西洋公約組織，等於有了集體防衛，兩者並存，成為歷史的特例[21]。集體安全的概念非常崇高，在「人人為我，我為人人」的原則下，任何一國對任何他國非法使用武力，所有國家皆會起而攻之，致形成集體聯防和互相擔保安全之制度化[22]。集體安全構想非常理想，但是如欲有效實施，必須具備若干主客觀的條件。朱建民教授認為，主觀條件包括：各國堅信和平不可分割；效忠世界秩序；準備為現狀而戰；急難救援絕對可靠；信任國際決定而放棄自我作主；大公無私，一視同仁。客觀條件則包括：各國權力大致相等；經濟互相依賴；集體組織成員大體上普及；集體安全規定有拘束各成員之效力[23]。換言之，集體安全的中心理念架構，試圖把國內政治經驗運用在國際社會，以世界政府的方式來維持國際秩序。

---

[19] 張正中，國際政治學——世界政治發展與變遷（台北：正中書局印行，1991年），頁238。
[20] 引自張保民譯、克勞德著，權力與國際關係（台北：幼獅文化事業公司，1976年），頁1-158。
[21] 林碧炤，國際政治與外交政策，（台北：五南圖書出版公司，1999年），頁360。
[22] 朱建民，國際組織新論，（台北：正中書局，1977年），頁540。
[23] 朱建民，前揭書，頁546-555。

三、建構互賴的安全體系

聯合國憲章第七章的集體安全制度是聯合國體制對於維護國際安全與和平的制度性設計，目的在經由全體會員國承諾維護現狀國際和平與安全，透過安全理事會機制與主要大國協調合作，以確保所有國家的和平與國際安全秩序。集體安全制度也是維護禁止武力使用與威脅的制度設計，賦予安全理事會處理影響國際和平與安全的責任與權力，進行認定侵略事實的存在，並決定採取集體軍事行動或非軍事行動。該條文具體指出集體安全制度的運作數個重要環節：授權聯合國安理會維護集體安全、軍事與經濟制裁手段、執行安理會決議的能力、所有成員強制遵守集體安全規範與作為等。因此，透過加入國際組織以建立一個區域性的集體安全體系，更是另外一種趨勢。依照聯合國憲章的規定：國家於區域性組織中，得集體制定政治、經濟、軍事等法律以處理區域衝突與穩定區域情勢。一些國際組織，例如阿拉伯聯盟，北大西洋公約組織，華沙公約組織等等，其集體安全行動的合法性均來自於聯合國憲章。

2004年12月2日，由聯合國秘書長安南發表名為《一個更加安全的世界：我們共同的責任》的報告共分集體應對威脅的必要性、當今世界面對的六大類威脅及防範、集體安全與動用武力、聯合國機構改革等四部分。就這份報告的內容而言，提出了新的集體安全觀。認為，聯合國傳統的集體安全觀，主要強調針對來自國家的軍事入侵作出集體反應，已無法應對新世紀國際社會所面對的威脅。因為現在和未來幾十年所面臨的最大的安全威脅已經不僅僅是國家發動的侵略戰爭了。目前，這些威脅已擴大到貧窮、傳染病和環境退化；國家內部的戰爭和暴力；核武器、放射性武器、化學和生物武器擴散；恐怖主義以及有組織的跨國犯罪。這些威脅不僅來自國家，也來自非國家行為者，威脅的不僅是國家安全，也威脅到人類安全。因此，聯合國應塑造新的集體安全觀，即威脅不分國界，單個國家難以完全自保，並非每一個國家都有能力或願意履行自己的職責，保護自己的人民，不傷害鄰國[24]。

集體安全的成立，必然是以國際組織的形式出現。在這種狀況下，集體安全為一套國際安全制度，而非個別國家之內的安全制度；其乃運用集體力量，以遏阻破壞國際秩序的安全設計；在此條件下，是以達到人人為我，我為人人之目的；因此，它是與國際組織的互動有密切相關[25]。國際間如何組成一個彼此具有相互依

---

[24] 世界新聞報，第94期，2004年12月17日。參見：http://big5.chinabroadcast.cn/gate/big5/gb.chinabroadcast.cn/world_news_journal/041217.htm。

[25] 趙明義，**國際政治論叢**，（台北：華泰文化事業公司，1998年），頁360-361。

賴的安全體，在此安全組織體的成立必須具備的要件為何？就此部分，包韋特（D. W. Bowett）曾指出，集體安全制度必須具備下列條件[26]：

(一)共識：組織的成員必須對世界和平不可分割具有共識，而將世界和平之維持視為其外交政策之首要目標。換言之，任何地區之和平遭威脅或破壞時各國必須認定，共同合作維護和平與秩序之利益大於其他利益。

(二)承諾：各國對任何地區、任何時間所發生的和平之威脅、和平之破壞、或侵略行為，皆承諾依集體安全之規定予以制裁。

(三)組織：各國即使有共識和承諾，如因未設立組織，將之付諸實施，共識和承諾亦難發揮預期效果。如因任一國可自由決定何時及如何實現承諾以制裁侵略者，則制裁必然是高度選擇性的。有效的集體安全制度必須包括中央決策機構，有權決定何時及如何動用集體安全力量。

(四)會員普及：參與集體安全制度的國家愈多愈好。最好全球國家皆參加。如果任一重要國家未參與，則集體安全的力量必然相對減少。

(五)權力分散：各國權力分配如果大致平均，則利於集體安全之維護，因為各國集體的力量遠過於潛在侵略者的力量。如因各國權力分配懸殊，而被制裁的侵略國是超強時，則各國「我為人人」之意願和能力將大為降低，甚至根本不存在。

肆、權力與國家安全的關係

集體安全與權力平衡息息相關，權力平衡與集體安全旨在針對政治、軍事問題，研商解決衝突的方法[27]。集體安全或集體防衛的根本目的在於發揮集體力量，保護個別或集體的利益。以此為基礎，集體安全和權力平衡形成兩套制度，互有關連[28]。從現實主義國家安全觀點而言，權力平衡一直是長久以來維持安全的重要制度與政策。

---

[26] D. W. Bowett, *The Law of International Institutions*, (London: Stevens & Sons 4th ed., 1982), pp.125-132.

[27] 林正義，「台海安全的戰略」，謝淑媛編，**台海安全情報**，(台北：玉山社，1996年)，頁56。

[28] 林碧炤，**國際政治與外交政策**，（台北：五南圖書出版公司，1999年），頁360。

一、權力平衡的運作

（一）聯盟勢力與權力平衡

摩根索認為聯盟是現代國際政治中，發揮權力平衡作用的必要表現。在國際政治上，一個國家因未能擁有足夠力量或在單獨的決定中居於優勢地位，通常藉由參加聯盟或組織聯盟，使其居於優勢。同時促使其承諾與威脅更為可信，進而對可能的實際報酬與懲罰的作用更為擴大。縱觀歷史的發展，國家參加聯盟的主要原因是為了集聚力量，而聯盟使國家能夠獲得別國的軍事力量以增大自己的軍事力量[29]。亦即當A國和C國發生衝突的時候，他們可以增加自己的力量，也可以阻止自己的對手獲得別國的力量[30]。由此聯盟（Alliance）在國際政治理論與外交政策執行上，為一種常用的方式，並且被認為是行使影響與權力的主要工具，以及維持權力平衡（balance of power）的最有效方法。如甲、乙兩國相互競爭，保持或改善其相對權力地位採用的方法不外有三：增加自己的權力；將他國權力加到己身；阻止他國權力加到敵國權力上。若選擇後兩者的行為就是採取了聯盟政策。

（二）軍備控制與權力平衡

軍備控制（Arms control）是1970年代以來，國際關係中最具挑戰性的問題之一，對維繫世界各國權力平衡，以促進世界和平關係重大。其目的是透過國與國之間的相互作用，限制一國或若干國家的軍事設備，並透過若干性的條約來約束對方。亦即，它會就武器和武器的使用達成協議—武器類型、部署、特點、防止意外事故的安全性能等。許多的軍備控制協議中心的內容是建立在一種穩定的局面，即保證雙方都沒有企圖首先使用武器。就如同國際關係學者瓦茲的認為，在國際體系中，一個無政府狀態中，沒有一個國家能完全確定其他國家不會使用攻擊性的軍事力量，因此國家會選擇其他行為者進行平衡，而非追隨強者式的互動[31]。從「權力平衡」的角度而言，軍備控制的實質內涵有五項特點：第一，每一國將致力管制本

---

[29] 十八、十九世紀的歐洲情勢，事實上是各國為防止權力平衡被破壞或者是要恢復平衡狀態而作的結果與對抗。例如，1718年英法奧結盟對抗西班牙；1725年西奧結盟對抗英法；1733年西法結盟對抗奧；1740年英奧結盟對抗法普；1756年英普結盟對抗法奧；1772年英奧俄蒲賽瑞典結盟對抗法（拿破崙）；1854年英法土結盟對抗俄；1871年德奧俄結盟對抗法俄結盟對抗德奧義。引自林碧炤，前揭書，頁109。

[30] 張明澍譯，Bruce Russett & Harvey Starr著，國際政治，（台北：五南書局，1995年），頁90。

[31] Kenneth N. Waltz, *Theory of International Politics* (New York: McGraw-Hall,1979), pp.121-122.

身的軍事設備；第二，對方的軍事設備將產生互相影響的作用；第三，軍備管制措施將與軍事有關；第四，軍備管制措施將具備一種抑制效果；第五，軍備管制措施可以用某種方式「制度化」，成為管制的規條，讓一個以上的國家遵守。

現代的戰爭已經是一個高科技的戰爭，科技的發展可說是日新月異，就國防實力的充實，研發或引進高科技的武器，是各國維護自身安全的保障。因此，在這種雙方都會因安全受威脅的情境下，視對方的軍備為自己的威脅，也發展軍備，而對方也認為是對自己的威脅，而發展軍備，這樣便形成了「軍備競賽」。具體而言，軍備競賽是一些國家競相加速武器的研製生產，提高武器質量，擴大武器數量，加強戰爭準備程度，企圖實現一定政治目的的國際現象；它是國際矛盾和鬥爭的一種反映。軍備競賽與一些國家為正當防禦目的而增強國防力量的努力，在本質上是不同的。軍備競賽的主要表現為：全面擴充並保持龐大的武裝力量、竭力加速武器裝備的生產和更新、大量儲存戰略物質、不斷增加軍事撥款、加強國防高技術的發展利用、強化軍事聯盟等[32]。由於雙方都視自己的利益為利益，彼此之間的互賴又不可避免，於是衝突與合作的兩種關係，在軍備競賽的過程中，如何折衷協調，控制負面的相互依賴關係，必須採取某些積極的手段，如武器管制檢察制度，使雙方了解對方的武器僅是出於防禦性質等措施。

（三）嚇阻戰略與權力平衡

核子嚇阻是主宰戰後數十年國際衝突理論的主要概念，但是「嚇阻」本身卻是個極古老的概念。喬治（Alexander L.George）及史莫克（Richard Smoke）曾言：嚇阻就是說服敵人，他若採取行動，將得不償失。[33]」嚇阻是在1950年代發展，而在1960年代盛行迄今的理論[34]。之所以在國際關係中被廣泛使用，主要是緣於核子武器的出現，徹底改變了戰爭的面貌及人類對戰爭的概念，進而促成嚇阻的興起及發展。該理論主要是援引經濟學中理性抉擇的概念，在國家決策者是理性人的假定下，設法說服敵人發動一場核子戰爭將會得不償失進而使之放棄發動戰爭。

二次大戰後，世界首位嚇阻理論家，當推曾任美國耶魯大學教授蘭德（RAND）公司研究員的班納得·布羅迪（Bernard Brodie）。他深信全面性核子戰爭將會毀滅一切，因此，國家應不惜任何代價防止這種災難發生，任何可能導致

---

[32] 鄭文翰，**軍事大辭典**，(上海：上海辭書出版社，1992年)，頁20。

[33] Doughtery & Pfaltzgraff, *Contending Theories of International Relations* (New York: Harper & Row, Publishers,Inc., 1990), p.378.

[34] 國防部史政編譯局譯印，**戰略嚇阻的未來**（台北：國防部史編局，1985年），頁100。

核子大戰的戰略設計均為其所反對。他認為：「雖然國家必需不斷發展核子武力，但也只有在我們相信不會動用核武報復的時候，嚇阻方成為一種戰略。[35]」其實，此種堅決反對摒棄嚇阻戰略、動用戰術核武的倡議，認為此舉無異導致全面性核子大戰，因為戰術核武與戰略核武甚難區分，任何一種核子武器一旦投入戰場，都將觸發一場核子大戰。唯有主在建立具有反擊能力的強大核武軍力的同時，致力降低敵我雙方之敵意，以避免核戰災難的發生。他這種主張，曾引發國際關係學界關於戰略核武與戰術核武應如何區分以及是否應動用戰術核武於戰場的爭辯，歷時迄今而未止。

1960年代中期以前，美國戰略學家普遍相信，有掩體之陸基洲際飛彈(land-based ICBMs)、潛艇發射彈道飛彈（sea-based SLBMs）等新型核武的出現，將使美蘇雙方的核武更堅固，更不易被摧毀，進而使對方更不敢輕率發動第一波攻擊，反而有助於國際政治的穩定。隨著嚇阻戰略的不斷被提出，國際關係研究中也出現了不少與軍事科技有關的新名詞：如「預防戰爭」（preventive war）與「先發制人戰爭」（preemptive war），前者係指攻擊者自行決定於任何時間發動攻擊，後者係攻擊者為防止對方搶得發動戰爭之先機而予以先發制人之攻擊。另外，「反資援戰略」（counter-value strategy）及「反武力戰略」（counter-force strategy），分別以對方人口集中之大都市及軍事基地為攻擊目標，和有限使用核武戰略。此外，多彈頭、掩體、射彈散佈、預警時間3C系統（命令、控制、訊息傳遞）、導引系統堂堂進入國際關係的研究，而為大家所熟悉。

二、集體安全的運作

為求落實共識，各國均應承諾對任何時地所發生之和平威脅與破壞，皆會按照其所締結的條約或組織章程之規定，對施以侵略行為者，施予必要的制裁。一般而言，集體安全的制裁行動可分為三類：外交制裁（Diplomatic Sanction）、經濟制裁（Economic Sanction）及軍事制裁（Military Sanction）[36]。

依據學者包韋特（D. W. Bowett）的看法，各成員必須要有和平不可分割的共識，並將之視為外交政策的首要目標。而為使集體安全力量不致削減，會員普及是相當重要的原則，最好是全球各國都能參加，尤其要包含所有的強國，因其握有權

---

[35] Doughtery & Pfaltzgraff, *Contending Theories of International Relations* (New York: Harper & Row, Publishers, Inc., 1990), p.369.

[36] 沈玄池，前揭書，頁113。

力，不僅是安全的支柱，也可能是破壞的來源。其次，經濟制裁亦是國際間制裁侵略的一個有效的方法，而其主要實施的原則，是以實施貿易禁運、中斷經濟合作或切斷經濟或技術援助[37]。再者，國際社會中各國為追求國家安全之際，除了致力於軍備之外，通常的作法是與他國締結軍事同盟，以便與其假想敵形成權力平衡。而這種以軍事制裁的途徑，為制裁破壞集體安全的侵略最有效，而且也是最強烈的的措施。國家決策者對國際情勢之評估未必明智，或者認為國家利益遠高於可能的風險，致不顧可能發生的不利後果而導致權力失衡。第一次世界大戰的經驗顯示，權力平衡不足以維持和平。盟國之間的結合乃由於彼此在特定時空有特定利益之競合，並非由於認知維持國際和平是共同的利益，因此無法一以貫之的嚇阻侵略。權力平衡下的同盟體系亦可能趨於僵化，致無法達成預期的彈性運作。因此，集體安全的倡導者美國威爾遜（Woodrow Wilson）總統，認為在以主權國家為基本成員的國際社會中，集體安全體系比權力平衡體系更可有效的防阻或控制戰爭[38]。

三、建構國際和平的目標

國際間的運作是以權力為核心，簡單的說，就是誰有影響力。而權力平衡與集體安全的運作，事實上是針對國際關係的權力問題，提供一套制度，以便約束或管理各國使用權力。權力平衡是針對侵略的能力不信任，而集體安全則對侵略的政策不信任。其次，這兩種制度的主張，皆以嚇阻為基礎，使得有意發動戰爭的國家不輕舉妄動。尤其，它們皆以集體行動的方式來運作，其中，權力平衡是以同盟方式進行，集體安全則以國際組織方式行之[39]。

政治學者杭廷頓（Samuel P. Huntington）指出：國家戰略必須合併外交政策與國內政策，以達成競爭目標。經濟、政治、軍事因素一定要不惜代價整合。而國家戰略目標必須考慮兩項因素：第一，戰略必須能處理感覺到的威脅，後冷戰時代，威脅來自何處確實比較難捉摸；第二，經濟、政治與軍事目標必須支持國家目標，否則戰略是沒有效力的[40]。吉布林（Robert Giplin）認為國際關係的基本難題在於想利用和平手段去調整因不公平成長所衍生的結果，其實相當困難。衝突往往是因

---

[37] 沈玄池，前揭書，頁114。
[38] 引自張保民譯、克勞德著，**權力與國際關係**（台北：幼獅文化事業公司，1976年），頁158。
[39] 林碧炤，前揭書，頁363。
[40] Richard F. Ellings & Edward A, Olsen, "A New Pacific Profile," Foreign Policy, No.89, (Winter, 1992-1993), p.125.

為在訴求和平調整無望之際,最後的解決方式。而國際關係最高之宗旨若非尋求和平,保護和平,僅是利益分配,不論是否完全均衡,那麼戰爭的陰影是絕對揮之不去[41]。因此,欲使和平持續,必得由實力相當之強權透過協定、聯盟等手段,共同來分配這個世界,如此方能促使它們相互尊重[42]。

在維持國際和平的基礎上,透過權力平衡與集體安全的運作,首先得先區分國際和平的必要條件與充分條件。創造國際秩序的必要條件必須滿足三項需求:(一)各國完全限制宣戰權,透過互不侵犯條約(Mutual on-aggression)的保障,限制各國干預他國內政;(二)擬定具效力且逐漸推動解除各國武裝部隊;(三)各國正式宣示放棄戰爭對付其他主權國家[43]。因此,由於世界各國的過分追求安全,常常威脅到其他國家的安全。一個國家的建軍,他國也隨之跟上,安全感有以致之。尤其顯示在美、蘇核武競賽,在其他國家的不斷充實軍備。若軍備的擴充漫無限制,其結果終將導致戰爭。所以,今後世界和平的維持,有賴於軍備控制的制度化,如美、蘇核武毀滅世界的威力來看,其對核武的限制是維繫和平的重要因素。

伍、結語

追求和平是人類共同的理想,但是在人類的歷史中,此一理想是否能實現,還是一個亟待努力的課題。如欲達國際間的和平共處,避免戰爭的衝突發生,如何以權力平衡及集體安全並以促進國家安全,並不是唯一的方法。況且,在現實的國際關係裡,還沒有一個有效的且具有強制性的機構能達到此一目標。但是現代的戰爭和傳統的戰爭已有所不同,因為現在已走進核子時代,已不再使用傳統的武器打傳統的戰爭。核子武器的威力使人驚駭,甚至可以摧毀整個世界,戰爭的結果已無勝負之分,只有玉石俱焚,無一倖存。因此,如果世界各主要國家能夠同心合力,透過聯合國的努力,作出有效的規的軍備管制措施,乃是世界各國最大的保障。

---

[41] 周世雄,**國際體系與區域安全協商—歐亞安全體系之探討**,(台北:五南出版社,1995年),頁114。

[42] 陳益群譯,Caston Bouthoul著,**戰爭**,(台北:遠流出版社,1994年),頁131。

[43] 除了三項必要條件外,康得另外提出三項充分條件。一是創設各國共同的共和憲法(Republican Constitution);二是創設各國聯合憲法法(Constitution of a Union);三是創設大都會區法律(Cosmopolitan Law)。引自周世雄,**國際體系與區域安全協商—歐亞安全體系之探討**(台北:五南出版社,1995年),頁137。

　　在全球化的國際現象，各國互動至為密切，其相互依存度相當高，而維護世界和平是每個國家的共同理想，雖然維護和平的途徑相當多，但在諸多的方式及理想之下，有效控制軍備，遏止戰爭，不僅要靠國際法、國際組織，還要靠一個權力均衡的、多極的國際社會格局，要通過促成多極社會的建立，盡量避免單極世界的出現，或者至少是削弱單極世界的影響力，這有賴於權力平衡及集體安全的體系運作。尤其，在全球追求和平的架構下，透過集體安全與權力平衡的運作，大規模的戰爭沒有可能發生的跡象，但基於領土主權或經濟與國家利益，所發生的區域性衝突，時有所發生，如何透過彼此之間的相互節制，以避免戰爭危機的發生，確保區域性衝突所形成的緊張情勢，以建構國家安全的最佳途徑，權力的約制與集體安全的體系是確保國際間和平發展的重要憑藉之一。

黃清賢

壹、全球化的國際史觀

何謂全球化（Globalization）？想要更系統性的描述全球化，應該將全球化放在長時間的歷史變遷模式中觀察[1]。從中國的歷史觀之，全球化的雛形可遠溯至公元前二世紀的漢朝[2]。當大漢帝國控制喜馬拉雅山和中亞大草原間的重要陸地走廊時，歐亞大陸的東西走廊就已被有效開通。

眾所皆知的絲路（Silk Route）經由安納托里亞（Anatolia）高原、美索不達米雅（Mesopotamia）平原、波斯（Persia），縱貫塔克拉馬干（Taklimakan）沙漠進入中國，讓西方的羅馬帝國與東方的大漢帝國之間，海陸交通網拼湊起來；而這條貿易路線的分枝更連結北印度、東南亞、俄羅斯和阿拉伯，甚至是歐洲邊陲地區、日本和韓國，顯示全球化的國際交易體系存在[3]。

不過，上述的貿易交流只能算是「前現代的全球化」（Premodern Globalization）[4]，關鍵力量包括政治和軍事帝國、世界宗教、草原游牧民族與農業社會遷移至有人居住但未開化的地區，以及不同地區間和不同文明間的長距離貿易。

---

[1] David Held and Anthony McGrew, *Globalization/Anti-Globalization*, (Cambridge: Polity Press Reprinted, 2003), p.6.

[2] 事實上，劉邦正式稱帝建立漢朝，應是垓下之戰擊敗項羽的西元前202年；但歷史上為與秦朝滅亡時間相連接，遂將劉邦稱漢王的西元前206年作為漢朝的起始點。至於漢朝結束的西元220年則是劉秀建立的東漢被曹操子所廢的年代，劉邦建立的西漢實已於西元8年終止於王莽的新朝。

[3] David Held et al., *Global Transformation: Politics, Economics and Culture* (Cambridge: Polity Press, 1999), pp.152-153.

[4] 其實，全球化的開始年代眾說紛紜，例如馬克思認為是十五世紀的現代資本主義、華勒斯坦（Wallerstein）認為是十五世紀的資本主義世界體系、羅伯森（Roberson）認為是1870年至1920年的多個面向發展、紀登斯（Giddens）認為是十八世紀的現代化、普馬特（Perlmutter）認為是東西陣營衝突結束的全球文明。貝克（Ulrich Beck）著，孫治本譯，全球化危機（*Was ist Globalisierung?*）（台北：台灣商務印書館，2000年），頁32。

第二階段是「初現代的全球化」（Early Modern Globalization）[5]，亦即歐洲國家於十六世紀興起後，擴張帝國力量至美洲、大洋洲，進而到西非沿岸、非洲南部、南亞印度、東南亞海島如菲律賓與爪哇等。在被殖民政府替代之前，殖民企業如荷蘭和英國的東印度公司，規制殖民地貿易與經濟互動的許多層面，但該類早期跨國公司的結構和運作，與現今跨國企業仍有所差異。

雖然此時的全球化規範程度仍相當有限，但歐洲內部的跨國外交和互惠承認體系，正隨著如歐洲協商會（Concert of Europe）發展的跨國行為多極規則而浮現；歐洲國家社會也逐漸藉由各種方法，擴展這個「文化標準」到歐洲及其帝國範圍之外的地方。

第三階段則為「現代的全球化」（Modern Globalization）。十八世紀中期後，歐洲社會開始實施工業化資本主義經濟，加上武器與航海技術的突飛猛進，以及國家制度權力增加，西方全球性帝國配合西方經濟權力與文化影響，幾乎將勢力延伸至全球所有區域，包括以前未曾到達的撒哈拉沙漠以南的非洲、東亞的中國與日本等。

隨著帝國的政治軍事全球化發展，貿易、投資、移民、文化傳遞乃至於環境污染也達到相當程度的全球化。鐵路運輸、輪船運輸、通訊電信等技術發展，讓權力凝聚增強的國家機器，更有系統地執行其帝國政策；而全球化也展現龐大制度化的水準，諸如控制勞工移民潮、金本位制度與跨國銀行[6]、郵政與度量衡系統等。

第四階段是「當代的全球化」（Contemporary Globalization）。二次世界大戰造成歐洲與日本舊帝國沒落，美國與蘇聯分別帶領集團聯盟下的成員，進行全球對抗，展開冷戰，徹底改變全球權力結構。同時間，強權利益均霑的聯合國組織成立後，以其為基礎的世界新秩序也逐漸醞釀，監督著歐洲等舊帝國的瓦解，以及撒哈拉沙漠以南的非洲、北非、中東、南亞、東亞、太平洋等地區的大規模反殖民風潮

---

[5] 全球化時期的劃分請參閱David Held et al., *Global Transformation: Politics, Economics and Culture* (Cambridge: Polity Press, 1999), pp.415-427。另外，有研究將全球化劃成五個階段，包括1750年前的世界連結發展和建立，1750年到1880年的帝國主義、工業化和自由貿易，1880年到1945年的全球資本主義和危機，1945年到1970年代中期的分裂為兩個全球化，以及1970年代中期到現在被一般認知的全球化；Jürgen Osterhammel and Niels P. Petersson, trans. by Dona Geyer, Globalization (Princeton: Princeton University Press, 2005), pp.31-141.

[6] 金本位制度的運作是指貿易出口者接受外幣支付款，轉換成黃金再拿去本國銀行兌換成本國貨幣；在收支赤字國家淨黃金外流的情況下，由於黃金是貨幣準備基礎，所以該國貨幣供給將減少，導致國內物價下降，接著出口貨便宜、進口貨昂貴，而收支也就矯正平衡。David Held et al., *Global Transformation: Politics, Economics and Culture* (Cambridge: Polity Press, 1999), pp.195-197

與國家獨立。

在經濟方面，由穩定匯率的國際貨幣基金會（International Monetary Fund）、協助重建的國際復興開發銀行（International Bank for Reconstruction and Development）、降低壁壘的關稅暨貿易總協定（General Agreement on Tariffs and Trade）構成的布列敦森林制度（Bretton Woods System），成為第二次世界大戰後的西方及世界經濟主要規範者[7]，在固定匯率與允許成員國自主性的前提下，促進與維持高水準就業、實質所得，以及生產資源發展。

如果加上後來一日千里的跨國生產投資、金融貿易、交通運輸、通訊傳播、電腦網路、科技發展等發展，使得地球村概念更加具型化[8]，以及1989年柏林圍牆倒塌、東歐國家脫離共產體制、1991年蘇聯帝國解體後，二大集團對立的冷戰時期宣告結束，原共產主義國家逐漸融入資本主義世界[9]，加上中國等發展中國家也紛紛捲入世界經濟，全球化也就益發成為二十一世紀的世界主流趨勢[10]。

貳、全球化的意義與觀點

一、全球化之看法

（一）國際化（Internationalization）

全球化代表國際交流和互賴程度的增加，例如從1980年代起，就可發現實際持有外國債券和股權的情形，有普遍上升的趨勢[11]；亦即出現國家之間，經濟貿易

---

[7] 佈雷敦森林體系的發展請參閱詹姆斯（Harold James）著，朱章才譯，經濟全球化：1975年11月15日，朗布伊耶（Die Globalisierung der Wirtschaft: Rambouillet, 15. November 1975）（台北：麥田，2000年），頁56-173。

[8] 從固網電話線路、行動電話、網際網路使用者、電臺、電視收視者、國際航線旅客、國際旅行收益、加工出口區、外匯準備金、每日外匯周轉金、外國居民的銀行存款、跨國銀行貸款、全球契約保險、外國直接投資股票、跨國公司、跨國民間組織等數量在二十世紀後半期的激增，可以說明全球化的迅猛發展。Jan Aart Scholte, Globalization (New York: Palgrave, 2000), p.86.

[9] 貝克（Beck）著，柴方國譯，「全球化時代民主怎樣才是可行的？」，貝克（Beck）等著，王學東等譯，全球化與政治（Politik der Globalisierung）（北京：中央編譯出版社，2000年），頁18-19。

[10] 黃清賢，中國大陸意識型態：全球化與在地化的辯證（台北：新文京，2008年），頁36-44。

[11] Paual Hirst and Grahame Thompson, Globalization in Question: The International Economy and

和資本投入的大量成長流動，而這種趨勢也可同時見於國家之間，人口、訊息乃至於理念的大量流動[12]。

（二）自由化（Liberalization）

全球化通常論及，移除政府限制國家之間互動的限制，產生無國界的國家間資源流動，降低甚至消除貿易障礙、外匯限制等，例如關稅及貿易總協定，與後續發展的世界貿易組織（World Trade Organization, WTO）就是例證[13]。

（三）世界化（Universalization）

全球化意指散播各式各樣的目標與經驗，到地球上所有角落的過程，例如全球到處可見的陽曆、汽車、中國菜餐廳、畜牧農場、去殖民化潮流、世界宗教等。

（四）西方化（Westernization）

全球化被認為是將資本主義、理性主義、工業主義、官僚主義等散布到全世界，並摧毀該處既存文化的過程，被提及的說法如麥當勞、好萊塢、有線電視新聞網等美國式的帝國主義。

（五）去區域化（Deterritorialization）

全球化指涉地理概念的解構，因此社會空間不再侷限於區域位置、區域距離、區域邊界的定位[14]，例如地球溫室效應、婦女解放運動、威士（Visa）或萬事達（Master）信用卡等。

二、全球化之定義

（一）全球化是跨越疆界的政治、經濟、社會等活動的延伸，世界上某一地區的事件、決定、活動等，將顯著影響地球上遙遠地區的個人與社區。

---

the Possibilities of Governance (Cambridge: Polity Press, 2nd ed., 1999), pp.42-45.

[12] Ankie Hoogvelt, Globalization and Postcolonial World: The New Political Economy of Development (Baltimore: Johns Hopkins University, 2nd ed., 2001), p.65.

[13] Jeffrey J. Schott, "The Future Role of the WTO," in Harald Sander and András Inotai, World Trade after the Uruguay Round: Prospects and Policy Options for the Twenty-first Century (London: Routledge, Reprinted, 1997), pp.105-108.

[14] Jan Aart Scholte, Globalization (New York: Palgrave, 2000), pp.14-17.

（二）全球化的跨疆界連結，不是偶然的或隨機的，而是規律的、可發覺的強化，增強超越社會和國家的互動與流動。

（三）增加廣度（Extensity）與強度（Intensity）的全球相互聯繫，將隨著運輸通訊的發展，加速全球互動和全球化過程，加速觀念、物品、資訊、資本和人員的全球擴散。

（四）增加廣度、強度、速度（Velocity）的全球互動，使得遠距離事件的衝擊（Impact）被增強，即使是最具有地區性色彩的發展，也會變成巨大的全球性結果[15]。

綜上所述，全球化包括這四種要素，亦即廣度、強度、速度、衝擊；因此，全球化可被定義為一種或一系列的過程，其是社會關係和交易的空間組織的具體轉化——以它們的廣度、強度、速度、衝擊來評估——其產生跨大陸或區域的行為、互動、權力等運作的流動與網絡。

三、全球化之理論

（一）超全球主義論（Hyperglobalist Thesis）

超全球主義論相當於新自由主義的變體，頌讚單一市場的浮現、全球競爭原則成為人類進步先驅。經由生產、貿易和金融的跨國網絡建立，經濟全球化引導經濟去國家化；亦即經濟全球化正在建構新型式的社會結構，其逐漸或終究取代傳統民族國家，成為全球社會主要經濟與政治單位。

進而言之，經濟全球化正在生成新的全球經濟贏家與輸家的模式，老舊的南北世界分類逐漸被質疑是落伍的，更複雜的經濟權力結構取代傳統的核心與邊陲結構。從新自由經濟的觀點，全球經濟競爭不必然產生零和結果；長期而言，幾乎所有國家均可因為生產某些物品，獲致比較利益。

（二）懷疑論（Skeptical Thesis）

懷疑論以當今經濟進行明顯的區域化，亦即世界經濟朝向歐洲、亞太和北美三大金融、貿易區塊為證，說明世界經濟整合程度反而不如古典金本位時代，也就是

---

[15] David Held et al., *Global Transformation: Politics, Economics and Culture* (Cambridge: Polity Press, 1999), pp.15-16.

全球化程度大不如前；不過，各國政府不會因為國際化而停止運作，反倒因為規制與促進跨區域經濟行動而強化。

　　同時，國際化不但沒有改變南北國家的不平等狀態，相反的，因為北方富裕國家間的貿易和投資流動，強烈排除全球其他國家，導致第三世界國家經濟日漸邊緣化；也有人提出，北方國家去工業化的新國際分工體系之所以浮現，只是因為跨國公司出口工作機會到廉價勞力的南方國家而已。

（三）轉型主義論（Transformationalist Thesis）

　　轉型主義論認為當代全球化過程是歷史上前所未見，新世界體系的國際與國內、外部與內部事務不再有明顯區分，各國政府與社會必須調整以適應；但該論者對全球化未來的發展軌跡並沒有明確主張，只強調全球化是一種長期歷史過程，內含許多矛盾，受許多臆測因素所型塑。

　　新的全球權力關係結構正在成型，南北分立的局面迅速屈服於新國際分工體系底下，核心與邊陲式的金字塔階級型構不再是地理的劃分，而是世界經濟的社會劃分；南方與北方、第一世界與第三世界的國家劃分不再存在，取而代之的新階級型構，蘊藏於世界各主要城市內部，可以想像是三個等級的同心圓，每一個等級均跨越國界，分別代表菁英階層、安於現狀階層、邊緣化階層[16]。

參、全球化下的國際關係變遷

　　隨著「當代全球化」的出現與展現，國際關係也隨之產生變遷；如此的變遷，體現在國際關係理論的發展。在國際關係領域中，現實主義被認為是最具影響力的理論之一[17]。該理論主張國家本質如同人性的寫照，是自私自利；國家為了安全，會積極追求權力，結果就會相互造成猜忌與衝突。現實主義強調，利益由權力的觀點加以定義；政治人物思考和行動，均基於權力所定義的利益[18]。

---

[16] David Held et al., *Global Transformation: Politics, Economics and Culture* (Cambridge: Polity Press, 1999), pp.3-10.

[17] 國際關係的相關典範討論可參閱Charles W. Kegley, Jr. "The Neoidealist Moment in International Studies? Realist Myths and the New International Realities," *International Studies Quarterly*, Vol. 37, No. 2 (Jun. 1993), pp.131-146.

[18] Hans J. Morgenthau et al., *Politics among Nations: The Struggle for Power and Peace* (New York:

　　雖然現實主義風行時，有美蘇東西陣營對抗、南北國家貧富差距等問題，權力仍然是國際關係的主要變數，但隨著時間演變，亦即「全球化」的逐漸發展，國際間已經開始注意經濟交流、多國合作，美蘇間也有和解低盪的情況出現，現實主義愈來愈不能周全解釋日漸複雜的國際關係，於是新現實主義逐漸成形。

　　新現實主義主要指華爾茲（Kenneth N. Waltz）為代表的結構現實主義。他認為，藉由知道組成份子的特性和互動，進而瞭解整體的簡約理論（Reductionist Theory）研究途徑，實在不足以解釋或預測國際政治。華爾茲以霍布森（Hobson）、列寧（Lenin）的理論為例[19]，說明該類強調經濟因素的簡約理論，解答帝國主義與戰爭等國際問題時的侷限性。

　　華爾茲指出，如果成員的組成方式，影響他們的行為和互動，則無法只靠知悉系統成員的特徵、目的和互動，就能預測結果或瞭解他們；這時，體系研究途徑就能派上用場[20]。

　　依據該理論的定義，體系由結構和互動成員所組成，結構由成員的地位分配（Arrangement）所界定；唯有地位分配改變時，結構才會改變。他指出，結構是抽象的事物，無法由體系的物質特徵來界定；取而代之的是，由體系成員的地位分配和分配原則來界定。華爾茲強調，不同排列的成員，行為、互動不同，造成不同的結果[21]。

　　但新現實主義與現實主義一樣，同樣強調國際關係的無政府狀態，亦即缺乏一個有中央權威的國際秩序，所以體系成員的國家必須自助。因為自助，所以國家擔心其他國家獲得的好處會比自己多，這是國際政治結構限制國家之間合作的第一個面向；國家也擔心合作和交換貨品服務時，會讓自己變得更依賴其他國家，這是國際政治結構限制國家之間合作的第二個面向[22]。

　　無政府狀態使國家必須自助，因此國家重視權力。現實主義將權力作為國家的追求目標，新現實主義則認為權力只是確保安全的手段。現實主義主張，唯有國家接受「權力平衡」作為他們努力的共同架構，國家才會自我設限；但國家追求最大權力，所以達成權力平衡有難度。

　　相對的，新現實主義認為，由於沒有遵循成功範例會有壞處，因此國家會愈來

McGraw-Hill, 7th ed., 2005), p.5.

[19] Kenneth N. Waltz, *Theory of International Politics* (New York: McGraw-Hill, 1979), pp.18-27.

[20] Kenneth N. Waltz, *Theory of International Politics* (New York: McGraw-Hill, 1979), p.39.

[21] Kenneth N. Waltz, *Theory of International Politics* (New York: McGraw-Hill, 1979), pp.79-81.

[22] Kenneth N. Waltz, *Theory of International Politics* (New York: McGraw-Hill, 1979), pp.102-107.

愈像，會相互模仿，成為體系的社會化；所以不論權力平衡是否是行為的目標，國家會努力於平衡的行為，體系會有平衡的強烈傾向，亦即權力平衡是結果而不是動機[23]。

同時期，隨著美國霸權衰退的徵兆出現，以及歐洲整合、跨國組織出現等活動愈來愈積極，「全球化」的發展益形具體，一些國際關係學者質疑新現實主義的看法，因此出現所謂的國際關係學界的第三次大辯論[24]；源自自由主義思想的新自由主義已然形成，成為與新現實主義並駕齊驅的國際關係理論。

新自由主義主要是基歐漢（Robert O. Keohane）為代表的新自由制度主義。基歐漢和奈伊（Joseph S. Nye）指出，世界政治的性質正在變化，國際事務的傳統議程，也就是大國權力平衡、國家安全等，不再能界定現有威脅與未來可能性；在經濟、傳播、人類期望方面，世界已變得相互依賴[25]。

現代主義學派認為，長途電信、噴射機旅行創造地球村，迅速增長的社會和經濟交易創造無國界的世界，這個時代的非領土行為者如多國公司、跨國社會運動、國際組織，讓封建時代結束以來在世界政治支配四個世紀的領土國家，黯然失色。雖然基歐漢和奈伊表示，國家與其控制力量不再重要的假設，沒有足夠的分析；但他們同意基本改變正在發生，需要提出瞭解全球互賴政治的適當架構[26]。

在基歐漢和奈伊的定義下，依賴是國家被外力決定或重大影響，相互依賴則是國家之間或不同國家行為體之間的相互影響[27]；這些影響源自於國際交易，亦即金錢、貨品、人員、訊息跨越國際疆界的流動，而這些交易在第二次世界大戰後急遽增加[28]。

雖然相互依賴不必然是雙方對稱，但需強調的是，相互聯繫不同於相互依賴，有相互代價影響的交易才是相互依賴，沒有明顯代價影響的互動只是相互聯繫；此外，互賴不限於互利的情況，就像美國和蘇聯之間的戰略互賴[29]。

---

[23] Kenneth N. Waltz, *Theory of International Politics* (New York: McGraw-Hill, 1979), pp.118-128.

[24] 第一次大辯論指理想主義與現實主義的論戰，第二次大辯論指傳統主義與行為主義的論戰。

[25] Robert O. Keohane and Joseph S. Nye, *Power and Interdependence* (New York: Longman, 3rd ed., 2001), p.3.

[26] Robert O. Keohane and Joseph S. Nye, *Power and Interdependence* (New York: Longman, 3rd ed., 2001), pp.3-4.

[27] 依賴與相互依賴的討論可參閱David A. Baldwin, "Interdependence and Power: A Conceptual Analysis," *International Organization*, Vol.34, No.4 (Autumn 1980), pp.471-506.

[28] Robert O. Keohane and Joseph S. Nye, *Power and Interdependence* (New York: Longman, 3rd ed., 2001), pp.8-9.

[29] Robert O. Keohane and Joseph S. Nye, *Power and Interdependence* (New York: Longman, 3rd ed.,

基歐漢指出，世界政治是處於非集中、分散化的無政府狀態，主權國家不服從於一個至高無上的政府，其所構成的國際體系是自助的。因此，國際典則（International Regime）的規範約束力比國內社會弱；但基於相互間的利益，國際間的合作仍有可能。

他認為，世界政治的相互利益，只侷限於結合各種力量反擊對手的說法，從邏輯和經驗來說是沒有理由的；自身利益的意涵是彈性的、主觀的，取決於行為者對行動產生的預期可能結果，也取決於其本質性的價值觀念。

國際典則有助於解釋國際合作與紛爭的問題，對典則的瞭解不必基於行為者採用理想主義的假設，因為典則的規範能夠對行為者發揮影響力；即使規範不體現共同的理想，但關心自身利益的國家和公司，仍會將規範使用於相互調整政策的過程中[30]。

肆、全球化下的國際關係未來

事實上，在「當代全球化」風起雲湧的深入開展下，從新現實主義到新自由主義的發展，似乎已不足以詮釋「全球化」的國際關係，所以全球治理（Global Governance）的概念應運而生。

所謂的治理是「秩序的統治和集體的行動」的建立過程[31]，其源自於拉丁文「Gubernare」，意喻統治或指導。治理是多種權威管理人民的統治形式，以及個體致力於型塑他們自己主觀性的自我技術[32]。

治理必須有目的，而且應該與秩序區隔；因為秩序不需要意識到目的或利益，秩序可以沒有治理而存在，但治理需要秩序的某些形式[33]。治理的秩序有三種，包

2001), p.9.

[30] Robert O. Keohane, *After Hegemony: Cooperation and Discord in the World Political Economy* (Princeton, New Jersey: Princeton University Press, Princeton Classic ed., 2005), pp.60-64.

[31] G. Stoker, "Governance as Theory: Five Propositions," *International Social Science Journal*, Vol. 50, No. 1 (1998), p.17.

[32] D. Garland, "Governmentality and the Problem of Crime: Foucault, Criminology, Sociology," *Theoretical Criminology*, Vol.1, No.2 (1997), p.174.

[33] T. J. Biersteker, "The 'Triumph' of Neoclassical Economics in the Developing World: Policy Convergence and Bases of Governance in the International Economic Order," in J. N. Rosenau and E. O. Czempiel eds., *Governance without Government Order and Change in World Politics* (Cambridge: Cambridge University Press, 1992), p.102.

括解決問題和創造機會的「不同模式」、條件的「組織觀點」，以及立法、規範、經濟發展等「治理原則」的行動可能性[34]。

所以，治理強調秩序與行動，但這種秩序有目的性，例如解決問題、建構組織條件或立法原則等；同時，治理的行動多元化，不僅止於傳統政府由上往下的單一統治模式，也包括主體為型塑自我的多種權威，因而構築成的管理方式。

進而言之，依據聯合國的全球治理委員會（Commission on Global Governance）的定義，治理是個人與機構、公共與私人，管理他們共同事務的多種方法總和。它是持續性的過程，使得相互衝突或分歧利益可以調和，採取合作行動。它包括正式的制度和規則，有權力強制服從；也包括非正式安排，讓人們和機構贊成或認知他們有相同的利益[35]。

因此，「全球治理」除了主要被視為政府間的關係（Intergovernmental Relationships）之外，現在還必須被瞭解為包含非政府組織（Non-government Organizations）、公民運動（Citizens' Movement）、跨國公司（Multinational Corporations）、全球資本市場（Global Capital Market），他們與急遽擴大影響力的全球大眾媒體（Global Mass Media）進行互動。

在人們愈來愈關心人權、平等、民主，以及基本物質需求的滿足、環境的保護、非軍事化等議題的今天，產生了愈來愈多的新角色，推動全球治理的進行。這些新浮現的聲音和機構，愈來愈活躍於政治、經濟、社會、文化、環境等目標，也產生相當大的全球衝擊。

全球治理沒有單一模式或形式，也沒有單一或一組機構；它是廣泛的、動態的、複雜的互動決策過程，不斷的演進，面對變化的的環境作出反應。它必然要應對不同議題領域的具體需求，因此必須採取整合途徑，才能解決人類生存和繁榮的問題。

有效的全球治理決策需要建立，而且要能影響地方、國家、區域的決策；以及在許多層級的人們和機構中，能動用多樣性的技術和資源。全球治理必須建立制度和程序的夥伴關係網絡，使全球治理的行動者可以匯集資訊、知識、能力，針對共同關心的議題，發展一致的政策與作法。

---

[34] John Dixon et. al., "Ethics, Trust and the Public Interest: The Contending Modes of Societal Governance," in Nada Kakabadse and Andrew Kakabadse eds., *Governance, Strategy and Policy: Seven Critical Essays* (Hampshire: Palgrave Macmillan, 2006), p.6.

[35] Commission on Global Governance, *Our Global Neighbourhood: The Report of the Commission on Global Governance* (Oxford: Oxford University Press, 1995), pp.2-4.

　　事實上，治理的規範性基礎，亦即從較有效和透明的規則、過程和行為等觀點得到「較好的」治理，就是從國家主權撤退下的多層次治理（Multi-level Governance）。尤其相對於以國家為中心，或是政府與政府之間關係為主的論述，多層次治理是一種新的和相當程度正在浮現的獨特政體；它被假定為「更接近人民」，以及有更好的能力去提升民主的正當性、決策的有效性[36]。

　　以歐盟為例，中央部門的主控權力在各個部門被拆解，加上非政府行為者在各個層級的作用，最終的單一權威不存在，決策權由各層行為者分享，單一行為者無法在單一層級獨攬權力，換言之，多層次治理顯示在超國家的（Supra-national）、國家的（National）、次國家的（Sub-national）、跨國家的（Trans-national）行為與制度互動上。

　　多層次治理不否定國家執行和國家領域是重要觀點，可是無論如何，在歐盟的發展經驗中可以看到，國家不再壟斷歐洲層級的決策或國內利益的整合。決策的權力在不同層級被分享。例如歐盟執委會、歐洲議會、歐洲法院等超國家體制，具有獨立決策的影響力；次國家的行動者也在國家和超國家的場域中運作，過程中創造出跨國家的社團，國內政治的複雜相互關係不止於國家層級，而且延伸到歐洲層級[37]。

　　但必須強調的是，目前的趨勢仍顯示，基於效率（Efficiency）與效能（Effectiveness）的要求，不僅執行政策的技術，例如划船的能力要好，引導政策的洞察眼光，例如掌舵的能力也一樣重要；同時，政府的首席執行官員（Chief Executive Officer）也被要求整合凝聚力，才能有效處理複雜問題，所以治理仍在統治之下發展[38]。

　　因此，國家仍是國際關係的主要行為者，但在全球化的趨勢下，全球治理、多層次治理等新的國際關係模式，仍會前仆後繼的出現，因為跨國的政治、經濟、社會、文化，乃至於人權、治安、環境、氣候等議題將會愈來愈多、愈複雜、愈重要，國家必須與超國家、次國家、跨國家的體制相互合作，才能提升人類的幸福生活。

---

[36] Otto Holman, "Transnational Governance and National Employment Regulation: The Primacy of Competitiveness," in Patricia Kennett ed., Governance, *Globalization and Public Policy*, (Cheltenham: Edward Elgar, 2008), p.56.

[37] Gray Marks, Liesbet Hooghe and Kermit Blank, "European Integration from the 1980s: State-Centric v. Multi-level Governance," *Journal of Common Market Studies*, Vol.34, No.3 (1996), p.346.

[38] B. Guy Peters, "Back to the Centre? Rebuilding the State," *The Political Quarterly*, Vol.75, No.1 (2004), pp.130-131.

第 5 章　外交政策

吳建德、王瑋琦

壹、前言

　　國際關係學是一門學科,屬於靜態的知識;然而,國際關係則是動態的行為,向為各國政府及學界關注,蓋任何一個國家之涉外行為可能牽涉遠在天邊的其他國家[1]。此種現象在呈現地球村之現今國際舞台則更是屢見不鮮。外交在現今國家是不可或缺的,強國需要外交以維其權勢;弱國更需要外交以爭取國家利益;常言道,「弱國無外交」,此話似乎過於消極,不足為取[2]。事實上,弱國更需要外交以彌補其先天之劣勢;藉由良好的外交關係,才不致於在國際社會上舉步維艱。美國知名國際關係學者摩根索(Hans J. Morgenthau)認為,一個國家的外交素質攸關其國家權力之大小[3]。由此顯示,在國家間互動密切之時代,有優良的對外關係是極為重要的。

　　因此,在今日詭譎多變的國際社會,一個國家外交政策良劣與否攸關國家利益、安全與生存;因此,外交政策之重要性不言可喻。本章將介紹外交與外交政策之定義、制定外交政策之依據、外交政策之取向、目標、執行外交政策之工具、外交官之功能。

貳、外交與外交政策之定義

　　政府有向人民做政策規畫說明的義務,民主政治與威權體制的差異涇渭分明,其中政府決策的不同在於前者必須向民眾做遊說,讓人民心悅誠服地同意政府的施

---

[1] 周世雄,國際關係－權力與制度(台北:五南圖書公司,民國89年),頁5。
[2] 趙明義,國際政治論叢(台北:華泰文化事業公司,民國87年),頁322。
[3] Hans J. Morgenthau, *Politics Among Nations* (New York: Alfred A. Knopf, 1966), pp.128-132, 518-519;趙明義編著,國際關係(台北:黎明文化事業公司,民國85年),頁60-61。

政。在民主社會中，外交政策的制定不僅是錯綜複雜、經緯萬端，而且是盤根錯節的工程。蓋民主社會，人民普遍參與政治，故外交政策之制定，已不為少數人所把持、壟斷。而且，外交政策係一個國家公共政策之重要組成部份。公共政策制定之困難、複雜程度與昔日民智未開之時期實有霄壤之別！關於公共政策的界說，中外學者互有仁智之見，坊間資料不勝枚舉，綜合各家學說，界定其定義－政府為解決公共問題，達到公共利益，經由政治過程，所產出之策略[4]。公共政策包含之特色有下述幾項[5]：

一、問題取向：公共政策即是在解決公共問題。倘公共問題被政府接受，認為需要解決，列入政府施政事務，便形成問題。

二、目標取向：公共政策有其目標，亦就是公共利益，惟何謂真正的公共利益，眾多學者、專家互有見解，公共政策的目標，即在追求多數人的利益。

三、政府決定：公共政策係由政府決定，不是由政府以外的人、或團體決定。惟在民主社會，很多人、或團體均可參與政策之制定，如：政黨、壓力團體、利益團體、及民意代表等。

四、經由政治過程：公共政策係經由一套複雜、繁瑣的政治過程而形成的。而如政治人物、勢力、政黨、利益團體、壓力團體、大眾媒體、學者、專家均有介入此政治過程，只是程度之差異而已。政治還包含政策問題形成、行政機關的全盤規畫及立法機關立法通過等階段。

五、產出：公共政策係屬政治體系的產出（output），包含作為與不作為，為解決公共問題的一套方法、策略、方針、原則及細節。

　　毋庸置疑的，外交政策亦屬公共政策的範疇，也是攸關國家安全與在國際社會各項涉外作為的重要課題。

　　外交（diplomacy）與外交政策（foreign policy）不同，前者是手段，後者為目的；外交政策是一種計畫，係基於國家之需要，經由慎密之考慮與規畫而形成，須配合國家利益與目的；而外交則是藉由外交人員運作方式或戰術之運用，俾以完成國家外交政策之任務[6]。所以，外交政策是一個國家公共政策重要的一環；它是一個國家處理與其他國家涉外行為的政策指南、依據或一整套之全盤計畫。

---

[4]　William N. Dunn, *Public Policy Analysis* (Englewood Cliffs, New Jersey: Prentice-Hall, 1981), pp.34-1.

[5]　張世賢，公共政策析論（台北：五南圖書公司，民國75年），頁335-337。

[6]　王育三，邁向二十一世紀的國際關係（台北：黎明文化事業出版公司，民國82年），頁49。

　　英國著名國際關係學者霍斯提（K. J. Holsti）認為，外交是國家與國家之間的溝通作為，外交牽涉範圍很廣，其中含國家目標之界定、目標之合理化、威脅、承諾與彼此間對於爭執提出可能解決之方式[7]。英國外交家尼克森（Sir Harold Nicolson）爵士指出，外交是透過談判來處理國際關係，各國使節利用外交的手段來調整國家之間的關係[8]。所以，外交涵蓋範圍廣泛，舉凡涉外談判及遊說，國家或團體的對外政策、專業外交官的專業活動、國際普遍承認的官方往來慣例或規則等；學者李其泰指出，外交是不經戰爭而達到國家目的之手段或工具[9]。

　　另外，彼得森（Frederick S. Person）和羅徹斯特（J. Martin Rochester）認為，外交是各國政府間一種互動方式，有正式、非正式，有公開的、有秘密的，也有多邊的[10]。綜合上述對外交之定義，不難發現外交係指國家間互相往來、處理相關國際事務的行為與行動歷程；當然，正式的外交有賴官方代表；但是，非官方（民間）的外交亦是十分重要。所以，一個國家的外交政策，即是一個國家為達到其國家利益所採取的對外國交涉之策略與行動計畫或方案。

參、制定外交政策之依據

　　美國知名政治學者伊士頓（David Easton）認為，任何政治的活動均可以系統視之，而系統為了維持生存，須賴各種不同的功能發生互動互賴的特性，其作用好比一個人體的消化系統一般，亟需每個器官彼此互動，以發生功能，遂以回應外在環境的刺激[11]。然這些過程之一即是投入，其中包含需求與支持。所謂需求係指個人或團體要求政府當局作決策的各項動作，而支持係指人民對於政治體制的順從、配合行為。其次談到轉換過程係指政治系統的外在投入經由此一過程才能轉變成為產出。誠如一部機器的運轉，經過此一過程，始能將原料轉換成產品。然不可諱言的，轉換過程時常被視為「黑箱」，欲瞭解其中的運作，殊屬不易，蓋決策的過程

---

[7] K. J. Holsti, *International Politics: A Framework for Analysis* (Englewood Cliffs, New Jersey: Prentice-Hall, Inc., 1983), pp.36-38.

[8] Frederick S. Person, J. Martin Rochester著，胡祖慶譯，**國際關係**（International Relations）（台北：五南圖書公司，民國81年），頁183。

[9] 張亞中主編，**國際關係總論**（台北：揚智出版社，民國92年），頁174。

[10] 胡祖慶譯，前揭書，頁183。

[11] David Easton, *A Framework for Political Analysis* (Englewood-Cliffs, New Jersey: Prentice-Hall, 1965), pp.23-29.

本身、機關組織的法規、傳統及外圍的影響等大抵不易掌握與瞭解。

再談到產出，係指成品，就是政府所作的決策與行動。而反饋係指政治體系具有自我修正調整的功能，可以針對政策運作的好壞與否，加以整體、客觀地評估，以再重新投入[12]。然後論及環境係指系統內受到時、空因素的限制，而非自天而降，憑空而生的緣故，系統無時無刻地受到周邊環境的影響，同時它也常常影響周遭的環境[13]。

政治體系的投入有外環境投入、內環境投入及決策投入等三部分。在民主國家的主要特色在於其有自由表達要求與支持的各種途徑，吾等應特別注意的是民主國家在政治系統的投入方面，絕非像傳統法治途徑所描述的自由、平等，其影響大小端視其「戰略地位」重要與否而異。

大部分的人民大抵不曾擔任公職、議員或參加競選活動；職是之故，我們對政府的決策過程往往缺乏某種程度的認識。雖然我們知道政府機構的作為會影響我們的生活，惟並不是政府制定的每一個政策都會對每一個人造成影響。故我們常有瞎子摸象的錯覺和認知的差距。所以，學習政治科學及相關科學的人士明白，現代政府的政策涵蓋面經緯萬端、錯綜複雜，而一般人民則始終對政府該制定何種政策及不該制定何種政策而爭執不已[14]。在現今的民主社會中，公共政策從醞釀到制定，形成的過程具有若干的特色。蓋民主社會中，人們普遍參與政治，故公共政策的制定，已不再為少數人所專享及壟斷[15]。當然，外交政策亦是如此；以下探究制定外交政策之依據。

一、政治文化

政治文化係指一組涉及政治過程的定向（包含意識型態、態度、信仰等）以及定向的方式[16]。這組定向來自政治系統中的成員，並根據該系統所規範之系統來訂定。任何社會之政治文化所具有的特殊風格，就是歷史經驗的產物，這種經驗的影響，及於政治系統，並成為政治系統中成員及政治社會化（political socialization）過程的產物。政治文化是維繫政治體系，並使政治體系得以生存的一個重要的條

[12] Ibid.

[13] David Easton, *A Systems Analysis of Political Life* (New York: Wiley, 1995), pp.30-33.

[14] 林鍾沂著，公共事務的設計與執行（台北：幼獅文化事業公司，民國80年初版），頁 19-22，

[15] Austin Ranney, *Governing: An Introduction to Political Science* (Englewood Cliffs, New Jersey: Prentice-Hall, 1990), pp.320-321.

[16] 朱志宏著，公共政策（台北：三民書局，民國80年），頁79。

件。故政治文化係一個主觀的概念，而其所包含甚廣，諸如：政治體系之成員對政治所持有的經驗信仰、價值傾向與情感的反應[17]。

就我國而言，由於人民知識提升、經濟狀況良好，對政府各項政策制定均投注高度的關心，因此，應屬於參與性的政治文化。當然，時代演進的腳步是無法阻擋的；因此，我外交政策的制訂，可能遭受到人民的挑戰、關注或指責。人民期待政府能夠制定完善的外交政策，但政府是否能夠制定完善的外交政策呢？在決定制定政策良窳的因素中，行政官僚的素質便是舉足輕重的因素。倘若行政官僚素質低落，則政府欲制定完善的政策就會有心有餘而力不足的遺珠之憾。而行政官僚素質的優劣及人員的任用有密切的關係。蓋社會上的大眾是否願意到政府機關去服務，貢獻心力，皆受政治文化之影響[18]。

二、最高領導人與國家戰略之支持

任何一個國家的外交政策與各項戰略均需賴其最高領導人的鼎力支持，否則難以有效之執行。對於任何一位最高領導人而言，為獲得外交效能提升之辦法，就是解決他們最急需的預算及外交戰略規畫。當然，爾後無論誰繼承其最高領導人，如無其全力支持，外交戰略將是難以克竟其功的。所以，外交戰略之規畫或設計，除專業考量全盤政策之建議外，勢必說服總統，以爭取其授權的籌畫。當然，倘若兩造見相左，則須透過溝通尋求共通之議題。唯有如此，外交戰略始能有前瞻、系統、持續性的規劃與實施。然而，不可諱言外交戰略是國家戰略中一個重要的組成部份，支持並服從國家戰略。

國家戰略（national strategy）又稱國家安全戰略（national security strategy），美國學者還稱國家安全政策（national security policy），相當於西方學術界慣用的「大戰略」（grand strategy）一詞，它是最高一級的戰略[19]。美國學者柯林思（John M. Collins）指出，戰略係在所有環境之下，運用國家權力，透過威脅、武力、間接壓力、外交與其他手段控制對手，以達到國家安全利益和目標的藝術和科學[20]。

---

[17] Austin Ranney, op. cit., p.69.
[18] Ibid.
[19] 李植安主編，**美國軍事戰略概論**（北京：國防大學出版社，1989年），頁1-2。
[20] John M. Collins, *Grand Strategy* (Annapolis, Maryland: United States Naval Institute Press, 1973), p.14.

　　1977年出版之「大美百科全書」（Encyclopedia American）指出，戰略為平時與戰時發展與運用一國政治、經濟、心理及軍事等力量，以對於國家政策作最大支持的藝術與科學[21]。美國國防部1994年出版的「國防部軍語詞典」（Department of Defense Dictionary of Military and Associated Terms）對於國家戰略的界定：國家戰略是在平時和戰時，發展和應用政治、經濟、心理與軍事權力以達到國家目標的藝術和科學[22]。所以，外交政策係基於國家戰略之指導，結合外交戰略構想，並以外交戰略計畫為主體，設計、規劃外交作為，在統合的政策下前後連續戮力貫徹，以確保國家安全。

　　國家戰略可定義為發展與運用各種國力（包括經濟、政治、軍事、外交、社會），以及包括為達成目標協調使用這些手段的思考，並有下列三點意涵：（一）國家安全戰略是使用軍事力量處理國際關係問題的基本依據（當然也包含指揮如何使用非軍事力量）；（二）在一場持續較長時間的大規模傳統戰爭中，必須動員非軍事力量來支援軍事力量及其相關行動；（三）在核子對峙時代，由於第三世界充斥的革命戰爭，應付此種型態的戰爭需要採取多種手段，綜合運用政治、經濟、軍事與心理等手段[23]。所以，在國家安全戰略的指導下，各國建構其外交政策與外交戰略的各項戰略與戰術的具體操作原則，以增取國家安全的最高利益，並避免各種威脅造成的挑戰與衝突。

　　此外，總統府國家安全會議前秘書長丁渝洲主持，國安會前副秘書長林碧炤教授擔任副主編，由國安局所屬的遠景基金會即將出版《2005～2006台灣安全戰略評估》專書。此書將「領導人誠信」列為影響國家安全戰略的最主要因素，其他五項主要因素是：人民對國家的認同度與對政府支持度；國家總體經濟實力與發展；國防武力防衛國家的能力；兩岸關係是否和平穩定；美國對台海問題的態度與政策[24]。事實上，其他五項因素均與領導人之意念息息相關，實有牽一髮而動全身之效。所以，最高領導人的意念對政黨政策具有十足之影響力。

---

[21] 孫紹蔚，從戰略理念論國家戰略（台北：三軍大學，民國67年），頁218。

[22] *Department of Defense USA, Department of Defense Dictionary of Military and Associated Terms* (Washington, D. C.: Government Printing Office, 1994), pp.254-255；另美國參謀首長聯席會議（JCS）在1979年出版的「國防部軍語詞典」對國家戰略的定義亦持相似之觀點，詳參，鈕先鍾，現代戰略思潮（台北：黎明文化事業公司，民國78年），頁218。

[23] Dennis M. Drew, Donald M. Snow，王輝青等譯，國家安全戰略的制定（北京：軍事科學出版社，1991年），頁16-17。

[24] 丁渝洲，2005-2006台灣安全戰略評估（台北：遠景基金會，2006年）。

眾所皆知，國家戰略係對國家權力作有目標、有系統的規劃與運用，以達到國家之利益目標。知名學者繆爾（Richard Muir）在其名著Modern Political Geography專書中，將國家權力區分六類，即：（一）形態權力（morphological power）；（二）人口權力（demographical power）；（三）經濟權力（economic power）；（四）組織權力（organizational power）；（五）軍事權力（military power）；（六）外交權力（power from external relationships）[25]。以上組織權力此項因素，係指政府部門之決策品質、人員能力、行政效率、政府穩定度與政府、人民之間的關係。坦誠而言，領導人的作為，不僅攸關國家未來走向、影響政府官員決策與人民之支持、認同，甚至影響國家之存亡絕續。基此，不難窺見此書研究教授群的憂心。

三、公共輿論

依據凱氏（V. O. Key）觀點，公共輿論（或稱民意）係由廣大、眾多的個人意見所組成的，而為政府所發現並審慎地注意；換句話說公共輿論係人民意見的總和，而政府對那些意見會十分審慎地考慮列入政策決定的因素[26]。公共輿論對外交政策是否有影響？有何種影響？此問題向來頗受關心民主政治人士的重視。在外交政策的形成上，若干人積極參與公共事務，有些人則漠不關心。前者在外交政策上，扮演激勵者的角色，監促政府，惟此種人人數不多。大部分的人民不是對外交事務持有冷漠感，就僅對合乎自己利益的特定問題予以注意關心，甚至活動、遊說。

四、社會菁英的態度

在社會中一般人民所表達的偏好往往是透過社會化過程、教育和大眾媒體所塑造的[27]。一般百姓或社會菁英何者對外交政策較具影響力呢？揆諸近年來我國社會之現象，即可窺見社會菁英的立場與國防政策較為相符，而與一般百姓立場較有「落差」。主要原因為社會菁英受過高等教育，面對外交事務較能採取理性、客觀之看法，因此對政府的施政能瞭解、支持、配合；而且，近年來各類基金會的組織，讓社會菁英有種「立言、立德、立功」的使命感，遂對政府施政，適時予以針

---

[25] 鈕先鍾，**國家戰略論叢**（台北：幼獅文化事業公司，1984年），頁191-193。
[26] V. O. Key, *Public Opinion in American Democracy* (New York: Knopf, 1961), p.14.
[27] 林鍾沂著，**公共事務的設計與執行**（台北：幼獅文化事業公司，民國80年），頁92。

砭，他們的立論有些切中時弊，亦有矯枉過正的之處，惟整體考量教育程度較高的社會菁英的意見較受到政府的重視。

五、政黨與國會議員

　　政黨乃是一部分國民依據其自願，所組織成的政治團體；欲以其共同之智慧與努力，透過各種公職候選人之提名與選舉，獲取政府權力，以實現其共同之政治理想與主張，並促進國家、民族的利益[28]。政黨在競選過程中，為選民立下各種承諾，應允選民在競選勝利之後，兌現其在競選時所立下的各項承諾。一旦競選獲勝的政黨而成為議會內的多數黨，或是執政黨，此時政黨即能透過國會或行政部門的政策制定，實踐其在競選時，向選民所立下的承諾。職是之故，政黨對國防政策就會發揮相當的影響力。然而政黨是否可發揮其對公共政策的影響力，端視此政黨黨紀是否能有效的發揮。

　　例如，美國政黨係是一種「掮客」性質的組織，缺乏明顯的意識型態，故共和黨與民主黨，均僅求競選勝利，而對於促進政策的立場，並不十分關心。英國亦是兩黨制的國家，惟英國政黨黨紀分明，而且其政黨分野較為明顯，故對公共政策之制定較具影響力。

　　我國政黨類似英國政黨，係屬「使命性團體」（missionary party），對政策的影響較具作用[29]。但是，自從我國邁入政黨政治後，民進黨、國民黨、親民黨、新黨及無黨籍之間對於每年外交預算均「斤斤計較」，預算在協商、折衝後即遭不少程度的刪減。由此可見，政黨在我外交政策的取決上亦占有不容小覷之地位，殆無疑義。

　　不可諱言地，由於政府的事務日趨繁複、專業，故外交政策的制定大權，漸漸由立法機關移轉至行政機關，而立法機關的主要功能，也由政策制定轉為政策表達、政策妥協、政策合法化、行政監督和為民服務等諸項功能。惟不可否認的，立法機關對政策的制定，仍占有舉足輕重之地位。蓋民意代表可以透過質詢、討論、杯葛或通過法案、控制行政部門的預算、行政人事權，或授權給予行政部門等方法，直接或間接影響外交政策之制定及其內容。誠如，美國學者艾蒙得認為預算之不足嚴重影響其政府政策[30]。所以，近些年我外交預算在立法院每遭立法委員的刪

---

[28] Austin Ranney, op. cit., pp.223-227; Frank J. Sorauf, *Party Politics in America* (Boston: Little, Brown and Company, 1980), pp.7-9.

[29] 呂春沂，現代政治分析（台北：作者自印），頁92-96。

[30] John N. Petric著，國防部史編局譯，戰略論文選譯II（*Essays on Strategy XII*）（台北：國防

減，亦可能影響到外交戰略的計畫與進程。

　　現代的政府，係以行政部門為主體的政府，行政部門是公共政策的制定機關。舉凡政策之分析、規畫、設計均屬於行政部門的工作，俟政策規劃妥當後，再移請立法機關審查，使之合法而可執行。儘管如此，立法機關在政策制定的過程中，占有重要的戰略地位。蓋立法機關可對行政部門擬定之政策方案，加以批評、指責、修改，故立法機關所處之地位的重要，就不言可喻了。當然，立法機關對行政部門政策方案的批評或修改，對於現代的民主政治，是不可或缺的條件。

六、行政官僚素質

　　一國之外交政策是其國家戰略的主要環節之一，是國家進行外交作為的基本行動準則；換言之，國家的一切外交活動，以及與其他國家有關的活動，都必須在外交政策指導下進行。同時，從許多國際政治的現實例子上言，外交與經濟等國家安全的政策工具，均是反映或完成國家利益。克勞塞維茲（Karl von Clausewitz）在其戰爭論（Vom Kriege）中所言：「戰爭不僅是一種政治行為，而且是一種真正的政治工具，是政治交往的繼續，是政治交往透過另一種手段的實現」[31]，戰爭所欲達成的政治目標，必須透過軍事的方式行使，才得以實現，所以，根據中華民國91年國防報告書載明，國家安全政策為廣義的國防政策，可區分為政治、經濟、軍事、心理、科技與外交等政策[32]。

　　由於，現今行政體系十分龐大、分工，故行政官僚（the bureaucrat）在整個外交政策制定的過程中占主要的角色，尤其是政策之決策官員。蓋政策制定資料蒐集、處理、分析、評估、規劃、方案取決乃至政策產生，行政官僚均置身其中，故行政官僚對公共政策之內容的影響，有以下之因素，茲分別說明如下[33]：

（一）官僚性格

　　可區分為爬升者（climbers）、保守者（conservers）、熱心者（zealots）、倡導者（advocates）、政治家（statesmen）等五種類型。倘若組織趨於老化與保守，則越不易招募肯上進的熱心者、倡導者、與政治家；反之，組織若正值於青少

部史編局，民國85年），頁45-48。

[31] 克勞塞維茲（Karl von Clausewitz），**戰爭論（上）**（台北：貓頭鷹出版社，2001年），頁20。

[32] 參見，中華民國九十一年國防報告書，頁71。

[33] 林鍾沂，前揭書，頁154-163。

年階段，自是一片朝氣蓬勃、欣欣向榮景氣，相對的較易徵募若干有理想的行政官僚。因此，官僚性格的型態與外交政策制定息息相關，因其性格積極與消極的個性在處理公務的差異常有南轅北轍之現象。

（二）官僚人員的專業素養

擁有較多與較豐富的專業知識，較能作出明智而正確的決定；反之，由一位缺乏專業知識的新手來作，恐怕事倍功半，且容易犯下錯誤。

（三）決策官僚之判斷

蓋決策人員係整個外交政策制定過程中的主角，故決策人員是否能摒棄本位主義，對政策方案作客觀、詳盡之判斷，不固步自封，且以大多數人民利益為前提，亦為行政官僚對政策內容造成影響的重要要件[34]。

美國學者凱爾（Earl E. Keel, Jr.）即認為美國過去的戰略，尤其是針對共產主義之圍堵戰略，使美國昧於改變之挑戰，而疏於準備，致在後冷戰時期的國家戰略和國防戰略無所適從且毫無建樹，其主因之一就是官僚體系的慣性，數十年來的處事方式根深蒂固，導致策劃不及與反應遲緩[35]。因此，我國防部及各軍種總部在甄選行政官員時宜從嚴審查，錄用後並不定時給予專業性或學術領域的進修，俾期達到一流人才，一流計畫之要求。

七、外國因素

現代國家外交政策之制定，因參與者日益增多，且問題經緯萬端，牽涉甚廣，故不僅國內的環境因素影響政策之制定，國外的因素及壓力，時常亦對政策制定造成不可或缺的考慮要素。

舉例而言，美國倘每年施出「超級三〇一法案」，各國則將採取各種途徑，以爭取與美國妥協，故將配合美國而制定各項政策，俾資因應。再者，就對台軍售而言，美國的外交政策與對台戰略決定對台灣出售何種等級的武器裝備，不僅會影響

---

[34] 黃紀、陳忠慶合譯，**政治學的範圍與方法**（台北：幼獅文化公司，民國80年），頁229-231。

[35] John N. Petric著，國防部史編局譯，**戰略論文選譯II**（*Essays on Strategy XII*）（台北：國防部史編局，民國85年），頁23-43。

戰略、戰術的改變，還影響到國防、外交政策發展的方向，這些案例屢見不鮮，應殆無疑義。此外，當代國際社會上的主流思想、大國的外交政策、經濟政策，對我國外交政策之釐訂均有不少的影響力。

肆、外交之取向

　　霍斯提認為，外交取向即是國家對外界環境的態度與承諾，達成國內外目標、希望，與克服長期威脅之策略。取向是為適應內外環境而調整其目標、價值與利益，且經一連串累積的決策所產生之結果。

　　外交取向可區分為：一、孤立；二、不結盟；三、結盟，茲分析如下[36]：

一、孤立（isolation）

　　孤立的取向係指減少與國際社會中其他單位的往來，或在維持對外的外交接觸之際，建立屏障，以處理明顯或潛在之威脅，國家即能獲得安全與獨立。

二、不結盟（nonalignment）

　　一般而言，對「中立」、「中立主義」與「不結盟」等名詞之差異，有程度的混淆。上述均表示類似的外交政策取向，即國家不願將軍事力量與外交支持，投在另一個國家之目的。不願將軍力投注在其他國家之目的上，係以不結盟為外交政策之策略。然而，各國採不結盟政策之狀況，並不完全相同，各國因對外威脅、內部經濟、政治之認知之不同，而政策有所差異。

三、結盟

　　一個國家認為建立永久之外交同盟或軍事聯盟，係是他們自己的能力，無法達成其目標與維護利益，或嚇阻威脅。因此，遂與有相同外來問題或相同目標之國家，結成聯盟關係。

---

[36] K. J. Holsti, op. cit., pp.100-106.

伍、外交任務與外交官之功能

一、外交任務

美國知名國際關係學者Hans. J. Morgenthau認為，外交任務範圍牽涉甚廣，大可區分以下數項[37]：

（一）外交需依據一個國家可運用之權力，俾決定其應追求之目標；

（二）外交需衡量其他國家之目標與其為追求達成目標，可資運用之能力；

（三）外交需決定不同目標之間，彼此最大之相容程度；

（四）外交需運用追求達成目標之方法。

二、外交官之功能

外交官主要功能可分為：（一）在政府之間扮演談判與溝通者的角色；（二）保護僑民及其財產；（三）象徵性的代表；（四）蒐集情報；（五）提供建議並制定全盤政策。

（一）在國際各國之間扮演談判與溝通者的角色

事實上，在國際上各國政府之間扮演談判與溝通者的角色，應是外交官主要的工作。因為在各國正式的外交關係或非正式的活動中，外交官須代表其國家出席駐在國各種會議或談判之場合；當然，溝通雙方意見、弭平爭端，謀求共同利益、化解衝突，以達成國家利益之目標。

（二）保護僑民

保護在國外僑民之生命安全及促進利益，所以，領事館或代表處是外交之機構，分設於邦交國之主要城市，為僑民提供簽證、諮詢、保護僑民利益與協助商務等工作。

（三）象徵性的代表

各國駐外大使出席各項駐在國之慶典與社交場合，對外國團體發表演說。就外交官的象徵性代表身分而言，是本國與駐在國各項關係，當然是包含政治性的與非

---

[37] Hans J. Morgenthau, op. cit., pp.35-37.

政治性的任何關係之發展。

（四）蒐集情報

　　情報係外交政策的重要參考資料，故情報之蒐集，成為外交官在談判工作之外，重要的任務之一。情報必然對於外交決策者有頗大的助益。當然關於軍力、經濟，可由海外情報單位提供；然而，要評估其趨勢、意圖、反應、態度與動機，不是情報專家能勝任。所以，外交官提供許多資料。外交官提供情報的主要任務，是對外國社會的熟悉，來解釋各種資料與作可靠之評估並加以預測在外國對本國的政策之反應。

（五）提供建議與制定全盤政策

　　外交官之任務除交涉與談判外，最終之重大工作，是向制定行動目標與計畫者的高層領導人，提供建議。外交官為決策者提供情報，故外交官可能也是一個決策者。一般而言，外交官在決策過程，主要之貢獻，係來自於官員對外情況之解釋或判斷。

陸、外交政策之目標

　　目標係對未來情勢的一種判斷或想像。政府透過個別決策者，對國外施以影響力，即是希望能造成想像中之情況。霍斯提認為，外交政策之目標，具有以下特色：一、目標具有價值或決策者為達到特定目標，國家資源所要投入之程度；二、為完成此目標的時間；三、對其他國家之要求。基此，目標可分為三類：一、核心價值與利益，此目標是政府不惜犧牲一切去達成此目標；二、中程目標，此目標是對別的國家有要求；三、世界性的長程目標，此目標很少有明確之時間限制，可能係因目標較遠大，而較難一蹴可及之原因，如表5-1所示。

表5-1　外交政策之目標區分表

區分	內容
核心利益與價值	1.本土的主權與獨立，使該國特定政治、社會與經濟制度可確保永續生存。 2.國家安全、人民福利、市場與重要資源的取得。 3.取得優越的戰略邊境。 4.種族、宗教或語言上的統一。
中程目標	1.國家希望藉國際行動貿易、外援以改善經濟狀況與社會福利。 2.增加國家在國際間之威望。 3.自我擴張或帝國主義，將本國之政治、經濟、社會之價值宣揚至國外。
長程目標	1.中程與長程目標之差異在時間與範圍有顯著之差異。 2.國家勾勒全球性的要求，依據一個適用全球的規畫，藉以重整國際體系。

資料來源：洪鎮東，國際關係及國際組織（台北：高點出版社，民國93年），頁2-7至2-9。

柒、外交政策之執行工具

依據知名國際關係學者霍斯提之觀點，外交政策之執行工具有：一、外交談判（negotiation）；二、宣傳（propaganda）；三、經濟工具（economic tools）；四、秘密活動或軍事干涉（intervention）；五、武器[38]。茲分別說明如下：

一、外交談判

就現今國際社會而言，外交談判業已成為解決國際間爭端、衝突之主要方法之一。在談判過程中，必須先行設定國家之目標，其次須將目標合理化，始能迫使對方國家作出讓步；當然，假如雙方均願各退一步，則即可達成協議。

二、宣傳

現今各國政府部門，大都運用宣傳技術，對國內外宣傳其政策或方向，以期有效達成國家利益。所以，宣傳作為須賴事前妥善之計畫，透過運用符號，以心理學技巧加以改變或控制其他國家之理念、價值或政策，以達到改變其政府作為或凝聚合本身的信念。

---

[38] K. J. Holsti, Ibid., pp.160-213.

三、經濟工具

一個國家可利用經濟手段來推進政策目的之程度，決定於廣義上資源的水平和範圍與轉換資源的耗費在政治上可接受之程度；經濟手段包含提供引誘、獎賞、強行懲罰或剝奪等[39]。當然，一個國家運用經濟手段能迫使其他國家改變其行為、意志與政策。例如，美國每年祭出「特別三〇一條款」即迫使其他國家修改法律或政策，以避免被美國列入制裁名單中，而遭受利益之重大損害。

四、秘密活動或軍事干涉

以推翻或保有當前存在政府或政權，其主要手段有：（一）秘密政治的行動；（二）武力示威；（三）顛覆；（四）游擊戰；（五）軍事干涉等。就上述作為而言，秘密的政治行動與顛覆之作為，大多是隱密不公開的。例如，美國即常透過中央情報局進行該類活動。而武力示威，可藉由武力展示，進行威嚇手段，以達政治目的。例如，1962年古巴飛彈危機即是案例。

再者，游擊戰係以非正規之作戰模式，逐漸影響、打擊當權派之地位，藉以贏得人民的支持。在歐美國家的發展歷史上，軍事武力常充當一種政治工具，以達到某種政治目的與左右政治局勢[40]。所以，軍事干涉是派遣其他國家部隊至其他國家平定戰亂或推翻現有政權。例如，韓戰期間美國派兵至韓國；越戰期間，美軍在越南之作為等均是明例。

五、武器

透過武器裝備的買賣、合作研發或技術轉移，以影響其他國家外交政策或國家行動。例如，在台灣關係法中美國對台灣軍售，即對我國產生莫大之影響。盱衡現今世界局勢，由於科技一日千里，已縮短空間上的距離，而政府與政府，國與國之間的關係日益密切，故各國外交政策之制定，將外國因素列入考慮的範疇，是不可避免的趨勢。例如，我國現階段許多先進的武器裝備均仰賴歐美國家的軍售，軍事科技的發展，不僅改變戰爭的型態，更將導致戰略的遞嬗，三者關係極為相關且密

---

[39] P. A. Reynolds，張敏秋、劉金質譯，**國際關係學**（*An Introduction to International Relations*）（台北：風雲論壇出版社，民國86年），頁169。
[40] Samuel B. Pyne, Jr., *The Conduct of War: An Introduction to Warfare* (New York: Basil Blackwell Inc., 1989), pp.56-62.

切[41]。而且，不可諱言的事實－持續不斷的衝突將導致軍事科技的日新月異[42]。此外，在未來台海軍事衝突中，倘若美國不加以援助或干預，台灣可能難以抵擋中共傾巢而出的毀滅性攻擊[43]。因此，似乎當前我國外交戰略上也是難跳脫美國等主要國家之軍售、科技發展，甚至政經情勢等因素之影響。

捌、結語

國家希望藉由外交作為以達國家利益之目的。然而，外交需要實力作後盾。沒有實力，在國際舞台上可能會面臨荊棘遍佈之局面，造成四面楚歌之困境。儘管如此，並不是說弱國無外交，唯積極具彈性的作為，始能突破外交上的圍堵，提升本國之能見度。

外交政策之制定牽涉國內外環境因素，其相關層面既深且廣；所以，外交政策常見其牽一髮而動全身之複雜性。透過慎密規劃之外交政策，運用正式或非正式的外交人員的推動，以達到外交政策之目標，是外交作為之要求。當然，透過外交政策之執行工具的運用，順利達成目標是最佳狀況。然而，往後可能是無法達成預期之願望而鎩羽而歸。儘管如此，雖遇到外交上之阻礙或挫敗，多數的國家仍積極地從事外交作為。因為在國際舞台上沒有永遠的朋友，也沒有永遠的敵人；只有永恆的利益，而一個國家的責任就是去追求那些利益。

---

[41] John Baylis eds., *Contemporary Strategy I: Theoryies and Concepts* (New York: Holmes & Meier, 1987), pp.91-95; Shail Feldman ed., *Technology and Strategy* (Boulder: Westview Press, 1989), pp.88-101; Richard G. Hend, "Technology and the Military Balance," *Foreign Affairs*, Vol.56, No.3 (April 1978), pp.550-553; W. K. H. Panofsky, "Science, Technology and Arms Buildup," *The Bulletin of the Atomic Scientists*, Vol.37, No.6 (June/July 1981), pp.48-49.

[42] Marek Thee, *Military Technology, Military Strategy and the Arms Race* (London: Croom Helm, 1986), p.56.

[43] Edward L. Dreyer and June Teufel Dreyer, "The Chinese People's Liberation Army's Perception of an Invasion of Taiwan," in Peter Kien-hong Yu ed., *The Chinese PLA's Perception of an Invasion of Taiwan* (New York: Contemporary U. S. –Asia Research Institute, 1996), pp.93-99.

蔡宗哲

壹、前言

　　國際法（International Law），又稱國際公法，原稱「萬國法」（Law of Nations），係指適用主權國家之間以及其他具有國際人格的實體之間的具有法律拘束力的各種原則、規則和規章、制度的的總體。這些在國際互動的單位，在不同領域的互動過程中，所逐漸產生和形成一些具有約束力的原則、規則和制度。國際法是個高深的學科，本章將針對基礎概論說明。

貳、國際法之法律基礎

　　「國際法之法律基礎」（the legal basis of international law），指的是國際公法何以對主權國家之間以及其他具有國際人格的實體產生有法律的拘束力。對應著不同的學派，則有著不同的解釋，主要學派茲說明如下：

一、自然法學派（Naturalists）

　　自然法學派盛行於十八世紀，本學派的主要論點是：各國之所以會遵守國際法，是因為國與國之間的關係，受到一種更高於實證法的法律—自然法之指導，此自然法是普遍的、絕對公正的、恆久不變的；亦即「自然」所指的就是本性、理性、正義、寬容等，乃為人的本性要求成為社會的一員基礎。二次世界大戰之「戰犯」懲罰，即是基於自然法的理論，張顯懲罰戰犯有其正當性與正義性。代表人物有：維多利亞（Victoria）、普芬道夫（Puffendorf）等。

二、實證法學派（Positivists）

　　該學派在十八世紀以後盛行，該學派認為國際條約和國際習慣是國際法的主要

表現形式。「共同同意說」（common consent theory）實證法學派的重要概念。因為條約是基於國家的共同同意，習慣被認為是基於國家的默示同意，二者不只是實證存在的，同時也規是國家意志所接受的規則。因此也可說，國際法效力的根據是體現國家的共同同意所接受的規則，也就是每一個國家來自於每一個國家的「自願限制」（auto-limitation）。代表人物有：奧本海（Oppenheim）。

三、折衷法學派（又稱格老秀斯學派，Grotians）

折衷學派認為國際法的效力根據為自然法和國家的同意。國際法大部分之所以對國家有約束力，是依據自然法，出於理性；另一部分之所以對國家有約束力，是依據國家的公認。

四、新自然法學派

新自然法學派認為人的尊嚴和理念是至高無上的、要求個人權利和社會權利在理性和正義的制度下相互結合，是至高無上的法律；法律觀念和法律標準是超越時代法的。主要有規範法學派（Normativists），又稱純粹法學派和社會連帶學派（Solidarists）。

參、國際法淵源的內容

聯合國《國際法院規約》第三十八條規定常被認為是對國際法淵源的權威說明。國際法的一般的淵源可分為以下數類：

一、國際條約（international treaty）

此為國際法主要淵源，為實證法。1969年《維也納條約法公約》第二條規定：「稱條約者，謂國家間所締結而以國際法為準之國際書面協定，而不論其載於一項單獨文書或兩項以上相關文書內，亦不論其特定名稱為何。」條約係國際法主體間有意識地特地創設之特定權利與義務行為，通常以文字記錄，故條約是國際法主要，且為最容易舉證的法源。條約一旦生效，依據「條約必須遵守原則」（the principle of *Pacta Sunt Servanda*），締約各造即應受條約所載內容所拘束應善意履行。

　　現代國家仍受主權獨立觀念的支配，條約在基本上只能拘束締約國。因此，每一立法條約只能對締約國生效，亦即基於國家共同同意，因之《國際法院規約》才明定：「確立訴訟當事國明白承認之規條者。」倘條約未經某一國家同意，且某一原則之條款尚未具有「創法性」（norm-creating character），則對該國並不產生拘束力。

　　1959年「荷比疆界土地主權案」（Case Concerning Sovereignty Over Certain Frontier Land），是關於荷蘭與比利時兩國邊界領土的歸屬問題。兩國於1843年簽訂「邊界條約」，且經過兩國議會的確認、並依循兩國憲法程序批准，經兩國公布。經過了百餘年，荷蘭對系爭土地歸屬於比利時，均未提出異議。國際法院確信，該條約不存在錯誤；即荷蘭所舉的相反事證並不影響「邊界條約」中，有關系爭土地條款的有效性和拘束力[1]。依據該約，地圖與約文同樣作為劃分邊界的依據，具有同等的法律效力，地圖能說明爭端地區屬於比利時所有的事實，且地圖本身與條約具有同等效力[2]。此為國際法院對於「條約」作為兩國間國際法法源之見解。

二、國際習慣（international custom）

　　此為國際法主要淵源。國際習慣的形成（evolution of custom），須經複雜的歷程，繼而很多其他國家，或至少某些國家起而效尤，再久之便形成一種「普遍實踐」（general practice）或習尚（usage），最後演變到各國產生一種法之信念，也就是各國重複類似的行為而具有法律拘束力的慣例。因此第《國際法院規約》第三十八條第一項(b)之定項，國際習慣法係指「作為通例之證明而經接受為法律者」。國際習慣構成要素為：物質要件成為通例；而心理要件，即為法之確信（opinio juris）。而國家法律法規、外交檔、政府官員講話、國際和國內法院的判決、國際組織的決議等均為國際習慣的基礎證據。「習慣」或「慣行」的三大要件為：「一致性」（consistency or uniformity）、「普遍性」（generality）與「持續性」（continuity），此三要件也是檢視習慣是否存在與否的標準。

　　國際法院於1969年「北海大陸礁層案」（North Sea Continental Shelf Case）案

---

[1] *Case Concerning Sovereignty over Certain Frontier Land* (Belgium/Netherlands), I. C.J, (June 20 1959), p.209, p.227.

[2] Guenter Weissberg, "Maps as Evidence in International Boundary Disputes: A Reappraisal," *The American Journal of International Law*, Vol.57, No.4 (October, 1963), pp.787-791.

件中[3]，其判決理由中提到，要有廣泛與具代表性之國家，包括對其利益有特別影響之國家參加1958年《大陸礁層公約》，該公約第6條所揭櫫之「等距中線原則」（principle of equidistance-median line）始可能創設習慣規則。國家實踐之「普遍性」，並不需要所有國家或國際主體一致的實踐，而是指「有利害關係之國家」實踐時皆為類似行為，則該行為即有普遍性。且應包含法之確信（*opinio juris*）。

三、一般法律原則（general principles of law）

此為國際法主要淵源。《國際法院規約》中明列的第三種國際法法源為「文明國家所承認之一般法律原則」（general principles of law as recognized by civilized nations）。世界諸國法律固然各不相同，但是其原則上卻有脈絡可循。《國際法院規約》之會將其列為國際法淵源，主要理由即在處理《常設國際法院規約》無條約、習慣國際法可資適用之案件而設計之法源。各國之間的共同法律意識引伸出來一些具體的國際法原則、規則和制度與各大法系中或各國國內法中共同存在的法律原則，如不當致富（unjust enrichment）者應回復原狀或負責補償他人損失、拒絕正義（denial of justice）構成國際違法行為、時效（prescription）原則、國家（主權）豁免、用盡當地救濟原則、國際法優於國內法、公海自由、締約國一方違約時他方有權廢止條約等；另外，誠信（good faith）、條約必須遵守（*pacta sunt servanda*）、禁反言（estoppel）、尊重基本人權等可適用於一切關係。

四、司法判例（judicial decision）

此為國際法輔助淵源。《國際法院規約》第38條第1項第4款規定：「司法判決得為確定法律原則之輔助資料」。在《國際法院規約》第59條「法院之裁判除對於當事國及本案外，無拘束力」。是以，國際法院判決之效力限於系爭案件、當事國，就此國際法院之判決並無「判決先例」（stare decisis）效力。因此司法判決僅為輔助與間接之國際法法源。

在實務上，國際司法機構的判決或意見，對國際法習慣規則之形成、新規則的發展或舊規則的修改，還是會因此產生重大的影響。例如1949年「英挪漁業權案」：「國際法院」裁定領海的「直線基線法」（the method of straight base-lines）之合法性，後來被1958年《領海及鄰接區公約》及1982年《聯合國海洋法

3　*North Sea Continental Shelf Case* (Denmark/Netherlands v. Federal Republic of Germany), I.C.J (Reports, 1969), p.3, p.42.

公約》採納寫成正式條文。

五、權威公法學家學說（teachings of publicists）

　　此係國際法的輔助淵源。按《國際法院規約》第38條第1項(d)款，另外提到「各國權威最高之公法學家學說」（the teachings of the most highly qualified publicists of the various nations），亦得為國際法院確定法律原則之「補充資料」。遇到缺乏條約、也缺乏行政或立法規則之場合，法院必須訴之於文明國家間的習慣或習尚；同時也必須訴之於法學家的學說，作為習慣的證據。

六、公允及善良原則（ex aequo et bono）

　　此係國際法的輔助淵源。《國際法院規約》在第38條第2項強調：上述規定（指同條第1項所稱國際法之淵源部分）不妨礙該法院經當事國同意，本「公允善良」（Ex aequo et bono）原則裁判案件之權。旨在闡明：在公平和善意的基礎上，即可不嚴格依照國際法進行裁判，條件是必須得到當事國各方的同意。

七、國際組織的決議（resolutions of international organization）

　　此係國際法的輔助淵源。在《國際法院規約》第38條並無提到國際組織的決議，但二次大戰後的發展，國際組織在國際關係中的角色日益加重，其所通過的決議也對國際法發展造成影響。一般說來，國家的法律信念可以通過明示的或默示的協議表現出來。在明示的協議上，例如訂立條約，在默示的協議上，例如形成習慣。因此對於國際組織的決議，國家可以訂立條約（包括了組織約章或其他協定）賦予其法律效力，也可以透過實踐逐漸形成對決議規範的法律信念。

肆、國際法與國內法關係之理論

　　傳統探討國際法與國內法的關係一直有「一元論」及「二元論」的法理爭執，一元論者強調國際法與國內法本質相同，當二者有所牴觸時，因國際法效力優於國內法，故應優先適用國際法規定，易言之，即兩者之間的法律位階關係；另一造為二元論者，其主張國際法與國內法在本質上、法律規範事項、規範主體、秩序結構及法源的等不同，各自有其法律體系的獨立性。以下茲分別說明：

一、一元論（Monism）

知名國際法學者凱爾森（H. Kelsen）認同國際法與國內法間為一元論，且認為國際法之效力高於國內法，在二者發生牴觸時，前者應優先於後者而適用。

凱爾森（H. Kelsen）主張法律統一性，於此統一法律體系中，法律有規範層次之分，形成金字塔之位階關係，法律位階中，契約由立法決定，立法決定於憲法，而憲法為國內法的最高位階法律。相對在國際法問題上，凱爾森不認同將國際法和國內法當作兩個並行的、獨立的體系。作為純粹法學派重要學者，凱爾森認為國際法和國內法應採取一元論觀點，否認國家主權，主張國際法優於國內法，建立一種包括各國國內法和國際法在內的「普遍法律秩序」，即「世界國家」[4]。易言之，凱氏對國際法則賦予比憲法更高的位階，其認為內國法律秩序決定於國際法，故國際法優於國內法。也有學者主張，國際法的所有規則都要高於國內法的規則，如果國內法與國際法發生了衝突，國內法就自動無效，並且國際法的規則可以直接適用於國內[5]。

因此簡單來說，主張國際法與國內法間存在「一元論」之關係之意義如下：強調隸屬原則，認為國內法隸屬於國際法而存在；國際法的位階高於國內法；國際法與國內法若產生衝突，基於國際法之優位性，應優先於國內法而適用。

二、二元論（Dualism）

二元論最早由實證國際法學者特里佩爾（Triepel）所提出，此理論認為國際法與國內法是兩種完全分離的法律制度，該理論認為，縱使國內法明定國際法為國內法之一部分，法院得予以適用，惟此僅代表國內法之權威行使，亦即將國際法採納或轉化為國內法予以適用。以下茲列出該派學者之所以支持國際法與國內屬二元論觀點[6]：

（一）國際法與國內法有法律本質上的不同

原則上國際法係基於「各國的共同同意」，而國內法係基於國家單方的意識，亦即由國家單方公權力的行使制定國內法並強制其人民遵守，故國際法及國內法屬

---

[4] 漢斯・凱爾，王鐵崖譯，國際法原理（北京：華夏出版社1989），頁333-334。

[5] Peter Malanczuk, *Akehurst's Modern Introduction to Interational* (London&New York: Routledge, 7th ed., 1997), p.63.

[6] J. G.. Starke, "Monism and dualism in the theory of international law," In the Theory of International Law, *17 British Year Book of International Law*, 1936, p.66 .

於兩種完全不同的體系。

（二）國際法與國內法的法律關係不同

國際法係規範國家間水平關係，而國內法則規範政府組織機關間、個人與國家間的水平與垂直關係。

（三）國際法與國內法的法律規範主體不同

國際法之規範主體為國家，而國內法之規範主體則是個人。

（四）國際法與國內法的法律結構不同

國際法結構中則缺乏立法及執行機構，相較下，國內法結構穩定，且有強制執行之組織。

（五）國際法與國內法的法源不同

國際法源自於各國同意，因而僅存在於條約或國際習慣法；反之，國內法則淵源於國內立法機關制定之法律或行政機關頒布施行之行政命令。

伍、國際組織的分類與功能

國際政治學者皮爾森（Frederick S. Person）和羅徹斯特（J. Martin Rochester）根據會員國資格問題、地理範圍及功能三個標準，將國際組織予以分類[7]：

一、依照會員國資格問題來區分國際組織，可區分為政府間國際組織及民間國際組織，前者是指由各會員國政府簽訂條約所建立的；後者則是由民間團體和民間人士組成。

二、依照地理範圍來區分國際組織，可區分為全球性國際組織和區域性國際組織，前者由於採會籍普及原則，成員不限於某一特定區域，事實上可能遍及全球，如聯合國；後者可能就只侷限於某一特定區域，如東南亞國協。

三、依照功能來區分國際組織，可區分一般性國際組織和專門性國際組織，前

---

[7] Frederick S. Person and J. Martin Rochester，胡祖慶譯，**國際關係**（*International Relations*）（台北：五南，1987）。

者設立的宗旨和從事的活動，可能含括：和平安全以及經濟、社會、文化等事項，則為一般性的國際組織，如聯合國；後者之宗旨及活動只是限於某些特定的或純技術性的事項，則稱為專門性國際組織，如世界貿易組織特以確立全球自由貿易的規範。

國際組織在當代的國際政治中，有著許多重要的功能，諸如確立會議外交模式、促進國際成員瞭解等功能。其中國際政治學者阿屈爾（Clive Archer）係由一個整體面出發，將國際體系比喻為一大市場，有各種個人與團體從事活動。根據國際組織在互動過程中所形成的對這些個人與團體的行為的出反應、行為與影響，其將國際組織可發揮功能歸納為八項[8]：

（一）利益的表達和集合（Interest Articulation and Aggregation）：國際組織既是會員的工具，又是提供會員表達意見的論壇。因為其存在的主要理由就是糾集一群意見與期望相近的國際，則會員自然會透過組織化的決議的形式會向國際組織表達自己的利益，要求促進或達成共同的利益。

（二）規範（Norm）之建立：國際組織對國際政治體系中的行為規範建樹頗多，對應著現實主義者的國際社會「無政府」狀態，國際組織即是試圖解決該問題，並將其決議之事項轉化為規範，例如：推動人權公約即為一明例。

（三）參與者之招募和社會化（Recruitment and Socialization）：國際組織在國際體系中的影響和地位日漸增加，除了創始國均有相近之意見及理念，後只要入會資格合符後、大都有可吸引更多的個人、團體或國家加入。所謂社會化乃指國際組織成員因參與漸接受組織的價值、傳統和行為規範，同時將原先共對國家忠誠者擴至國際組織之歷程。

（四）法規之制訂（Rule Making）：國際組織皆可制訂內部規則，並經過合法程式後，成為國際行為準則之中的一部分，因為徒有理念而不落實也是罔然的，因此，所有的國際組織都有憲章及據此召開會議通過的決議案，有事實上拘束當事國之效力，被視為有「準立法」」權。

（五）法規之適用（Rule Application）：國際社會尚缺乏中央機構來實施法規，因而該國際法規之適用，基本上要由國際組織及成員國依據權責來適用關法規並來執行之，以確保決議及落實、使相關規定獲得尊重。

---

[8]　C.Archer, *International Organization* (New York: Routledge, 2001).

（六）法規的裁決（Rule Adjudication）：有了法規的制訂與適用，則一旦有
　　　會員國違反，經由其成員事先的同意，則這種類似「準司法權」的裁決
　　　之，例如常設仲裁法院。

（七）傳播與資訊（Communication and Information）：國際組織急遽增加，
　　　傳播媒體及資訊通路更形發達後，可靈活運用本國駐在對方國家或國際
　　　組織的外交人員，傳遞相關的理念和訊息，使國際間的不確定有效獲得
　　　減低。

（八）行動（Operations）：國際組織將一些決議事項，化為實際的行動，以
　　　任務的方式具體實踐之。

陸、當今重要的國際組織

如同上一個章節說明，國際組織可以依照會員國資格問題來區分國際組織、依
照地理範圍來區分國際組織、依照功能來區分國際組織，因此可想像目前存在的國
際組織型態之多，有三千多個組織，茲因篇幅關係，介紹當前重要的國際組織如
下：

一、聯合國[9]

為當今世界上最重要的國際組織之一，其宗旨為其憲章第一條所示，聯合國成
立之宗旨主要在維持國際和平及安全，發展國際間友好關係，以及促成國際合作來
解決各種國際問題。大會是聯合國的最高權力機構，由全體會員共同組成。大會之
下目前設有七個委員會，分別是：第一委員會，又稱政治及安全委員會；第二委員
會，又稱經濟、財政委員會；第三委員會，又稱社會、人道、文化委員會，第四委
員會；又稱託管委員會；第五委員會，又稱行政及預算委員會；第六委員會，又稱
法律委員會；特設政治委員會，以處理巴勒斯坦問題及南非種族歧視為主。以下介
紹聯合國內重要機構：

---

[9] 聯合國官方網站，詳參網址http://www.un.org/。

（一）安全理事會

簡稱為安理會，由五個常任理事國和十個非常任理事國組成，常任理事國擁有否決權，其較重要的職權有維持國際和平與安全方面。根據憲章之規定，安理會的職能和權力主要包括：

1. 解決爭端方面

促請各爭端當事國用談判、調查、調停、和解、仲裁、司法解決、利用區域機構或區域協定或各當事國自行選擇其他方法解決爭端；調查任何爭端或可能引起國際摩擦的任何情勢，以斷定其繼續存在是否足以危及國際和平與安全；對於上述性質的爭端和情勢，可以在任何階段建議適當的調整程式和方法。

2. 維護和平方面

斷定任何對和平有威脅、破壞的行為或侵略行為是否存在；促請爭端當事國遵行安理會認為必要或適當的臨時措施辦法；決定採用武力以外的辦法；如非武力方法不足以解決爭端時，可以採取必要的武力行動，以維持和恢復國際和平與安全。

3. 其他方面

負責擬定軍備管制方案，在屬於戰略性的地區行使聯合國的託管措施，與大會平行投票選舉國際法院法官，向大會推薦新會員國和聯合國秘書長等。

大會和安理會在聯合國中占有中心地位，但兩者在職權上有明確的劃分。大會主要是一個審議和提出建議的機關，而安理會則是一個維持國際和平與安全的行動機關。對於已列入安理會議程的問題，非經安理會請求，大會不能提出建議。安理會每個理事國享有一個投票權。關於程式事項的決議，應以九個理事國的可決票表決；關於程式以外的一切事項的決議，應以九個理事國的可決票其中包括全體常任理事國的同意票表決，有人稱其為「五強一致原則」（Unanimity Rule of Five Great Powers），強調對於非程式事項的實質總理的表決應有五大國的一致同意票。於是，具有了「否決權」（Veto Power）問題，即任何一個常任理事國的反對票都可以否決決議。長期以來，多數實踐和學者主張棄權或不參加投票不構成否決，也有人對此提出質疑。

（二）秘書處（Secretariat）

其任務是為聯合國其他機關服務，並執行這些機關制定的計畫和政策。秘書處由秘書長一人、副秘書長若干人以及助理秘書長和辦事人員若干人組成。秘書處的所有職員，均由秘書長按照大會所規定的章程委派。秘書長由大會根據安理會包括五個常任理事國在內的九個理事國的推薦委任，任期五年，可連選連任一次。大會有權拒絕安理會所推薦的候選人，但無權任命安理會未推薦的人為秘書長。按照慣例，安理會常任理事國的國民不得擔任秘書長職務。

秘書長和秘書處職員以「國際公務員」的地位為聯合國整體執行職務，每個工作人員都宣誓不得尋求或接受任何政府或聯合國以外任何其他當局的指示，所負責任具有純粹的國際性質。秘書處的具體工作包括：在解決爭端中進行斡旋和調解，管理維持和平行動，對世界經濟趨勢和問題進行調查，研究人權、自然資源等問題，組織國際會議，編制統計，搜集安理會及其他機關的決定的執行情況，進行條約登記和公布，為世界各種新聞機構提供關於聯合國的情報，派專家和顧問協助發展中國家發展經濟等。秘書處的職權主要集中于秘書長。秘書長及其工作人員的職責十分廣泛，按其性質可分為如下六類：1.行政和執行性的職能；2.技術性的職能；3.財政性的職能；4.組織管理秘書處的職能；5.政治性的職能；6.代表性的職能。

（三）經濟及社會理事會（Economic and Social Council）

簡稱經社理事會，是在聯合國大會權力下負責協調聯合國以及各專門機構的經濟和社會工作的機關。經社理事會由聯合國大會由五十四個理事國組成，任期三年，每年改選三分之一。改選時，可連選連任。其職權包括：促成或啟動關於國際經濟、社會、文化、教育、衛生等事項的研究和報告，並向大會、各會員國和有關專門機構提出有關此事項的建議；提出有關人權和基本自由的建議；就其職權範圍內的事項擬訂公約草案，提交大會；召開國際會議，討論其職權範圍內的事項；同各專門機構訂立協定，使之同聯合國建立關係；通過協商和協定協調各專門機構的活動。經社理事會每年舉行兩次各為期一個月的常會。經社理事會下設五個區域委員會、七個職司委員會和一些常設委員會。經社理事會的每一理事國享有一個投票權，理事會的決議以出席並投票的理事國過半數通過。

（四）託管理事會（Trusteeship Social）

　　託管理事會是聯合國負責監督託管領土行政管理的機關。託管理事會沒有規定固定的理事國名額，僅規定理事國由下述三類會員國組成：1.管理託管領土的聯合國會員國；2.未管理託管領土的安理會常任理事國；3.由聯合國大會選舉必要數額的其他非管理國的會員國。

　　託管理事會的目的是：促進國際和平與安全；增進託管領土居民在政治、經濟、社會和教育方面的發展；增進託管領土居民向自治或獨立逐漸發展；不分種族、性別、語言或宗教，鼓勵對一切人的人權和基本自由的尊重。

（五）國際法院（International Court of Justice）

　　國際法院是聯合國主要機關之一，也是聯合國的主要司法機關。

二、經濟合作暨發展組織（Organization for Economic Cooperation and Development, OECD）[10]

　　前身是1948年由歐洲十六個國家所成立的歐洲經濟合作組織（OEEC）。歐洲經濟合作組織主要工作，是促進及管理會員國之間金融貿易合作。1960年5月，OECC十八個會員國與美、加二國代表在巴黎聚會，並於12月簽署了經濟合作暨發展組織（OECD）專約，次年9月正式生效，總部設於巴黎。現今OECD擴大成為全球性重要的經濟組織。它主要的成就為促進各會員國的貿易與貨幣政策合作，為各會員國經濟政策的制訂提供詳盡的分析及諮詢服務，以及對第三世界國家的經濟發展提供許多援助，其會員國都透過直接投資來促進落後國家的經濟發展。由於OECD的會員國大都是已開發國家，國民生產總值約占全世界三分之二，所以被戲稱為「富人俱樂部」。值得注意的是同為亞洲四小龍的韓國已在1996年成功加入OECD，進入已開發國家行列。

三、亞太經濟合作會議（Asia Pacific Economic Coorperation, APEC）[11]

　　其前身乃由美、日、加、澳、紐五國企業領袖於1967年發起成立太平洋盆地經濟理事會（Paclfic Basin Economic Council, PBEC），1980年，在日本及澳洲的大力呼籲下，太平洋經濟合作會議（Pacific Economic Cooperation Conference,

---

[10] 經濟合作暨發展組織官方網站，詳參網址http://www.oecd.org/。
[11] 亞太經濟合作會議官方網站，詳參網址http://www.apec.org/。

PECC）宣布成立，1989年澳洲總理霍克（Bob Hawke）提出成立一亞洲各國政府間經濟合作組織的構想，相繼獲得各國的同意，最後並允許美國及加拿大的參與，於該年正式召開亞太經濟合作會議的第一屆部長級會議。亞太經濟合作會議（APEC）從1989年召開第一次會議，迄今業有多次聚會，藉由這些會議，各會員國之間進行經貿紛爭與衝突的協商，整合此地區的經濟秩序，降低貿易障礙，促進資金與貨物的流通。不過其最重要的意義，在於維持該地區和平、穩定的國際秩序。APEC是台灣最重要的國際舞台，是目前台灣唯一能派高級政府官員與會的主要國際組織。

四、東南亞國協（Association of South-East Asian Nations, ASEAN）[12]

成立背景係因為第二次世界大戰結束後，由於懼怕共黨勢力的擴張，乃組織是以軍事防禦為主要目的，但是效果不彰，於1977年解散。1961年，馬來西亞、菲律賓和泰國於曼谷成立了「東南亞協會」（Association of Southeast Asia, ASA），主要目的是進行經濟、文化及社會的交流與合作，而非出於政治上的考量。不過，由於成員太少，而東南亞各國之間又存在著重大紛爭，因此成效有限。隨著國際局勢的轉變，東南亞國家有感於彼此團結合作的重要性。因此，1967年8月8日，菲律賓、馬來西亞、泰國、印尼、新加坡各國外長於曼谷發表「曼谷宣言」，宣布成立「東南亞國家協會」並取代原有的ASA。現除了大部數的東南亞國家業已加入該組織外，包含了汶萊、柬埔寨、印尼、寮國、馬來西亞、緬甸、菲律賓、新加坡、泰國、越南十個正式的成員國，另外還有一個候選國東帝汶和一個觀察國巴布亞紐幾內亞。中華人民共和國於1996年成為東協全面對話夥伴，與日本、韓國一樣透過「東協十加三會議」與東協成員國進行共同協商。2010年，與中國建立中國-東協自由貿易區，形成「東協加一」規模為全球人口數最多，開發中國家最大的自由貿易區。在可預見的未來，東南亞國協在國際舞臺上勢必扮演更重要的角色。

五、石油輸出國家組織（The organization of the Petroleum Exporting Countries, OPEC）[13]

其成立主要是為了抵制英美法荷四國所屬的七大石油財團公司的壟斷，以壟斷

---

[12] 東南亞國協官方網站，詳參網址http://www.aseansec.org/。
[13] 石油輸出國家組織官方網站，詳參網址http://www.opec.org/opec_web/en/。

原油市場及壓低原油價格的方法，控制了全球大部分的石油市場，然這種行為令產油國十分不悅，因其造成這些國家的極大的損失。阿拉伯聯盟在1959年召開了第一屆阿拉伯國家石油會議，決議，對於任何石油價格的變動均應與石油生產國政府協商。1960年9月，伊朗、伊拉克、科威特、沙烏地阿拉伯、委內瑞拉等五國在巴格達舉行會議，OPEC正式宣告成立。由於這些國家占有全球極大比例的原油蘊藏量，在國際經濟舞臺上扮演重要角色，曾引發兩次石油危機。然而又有探勘與發現國際新油源，這些成員之間常無法達成共識，使得該組織的影響力已逐漸降低，但仍不容輕忽其重要性。

六、歐洲聯盟（European Unions, EU）[14]

　　成立原因係戰後西歐各國曾經在考慮要如何避免像二次大戰這樣對全體造成這麼的深遠災難的影響，歐盟最早的設想是由法國的外交部長舒曼，在1950年年提出一個叫煤鋼共同體，後又成立了一個煤鋼協定。1958年又成立了歐洲共同體和歐洲原子能共同體、1967年時，就正式把這三個機構合稱為歐洲共同體。1993年「歐盟」成為正式稱呼，把歐洲共同體演化成歐盟。歐盟與一般國際組織不一樣的地方，包含其有發行貨幣的中央銀行、以及歐盟議會等。歐洲聯盟獲得2012年度諾貝爾和平獎，挪威諾貝爾獎委員會稱許「歐盟及其先驅者過去六十年一直貢獻于推進歐洲的和平與和解以及民主與人權」，歐盟二十七國集團為二戰後世界重建做出的努力，1989年柏林牆倒塌後曾幫助東歐國家維持穩定。

七、世界貿易組織（World Trade Organization, WTO）[15]

　　成立於1995年1月1日，總部設在日內瓦。世界貿易組織成立於1995年1月，它的前身是關貿總協定（GATT）。關貿總協定主要規範國際貨物貿易。烏拉圭回合多邊貿易談判結果將貨物貿易以外的如服務貿易，與貿易有關的投資措施和與貿易有關的知識產權等領域的規則納入多邊貿易體制，並成立相應機制，從而以新的組織形式取代了關貿總協定。其宗旨是促進經濟和貿易發展，以提高生活水平、保證充分就業、保障實際收入和有效需求的大幅度穩定增長。根據可持續發展的目標合理利用世界資源、擴大貨物和服務的生產；達成互惠互利的協定，大幅度削減和取消關稅及其他貿易壁壘並消除國際貿易中的歧視待遇。

---

[14] 歐洲聯盟官方網站，詳參網址http://europa.eu/index_en.htm。
[15] 世界貿易組織官方網站，詳參網址http://www.wto.org/。

　　WTO的職責範圍除了關貿總協定原有的組織實施多邊貿易協定以及提供多邊貿易談判場所和作為一個論壇之外，還負責定期審議其成員的貿易政策和統一處理成員之間產生的貿易爭端。WTO涵蓋貨物貿易、服務貿易以及知識產權貿易，而關貿總協定只適用於商品貨物貿易。

　　當世界貿易組織成員發生糾紛時，通過該組織的貿易爭端解決機制來解決成員間可能產生的貿易爭端，也是世界貿易組織最重要的職能之一。另世界貿易組織依靠貿易政策審議機制，審議各成員的貿易政策。主要是對各個成員的全部貿易政策和做法及其對多邊貿易體制運行的影響進行定期共同評價和評審。其目的在於促進所有成員遵守根據多邊貿易協定及諸邊貿易協定的規則、紀律和承諾，增加透明度。世界貿易組織的主要之法律規範如下：

（一）最惠國待遇原則（General Most-Favoured-Nation Treatment）

　　指締約成員一方現在和未來給予另一方的優惠和豁免，必須給予締約成員任何第三方。

（二）國民待遇原則（National Treatment）

　　指任一締約成員之政府措施必須對來自其他締約成員之輸入品給予與本國產品相同之待遇。

（三）互惠原則（Reciprocity）

　　是指兩國在國際貿易中互相給與對方以貿易上的優惠待遇，相互做出讓步，使各自都獲得好處。目前已擴展到航運、非關稅壁壘、互惠減量協議、智慧財產權及服務貿易等。

　　以上三原則為「非歧視原則」（Non-Discrimination），為GATT的奠基石，指各成員國應在無歧視之基礎上，進行相互間的貿易關係中不應存在差別待遇。

（四）關稅減讓原則（Tariff Concession）

　　指各成員在關貿總協定下，透過多邊談判，相互讓步，承擔減低關稅之任務，以消除關稅壁，促進貿易自由化。

（五）透明度原則（Transparency）

指締約成員正式施行之有關進出口貿易的政策、法令及條例，以及締約成員政府和政府機構與另一締約成員政府和政府機構之間所簽定影響國際貿易政策的現行協定，均應公布。

（六）普遍廢止數量限制原則（Elimination of Quantitative Restrictions）

指為消除國際貿易之重大障礙，以達成擴大自由貿易，規定對締約成員任一產品之輸入或輸出，除課徵關稅、國內稅與其他規費外，不得藉由配額、輸入許可證，來限制數量。

（七）重複諮商的談判原則（Consultations）

為保障締約成員在總協定中獲得的利益不受侵害，維護締約國的正當權利，同時為緩和締約國之間的貿易矛盾，協調貿易爭端，總協定制訂了一套諮商程式和利益喪失或損害時的申訴程式，以保障締約國在總協定體制下順利履行義務與享受權利。

（八）反補貼、反傾銷原則（Anti-Dumping; Anti-Subsidy）

指締約成員採取措施以抵銷和彌補傾銷和貼補對進口所造成之損害，藉求貿易公平。

台灣從2002年1月1日加入世界貿易組織（WTO），因我國是一海島型國家，腹地小與天然資源缺乏等原因，使國家經濟發展需靠對外經貿關係來帶動。加入WTO，使我國與國際之間的連結更為密切，亦使我國能在具約束力的國際組織中爭取有利於廠商的貿易環境。

楊仕樂

壹、前言

　　馬英九於2008年就任總統以來，和解的兩岸政策已經漸漸生效，但也受到在野政黨的猛烈批評，接著在2012年總統選舉亦只以些微差距獲得連任。不諱言，兩岸關係的走向，當然會受到最高決策者的影響，其他國內政治動態與利益團體運作等等因素，也都會產生影響。然而，在這些因素之外更重要的，是國際體系的因素，它就像市場中那隻無形的手，深刻而強力地塑造著兩岸關係。目前兩岸的和解，可說是中國崛起、美國優勢的結果。中國正在此一美國獨霸的單極（unipolar）國際體系中，努力掌握所謂的「戰略機遇期」，放低姿態全力發展其「綜合國力」；美國也全面對中國展開交往，在政治、經濟、安全等諸多議題上廣泛合作。在美中和解的大架構下，兩岸自然也得和解。然而，這樣的態勢在未來是否還會持續呢？中國如今已超過日本成為世界第二大經濟體，在未來十至二十年內更可能超過美國而成為世界第一。一旦中國超越美國，中國是否還會像今天一般低調自制？一旦中國不再低調自制，美國是否還會像今天一般，視中國為「外交夥伴」？中國超越美國的世界[2]，將是美蘇兩極（bipolar）體系的重現，另一次冷戰似乎也

1　本文為國科會計畫（編號：NSC 99-2410-H-343-004-）執行部分成果。

2　論及中國超越美國，一般採用權力轉移論（Power Transition Theory）的解讀，言下之意是世界領導權／霸權的爭奪與更迭。不過，這樣的論點實證上缺乏根據，從未有一國能夠達到全球的宰制，今日的美國只能算是北美洲的霸權，以全世界而言只能算是許多強權中特別強大的一個，可謂「一超多強」，所謂美國稱霸的「單極」（unipolar）體系應以這個角度解讀。因此，中國崛起至超越美國的程度後，全世界等於是成為有兩個特別強大強權的「兩超多強」世界，本文所述的美中「兩極」（bipolar）體系就是採取此一解讀，冷戰時期所謂的為美蘇「兩極」體系也是如此。可參閱：Steve Chan, "Exploring Puzzles in Power-Transition Theory: Implications for Sino-American Relations," *Security Studies*, Vol. 13, No. 3 (Spring 2004), pp.103-141; Jack S. Levy, "Power Transition Theory and the Rise of China," in Robert S. Ross and Zhu Feng, eds., *China's Ascent: Power, Security, and the Future of International Politics* (Ithaca, N.Y.: Cornell University Press, 2008), pp.20-25.

就不可避免，如果美中和解的態勢逆轉，兩岸和解不免要連帶被改變。

只是，美中是否會隨著中國的崛起而走向不可避免的衝突？美蘇兩極體系的冷戰經驗究竟告訴我們什麼線索？實際上，冷戰經驗並未被正確的解讀，美蘇兩極體系有其客觀的特徵，美中的兩極體系與之截然不同。本文隨後將分為兩個部分進行。第一部分，是回顧美蘇的兩極體系。本文發現，導致美蘇冷戰的因素主要有二：其一，是蘇聯與歐洲緊鄰，這種緊鄰的關係使得蘇聯與歐洲彼此暴露在來自對方的入侵之下，歐洲存在數個強權，蘇聯占領整個歐洲將改變世界的權力平衡；其二，則是核子武器的發展，核子武器絕大的威力與射程，使得相隔遙遠的美蘇相互暴露在對方的核子攻擊之下，而核子武器發明以後的三十年間，在威力、投射工具方面時有突破，使得核子優勢可以達成。第二部分，則據以展望美中的兩極體系。本文發現，導致美蘇冷戰的因素在美中兩極體系中並不存在：中國周邊並不像蘇聯一般，緊接著歐洲這樣一片足以影響世界權力分配的權力中心，而核子武器的相互保證毀滅（Mutual Assured Destruction, MAD）形成四十年來一直以難以撼動，可預見的未來也無改變的跡象。因此，即使中國崛起超越美國，美中和解的態勢仍會持續，兩岸的和解仍是大勢所趨。

貳、回顧：美蘇的兩極體系

美蘇兩極體系伴隨的是冷戰，是一段以軍備競賽、武力對峙、全球代理人戰爭為特徵的緊張時代。此一現象一方面受到稱許，另一方面又受到責難。在理論上，兩極體系被認為有利於權力平衡的形成，因而促進了體系穩定[3]；然而在實證上，美蘇的兩極體系若有任何好處，只是強權之間戰爭的避免，全球卻籠罩在衝突與毀滅的陰影中，是長期緊繃的高度戒備。這當然是好過兩次大戰的浩劫，但比起太平盛世還是天差地遠。兩極體系一方面被認為導致了長期的和平，另一方面卻又被認為導致了長期的冷戰，這其實是種矛盾。

嚴格地依照理論的邏輯，兩極體系之所以有利於權力平衡的形成，是因為它避免了多極體系中「串連」（chain gang）與「推諉」（pass the buck）的問題。兩極彼此都是對方責無旁貸的抗衡者，任何一極都不能像在多極體中那樣，期望自己

---

[3] 代表性的論點，見：Kenneth N. Waltz, *Theory of International Politics* (New York: McGraw-Hill Publishing Company, 1979).

的擴張在對手們互踢皮球的情況下而不被抵制（以二次大戰前英法俄對德國的反應為代表），或是期望自己的盟友因為自己的協助不可少而有恃無恐地擴張（以一次大戰前奧國將德國拉入戰爭為代表）[4]。因此，如果純然依照兩極的推論，冷戰中的對立是不符合理論的，既然兩極中任何一極的擴張，都必然引起另一極的反制，擴張到頭來只是徒勞無功，平白讓雙方都耗費更多的資源心力而已。冷戰的對立，必須從兩極之外尋找原因。

第一個原因是地理環境，這是影響人類活動的一項根本因素。美蘇雖然並列為兩極，但兩者的地理環境有很大的差異。美國是得天獨厚的強權，不僅領土廣大、氣候宜人、資源豐富，而且有兩大洋的屏障、沒有任何強鄰存在，自從美國成為強權以來，美國從未受到入侵與占領。蘇聯則不是如此，也許在面積、資源方面比起美國尚有過之，但蘇聯卻與歐洲緊密相鄰，期間除了幾道河流之外，毫無天然障礙可言。這種緊鄰的關係使得蘇聯在先天上，就暴露在來自歐洲的入侵之下，而在短短近兩百年內，蘇聯與其前身俄國已有兩次這樣痛苦的經驗，一次是拿破崙的入侵，一次是希特勒的入侵。

這樣的地理環境對蘇聯而言是威脅也是機會，你可來、我亦可往，歐洲也暴露在蘇聯的入侵之下[5]。二次大戰結束之際就是蘇聯千載難逢的機會，蘇聯也確實掌握了機會，將東歐、南歐納入勢力範圍，兵鋒直抵德國中部將它一分為二，法國、英國、義大利等國也岌岌可危，蘇聯占領整個歐洲將改變世界的權力平衡。這使得美國不得不出手防衛，美蘇雙方遂在歐洲大陸上展開對峙。美蘇兩極體系之所以伴隨著冷戰，是因為它們有歐洲這個爭執的標的物，冷戰雖然是全球性的，但對立的焦點究竟就是這歐洲大陸[6]。

第二個原因則是軍事科技，特別是核子武器這前所未有的化時代發明。美蘇之間本來是遠海阻隔，但核子武器絕大的威力與射程，使得美蘇雙方仍暴露在彼此的核子攻擊之下，使雙方的緊張火上加油[7]。核子武器的出現常常與相互保證毀滅劃上等號，但這其事是個簡化的說法，從核子武器發明到相互保保證毀滅形成，尚歷經了約三十年的發展。在冷戰開始時，美國享有核子武器的獨占，因而希望以核子

[4] Thomas Christensen and Jack Snyder, "Chain Gang and Passed Bucks: Predicting Alliance Patterns in Multipolarity," *International Organization*, Vol.44, No.2 (Spring 1990), pp.137-168.

[5] E. H. Carr, T*he Twenty Years' Crisis 1919-1939* (New York: St. Martin's Press, 1956), p.1.

[6] Jeffery Record, *The Wrong War: Why We Lost in Vietnam* (Annapolis: Naval Institute Press, 1998).

[7] Hans J. Morgenthau, *Politics Among Nations: the Struggle for Power and Peace* (New York: Alfred A. Knopf, 4th ed., 1967), pp.373-376.

武力代替傳統武力，嚇阻蘇聯對西歐的可能進犯。此時的核子武器威力尚屬有限，也只能以轟炸機攜帶，美國因而需要確保其在盟邦的前進基地，才能有效對蘇聯實施核子攻擊。這種現象使得蘇聯處在美國的核武包圍之下，不得不苦思脫困之道，雙方增加自身安全的舉動，都減少了對方的安全[8]，形成了典型安全困境（security dilemma）的惡性循環。

在這一段期間內，核子武器在威力、投射工具方面時有突破，使得核子優勢可以達成，美蘇雙方遂爭相追逐此一目標。美國發展於二次大戰中的螺旋槳核子轟炸機，在蘇聯新一代噴射戰機攔截之下顯得不堪一擊，美國遂發展噴射轟炸機與威力更大的熱核武器。對此，蘇聯在航空兵力上的落後使之努力另闢蹊徑，發展核子飛彈扭轉劣勢，又讓美國的噴射轟炸機相形落伍，而加入了核子飛彈的競賽。最初的核子飛彈若要從美蘇雙方本土擊中對方，需要很大的體積發射前的準備時間也很漫長，相對易於被擊毀，雙方遂競相改進這些缺點，並增加飛彈的數量[9]。此時美國的海外前進基地，給予它相對於蘇聯的優勢，促成蘇聯意欲在古巴部屬較短程的飛彈就近瞄準美國，雙方來到了戰爭邊緣。這些緊張若非核武存在，根本無從發生。

地理因素是固定的，但軍事科技則會改變，美蘇兩極體系所伴隨的冷戰，在雙方的核子武力發展都跨過相互保證毀滅的門檻後，對立也就進入了「和解」（Detente）階段。核子飛彈改進之後，體積縮小而反應加快，易毀性大幅降低；攜帶飛彈的核子潛艦更是行蹤隱密，在廣大的海洋中神出鬼沒，成了核子嚇阻的最終保障。1969年，美蘇雙方展開第一輪的戰略武器限制對話（Strategic Arms Limitation Talks, SALT）[10]，正是冷戰降溫的標誌。不諱言，這樣的和解在十年後因為蘇聯入侵阿富汗而打破，冷戰對立再次升高，雙方眼見核子武器的相互保證毀滅難以突破，遂轉往傳統武力一較高下。然而，這樣的舉動只是白費力氣，誰也討不到便宜。無論如何先進的傳統武力，也只是引起敵方戰術核武的回應，戰術核武的使用則引發戰略核武的使用，雙方還是逃不出相互保證毀滅的結局。

新的和解很快又展開了，美蘇雙方在1980年就進行接觸，並在1987年達成中程核武條約（Intermediate-Range Nuclear Forces, INF Treaty），裁減戰區內核子

---

[8]　John H. Herz, "Idealist Internationalism and the Security Dilemma," *World Politics*, Vol.2, No.2 (January 1950), pp.157-180.

[9]　冷戰前期的核子軍備競賽，詳情可參閱：Austin Long, *Deterrence from Cold War to Long War: Lessons from Six Decades of RAND Research* (Santa Monica: RAND, 2008).

[10]　"Strategic Arms Limitation Talks (SALT I)," *United States of America Department of State*, January 20, 2001, http://www.state.gov/www/global/arms/treaties/salt1.html.

武器[11]；傳統武器的裁減談判也在同時展開，並在1990年達成了歐洲傳統武力條約（Conventional Forces in Europe, CFE Treaty）[12]，冷戰也在同時告終。當然，這一段期間的和解，或許可以看做是美蘇雙方沈重軍備負擔下的喘息，蘇聯甚至還因而解體。但美國並未利用這個機會尋求核子優勢，幾年之後當美俄雙方都漸漸恢復元氣[13]，冷戰也沒有死灰復燃，雙方還陸續達成新的戰略核武裁減條約[14]。這是因為雙方都很清楚，在相互保證毀滅之下，爭取軍事優勢的努力只是徒勞，1980年代初冷戰短暫的回溫，以1969年以後迄今四十餘年的和解大勢觀之，只是一段小小的插曲而已。

參、展望：美中的兩極體系

回顧了美蘇兩極體系的冷戰之後，我們就能據以展望美中兩極體系的命運。常見的論點認為，美中迄今之所以維持和睦，是因為中國雖然崛起卻還不夠強大。但在實際上，中國的經濟規模在2000年時就已經達到美國的一半了[15]，這大約就是冷戰時期蘇聯相對於美國的比例，如果這樣的規模就已經足以讓蘇聯與美國展開冷戰，至少在2000年以後中國就該與美國展開冷戰了。世界的局勢之所以不是如此，就是因為我們在前文所發現的線索：冷戰有其地理因素與軍事科技的特定條件，而這些條件在美中之間都不成立。

第一，在地理因素方面，像歐洲這樣讓美蘇爭執的標的物，在美中之間並不存

---

[11] "Treaty Between the United States of America and the Union of Soviet Socialist Republics on the Elimination of Their Intermediate-Range and Shorter-Range Missiles," *United States of America Department of State*, January 20, 2001, http://www.state.gov/www/global/arms/treaties/inf1.html.

[12] "Treaty on Conventional Armed Forces in Europe," *United States of America Department of State*, January 20, 2001, http://www.state.gov/www/global/arms/treaties/cfe.html.

[13] 大約在2000年俄國的經濟就已經止跌回升。見： "PPP GDP 2000, World Development Indicators database, World Bank, April 2002," *Proportionen der Weltbevölkerung*, July 8, 2011, http://www.pdwb. de/archiv/weltbank/gdpppp00.pdf.

[14] Eric Mlyn, "U.S. Nuclear Policy and the End of Cold War," in TV Paul, Richard J. Harknett, James J. Wirtzt, eds., *The Absolute Weapon Revisited: Nuclear Arms and the Emerging International Order* (Ann Arbor, MI University of Michigan Press, 1998), pp.189-212; U.S. Department of Defense, "Nuclear Posture Review Report 2010," *U.S. Department of Defense*, April 7, 2010, http://www.defense.gov/npr/docs/2010%20nuclear%20posture%20review%20 report. pdf.

[15] 見： "World Economic Outlook Database, April 2011," *International Monetary Fund*, July 3, 2011, http://www.imf.org/external/pubs/ft/weo/2011/01/weodata/WEOApr2011all.xls.

在。中國所在的東亞是一個崎嶇、分散的區域，與印度、日本這另外兩個主要的權力中心之間，不是重重的高山深谷（喜馬拉雅山，雲、貴、西藏的高原，多山崎嶇的朝鮮半島）就是海洋（日本海），且距離也十分遙遠：從瀋陽到東京就有一千五百公里，而從成都到孟加拉的達卡更有兩千公里之遙。這些阻礙並不是歐洲區區阿爾卑斯山、庇里牛斯山、或是三十餘公里寬的英倫海峽所能比擬。換句話說，中國現有的疆域可視為是一大片陸上的孤島，中國已經來到自然環境為它所設下的界限了，中國四周沒有唾手可得的權力中心可供征服與占領[16]，同樣也表示中國亦不受到入侵占領的威脅。

　　近代以來日本在東亞興起的經驗，正說明了區域中地理因素的阻礙作用，你不可來、我亦不可往。日本從十九世紀末開始向東亞大陸擴張，至1930年代加快了腳步，從中國東北逐漸擴及華北。儘管日本此時的擴張，是在一個沒有強權抵抗的權力真空之中，但在接續攻占了東北、華北、華東的平原地帶之後，進入華中、華南的山嶺丘陵、湖泊沼澤，日軍的進展即陷於停頓。在這種情況下，日本也就未能再進一步向印度進軍；即使日本之後從海路席捲了中南半島，但後方綿長的運補航線，仍阻礙日軍再繼續向印度前進[17]。

　　或許，日後中國如果超越美國，憑藉其強大的經濟力所能建立的武力，這些東亞區域的阻礙都是可以克服的，於是這些區域中還未被中國征服的地帶，就會構成美中之間爭執的標的物。然而，只要以美國作類比即可發現，這樣的論點是可疑的。美國以其國力，早在十九世紀末就可以征服整個北美洲，美國與加拿大、墨西哥、中美洲的地峽、乃至於迦勒比海上的西印度群島之間，就算有任何地理阻礙，也是美國的國力可以克服的。況且，在那個歐洲正無暇他顧的多極世界時光裡，美國的經濟規模也已超過任何一個歐洲強權，美國就算展開擴張也不會引起任有意義的抵制。但美國並沒有付諸實行，為什麼呢？這是一個成本效益的問題，在美國已經幾乎囊括了北美洲氣候最合宜、資源最豐富的領土，抵達地理上的瓶頸時，再繼續擴張其實是事倍功半。美國不再擴張的理由，就是中國崛起超越美國後，仍不會再擴張的理由[18]。

---

[16] Yang Shih-yueh, "Power Transition, Balance of Power, and the Rise of China: A Theoretical Reflection about Rising Great Powers," *2010 Annual Meeting and Conference, Chinese Association of Political Science* (2010/11/06), pp.18-20.

[17] 日本大戰中在東亞的擴張與受挫，可參閱：Martin J. Dougherty, *Land Warfare: Infantry, Artillery, and Armour from World War I to the Present* (Landon: Sandcastle Books, 2008), pp.126-128.

[18] 也許依據民主和平（Democratic Peace）理論，美中究竟不同，因為美國是民主政體而中國則否。但美國的民主政體並未阻止美國從大西洋岸擴張至太平洋岸，從此可見一國是否為民

　　第二，在軍事科技方面，促成美蘇軍備競賽的核子武器突破，也沒有重現的跡象。核子武器相互保證毀滅的態勢，形成四十年以來一直是固若磐石，無論投入的精力有多少，也無法改變。美國在1980年代發展隱形轟炸機，試圖深入蘇聯上空，搜索、摧毀飄忽不定的核子飛彈發射車，但就是在小小的伊拉克或南斯拉夫，面對實力懸殊的弱小對手，這樣的工作仍無法完成[19]。類似的，核子飛彈潛艦的隱密，至今不但沒有消減還日益加強，已能完全隱沒在海洋的背景環境之中[20]，搜尋核子飛彈潛艦猶如大海撈針，核子嚇阻可靠性更是無以復加。甚至，類似美國「星戰計畫」（Star War）這樣企圖以全新科技攔截核子飛彈的努力，四十年來也還是一籌莫展[21]，在未來二十年內也難有突破的可能[22]。美國無法突破相互保證毀滅的態勢，中國也一樣無法突破相互保證毀滅的態勢。

肆、結語

　　綜合前文的討論可以發現，美蘇兩極體系伴隨著長期的冷戰，是因為歐洲的地理環境，以及當時的軍事科技使然，但這樣的條件並不存在於美中之間。美中之間，並無歐洲這樣一片緊鄰而易於來往的權力中心可爭奪，核子相互保證毀滅的穩固，亦排除了爭取的核子優勢的可能。沒有地理因素的導火線，也沒有軍事科技的火上加油，這種外在客觀的條件，說明了美中之間今天為何能夠和解合作[23]，也說

主政體並非一國是否擴張的關鍵。對民主和評論的批評，可參閱：Christopher Layne,"Kant or Cant: The Myth of the Democratic Peace," *International Security*, Vol.19, No.2. (Autumn, 1994), pp. 5-49.

[19] U.S. Department of Defense, *Conduct of the Persian Gulf War: Final Report to Congress* (Arlington: U.S. Department of Defense, 1992), pp.166-168; Benjamin S. Lambeth, *NATO's Air War for Kosovo: A Strategic and Operational Assessment* (Santa Monica: RAND, 2001), pp.120-135.

[20] Dr. Owen R. Cote Jr., *The Third Battle: Innovation in the U.S. Navy's Silent Cold War Struggle with Soviet Submarines* (Newport: Naval War College Press, 2003), pp.63-76.

[21] U.S. Department of Defense, "Ballistic Missile Defense Review Report 2010," *U.S. Department of Defense*, February 1, 2010, http://www.defense.gov/bmdr/docs/BMDR%20as%20of%2026JAN10%200630_for%20web. pdf.

[22] Richard Scott, "Rays of Light: Can Shipborne Laser Weapons Deliver?" *Jane's International Defense Review*, Vol.44, No.3 (March 2011), pp.44-49.

[23] 易言之，當前美中之間，乃至中國與區域、全球密切的經貿往來，所形成的「經濟互賴」（economic interdependence），是這樣適於和解的條件所促成的結果，而非導致和解的原因。可參閱：David M. Rowe, "The Tragedy of Liberalism: How Globalization Caused the First World War," *Security Studies*, Vol.14, No.3 (Spring 2005), pp.407-447.

明美蘇之間的冷戰為何不會在日後美中之間重演[24]。兩岸關係的發展，如今就是受到這種制約，未來也將受到這種制約，兩岸持續和解是大勢所趨。當然，體系的制約不會是完全的，國家的行為還是有某種程度上自主的空間，前文所述1980年代冷戰回溫的「小小插曲」就是一個典型，而這也可從各種內政層面因素來解釋[25]。但是，違逆體系的制約終究要付出代價，美蘇在1980年代盲目競爭的後果是衰弱與滅亡，兩大超強命運況且如此，一般小國又如何能掙脫？人心似鐵，官法如爐，這或許就是國際體系對國家行為約束的最貼切描述。

---

[24] 如此基於地理因素與軍事科技的戰爭和平分析，的確是只圍繞著大片領土爭奪，但一切歷來劇烈影響人類命運的人為浩劫與災難，無論是世界大戰還是冷戰，就是圍繞著這樣的標的。沒有任何一組國家之間的關係會是完全的和睦，除了大片領土的控制，衝突也可能發生在經濟利益、意識型態、與威望尊榮等層面。但這些衝突不會是完全的零和：一片領土只能有一個主人，但經濟利益、意識型態、威望尊榮卻有辦法共存。大片領土的關鍵重要性，是理論上所談的「陸權的主宰」（primacy of land power），見：John J. Mearsheimer, *The Tragedy of Great Power Politics* (New York: W.W. Norton & Company, 2001), pp.83-87.

[25] 代表性的論述，可參閱：Jack L. Snyder, *Myths of Empire: Domestic Politics and International Ambition* (New York: Cornell University Press, 1991); Jack L. Snyder, "Civil-Military Relations and the Cult of the Offensive, 1914 and 1984," *International Security*, Vol.9, No.1 (Summer 1984), pp.108-46.美國國內近期又出現了類似的現象，戰備構想猶如1980年代的翻版。見：Jan van Tol, with Mark Gunzinger, Andrew Krepinevich, and Jim Thomas, "AirSea Battle: A Point-of-Departure Operational Concept," *Center for Strategic and Budgetary Assessments*, May 18, 2010, http://www. csbaonline.org/4Publications/PubLibrary/R.20100518.Air_Sea_Battle__A_/R.20100518.Air_Sea_Battle__A_.pdf;其批判，可見：Thomas P.M. Barnett, "Big-War Thinking in a Small-War Era: The Rise of the AirSea Battle Concept," *China Security*, Vol.6 No.3 (October 2010), pp.3-11.

第貳篇

國際主要組織

葉怡君

壹、前言

　　2008年，美國若干民間金融機構帳務問題引起的金融風暴受到全球關注。但是，隔年，從南歐國家引爆的歐債問題，不僅受到歐盟內部各成員國關注，也直接高度震撼全球經濟。原因即為歐洲聯盟（European Union, EU）在世界上具有重要的影響力，若合計所有成員國之國內生產總額，更是超越美國，為第一大經濟體，而且，其目前為世界上政經整合程度最高的國際組織。因此，在國際關係研究中，莫不關切歐盟者。本文即從歷史的角度出發，介紹歐盟發展脈絡，包含目前的運作方式、組織等，也將說明歐債的由來與問題。

貳、過去

一、成立動機

　　歐洲的統合曾經只是哲學家或前瞻者的夢想，例如，雨果（Victor Hugo）曾受到人文主義的啟發而想像有一個和平的「歐洲聯邦」（United States of Europe）[1]。但是，基於以下兩大動機，這些夢想被真正落實了。

（一）止戰與和平

　　目前，人類歷史上的兩次世界大戰均發生於二十世紀，也都使歐洲成為戰火區。正因戰爭的摧殘與浩劫，使得曾為世界最繁華與先進的歐洲百廢待舉，特別是第二次世界大戰。因此，早戰二戰煙硝尚未停歇的1930～1940年代期間，英國政府就曾向法國政府提議組成歐洲聯合政府。

---

[1] Pascal Fontaine, *Europe in 12 lessons* (Luxembourg: Publications Office of the European Union, 2010), p.5.

　　當二戰正式結束，歐洲被破壞殆盡的面貌更清楚呈現於世人面前，歐洲甚至必須依賴美國的馬歇爾計畫來恢復，都使得歐洲菁英和反對極權主義的人士更認真地主張必須中止歐洲各國間的憎恨與對立，並思考如何遠離戰爭、永保和平，因此，1946年，英國首相邱吉爾（Winston Churchill）即提議主張成立歐洲合眾國；法國的莫內（Jean Monnet）也向英國提案，英、法兩國應成立一個聯合經濟組織，但是此構想遭到英國拒絕；此外，德國的艾德諾（Konrad Adenauer）、義大利的加斯派瑞（Alcide de Gaspri）等人均有內涵雷同之類似提議。

　　法國外長舒曼（Robert Schuman）採用了莫內的構想，主張啟動戰爭的關鍵資源為煤炭與鋼鐵，因此，於1950年5月9日提議成立歐洲煤炭與鋼鐵共同體，將煤礦與鋼鐵的生產與價格由一個共同組成的共同體實行統一管理與聯營，並由共同體進行裁決。亦即透過控制煤炭與鋼鐵兩大戰爭物資，任何人將難以發動戰爭，以達避免戰火、追求和平與安全之目標。1951年4月18日，就由法國、西德、比利時、荷蘭、盧森堡、義大利由六個曾經相互爭戰的國家共同簽署《巴黎條約》（Treaty of Paris），正式成立「歐洲煤鋼共同體」（European Coal and Steel Community, ECSC）。

（二）復興與繁榮

　　歐洲地區在世界面積所占比例不大，人口數也無法超越亞洲地區，但是在經濟層面，歐洲曾經光榮地引領世界風潮，不管是工業革命、航海技術領先造就出列強主義，都是因為歐洲經濟曾經獨領風騷，因此，除了必須遠離戰火、永保和平，歐洲也必須再次復興，方能讓戰後一落千丈的歐洲，再次光榮地獨立在國際舞台上發揮作用，並造福歐洲人民。

　　據此，歐洲領袖也認為歐洲必須要有獨立的實體以參與國際政經事務，也要有綜覽歐洲事務的共同市場，制訂統一的經濟政策，共同開發歐洲資源，建立一個經濟繁榮的富裕區域，如此，可提高歐洲人民的生活質量，也可以使得歐洲地區再次復興與繁榮。

　　就在以上追求「止戰與和平」、「復興與繁榮」的目標下，歐洲地區的整合開始正式啟動，成為今日歐洲聯盟的開端。

二、2000年前的發展歷程

（一）1950年代－開始

　　1950年5月9日，法國外長舒曼正式提出「舒曼計畫」，主張由各國來共同管理煤、鋼之可以再引爆戰爭之物質，為歐盟成立之開端。1951年4月18日，法、德等六國正式簽屬《巴黎條約》，成立「歐洲煤鋼共同體」，透過秉持平等原則讓各國在共享的機制中合作。

　　共同促進和平的思維並非只在管制戰爭相關物質之面向發酵，有志之士也有意致力於軍事整合或政治整合，然而，由於各國認同程度不一等原因導致進展有限。但是，經濟面向之整合則較獲各國支持。簽署《巴黎條約》之原六國在ECSC運作成果頗佳之狀況下，進一步主張歐洲欲良好發展，須要有良好的社會環境，也支持建立得以制訂統一經濟政策的共同市場，當然，更需要透過設置必要的機構和部門方得以讓共同市場發揮其功能，因此，1957年3月25日，ECSC之六國在義大利首都簽署《羅馬條約》（Treaty of Rome），決議成立「歐洲經濟共同體」（European Economic Community, EEC，以下簡稱「歐體」）與歐洲原子能共同體（European Atomic Energy Community, EURATOM），既追求商品與服務可在共同市場內流通，促進經濟繁榮；也在共同體和成員國間取得權力平衡，確保各成員國的利益。

（二）1960年代－經濟發展階段

　　1960年代，在歐洲，經濟成長狀況良好，也是青年文化（youth culture）新興的年代，這些對於歐體的發展也有所影響。1962年7月30日，歐體六國簽署「共同農業政策」（common agricultural policy），決議將農業政策交由歐體統一管理，農民在此之下以一致標準收益。1968年7月1日，六國首次對於彼此之間的進口商品移除關稅，允諾跨國自由貿易，也對第三國進口商品採取共同關稅稅率。據此，歐體成為當時世界上最大的貿易團體。此為「關稅同盟」階段，也讓六國間的貿易額迅速成長。

（三）1970年代－第一次擴張

　　1970年代，歐體正式探索共同貨幣事務，並為維持貨幣穩定，六國允諾減少波動幅度，並於1972年，歐洲匯率機制（exchange rate mechanism, ERM）正式建置，為未來啟動歐元之第一步。而1973年1月1日，英國、愛爾蘭、丹麥正式加

入，為第一次擴大，成員國由6個變成9個。

　　歐盟內部運作部分，1970年代重要的變動為1974年12月10日，歐體為展現團結的決心，設置歐洲區域發展基金（European Regional Development Fund），由區域內相對富有地區援助較窮困地區，幫助其進行改善道路與通訊等基礎建設，並以吸引投資和創造就業機會，這項基金後來在歐盟中成為重要且支出相當龐大的一筆費用。另外，1979年6月7～10日，歐洲議會（European Parliament）首次由歐體成員國公民直選，且歐洲議會議員的黨團並非以國家，而是以跨國家政黨方式發展，這些都使得歐洲議會得以持續擴張與增強影響力。

（四）1980年代－歐洲面貌的改變

　　從1980年代初期，波蘭一造船廠工人啟動爭取權益的活動開始，東歐民主化運動被啟動，並最終導致柏林圍牆倒塌、蘇聯解體，歐洲的面貌有大幅轉變。在這一世代中，歐盟也有許多變化。成員國擴張部分，1981年元旦，希臘加入；1986年元旦則是西班牙與葡萄牙入盟，使得歐體成員國增加至十二個，且影響力徹底深入南歐了。另外，即便歐體已達成關稅同盟，但是各國內部不同的規定成為自由貿易的主要障礙，因此1986年2月17日，《單一歐洲法》（Signal European Act）的簽署，啟動連續六年的大型計畫即為達成克服此障礙。

（五）1990年代－逐步取消界限的歐洲

　　1990年代，對歐盟有劃時代的重要性，特別是1992年2月7日《馬斯垂克條約》（Maastricht Treaty）條約的簽署，目的除了為讓單一貨幣的發展態勢更明朗，更重要的，歐洲整合領域再擴張，產生歐洲聯盟，包含三大領域範疇－「歐洲共同體」、「共同外交與安全政策」及「內政與司法合作」，為歐盟之三大支柱，歐洲共同體成為歐洲聯盟之一部分。1993年元旦，則落實了單一市場及人員、商品、服務、貨幣自由移動。在此一年代中，歐盟成員國再擴張，於1995年共有奧地利、芬蘭、瑞典三國加入。同年3月26日，共有七國簽署「申根協定」（Schengen Agreement）[2]，其人民將可以免申辦簽證即這在這些國家內自由移動旅行。

　　此一年代的另一個重要條約則為1997年6月17日簽署的《阿姆斯特丹條約》（Amsterdam Treaty），繼續對歐盟機構進行改革，以讓歐盟在世界上有更強的

---

[2]　此七國分別為德國、法國、荷蘭、比利時、盧森堡、西班牙、葡萄牙。

發言權，並集中資源於照顧公民的就業與權利。歐元則是於1999年元旦，先行在十一國的商業和財政交易上啟用，但是，距離全面在市場上流通之距離，已經不遠了。

參、現在

一、2000年後的發展歷程

　　新加入的成員國部分，共有十二國的國家分別於2004年與2007年加入，成為歐盟今日的樣態，而這兩批新加盟者多為中東歐前受蘇聯統治或附庸之國家，因此，也象徵東、西歐更徹底之和解與和平相處。

　　歐元部分，2002年1月1日，歐元鈔票與銅板正式取代各國的法定貨幣，在十二個歐元區國家流通，成為世界上重要的貨幣單位之一；2007年歐元區增加至十三個。

　　歐盟體制部分，這一段時間也有重要變化。2004年10月19日歐盟各國簽署建置《歐盟憲章》（European Constitution），以讓歐盟有更佳的民主決策機制與管理模式，但是，於交付各成員國表決之同意過程中，卻在2005年遭到法國與荷蘭公民的公投否決。這是歐盟進入二十一世紀後，遭受的重大挫折。

　　經過多次對制度調整之討論和多方協調，2007年12月13日，歐盟二十七國簽署《里斯本條約》（Lisbon Treaty），對過去憲章之敏感性部分進行修正，其重要內容包含：第一，機構改革：本條約對於歐盟理事會、歐盟高峰會、歐洲議會和執委會等機構均有所變革，對其職權進行調整，也新設置了歐盟高峰會常任主席、歐盟外交事務與安全政策高級代表（High Representative of the Union for Foreign Affairs and Security Policy）等職務；第二，改革歐盟結構：本條約取消《馬斯垂克條約》以來歐盟的三大支柱化發展，將歐盟與歐洲共同體整合而統一為歐盟，之後歐洲共同體不復存在；第三，強化民主機制：過去象徵歐洲人民的歐洲議會權限再擴大，也直接賦予歐洲公民動議權，和加強歐盟成員國國內議會在歐盟運作之作用，均以表彰歐盟對民主機制之重視；第四，強化歐盟對外關係之協調性與一致性。《里斯本條約》目的是使歐盟得以更民主、效率、透明的方式來運作，並面對諸如氣候變遷、恐怖主義等全球性挑戰。該約於2009年12月1日生效，使歐盟以另一種嶄新的面貌繼續迎向世界。但是，緊接而來的，就是歐債風暴了！

圖8-1　歐盟盟旗

二、組織介紹

（一）盟旗

歐盟的盟旗為「藍天金星旗」（如圖8-1），於藍色為底的旗面上，共有十二個五角金星圍繞成一圓形。中間圓環象徵的是歐洲人民的統一、團結與和諧。十二個金星的數量固定，並非象徵成員國數量，亦即，不會隨著成員國增加而改變。

（二）盟歌

歐盟的盟歌為貝多芬第九號交響曲末章「快樂頌」（Ode to Joy）。

（三）歐洲日

由於法國外長舒曼於1950年5月9日提出「舒曼計畫」，發展至今方有歐盟，因此，於1985年的米蘭高峰會，歐盟訂該天為「歐洲日」（Europe Day）。每年的這一天，歐盟均會舉辦活動，既為慶祝，亦為讓歐盟更貼近於人民。

（四）格言

2000年，歐盟將格言（motto）訂為「在多元中團結」（United in diversity, In Varietate Concordia）。

表8-1　歐元區內的17歐盟成員國

奧地利	比利時	塞浦路斯	愛沙尼亞	芬蘭
法國	德國	希臘	愛爾蘭	義大利
盧森堡	馬爾他	荷蘭	葡萄牙	斯洛伐克
斯洛維尼亞	西班牙			

資料來源：1.歐盟官方網站；2.本研究自行整理與繪製。

（五）貨幣

　　歐盟整合最顯著的證據，莫過於人民手中每天流通的歐盟官方貨幣－歐元（Euro），符號為€。當前，歐盟的二十七個成員國共有十七個使用（表8-1），成為歐元區，總人口數約三點三二億人。由於歐元也為公認的國際貨幣，因此也在世界各地流通。

（六）成員國與候選國

　　經過半個世紀的成長，歐盟目前已經有二十七個成員國，也有若干國家等待加盟。二十七個成員國依加盟時間排序詳如表8-2，候選國依狀態則如表8-3。

表8-2　歐盟的27個成員國

入盟年份	國家		
1952	德國	法國	義大利
	荷蘭	比利時	盧森堡
1973	英國	愛爾蘭	丹麥
1981	希臘		
1986	西班牙	葡萄牙	
1995	奧地利	芬蘭	瑞典
2004	愛沙尼亞	拉脫維亞	立陶宛
	波蘭	捷克	斯洛伐克
	匈牙利	斯洛維尼亞	塞浦路斯
	馬爾他		
2007	保加利亞	羅馬尼亞	

資料來源：1.歐盟官方網站；2.本研究自行整理與繪製。

表8-3　申請加入的歐盟候選國

類別	國家		
準成員國（Acceding Country）	克羅埃西亞		
候選國（Candidate Country）	前南斯拉夫馬其頓共和國	冰島	蒙特內哥羅
	塞爾維亞	土耳其	
潛力候選國（Potential Candidate）	阿爾巴尼亞	科索沃	波士尼亞赫塞哥維納

資料來源：1.歐盟官方網站；2.本研究自行整理與繪製。

（七）機構與組織

歐盟附屬或相關機構眾多，以下僅擇要介紹。

1. 歐盟執行委員會（European Commission）

歐盟與歐洲各國顯著不同之處，即是加入歐盟的二十七個歐洲國家必須將若干權限讓渡至歐盟此一機構，因此，歐盟可否順利運作仍須依賴若干行政人員。歐盟執行委員會，通常簡稱「歐盟執委會」，即為歐盟的行政單位，其成員雖來自於歐盟各成員國，但是，工作中所代表的卻是歐盟。

執委會總部位於布魯塞爾。最高層級為由各成員國推派一名、經歐盟高峰會指定和歐洲議會同意的代表所共同組成的「執委團」（the College of Commissioners），因此，目前共有二十七名執委會委員（commissioner），任期五年（2010～2014）[3]。其中，並以由歐盟高峰會指定、經歐洲議會同意的執委會主席（President）為首，來負責主導執委會。目前，執委會主席為葡萄牙籍巴羅索（Jose Manuel Barroso）。而每一名委員均在執委會中負責不同領域事務。在執委會的日常事務運作上，則由上萬名的行政人員、律師、翻譯員、經濟學者、秘書來執行，這些人員則被分配在各總署（Directorates-General, DGs）之中。

執委會代表的是歐盟整體的利益，其政治立場必須超然，所以不能接受任何成員國的指令，其任務除了執行理事會決議的各項政策外，並負責以下工作：第一，有權向歐盟理事會和歐洲議會提出新政策草案；第二，管理歐盟的預算並加以分配執行；第三，為確保理事會與議會所通過的各項法規與指令將確實履行，因此，執委會可將瀆職一方提交至法院迫使其依法行事；第四，對外，在國際上代表歐盟，可和其他國家簽署進行談判、簽署協議。

---

[3]　依據里斯本條約之規定，2014年後，執委會委員人數將從27名減至18名。

2. 歐盟理事會（Council of the European Union）

歐盟理事會，前身為部長理事會，通常簡稱為「理事會」。但經常容易被與「歐盟高峰會」（European Council）和「歐洲理事會」（Council of Europe）相混淆。

理事會為歐盟的主要決策機構，其任務如下：第一，通過法律：目前，理事會與歐洲議會共享立法權—制訂由執委會提案的法律；第二，協調經濟政策：理事會的成員來自於各成員國，不同的會議由各國相關部長、官員組成，各國代表人員也均代表著母國的利益，因此，在理事會中，各國表示其意見但也同時和其他國家進行協商，以在維護母國利益和整體歐盟利益之間尋求平衡點；第三，簽署國際協定：理事會得代表歐盟在國際上簽署協議；第四，批准歐盟預算：歐盟每年預算由理事會和歐洲議會共同批准；第五，外交與防衛政策：歐盟雖然沒有軍隊，各成員國在軍事防衛政策上也各自獨立，但是，因為歐盟通過「共同外交與安全政策」，而有「共同安全與防衛政策」，使得歐盟得以在國際上以整體面貌展現軍力，而負責協調此政策者即為理事會；第六，公平正義：歐盟境內的公民在區域內各地享有平等的公理請求權，在理事會中，司法部長即負責確保在任一個歐盟成員國的判決得以被其他成員國承認；另外，司法與內政部長也協調歐盟對外的治安政策，並對抗恐怖主義和國際組織性犯罪。

理事會的運作方式乃是由歐盟各成員國輪流主持，成為「輪值主席國」，每次任期為六個月。理事會成員來自於各國，就不同會議，由各國推派相關領域的部長與會。會議就由輪值主席國的代表來擔任主席。唯外長會議例外，因其有常設主席，為里斯本條約新設立之外交事務與安全政策高級代表，目前由來自英國的Catherine Ashton擔任[4]。

表8-4　2012-2015年歐盟輪值主席國

期間	輪值主席國	期間	輪值主席國
2012年1～6月	丹麥	2014年1～6月	希臘
2012年7～12月	塞浦路斯	2014年7～12月	義大利
2013年1～6月	愛爾蘭	2015年1～6月	拉脫維亞
2013年7～12月	立陶宛	2015年7～12月	盧森堡

資料來源：1.歐盟官方網站；2.本研究自行整理與繪製。

---

[4] 里斯本條約設置之外交事務與安全政策高級代表，乃是結合歐盟原共同外交與安全政策高級代表和執委會對外關係委員而成，並規定本代表必須同時兼任執委會副主席，以協調和領導歐盟的對外事務。

3. 歐盟高峰會（European Council）

歐盟高峰會為歐盟各成員國領袖共同決策之最高層級會議，通常每年舉行四次，由常設主席負責主持。歐盟高峰會主要角色有二：第一，決定歐盟的總體政治方向，設定重要政治議案[5]；第二，處理在較低層之政府間會議所無法解決的複雜、敏感性議題。

參與高峰會者，主要為各成員國領袖，但執委會主席、歐盟理事會輪值主席，以及歐盟外交與安全政策高級代表也是與會成員。於里斯本條約生效後，高峰會成為歐盟的正式機構，並設置常任主席（President），每任任期兩年半，目前為比利時籍的Herman Van Rompuy，任期將至2014年11月30日。

高峰會的決議方式原則上為共識決，但是，批准條約等狀況時則為例外，得依規定改採一致決或條件多數決，但是，執委會主席、歐盟理事會輪值主席，以及歐盟外交與安全政策高級代表則不具有投票權。

4. 歐洲議會（European Parliament, EP）

歐洲議會和歐盟執委會、歐盟理事會通常被並列為歐盟三大主要機構。歐洲議會在權責和組織上，長久以來經歷許多變化。自1979年起歐洲議會議員（members of the European Parliament, MEPs）由歐盟成員國人民直接投票選舉產生，目前，一屆任期五年，代表的是歐盟人民。

歐洲議會的權限乃由弱轉強，過去，被譏諷為「民主赤字」（democracy deficit），但在里斯本條約之後，職權又有所強化。目前，其具有三大主要角色。第一，制訂法律：歐洲議會原本不具有立法權，但在里斯本條約後，取得較完備的立法權，目前成為和理事會共享立法權之歐盟兩大立法機構之一；第二，民主監督：議會有多種權力得以對歐盟各機構進行監督，例如，執委會部分，二十七名委員上任前，必須經過歐洲議會的批准，否則不具正當性，議會也可進行質詢和檢核報告，甚至得提出「不信任案」（motion of censure），使不適任的委員解任。對於高峰會議，議會則可以提出其意見；第三，監督預算：歐洲議會目前和理事會共享預算審查權，並設置委員會來監督預算執行情形，並須通過前一年經費執行狀況之報告。

歐洲議會議員雖來自於歐盟各成員國，但是其組成和運作是以「黨團」而非成員國模式來進行，目前主要有八大黨團，因此，每個黨團中的議員來自於不同國

---

[5]　高峰會雖然可以設定歐盟重要政治議題，但是，卻沒有立法權。

家。里斯本條約後，將歐洲議會議員規定為每國代表最少為六人，最多為九十六人，目前全體共有七百五十四名議員。歐洲議會設置位於三個地點，秘書處和行政部門位於盧森堡，議會全會開會地點位於法國史特拉斯堡和布魯塞爾，委員會則也在布魯塞爾開會。

5. 歐洲法院（Court of Justice）

歐洲法院位於盧森堡，由各成員國推派一位法官所組成，另設有八位辯護檢察官。法官與檢察官由各成員國政府聯合協議決定人選，每一任任期為六年，得連任，但立場必須超然公正。

歐洲法院職責為確保歐盟法規被付諸實踐，且各成員國對條文有相同的詮釋。該院可依條約判決成員國有罪或未履行義務，也可檢視歐盟法律是否確實頒布，甚至，必要時可判歐洲議會、理事會、執委會有罪。歐洲法院也是唯一有權解釋歐盟法規之機構。因此，若成員國國內法院要求對有爭議的條文做出解釋，該國法院得要求歐洲法院解釋之。

6. 歐洲審計院（Court of Auditors）

歐洲審計院成立於1975年，由各成員國均派遣一位會員組成，任期六年，但人選須得到各成員國與歐洲議會同意。歐洲審計院負責審查歐盟收支與預算，並有權審計任何處理歐盟基金的組織帳戶，必要時，可將審計案提交歐洲法院[6]。

7. 歐洲中央銀行（European Central Bank, ECB）

歐洲中央銀行（簡稱歐洲央行），位於德國法蘭克福，負責管理歐元和歐盟的貨幣政策。里斯本條約後，歐洲央行獲得歐盟主要機構之地位，因此，必須和歐盟二十七個成員國的央行戮力合作，而成為「歐洲央行體系」（European System of Central Banks, ESCB），主要任務為除了維持歐元區的金融安定，也包含維持價格穩定和財政體系穩定。

---

[6]　Pascal Fontaine, op. cit., p.27.

肆、危機－歐債問題

　　歐盟目前是人類歷史上整合程度最高的區域性國際組織，已經進入政治整合階段。但是，正是因為首次，故許多過程也是在摸索中前進，且要調和二十多國意見，更是不易。就在許多原因下，歐盟近年來，最受到世界矚目的，莫過於歐債危機。

一、由來

　　2008年金融海嘯席捲全世界後，2009年，歐洲受到全世界關注的一個負面名詞，莫過於「歐豬五國」（PIIGS，葡萄牙、愛爾蘭、希臘、希臘、西班牙），所諷刺的是其偏高的政府財政赤字問題，而這些國家也成為歐債風暴的導火線。其中，導火線之引爆點則為希臘。

　　2009年10月，希臘宣布修改政府債務和財政赤字，範圍之大不僅超過歐盟《穩定與增長公約》（Stability and Growth Pact, SGP）之規定，更導致國際三大信評機構調降希臘主權債務評級，而連鎖引發的各種負面效應導致其正式爆發債信危機，而開始向歐盟和國際貨幣基金會（International Monetary Fund, IMF）申請紓困。希臘的問題並沒有獲得歐盟及各成員國的立即解決，延遲的態度使得問題更為蔓延與惡化。

　　愛爾蘭則是主因房地產泡沫和銀行放貸浮濫問題導致壞帳危機，2010年8月，標準普爾首先宣布下調愛爾蘭的主權信用評等，使得該國債務問題急速惡化，於同年11月正式向歐盟和IMF申請紓困。葡萄牙也是本身經濟體制不甚健全，債台高築，其國內已試圖以各種緊縮政策度過難關，但是，由於受國內政黨立場對立的影響，葡萄牙總理蘇格拉底（Jose Socrates）希望推行新一輪緊縮政策，以將國內財政赤字占GDP比重降低到市場允許的3%之下，但遭在野黨否決，使其於2011年3月宣布辭職。但這也導致信評機構降低該國評等，無法順利還債，而成為第三個請求紓困國家。

　　歐盟區第四大經濟體西班牙，也受到歐債風暴影響，於2012年6月25日，正式向歐盟提出紓困銀行業的要求，國際信用評級機構穆迪對此則立即宣布下調二十八家西班牙銀行的長期債務和存款評級，相信對於後續西班牙的債務問題將更雪上加霜。與西班牙提出紓困的同一天，塞浦路斯也宣布向歐盟要求財政援助，主因為其國內銀行受到鄰國希臘的債務衝擊而需紓困，而政府赤字問題也嚴重存在。因此，

西班牙與塞浦路斯成為繼自希臘、愛爾蘭、葡萄牙之後，歐元區中，第四、五個要求使用緊急財政援助基金的成員國。目前，歐債問題並未解決，甚至若干已請求紓困國家中，有提出第二輪以上需求者，各國也在關注誰會是下一個請求紓困之對象，以及到底資金缺口有多大。

二、原因

　　歐債風暴並非憑空產生，也非僅因歐洲內部問題，而是受到歐盟內部與外部、長期與短期等多種問題交織衝擊而來。

　　長期而言。歐、美地區相較於亞洲等地區，發展程度較高，金融等第三產業成為發展主軸。但是，經濟成長速度也較為趨緩，製造等傳統產業並非經濟主力，而新興國家的高成長力，不僅造就出金磚五國（BRICs），也吸引更多國際資金，而使得歐洲地區經濟快速成長更為不易。

　　而在歐盟內部，諸多國家重視社會福利，需要龐大的政府支出，但若未能配套完善的財政收入，「入不敷出」局面即容易產生。另外，歐盟本身的制度設計存在先天不足的問題，歐元區雖有統一的貨幣政策，但是，財政政策而仍歸各成員國負責而未整合，且因擔心道德風險而區內並未設置救助機制，而僅要求各成員國必須遵守《穩定與增長公約》（SGP），及符合通膨率不逾最低三國之1.5%、利率不逾最低三國之2%、匯率上下波幅在2.25%內至少兩年、赤字不逾GDP之3%、政府負債不逾GDP之60%之「一致性標準」（Convergence Criteria）規定，以約束各成員國的財政支出。然若國家技術性造假數據而順利加入，或違反規定之罰則也未徹底落實，長久運作恐難不出問題。

　　近期來說。美國金融風暴引發的2008年金融危機則是關鍵點，由於地球村和金融商品之發達導致全球金融體系密切連結，美國民間企業的倒債問題直接影響世界上其他國家的經濟表現。

　　在歐洲內部，歐盟成員國也難以置身度外，經濟也受到金融風暴拖累，成長更為趨緩，各國政府為挽救經濟則灑錢救市，而迅速增加財政支出，但是，財政收入並無法同時增加，使得不僅入不敷出，更導致政府基於延續執政、討好選民和維持民眾相同的生活水準之考量下，而必須再進一步舉債度日，亦即，財政赤字和公共負債均大幅攀升。當債務屆期未能順利履約時，各國倒債風暴即正式引爆。

　　另外，當希臘問題甫發生之時，歐盟各成員國對其嚴重性認識不足，選擇以拖待變方式面對而未積極迅速協助解決；再者，當歐盟決定啟動援助機制後，成員國

中體制相對較健全國家因為援助而若干增加本國支出而如何對其國民交代，甚至，是否影響此些國家執政黨之政權，也成為政治菁英之考量；再次，歐盟區域內是否設置具有足夠彈性、健全、靈活的機制來應付這一波波的風暴，也不無疑義。顯然，以歐盟區內經濟強國與弱國並存，貨幣與財政政策脫鉤運行的局面，不只導致歐債問題產生，也成為風暴蔓延的重要因素。

三、解決方式

面對歐債問題，歐盟各國起初並未感受到急迫性與重要性，而僅視為一國之問題，因此在經希臘債務問題更惡化之半年延宕後，歐盟與IMF方於2010年4月29日宣布總額一千一百億歐元的第一套紓困計畫，希臘也承諾將撙節支出、削減預算赤字、增加稅收與改革經濟以獲得救助。但是，由於這絕非單純一國的債務問題，而是涉及體制缺陷之陳疴，因此，隨著歐債問題越演越烈，歐盟也從協助單一國家解決資金問題逐漸朝著調整財政制度方向改變。

2010年5月9日，歐盟和IMF提出設置「歐洲金融穩定機制」，進而成立「穩定基金」，包含由歐盟提供的「歐洲金融穩定機制」（European Financial Stability Mechanism, EFSM），歐元區各國建立的「歐洲金融穩定基金」（European Financial Stability Facility, EFSF），以及由IMF參與的紓困機制。該機制雖為臨時性，為期三年，但可利用之金額高達七千五百億歐元，以解決各國資金缺口的燃眉之急。相對地，各成員國也紛紛主動或被動地推出緊縮計畫，開源與節流並濟。

而面對貨幣與財政政策不協調之局面，歐盟兩大經濟體—法、德則曾提議建設歐元區經濟政府。但是在此提議後，各方更關注的則是足以象徵此機制的歐元區共同債券之發行。若能發行則可謂為財政收入的統一，也是以整體歐元區財政為擔保，相信將可大增投資者信心。但是，迄今德國仍未予以支持，因為對體制相對健全的國家而言，仍存有相當風險性。

雖然在發行歐洲債券一事並不順遂，但是歐盟對於解決歐債問題仍是不遺餘力，並以多種方式來加強歐洲經濟治理。2010年9月，歐盟執委會提出「六大方案」，並於2011年分別獲得歐盟理事會和歐洲議會之通過[7]。包括針對《穩定與增長公約》，改革其預防機制和加強糾正條款；引進財政懲罰措施以對預算進行更有

---

[7] 執委會提出的「六大方案」是以2010年3月，歐盟成立以歐盟高峰會理事主席Herman Van Rompuy為首、27國財政部長為成員之「特別工作小組」（task force），提出經濟治理改革方案為基礎。

效監管；對成員國預算架構提出下限規定之新要求；引入預防和糾正總體經濟不平衡之新規則；創新糾正歐元區過度總體經濟不平衡之強制手段。所以，此六大方案包含財政政策，也涉及調整歐元區深層次的結構性失衡問題[8]。

另外，以Herman Van Rompuy為首組成之特別工作小組於2010年5月提出實施「歐洲學期」（European Semester）之建議，2010年9月，此建議於歐盟理事會獲得批准，並於2011年初開始正式實施。「歐洲學期」是要求各成員國其經濟財政政策於該國議會通過前，先由歐盟執委會和理事會從歐盟層面進行評估，提出建議；另外，執委會於第二年也將評估這些建議的執行成果，藉此監督指導成員國的預算和財政政策，防止其赤字擴張與經濟發展失衡，並同時強化歐盟經濟政策之協調，彌補歐盟並無整合之財政政策之缺點。

歐債問題爆發前，歐盟並非缺乏金融監管制度，但是顯然有嚴重缺陷。對此，執委會於2009年下半年即提出一系列加強金融監管的建議案，希望建議一個超國家的歐洲金融監管體系（European System of Financial Supervisors, ESFS）。該體系於2011年1月正式運行，包含歐洲銀行監管局、歐洲證券和市場監管局、與歐洲保險和職業養老監管局之三個監管局，以及歐洲系統風險委員會（European Systemic Risk Board, ESRB）。該體系具有超國家性質，主要為加強歐盟金融體系的監督管理，甚至當某一成員國拒不執行歐盟規定時，監管局可向該國監管機構下達指示，若仍得不到遵守，監管局即可跳過成員國監管機構，直接要求相關金融機構予以糾正。

2012年2月2日，歐元區各國簽訂建立歐洲穩定機制（European Stability Mechanism, ESM）條約。這將取代由歐洲金融穩定基金（EFSF）和歐洲金融穩定機制（EFSM）負責之臨時性紓困任務，成為永久性紓困基金，透過提供多元的協助工具，以協助各國面對金融危機。ESM於2012年10月初正式生效，由歐元集團主席Jean-Claude Junker擔任ESM理事會主席，該機制視為歐洲未來實現財政一體化的重要里程碑。就目前狀況而言，歐盟並不樂見任何歐盟（元）區國家退出，也試著協助重債務國解決問題，更不願意歐盟（元）就此垮台，因此，相信將隨著歐債危機之變化，歐盟將陸續推出因應政策。

---

[8] 周弘主編，**歐洲發展報告**（2011-2012）（北京：社會科學文獻出版社，2012年），頁16-19。

伍、結語

　　第二次世界大戰後，停止戰爭、追求和平之夢想啟動了歐洲聯盟，發展期間，雖有順遂、也有挫折，然整合程度之高，目前為世界之翹楚乃當之無愧。但是，正因為人類歷史上罕見，且入盟之國家數眾多，因此許多制度乃是在摸索中前進，且必須在成員國權限讓渡程度上仔細琢磨，困難度之高不言可喻。2012年10月，宣布諾貝爾和平獎之殊榮由歐洲聯盟取得，表彰其對世界和平的貢獻，這一年也是歐元正式流通的十周年。這些本是榮耀，也應該值得輝煌慶祝，但卻因為歐債問題而蒙上一層陰影，甚至，被探討是否值得這份諾貝爾殊榮。

　　歐債與美債不同之處，除了債務規模更為龐大之外，美債為民間企業所引發，但是歐債卻是國家政府債務問題，也因為高整合程度，各成員國間形成高度相關之依存性，更導致牽一髮動全身之情形。也因歐盟在世界上具有重要地位，使得直接牽動全球經濟發展與形成景氣衰退。

　　歐債問題核心目前是歐盟多國無法在刺激經濟成長和財政緊縮上取得平衡點，歐盟試圖先尋求資金解決各國缺口問題乃為短期的治標方式；但是，根本解決之道乃應是恢復成員國的經濟競爭、削減財政赤字，並同時改革歐盟財政體系和經濟政策協調能力。然而，這也考驗到歐洲聯盟此一「國家整合實驗室」，應該如何運行，以及可以運行多久。

第 9 章　北約的過去、現在與未來

鄭欽模

壹、前言

　　1945年，第二次世界大戰剛結束，雖然終結了德國軍國主義，卻也誕生俄國共產主義。北約組織（北大西洋公約組織）成立的目的是西歐國家集體對抗俄國的侵略，而北約成立時邀請美國加入，是考量美國擁有核子武力可以擊潰俄國的侵略攻擊。北約組織是第一個跨歐美的軍事防衛組織，該組織不僅共同研商防衛政策的制定，並且共同成立北約聯合部隊執行維和與警察任務[1]。

　　二次大戰結束後，捷克斯洛伐克在蘇聯共黨的指導下，揚棄民主政體改採共產體制，而蘇聯代管德東地區之際，也趁勢扶植當地共黨成立親蘇政權；蘇聯趁二戰後歐洲各國尚未恢復國家正常運作之際，分別在中、東歐地區成立衛星政權，藉此推動世界共產革命。西歐國家憂心蘇聯將赤化全歐，在保衛民主政權與國家安全考量下，西歐國家與美國共組共同防衛組織抵抗蘇聯軍事與意識形態的入侵。

　　1949年4月4日北大西洋公約簽訂，該條約第三條奠定會員國間軍事合作基礎，而第五條授權北約會員國當其中某一會員國受到攻擊時，其他會員國可以行使集體防衛權。1949年蘇聯研發核子彈並試爆成功，1950年韓戰爆發，共產主義從歐洲蔓延至亞洲，北約深感蘇聯那種敵人在自家門口悠轉的壓力，隨即成立北約歐洲聯合指揮部（SHPAE）並任命英國備役參謀總長艾斯梅（Lord Ismay）擔任第一屆北約秘書長負責協調會員國防衛事務。

　　集體防衛構想端賴會員國參與度與數量才能展現，韓戰爆發後，北約展開第一次擴張，以因應蘇聯擴張的威脅；就在北約準備第二次擴張之際，蘇聯成立華沙公約組織，以突破北約擴張的圍堵戰略。北約與華約組織的對決不單純是民主與共產政權防衛力量的對抗，亦是意識型態的鬥爭。1960至1980年間，兩大集體防衛組

---

[1] 鄭宇欽，「北約與俄競合之路關係微妙」，青年日報，2009年5月31日，http://news.gpwb. gov.tw/news.aspx?ydn=026dTHGgTRNpmRFEgxcbfcCSN9Fhd8KFbqLRgMWauV%2fFtSQpua Mr3AQ2abYBDQsfa9rBN0Cbn3AF8c%2fzGTiQxhXJv9KlF5qbyuTQswZKr7k%3d。

織在恐怖平衡的國際安全架構下，雙方都忌憚大規模毀滅性報復，因此並未發生總體戰爭，但卻不時爆發代理人戰爭。

　　北約與華約的緊張關係在法國戴高樂總統訪俄以及古巴飛彈危機後，雙邊關係才漸漸舒緩，此時國際安全走入低盪（Detente）時期，外弛內張的短暫和緩情勢讓北約湧起與蘇聯合作的念頭。1967年比利時外長哈梅爾（Pierre Harmel）在北約議會上發表「盟軍未來使命」（the future tasks of alliance）報告，這份就是影響北約戰略轉型的「哈梅爾」報告（the Harmel Report）[2]。

　　哈梅爾報告除了強調北約應強化並彈性運用嚇阻戰略外，最重要的是建立戰略對話管道；哈梅爾報告認為，北約應具備提供集團防衛的武力外，也要能與戰略敵對國家建立合作與溝通的管道。另一方面，哈梅爾報告所提出的建議，讓北約成為具有政、軍雙子效應的國際組織，不僅使北約聯軍能夠有效地運用會員國國防資源做到有效嚇阻，在此同時也透過北約的政治功能舒緩東、西對峙的緊張情勢，並且奠定北約夥伴合作建構基礎，讓北約的防護網能延伸至地中海地區。

　　受到哈梅爾報告的影響，北約更加積極吸收會員，其中在1989年蘇聯瓦解及東、西德統一象徵冷戰結束後，北約從1999年至2004年進行最大一次的擴張計畫，從捷克到斯洛維尼亞共計十個前蘇聯集團國家加入北約陣容。冷戰告終，雖北約勝出但面對對俄關係，北約不敢掉以輕心，1991年北約成立北大西洋合作委員會（NACC），邀請俄國加入北約「締合夥伴計畫」（Partnership for Peace, PfP），以合作取代對抗，化解昔日宿敵舊恨，北約希望能與俄國合作共同執行維和（peacekeeping）任務。1996年北約與俄國簽署備忘錄共同在急難救助與天然災害防治工作進行合作。

　　1997年北約與俄國成立「北約、俄羅斯常設聯合委員會」（NATO-Russia Permanent Joint Council, PJC），雙方著手進行軍事互信機制建立、定期舉行雙邊磋商會談，北約與俄國互設代表團增加雙邊互諒互信；除此之外，北約、俄羅斯常設聯

2　哈梅爾報告表示，「東西陣營的軍事衝突，應轉入政治爭辯，藉此化解致對方於死地的敵意」；此外哈梅爾報告建議應加強與蘇聯集團的外交關係，這項建議也替一九七〇的低盪緩和情勢奠下根基。國際低盪情勢為緊張的國際安全帶來些許春風，但卻未改善北約與華約組織彼此敵對的態勢，尤其蘇俄入侵阿富汗事件，更讓北約與俄國雙邊敵對氣氛達到高點。 Michael Legge, "The Making of NATO's New Strategy," *El Grupo de Estudios Estratégicos* (GEES), 1991. http://mail.gees.org/documentos/The%20making%20of%20Nato%20new%20strategy%20by%20Michael%20Legge.pdf.鄭宇欽，「北約、俄國大和解未來發展待考驗」，**青年日報**，2011年1月27日。http://news.gpwb.gov.tw/news.aspx?ydn=w2u5S9CJZGAXB%2fzPg%2fq7ahBURwZ%2fxCkoH%2bRnvuMETFwhZQw6NOgDxuriKiLCR2mui1gFyY1jUkJNJRFBLOav%2fNmydf0ZIP313B3P7qEubno%3d。

合委員會更針對維和任務發展、核武問題、北約與俄國雙邊的戰略與國防綱領、武器管制與拆除問題、海難救助、北約與俄國軍官交流、北約與俄國雙邊軍事暨科技研發活動等交流等進行討論與合作。

　　1998年北約與俄國因科索沃（Kosovo）情勢雙邊關係陷入僵局，俄國不支持北約使用武力來解決科索沃問題，但北約認為外交手段已經用罄，必須要使用武力手段才能終止柯索沃情勢惡化。不顧俄國反對，北約空襲科索沃，俄國終止與北約交流，直到1999年俄國與北約會員國在聯合國安理會上達成共識，發布1244號決議案，邀請俄國共同成立國際維和部隊（KFOR）解決科索沃問題，北約與俄國再次恢復交流。

　　2001年9月11日美國遭受恐怖攻擊，蓋達組織（al-Qaeda）重創美國國家安全，更改變了國際安全體系；九一一恐怖攻擊事件後，美國援用北大西洋公約第五條，要求北約會員國進行集體防衛權，這促使北約戰略走向反恐，而俄國總統普京更主動挺身支持北約反恐行動。冷戰時期，北約是針對反制蘇聯威脅的集體防衛組織，九一一恐怖攻擊事件爆發後，北約走向國際反恐阻織，俄國不再是昔日的敵人，當下恐怖主義才是威脅北約安全的主要問題。

　　然而北約與俄國並肩反恐的熱情，在1999至2004年北約進行東擴後，俄國對北約的不信任感加深。莫斯科方面認為，北約不會因冷戰結束就終止對俄國的圍堵戰略，反而趁蘇聯解體後，俄國政局不穩之際，北約加速佈局圍堵俄國的戰略。捷克與波蘭加入北約後，北約宣佈與俄國成立「北約－俄國委員會」（NATO－Russian Council, NRC）取代北約、俄羅斯常設聯合委員會」。北約俄國委員會成立後隨即發表「羅馬宣言」（2002 Rome Declaration on "NATO-Russia Relations: a New Quality"）深化北約與俄羅斯雙邊關係、加強合作，並且首次將共同決策納入北約俄羅斯合作的運作框架。

　　2002年北約布拉格高峰會結論，促成北約建立飛彈防禦系統，俄國聞訊強烈反對，但在北約－俄國委員會所營造的合作氛圍下，俄國暫緩對北約架設飛彈防禦系統的抗議；2007年北約籌劃在捷克設立飛彈防禦雷達站，並在波蘭設立飛彈發射陣地，俄國聞訊震怒，撻伐北約此舉引發軍備競賽。俄國表示，一旦飛彈防禦系統開始運作，俄國不排除先發制人摧毀北約飛彈防禦系統；在此同時，俄國也宣布終止參與北約—俄國委員會運作，並針對北約飛彈防禦系統一案表示抗議[3]。2009

---

[3] 北約在捷克與波蘭架設飛彈防禦系統，不僅引發俄國揚言對北約發動報復攻擊，更引爆捷克與波蘭政局連漪，捷克與波蘭國民紛紛請院要求政府退出飛彈防禦系統運作。Sarah Meyer,

年美國歐巴馬總統宣告暫緩北約飛彈防禦系統推動工作，北約與俄國尖銳的關係稍微緩和，但波蘭國總統柯摩洛夫斯基（Bronislaw Komorowski）卻嚴詞批評歐巴馬背叛波蘭，置歐洲安全於不顧[4]。

2009年4月4日，北約組織二十八個會員國共同在奧地利史特拉斯堡市與德國凱爾（Kehl）市，舉行北約高峰會並慶祝北約成立六十週年。此次北約組織史特拉斯堡—凱爾高峰會針對當年國際安全問題，提出「北約組織高峰會對阿富汗宣言」（Summit Declaration on Afghanistan）、同盟安全宣言（Declaration on Alliance Security）與北約組織史特拉斯堡-凱爾高峰會共同宣言（Strasbourg/Kehl Summit Declaration），揭示北約面對二十一世紀新型態國際安全問題的處理原則與方針。2010年北約舉行里斯本高峰會，並簽署北約、俄羅斯里斯本聯合宣言，首次將俄國納入飛彈防禦系統以及建構北約、俄羅斯聯合威脅評估機制，藉此化解俄國對於北約設立飛彈防禦的疑慮，並且透過雙邊共同評估威脅的機制下，化解雙邊對於威脅定義的歧見，進而降低雙邊衝突的可能性[5]。

"The US-NATO 'Missile Shield' Programme: Timeline and Bibliographical References,"*Global Research*, April 03 2008, http://www.globalresearch.ca /the-us-nato-missile-shield-programme/8543. 伊朗與北韓在核武與彈道飛彈科技上取得重大發展，震驚北約成員國，使得北約成員對於美國提案在捷克設立飛彈防禦前導雷達與在波蘭設立飛彈防禦發射陣地一案的態度從反對變為接受。北約除擴大現行機動多層次彈道飛彈防禦系統（ALTBMD），並在2009年納入美國「飛彈防禦階段調控系統」（PAA）強化北約飛彈防禦系統的能力。雖然北約多此對俄表明設立歐洲飛彈防禦系統的目的在於防止北韓與伊朗攻擊北約成員國，雖然飛彈防禦前導雷達計畫將設立於捷克境內境內博帝市（Brdy，該城市距離捷克首都布拉格約六十公里）距離俄國甚遠，但此前導雷達屬於X波段光控相控陣雷達（XBR），具有監控、攔截、追蹤與支援火控系統的功能，該雷達發射出二點五至四公分的波長，其波段頻率可達八至十二千兆赫（GHz）。正因為其波長小的優點，X波段光控相控陣雷達已通過觀測雲層發展、光線蹤跡與下雪徵兆等氣象偵測之測試，顯見其強大的偵測能力，反而讓俄國高度質疑北約設立飛彈防禦系統的居心，俄國甚至揚言不惜與北約一戰，強烈表達反對設立飛彈防禦系統的決心。鄭宇欽，「北約與俄競合之路關係微妙」，青年日報（2009年5月31日），http://news.gpwb. gov.tw/news.aspx?ydn=026dTHGgTRNpmRFEgxcb fcCSN9Fhd8KFbqLRgMWauV%2fFtSQpua Mr3AQ2abYBDQsfa9rBN0Cbn3AF8c%2fzGTiQxhXJv9KlF5qbyuTQswZKr7k%3d。

[4] "Polish president accuses Obama of betraying Poland," *the Telegraph,* August 06 2012, http://www.telegraph.co.uk/news/worldnews/europe/poland/9456610/Polish-president-accuses-Obama-of-betraying-Poland.html.

[5] "Declaration on Alliance Security," NATO, April 04 2009, http://www.nato.int/cps/en/natolive/news_52838.htm?mode=pressrelease。鄭宇欽，「三強二盟回歸決策理性展開競合」，青年日報，2011年1月26日，http://news.gpwb.gov.tw/news.aspx?ydn=026dTHGgTRNpmRFEgxcbfc CSN9Fhd8KFbqLRgMWauV%2fFtSQpuaMr3AQ2abYBDQsfsG1H%2bbYVJiuUc4HB6EuHHnt RS7Bq2%2fBCXSaiUjOX6xI%3d。

貳、冷戰瓦解北約轉型

　　冷戰時期，北約核心任務有：一、北約維護北大西洋地區穩定，讓該區會員國不受外力軍事威脅；二、根據華盛頓公約第四條，北約需提供會員過諮詢協助，透過這方式讓會員國充分討論所面臨的威脅問題；三、根據華盛頓公約第五條、第六條約定北約會員國提供防衛與嚇阻的軍事力量，並根據第七條協助會員國或其他動亂地區危機處理，穩定動亂地區社會秩序；四、拓展夥伴關係，積極與其他非北大西洋地區國家合作[6]。

　　後冷戰時期，北約傳統敵人蘇聯瓦解，俄國走向民主政體，引發北約存廢辯論，部分會員國認為應該解散北約，但部分會員國認為北約有繼續存在的價值，只是北約核心任務需要轉型[7]。後冷戰時期，北約核心任務的重心放在核武管制與武器卸除問題，北約憂心蘇聯瓦解後，缺乏中央管制核武戰略武器，會使得武器擴散問題更加嚴重；在此同時，科索沃爆發種族衝突，北約基於人道考量派兵介入。

　　戰略環境的改變，促使北約重新整合新任務與戰略，1991年羅馬高峰會召開，北約發表「羅馬宣言」並出版「新戰略概念」報告，將除了延續北約傳統集體防衛嚇阻任務，加強會員國溝通與夥伴國聯繫任務之外，北約增列以下任務：

一、對話：加強北約新、舊會員國間的對話，並且加強與歐洲非會員國的對話。

二、合作：北約開始與歐盟合作，強化與聯合國合作，並積極與其他國際安全組織合作。

三、危機處理與災害預防：北約認為，一國的不穩定及區域的不穩定，最後都會影響北約的穩定；除此之外，北約認為，災害預防需要軍隊介入，北約不僅負責維和任務，更要投入救災。

　　1999年北約五十週年華盛頓高峰會召開，此時北約剛結束科索沃維和任務，當時除了增訂北約將投入維和任務外，還增列以下新任務：

一、批准戰略概念升級方案。

二、通過擴展會員行動案，深化北約影響力。

---

[6] Peter, *NATO: Its Past, Present, Future Vol.470* (Standford: Hoover Institution Press, 2000), pp.14-16.

[7] Gordon, Philip H., *NATO's Transformation: the Changing Shape of the Atlantic Alliance.* (Maryland: Rowman & Littlefield Pub Incorporated, 1997), pp.21-23.

三、完成柏林決議，北約內部建構歐洲安全與防衛認同（the Berlin Decisions on building the European Security and Defence Identity within the Alliance）。

四、成立歐洲北大西洋夥伴議會，推動北約會員國與夥伴國之間的合作默契，並成立地中海對話機制（the Mediterranean Dialogue），加強與地中海國家合作。

五、協助會員國的反武器擴散工作。

從羅馬宣言到華盛頓峰會，蘇聯解體後，國際安全邁入後冷戰時代，北約戰略重心從抵抗蘇聯侵略漸漸地走向人道維和與危機及救災處理，這顯示威脅改變牽動戰略轉變。2001年美國受到蓋達組織恐怖攻擊，美國透過北大西洋公約第5條，要求北約會員國協助打擊恐怖主義，北約將戰略觸角伸到反恐戰略。

恐怖攻擊型態多元，恐怖行動可由單人（孤狼）或組織發起，恐怖攻擊隨時可進行，這樣的不確定與難預測性，讓北約面臨比蘇聯難纏的威脅。北約為有效打擊恐怖主義，特在土耳其成立「反恐作戰優化中心」（Center of Excellence in the War against Terrorism），增強會員國與夥伴國反恐能力，並且與歐盟展開合作反恐，加強邊境管制、防止恐怖行動擴散[8]。

2007年愛沙尼亞遭受網路攻擊，這看不見的破壞力，卻造成慘不忍睹的結局，2011年北約制定網路國防政策，雖然各國對於是否制定網路國際公約一案陷入正、反對立，但可以確定的是，北約明白「不對稱攻擊」會讓它不堪一擊。北約為了整合網路防禦能力，2011年策畫「網路聯兵演習」（Cyber Coalition 2011），雖目前參與國不多，但經過多次操演，越來越多國家表示有興趣加入[9]；網路攻擊事件頻傳，顯示北約戰略除了涵蓋反恐任務外，對於網路新形態威脅，北約開始重視這看不見的威脅[10]。

2008年美國爆發雷曼兄弟投資銀行倒閉危機，連帶牽動2009年歐洲主權債務危機，北約會員國對於國防支出與北約維和費用的支持大幅減少，北約考量歐元區

---

[8] Edwards, Frances L., and Friedrich Steinhäusler eds, *NATO and Terrorism: on Scene: New Challenges for First Responders and Cvil Protection* (Dordrecht: Springer, 2007), pp.153-160.

[9] 鄭宇欽，「北約當務之急：資安、反恐與飛彈防禦」，2012年2月3日http://www.nownews.com/2012/02/03/142-2781548.htm。翁明賢，「北約與歐盟國家對九一一事件的態度」，**全球防衛雜誌**，2002年3月1日。

[10] Gori, Umbert, *Modelling Cyber Security: Approaches, Methodology, Strategie Vol.59* (Amsterdam: Ios Press Inc, 2009), pp.189-191.

經濟發展疲軟導致國防支出的影響,但擔心因經費短缺導致北約戰略鬆弛,因此推出靈活戰略(Smart Defense)解決北約防務問題。北約靈活戰略的主要內容有三個方向[11]:

一、優化(Prioritization):靈活戰略要求北約會員國將各自國防透明化、加強各國合作、並著重效能提升,藉此加強北約會員國防衛能力。

二、專業化(Specialization):在北約會員國受到預算短缺的壓力下,各會員國先行評估自身國防強項,之後依照各國國防強項進而對北約投入防衛資源。

三、合作(Cooperation):北約會員國透過防衛合作架構減輕國防支出,會員國可依照國情、地理位置與武器設備等誘因去尋找會員國推動合作國防。

從嚇阻到靈活戰略,從冷戰到歐債,北約一直與國際安全環境對話,這顯示北約沒有存廢的問題,僅有轉型的議題。北約轉型不僅僅在戰略與教戰準則的改變,北約從擴展會員國到與其他國際組織合作,這凸顯哈梅爾報告中所強調的政軍雙管運作的精神持續至今。

表9-1 各時期北約戰略轉型

時間	北約威脅	北約戰略	合作
1949~1989（冷戰）	蘇聯（華約組織）	嚇阻、大規模毀滅	會員國
1990~2000（後冷戰）	區域衝突	維和與警察任務、合作、對話、危機處理與災害預防（新戰略概念）	北約俄國常設聯合委員會、北約東擴
2001~2008（反恐-歐債）	恐怖主義、網路戰、歐債危機	反恐、反人口販賣、反海盜、資訊安全、靈活戰略	北約俄國委員會、北約東擴、夥伴國行動計畫、地中海對話機制、歐盟

資料來源:作者自製

2011年阿拉伯之春傳入利比亞境內,隨即利國爆發內戰,爭取民主自由的利比亞反抗軍與政府軍展開激戰,由於雙邊懸殊的武力以及利國無辜傷亡人數攀升,經

---

[11] Rasmussen, Anders Fogh, "NATO after Libya: The Atlantic Alliance in Austere Times," *Foreign Affairs*, Vol.2 No.90, 2001, pp.2-4.

過外交斡旋失利後，聯合國安理會通過1970與1973號決議案，讓北約進行「聯合保衛者維和任務」（Operation Unified Protector），進行禁航區巡弋、保護平民與武器禁運等任務，這是北約採納靈活戰略後，首次發動維和任務。

北約「聯合保衛者維和任務」反映出靈活戰略在維和任務上的份際，對照科索沃維和任務，北約在其任務中是直接介入內戰；但在利比亞維和工作上，北約維和的重心置於協助反抗軍縮短與利比亞政府軍的軍力差距，並透過禁航與武器禁運的手段削弱利比亞政府軍的實力。由於北約介入利比亞內戰，讓格達費政權垮台，利國順勢轉型成為民主國家。

阿拉伯之春浪潮亦傳入敘利亞，但北約對是否赴敘利亞進行維和任務的態度十分猶疑。宗教、信仰與種族問題，都是敘利亞脫離法國殖民後長期困擾敘國政局穩定的根本問題，從當時起敘國內戰即陸續爆發，至2011年敘國用戰爭解決內部矛盾的問題再次浮現。由於聯合國安理會之中、俄兩常任理事國對敘國政府的支持，造成北約遲遲無法介入敘利亞內戰。

由於聯合國安理會常任理事國成員遲遲沒有共識，使得敘利亞政局的紊亂情勢節節升高，更遑論北約介入敘利亞內戰的正當性。敘國人民死傷數字攀升，但北約苦無法源介入，這再次凸顯國際安全需達成主要國家共識的原則之困境。尤其，北約會員國有意與中國建立合作關係，更不想在敘利亞問題上再次開罪俄國，這凸顯北約有「和」不「維」的核心任務矛盾。

參、結語

北約戰略轉型性徵時代轉變，尤其北約在2012年芝加哥高峰會上宣布2014年將退出阿富汗，雖保留部分北約訓練軍官繼續協助阿富汗警察與政府軍訓練，但北約軍隊的退出也代表北約反恐戰爭將走近尾聲。北約離開阿富汗，並不代表北約反恐作戰曲終人散，雖北約宣稱阿富汗維和任務成功，但北約士兵與阿富汗百姓死傷人數卻持續上升，北約這傷痕累累的勝利，反招致更多質疑。

芝加哥高峰會上，北約再次宣示恪守2010年里斯本高峰會上的決議，繼續透過對話與擴展夥伴關係的方式，拉大北約與其他國際組織與國家的合作面。另一方面，北約再次呼籲會員國與夥伴國遵守2004年伊斯坦堡高峰會的決議，投入打擊人口販運與偷渡問題。北約打擊人口偷渡與販運問題，將其合作的觸角伸入亞洲，

並且北約投入反海盜巡弋任務後，與中國軍事合作的關係更深。

　　北約與亞洲國家的合作，顯示北約核心任務已超越地理限制，改走議題合作路線，這不僅反映二十一世紀對國家安全威脅的多面化，更顯示越來越多的新型態威脅需要跨洲際的合作才能解決。冷戰時期，北約是區域組織，主旨就是面對蘇聯的威脅，後冷戰時期昔日敵人變友人，北約開始學會與舊敵人合作，著手尋覓新夥伴。

　　反恐時期，北約組織上下動起來，因為這是北約成立至今第一次動用集體防衛權，但是越是反恐越是撲空，因為恐怖主義的類型、恐怖攻擊的手法十分多元與彈性。歐債期時，北約開始劃出維和任務的界線，雖利比亞任務執行成功，但受制靈活戰略的影響，北約無法像科索沃任務一樣全心投入。在此同時，北約對是否介入敘利亞局勢，則由於國際強權國家無法達成共識，讓北約遲遲無法介入敘利亞內戰，雖沒有落入掩耳盜鈴的罵名，但卻已被譏諷為袖手旁觀。

　　北約創建集體防衛概念，集體出力但也集體分擔成本，雖能達成集體行動之成效，但卻需要集體決議放行。毫無疑問地，北約不因蘇聯瓦解面臨存廢問題，反因國際安全需求，北約不斷地變革與轉型。國際安全環境不變的是對和平與安全的需求，變的是威脅的型態與處理問題的戰略。

梁文興

壹、前言

近年來全球區域主義的興起，使由一定國家組成的區域性組織或貿易集團的功能受到世人的重視，這些組織包括了北美自由貿易區、亞太經濟合作會議、歐洲聯盟及東南亞國協（ASEAN，以下簡稱東協）等。

東協自1967年成立至今，在合作上取得已下列主要的成果：一、1971年簽訂的「使東南亞地區成為一個和平、自由與中立的地區（ZOPFAN）」協定；二、1995年簽訂了「東南亞為不得擁有核武地區（SEANWFZ）」條約；三、建立對話制度，曾是東協的對話夥伴有澳大利亞、加拿大、歐盟、日本、紐西蘭、美國、韓國、俄羅斯、中國與印度等；四、1992年成立的東協區域論壇（ARF），在成員國與上述對話夥伴國家間有正式對話管道，目的有：（一）在政治與安全議題上進行磋商，以取得共識與共益；（二）在亞太地區努力建構信心建立與預防外交機制；五、在1992年的「東協有關南中國海的宣言」有關和平解決南海主權爭議的共識下，進而於2003年與中國簽訂的「南海各方行為宣言」；六、為了要消除彼此關稅障礙及整合全區為單一的生產市場，而於1992年成立東協自由貿易區（AFTA）[1]。

由於東協自由貿易區是正在進行的大工程，除此之外，東協與中國剛成立的東協加一貿易區也正推動，再加上近來南海議題因越南、菲律賓與中國的島嶼主權爭議衝突再起，這些議題的走向勢必影響東協的未來發展，故本文分為三部分：首先分析東協成立背景與功能；其次就東協自由貿易區本身及與中國的東協加一的現況來分析對東協發展的影響；最後就複雜、多事的南海議題來分析對東協發展的影響。

自1994年中國首次參加東協區域論壇（ASEAN Regional Forum, ARF）後，就

---

[1] ASEAN Secretariat, "Overview Politics and Security," http://www.aseansec.org/92.htm.

主動積極地與東協合作。即使雙方合作的項目有不少，但不見得都能順利進展，主要原因是東協成員對中國崛起的觀感不一，有的認為是威脅，也有認為是機運；其次是南海各方行為宣言仍無法實際解決現存主權爭端的困境，致各方至今小動作仍不斷；再者中國與東協成立自由貿易區的理想太過於樂觀，雙方經濟結構差距過大及產品互補性不夠，有的國家甚至憂心這是另外一種「經濟威脅論」。

　　本章主要以新現實主義作為研究理論，雖然東協成立及與中國合作是以新自由主義中的「互賴理論」為基礎，但似乎理論與實際有所差異；例如主要的行為體還是在於國家，合作的動機主要也是尋求在此地區的權力與戰略地位之競逐。在合作的過程中，東協組織是結構，而成員國是單元，結構的變化是由各單位實力的高低變化所造成的這也說明了因個別國家對中國崛起的看法不一，及國家因國力的不同將影響雙方合作的步調，因而在國家利益至上的原則下，將使合作的前景蒙上了不少陰影，而這也將影響東協自由貿易區本身、東協加一（中國）、及未來的東協加三（中、日、韓三國）等的進展，而結構與單元間的互動將牽動東協的未來走向。

貳、東協的興起背景

　　東協目前是由印尼、馬來西亞、菲律賓、新加坡、泰國、汶萊、越南、寮國、柬埔寨及緬甸等十個會員國所組成，整個地區有五億人口、四百五十萬平方公里、整體內部產值為七千三百七十億美元、及貿易總值為七千兩百億美元。其成立目的有：一、藉著平等互助的精神來促進區域的經濟成長、社會進步及文化發展，使東南亞國家成為一個繁榮與和平的團體；二、藉著彼此遵守及尊重區域內國家間司法及聯合國憲章的原則，以提升區域的和平與穩定；三、彼此互相尊重主權與領土的獨立及互等性；四、每個國家有免於受外部的侵犯、顛覆與統治的權利；五、不得干預別國的內部事務；六、用和平的方式來處理歧見或紛爭；七、彼此不得威脅或使用武力，而應以有效合作來取代[2]。

　　東南亞一些國家於1960年代面臨了內部安全議題，各國政府在共黨叛亂與種族分離主義的威脅下，為了維持政權與國家的合法地位，但顧慮若組成一個軍事聯盟不僅於事無補，更會產生反效果。因此將合作的重點放在加速地區經濟成長、社

---

[2]　ASEAN Secretariat, "Overview Association of Southeast Asian Actions," http://www.aseansec.org/64.htm.

會進步與文化發展，藉由減低內部共產主義與分離主義的威脅，以保持區域的穩定。尤其是東南亞國家在歷經對立、菲律賓與馬沙巴主權之爭、及為調停印尼與馬來西亞的領土之爭等，深感籌組共同組織的重要性，於是東協組織應運而生[3]。

　　東協並不是東南亞地區第一個跨國性組織，二戰後最早出現的是1947年在聯合國組織下「亞洲及遠東經濟委員會（ESCAP）」；1954年美國為遏阻共產主義向此地蔓延而成立的軍事結盟—「東南亞條約組織」（SEATO），這也是亞太地區首次建立的集體防務組織；多邊合作方面則有1963年馬來西亞、菲律賓及印尼組成的「馬菲印多聯盟」（MAPHILINDO）及1966年的馬來西亞等亞太國家組成的「亞太理事會」（APC）。由於上述組織不是為遏共就是為解決爭端所成立，冷戰後當東西情勢緩和或爭端不再，它們的功能性就不再，因此對地區及國際關係並未產生重大影響[4]。因此真正在「區域主義」趨勢影響下建立的東南亞區域的國際組織，存在近四十年功能不減反增的非東協莫屬。

　　值得注意的是，東協雖是在「馬菲印多聯盟」的基礎上建立起來的[5]，但卻是亞太地區第一個沒有區域外成員國的國際組織，它既非集體防衛安排，也不是集體安全組織。在冷戰時期東協試圖在東西兩大集團的對峙中保持相對超脫的地位，它們雖然懼怕共產主義擴散至整個東南亞，動搖其政經制度，但與西方國家公開反對的立場不同，它們並不明確將這種考慮明確表達出來，而是力圖在經濟上進行合作，在政治上進行協調，從而加強區域內國家的凝聚力，使過去的競爭對手化解歧見、彼此信任，進而形成一個整體力量，藉此抵禦外部包括共產勢力的影響與控制。這種非集體安全組織、非集體防衛安排、及藉政經合作而非對抗的概念漸漸成為東協甚至亞太地區所特有的安全觀—「合作安全」（cooperative-security）[6]，而這種安全觀又和其他區域組織有所不同。

---

[3]　Alan Collins著，國防部史政編譯室譯，**東南亞的安全困境**（台北：國防部史政編譯室，2004年），頁194。

[4]　蘇浩，**從啞鈴到橄欖：亞太合作安全模式研究**（北京：世界知識出版社，2003年），頁167-169。

[5]　東盟當初於1967年成立時，只有馬來西亞、菲律賓、印尼、泰國及新加坡五個創始會員國，其中三個就是馬菲印多聯盟的國家。

[6]　蘇浩，**從啞鈴到橄欖：亞太合作安全模式研究**，頁52-170。

參、東協特有的合作安全觀

以歐盟為例，它所強調的是共同安全（common security），也就是自己有一套共同外交和安全政策（common foreign and security policy），在若干具有成員國共同利益與關切的領域上採取共同的行動[7]。維繫安全的架構是透過歐洲邦聯、北約組織、歐安會議、及北大西洋合作理事會等組織來達成。它以建構「共同防衛體（common defense）」為目標，將有軍事同盟性質的西歐聯盟（Western European Union, WEU）納入歐盟作為武力來源，以共同行動來執行其外交政策[8]。

「共同安全」和「合作安全」兩者的差異在於：一、共同安全是在較為緊密的機制化過程中進行安全合作；而合作安全並不一定要求建立組織；二、共同安全強調在政府間進行多邊安全合作；合作安全可以是多邊的，也可以是雙邊的，可以是政府間的，也可以是半官方的，或是民間的；三、共同安全的理念是在兩極對立的情況下所產生的，其目的是為防止雙方產生衝突乃至戰爭。

合作安全則傾向於處理那種不會導致衝突的形勢，試圖用合作戰略以處理安全形勢中緊要急迫的問題[9]。這可從雙方的安全機制就可看出端倪，上述歐盟的機制都為政府間所組成；但和東協有關、官方的有東協區域論壇（ARF）；半官方的有亞太安全合作理事會（CSCAP）及南海問題研討會；民間性質則有亞太圓桌會議（APRT），合作的層次是先民間、後半官方、最後才官方，三者互不隸屬，各自獨立[10]。合作安全的特色是同時建立「第一軌道」（First Track）與「第二軌道」（Second Track）的多邊安全對話機制。第一軌道是指官方的區域安全對話論壇，第二軌道則指非官方之學術界、政府個人、民間智庫組織等共同討論相關區域安全議題。因此，第一軌道的官方機制就是東協區域論壇，第二軌道則是上述的非官方機制。這種多樣性、多元化的合作安全正是東協特有的安全觀。

除了歐盟外，美國和他國的安全架構中更是展現以軍事同盟為主的集體防衛，尤其著重於雙邊合作。如在亞太地區有美日安保條約、美韓防禦同盟、美澳安全關係、及與東協國家的安全關係等。這點又和東協講究「多邊合作」特點有所不同，以有二十三個國家參與的東協論壇為例，它是一個多邊對話機制，其議程與討論並

---

[7] 陳勁，歐洲聯盟之整合與體制運作（台北：五南書局，2009年），頁298-299。

[8] 張惠玲，「歐盟共同外交暨安全政策之整合談判過程與台海兩岸協商經驗之比較」，國立中山大學大陸研究所博士論文，2003年7月，頁51-53及頁104-105。

[9] 蘇浩，從啞鈴到橄欖：亞太合作安全模式研究，頁59-60。

[10] 同上註，頁19-20。

不是被區域內的主要強國所主導，它僅能提供各國抒發己見，論壇的決定應該在經過對所有會員國謹慎而廣泛的諮詢之後，經由「共識決」而不是投票方式而產生[11]。1994年7月25日，東協區域論壇首次會議在曼谷召開，它是各國外長級官員的磋商論壇，是目前亞太地區最主要的官方多邊安全對話與合作渠道。目的是就亞太地區政治安全問題開展建設性對話，為亞太地區建立信任措施、核不擴散、維和、交換非機密軍事情報，海上安全和預防性外交六大領域開展合作，並同意論壇沿正式和非正式、亦即第一和第二軌道進行[12]。

肆、東協的現況—以東協與中國自由貿易區發展為例

2002年總理朱鎔基出席東協加一（中國）領袖會議時，簽訂由中國所提出的「決定在2010年建成中國—東協自由貿易區」；同時也簽訂了「南海行為宣言」，強調通過協商和談判，以和平的方式解決南海有關爭議，維護此地區的和平與穩定。東協與中國自由貿易區（China-ASEAN Free Trade Area, CAFTA）於2010年元旦正式啟動，這東協加一的自由貿易區涵蓋了將近十九億人口、六兆美元國內生產毛額（GDP）、東協與中國和全球其他市場貿易額達四點五兆美元，約占全球貿易額的13.4%，不僅是世界人口最多的自由貿易區，在產值上是僅次於歐盟（EU）、北美自由貿易區（NAFTA）之第三大自由貿易區，也是世界上完全由開發中國家組成的最大貿易區，其運作與機遇備受矚目[13]。

東協的觀點

雖然東協在雙方合作的立場上也是持樂觀積極的態度。就如同東協秘書長Ong Keng Yong在2004年於新加坡舉行的東協—中國論壇中指出：「在區域內政治、安全、金融、經濟、商業、文化及社會等層面，中國對他們已像日常生活般的密切。就以雙方成為戰略伙伴關係來說，東協認為中國比鄰而居，一些成員國和中國有共

---

[11] 楊永明，「東協區域論壇：亞太安全之政府間多邊對話機制」，**政治科學論叢**，第11期，2009年12月，頁151-152。

[12] 中華人民共和國外交部，「東盟地區論壇介紹」，2003年8月25日，http://big5.fmprc.gov.cn/gate/big5/www1.fmprc.gov.cn/chn/wjb/zzjg/gjs/gjzzyhy/1136/t4541.htm。

[13] 張幼文、黃仁偉主編，**2003年中國國際地位報告**（上海：上海社會科學院世界經濟研究所，2003年），頁2。

同的歷史與文化關連，同為發展中的國家，對未來的目標「達到經濟繁榮與更高的人民生活水平」，都面臨相似的機運和挑戰。東協與中國必須和平共存，為區域更好的未來及成為更好的全球公民一起努力」[14]。這應是東協整體的對外政策，但個別或部分成員對中國積極加入的舉動之觀點，至今仍褒貶不一；還有雙邊幾年來的合作已產生一些窒礙難行的因素；因此有些人對中國—東協合作的前景是喜憂參半。

　　目前東協對中國的崛起是否會對他們造成挑戰究竟是「威脅」或是「機運」，並無一致的共識，主要是受到下列因素的影響：雙方國家實力有不少差距；中國軍備不斷增長；1960與70年代中國對東南亞國內叛亂活動的支持；1979年越南占領柬埔寨後，中國與越南發生的衝突；1980與90年代中國與一些國家因爭奪南海主權而爆發的衝突；一些國家擔心中國會操縱國內華人社會等。諷刺的是，1967年東協成立很大的原因就是要遏止共產黨勢力蔓延至此地區，成員國中以菲律賓、印尼對中國的疑慮最深。以下僅就東協幾個主要國家對中國崛起仍感威脅的部敘述如下[15]：

（一）印尼

　　國內華人社會所扮演的角色長期以來一直是引發緊張情勢的原因，加上北京曾參與1965年其國內的共產黨所發動的流血政變。中國曾出版一份地圖，將印尼富藏天然氣區的納土納（Natuna）島水域的部分劃入中國的領海。但印尼心目中的「中國威脅」倒不是傳統的軍事行動，而是其可能對印尼政治與社會不安狀況加以利用的企圖。

（二）菲律賓

　　認為中國在南海的擴張是主要長期的威脅，雙方爭執的焦點在於巴拉望島（Palawn）以西約五十個小島嶼暗礁之歸屬。1995年中國派兵占領美濟礁，使雙方爆發武力衝突。為此菲國決定恢復與美國的安全關係，並將其軍事發展計畫置重

---

[14] H.E. Ong Keng Yong, Secretary General of ASEAN, "Securing A Win-Win Partnership for ASEAN and China," Keynote Address at the ASEAN-China Forum 2004, *Developing ASEAN-China Relations: Realities and Prospects,* Singapore, 23 June 2004, http://www.aseansec.org/16255.htm (2005/4/8).

[15] Richard Sokolsky, Angel Rabasa, C.R. Neu, T*he Role of Southeast Asia in U.S. Strategy Toward China* (Santa Monica: Rand, 2000), pp.29-42.

點於維護其南沙主權的聲明，及對付國內共黨及分離勢力。

（三）新加坡

不同於前二國因南海主權爭議而和中國交惡過，新加坡一直和中國維持良好的關係，尤其是經貿往來。但它也追求和其他能影響地區戰略穩定的國家間的關係。使得它一方面與中國發展經貿關係，一方面與美國和其他大國發展關係，更在北京—台北間採行平衡的交往關係。

（四）泰國

兩國曾於1979年合作反抗越南入侵柬埔寨的行動，雖然雙方沒有明顯的領土（海）爭執，但1990年代泰國在意的是中國在緬甸的軍事進駐，中國不僅提供緬甸軍事裝備，更在安達曼海（Andaman Sea）構建軍事設施，泰國認為這是中國亟欲成為強權的證據。但比起東協其他國家，泰國和中國仍較為友好，兩國近來在經濟和軍事往來上也非常密切[16]。

（五）馬來西亞

儘管於1960年代，中國曾支持其內部主要由華人組成的共黨游擊隊一事，但雙方的關係是建立在經貿關係上而似乎不受影響。亞洲金融風危機間，中國曾聲援馬哈迪對國際金融界的批評。馬國認為與中國修好，將有助於對付某些想將其本身價值觀加諸於東南亞國家的西方干預主義國家（尤其是美國）。

（六）越南

雖然雙方關係已正常化，但越南仍視中國為一外部威脅，這要來自於邊界及領海主權的衝突，如1979年中越的邊界戰爭、1974及1988年為了爭奪西沙和南沙群島主權而發生的武裝衝突。它除了與中國經貿往來外，也同時擴大與美國、日本及歐盟的政、經關係，但與中共的關係僅止於保持經濟交往的策略上。

另外，東協本身對中國還有一些疑慮的部分：（一）中國的海軍未來將具有遠洋投射的能力，能應付一場區域戰爭，一旦建造完成，東南亞地區將會被其投射範

---

[16] Alan Collins著，國防部史政編譯室譯，**東南亞的安全困境**，頁180-181。

圍所涵蓋；（二）依照雙方合作計畫，中國可在湄公河上游興建水壩，及建造泛亞鐵路、修建通往緬甸及越南的鐵、公路等，屆時中國可藉此輕易控制越南、寮國、緬甸及柬埔寨等陸界的國家；（三）中國一旦變成經濟強國，將足以掌控或遏制此地區。

由於中國和東協真正有實質合作關係使在1996年後，至今才十多年，中國要完全消除和這些國家數十年來仇恨或疑慮是不可能的。雖然東協的擴大主要是對「中國威脅論」的回應，但近年來中國積極地落實「睦鄰外交」政策，使東協體認到「以經濟合作取代政治對抗」才是追求實質利益的法門，也開始正面的看待中國的崛起。

東協成員國對中國的觀點，大致是威脅及機會感各占一半，但成員國重視的還是與中國的經貿關係為主；在非經濟領域上，除了中國之外，還特別重視美、日與西方國家合作的關係，因為只有大國間在此區域能維持戰略平衡，才符合東協的利益；東協在這種多邊交往及權力平衡的安全觀下，甚至現在也有意將印度納入它的區域安全的架構中[17]。所以，短期內中國要想藉由經貿的緊密合作，來獲得控制區域的主導權是很難達到的。但若長期讓東協從中國的市場上受惠良多，大過於美、日等國所能提供的利益，一旦形成互賴甚至依賴效應，加上長時間會讓其消除對中國威脅的疑慮，屆時這種多邊平衡將會呈現消長現象。

雖然此貿易區的規畫及理想看來是美好的，但雙方已有一些對合作的前景是抱持懷疑甚至悲觀的聲音。

（一）雙方的經濟差異懸殊

雙方在領土及人口規模、經濟發展水平、國際地位等影響國力因素相差甚大，如中國的領土和人口是整個東協的兩倍、國內生產總值比十個成員國加在一起還要大。先不要和中國比，連東協內部的差異就很大；如新加坡是區域內經濟發展水平最高的國家，但它與柬埔寨的人均GDP差距在一百倍以上，遠高於歐盟內十六倍、及北美自由貿易區內三十倍。這將導致小國對大國、弱國對強國存有戒心，可能會尋求外部力量的保護[18]，如與美國的軍事合作，或者是依靠其他經濟合作體如APEC來解決自身的問題。

---

[17] Amitav Acharay, "Seeking Security In The Dragon's Shadow: China and Southeast Asia In The Emerging Asian Order," p.3.

[18] 宋韜，「中國—東盟自由貿易區發展的障礙與前景」，上海綜合經濟（上海），第12期，2003年，頁70。

（二）雙方相互投資額差距過大

　　由於中國市場龐大，加入後將會吸引更多的外資。以2000年為例，中國對東協的投資為五點五億美元，而東協對中國的投資卻高達三十四點四億美元；同年中國與東協的投資總額僅是中國與東北亞的五分之一。部分原因在於東協的產業結構和中國相近，使雙方產品缺少互補性。加上中國有廉價與眾多的勞力、廣大的市場、地理位置便利等，自然會吸引外資。據統計，1992年從東協至中國的直接投資為二點八億美元，但至1999年卻竄至三十四點四億美元。若這種差距持續下去，從自由貿易區中受益的恐怕只有中國。

（三）成員國的看法不一

　　在上述的因素下，使得成員國對自由貿易區的看法不一，例如較先進的新加坡、馬來西亞、印尼、菲律賓、泰國和汶萊是首批將於2010年加入，相對落後如越南、緬甸、寮國、柬埔寨等國則於2015年才會加入。另外新加坡是此計畫的推動者；馬來西亞則抱怨進展太快，並只要求對本國汽車進行保護；菲律賓和印尼則希望推動石油化工產品出口降低關稅等。還有中國排除二項東協主要的產品一稻米、棕櫚油在降低關稅的品項之外，這是最不為被多數成員國所接受的，並擔心其國內市場未來將充斥著中國便宜的農產品；甚至東協享有降低關稅的優惠，在未來日本、韓國與印度也可享有[19]。

　　其他還有一些問題如將來區域整合之後，就必須要有共通貨幣，而人民幣能否成為共同的計價貨幣呢？其可能性並不大[20]。當然也有不少人對此計畫抱持樂觀的態度，他們認為不能光從來上述單一或幾個面向，而必要從整體來看。況且目前只是初步進行，要判定成效如何似乎言之過早。但中國有政治考量「藉自由貿易區來取代日本及美國在本地政經的領導地位、及確保東協遵守一個中國原則」，卻是不爭的事實，但中國越急著要達到政治目的，而忽略從專業的角度來衡量自由貿易區利弊與可行性，從目前的一些窒礙因素來看，能否有溢出（spill-over）效果，進而如期達成區域整合之目的，恐怕連中國都不敢保證。這點是東協必須要注意的，若東協只認為中國的龐大市場就等同於高利潤，而未評估自我內部及雙方結構差異性問題就冒進，屆時資金恐將大量流入中國，恐落得自己是未蒙其利，先受其害。

---

[19] Amitav Acharay, "Seeking Security In The Dragon's Shadow: China and Southeast Asia In The Emerging Asian Order," p.11.

[20] 胡聲平，「東亞區域整合與中國之立場及策略研究」，**全球政治評論**，第7期，2003年7月，頁51。

伍、南海議題

南海主權爭議一直是東南亞安全最不穩定的因子，各方之前儘管暗濤洶湧，卻也能在「一海各表」的政治現實情況下，彼此相互克制，各取所需的政治表態。近來因為菲律賓、越南與中國對南海的主權爭議越演越烈，雙方的群眾、網民各自叫囂，挑起民族主義，派遣軍艦示威，軍事衝突似乎一觸即發，有人擔心是否會把美國捲入，演變成更大規模的中美對抗[21]。除中國、越南與菲律賓外，還有汶萊、馬來西亞與台灣等共六國都主張擁有全部或部分主權的國家。

南海在地理位置上具有重要戰略地位，控制中南半島及東南亞島國，居太平洋到印度洋要塞，更是連接東亞與中東油田的重要海道，攸關強權戰略利益，因而在強權之爭中，對小型國家而言，多邊組織成為一個集體發聲的有力管道，因此東協組織在會員國的南海政策中扮演了一定角色[22]。

一、東協立場

針對近來的衝突事件，2012年的東協外長會議，提出關於南海問題的六項原則，表示希望依照國際法準則和平解決爭端，分別為落實「南海各方行為宣言」、盡早達成南海行為準則、尊重「聯合國海洋法公約」、要求各方自我約束，不使用武力、以及按照國際法準則和平解決爭端[23]。

東協強調：（一）對於南海主權及管轄權之爭端必須以合作方式處理，不得訴諸武力；（二）要求各方約制行為，以營造有利於解決爭端的正面氛圍；（三）擱置爭端國的直接利益，致力探究對海上航行安全、海洋環境保護、搜救任務協調、反海盜、反毒販等海事安全合作的可能[24]。

---

[21] 宋鎮照，「南海風雲再起，充滿詭譎與火藥味，解析中國和越、菲的南海衝突與美國的角色」，海峽評論，第248期，2011年8月，頁24。

[22] 李瓊莉，「東協對南海問題的立場與回應」，海峽評論，第248期，2011年8月，頁30。

[23] 「東盟發布南海問題六項原則」，BBC中文網，2012年7月21日，http://www.bbc.co.uk/zhongwen/trad/world/2012/07/120721_asean_south_china_sea.shtml。

[24] 李瓊莉，「東協對南海問題的立場與回應」，頁30。

二、中國立場

由於中國來自中東與西非的原油，有八成必須經過麻六甲海峽及南海海域，才能北運到中國，足見南海的安全與掌控，不僅是主權問題，更是關係著中國經濟發展的命脈。多年來儘管南海問題落入「一海各表」的局勢，中國堅稱對南海擁有無可爭議的主權與核心利益，認為南海主權仍歸中國，根據國際法，中國有充分的歷史和法律依據證明南海與南沙群島屬於她。但中國認為對於南海各國之間的主權矛盾，是可以透過雙邊對話來解決，且南海各國的問題應在區域內解決，沒有必要引入外來勢力，或是將區域問題國際化，意旨挾美國以自重的結果，最終只會身受其害。中國在解決途徑大致有四種：（一）和平談判；（二）擱置爭議、共同開發；（三）軍事或經濟制裁解決；（四）法律途徑[25]。除非衝突狀況嚴重到無法收拾，軍事解決只是考量因素之一。

三、越南與菲律賓立場

越南與菲律賓是東協的成員國，而東協對南海問題有不使用武力及按照國際法準則和平解決爭端的立場，但基於東協只是一個多邊對話機制，和其他同盟性質的組織不同，它並無對成員的行為有強制約束力，使越、菲兩國企圖將南海問題國際化，而引進美國的勢力來制衡中國，這與中國的期待有很大的落差。

越、菲兩國在南海海域的目的很清楚，除南海戰略地位重要外，該區域資源豐富也是很大誘因，兩國以強勢表態應付中國，表面上看是以卵擊石，但背地隱藏的是的霸權較勁與政經糾纏的格局，因此造成三方之間的挑釁與衝突舉止不斷，使得此問題更加複雜。例如越、菲在中國宣稱擁有主權的南海水域推動鑽採石油和天然氣的計畫，不惜在這個航運繁忙的地區引發新衝突。例如越南否認中國在南海的主權，把中國位此的四十二個島礁中的二十九個據為己有，並在島上建造碼頭、機場跑道、軍事碉堡等設施。菲律賓則一方面要求聯合國仲裁爭端，一方面不畏中國巡邏艇的阻止，在有爭議的地區進行探勘[26]。

四、相關法令約束不足

像南海地區存在數十多年甚至更久的爭議，要端賴一紙條約都稱不上「南海行

---

[25] 宋鎮照，「南海風雲再起，充滿詭譎與火藥味，解析中國和越、菲的南海衝突與美國的角色」，頁25-27。
[26] 同上註，頁26-27。

為宣言」來約束爭議國的行為，成效令人質疑。且南海行為宣言目前主要是針對島嶼而非海域部分，在島嶼之外的海洋爭議目前是以「聯合國海洋公約法」的約定為主，它只規定領海以外不超過兩百海里為經濟海域，而大陸架則自依其領土自然延伸，直至大陸邊的外緣，最遠不超過三百五十海里。然而該法並未對假如海岸相向寬度小於四百海里的國家間的經濟區劃界問題做出解釋，就產生像南海諸多島嶼間經濟海域重疊的現象。事實上，過去也發生不少因爭奪認為是自己的經濟海域與大陸架內天然氣或石油探勘權而發生的衝突。還有，有些國家在有爭議的南沙島上建造設施的問題也不斷發生，這些設施一般是建造在珊瑚礁上的水泥固體，即借助自然岩礁建造的人工島嶼，但由於它的基礎不是固定在海底，因此就不適用海洋法有關人工島嶼的規範，爭議還是存在。

雖然各方動作不斷，但為避免進一步的軍事衝突，還是不放棄透過談判及和平解決的手段，但若要在國際法框架內解決，恐怕緩不濟急，因此「擱置爭議與共同開發」成為短期內避免衝突再起的一個較為可行的選項，越、菲兩國也同意這項方式，但這種共識在各懷鬼胎之下能維持多久，也很難預料。

看來南海議題是東協目前認為最棘手的燙手山芋，若東協放任不管，一旦爆發更進一步的衝突而危及東南亞的區域安全，勢必將嚴重考驗東協的危機處理能力，恐將危及東協未來存在的重要性。若東協積極介入處理，但東協特有的「合作安全觀」與「多邊對話機制」只傾向於處理那種不會導致衝突的形勢，試圖用合作戰略以處理安全形勢中緊要急迫的問題，如此是無法有效防止多方產生衝突乃至戰爭的發生。

陸、結語

東協的未來發展如何，端視其進行中的自由貿易區的成敗，因東協自由貿易區的先天條件不足，其成員內部的差異就很大；如經濟發展水平最高國家與最低國家的人均GDP差距在一百倍以上，遠高於歐盟的十六倍、及北美自由貿易區的三十倍。當自由貿易區成員間經濟結構的差異及執行不當，很可能造成員國退出或轉向與其他經濟體合作、貨幣統一的困難度也會影響到成立自由貿易區的進展等。

為了彌補先天之不足，東協在經濟發展上寧可向前看，把和中國合作當作一種

「中國機會論」，以合作取代對抗，畢竟中國有連續幾年傲人的高經濟成長率，及廣大市場與消費人口，東協很難不和這個吸引全球外資最多的國家來合作，且東協本身也有五億人口與富藏天然資源，中國當然也想擁有此地區域整合之後的主導權。簡單來說中國需要東南亞的資源與市場來促進其經濟成長，而東協成員則想從其廣大的市場中得到利益。自由貿易區則是一個互信機制，為區域內經濟整合鋪路，一旦經濟整合成功，就如新功能主義的「溢出」（spill-over）效果，提供更緊密政治合作甚至整合。東協在經濟上可優先和中國密切合作，但在政治及安全領域上卻是保持和美國、日本、中國等大國平衡交往的立場，甚至一些成員國與美國還保有軍事同盟關係，且傾向於支持美國這邊，這一方面是「中國威脅論」的陰影仍揮之不去，一方面也唯有保持大國間在此地區的戰略平衡地位，才是對發展中的東協最有利的選項。因此除非中國能使東協在經貿上對它產生高度的依賴，否則要插手甚或主導東協的主要事務是很難達成的。

　　畢竟選擇合作對象的主動權是在東協本身，而不是急著非唯一與中國合作不可，例如還有亞太經合會（APEC）、日本有意準備跟進的日本—東協自由貿易區、計畫中的東協加三（中、日、韓三國）、東北亞自由貿易區、貨幣聯盟、或者是與區域外國家的雙邊自由貿易協定都是選項，至少東協也應按原計畫先完成執行中的東協自由貿易區（AFTA），把區域內先整合完成之後，再談與區域外國家之合作，成功率會較高，否則在內部經濟結構差距過大的情況下與他方合作，恐怕外資將一面倒地被吸附過去。

　　南海議題上，由於中國也牽涉到其中的主權爭議，礙於東協只是一個多邊合作的對話機制，加上現有的法令並無法有效約束主權爭議國的行為，歷史上只要牽涉到國家間主權的爭端，要快速與最終的解決大多只能透過戰爭一途，否則只能仰賴冗長的談判或國際法庭的裁決，東協未來對此的處理能力將是繼自由貿易區成敗，另一個決定東協未來走向的決定性因素。

第 11 章　上海合作組織

林信雄

壹、前言

　　上海合作組織是中國大陸、俄羅斯、哈薩克、吉爾吉斯、塔吉克和烏茲別克六國組成的一個國際組織。該組織另有五個觀察員國：蒙古國、伊朗、巴基斯坦、印度和阿富汗，官方語文為中文和俄文。這是中國首次在其境內成立國際性組織，並以其城市命名，宣稱以「上海精神」以解決各成員國間的邊境問題。

貳、成立緣起

　　上海合作組織（英文：The Shanghai Cooperation Organization, SCO；俄文：Шанхайская организация сотрудничества, ШОС；以下簡稱上合組織）是由中國

表11-1　上海合作組織基本資料

成員國	6個成員國 5個觀察員國
總部 秘書處 反恐中心	北京 塔什干
官方語文	中文、俄文
秘書長	博拉特・努爾加利耶夫
成立日期	2001年6月15日
官方網站	http://www.sectsco.org/

資料來源：http://www.sectsco.org/。

大陸主導成立，與中亞地區國家緊密合作的區域機制[1]。面對美國積極前進與部署東亞的政策作為，中國大陸的西向政策，以及強化上合組織的運作將更形重要[2]。上合組織成立於2001年6月，1996年和1997年分別於上海和莫斯科簽署，在「關於在邊境地區加強軍事領域信任」及「關於在邊境地區相互裁減軍事力量」兩個協定的基礎上建立發展。

　　創始會員國包括中國大陸、俄羅斯、哈薩克、吉爾吉斯、塔吉克（此前五國亦稱為「上海五國」）與烏茲別克。現有觀察員包括印度、巴基斯坦、伊朗、蒙古；2012年邀請阿富汗擔任觀察員；對話夥伴包括白俄羅斯、斯里蘭卡，2012年並邀請土耳其為其新的對話夥伴國。上合組織的六個成員國領土總面積超過三千零一十八點九萬平方公里，占歐亞大陸總面積的五分之三；加上觀察員國的領土，領土總面積超過三千七百一十六萬平方公里。而六個成員國人口總和為十五點二五億，占世界人口的四分之一；加上觀察員國的人口，人口總和達到二十八億，占世界人口的近一半。但六國中仍以中、俄兩國擔任主導組織發展的角色。

一、背景、起源與組織建立

　　上合組織起源於1989年，是中國、俄羅斯、哈薩克、吉爾吉斯、塔吉克等國關於加強邊境地區信任和裁軍的談判進程的組織。上合組織是第一個以中國大陸城市命名的國際組織，此舉進一步加強化了中國大陸與中亞地區等周邊國家的關係。冷戰結束後，國際和地區形勢發生很大變化。中、俄、哈、吉、塔五國為加強睦鄰互信與友好合作關係，加緊就邊界地區信任和裁軍問題舉行談判。

二、上海五國會晤機制

　　上海五國會晤機制，是上海合作組織的前身，從中國與俄羅斯、哈薩克、吉爾吉斯、塔吉克四國加強邊境地區的信任和裁軍開始發展起來的定期會晤機制。1996年和1997年，五國元首先後在中國上海和俄羅斯莫斯科舉行會晤，簽署《關於在邊境地區加強軍事領域信任的協定》和《關於在邊境地區相互裁減軍事力量的協定》。此後這一會晤形式被確定下來，輪流在五國舉行。會晤內容也由加強邊境

1　上海合作組織官方網站，http://www.sectsco.org/。
2　2012年9月24日，高華柱在立法院進行的業務報告。報告稱，中國大陸為突破美國圍堵，通過上合組織與俄羅斯共同經營中亞戰略，構建航空母艦、反艦彈道飛彈及「巨浪二型」潛射彈道飛彈等戰略性武器，並借跨區遠海長航訓練，強化海上機動與制海作戰能力。資料來源：http://news.chinatimes.com/politics/50207263/112012092700199.html。

地區信任逐步擴大到五國在政治、安全、外交、經貿等各個領域的互利合作。由於五國元首首次會晤在上海舉行，因此此一合作機制又被稱為「上海五國」。

三、指導原則

上合組織宣稱以「互信、互利、平等、協商、尊重多種文明、謀求共同發展」為基本內容的「上海精神」作為相互關係的原則，以及奉行不結盟及對外開放原則，對其他國家或組織不採特別針對性[3]。上海精神指「互信、互利、平等、協商，尊重多樣文明，謀求共同發展」。上海精神是上合組織各成員國彼此關係行為的準則與合作原則。希望藉由上合組織的成立進而強化各成員國之間的相互信任與睦鄰友好；鼓勵各成員國在政治、經貿、科技、文化、教育、能源、交通、環保及其他領域的有效合作；共同致力於維護和保障地區的和平、安全與穩定；建立民主、公正、合理的國際政治經濟新秩序。

四、宗旨和原則

上合組織成員國於2002年6月7日共同簽署《上合組織憲章》，並於同年6月15日共同發表《上合組織成立宣言》，成員國並共同確認了上合組織的宗旨和原則。上合組織的宗旨和原則，聚焦表現在「上海精神」上面，亦即「互信、互利、平等、協商、尊重多樣文明、謀求共同發展」。「上海精神」並寫進《上合組織成立宣言》中，成為成員國共同揭櫫的最高原則[4]。

（一）主要的宗旨和任務[5]
1. 加強成員國的相互信任與睦鄰友好。
2. 推動建立民主、公正、合理的國際政治經濟新秩序。
3. 維護和加強地區和平、安全與穩定，共同打擊恐怖主義、分裂主義和極端主義、毒品走私、非法販運武器和其他跨國犯罪。
4. 開展經貿、環保、文化、科技、教育、能源、交通、金融等領域的合作，促進地區經濟、社會、文化的全面均衡發展，不斷提高成員國人民的生活

---

[3] 詳參網址http://news.chinatimes.com/forum/11051404/112012082000377.html。
[4] 邢廣程、孫壯志，**上海合作組織研究**（吉林：長春出版社，2007年），頁24-27。
[5] 上海合作組織，**上海合作組織發展報告：2011上海合作組織十周年專輯**（北京：社會科學文獻出版社，2011年），頁109-110。

水準。

（二）共同遵循的主要原則

1. 恪守《聯合國憲章》的宗旨和原則。
2. 所有成員國一律平等，並平等互利。
3. 所有成員國藉由相互協商機制，共同解決所有問題。
4. 奉行不結盟及對外開放原則，對其他國家或組織不採特別針對性。
5. 相互尊重獨立、主權和領土完整，互不干涉內政，互不使用武力或威脅使用武力。

五、機構設置

上合組織迄今已基本完成機制建設任務，建立起涵蓋不同層次、涉及眾多領域的較完善的機構體系，為自身發揮職能和作用奠定了堅實基礎。

（一）組織會議機制

目前已建立國家元首、總理、議長、安全會議秘書、外交部長、國防部長、經貿部長、交通部長、文化部長、衛生部長、執法部門領導人、總檢察長、最高法院院長、緊急救災部門領導人、國家協調員等會議機制。每個會議機制的運作及年度定期會晤機制，均有相應的規範。

1. 成員國元首理事會

上合組織的最高決策機構是成員國元首理事會。該理事會每年舉行一次會議，就組織所有重大問題做出決定和指示，至2012年止，已共計舉行了十二次元首會議。成員國國家元首理事會是最高領導機構，其主要職權為負責研究，確定上合組織合作與活動的戰略規畫，定調優先領域和基本方向，並通過重要的法案文件。成員國元首理事會例行會議每年舉行一次，通常由成員國按國名俄文字母順序輪流舉辦，舉行例行會議的國家為上合組織之主席國。

2. 成員國總理會議

上合組織成員國總理會議的地位僅次於國家元首理事會。總理會議每年舉行一次，也可以根據規定召開非例行會議。總理會議的職能在於貫徹和落實成員國元首理事會的精神和決議；研究本組織框架內發展多邊合作的戰略、前景和優先方向；

解決在憲章確定的現實領域，特別是經濟領域發展合作的原則問題，包括在組織架構內締結相關政府間多邊條約和檔案。自2001年以來，截至2012年，上合組織成員國總理會議共舉行了十次會議。會議先後通過並簽署了《上合組織成員國多邊經貿合作綱要》《〈上合組織成員國多邊經貿合作綱要〉落實措施計畫》等多項指導性的檔案；確定了組織框架內經濟合作的優先方向；核准成立了銀行聯合機制、實業家委員會等。

3. 成員國安全會議秘書會議

上合組織成員國安全會議秘書會議機制於2004年6月建立，是上合組織安全合作的協調和磋商機制。其主要任務是研究、分析上合組織成員國所在地區安全形勢；確定上合組織安全合作方向；協調成員國在打擊「三股勢力」、販毒、非法武器交易、跨國有組織犯罪等方面的合作；向成員國元首理事會提出開展安全合作的建議，協助落實峰會通過的安全合作決議等。安全會議秘書例會在成員國間輪流舉行。經兩個以上成員國提議和其他所有成員國同意，可舉行非例行會議。會議由主辦國安全會議秘書主持。上合組織成員國國家協調員、上合組織秘書長、上合組織地區反恐怖機構執委會主任可列席會議。

（二）常設機構

上合組織現有兩個常設機構，分別是設於北京的秘書處，以及設於烏茲別克首都塔什干的反恐中心。上合組織強調其不是封閉的軍事政治集團，該組織防務安全始終遵循公開、開放和透明的原則，奉行不結盟、不對抗、不針對任何其他國家和組織的原則，一直倡導互信、互利、平等、協作的新安全觀。

1. 秘書處

上合組織秘書處設在北京，2004年1月正式運作。秘書處是組織的常設行政機構，為組織機構內的活動提供行政、技術和資訊支援。秘書長由成員國按國名俄文字母順序輪流擔任，任期三年。主要職權包括：

(1) 協助舉行上合組織的各種會議。

(2) 參與制定上合組織的章程草案。

(3) 協助落實上合組織通過的各項決議和文件。

(4) 保管上合組織的檔案、資料。

(5) 收集、整理和傳達上合組織活動的資訊。

(6) 制定和執行上合組織常設機構的預算。

(7) 代表上合組織同其他國際組織和國家開展交往。

2. 地區反恐怖機構

上合組織地區反恐怖機構設在烏茲別克首都塔什干，是上合組織成員國在打擊「三股勢力」等領域開展安全合作的常設機構[6]。地區反恐怖機構下設理事會和執行委員會。理事會是地區反恐怖機構的協商決策機關，由成員國反恐主管部門負責人或代表組成。執行委員會是常設執行機關。最高行政官員為執委會主任，任期三年。地區反恐怖機構的主要職權是：

(1) 準備有關打擊恐怖主義、分裂主義和極端主義的建議和意見。

(2) 協助成員國打擊「三股勢力」，並協助準備和舉行反恐演習。

(3) 收集、分析，並向成員國提供有關「三股勢力」的資訊。

(4) 建立關於「三股勢力」組織、成員、活動等資訊的資料庫；

(5) 參與準備與打擊「三股勢力」有關的法律文件。

(6) 對「三股勢力」活動進行偵查，並對嫌疑人員採取措施。

(7) 協助培訓反恐專家及相關人員，並開展反恐學術交流。

(8) 與其他國際組織開展反恐合作。

3. 上合組織結構

(1) 成員國：中國大陸、俄羅斯、哈薩克、吉爾吉斯、塔吉克、烏茲別克。

(2) 觀察員國：蒙古、巴基斯坦、伊朗、印度、阿富汗。

(3) 輪值主席國客人：東南亞國協、獨立國家國協、土庫曼。

(4) 對話夥伴國：斯里蘭卡、白俄羅斯、土耳其。

參、上合組織在各領域的合作機制

上合組織的合作重點可以分為幾大領域：政治合作、安全合作、經濟合作，以及人文合作。

---

[6] 2001年6月，上合組織成立宣言規定在比斯凱克設立地區反恐怖機構。2002年6月聖彼德堡峰會簽署上合組織成員國關於地區反恐怖機構的協定。2003年莫斯科峰會決定地區反恐怖機構所在地由比斯凱克改到塔什干。2004年1月地區反恐怖機構正式運作。

一、政治合作

　　政治合作是該組織為解決邊界問題，鞏固成員國政治互信和睦鄰友好，在成員國關切的問題上以上合組織名義表示支援，成員國多次闡述對以巴衝突、伊拉克、阿富汗、北韓核武問題等問題的共同立場，在聯合國安理會改革問題上，阿斯坦納峰會宣言強調改革應遵循最廣泛協商一致的原則，不應為改革設立時限和強行表決尚有重大分歧的方案。

二、安全合作

　　安全合作是該組織當初成立時最原始且最重要的支柱，是上合組織的重點合作領域，核心是打擊恐怖主義、分裂主義和極端主義「三股勢力」，尤其是針對反恐怖主義。為了強化此領域的合作機制，該組織特別設置「地區反恐怖主義機構」，也陸續通過多項協定，簽署《打擊恐怖主義、分裂主義和極端主義上海公約》、《上合組織反恐怖主義公約》，以及《上合組織關於應對威脅本地區和平、安全與穩定事態的政治外交措施及機制條例》。在國際上首次對恐怖主義、分裂主義和極端主義「三股勢力」作了明確定義，並提出成員國合作打擊的具體方向、方式及原則。這發生在九一一事件之前，上合組織由此成為最早打出反恐旗幟的國際組織之一，由此體現出上合組織成員國打擊國際恐怖主義的真知灼見。

三、經濟合作

　　經濟合作是上合組織的另一重點合作領域。涵蓋貿易投資、海關、金融、稅收、交通、能源、農業、科技、電信、環保、衛生、教育等領域。迄今已建置了區域經濟合作網站，建立了上合組織實業家委員會和銀行聯合體。2003年、2004年通過了「上合組織成員國多邊經貿合作綱要」及其「落實措施計畫」，2009年通過了「上合組織成員國關於加強多邊經濟合作、應對全球金融危機、保障經濟持續發展的共同倡議」[7]。

四、人文合作

　　此外，加強人民交流與合作也是上合組織新的合作重點，迄今已通過「上合組織成員國政府間教育合作協定」、「上合組織成員國政府間文化合作協定」、「上

---

[7] 須同凱，上海合作組織區域經濟合作：發展歷程與前景展望（北京：人民出版社，2010年），頁11-18。

合組織成員國政府間救災互助協定」，以及「上合組織成員國政府間衛生合作協定」等協定。上合組織在文化、教育、環保、緊急救災等領域合作進展順利，取得積極成果。希望藉此強化該組織成員國間，非傳統安全領域的夥伴關係[8]。

五、上合組織之對外關係與其國際爭議

上合組織奉行外開放的原則，致力於同其他國家和國際組織開展各種形式的對話、交流與合作。上合組織已與聯合國、東南亞國家聯盟、獨立國協、阿富汗建立了正式聯繫。2004年12月，上合組織獲得聯合國大會觀察員地位。2005年4月中下旬，上合組織秘書處分別與獨立國家國協（Commonwealth of Independent State, CIS）執委會和東南亞國協（Association of Southeast Asian Nations, ASEAN）秘書處簽署了備忘錄。此外，上合組織還派代表參加了歐洲安全會議組織的一些活動。成員國正在研究和商談上合組織與聯合國開發計畫總署、亞太經合會、集體安全條約組織、亞歐經濟共同體、歐洲聯盟、世界海關組織和經濟合作組織建立聯繫的管道。

雖然中國大陸在冷戰期間曾經是前蘇聯的戰略對手，但在上合組織的架構下，中國大陸已經成為俄羅斯新的戰略夥伴。兩大軍事強權不但進行了共同軍事演習，上合組織亦已逐漸發展成為特殊關係的軍事聯盟，不但拒絕美國成為觀察員，甚至極力拉攏伊朗等國，被美國視為後冷戰時代的「華沙公約組織」[9]，極有潛力形成對應於北約的平衡。儘管上合組織一再宣稱他不針對任何第三國，但由於其影響力不斷擴大，並成為一個重要的地區性的國際組織。北約和美國等西方國家仍然對其提防，並認為是與北約的對抗。在上合組織舉行反恐演習時，美國經常同一時期會在亞太地區舉行軍事演習，以示對抗。

肆、反恐任務

美國九一一事件後，在美國呼籲全球反恐的號召下，上合組織亦加強自身的反

8　餘建華，上海合作組織非傳統安全研究（上海：上海社會科學院出版社，2009年），頁105-110。

9　王保健，「中共與美國在中亞地區的角力－以上海合作組織來觀察分析」，中共研究，2006年7月，頁64-66。

恐任務。從成立反恐的專責單位，加強各成員國反恐情資合作，逐步形成以反恐為名的聯合軍事演習。反恐已成為上合組織一項重要的任務，中俄兩國更是以此來與中亞國家加強安全方面的合作[10]。反恐議題是上合組織由其前身「上海五國」轉變為上合組織的關鍵，上合組織的安全合作一直鎖定在反對恐怖主義、極端主義、分裂主義為特徵。各成員國間的安全合作，亦即反恐項目亦會隨時間的推移而出現新的趨勢，亦即為禁毒及打擊跨國有組織犯罪兩項行動[11]。

　　上合組織的安全合作一直鎖定在反對恐怖主義、極端主義、分裂主義為特徵。其中，恐怖主義的型態不斷推陳出新，故反恐的方式亦會隨時間改變。當前階段，上合組織安全合作確定的重點有三：一、傳統的反恐；二、由反恐衍生的反毒；三、打擊跨國有組織的犯罪。反毒和打擊跨國組織犯罪在過去上合組織會議已被提及，但如目前提升到與反恐同等高度，可能是上合組織的一項新趨勢。此趨勢展現加快建立上合組織禁毒合作協調機制的進程。同時必須提高上合組織地區反恐機構的工作效率，並著手採取打擊洗錢預防措施[12]。

　　有關反恐議題，此議題係屬該組織成員國間的跨國問題。不僅中國大陸與俄羅斯對此問題極為關注，中亞國家更是恐怖主義活動中心，甚至是受害者，中亞國家積極配合與中俄兩國進行反恐行動。上合組織原先的反恐設計係於中亞國家烏茲別克首都塔什干設立上合組織區域反恐機構，以此為反恐行動的協調聯絡中心。平時加強情報交換和人員交流聯繫，定期舉行兩國或多國邊境地區的聯合軍演，參演部隊主要以警察或武警部隊為主，操演科目大多集中在傳統上的城鎮之間打擊恐怖犯罪組織的成員份子。

　　2005年首次「和平使命2005」聯合軍演以來，軍演規模及範圍較上合組織剛成立後的軍演規模和範圍急速擴大。但部分中亞國家一則由於軍力較弱之緣故；二則對此種軍演方式仍有些許疑慮，並未全力派遣部隊參與，僅派遣軍事人員到場觀摩[13]。上合組織以反恐為名的聯合軍演當然是以恐怖份子為打擊對象，尤其是應付火力強大的恐怖份子。在聯合軍演機制確立後，目前開始著眼於恐怖份子後勤支援方面的問題，包括資金及人力來源，希望藉由禁毒切斷可能流入恐怖份子的資金來

---

[10] 鄭羽主編，**中俄美在中亞：合作與競爭**（1991～2007）（北京：社會科學文獻出版社，2007年），頁12-20。

[11] 詳參網址http://ru.chineseembassy.org/chn/shhzzz/zyjhhwj/t202445.htm.

[12] 李銘義，**反恐議題與主權維護－上海合作組織研究**（台北：二十一世紀出版公司，2010年），頁29-37。

[13] 黃秋龍，「上海合作組織反恐軍事行動之評析」，**遠景基金會季刊**，2008年7月，頁16-22。

源。另藉由打擊跨國有組織犯罪可阻斷犯罪集團與恐怖份子合流的可能性，此兩種行動為上合組織反恐的新趨勢。

伍、軍事合作

中國大陸與前蘇聯自1989年開始邊界談判，但因前蘇聯在1991年解體，續與前蘇聯繼承國俄羅斯及哈薩克、吉爾吉斯、塔吉克，形成所謂「五國兩方」的會談，這些皆為經和平的談判過程所達成的信心建立機制的範例。「信心建立措施」（Confidence-Building Measures，簡稱CBMs）係國家間用來降低緊張局勢並避免戰爭衝突危險的工具。「信心建立措施」並不是直接用於解決已發生的衝突或對立，而是建立一套架構來避免或降低由於不確定和誤解所產生的衝突或對立[14]。

信心建立機制源自1975年在芬蘭赫爾辛基召開的歐洲安全暨合作會議（CSCE）[15]達成《赫爾辛基最終議定書》，其後有斯德哥爾摩會議及維也納會議，分別對此機制的內涵作更詳盡的規定，這是歐洲版的國際信心建立機制[16]。「信心建立措施」功能在於增加軍事活動中的透明化，以協助各國區分自己對於一個實在或潛在對手之意圖或威脅的恐懼到底有沒有根據。因此「信心建立措施」是有關對於事實的認知，並非單純事實本身，亦即經由相關措施與方法，使各方釐清彼此軍事作為的意圖與目的，以避免不必要的誤會與對立。

2001年上合組織領袖高峰會時，六國國防部長共同簽署「聯合公報」，該公報闡明六國在加強軍事領域的合作、確保軍隊在打擊恐怖主義、極端主義和分裂主義中的實質性協作，以及反對少數國家在亞太地區部署戰區導彈防禦系統等問題上一致立場，同時研究針對打擊恐怖主義、極端主義和分裂主義等威脅舉行聯合演習。上合組織原係中國大陸與前蘇聯因關係緩和，欲紓解邊界緊張情勢而逐步形成的爭端解決機制。其過程歷經中蘇邊境談判，進而建立軍事互信，再到區域安全合作。而合作的內容則由軍事領域，擴大至執法及安全方面，再到經貿領域，甚至各

---

[14] 黃奎博，「當前信心建立措施與兩岸關係發展之研究」，我國國防安全危機預判及信心建立措施之研究學術研討會，2002年11月18日，頁2。

[15] 歐洲安全及合作組織官方網站，http://www.osce.org/。

[16] 上合組織所形成的軍事互信機制第二階段邊界地區加強軍事領域信任，若雙方互信基礎仍不足或覺得進展過於迅速，可採取歐洲三階段模式（1975年赫爾辛基最終議定書、1986年斯德哥爾摩會議文件、1990年維也納文件）所規範的進程來進行。資料來源：http://www.cdnews.com.tw/cdnews_site/docDetail.jsp?coluid=110&docid=100981513。

方面全方位合作。

　　至於上合組織的發展則由原先的領袖會晤機制開始，逐步拓展到各部會、各層面、各議題，而逐漸形成全面合作的態勢。並首先切入的議題則為邊界信心建立措施，接著邊界相互裁軍、進而加強犯罪防制，然後轉入區域安全合作。該組織也不限於軍事、國防、安全、執法領域，且逐漸向外交、國際議題協調，對國際議題形成共同立場。至於軍事領域方面，也是該組織成立的原始議題，亦由原先各方協議後進行各自操作，亦即各自負責應遵守或執行的部分，轉向聯合操作，亦即進行聯合軍事演習。最後則為在鞏固原先的基礎，並達成組織原設定的目標後，開始尋求擴大會員規模。迄2009年為止，上合組織觀察員已有蒙古、印度、巴基斯坦及伊朗。

陸、能源問題

　　中國大陸的外交常為了達成「中國崛起」的總體目標，亦即現階段以經濟持續穩定成長的目標，而積極拓展與全球產油國之間的往來，高層領導人亦常出訪能源豐富的國家。2009年底通氣的中國與中亞地區天然氣管道全長七千公里，從土庫曼經過烏茲別克及哈薩克，進入中國新疆地區。該管道係中亞地區天然氣輸往中國的首條主要出口管道，該管道初期僅有土庫曼向中國出口天然氣，未來烏茲別克及哈薩克將加入供氣行列。

　　中國大陸利用上合組織的合作計畫，再輔以中共與中亞地區各國的雙邊關係，給予各國經濟援助。尤其對於擁有能源的國家，更是極力加強雙邊經濟合作及投資貿易。俄羅斯自身亦是上合組織的一員，儘管俄羅斯在2007年中亞能源領域取得決定性的勝利，但仍無法公然阻止中共與中亞地區國家的經濟合作。況且，自2009年下半年開始的全球金融危機，俄羅斯受創甚深，其不得不改變對中共在中亞地區所扮演角色的策略。

　　中國大陸能源安全的確保需考慮以下幾個因素：一、確保能源的占有量；二、保證能源的供應量；三、能源來源的多元性；四、能源輸送的安全性。因此中國大陸的經濟發展能否不受制於能源瓶頸，關鍵是取決於中共能源戰略多元化的實現。而中共能源戰略多元化對外而言，主要就是實現中國大陸能源進口結構的調整。中亞國家不僅蘊藏著豐富的油氣資源，與中共鄰近且近來雙邊關係日益友好。尤其經

俄羅斯遠東地區輸送到中國東北，由於中國大陸國內需求孔急，但俄羅斯的態度較不積極，所以不得不積極尋求中亞國家的能源供應[17]。

　　中國大陸和中亞國家不僅加強經濟及能源方面的合作，更可藉由上合組織將該區域內國家在此框架內發展各種合作，不斷擴大深化彼此政經關係，積極促進此區域經濟一體化和區域內的政治穩定及社會安全。特別是「能源輸送的安全性」此一重大因素更是除中亞國家和俄羅斯外，全球其他地區所無法提供的優勢條件[18]。因此中國大陸的陸上鄰國中亞國家哈薩克及經由輸氣管道由哈薩克進入中國大陸的土庫曼和烏茲別克兩國可滿足以上諸條件，能源來源可分散至其他地區，尤其是中東國家的石油依賴程度。

柒、地緣戰略意涵

　　前蘇聯解體後，美國成為一超獨霸，中俄雙方都面臨美國的戰略擠壓，當中俄雙雙都被擠壓到了牆角，就變得只能背靠背相互依靠，走出困境開創新局。因此，中國大陸與俄羅斯的雙邊關係，從1992年互稱彼此為「友好國家關係」，到1994年的「建設性夥伴關係」和1996年的「戰略協作夥伴關係」，2001年又簽訂《中俄睦鄰友好合作條約》，和成立「上合組織」。短短十年間，中俄關係已提升到最緊密的「戰略協作夥伴關係」。尤其是透過上合組織落實開展雙邊關係，充分發揮其大國平衡的策略。中俄為落實互信削減邊境軍力，也是在這種國際大環境和國家戰略變動下使然。

　　除了俄羅斯之外，上合組織成員國多為經貿小國，與中國大陸的雙邊經貿量不大，但因為地緣戰略的因素，中國大陸對這些中亞小國而言，卻是重要的經貿夥伴國。對中國大陸而言，上合組織也具有極重要的戰略意涵[19]：

一、確保能源取得不虞匱乏之戰略意義

　　在上合組織國家中，俄羅斯、哈薩克、烏茲別克能源蘊藏豐富，如俄羅斯已經

---

[17] 連弘宜，「中國對俄羅斯石油能源戰略與外交」，**國際關係學報**，2007年7月，頁21-22。

[18] 崔穎，**上海合作組織區域經濟合作：共同發展的新實踐**（北京：經濟科學出版社，2007年），頁224-228。

[19] 趙華勝，**上海合作組織：評析和展望**（北京：時事出版社，2012年），頁206-211。

探明的可採石油儲量達一百億噸，占全世界6.1%；天然氣儲量四十八萬億立方公尺，占全世界的26.7%。哈薩克已探明的石油儲量也接近一百億噸，產量和出口量逐年增加，成為日益重要的能源供應國；烏茲別克的天然氣及鈾的儲量位列世界前十位[20]。

二、發揮地緣經濟優勢強化產業互補性

　　上合組織成員國多為資源型國家，產業亦多屬資源密集型產業，而中國大陸在經過長年的經貿改革與開放政策之後，不僅成為全球的製造業工廠，其消費能力日益增加，也已成為全球的主要消費市場之一。因此，中國大陸與上合組織成員國間的產業合作實為互補；再加上地緣經濟的優勢，上合組織成員國間的陸地相連，只要加強鐵公路的建設，在運輸上實屬便利，有助降低貿易成本。中亞國家也可透過中國大陸，增加海運的管道，將貿易商品運往東亞國家與北美地區。

三、中亞與南亞地區的合作關係與維穩

　　上合組織的成員國與觀察員以中亞及南亞國家為主，中國大陸藉此與這些國家強化合作關係，確保在該區域的利益。其次更希望與此些邊境國家合作，確保中國大陸邊境省份的和平維穩安定，減少動亂的機會。

四、集合共同利益進行集體策略談判機制

　　透過上合組織的合作機制，建立成員國間的共同利益，以反恐行動為例，上合組織成員國可以在聯合國中儘可能的採取一致性的決策行動，在聯合國中採取小集團行動策略。在俄羅斯成為WTO成員國後，中國大陸也可以在WTO中集合更多的共同利益國，進行集體策略談判。

捌、結語

　　就國際安全機制的角度來看，上合組織是一個可能演變成反西方的平台，這一個成立至今仍為鬆散的經貿與安全合作機制，包含中俄兩個大國與其他非西方盟國

---

[20] 周耿生，「多軌外交在中亞的實踐與影響－以『上海合作組織』為例」，**中亞學報**，2008年12月，頁102-103。

的國家，雖然其中有些國家逐漸依賴美國的支持，仍然極度依賴兩大國的領導[21]。但從北京的角度而言，其所不願見到的，是陷入俄羅斯與美國的衝突，並迫使其必須選邊的困境。中國大陸當然無意刺激正興起中的俄羅斯，但亦更需要借重西方世界的力量。未來將是中國大陸成為全球強權的重要戰略機遇期，藉由上合組織與西方保持友好的關係，將符合中國大陸最大的利益。當然，西方世界也刻意將中國大陸納入以西方為主的國際體系當中，因為國際社會仍傾向於避免「新冷戰」的出現。

---

[21] 林碧炤，「國際關係的典範發展」，**國際關係學報**，2010年1月，頁6-8。

李樑堅

壹、前言

　　隨著2010年1月1日東南亞國家協會（ASEAN）與中國大陸簽定東協加一自由貿易區（FTA）之後，政府為避免台灣在亞太地區之區域經濟與國際貿易有面臨邊緣化的威脅，並且希望提升台灣經濟的國際競爭力前提下，遂在2009年2月開始推動與大陸洽簽兩岸經濟合作架構協議（Economic Cooperation Framework Agreement, ECFA）。經過海基會與海協會兩會在第六次江陳會談並透過密集式的協商過程，終於在2010年6月29日於重慶簽訂兩岸經濟合作架構協議，並於2010年9月12日正式生效後，不僅開啟了兩岸經貿往來新的里程碑，也拓展了兩岸貿合作交流的新契機。

　　隨著台灣與中國大陸簽訂ECFA後，並在相關貿易互惠政策的推動下，也為台灣的相關產業帶來新的發展契機，首先以台灣出口到大陸方面，在雙方協商之早收清單中，共分為兩年三階段免關稅出口五百三十九項商品之早收產業清單，還有大陸兩百六十七項商品銷售至台灣的商品項目以及十八項農漁產品直接適用銷售至大陸。另外因應大陸十二‧五計畫及2008年汽電下鄉等其他擴大內需的計畫及各省來台採購團，確實為台灣整體出口及經濟發展帶動一波非常可觀的挹注，而相關出口金額本研究整理如表12-1所示，其中可發現包括對大陸、東協、美國、歐洲及日本之出口金額皆有提升。

　　對於兩岸簽訂ECFA後仍有部分受衝擊之產業，根據經濟部委託中華經濟研究院在2009年研究估算，兩岸簽訂ECFA後，雖然整體效益可增加二十五點七至二十六點三萬人的就業機會，但對國內許多高度敏感性產業及一般敏感性產業，受衝擊人數將可高達八萬餘人，而且這些產業皆屬中小企業。因此如何讓這些敏感性產業的衝擊降到最小，並提出一些具體政策及調整作法，也成為兩岸簽訂ECFA後一項相當重要的產業因應課題[1]。

---

[1] 陳文祥，「國內敏感性產業在兩岸簽訂經濟合作架構協議後之因應策略」，義守大學未出版碩士論文，2011年6月。

表12-1　我國出口國家的金額與比重

（單位：億美元）

2009年			2010年			2011年		
國家	金額	比重	國家	金額	比重	國家	金額	比重
大陸	837.2	41.1%	大陸	1147.4	41.8%	大陸	1240.4	40.2%
東協	301.5	14.8%	東協	419.6	15.3%	東協	515.4	16.7%
美國	236.3	11.6%	美國	314.7	11.5%	美國	363.6	11.8%
歐洲	226.1	11.1%	歐洲	293.8	10.7%	歐洲	313.1	10.2%
日本	144.6	7.1%	日本	180.1	6.6%	日本	182.3	5.9%
其他	291.3	14.3%	其他	390.4	14.1%	其他	467.2	15.2%

資料來源：經濟部國際貿易局，2012年8月。

貳、ECFA簽署之過程及發展背景

　　隨著東協加一自由貿易經濟區於2010年1月簽訂，相對於兩岸簽署ECFA的協商過程以及兩岸第六次江陳會談中所衍生的和平穩定發展關係以及如何有效突破既有WTO的框架，並讓台灣產業及商品可以進入大陸銷售不致面對高關稅的不合宜競爭態勢，尤其可以面對韓國及其他東南亞國家商品進入大陸之競爭，並且不致於被迫形成經濟邊緣化，也成為台灣簽訂ECFA的主要動機所在，本研究以下將透過ECFA簽署之過程及發展背景以及推動宗旨來加以說明。

一、ECFA簽署推動之發展背景

　　隨著1995年世界貿易組織（World Trade Organization, WTO）取代關稅暨貿易總協定（General Agreement on Tariffs and Trade, GATT）之後，並於2001年11月展開杜哈回合談判並發表了「杜哈宣言」，但由於多邊貿易之談判過程中不斷受阻，使得多邊回合談判愈來愈形困難，這也顯示透過多國協商並要達成全球貿易自由化的目標並不容易。因此WTO亦規定會員需簽署「區域貿易協議」，以便未來在協商過程能順利進行[2]。然而隨著歐洲一體化持續推進，歐盟進入單一貨幣時代，此時美國也一改過去對區域貿易協定的反對態度，轉而積極推動並主導區域貿易協

---

[2]　江丙坤，「兩岸經濟協議之目的與內涵」，**兩岸經貿月刊4月號**，2010年4月，頁6-13。

定，也是促成區域經濟整合之重要因素[3]。

　　而在歐洲與北美地區分別形成歐盟（EU）及北美自由貿易區（NAFTA）後，其他各區域性經濟協定（EA）或自由貿易協定（FTA）也成為全世界貿易合作的新興潮流。此時亞太地區於2010年1月1日生效的東協與大陸（東協加1）及未來東協與大陸、南韓、日本（東協加三），或未來東協與大陸、南韓、日本、紐西蘭、澳洲、印度（東協加六），都顯示出簽約國不僅為推動與鄰國的合作發展關係外，也同步與區域外重要貿易夥伴洽簽FTA。但由於台灣政治相關敏感因素，僅與中南美洲的瓜地馬拉、巴拿馬、尼加拉瓜、薩爾瓦多與宏都拉斯等五個邦交國簽署自由貿易協定，但因其貿易往來金額不大，因此實質效益相對不明顯，也造成台灣整體經貿地位有面臨被邊緣化的危機。

　　而隨著兩岸和平穩定發展關係的推動，2008年台灣與中國大陸關係逐漸獲得改善，因此政府基於區域經濟整合是重要發展趨勢，乃透過海基會與海協會兩會的密集協商並經過六次江陳會談後，終於在2010年6月29日於重慶簽署了「兩岸經濟合作架構協議」，也重新開啟了台灣在國際貿易新的里程碑。然而由於台灣過去受限於和大陸關係無法完全明朗化，在經濟上面臨被孤立的困境，因此為了突破障礙，除了和大陸簽署ECFA，他不認為台灣還有其他選項[4]。並且ECFA對台灣整體經濟影響有正面效果，特別在國外直接投資（FDI）上[5]。

二、兩岸經濟合作架構協議（ECFA）

　　根據兩岸經濟合作架構協議之簽定內容，主要以先訂定架構及目標為主，而相關具體內容則是以後續協商之方式進行修定，另外針對相關攸關生存關鍵之產業，則是先採行互免關稅或以優惠市場作為開放條件進行相互協商，亦即所謂早期收穫（Early Harvest），所以可立即改善相關面臨國際經營困境產業之困難，並排除關稅障礙之需。而ECFA協商之主要內容共可分為序言、總則、貿易與投資、經濟合作、早期收穫、其他等計五章、共十六條[6]，而本研究將相關兩岸早期收穫清單項數與金額整理如表12-2所示。

---

[3] 魏艾，「ECFA與未來兩岸經貿互動關係」，**海峽評論**，第235期，2010年10月，頁32-36。

[4] 黃炎東，「析論「兩岸經濟合作架構協議」（ECFA）簽署之實踐性與價值功能」，**兩岸經貿月刊6月號**，2010年6月，頁27-29。

[5] 朱敬一，「ECFA與台灣產業前景」，**2010年經濟投資前瞻論壇**，2009年12月。

[6] 經濟部ECFA官方網站，2012年，http://www.ecfa.org.tw/。

表12-2　兩岸早期收穫清單

台灣要求清單（陸方降稅）			陸方要求清單（我方降稅）		
主要產業	項數	金額（億美元）	主要產業	項數	金額（億美元）
石化產業	88	59.44	石化產業	42	3.29
紡織產業	136	15.88	紡織產業	22	1.16
機械產業	107	11.43	機械產業	69	4.74
運輸工具	50	1.48	運輸工具	17	4.09
其他產業	140	49.97	其他產業	117	15.30
農業	18	0.16	農業	0	0
全部總計	539	138.38	全部總計	267	28.58

資料來源：經濟部ECFA官方網站，2010年。

　　透過兩岸簽訂兩岸經濟合作架構協議（ECFA）的意涵，可分析發現兩岸推動ECFA的主要宗旨，可以有下列幾點想法：

（一）創造兩岸經貿合作的里程碑

　　根據兩岸過去的經貿總量，在2010年高達一千四百五十二億美金，而台灣對大陸順差更可高達八百多億美金，因此兩岸推動經貿合作，可以對兩岸經貿互動往來及商品交易買賣注入一股強心針。

（二）建立具體制度性的協商基礎及溝通機制

　　透過兩岸相互設立之經濟合作委員會進行協商相關後續事宜，包括建立兩岸商品貿易、服務貿易及貿易爭端解決機制等相關內容，以達到改善兩岸貿易障礙之推動目標。

（三）透過深化兩岸產業互補，達到產業合作分工之基礎

　　經由兩岸產品的貿易往來，可以發揮兩岸經貿合作之優勢及發展利基，以達到「合作分工、產業互補」之功能，進而創造提昇貿易量。

（四）擴大兩岸產業深化，達到提升產值的重要利基

　　透過兩岸簽訂ECFA可為兩岸產業帶來貿易移轉及增加效果，進而深化兩岸產業互動往來產值，成為國內企業發展的重要利基。

（五）形成兩岸經濟合作聯盟及區域經濟體

透過海峽西岸經濟區與台灣之區域經濟整合，以達到產業合作聯盟及區域經濟體之競爭力提升效果。

（六）建立「兩岸經貿合作，共同發展，面對全球化競爭」之貿易夥伴關係

經由兩岸之生產、研發、市場及經貿之相互合作可以進一步擴大發展全球的市場，來賺取全世界的錢，以提昇貿易競爭力，並形成互利共享的貿易夥伴關係。

三、簽訂ECFA之可能產生效益

根據經濟部ECFA官方網站[7]中提到，中華經濟研究院透過GTAP模型進行研究，發現兩岸簽署ECFA對台灣經濟之影響顯示兩岸簽署後對台灣GDP、進出口、貿易條件、社會福利皆會呈現正向成長，此外對於台灣整體的總體經濟會有更明顯正面效益，其中包括：

（一）台灣有機會領先競爭對手國取得進入中國大陸市場發展之優勢

由於台灣銷往中國大陸部分的工業產品關稅降為零，使得台灣相關工業產品將較日韓等競爭對手國有機會更早取得進入中國大陸市場通路及消費者習性掌握之優勢，並可有機會取代日韓產品在大陸之占有地位。

（二）成為其他國家企業進入中國大陸市場發展之優先合作夥伴及門戶

由於兩岸簽訂ECFA後，台灣輸往中國大陸之部分貨品將可享有關稅之優惠，並且由於台灣對於相關智財權保護起步較早，對於相關保護規範也較為周全，因此有助於歐、美、日企業有機會選擇台灣作為進入中國大陸市場之合作跳板，如此可以吸引國外企業來台投資，以協助台灣經濟結構轉型。

（三）提昇中國大陸台商增加對台採購金額及提昇產業競爭力

隨著ECFA對於部分產品兩年三階段關稅降為零後，台灣進口到中國大陸之商品相對成本可以降低，如此有助於台商增加原物料及相關貨品的採購數量，同時由於台灣生產的產品品質相較於中國大陸優越，因此在相對成本降低的情況下，將有

---

[7] 經濟部ECFA官方網站，2012年，http://www.ecfa.org.tw/。

助於台商在中國大陸產業競爭力之提升。

（四）加速台灣發展成為產業運籌中心

　　配合雙邊貨品關稅降低及非關稅障礙消除等貿易自由化效果，有機會推動台灣塑造成為兼具轉口、物流配銷、終端產品加工等全功能運籌中心。此外亦可透過搭配政府放寬鬆綁台商赴大陸投資之限制，以及鼓勵台商回台上市等激勵措施，形成台商產業鮭魚回返鄉的契機。

參、兩岸貿易發展趨勢及ECFA帶來之影響

一、兩岸經貿現況

　　隨著兩岸經貿和平穩定發展，兩岸經貿及投資往來也越趨頻繁，但由於台灣目前對於大陸來台投資規定仍有諸多業別、持股上限等限制，也阻礙陸資來台的意願，形成兩岸經貿投資金額仍有極大差異的情形，故以下將就兩岸經貿現況家以分述之。

（一）兩岸投資現況

　　根據經濟部投審會[8]統計資料顯示，2011年核准對大陸投資件數為五百七十五件，較2010年增加11.0%，核准投(增)資金額計一百三十一億美元，並且累計1991年至2011年，核准對中國大陸投資總額已達一千一百一十六點九億美元。此外若以投資地區分，主要投資地區主要集中於江蘇省（30.8%）、廣東省（15.3%）、上海市（15.1%）、四川省（6.5%）及福建省（6.4%），此外在投資業別方面，則以電子零組件製造業（24.1%）、電腦、電子產品及光學製品製造業（10.8%）、金融及保險業（8.6%）、批發及零售業（8.6%）及化學材料製造業（5.8%）分居前五名，合計約占核准對中國大陸投資總額的57.9%。

　　此外在中國大陸對台投資之部分，根據經濟部投審會統計，2011年核准陸資來台投資件數計一百零二件，較2010年同期增加29%，其中核准金額為四千三百七十三點六萬美元。累計自2009年6月30日開放陸資來台至2011年底，核

---

[8]　經濟部投資審議委員會，2012年，http://www.moeaic.gov.tw/。

准陸資來台投資件數二百零四件，核准金額一億七千五百五十六萬美元，此外就投資業別金額來看，前三名分別以電腦、電子產品及光學製品製造業（32.1%）、批發及零售業（25.5%）、資訊軟體服務業（22.4%）。然而在中國大陸投資台灣相對於台灣赴中國投資不管在件數或金額上皆有相當的差距，以2012年6月底止，中國大陸對台投資有二百六十七件，投資金額僅有兩億九千七百多萬美金，相對於台灣赴大陸投資金額有嚴重資金不對稱現象，而其結果造成主要應與目前台灣開放陸資來台及業別項目等限制較多有關，以下就投資申請件數、地區、業別分別列示如表12-3～12-6所示。

表12-3　台商赴中國大陸投資統計

期間	經濟部投審會統計				
	金額 （百萬美元）	成長率 （%）	件數 （件）	成長率 （%）	平均投資金額 （千美元）
1991年	174.2	—	237	—	735.0
1992年	247.0	41.8	264	11.4	935.6
1993年	1,140.4 (2,028.0)	361.7	1,262 (8,067)	378.0	903.6 (251.4)
1994年	962.2	-15.6	934	-26.0	1,030.2
1995年	1,092.7	13.6	490	-47.5	2,230.0
1996年	1,229.2	12.5	383	-21.8	3,209.4
1997年	1,614.5 (2,719.8)	31.3	728 (7,997)	90.1	2,217.7 (340.1)
1998年	1,519.2 (515.4)	-5.9	641 (643)	-12.0	2,370.7 (801.6)
1999年	1,252.8	-17.5	488	-23.9	2,567.2
2000年	2,607.1	108.1	840	72.1	3,103.7
2001年	2,784.1	6.8	1,186	41.2	1,963.5
2002年	3,858.7 (2,864.3)	39.0	1,490 (3,950)	26.0	2,589.9 (725.1)
2003年	4,595.0 (3,103.8)	19.1	1,837 (8,268)	23.3	2,501.4 (375.4)
2004年	6,940.7	51.1	2,004	9.1	3,463.4
2005年	6,007.0	-13.5	1,297	-35.3	4,631.5
2006年	7,642.3	27.2	1,090	-16.0	7,011.3
2007年	9,970.5	30.5	996	-8.6	10,010.5

期間	經濟部投審會統計				
	金額 （百萬美元）	成長率 （%）	件數 （件）	成長率 （%）	平均投資金額 （千美元）
2008年	9,843.4 (848.0)	-1.3	482 (161)	-52.0	20,421.9 (5,267.3)
2009年	6,058.5 (1,084.1)	-38.0	249 (341)	-48.0	19,780.3 (3,179.2)
2010年	12,230.1 (2,387.7)	101.8	518 (396)	108.0	23,610.3 (6,029.6)
2011年	13,100.8 (1,275.8)	7.12	575 (312)	11.0	22,784.1 (4,088.9)

資料來源：經濟部投資審議委員會（2012）。

表12-4　2011年台灣對中國大陸投資前五大地區

單位：千美元

地區	件數	金額 （比重%）	上年同期 金額	與上年同期比較	
				金額	年增率%
江蘇省	204	4,425,885 (30.79)	5,501,825	-1,075,940	-19.56
廣東省	187	2,205,065 (15.34)	2,618,867	-413,801	-15.80
上海市	108	2,175,859 (15.13)	1,961,340	214,520	10.94
四川省	44	927,006 (6.45)	274,368	652,638	237.87
福建省	77	923,407 (6.42)	881,654	41,752	4.74

資料來源：經濟部投資審議委員會（2012）。

表12-5　2011年台灣對中國大陸投資前五大企業

單位：千美元

業別	件數	金額 （比重%）	上年同期 金額	與上年同期比較	
				金額	年增率%
電子零組件製造業	149	3,467,195 (24.12)	4,854,424	-1,387,229	-28.58

業別	件數	金額（比重%）	上年同期金額	與上年同期比較	
				金額	年增率%
電腦、電子產品及光學製品製造業	53	1,550,552 (10.79)	1,235,374	315,178	25.51
金融及保險業	27	1,237,208 (8.61)	500,376	736,832	147.26
批發及零售業	149	1,232,720 (8.57)	1,115,494	117,226	10.51
化學材料製造業	27	832,680 (5.79)	187,926	644,754	343.09

資料來源：經濟部投資審議委員會（2012）。

表12-6　98.6.30至100.12.31陸資來台投資業別

單位：千美元

業別	件數	金額	比重%
電腦、電子產品及光學製品製造業批發及零售業	117	101,169	57.11
資訊軟體服務業	23	39,266	22.37
會議服務業	9	10,657	6.07
餐館業	8	6,691	3.81
機械設備製造業	5	5,464	3.11
電力設備製造業	2	3,657	2.08
住宿服務業	1	1,611	0.92
運輸及倉儲業	14	1,466	0.93
塑膠製品製造業	2	457	0.26
技術檢測及分析服務業	2	424	0.24
電子零件組件製造業	11	3,519	2.00
橡膠製製品製造業	1	271	0.15
專業設計服務業	3	451	0.26
廢棄物清除、處理及資源回收業	1	199	0.11
廢污水處理業	2	45	0.03
成衣及服飾品製造業	1	6	0.00
家具製造業	1	40	0.02
合計	204	175,567	100.00

資料來源：經濟部投資審議委員會（2012）。

表12-7　我國對中國大陸及香港貿易統計

單位：億美元；%

年月	中國大陸					香港				
	出口		進口		出(入)	出口		進口		出(入)
	金額	年增率	金額	年增率	超	金額	年增率	金額	年增率	超
2000	4,391	68.8	6,229	37.5	-1,838	32,742	22.1	2,364	6.3	30,378
2001	4,895	11.5	5,903	-5.2	-1,008	28,713	-12.3	2,052	-13.2	26,661
2002	10,527	115.0	7,969	35.0	2,558	32,960	14.8	1,915	-6.7	31,045
2003	22,891	117.5	11,018	38.3	11,873	30,868	-6.3	1,917	0.1	28,951
2004	36,349	58.8	16,792	52.4	19,557	32,896	6.6	2,309	20.4	30,587
2005	43,644	20.1	20,094	19.7	23,550	34,036	3.5	2,110	-8.6	31,926
2006	51,809	18.7	24,783	23.3	27,025	37,381	9.8	1,881	-10.9	35,501
2007	62,417	20.5	28,015	13.0	34,402	37,980	1.6	1,825	-3.0	36,155
2008	66,884	7.2	31,391	12.1	35,492	32,690	-13.9	1,493	-18.2	31,197
2009	54,249	-18.9	24,423	-22.2	29,825	29,445	-9.9	1,123	-24.8	28,323
2010	76,935	41.8	35,946	47.2	40,989	37,807	28.4	1,628	45.0	36,179
2011	83,965	9.1	43,607	21.3	40,358	40,088	6.0	1,676	3.0	38,413

資料來源：財政統計年報（2011）。

（二）兩岸貿易現況分析

　　根據2011年財政部財政統計年報資料顯示，兩岸在貿易方面，2011年台灣對大陸及香港出、進口金額為一千兩百四十點五億美元、四百五十二點八億美元，分別較2010年增加8.1%及20.5%，占台灣之出、進口比重為40.2%、16.1%。其中，對大陸貿易總額為一千兩百七十五點七億美元，占台灣整體對外貿易總額之比重達25.2%。在出口方面，2011年對中國大陸出口八百三十九點七億美元，也較2010年增加9.1%。然而自中國大陸進口四百三十六點一億美元（占我進口總額16.1%），也較2010年增加21.3%；在出口年增率遠低於進口年增率下，2011年貿易出超為四百零三點六億美元，較2010年減少1.5%，相關進出口貿易統計整理如表12-7所示。

二、ECFA簽署對兩岸經貿發展之影響

　　依照兩岸所簽訂之ECFA內容來看，主要以推動未來兩岸經濟發展及轉型的考量前景，因此可將ECFA簽署對於兩岸經貿發展之影響歸納如下列幾點：

（一）透過兩岸ECFA之簽訂，可以協助台灣與中國大陸之經濟轉型

隨著ECFA的簽定，對於兩岸進出口貿易的數量也越來越多，因此可透過相關技術互助及轉移，以達到兩岸在經濟體質上的轉型。由於中國大陸目前仍是由出口導向轉向於內需推動的國家，因此整體國家極需要外來的資金、技術之協助，以促進內部在生產技術之提升並促進產業之升級。因此兩岸簽訂ECFA扮演相當關鍵的角色，若雙方可以就兩地市場的行銷營運所需要解決的問題及限制加以克服，將可協助台灣與中國大陸之經濟轉型。

（二）促成兩岸經濟貿易往來制度化

台灣與大陸在過去礙於許多政治因素之限制，因此在發展上往往受限於政治考量，因此透過ECFA之簽訂，並有效建立兩岸貿易市場之協商機制，將可有效解決雙方所面臨的問題。

（三）創造兩岸對外貿易利益

國際貿易一直都是一個國家重要的收入來源，以海島型國家的台灣更是重要的經濟動脈及成長動能。因此在區域化貿易持續加溫及各國搶食中國十三億七千萬的廣大消費市場下，對於台灣整體出口所產生的競爭壓力就越來越大。所以台灣必須尋求突破，並尋求策略結盟的對象。而中國大陸皆為台灣口市場及最大順差來源，因此簽訂ECFA將有機會提昇台灣商品於中國大陸消費市場的競爭地位。

（四）創造兩岸經貿合作公平貿易環境

由於許多產業在發展階段，往往容易面臨外國產品競爭，因此常需要透過相關貿易救濟措施（進口防衛、反傾銷、反補貼），以提供產業公平競爭的環境。因此若能透過ECFA協商來確定貿易規則，將可提供兩岸產業公平競爭環境，並減少兩岸貿易往來之限制，進而擴展兩岸貿易之產值。

（五）產業合作開創新領域

透過兩岸簽訂ECFA，台灣陸續開放陸資進入台灣投資相關產業，如此也強化產業間的合作關係。而促進兩岸產業交流合作重點包括產業共同研發、共同生產、產銷合作、共同投資，甚至還包括兩岸跨國企業營運管理、產業集資、金融服務、倉儲轉運等多方面之合作空間。

三、ECFA簽署後之面對發展課題及挑戰

　　隨著兩岸進入到兩岸經貿合作的後ECFA時代，對於相關協議內容的執行成效，也將成為雙方高度關切的課題，諸如智慧財產權及保護執行等問題，雖然兩岸已簽署「智慧財產權保護協定」，但是根據美國商會對大陸的美商企業調查，表示大陸保護智慧財產權執行不力的比例高達63%，顯示類似之執行成效問題，也將是兩岸當局未來必須共同面對的挑戰。因此對於後ECFA時代之兩岸經貿發展課題及挑戰，本研究認為主要有下列幾點：

（一）台灣未來的產業政策

　　由於台灣是以外銷為導向的國家，而在金融大海嘯及發生歐債危機後，也凸顯台灣過去產業的過度集中依賴，因此非常容易受國際景氣波動影響。有鑑於此，行政院希望藉由推動六大新興產業的長期發展、四大新興智慧型產業及十項具發展潛力產業，以創造台灣產業朝向知識經濟領航、資訊科技開創、綠色潮流興起、生活需求驅動等四大領域之發展新契機。

（二）台灣未來產業規畫

　　面對兩岸簽訂ECFA後未來的關鍵十年，台灣產業發展策略更應透過技術的創新、新產品的開發及營運模式的改善，並發展自主品牌以改善生產製造環境，進而協助傳統產業在質與量上作全面升級。

（三）培育跨國際、跨領域之產業人才

　　由於台灣過去在產業人才培育策略，主要針對專業化領域。然而為因應新興產業之興起，外加產業潮流朝向製造業服務化趨勢，使得跨領域產業人才之需求日益倍增，因此在未來產業策略上應朝向跨產業／跨國際發展，以促進跨業交流與合作。

（四）研擬發展創新應用實驗基地

　　透過兩岸經貿及技術之交流，以開創國際型實驗基地，透過設計全球前瞻關鍵產品、產業創新設計全面躍升、國際同步系統整合，以及數位創新實驗基地，以彌補台灣目前產業之不足。

（五）產業結構轉型

　　台灣過去製造業多以嵌入國際價值鏈為主，明顯缺乏與服務業進行連結；未來可融入服務業之概念，並朝向國際化與科技化進行發展，提供跨境服務，促進國外消費，創造「1 + 1 > 2」的綜效（Synergy）經濟效果。

　　隨著簽訂ECFA後，台灣參與經濟全球化變成一項重要工作，除可藉此排除經貿競爭壓力，也能突破市場狹隘與資源侷限之威脅。雖然對台灣整體經濟、產業、市場、人才帶來之衝擊固然不一，但是也為台灣產業帶來一定程度之轉型升級契機。

肆、兩岸經濟合作委員會之功能及運作狀況

一、何謂兩岸經濟合作委員會

　　兩岸透過經多次的密集協調，雙方終於在2010年6月29日於重慶簽署海峽兩岸經濟合作架構協議(ECFA)，同時也組成兩岸經濟合作委員會（以下簡稱經合會），而其成立之目的主要有以下幾點：

　　（一）根據ECFA第五章第十一條「機構安排」的規定，雙方成立「兩岸經濟合作委員會」，經合會由雙方指定的代表組成，以負責處理與協議相關的事宜。

　　（二）在功能上又能達到完成為落實協議目標所必需的磋商；監督並評估協議的執行；解釋協議的規定；通報重要經貿資訊；根據協議第十條規定，也是具有解決任何關於本協議解釋、實施和適用的爭端功能。

　　（三）經合會可根據需要設立工作小組，處理特定領域中與本協議相關的事宜，並接受經合會監督；委員會每半年召開一次例會，必要時經雙方同意可召開臨時會議；與本協議相關的業務事宜由雙方業務主管部門指定的聯絡人負責聯絡。由經合會的運作方式可知，經合會是落實ECFA的業務單位，也全是為ECFA而存在。

　　經合會的設置主要也是用來解決ECFA早期收穫清單（Early Harvest）執行時的疑義，並作為ECFA貨品貿易、服務貿易、投資保障協議及爭端解決機制四項協議諮商的平台。

二、經合會功能及運作現況以及未來挑戰

兩岸經濟合作委員會於100年2月22日於桃園舉行，在式啟動ECFA後，負責後續協議之協商並展開經濟合作事項之推動，並分別設置貨品貿易、服務貿易、投資、爭端解決等四個工作小組，以負責ECFA後續貨品貿易、服務貿易、投資、爭端解決等四項協議之協商，此外也設置產業合作、海關合作等兩個工作小組，負責推動兩岸產業合作及海關合作。

目前經合會各工作小組已就ECFA後續協議及商定的經濟合作事項展開溝通，並以秉持「台灣為主，對人民有利」及「利益最大化、負面衝擊最小化」的原則，謹慎與中國大陸進行協商，以爭取對台灣最有利之開放條件。

伍、ECFA簽署後對兩岸經貿組織建構之推動前景及作法

一、兩岸經貿合作組織設立之意義及價值

政府推動和中國大陸簽署兩岸經濟合作架構協議主要有三個目的。首先，是要推動兩岸經貿關係「正常化」。目前雖然台灣與中國大陸都是WTO的成員，但是彼此之間的經貿往來仍有許多限制。其次，是要避免我在區域經濟整合體系中被「邊緣化」，區域經濟整合是全球的重要趨勢，目前全世界有將近二百三十個自由貿易協定，簽約成員彼此互免關稅，因此如果不能和主要貿易對手簽訂自由貿易協定，我國將有機會面臨被邊緣化的威脅，並在重要市場失去競爭力，而大陸是目前我最主要的出口地區，與大陸簽署協議並有助我與他國洽簽雙邊自由貿易協定，也可避免被邊緣化。第三，是要促進我經貿投資「國際化」。如果陸續與大陸及其他國家簽署協議或協定，可助台灣融入全球經貿體系，並且吸引跨國企業利用我國作為進入東亞的經貿投資平台。

經濟部在2009年7月29日公布「兩岸經濟合作架構協議之影響評估」報告也顯示，在考量資本累積的動態效果下，台灣農業部門維持現狀、工業部門解除進口管制並自由化及中國大陸農工產品全面調降關稅的假設下，台灣GDP將成長1.72%、出口量與進口量將分別成長4.99%、7.07%。若進一步達到全面貿易自由化，亦即兩岸農工產品關稅全面調降下，台灣GDP將成長1.65%、出口量與進口量將分別成長4.87%、6.95%。同樣的，ECFA也會對中國大陸的經濟產生正面效果。依中國大陸商務部的估計顯示，若只考量兩岸經濟合作協議對中國大陸的影響，ECFA將提

升中國大陸經濟成長0.36%至0.40%；若再考量中國大陸與東協三個十加一的影響後，ECFA將提升中國大陸經濟成長0.63%至0.67%，貿易餘額將增加五十九億美元至六十一點五億美元。

而ECFA也會有吸引外資的價值存在，中華經濟研究院亦粗估「兩岸經濟協議」對於吸引外人直接投資（FDI）來台的效果，根據研究結果，兩岸簽訂「兩岸經濟協議」之後，台灣七年內可能增加的FDI流入規模將達八十九億美元。然而參照以往歐盟、北美自由貿易協定（NAFTA）、東協、中港（澳門）安排等簽署FTA之後對於促進投資的效益，這四十幾個國家在加入後三年的平均外資流入比加入之前三年的外資流入要淨增加122.5%，其效果遠比中經院預估的為大，顯示參加區域經濟整合或是簽署FTA對於吸引外資流入有很大的正面效益，而外資流入後，不論是設立營運總部、跨國公司或是設置廠房，都將為國內創造許多工作機會。

二、兩岸經貿合作組織設立面對之挑戰及利基

雖然兩岸關係較2008年以前緩和，加上ECFA的生效實施，未來兩岸產業在合作上的確存在許多機會，但我們不能忽視的是，由於長期以來兩岸經濟制度與法律規章之不同、交易行為與價值觀念之差異等因素，使得兩岸產業在合作上仍面對不確定性風險有待加以解決，茲將相關挑戰及利基整理說明如下所示[9]：

（一）交流合作層次尚未規畫，極易引發過度競爭之行為，造成工商業衝突

兩岸經過三十餘年往來互動往來，許多重要產業例如：資訊、通信、電子、食品、紡織、機械等項目，在交流合作下業已逐漸發展形成為既互補又競爭的型態，也分別在國際產業上扮演垂直分工供應緊密的夥伴關係。不過，隨著中國大陸產業升級轉型，已加速促進兩岸產業由目前垂直分工逐漸轉型為水平分工之形態，所以過去台商所採取的台灣接單、日本原材料零組件供應、大陸生產製造、全球行銷經營模式，未來亦會因大陸不斷擴大內需市場誘因之下，而更深磁吸效應，吸引台商與跨國企業朝向深耕大陸通路經營策略，使得兩岸產業在未來市場拓展上，勢必會日益競爭激烈。

---

[9] 林正義，「ECFA對台灣安全的挑戰」，**新世紀智庫論壇**，第51期，2010年9月，頁17-18。

（二）爭端解決機制尚未設置，難以公平處理糾紛，發揮協調等功能

　　雖然兩岸ECFA業已生效實施，但由於影響兩岸廠商權益頗重要的爭端解決機制尚未設置，使得未來兩岸在產業合作上，缺乏一個較具公開、公平的協調機制，以作為解決廠商間不論對於履行已達成之合作協議，或是終止已簽署之合作協議所衍生之爭端。是故，為免雙方因各執己見而增加兩岸產業間的糾紛，實有必要參考其他RTA爭端解決機制，儘速設置爭端解決專門單位來處理與兩岸產業貿易及投資等有關爭端之諮商、調解、仲裁與政策協調等事務。

（三）租稅互免協議尚未訂定，增加經營成本負擔

　　在面對台商赴陸投資規模大幅增加，以及未來陸資對台投資可能迅速成長情境下，避免兩岸廠商在經營上遭到重複課稅，是兩岸政府責無旁貸的重要工作。由於兩岸關係特殊，雖目前係以採取「抵免」作法來避免重複課稅；但卻因兩岸租稅合作及交流機制缺乏，在實務運作上，不但難以具體執行掌握雙方規定，而且不易判斷某項所得是否存在重複課稅現象，因此必需要加緊辦理推動兩岸租稅協定。

（四）智財權益維護尚未有效落實，阻礙兩岸廠商共同研發意願及推動合作

　　中國大陸自1979年改革開放以來，已成為世界最大的製造工廠，也是台商對外投資最集中的地區。在2008年以後，隨著兩岸關係逐漸緩和，尤其在兩岸簽定ECFA加持下，引導兩岸產業交流更加熱絡，使得兩岸許多產業在互補互利下提高合作層次，甚至更進一步共同投入研發。雖然目前兩岸業已完成簽署智財保障協議，但過去以來陸商對台商侵權或仿冒等行為，時有所聞，可是在大陸判決的結果相當令人失望。另一方面，大陸知識產權法律體系組成非常複雜，包括：法律、行政法規、中央政府規範性文件、司法解釋、部委規章、地方政府規章、地方政府規範性文件及國際條約等相當多元；再加上法律與規章間，也無統一知識產權作為參考，因此也容易造成許多廠商實質權益受損而且求償無門。

三、兩岸經貿合作組織設立之推動策略

　　隨著兩岸關係朝向和平穩定發展，兩岸投資及貿易規模不斷擴大，尤其在兩岸ECFA加持下，可以提供兩岸產業更寬廣的合作空間與帶來更多元之合作機會。茲

將未來落實兩岸產業合作較具體可行之策略[10]，分別敘述如下：

（一）市場行銷佈局合作策略方面

1. 透過兩岸產業搭橋管道，共同拓展大陸內需市場

近些年來，中國大陸經濟快速崛起對內招商引資，對外出口貿易積極擴張，也創造巨額外匯存底已達三兆四千億美金。在此同時，由於大陸經濟實力逐漸茁壯，國民所得水準不斷提高，帶來消費需求大幅成長，所以在十二・五規畫綱要中，特別將擴大內需消費市場作為未來持續經濟增長的動能。換句話說，中國大陸逐漸由過去世界製造工廠轉型為世界消費市場，如今在十二・五規畫積極實施下，其所帶來的內需消費潛力，也提供台商許多未來成長發展空間。

ECFA對於台商而言，並非僅有製造業產品的關稅減讓得以擴大出口大陸市場，而是包括頗龐大的大陸服務業之市場開放所帶來的可能發展機會。因此，台商面對大陸十二・五規畫之下，透過兩岸產業搭橋管道，配合大陸產業轉型調整方向，在經營策略思維上由過去以外部需求為導向，即台商已調整為以大陸內需市場為經營核心，因此必須加強與陸商合作，以有效掌握大陸內需市場通路作好佈局，以降低擴大行銷所存在之風險。

2. 利用大陸市場消費平台，潛力共同建立華人國際品牌，發揚光大

在ECFA加持下，並且利用大陸十二・五規畫拓展其內需市場的同時，其實亦是提供台商建立自有國際品牌的機會。不可否認，雖過去有不少的台商，例如康師傅、達芙妮、克麗絲汀、象王洗衣等，已成功地在大陸市場上建立自有品牌實例，但其實力大多尚無法與國際知名品牌之廠商相抗衡。亦即長期以來，台商在國際知名跨國企業全球分工連結下，只是以其成本優勢參與部分環節擔任代工生產。不過，此一模式受到國際品牌廠商需求減少影響，使得其經營受到極大衝擊，甚至危及企業生存。因此台商在ECFA相對利基與大陸十二・五規畫機會下，若能夠與陸商加強合作，利用已逐漸成為世界市場的大陸市場作為消費發展平台，藉由以往所累積的加工生產技術，加強改善產品品質與設計，同時融入東方文化風格及品味，更進一步追求提升產品價值，促進兩岸產業由微利的加工生產轉型為建立具有價值之華人特色品牌，共同拓展佈局全球市場，也是重要的策略主軸方向。

---

[10] 戴肇洋、張淑卿，「ECFA之下落實兩岸產業合作策略」，第二屆兩岸競爭力論壇，2012年3月。

3. 學習台商產業轉型經驗，共同改善大陸出口貿易結構

　　大陸在十二‧五規畫綱要中，雖明訂擴大內需消費要作為未來持續經濟增長的機制，但出口貿易仍是大陸促進經濟增長不可或缺的關鍵動能。不過，隨著近二、三年來大陸受到工資上漲、勞動合同法實施、貨幣升值，加上國際能源價格震盪、原料供給不穩等因素影響，已直接提高大陸出口產業經營成本，因此出口不像以前一樣那麼容易，也在自我調整調適中。

　　換句話說，大陸出口貿易結構已無法採取以往低價的策略模式，必須有效升級朝向以技術、品牌、服務為核心競爭力來建立新優勢。面對此一經營模式轉型挑戰，若能在ECFA加持下，透過兩岸產業合作平台，可以參考台灣過去改善出口結構所累積的「加值功能」升級經驗，包括：在台成立精品設計中心提升大陸產品品質與價值、在台設置價值創造中心建立大陸產品形象及品牌、兩岸合作研發新技術、兩岸共同建立產業鏈等，不但可以協助大陸出口貿易結構有效升級，而且亦可帶動其產業具體轉型，創新在產業發展的新模式。

（二）技術創新研發合作策略方面

1. 配合新興產業發展，共同創新自主技術

　　不論台灣的黃金十年計畫，或是大陸的十二‧五規畫，均將新世代新興產業作為未來產業發展方向，雖其項目名稱略有不同，但發展重點頗多重疊之處。就以大陸來說，其目的旨在利用十二‧五規畫，將七大新興產業培育成先導型、支柱型產業，希望其在十二‧五規畫期末時占GDP之比重達到8%；相對台灣而言，亦是將生技、觀光旅遊、綠能、醫療照護、精緻農業、文化創意等六大項目作為未來促進經濟升級與產業轉型的新興產業。由於兩岸新興產業均攸關著未來加速促進其產業升級及轉型關鍵，也是擺脫低價值產業鏈或價值鏈之核心。在此同時，若以兩岸產業發展位置作一比較，目前台灣產業具有製造技術、創業投資、創新服務能力、研發成果商品化能力等優勢，相對中國大陸產業則是存在成本低廉、市場規模、政府行政服務效能、支撐產業鏈條件等優勢。是故，兩岸在ECFA加持下，以資源互補互利為前提，台商可以透過已建立的兩岸「搭橋專案」與陸商作交流，共同跨入未來新興產業領域作發展，相互合作創新研發技術，藉此擴大市場領先地位。

2. 透過多重策略聯盟，合作研發產品技術

　　中國大陸過去所憑藉的土地、勞工成本低廉比較利益，近年隨著價格不斷提

高，逐漸喪失其優勢。尤其在加入WTO後，其市場必須配合大幅開放，加上鄰近新興國家也以更優勢的條件參與競爭，此時大陸產業所面對的挑戰，與1980年代中期之後台灣曾歷經之環境頗為類似。由於兩岸產業均都面對不同階段、不同層次升級轉型壓力，因此不斷創新產品技術，已成為其持續領先競爭對手的重要關鍵。所以兩岸產業也許可以朝向共同設置實驗室或研發部，建立多重研發體系策略聯盟，合作進行產品技術研發，進而不斷提高產業競爭優勢。

3. 藉由台商創新能力，提高研發價值

中國大陸在部分基礎產業技術研發水準上有領先台灣，但在應用產業技術創新思維上卻仍大幅落後台灣，尤其台商長期在市場開放環境與自由競爭制度下，對於產品創新化及商品化早已建立多元發展策略及開發能力，這種因地制宜作法也是陸商未來在提高產品研發創新附加價值上相當值得吸收之經驗。因此在ECFA加持下，兩岸可以藉由推動新興產業發展之際，選擇發展潛力大且市場機會多的產品項目為標的，進而共同投入創新研發，藉由台商所累積的多元發展策略思維及創新能力，以大陸市場為平台，共同合作將其研發成果轉化成為更具符合市場需求之產品，以達到提高產品研發及創新附加價值之目標。

陸、結語

ECFA簽署生效後，兩岸經濟合作邁向一個新的里程碑，然而要進一步深化合作，首要之務仍是要儘速開啟ECFA後續協議協商，洽談商品貿易、服務貿易協議、經濟合作協議及爭端解決機制。在協議完成後，將使兩岸產業運用ECFA機制深化合作，除了可以促進兩岸產業互利雙贏，也可以讓兩岸產業發揮比較利益，提升全球競爭力。其次，未來兩岸產業深化合作，除了運用ECFA利基之外，也必須同步考量兩岸彼此的產業政策是否有進一步合作的可能。

台灣目前在規劃黃金十年，同時有六大新興產業、四大新興智慧型產業，以及十大重點服務業；而中國大陸通過十二‧五規畫，除了提出七大戰略性新興產業之外，在服務業方面，也提出發展生產性服務業及生活性服務業。兩岸產業政策的方向有許多相似之處，依據以往台商進駐中國大陸發展的合作經驗，相信兩岸在這些重點產業中，仍有許多值得合作的契機。ECFA生效之後，除了兩岸產業可以深化合作，對於台灣拓展國際經貿空間也有了新的契機。而完成簽署ECFA，等於是台

灣與最主要貿易地區—中國大陸洽簽自由貿易協定（FTA），未來，台灣是否可以透過兩岸經貿關係的改善，進一步增加台灣與其他國家洽簽自由貿易協定（FTA）以及開拓加入區域及全球經貿組織的可能性，是身為小型開放經濟體的台灣，所必須繼續努力的方向。然而，雖然簽署ECFA之後，台灣與東亞其他國家簽署FTA的可能性提高了，但是台灣政府、企業與人民也必須做好準備開放的心理準備，以及準備好相關的政策及配套措施，以因應未來更多的開放與競爭壓力。

　　雖然ECFA的開放對於台灣的經濟及產業發展會有助益，但是對於一部分弱勢產業的廠商和勞工而言，勢必會受到ECFA開放後所帶來的不利影響。因此，政府部門對於這一部分的產業、廠商與勞工，應該立即開始給予各種協助，包括協助產業與廠商進行轉型、升級、提升他們的技術層次及研發能力等等。而對於弱勢勞工而言，政府應協助他們進行第二專長的培訓，以確定他們可以轉到其他產業或行業。而如果這些勞工因為ECFA而造成失業時，政府部門更應該給予更長時間的補助及輔導，以確保台灣人民及企業之權利，之前經濟部及勞委會編列九百五十億產業結構調整基金，即是具體協助受影響產業之最佳助力，但也要政府有計畫性地追蹤協助輔導，以具體協助廠商及勞工渡過經營困境及未來挑戰，讓相關產業能有更多發展的新契機。

第 13 章　全球化、全球治理與兩岸治理

朱顯龍

壹、前言

　　全球化時代，產生全球化的國際公共事務。對於國際公共事務的管理，不僅有傳統的政府公權力介入，也有NGO、跨國公司的參與。台海兩岸不僅身處全球化與國際公共事務的漩渦，而且兩岸交流、合作及一體化，亦產生了眾多公共事務。既然國際公共事務可以「全球治理」，兩岸公共事務亦可施行「兩岸治理」。兩岸治理，即兩岸共治，不僅可促進台海和平，更會促成兩岸的大融合與統一。

貳、全球化與國際公共事務

　　隨著科學技術發展帶來的溝通快捷、交通便利、資訊匯流與量增，地球人類不僅交往越來越多和頻繁，而且經濟互動加速、互賴成型，「全球化」於焉產生。全球化（globalization）一詞，是一種概念，也是一種人類社會發展的現象過程。全球化目前有諸多定義，通常意義上的全球化是指全球聯繫不斷增強，人類生活在全球規模的基礎上發展及全球意識的崛起。國與國之間在政治、經濟貿易上互相依存。全球化亦可以解釋為世界的壓縮和視全球為一個整體。二十世紀90年代後，隨著全球化勢力對人類社會影響層面的擴張，已逐漸引起各國政治、教育、社會及文化等學科領域的重視，引起研究熱潮。

　　全球化對人類的影響十分廣泛。全球化不僅促進了貿易自由化、生產國際化、金融全球化、科技全球化，而且促進發展模式創新、國際利益融合、國家主權轉移、國際體系轉型、人類文明進步。具體來說，工業出現了全球生產市場，消費者和公司更廣泛使用一系列的國外產品，特別是材料和製品在國界之間和內部移動。金融出現了全球金融市場及其帶來的借款人更好地獲得外部融資。整體經濟實現了全球的共同市場。邊遠地區的資訊流量增加。語言方面出現了超過億人使用的最大

眾化的語言，如普通話、西班牙語和英語。文化方面，出現了多元文化的傳播和個
人更好地獲得文化多樣性；增強國際旅行和旅遊業；增加移民，包括非法移民。技
術方面，增加了適用於全球各地的一些標準，如版權法、專利和世界貿易協定。法
律與道德方面，國際展開打擊犯罪合作並創建國際刑事法院，全球行政法規出現。
政治方面，逐步改變美國壟斷世界權力的格局，形成了美、歐、中、俄等強國主導
世界的多元化態勢。

　　全球化亦對公共行政形成影響。在全球化進程中，作為行政管理對象的社會公
共事務日益國際化、全球化，亦即產生了國際公共問題與公共事務。如戰爭與和
平、南北關係、國際新秩序、生態失衡與環境污染、資源短缺與新能源、人口爆
炸、糧食與全球貧困、海洋利用與宇宙開發、人權、民族主義、恐怖主義、難民、
毒品與國際犯罪、傳染病與疾病、公共衛生、精神迷亂與道德失落、全球性金融危
機等。這些全球性問題爆發後對全球人類造成了影響，因而形成全球性事務。如
2003年「非典」危機，它不但很快成為全中國的一個嚴重的公共衛生事件，而且
成為一個全球性的社會公共事務。

參、從國家治理到全球治理

　　隨著國際公共事務的產生和增多，全球治理的概念、理念和需求、呼聲不絕於
耳。1989年世界銀行首次使用「治理危機」[1]，並於1992年發表了「治理與發展」
的年度報告，隨後，「治理」被廣泛應用於眾多的場合，近來在全球公共事務領域
更是大行其道，全球治理理念應運而生。

　　全球治理源自「治理」，而治理又從英文的「governance」翻譯過來。
「Governance」的本意是控制、引導和操縱，其與「統治」擁有共同的詞根「gov-
ern」。統治通常指專制時代依賴權力實現一個階級對另外一個階級的管理，或者
國家權力對社會的壓制和專權。隨著生產力的發展，民主呼聲的高漲，依賴權力來
統治社會的辦法已經不能適應社會發展的需要。詹姆斯.N.羅西瑞指出，治理與政
府統治間有著重大區別。他將治理定義為一系列活動領域裏的管理機制，它們雖未
得到正式授權，卻能有效發揮作用。與統治不同，治理指的是一種由共同的目標支

---

[1] 程漱蘭等編，**世界銀行發展報告20年回顧**（北京：中國經濟出版社，1999年7月版），頁
262。

援的活動。這些管理活動的主體未必是政府，也無須依靠國家的強制力量來實現。這樣就意味著，與統治相比，治理的內涵更加豐富。它不僅包括公權力體系，同時也包括非正式的、市場以及民間的機制[2]。根據聯合國「全球治理委員會」（Commission on Global Governance）的定義：「治理是指各種公共或私人的機構管理其共同事務活動中諸多方式的總和。它是使相互衝突的或不同的利益得以調和，並且採取聯合行動的持續過程。它既包括有權迫使人們服從的正式制度和規則，也包括各種人們同意或以為符合其利益的非正式的制度安排。它有四個特徵：治理不是一整套規則，也不是一種活動，而是一個過程；治理過程的基礎不是控制，而是協調；治理既涉及公共部門，或包括私人部門；治理不是一種正式的制度，而是持續的互動。[3]」中國學者俞可平指出，「隨著全球化時代的來臨和冷戰結束後國際政治經濟格局的變化，人類的政治生活在發生重大的變革，其中最引人注目的變化之一，便是人類政治過程的重心正在從統治（government）走向治理（governance），從善政（good government）走向善治（good governance），從政府的統治走向沒有政府的治理（governance without government），從民族國家的政府統治走向全球治理（global governance）[4]。」

　　所謂全球治理，指各種各樣的個人、團體、政府處理其共同事務，並借此調和各種互相衝突和不同的利益、採取合作行動。聯合國全球治理委員會對治理的定義是：「治理是公私機構管理其共同事務的諸多方式的總和。它是使相互衝突的或不同的利益得以調和並且採取聯合行動的持續過程。它既包括有權迫使人們服從的正式制度和規則，也包括人們和機構同意的或以為符合其利益的各種非正式的制度安排」。

　　全球治理的主要內容包括：治理對像是全球公共問題；治理的過程是如何克服集體行動困境的問題，即如何組織集體行動；各個相關主體能否以及如何通過談判達成治理所必須的國際制度。全球治理的範圍分為：全球層次治理、區域治理、國內治理。全球治理的途徑是國際機制建設，即由各種國際會議、宣言、公約、國際法及其機制、制度和組織共同構成全球治理的綜合體系。

---

[2] 詹姆斯・N・羅西瑞，**沒有政治的治理**（香港：劍橋大學出版社，1995年版）頁5。

[3] *Commission on Global Governance: Our Global Neighborhood* (Oxford University Press, 1995), pp.2-3.

[4] 俞可平，**治理與善治**（北京：社會科學文獻出版社，2000年版），頁245。

肆、兩岸由對抗隔絕走向合作融合

由於國、共內戰和美國等外部勢力的介入，1949年以後兩岸一直處於分離狀態，兩岸治權統一成為包括台灣人民在內的全體中國人的一件大事。1949年以來，兩岸關係大致經歷了以下七個階段[5]。

第一階段，海峽兩岸對峙局面形成與兩岸嚴重軍事對峙時期，時間為1949年至1958年。這一時期，大陸要渡海解放台灣，台灣當局軍事反攻大陸，國共兩黨在大陸東南沿海島嶼多次展開激烈戰鬥，國共內戰仍在繼續。

第二階段，海峽兩岸局部軍事衝突時期，時間為1959年至1966年。大陸強調和平解決台灣問題，國共雙方謀求進行接觸。期間，兩岸小規模軍事衝突時有發生，但兩岸關係較前一階段有所緩和。

第三階段，海峽兩岸冷戰對峙時期，時間為1967年至1977年。大陸對台政策仍以「和平解放台灣」為基調。國民黨大陸政策轉變為「光復大陸」之下的「絕不談判」、「絕不妥協」。兩岸很少發生直接武裝衝突，但兩岸前沿陣地的軍事對峙局面仍在繼續。

第四階段，海峽兩岸和平對峙時期，時間為1978年至1987年。大陸確定和平統一國家的方針，台灣當局轉而推行「以三民主義統一中國」政策。兩岸關係由軍事對抗走到了和平對峙，雙方都強調以和平手段解決兩岸的政治分歧與中國的統一問題。

第五階段，海峽兩岸民間交流時期，時間為1987年至1995年。台灣宣布解除戒嚴並開放民眾赴大陸探親，大陸則推出一系列旨在促進海峽兩岸民間交流與交往的措施，兩岸民間往來不斷增多，以至兩岸兩會達認同一個中國的「九二共識」，兩岸關係進一步緩和。

第六階段，分裂與反分裂鬥爭時期，時間為1995年至2008年5月。李登輝與陳水扁當局推行分裂國家和挑釁大陸的政策，逼使大陸展開反分裂的法律、軍事行動，兩岸關係呈現高度緊張局面。但兩岸經貿往持續擴大和深化。

第七階段，和平發展時期，時間為2008年5月至今。2008年3月，國民黨候選人馬英九當選總統，並於當年5月就職，國民黨重新執政。馬英九主政後，推行溫和、穩健、合作型的大陸政策，推動兩岸實現直航，擴大兩岸交流與經濟合作，台

5　朱顯龍，「一國兩制」與澳台關係（澳門：澳門理工學院一國兩制研究中心，2010年11月出版），頁17-18。

海形勢發生逆轉，兩岸半官方機構海協會與海基會恢復協商與談判，兩岸實現了「三通」與直航，並於2010年6月簽署《經濟合作架構協議》（ECFA），兩岸合作擺上議事日程。2011年1月6日，兩岸「經濟合作委員會」在海協會和海基會框架下成立。按照ECFA的約定，兩岸經濟合作委員會由雙方指定的代表組成，負責處理與框架協議相關的事宜；兩岸經濟合作委員會每半年召開一次例會，必要時經雙方同意可召開臨時會；兩岸經濟合作委員會可根據需要設工作小組，各工作小組可就本小組負責的單項協議或業務問題進行磋商；兩岸經濟合作委員會根據框架協議推動商簽的單項協議，將由海協會與海基會確認並簽署。ECFA的簽署，兩岸經濟合作委員會的成立，兩岸經濟合作關係向前邁出了一大步，兩岸商討產業分工、兩岸建構經貿合作機制與框架、兩岸建立自由貿易區、籌劃大中華或兩岸四地經濟共同體與共同市場等建議與主張此伏彼起。同時，兩岸政治、經濟、社會、文化交流規模不斷擴大、層度不加深，特別是大陸民眾可以赴台旅遊、就學，陸資可以入台，兩岸還展開金融、共同打擊犯罪等多領域的合作，兩岸簽署文化合作協議浮上台面。兩岸關係進入大和平、大發展、大合作與融合時代。

伍、兩岸事務催生兩岸治理

　　兩岸經過二十多年交往，使兩岸關係發生了重大變化。兩岸的政治關係儘管因為法統與意識形態等分歧而沒有重大突破，但台海兩岸的交往越來越頻繁、深化，兩岸經濟、社會、文化關係越來越密切，進而導致兩岸走向融合和融合中產生眾多攸關兩岸民眾切身利益、兩岸官方不得不正視和解決的事務性問題。例如劫機、詐騙、販毒、走私等犯罪問題，罪犯抓捕、調查、遣返等司法互助問題，疾病防治、食品安全、檢驗檢疫等衛生問題，婚姻、大陸新娘、財產繼承、投資保護、雙重課稅等權益保障問題，以及技術標準規範、學歷認證、職業資格認證、產品產地認證、就學、學業、遊客簽證快捷、漁業糾紛、釣魚島、南海等諸多問題。廈門大學台灣研究院院長劉國深教授將這些問題歸納為三個方面：從內容劃分，兩岸共同事務包括經濟事務、法律事務、文教事務、衛生事務、技術事務、涉外事務、安全事務；從層次劃分，兩岸共同事務包括國家事務、政權事務、人民事務；從類型劃分，兩岸共同事務包括「面對面的共同事務」、「背對背的共同事務」、「肩並肩

的共同事務」[6]。

　　在當前或未來相當長一段時間內，兩岸的法統與意識形態分歧難以解決，就像國與國之間的利益衝突在短期內難以徹底解決和消失一樣；但兩岸當前因交往、合作、全球化、融合所產生的諸多共同事務不應受到兩岸法統與意識形態分歧影響而止步不前，就像當前國家與國家間的交往、合作、共處關係不受國家間的競爭影響一樣。既然國際社會在分歧中可以展開全球共治，那麼存有政治分歧但有共同事務的兩岸可以借用全球共治的理念與模式踐行兩岸共治。根據全球治理理論，可以得出這樣的結論：兩岸關係中的各種問題，不能用傳統國家的統治理論與統治方法加以解決，而需借助各種力量尤其是社會力量的參與，甚至可以借用市場規則。也就是說，兩岸六十年來最大的轉變就在於由統治思想主導下的兩岸關係轉向治理理念，無論兩岸公權力情願與否，統治情懷已被兩岸現實沖淡，兩岸急需面對的是如何建立共同治理定位問題。

陸、共治重在社會參與機制建構

　　新興市場國家的崛起對傳統世界權力中心的帶來了巨大的衝擊，國內因素對國際事務的影響逐步增加，促使全球治理模式從次國家到超國家，由私人部門到第三部門的轉變，形成了多層面複合型的治理模式。安東尼·麥克格魯（Anthony McGrew）認為，「多層全球治理指的是，從地方到全球的多層面中公共權威與私人機構之間一種逐漸演進的（正式與非正式）政治合作體系，其目的是通過制定和實施全球的或跨國的規範、原則、計畫和政策來實現共同的目標和解決共同的問題。[7]」

　　從主體方面來看，參與全球政策制定的行為體不僅僅局限於國家，而且包括全球、區域、區域間、國家、次國家甚至是個人層面的所有行為體。不同層次的行為體之間不是一種等級關係，而是一種協作關係。從領域方面來看，全球治理包括法律、政治、經濟、文化、安全等多個領域，它們有相應的制度和管理機制，相互之間形成功能性的聯繫。總而言之，全球治理的主要行為體具有多元特徵，以對話、

---

[6]　劉國琛，「試論和平發展背景下的兩岸共同治理」，台灣研究集刊，2009年第4期，頁16。
[7]　托尼·麥克格魯，「走向真正的全球統治」，馬克思主義與現實雜誌，2002年第1期，頁15。

協調為主要治理手段，以非傳統權威的制度性安排為治理基礎，以解決各類全球性議題為主要目的。

借用以上理論，兩岸治理，亦即兩岸共治，需要政府權權力、市場以及民間社會三者之間的合作與互動，通過尋求各種和資源來實現兩岸關係的善治。三者中，尤其需要適當地限制和收縮政府權力，重點引導民間社會的有序的積極參與，因為兩岸政府層面的溝通、協商、合作存在不少難以愈越的法律與政治障礙。而民間社會作為一系列活動領域裏的管理機制之一，它們雖未得到正式授權，卻能有效發揮作用。要提高社會的自主治理能力，認知能力，建立多中心治理的新格局，必須發展民間社會。發展民間社會，就在國家公權力與分散的社會成員之間形成一個中介力量，在代表所屬群體的利益下情上達的同時，也能以橋樑紐帶身份把公權力的意向上情下達，還能進行不同群體的利益協調與對話，並承接某些社會管理和公共服務職能。

至於兩岸共同治理的途徑與方法，可借用全球治理的模式。前面提到，全球治理的途徑是國際機制建設，即由各種國際會議、宣言、公約、國際法及其機制、制度和組織共同構成全球治理的綜合體系。借用此概念，兩岸可針對當前可以解決的共同事務，透過民間組織、半官方組織、企業、地方政府組織等介質，利用各種會議、協議、共識、備忘錄等多種形式，建構「兩岸共同治理」的機制與綜合體系。兩岸已透過海協會和海基會簽署了ECFA並成立「經濟合作委員會」，發揮了治理兩岸經濟合作的功效。但兩會的功能有限，遠遠不能滿足民眾與兩岸關係快速發展的需求，兩岸還應各自授權更多的機構，進行多層次、多面向的溝通、協商、談判和簽署協議，搭建更多的合作與治理平台，如成立「能源合作委員會」、「金融合作委員會」、「關稅合作委員會」、「文化合作委員會」、「語言文字委員會」、「教育合作委員會」、「科學技術合作委員會」、「技術標準委員會」、「原子能合作委員會」、「衛生合作委員會」、「食品安全合作委員會」、「保護民眾權益合作委員會」、「刑事合作委員會」、「法律事務合作委員會」、「安全事務合作委員會」、「國際事務合作委員會」、「救難救災合作委員會」等各類機構，並在這些委員會、合作委員會的基礎上，建立最高層級的「兩岸共同事務委員會」。透過這些委員會、合作委員會及其協議、協定、章程，兩岸就展開更加廣泛、深層次的共同治理。

柒、兩岸共治可造就國家統一

　　兩岸因政治制度、意識形態、生活水平差異，目前找不到共識點。從政治學角度來看，國家統一涉及到國家結構模式問題。國家結構形式的構成類型，從歷史發展狀況來看，呈現多樣化特點。就當代國家結構形式而言，主要有兩派觀點。一派認為國家結構形式劃分為三類，即邦聯制（confederal system）、聯邦制（federal system）和單一制（unitary system）。但另一派認為，國家結構形式只有兩類，一是單一制，一是聯邦制。筆者認為，國家結構形式也許還有其他類型，但當今國際社會，邦聯制、聯邦制和單一制是其中的主要三種形式。而邦聯制國家與聯邦制國家，有學者稱之為「複合制國家」，並把它定義為幾個國家或地區通過協議聯合起來的國家聯盟。從自主權角度來看，這種提法有一定的道理，因為無論邦聯制國家還是聯邦制國家，二者的組成體部分依法享有不同程度的獨立自主權。然而，「聯邦制國家」和「邦聯國家」有根本性的差別，即聯邦制國家畢竟是一個國家，而邦聯不是一個國家，而是一種特殊的國家間關係。因此，筆者認同和採納單一制與聯邦制模式的觀點[8]。

　　兩岸如若走向統一，應該和可以選擇單一制與聯邦制中的哪種模式呢？從理論來說，任何一種模式都有可能。但仔細分析，就沒有那麼簡單了。單一制模式的特點為只有一個中央政府、一部憲法，地方權力來自中央授予。若以此模式解決兩岸問題，那麼或只能有中華人民共和國政府及其憲法，或只能有中華民國政府及其憲法，或重新產生一部憲法並組成新的中央政府。從目前情況來看，前兩種方式絕不可能，因為大陸不可能放棄中華人民共和國之法統，台灣方面也不可能自我投降取消中華民國國號與憲法，除非兩岸武力相向進而消滅對方。當然，肯定有不少人會說，香港、澳門透過和平談判的方式，以單一制之「一國兩制」模式解決了統一問題，台灣問題的解決當然可以沿用港、澳模式。筆者不否認它對解決台灣問題的適用性，更希望用它來解決兩岸的統一問題。但問題是，任何一個通過協商解決問題的方式，都須遵守一個原則，即雙方認可、接受。香港與澳門認可、接受單一制式的「一國兩制」模式，香港、澳門問題獲得解決；台灣不接受單一制式的「一國兩制」模式，台灣問題得不到解決；台灣為什麼不接受港、澳模式，因為台灣不願意也不敢放棄中華民國憲法與國號。因此，用和平手段消滅對方法統存在的方法行不通。

8　朱顯龍，「一國兩制」與澳台關係，頁1-2。

　　單一制中的另一條途徑，即重新產生一部憲法並組成新的中央政府。此種模式，通過戰爭可以達成；但和平方式能否達成此目標，則要看雙方的意願了。目前來看，無論大陸還是台灣，都沒有此種意願，特別是日漸強大的中國大陸不可能接受。因此，在目前狀況下，用單一制模式解決兩岸政治問題的可能性不大。筆者認為，既然單一制模式之路走不通，不妨另闢溪徑，即聯邦制。

　　借鑒全球治理理論與經驗，推陳出兩岸治理模式，不僅可提高兩岸公權力和民間社會的治理能力和水平，對於維護和落實兩岸和平發展具有十分重要的意義，而且可推動、促成兩岸的融合與統一。因為兩岸共治的基礎是各種通過雙方授權組成的各種委員會、「合作委員會」以及最高的「共同事務委員會」。這些通過雙方授權的委員會經過有效運作並正常行使治理兩岸共同事務的職權之後，兩岸可以借歐盟的方式，尋求更高層級的合作，透過新授權的機構組建「憲法委員會」、「議會委員會」、「國防委員會」、「外交委員會」，再透過「憲法委員會」、「議會委員會」、「國防委員會」、「外交委員會」授權，組成「聯邦中央委員會」，同時保留兩岸原有「中央政府」機構與職權。如此，國家統一目標自然達成。

第參篇

國際關係熱點議題

翁明賢

壹、前言

一、當代國際安全情勢特色

　　當代國際安全進入全球化時代以來，基於行為體（國家、國際組織、非政府組織、個人）的多元化，以及威脅安全的議題的多樣化，呈現一種新與舊議題夾雜的新國際關係形勢。

　　傳統上，一般國家安全威脅區分為傳統軍事、外交等安全威脅，以及非傳統的安全威脅。傳統國家安全概念關切國家如何免於外來的軍事威脅，如何免於外在的政治性壓制或脅迫，主軸目標在於確保領土完整、國防安全、外交自主和政治獨立自主等議題。

　　反之，非傳統安全威脅是指非軍事威脅因素，不管由國家內部或是由國外環境引發，包括：經濟安全或社會的人為侵害之外，還有大自然形成的災難，例如：地震、風災、水災、火山爆發、海嘯及其引發的後續對環境、社會與政治的衝擊。例如2001年美國爆發九一一國際恐怖主義攻擊事件之後，恐怖主義攻擊成為各國國家安全的主要威脅，在倫敦、巴厘島、孟買等地發生一連串攻擊事件。2009年美國雷曼兄弟公司所引發的美國房市危機，引發全球金融風暴，又2011年3月，日本福島爆發三合一複合性災害，其傷亡人數足以和傳統中型規模的韓戰或越戰人數相比。

　　另外，近期東北亞地區爆發冷戰遺留下來的島嶼主權爭議問題，從日俄爭議的北方四島，到日韓的獨島（竹島）爭端、關於釣魚台主權的中、日台三方爭議，連帶牽動美國在此一地區的戰略佈局問題。有關日俄北方四島問題，是一個長期未決的議題，2012年日本外相「玄葉光一郎」利用到紐約參加聯合國大會的機會，與俄羅斯外長「拉夫羅夫」舉行會談。雙方同意針對北方四島問題，推動「副外長

層級」的磋商，進而推動「領土談判」[1]。其次，分裂國家主權爭議與統一問題例如：兩岸關係的走向，南北韓對峙與統一問題；第三，能源安全問題。在中國東海和南海一些海域蘊藏著豐富的石油和天然氣[2]。

事實上，一些區域衝突問題並非只是區域當事國的立場問題，域外大國的主觀立場，往往也牽動安全與非安全議題的走向。有關南海島嶼主權爭議問題，從北京立場言：「世界多極化和經濟全球化趨勢深入發展，科技進步日新月異，各國在安全上的相互依存日益加深。國際社會在解決全球性挑戰方面的合作增強，維護和平與制約戰爭的因素進一步增長。[3]」美國第七艦隊發言人法爾沃對美國媒體證實，以日本橫須賀為母港的尼米茲級核動力航母華盛頓號目前正在南海巡航。美軍表達巡航是整個巡邏任務的一部分，「美軍定期在亞太海域巡航，多年來一直在這樣做，今後也將繼續如此」。亦即，華盛頓號航母在南海巡航是為了在有關海域展示軍力，南海已成為華盛頓與北京展開戰略競爭的一個焦點[4]。

其他美中兩強的競逐已牽涉到非傳統安全領域議題，2012年10月8日，美國眾議院情報委員會8日公布一份報告，稱「華為和中興兩家中國通訊公司威脅美國國家安全」，並建議美國外國投資委員會「阻止華為和中興在美收購及合併活動」[5]。美國眾院情報委員會計劃將相關指控送交司法部和國土安全部，並強烈建議美國的網路供應商和系統商不要與華為、中興兩家公司有生意上的往來，因為華為與中興提供的設備和服務恐將造成長期的安全隱憂[6]。

---

[1] 「日俄允擬推動北方四島領土談判」，**中時電子報**，http://news.chinatimes.com/world/130504 /132012092600990.html。（檢索日期：2012/10/11）

[2] 「亞太『棋盤』考驗大國戰略智慧」，**中國新聞評論網**，http://www.chinareviewnews.com/ crn-webapp/search/allDetail.jsp?id=102263115&sw=%E9%9D%9E%E4%BC%A0%E7%BB%9F %E5%AE%89%E5%85%A8。（檢索日期：2012/10/11）

[3] 「釣魚台/大陸解放軍報評論：挑戰地區安全和世界和平無異於玩火」，**中央日報網路報**，http://www.cdnews.com.tw/cdnews_site/docDetail.jsp?coluid=109&docid=102044413。（檢索日期：2012/10/11）

[4] 「美核動力航母華盛頓號在南海巡航」，**BBC中文網**，http://www.bbc.co.uk/zhongwen/trad/ world/2012/10/121020_us_nuclear_carrier_cruise.shtml。（檢索日期：2012/10/21）

[5] 該報告最後提出5點建議：提醒美國政府對「中國電信產業滲透美國」保持警惕；建議美國「外國投資委員會」禁止華為和中興在美收購和合併；通過立法程式擴大外國投資委員會的範圍；美國政府和政府合約承包商，特別是涉及敏感業務者，應該排除使用華為和中興通訊的設備及零件；美國國會和政府部門展開「中國電信企業不公平貿易實踐」的調查，尤其是調查中國政府對電信企業的資金支援等」，請參見：「國家安全原因『成為美國排斥中國企業利器』」，**中國經濟網**，http://big5.ce.cn/gate/big5/intl.ce.cn/sjjj/qy/201210/11/ t20121011_23743192.shtml。（檢索日期：2012/10/11）

[6] 「美國會：別跟華為、中興做生意」，**聯合新聞網**，http://udn.com/NEWS/WORLD/ WOR6/7418022.shtml。（檢索日期：2012/10/11）

　　上述重大安全事件顯示，全球化造成非傳統安全威脅的擴散與提升，非傳統安全威脅對國家安全與國土安全的影響日益上升，成為國家安全主要因應課題。所以，面頓新型態的安全威脅：傳統與非傳統相互交雜，必須要有新的理念與架構才得以因應。

二、非傳統與傳統安全糾結

　　後冷戰時期非傳統安全問題興起，一方面，在冷戰時期的軍事、衝突等傳統安全議題充斥國際政治議程，忽略非傳統安全面向的問題，例如：經濟發展、社會穩定、環境衛生、跨國犯罪等，等到後冷戰時代，全球美蘇軍事超強對抗的終結，相關區域衝突卻沒有隨之結束，而是轉向另外一種型態的威脅，其發展狀況超越傳統軍事安全可以解決的能量。

　　首先，傳統安全威脅的非傳統化發展，尤其是大規模毀滅性武器的擴散，例如北韓與伊朗的急速擴散，已威脅到射程範圍區域內國家安全，造成國際安全環境的不安。加上九一一事件後，恐怖主義攻擊對國家安全嚴重影響，其跨國組織能力及滲透能力，進行跨國界恐怖攻擊，透過全球通信媒體穿透力，讓許多國家難以有效因應與防範。

　　其次，政治安全因文化與宗教因素複雜化，目前政治安全問題則偏重領土主權爭議與種族衝突問題，例如2010年開始的北非與中東的「茉莉花革命」，雖然推翻長期執政的獨裁政體，後續的政治改革與和平穩定成為嚴重的挑戰。

　　第三，經濟全球化的趨勢，使經濟競爭逐漸取代政治與軍事競賽，但依舊存在許多對立因素。國家間貧富差距持續擴大，對全球政治、經濟、社會發展形成潛在威脅。每年10月17日是聯合國訂定的「國際消除貧困日」（International Day for the Eradication of Poverty, IDEP），2012年的主題是「終結極度貧困所帶來的暴力：推動培力與建構和平」（Ending the Violence of Extreme Poverty: Promoting empowerment and building peace）。聯合國組織於1992年12月22日會議上通過47/196決議，對於族群、國家與社會階級間，因制裁、各種歧視與財富集中化所導致的全球貧富懸殊，事實上，1993年開始的國際消除貧困日旨在喚起世界各國的注意、檢討與援助，以提高全球的「滅貧意識」[7]。

　　再者，其他潛在安全問題如地球暖化問題，造成氣候失常或水位上升，關係全

---

[7]　「國際消除貧困日最嚴峻的全球性挑戰」，**蕃薯藤新聞**，http://n.yam.com/newtalk/international/20121017/20121017894529.html。（檢索日期：2012/10/21）

球環境變遷及可能造成的災難；2001年11月達成協議之後，國際簽署「京都議定書」限制二氧化碳排放，但能否產生規範作用大有疑問。另外，跨國組織犯罪如毒品販賣、人口買賣、海上劫掠、難民潮、走私武器與戰爭物資等非法交易，造成國家及地區的混亂，甚而危及區域整體安全。

三、非傳統安全研究的必要性

　　為何非傳統安全議題日益重要？主要在於上述所出現的傳統與非傳統問題，傳統國際關係理論似乎無法充解析此種非傳統安全的起源、發展與結構因素。例如中國學者王逸舟指出：「傳統的國際關系和國際戰略無法充分解釋非傳統安全現象，人們必須探索新的研究範式和思考角度。[8]」換言之，在此種非傳統安全態勢下，亦即跳脫傳統以國家、硬權力為主的安全思考，擴大安全的主體與客體，抽離國家安全維護的價值與利益，威脅來源與途徑，非主流國際關係理論的安全研究。

　　此外，除了國家為國際政治行為主體之外，個人亦成為重要的安全研究「參照物」在新的國際環境和時代條件下，亦「人類安全」獲得了更多的重視，公民個體的權利和民眾表達自身權利的意願，也得到越來越多制度性安排（包括不同領域的國際法和國內法）的庇護[9]。當出現使個人、群體、民族、國家，甚至是國家社會擁有的某些價值受到威脅的問題時，這就是安全問題的產生。對於國家安全政策的擬定者而言，需要受到保護的基本價值為國家主權、領土完整、政治、獨立等，對這些價值的威脅，就是對國家安全的威脅[10]。

　　針對上兩項所分析，傳統與非傳統議題的相互夾雜的複雜性與多元化，首先，本文先分析當代國際情勢的發展特色，非傳統安全議題的勃興，因而造成傳統安全研究的不足，提出以另類角度分析分傳統安全的必要性。其次，分析非傳統安全議題的性質、定義與內涵，及其發展特色與過程，對人類安全的衝擊與影響。

　　再者，整理非傳統安全研究的主要理論：哥本哈根學派、批判安全、女性主義、人類安全，建立一個分析傳統與非傳統安全研究的驗證指標。接著，舉出全球性金融安全危機的非傳統議題，透過上述各節的驗證指標，顯示出非傳統安全研究

---

[8]　王逸舟，「重視非傳統安全研究（下）」，人民網，http://theory.people.com.cn/BIG5/40764/63787/63791/4380641.html。（檢索日期：2012/10/11）

[9]　王逸舟，「重視非傳統安全研究（下）」，人民網，http://theory.people.com.cn/BIG5/40764/63787/63791/4380641.html。（檢索日期：2012/10/11）

[10]　王崑義，「非傳統安全與台灣軍事戰略的變革」，台灣國際研究季刊，第6卷第2期，2010年夏季號，頁1-43。（檢索日期：2012/10/16）

的實證與規範性價值。最後，整理本文各節所述，面對未來非傳統安全議題的發展，相關理論研究的態勢，提出個人的研判與建議之道。

貳、非傳統安全定義與意涵

一、非傳統安全的定義

一般討論「非傳統安全」時，必須先釐清「傳統」與「非傳統」之間的概念關係，事實上，安全是一個很模糊的概念，例如：英國學者Barry Buzan強調「安全」屬於是一個「發展的非常不全面」與「高度爭議性」的概念[11]，主要在於：安全的主體、客體，維護何種價值？以何種方式，由誰來維護安全，以及透過何種途徑來達到安全，都會因為不同情勢下而產生不同結果。

至於，非傳統安全盡然是安全的相對概念，自然也是充滿歧異性的概念。相對於傳統安全討論軍事威脅的安全議題，非傳統安全從語意上涉及分析那些「非軍事安全」，亦即危機性相對低程度的議題。事實上，從傳統安全的角度言，安全基本上與「生存」有關，主要在於此一「語境」強調一個被指涉的對象（國家、政府、領土與社會）造成了「存在性威脅」（Existential threat）。一言之，由於安全威脅的特殊性質，表達武力的使用是完全正當的，成為國家合法使用武力的關鍵所在[12]。

另外，處理非傳統安全問題不全然是一個理論的問題，而是要依據實際狀況加以分析，所以王逸舟認為：「同時需要理性思維和實踐檢驗的難題」[13]，因為安全事務為特殊術語，任何事物屬於安全議題，就成為政府優先處理的課題，就存在一定的政治色彩，安全事務的處理與國家治理不可切割，在給定的資源與客觀環境下，「好」的政治會使安全保持在可控的範圍，不好的政治態勢下，導致安全情勢的惡化。因此，政治的敏感性與複雜性，決定了安全的定義與後續處理機制。

近年來國際關係與安全研究學界增強對「非傳統安全」的重視，普遍認為安全

---

[11] Barry Buzan, *People, States and Fear: An Agenda for International Security Studies in the Post-Cold War Era*, (Boulder: Lynne Rienner, 2nd ed., 1991), pp.3-5.

[12] Barry Buzan, Ole Waever, Jaap De Wilde原著，朱寧譯，**新安全論**（*Security: A New Framework for*）（杭州：浙江人民出版社，2003），頁29。

[13] 王逸舟，「中國與非傳統安全」，查道炯主編，非傳統安全卷，王緝思總主編，**中國學者看世界**（北京：新世界出版社，2007），頁23。

不僅是以軍事安全為主體的國家安全，也涉及國家制度、經濟、環境、生態、資源、網路和資訊，以及社會中人的安全等方面面[14]。從傳統安全到非傳統安全的發展，並非只是簡單的影響安全狀態和實現安全目標的「問題領域」（issue area）的擴大，也不是單純的安全「研究物件」（subject targets）的擴展。亦包含國際關係的時代變遷究竟對安全問題帶來了什麼變化、安全狀態和安全目標的延續與發展、安全研究的學術爭論和學術進步，以及國際關係究應該如何對安全問題做出反應等一些系列重大問題[15]。

二、非傳統安全的內涵

　　至於非傳統安全的內涵為何？基本上也是一個很難與傳統安全研究切割的事務。學者朱鋒提出四個角度區隔兩者之間的不同[16]：（一）傳統安全分析「國家與國家之間」（inter-state）的安全互動或安全問題，非傳統安全研究聚焦於「跨國家」（trans-state/transnational）的安全互動與國家內部產生的安全問題；（二）傳統安全關注「國家行為體」（State Actor）之間的安全互動，國家則是主要威脅來源；非傳統安全重視「非國家行為體」（Non-State actor）引發的安全挑戰；（三）傳統安全側重「軍事安全」（military security），非傳統安全則是關切「非軍事安全」（non-military security）；（四）傳統安全將國家是為安全主體，主要在於「國家安全」：主權、領土及其利益，非傳統安全聚焦於「人」：維持日常生活，價值、免於匱乏、天災與人為專制政治迫害。

　　是以，「非傳統安全」具有三種「語境」下的內涵[17]：（一）聯合國等國際組織提倡之非傳統安全，包括「人類安全」的範疇，非傳統安全不僅是一種政治理念，也是一種國際實踐的目標；（二）作為「安全」衍生出來的「非傳統安全」，非傳統安全係指有別於傳統安全觀念與安全政策的安全關注；（三）國際關係學界關於安全研究所進行討論的「非傳統安全」。上述三種語境下的「非傳統安全」都

---

[14] 參見：李淑雲，「非傳統安全的根源與趨勢」，社會科學輯刊，2004年第6期（總第155期），頁30-33。

[15] 朱鋒，「非傳統安全解析」，查道炯主編，非傳統安全卷，王緝思總主編，中國學者看世界（北京：新世界出版社，2007），頁3。亦參考：南方國際關係在線，http://www.sciso.org/Article/Scholar/famous/ZhuFeng/200610/610.html。（檢索日期：2012/09/13）

[16] 朱鋒，「非傳統安全解析」，查道炯主編，非傳統安全卷，王緝思總主編，中國學者看世界（北京：新世界出版社，2007），頁5-6。

[17] 朱鋒，「非傳統安全解析」，查道炯主編，非傳統安全卷，王緝思總主編，中國學者看世界（北京：新世界出版社，2007），頁18。

有其觀念與不同的價值取向。

　　加上全球化的風潮，隨著國家疆界作用下降、國家主權意識淡化、國際政治與國內政治界限模糊的趨勢，安全觀必須加以擴展、轉換和充實，要有對全球化時代新現實、新問題的關注與探討，如經濟安全（包括諸如金融安全、貿易安全、貨幣安全、財政安全等多種內容）、資訊安全、文化安全、生態安全、跨國犯罪與安全、核擴散與安全、民族主義與安全、移民與安全、社會矛盾與安全等[18]。

　　同時，安全威脅的判斷並非是一種完全客觀情勢的估計，包括主觀心理的層面，不存在絕對權威與標準，研究者比較能夠限制安全「領地」的有限性，亦可以掌握「安全」與「非安全」的界線，更能夠理解「傳統」與「非傳統」問題之間的變換[19]。換言之，一般討論安全利益時，都從國家主觀安全與利益著手，並未考慮其他國家、國際組織或是個人角度的安全與利益，這些就是非傳統安全理論的可以拓展與發揮的空間。

三、非傳統安全的發展

　　事實上，傳統「安全研究」（Security Studies）區分為廣義與狹義的研究[20]，廣義安全研究區分為三個階段：（一）二次大戰結束至70年代末期，以傳統現實主義的「戰略研究」（Strategic Stiudies）為標誌；（二）從70年代末期到90年代初期冷戰結束以來，呈現新現實主義、新自由主義競逐的「安全研究」；（三）90年代冷戰結束以來的社會建構主義為焦點，以「非安全化」為特色的安全研究。至於，狹義的安全研究從二十世紀70年代以來發展。簡言之，一般國際關係學術界都將冷戰（Cold War）的結束，世界進入「後冷戰」（Post-Cold War）是為非傳統安全研究的興起時期（參見下表14-1：非傳統安全研究的歷史演進表）。

　　冷戰結束以前，主流安全研究觀念，關注國家之間的軍事衝突與戰爭，安全研究等於戰略研究，國家安全政策內涵就是：如何動用各種手段來阻止外來的軍事威脅[21]。冷戰以後，國際安全研究與安全研究受到下列三個因素的衝擊[22]：

---

[18] 王逸舟，「論綜合安全」，**世界經濟與政治**，1998年第4期，頁6。

[19] 王逸舟，「中國與非傳統安全」，查道炯主編，非傳統安全卷，王緝思總主編，**中國學者看世界**（北京：新世界出版社，2007），頁24。

[20] Barry Buzan, Ole Waever, Jaap De Wilde原著，朱寧譯，**新安全論**（*Security: A New Framework for*）（杭州：浙江人民出版社，2003），譯者序，頁1。

[21] 朱鋒，「非傳統安全解析」，查道炯主編，非傳統安全卷，王緝思總主編，**中國學者看世界**（北京：新世界出版社，2007），頁9。

[22.] 朱鋒，「非傳統安全解析」，查道炯主編，非傳統安全卷，王緝思總主編，**中國學者看世界**（北京：新世界出版社，2007），頁9-13。

（一）後冷戰時代帶來新的安全思考，未來安全的發展方向為何？以往被忽視的非傳統安全議題重新被重視，諸如：國內因素、社會文化因素、生態變化對安全議題的挑戰。

（二）兩極對抗體系的瓦解，國際組織，中等國家，以及強調和平的非政府組織，關注和平、環保、道德主義的安全議題的出現。亦即聯合國開始推動「非傳統安全」議題的研究與推廣，加上「全球化」（Globalization）現象的出現，加速國際社會脫離以國家為中心的安全意識的研究。非傳統安全研究著重於國家主義的傳統觀念以及非軍事化的安全，提出「全球安全」的主張，更引領非傳統安全的發展。

（三）在上述兩種反傳統安全研究的思潮下，針對現實主義安全研究中所主導地位進入反思階段，新現實主義引導新的傳統安全研究範是，並且出現許多新的非主流安全研究概念與架構。例如：1990年代出現，「女性主義」（Feminism）、「後現代主義」（Post-modernism）、「批判理論」（Critical Theory）、「建構主義」（Construvtivism）等等，都對安全研究領域擴大了非傳統安全扮演重要地位。

表14-1　非傳統安全研究的歷史演進表

年代	學者	觀點
60年代中期	Hedley Bull	戰略研究與安全研究的不同；不重視：環境或是國家內部安全問題；
70年代	Richard Smoke	從國家安全研究到國際安全研究； 重視安全就是國家安全；
80年代	1980年Brandt Report Barry Buzan Richard Ullman Joseph Nye	非傳統的方法對待安全問題； 安全威脅包括：經濟、社會、環境、政治與軍事問題； 擴大解釋安全問題：非軍事安全的重要性； 國際政治經濟與國際安全的分化；
90年代	Alexander Wendt、Barry Buzan、Ole Waever	建構主義學派、英國學派、哥本哈根學派等對於主流學派的論證；

資料來源：朱鋒，「非傳統安全解析」，查道炯主編，非傳統安全卷，王緝思總主編，**中國學者看世界**（北京：新世界出版社，2007），頁7-9。並經筆者加以修整補充。

　　根據Terry Terriff等學者分析，冷戰後安全領域出現下列四種變化[23]：（一）「誰是敵人」已經無法具有共識，不僅是冷戰敵我結構的解體，也是現實主義研究典範的終結；（二）國家組織決策者、非政府組織成員，以及許多研究學者重新界定安全的意涵；（三）種族衝突、經濟移民、跨國犯罪等國內因素在安全問題方面的重要性逐漸上升；（四）國內因素同時超越國際因素，呈現跨國界的衝擊力道。

　　面對上述複雜的冷戰後全球安全情勢變化，傳統安全理論無法去檢驗非傳統議題的多元性，根據Ken Booth所強調[24]：（一）單純將安全議題侷限於軍事領域帶來越來越多的問題，例如軍事衝突所帶來的「軍備競賽」，為了保障國家安全，建構更多武力裝備，讓國家之間形成更多的不安全困境；（二）將其他議程的安全問題納入考量的呼聲提高，亦即威脅國家社會日常生活的穩定與安全的議題，不同於從傳統軍事安全的分析角度。因此，Helga Haftendorn認為應該建立一種新的安全研究理論，包括下列兩個要件[25]：（一）僅將安全議題設定在軍事領域，會帶來更多複雜的問題；（二）安全議題的擴大性成為必然的國際安全發展。

　　簡言之，後冷戰時期安全領域研究針對安全問題出現三種觀點[26]：（一）正統派：此派強調新現實主義的理論架構，主張冷戰以來安全研究的基調與主流沒有實質變化，強調戰爭與國家安全層面的議題，安全應該關注國家間、國家與非國家行為體對軍事威脅的運用、控制與管理；（二）擴展派：強調根據冷戰後的國際新形勢，進行大幅度的調整，針對安全概念進行擴大解釋與理解，一方面保持傳統安全研究的本質，再者強化非傳統安全問題在安全建設與安全觀念上的比重；3.全球派：要求將安全研究關注的重點從傳統安全轉向非傳統安全，認為國家之間的軍事對抗已經結束，應該以人類共同利益、共同價值與共同體之上的道德性安全關懷，化為實質性的國家、國際組織與國際社會的共同行動。

---

[23] Terry Terriff, Stuart Croft, *Lucy James and Patrick M. Morgan, Security Studies Today* (Cambridge: Polity Press, 1999), pp.3-4.轉引自：李開盛，人、國家與安全治理（北京：中國社會科學出版社，2012），頁12。

[24] Ken Booth, "Security and Emancipation," *Review of International Studies*, Vol.17, No.4, 1991, p.318.轉引自：李開盛，人、國家與安全治理（北京：中國社會科學出版社，2012），頁13。

[25] Helga Haftendorn, "The Security Puzzle: Theory-building and Discipline-building in International Security, " *International Studies Quarterly*, Vol.35, No.1, 1991, p.12.轉引自：李開盛，人、國家與安全治理（北京：中國社會科學出版社，2012），頁13。

[26] 朱鋒，「非傳統安全解析」，查道炯主編，非傳統安全卷，王緝思總主編，中國學者看世界（北京：新世界出版社，2007），頁14。

　　例如，從中國的角度言，未來必須因應三個層面的非傳統安全議題[27]：（一）在台灣問題尚未解決之前，涉台軍事鬥爭與相關非傳統安全問題（防恐、應對心理戰、資訊駭客戰），是解放軍與中國資源投入的重點；（二）從國際合作角度言，北京必須注意跨國性非傳統安全問題，包括：洗錢、海盜、貧困、難民與非法移民、國際傳染病與環境安全問題；（三）根據社會安全與國家安全並重的原則，中國應該將「經濟安全」（能源、金融與糧食安全）、「資訊安全」（網路、電信、資訊安全）、「三股惡勢力」（宗教極端主義、分裂主義、恐怖主義）列為最重要的安全挑戰，成為北京政府資源配置與學術界研究工作重點科目。

參、非傳統安全研究的理論

　　基本上，國際安全研究面臨後冷戰時期，非傳統議題的出現，面臨許多挑戰。Barry Buzan強調：自國際安全研究從二十世紀40年代晚期產生以來，該領域內的爭論基本直接或間接地圍繞著以下五個問題產生[28]：一、安全的物件是什麼？二、安全問題是內驅動的（internally driven）還是外驅動的（externally driven）？三、將安全限制在國防領域，還是應該向其他領域擴展？四、安全研究該基於何種國際政治學的基本思想？五、安全研究應該選擇怎樣的認識論與方法論？

　　非傳統安全理論是建構在經由對傳統安全研究理論的批判，在指涉對象上，傳統安全著重國家，非傳統安全理論觀察「非國家」，在主導安全價值上，傳統安全理論注意軍事與政治安全，非傳統安全重視非軍事與非政治安全。誠如王逸舟所強調：非傳統安全研究本身存在的困難與問題在於內部整合的缺乏，基於對象的複雜性與研究者的多樣性，非傳統安全不是一種單一模式[29]。

　　事實上，非傳統安全理論具有六個共通性[30]：一、人或是「個體的人」成為非傳統安全理論的主要安全指涉對象，而非國家本身，菲傳統反對國家安全觀點，強

---

[27] 王逸舟，「中國與非傳統安全」，查道炯主編，非傳統安全卷，王緝思總主編，**中國學者看世界**（北京：新世界出版社，2007），頁25。

[28] 巴里‧布贊（Barry Buzan），「論非傳統安全研究的理論架構」，**世界經濟與政治**，2010年第1期，頁119。

[29] 王逸舟，「論非傳統安全：基於國家與社會關係的一種分析思路」，**學習與探索**，2005年第5期，頁6。轉引自李開盛，**人、國家與安全治理**（北京：中國社會科學出版社，2012），頁113。

[30] 李開盛，**人、國家與安全治理**（北京：中國社會科學出版社，2012），頁115-118。

調其他國家層面的安全的重要性；二、安全訴求的規範性，主要基於對於人的安全的普遍重要性；三、採取寬廣的研究議程，重視各安全領域之間的互動性；四、關注國內安全與國際安全的聯動性，打破現實主義理論所強調的國際社會存在「無政府狀態」，而國內社會是一個有序法治狀態的區隔；五、強調合作安全與共同安全的必要性，亦即不僅國家擔負安全的重責，國家聯盟、國際組織與非政府組織都可以扮演促進安全的主體；六、非傳統安全理論強調遠離傳統的「理性主義」，試圖去解構所謂：「安全是一種客觀事務，威脅可以被確認」的觀點，亦即非傳統安全理論是一種建構的過程，主體與客體與牽涉的價值都會發生變化。

一、哥本哈根學派[31]

（一）緣起

「哥本哈根學派」（Copenhagen School, Cos）主要來自於1985年成立的哥本哈根和平研究所（Copenhagen Peace Research Institute, COPRI），主要致力於支持與強化對和平與安全的多元學科研究。在創所者之一的Ole Waever與1988年擔任所長的Barry Buzan共同努力下，出版一系列書籍：1983出版之《人民、國家與恐懼：國際關係中的國家問題》、1990年之《歐洲安全秩序的重塑》、1993年的《認同、移民與歐洲的新安全議程》。1996年學者McSweeney與Neumann開始使用「哥本哈根學派」一詞，稱呼居住於北歐以COPRI為核心的研究學者[32]。

（二）代表學者

主要代表學者包括：Barry Buzan、Ole Waever、Stefano Guzzini、Morten Kelstruo、 Pierre Lemaitre、De Wilde等人在此研究所進行過研究工作而得名。其中，Barry Buzan為代表學者，同時也是「英國學派」的重要領導學者。基本上，哥本哈根學派主要具有三個主要相互關連的論點：「安全化」（securitization）、「寬領域研究議程」與「地區複合安全體研究」（regional security complex）。

---

[31] 請參見：羅天虹，「哥本哈根學派的安全理論評析」，**教學與研究**，1999年第8期，頁47-53。（檢索日期：2012/10/26）
[32] 白雲貞、李開盛，**國際關係理論流派概論**（杭州：浙江人民出版社，2009），頁363。

（三）主要觀點

1983年Buzan出版《人、國家與恐懼：國際關係中的國家安全問題》一書，標誌國家安全分析的重要轉變，影響後續相關安全研究的理念，被稱之為「古典式複合安全理論」，1993年出版《認同、移民與歐洲的新安全議程》，提出「社會安全」為理解歐洲新安全議程的有效分析工具，發展出相對於傳統安全的替代性概念；1998年幼出版《新安全論》，主要論點有三項[33]：1.針對寬廣安全領域的開放性分析，將安全領域分為軍事、環境、社會、政治、經濟等五項；2.引進建構主義的觀點，從言語-行為的模式觀察安全，將社會關係列為安全分析的核心[34]，並將「集體認同」當作社會安全的指涉，將安全定義為「自我指涉」的實踐過程[35]。

同時，哥本哈根學派強調：威脅是社會建構的，不一定與物質條件有關連性[36]。3.2003年該學派又出版《地區與強權：國際安全結構》，將安全研究重點至於地區層次，針對亞洲、中東、非洲、歐洲地區的安全實踐進行經驗性考察分析，強化複合安全理論的內涵[37]。以下針對「安全化」、「寬領域研究議程」與「地區複合體研究」三個哥本哈根學派主要概念加以分析之。

1. 安全化（securitization）與非安全化（de-securitization）[38]

「安全化」（securitization）與「非安全化」（de-securitization）是由Ole Waever所提出，他首先指出一個重要命題：「究竟是什麼使一件事物成了安全問題？[39]」Waever將「安全」當作一種「言語行為」（speech act），亦即當某人說該事務是安全問題時，那個問題就成了安全問題，「安全」成為掌握國家權力者透過給某事務天上某一個「標籤」，並運用特殊權利動用各種資源來消除對那那種安全

---

[33] Barry Buzan, Ole Waever, Jaap De Wilde原著，朱寧譯，**新安全論**（*Security: A New Framework for*）（杭州：浙江人民出版社，2003）。

[34] Barry Buzan, Ole Waever, Jaap De Wilde原著，朱寧譯，**新安全論**（*Security: A New Framework for*）（杭州：浙江人民出版社，2003），頁17-18。

[35] Barry Buzan, Ole Waever, Jaap De Wilde原著，朱寧譯，**新安全論**（*Security: A New Framework for*）（杭州：浙江人民出版社，2003），頁21-27。

[36] Barry Buzan, Ole Waever, Jaap De Wilde原著，朱寧譯，**新安全論**（*Security: A New Framework for*）（杭州：浙江人民出版社，2003），頁34。

[37] 參考：Barry Buzan and Ole Waever, *Regions and Powers: The Structure of International Security* (Cambridge: Cambridge University Press, 2003).

[38] 參見：朱寧，「安全與非安全化：哥本哈根學派安全研究」，**世界經濟與政治**，2003年第10期，頁21-26。（檢索日期：2012/10/26）

[39] Ole Waever, "Securitization and Desecuritization," in Ronnie D. Lipschutz eds, *On Security* (New York: Columbia University Press, 1995), p.54.

的威脅[40]。根據此種安全化的理論，安全不再具有任何預先定的意義，安全是一種社會與主體間的建構，可以是被宣稱為「安全」的任何事務[41]。

事實上，「安全化」與「政治化」兩者關連緊密，所謂「政治化」在於某些問題為國家政策的一部分，需要一定的決心與資源配置，或是一種有別於傳統的公共治理體系，「安全化」則是將這些問題作為一種「存在性威脅」，表明需要採取緊急措施，以便證明這些措施固然逾越政治程序，但還是一種正當作為[42]。換言之，某些事務之所以被定義為一種國際安全事務，就會使得此一議題比任何議題都重要，國家當政者可以要求一種非常方式來處理此一國際安全問題，從而打破常規的政治規則。

其次，安全化是一個「雙向過程」，因為安全化的行為主體屬於掌握權力的菁英（政治領袖、官僚機構、政府內閣、壓力團體等等），一個成功的安全化不僅要由安全化施動者，這些「施動者」建立一個「言語—行為」集團，同時受到「言語—集團」的聽眾所決定，如果這些聽眾接受一種共有價值遭受「存在性威脅」時，如果聽眾認同此一論述，則安全化過程得以順利完成，如果反之，此一安全化就無疾而終[43]。

最後，哥本哈根學派的安全化的關鍵研究議程在於：誰實施安全化？針對何種問題？指涉誰？為什麼？產生何種後果？在何種條件下推動？亦即：瞭解安全化的動力與過程相當重要，如果一般人瞭解誰能夠製造「安全」，可以在什麼方面與基於哪些條件「製造」安全，就可以從主體間的互動加以調整，從而抑制「安全困境」。一言之，依據Waever的主張：安全應該被視為一種常規政治處理問題的一種失敗、必須採取的措施，政治應該依照日常程序加以處理，並不需要將特離具體「威脅」上升到一種必須即刻處理的超政治情勢來處理，這就是一種「去安全化」的過程[44]。

---

[40] Ole Waever, "Securitization and Desecuritization," in Ronnie D. Lipschutz eds, *On Security* (New York: Columbia University Press, 1995), p.55.

[41] Rita Taureck, "Securittization Theory and Securitization Studies," *Journal of International Relations and Development*, Vol.9, No.1, 2006, pp.54-55.轉引自：李開盛，人、國家與安全治理（北京：中國社會科學出版社，2012），頁20。

[42] Barry Buzan, Ole Waever, Jaap De Wilde原著，朱寧譯，新安全論（*Security: A New Framework for*）（杭州：浙江人民出版社，2003），頁32-33。

[43] 李開盛，人、國家與安全治理（北京：中國社會科學出版社，2012），頁21。

[44] Barry Buzan, Ole Waever, Jaap De Wilde原著，朱寧譯，新安全論（*Security: A New Framework for*）（杭州：浙江人民出版社，2003），頁40-41。

2. 寬領域研究議程

哥本哈根學派主張一個比傳統安全研究更為寬廣的研究議程，意即「兼容」傳統主義的主張，包括：非傳統的經濟、社會、生態與傳統的軍事領域的分析。其次，哥本哈根學派並未將上述領域當作國家安全領域，而是有其各自指涉的對象，軍事領域以國家為主，環境領域以人類與文明，經濟領域則是指涉：個體、公司、階級、國家與全球市場。每一種領域有其不同價值的安全化與領域，包括：不同主體、指涉對象、動力與矛盾。

所以，《新安全論》即是從「安全化」為分析工具，從「安全議程」、「指涉對象」、「行為主體」、「威脅」、「脆弱性邏輯」與「地區化動力」加以分析安全議題。

同時，哥本哈根學派認為五個領域都有其關連性，只是需要被貼上安全標籤，而且是相互關連的領域的基礎，亦即，國家將「安全」視為「集合體安全」，而非五個獨立的領域[45]。

另外，哥本哈根學派特別重視「社會安全」（societal security），強調社會不在是國家安全的一個獨立的領域，而事國家旁邊一個獨特指涉的對象，從而分離出「國家安全」與「社會安全」。事實上，社會的安全（social security）主要指涉個體層次所面臨的安全問題：文盲、歧視、疾病、犯罪等，社會安全意味作為一個整體的共同體的安全，主要關注「身份」與「文化」。

3. 地區安全複合體研究（regional security complex）

地區安全研究的邏輯思維在於：雖然，「領土安全」仍然是國際安全態勢的核心特色，不過，哥本哈根學派認為：一種基於非領土性界線的安全化增加的可能發展[46]。此種研究特點有別於傳統安全研究，重視地區而非國家本身。是以，該派提出「地區安全複合體」（regional security complex），以下四個主要變數：(1)邊界：將地區安全複合體與鄰近地區分開；(2)無政府結構：表明一個地區安全複合體要包括兩個以上的自治單位；(3)極性：涉及單位之間的權力分配；第四、社會性建構：涉及單位之間的有好與敵對模式[47]。同時，安全複合體是一個「工具性概

---

[45] Barry Buzan, Ole Waever, Jaap De Wilde原著，朱寧譯，**新安全論**（*Security: A New Framework for*）（杭州：浙江人民出版社，2003），頁230。

[46] 請參見：胡勇、潘忠岐，「一種研究國際安全結構的地區主義方法—地區安全複合體與國際安全結構評介」，頁134-138。（檢索日期：2012/10/26）

[47] 巴瑞・布贊、奧利・維夫，**地區安全複合體與國際安全結構**（上海：上海人民出版社，2010），頁52。

念」，主要功能在於引導吾人對於地區安全進一步認識，並非描寫出一幅具體的區域安全態勢[48]。

其次，地區安全複合體根據地區內國家安全互動的強度與廣度，分為三種類型：高級（由大國所組成）、低級（地區內國家所組成）、初級（則是一種狀況，類似西部非洲國家）。從所及國家的多寡，又區分為四個分析層次：(1)內部意義上的地區內國家；(2)國與國關係（兩者構成名副其實的地區）；(3)該地區與周圍地區的互動；(4)全球大國在地區中的角色[49]。是以，安全複合體的類型分成：(1)標準地區安全複合體：由兩個以上國家組成，主要安全議程是軍事一政治，屬於無政府結構，其極性由地區大國決定；(2)中心化的地區安全複合體：地區的集權化到某種程度，被視為最強大的大國之間全球安全組群的一個參與者；(3)大國地區安全複合體：包括兩個或兩個以上全球層次大國所構成的地區安全複合體；(4)超級複合體：原來不相干的地區安全複合體集結為一個或更多個大國為何新的超級複合體[50]。

整體而言，哥本哈根學派的主要內涵以下三點[51]：第一，通過拓寬安全研究的議程，改變傳統安全研究的觀點，提升一些低階政治（經濟、環境、社會）賦予高階政治的意涵，因而提高對此類領域的重視；第二，強調安全的社會面向，亦即點出「安全化」此一概念，提醒世人安全實踐之後可能面臨的潛在損害；第三，超越國家安全為單一的分析單位，提出多樣化的安全分析層次，特別是地區層次安全問題，提供安全研究的另類成果[52]。

二、批判安全研究（Critical Security Studies）

（一）緣起

1994年出現在加拿大多倫多的一場學術研討會上，主要倡議者Keith Krause

---

[48] 李開盛，人、國家與安全治理（北京：中國社會科學出版社，2012），頁39。

[49] 巴瑞・布贊、奧利・維夫，地區安全複合體與國際安全結構（上海：上海人民出版社，2010），頁50-52。

[50] 巴瑞・布贊、奧利・維夫，地區安全複合體與國際安全結構（上海：上海人民出版社，2010），頁53-60。

[51] 白雲貞、李開盛，國際關係理論流派概論（杭州：浙江人民出版社，2009），頁365。

[52] 亦參見：高峻，「哥本哈根學派複合安全理論的修正和演進」，教學與研究，2005年第10期，頁89-96。（檢索日期：2012/10/26）

Michael與C. Williams運用批判安全研究來指涉哪些不同於傳統安全研究的理論從此國際政治學界出現「批判安全研究」一詞。

（二）代表學者

代表學者包括：Ken Booth、Richard Wyn Jones、Andrew Linklater等人，大部分都在英國威爾士大學任教，亦被稱之為「威爾士學派」（The Wales School）[53]。主要代表學者Ken Booth將其理論淵源歸類為以下幾點：1.普世性：以整個人類為目標；2.包容性：包括一切已經銷退或是正在消退的聲音；3.規範性：追求理論對話與追求平等；4.解放性：建構一個沒有鎮壓、促進自由的世界政治；5.進步性：進步不僅在道德上、也在政治上都是可能的；6.批判性：在現實之外，分辨那些既存結構與過程中的鎮壓現象[54]。

（三）主要觀點

基本上，批判安全研究致力於解構「舊知識」與「舊世界」，同時在於建構新知識與新世界，批判安全研究質疑傳統安全研究所建構的「真實世界的事實」：國家安全與軍事安全，戰爭、主權、嚇阻的一幅安全圖像，而是去反問：這是所謂客觀的安全？為世人需要的安全？同時，批判安全研究要替那些受到重壓下的邊緣聲音出頭，建立一個為他們服務的新知識與新世界[55]。

1. 國家安全批判

Ken Booth批判哥本哈根學派將安全與生存加以結合，屬於一種國家中心主義、菁英主義、話語主導式的安全研究，而採取一種不同的「安全指涉」對象的研究途徑[56]。因為Booth認為在大多數狀況下，對個人福祉、民族利益的威脅來源，並非是鄰國的軍隊，而是例如：經濟崩潰、政治鎮壓、資源缺乏、人口過剩、種族衝突等等挑戰[57]。換言之，國家成為不安全的來源，研究國家安全勢必重視次國

---

[53] 請參見：鄭先武，「人的解放與安全共同體—威爾式學派的批判安全探析」，**現代國際關係**，2004年第6期，頁55-61。（檢索日期：2012/10/26）

[54] Ken Booth, Theory of World Politics (New York: Cambridge University Press, 2007), pp.38-39.轉引自：李開盛，**人、國家與安全治理**（北京：中國社會科學出版社，2012），頁49。

[55] 李開盛，**人、國家與安全治理**（北京：中國社會科學出版社，2012），頁50-51。

[56] 參見：Ken Booth, "Security and Emancipation," *Review of International Studies*, Vol.17, No.4, 1991。鄭先武，「人的解放與安全共同體—威爾式學派的批判安全探析」，**現代國際關係**，2004年第6期，頁55-61。（檢索日期：2012/10/26）

[57] Ken Booth, "Security and Emancipation," *Review of International Studies*, Vol.17, No.4,

家、超國家與跨國家等分析層次的互動關係。所以，Booth強調：應該把「人」視為「目的」而非「工具」，國家則是一個「工具」而非「目的」[58]。所以，批判安全研究基於人性的角度，質疑國家及其安全的追求，是批判安全研究的特色。

2. 解放與安全

批判安全研究主張「安全」是一個派生概念，可以從政治哲學角度分析，不同政治哲學產生不同安全概念。批判安全研究認為應該推翻傳統安全概念，選擇一種「解放」（emancipation）成為其新安全概念的基礎[59]。所謂解放就是讓人（個人與集團）免於那些阻止他們執行自己自由選擇的物質與人為的束縛[60]。簡言之，就是讓人類免於戰爭與戰爭的威脅，貧窮、缺乏教育與政治的壓迫。同時，批判安全研究具有以下四種與傳統安全研究的區隔：(1)以自由核心價值：不同傳統安全研究以權力、利益為主軸；(2)強調經濟因素、物質地位在實現自由、建構安全過程中的角色；(3)安全的相互性：反對犧牲他人的安全為安全的追求；第四突破國內與國際社會的界線：將對外政策與國內政策加以整合，才能真正達到解放的過程[61]。

3. 人的解放與安全共同體

為了達到人的解放，批判安全研究提出「安全共同體」的概念，來實現一個複合、整體的安全目標。Ken Booth提出一個「綜合安全共同體」的框架：(1)安全共同體所指涉的對象為「綜合的」，包括個人與相關的集團；(2)此種安全共同體的安全施動者是綜合的，除了政府之外，國家內部的公民社會扮演重要角色；(3)此種安全共同體是一種綜合性的制度，此種制度提供給安全施動者學習與發展的環境；(4)此一共同體超越領土與民族國家的「聚合國」；(5)這種共同體與學者關係密切，學者們的教育活動成為解放社會運動的主要任務[62]。

1991,p.318.引自：李開盛，**人、國家與安全治理**（北京：中國社會科學出版社，2012），頁54。

[58] Ken Booth, "Security and Emancipation," *Review of International Studies*, Vol.17, No.4, 1991, p.319.引自：李開盛，**人、國家與安全治理**（北京：中國社會科學出版社，2012），頁56。

[59] 李開盛，**人、國家與安全治理**（北京：中國社會科學出版社，2012），頁57。

[60] Ken Booth, "Security and Emancipation," *Review of International Studies*, Vol.17, No.4, 1991, p.319.

[61] 李開盛，**人、國家與安全治理**（北京：中國社會科學出版社，2012），頁60-61。

[62] 參見：Ken Booth, *Theory of World Politics* (New York: Cambridge University Press, 2007)以及李開盛，**人、國家與安全治理**（北京：中國社會科學出版社，2012），頁63-64。

三、女性主義角度

（一）緣起

1972年Berenice Carroll發表一篇「和平研究：對權力的崇拜」，是第一篇關於女性主義對於權力的解釋，1988年倫敦召開「婦女與國際關係學」學術研討會，會議論文在英國國際關係期刊上登出，標示女性主義進入國際關係理論的範疇中。1989年Cynthia Enloe出版一本專書：《香蕉、海灘與基地》，描述一些不被重視的女性、軍人的妻子、加工出口區的女作業員的日常生活，讓女性主義成為國際政治重要課題的重要象徵[63]。1999年經由Jan Jindy Pettman的推動下成立第一本女性主義國際政治期刊：「國際女性主義政治雜誌」（International Feminist Journal of Politics）。

（二）代表學者

J. Ann Tickner的專著《國際關係中的性別：實現全球安全的女性主義視角》，通過安全研究以不能忽視女性主義的觀點，真正的安全研究必須包括女性的經驗與觀察。一般女性主義可以區分為：「女性主義經驗論」或「自由主義女性主義」、「女性主義立場論」或是「激進女性主義」和「後現代女性主義」；另外，包括：「馬克斯主義女性主義」、「社會主義女性主義」與第三世界女性主義學派。

（三）主要觀點

基本上，女性主義有如下的理論共同特徵：1.性別是一種社會建構；2.批判男性／女性二分法：在父權社會制度下，存在二元對立思維，性別受到此種思維的影響；3.強調女性在國際關係中的作用：女性主義者認為婦女為推動世界和平與發展、社會進步重要力量。在國際關係理論研究中，女性主義強調女性視角與批判的重要能量[64]。

一般女性主義學者分析安全議題重視下列課題：1.女性是安全飾物中的特殊受害者：尤其在戰爭中，無法區分前後方，婦女與兒童更容易受到傷害，或是國家增加軍事預算，衝擊國家社會福利預算的增長，間接影響婦女的家庭支出；2.性別因素與安全研究：對女性主義者言，在國際關係中存在一種「性別等級制」（gender

---

[63] 參見Jill Steans, *Gender and International Relations* (Cambridge: Polity Press, 2nd ed., 2006).
[64] 李開盛，人、國家與安全治理（北京：中國社會科學出版社，2012），頁73-74。

hierarchy），男性處於統治地位，女性則是附屬地位，正式基於性別在內的等級制導致了社會衝突、不平等的狀態；3.強調女性在國際安全事務的實際作用：反對女性被排斥在安全事務之外，深入分析性別如何在社會中被建構[65]。換言之，女性主義學派認為傳統安全研究看起來是中立，其實表現出性別化的假設與論述[66]。他們批判傳統安全研究的三個概念：個人、國家與國際體系，事實上，具有男性經驗的產物。

　　綜合言之，女性主義安全觀點有以下四點：第一，將女性要素納入安全指涉的對象中，主要在於女性主義者更加關注個體與社區安全，強調注意家庭暴力、迫害婦女等微觀暴力現象；第二，在安全價值方面，女性主義更加重視低層次的政治、經濟、社會與生態的安全，這些都與女性問題有關；第三，威脅來源方面：女性主義關切衝突與戰爭，貧窮、性別歧視，意即女性強調消除所有暴力現象，尤其是性別現象所造成的暴力；第四，維護安全責任方面，拗主義主張一種非國家主義途徑，懷疑國家保障能量，強調一種包容性安全，把破公、私領域、國與國際之間、政治與經濟之間的界線[67]。

四、人類安全觀點（human security）

（一）緣起

　　冷戰結束之後，國家之間不在發生大規模的衝突，國際社會開始分析人的安全問題。學者阿查亞提出冷戰後人類安全的發展原因：1.內戰與國內衝突不斷發生，在數量上超越傳統的國際衝突事件；2.民主化的傳播：從民主化帶來自由化的傳播效應，讓國家政治產生變化；3.全球人道主義干涉出現：國際社會可以介入那些違反人道的國內衝突事件，而不會有主權干預之嫌；4.二十世紀90年代全球化帶來的衝擊與影響，由於南北經濟差距存在，在經濟全球化效應下，產生許多不平等、不均衡、不安全的現象[68]。

---

[65] 李開盛，人、國家與安全治理（北京：中國社會科學出版社，2012），頁78-80。

[66] Sandra Whitworth, "Feminist Perspectives," Paul D. Willia,s ed., *Security Studies: An Introduction* (Londonand New York: Rouledge, 2008), p.104.轉引自李開盛，人、國家與安全治理（北京：中國社會科學出版社，2012），頁83。

[67] 李開盛，人、國家與安全治理（北京：中國社會科學出版社，2012），頁85-86。

[68] 阿米塔夫・阿查亞，李佳譯，人的安全：概念與應用（杭州：浙江大學出版社，2010），頁

（二）推動主體

　　1990年聯合國開發計畫署（UNDP）提出「人類發展報告」，開啟國際社會針對「人類安全」的重視，在此份報告中提出發展必須關注人，而非國家的邊界觀念，除了經濟福利之外，還需重視健康、教育與政治自由的理念。1994年出版「人類發展報告」，直接點出人的安全概念[69]。事實上，加拿大與日本也對人類安全不遺餘力的推廣研究工作，推動人的安全研究進入國際議程[70]。

（三）主要內涵

　　根據聯合國1994年提出的的「人類發展報告」（Human Development Report），人的安全內涵主要兩個方面[71]：1.人的安全意味免於飢餓、疾病與鎮壓等慢性威脅；2.人的安全意謂保護人們的日常生活，不僅在加、工作場所或是社區，免於突然與有害的破壞。同時，人類安全的要素分成七個：1.經濟安全：免於貧困的自由；2.食品安全：能夠獲得食物；3.健康安全：可以獲得衛生保健與遠離疾病；4.環境安全：遠離環境污染與破壞的危險；5.人身安全：免於戰爭、犯罪攻擊、國內暴力、吸毒、自殺、交通事故的危險；6.社會安全：文化傳統的保持與族群生活的維繫；7.政治安全：享有公民權利政治權利，免於政治性的迫害。

　　基本上，人類安全研究不同於批判安全研究的立場，採取一種補充與批判的態度。人類安全在四方面補足國家安全研究的不足：1.重視個體、共同體與社會，而非國家本身；2.人的安全重視那些不被認為危害國家安全的威脅項目；3.包括更多的行為體，而不只是國家單獨；4.人的安全不僅提供安全，還有「授權」（em-

---

30。轉引自李開盛，人、國家與安全治理（北京：中國社會科學出版社，2012），頁90。

[69] 其原文如下：Increasing human security entails:
- Investing in human development, not in arms;
- Engaging policy makers to address the emerging peace dividend;
- Giving the United Nations a clear mandate to promote and sustain development;
- Enlarging the concept of development cooperation so that it includes all flows, not just aid;
- Agreeing that 20 percent of national budgets and 20 percent of foreign aid be used for human development; and
- Establishing an Economic Security Council "Human Development Report 1994", "New Dimensions of Human Security", access at: http://hdr.undp.org/en/reports/global/hdr1994/. (2012/10/21)

[70] David Chandler, "Human Security: The Dog That Didn't Bark," Security Dialogue, Vol. 39, No.4, 2008, p. 433.轉引自李開盛，人、國家與安全治理（北京：中國社會科學出版社，2012），頁93。

[71] "Human Development Report 1994," access at: http://hdr.undp.org/en/media/hdr 1994_en_contents. pdf。（2012/10/21）

powering）的行為[72]。

　　如何實現人類安全的觀點很多，基本上有些學者強調「民主化」與「全球治理」可以扮演的角色，或是通過多元化的管道來提升人類安全的實現。主要在於人類安全的七大要素，涵蓋傳統與非傳統議題，加上環境、健康、社會、文化與心理等非量化因素，面對複合性安全威脅，不管是保障的主體，或是良好的因應的途經就是一個很大的挑戰。

　　以上從主要非傳統安全理論各主要學派加以基本要點的論述，事實上，如果從安全主體、主導價值、威脅來源、維護主體與維護方式，四種學派各有所長，亦各有所短，必須綜合角度來分析。從表14-2可看出，大多數學派都有其基本概念與內涵，但在實際操作上就有其侷限性，例如：哥本哈根學派與批判安全研究沒有具體的追求安全的實施途徑，而女性主義的「包容安全」，真正操作起來，也相當抽象。或許在此方面，必須藉由傳統安全理論中去尋求合適的解答。

表14-2　非傳統國家安全研究理論各學派的比較

理論途徑	安全主體	主導價值	威脅來源	維護主體	維護方式
哥本哈根學派	地區安全複合體	軍事、政治、經濟、社會與環境的安全	軍事、經濟、環境、社會與政治領域	國家、當權者、公司、國際組織、域外集團、非政府組織；	缺
批判安全研究	人，作為個體的人	解放（免於物質與人為束縛的自由狀態）	經濟崩潰、政治鎮壓、資源稀少、人口過剩、種族衝突、自然破壞、恐怖主義、犯罪與疾病；	共同體	缺
女性主義	包括女性經驗與角度	經濟、社會生態安全	各種暴力、尤其是性暴力、結構性暴力；		包容安全
人類安全	人，作為個體的人	免於恐懼與匱乏的自由	貧困、經濟威脅、環境惡化、國際戰爭、國內暴力、政治壓迫；	國家、非國家實體	全球治理、合作、民主化、正義與發展

資料來源：修改自李開盛，人、國家與安全治理（北京：中國社會科學出版社，2012），頁115。

---

[72] Georg Frerks and Berma Klein Goldewijk, "Human Secuiryt: Mapping the Challengers," Georg Frerks and Berma Klein Goldewijk, *Human Security and International Insecurity* (Washington: Wageninigen Academic Publishers, 2007), p.30，轉引自李開盛，人、國家與安全治理（北京：中國社會科學出版社，2012），頁87。

肆、非傳統安全研究的檢證：2008年美國華爾街金融風暴

一、華爾街金融危機事件緣起

　　2007年8月發生的美國次貸危機，戳破信貸市場過度膨脹的泡沫，為美國金融風暴的引爆點。不但重創美國本土金融業，後續效應迅速延燒至歐洲各國，其對全球經濟的傷害難以估計。此乃歐美大型金融業者長久以來忽略風險管理，濫用高槓桿財務操作模式，並缺乏有效的金融監理機制。加上，2008年9月以來美國政府接管兩房機構、雷曼兄弟倒閉，以及美國國際集團（AIG）爆發財務危機等一連串事件，引發一連串的全球金融危機[73]。

二、華爾街金融危機發展過程

　　此次全球金融危機最早始於2007年2月8日美國最大的房貸金融公司Country-wideFinancial及第二大房貸金融公司與第一大次級房貸金融公司New Century Financial，操作次級房貸不良，逐漸吹起次貸風暴。同年8月9日由於全球貨幣市場資金吃緊，銀行普遍囤積資金或惜售資金以求自保，導致英國的北岩銀行（Northern Rock）成為全球第一個因流動性嚴重不足的危機個案，加上，美國的投資銀行雷曼兄弟公司於2008年9月15日申請破產保護後，進入全新的混亂局面[74]。

　　基本上，1850年成立的雷曼兄弟，主要業務包括證券與債券交易、市場研究、投資管理私募基金等，是美國的主要公債交易商與第四大投資銀行。此次危機散蔓延至海外各國的主要原因，在於證券化過程及後續之衍生性金融商品市場，加重金融危機，雷曼兄弟在黑色九月宣告破產保護之後，全球股市齊聲下挫[75]。2008年9月15日歷經一百五十八年歷史，資產總值高達六千三百九十億美元的雷曼兄弟的債務突破六千一百三十億美元，宣告破產之後，其股價隨之大跌93%，道瓊指數大跌504點[76]。美國政府立即採取一系列救市措施，同時，美國政府表明立場，即

---

[73] 詹淑櫻、葉華容，「全球金融危機的衝擊與因應」，中華經濟研究院國際經濟所，**國際經濟情勢雙週報**，第1665期，http://www.wtocenter.org.tw/SmartKMS/do/www/readDoc?document_id=95626。（檢索日期：2012/10/16）

[74] 黃富櫻，「第三章　本次金融危機之五個重要個案分析」，**全球金融危機專輯**，http://www.cbc.gov.tw/public/Attachment/02616195571.pdf。（檢索日期：2012/10/22）

[75] 黃富櫻，「第三章　本次金融危機之五個重要個案分析」，**全球金融危機專輯**，http://www.cbc.gov.tw/public/Attachment/02616195571.pdf。（檢索日期：2012/10/22）

[76] 鄧欣怡，「『雷曼兄弟』破產對台灣之影響」，**國家政策研究基金會**，http://www.npf.org.tw/post/1/472（檢索日期：2012/10/22）

除非引發系統性風險，不會輕易利用納稅人的錢去救援私人機構。所以，美國政府在接管兩房時只保護債權人利益，並撤換了管理層以及嚴重稀釋了兩房股東的股權價值[77]。

三、華爾街金融危機事件影響

截至2008年9月底止，歐、美四國的股價指數以法國跌幅逾三成最嚴重，亞洲則以中國跌幅逾四成最為嚴重，台灣次之，跌幅為37.40%；至2008年底止，歐、美四國跌幅大約在三成至四成間，以法國跌幅近46.95%最重、美國Nasdaq 37.31%次之；亞洲跌幅擴大，以中國上海A股跌幅53.43%最深，其次為台灣51.54%、新加坡51.13%及南韓51.10%，主因為南韓等亞洲國家在10月份跌幅擴大，金融危機擴散至亞洲新興市場所致[78]。

2008年9月中雷曼兄弟證券申請破產時，根據金管會統計資料，我國金融機構與個人總曝險資金各約八百億元；而10月爆發冰島瀕臨破產後，根據金管會銀行局統計，截至2008年10月13日止，國內計有十六家銀行及一家票券公司有投資或授信部位，總曝險金額約一百八十億元，已提列損失三十六億元[79]。事實上，雷曼兄弟不僅衝擊美國金融市場，也對台灣造成實質與心理上的震撼。

2008年9月15日雷曼宣告破產，9月16日台股劇烈動盪，重挫295點，跌幅為4.89%，收盤價為5,756點。金管會指出台灣銀行、證券、投信、保險等金融機構共投資雷曼相關商品四百億元，公股行庫包括兆豐（曝險部位約為三十億元）、台銀、合庫、土銀、華銀、一銀以及台企銀，投資與雷曼兄弟相關之公司債、衍生性金融商品、結構債等投資標的共計約新台幣一百億元。七家公股行庫雖然曝險部位

---

[77]「雷曼兄弟公司破產真實原因」，**大紀元時報**，http://hk.epochtimes.com/8/9/26/89042.htm。（檢索日期：2012/10/22）

[78] 郭秋榮，「全球金融風暴之成因、對我國影響及因應對策之探討」，**經濟研究**，第9期，http://www.cepd.gov.tw/att/files/3%E5%85%A8%E7%90%83%E9%87%91%E8%9E%8D%E9%A2%A8%E6%9A%B4%E4%B9%8B%E6%88%90%E5%9B%A0%E3%80%81%E5%B0%8D%E6%88%91%E5%9C%8B%E5%BD%B1%E9%9F%BF%E5%8F%8A%E5%9B%A0%E6%87%89%E5%B0%8D%E7%AD%96%E4%B9%8B%E6%8E%A2%E8%A8%8E.pdf。（檢索日期：2012/10/22）

[79] 郭秋榮，「全球金融風暴之成因、對我國影響及因應對策之探討」，**經濟研究**，第9期，http://www.cepd.gov.tw/att/files/3%E5%85%A8%E7%90%83%E9%87%91%E8%9E%8D%E9%A2%A8%E6%9A%B4%E4%B9%8B%E6%88%90%E5%9B%A0%E3%80%81%E5%B0%8D%E6%88%91%E5%9C%8B%E5%BD%B1%E9%9F%BF%E5%8F%8A%E5%9B%A0%E6%87%89%E5%B0%8D%E7%AD%96%E4%B9%8B%E6%8E%A2%E8%A8%8E.pdf。（檢索日期：2012/10/22）

高達一百億元，但是合計七家行庫的總資產高達新台幣十兆元，總計淨值為新台幣五千億元，所以曝險部位占總資產的比重約為0.1 %[80]。

　　全球透視機構（Global Insight）2008年9月時預測，2008年全球經濟成長率將由2007年3.9%減緩至3.0%，2009年續降至2.7%。同年，Global Insight對於台灣2009年經濟成長的預估由7月份5.1%逐月下修至10月份3.5%，全球經濟成長趨緩，影響台灣2010年經濟成長；其他機構例如：IMF預估台灣2009年經濟成長的表現為四小龍之尾，經濟成長率僅2.5%；其他瑞銀證券、德意志證券、麥格里證券及惠譽信用評等則分別估計3.1%、1%、負2%及負1.7%[81]。

四、全球金融安全的理論與檢證

　　從上述2008年美國發生信貸危機，導致雷曼兄弟公司破產，引發全美與世界各地的金融秩序混亂，所帶來的全球金融危機，從四種非傳統安全研究理論加以驗證（參見下表14-3：非傳統安全理論與實際的檢證表）：（一）在指涉主體方面，此次金融危機不僅影響與衝擊國家、區域經濟組織、企業與個人，一言之，從一般平民大眾、企業集團、國家與國際組織；（二）在主導價值方面，此次危機涉及不同層次基於金融危機所帶來的國家社會的綜合性安全；（三）在威脅來源，基本上，四種非傳統安全研究都指向：綜合型的安全威脅：經濟危機伴隨社會、政治的不安全，只是女性主義強調的「暴力」，應該指涉少數銀行、信貸業者濫用資金，發行不良金融衍生性產品，算是另一種型式的暴力展示。（四）威脅主體，此次危機的導火線，應屬於銀行信貸過渡操作的結果；（五）維護方式方面，哥本哈根學派與批判學派並無完整因應金融危機的策略，女性主義強調「包容安全」，顯示出「人飢已肌」的心態，但亦無完整途徑來解決；反而人類安全提出的全球金融治理，透過超國家組織：聯合國、世界銀行（World Bank）或是國際貨幣基金（IMF），反而成為比較具體的處理機制。

---

[80] 鄧欣怡，「『雷曼兄弟』破產對台灣之影響」，**國家政策研究基金會**，http://www.npf.org.tw/post/1/4728。（檢索日期：2012/10/22）

[81] 郭秋榮，「全球金融風暴之成因、對我國影響及因應對策之探討」，**經濟研究**，第9期，http://www.cepd.gov.tw/att/files/3%E5%85%A8%E7%90%83%E9%87%91%E8%9E%8D%E9%A2%A8%E6%9A%B4%E4%B9%8B%E6%88%90%E5%9B%A0%E3%80%81%E5%B0%8D%E6%88%91%E5%9C%8B%E5%BD%B1%E9%9F%BF%E5%8F%8A%E5%9B%A0%E6%87%89%E5%B0%8D%E7%AD%96%E4%B9%8B%E6%8E%A2%E8%A8%8E.pdf。（檢索日期：2012/10/22）

表14-3 非傳統安全理論與實際的檢證表

非傳統安全面向	全球金融安全				
安全理論學派	指涉主體	主導價值	威脅來源	維護主體	維護方式
哥本哈根學派	地區安全複合體	經濟、金融安全	軍事、經濟、環境、社會與政治領域；	國家、當權者、公司、國際組織、域外集團、非政府組織；	無
批判安全研究	個人、國家	經濟、金融安全	經濟崩潰	共同體	無
女性主義學派	國家	經濟、金融安全	各種暴力、尤其是性暴力、結構性暴力；	不一定	包容安全
人類安全研究	人、投資大眾	經濟、金融安全	貧困、經濟威脅、環境惡化、	國家、非國家實體	區域經濟治理

資料來源：筆者自由整理。

伍、結語

一、本文總結與檢討

基本上，全球化時代非傳統安全威脅的複雜性與多元性超越傳統安全的影響層面，主要在於全球化此一現象，由於時間、空間兩種因素，透過「科技」的演變，讓威脅更加具危及性與破壞性。加上，傳統安全並未消滅，其所引發的非傳統安全問題，並非一般國關傳統安全理論，例如：現實主義與自由主義所能夠因應。是以，學者提出許多的分析途徑，彌補了傳統安研究理論的不足。

二、本文研究心得與啟示

在相關的非傳統安全研究理論中：哥本哈根學派重視「安全化」、「去安全化」、「擴寬安全議程」、「社會安全」與「地區安全複合體」的理念，批判安全理論的解放與國家安全的重新理解，女性主義的去性別研究角度，加上，人類安全的以「人」為本的思考，真正以「人」的基本單位，超越國家單一行為者，達到真正的人道主義精神，豐富了既有以「權力」、「安全」與「利益」為基本概念的分析途徑，讓非傳統安全研究有了新的解析基礎。

　　其次，相關非傳統安全研究理論並不能脫離既有的國際社會無政府文化的基本前提，在此狀態下，建構主義國際關係理論又可以扮演一個溝通的橋樑角色。建構主義重視社會行為體的互動過程，經由相互往來，產生不同程度的無政府文化：敵人、競爭者、朋友的身分，進而約制其相互的利益認知，也因而確定了未來相互的政策與作為。最重要的在於：社會建構主義是一種「主體間」的互動與認知，不僅是一種語言交換的過程，更是一種觀念的溝通，比較能夠達到真正理解與同理心的建立。

　　再者，從美國信貸公司所引發的全球金融危機而言，均可以以從以上四種非傳統安全研究理論加以驗證與說明。但是，不管何種層次的非傳統安全威脅，似乎，最終還是要有一個特定的國家行為體，出面協商解決相關問題。從目前尚在發生中的「茉莉花革命」，後續敘利亞內戰方興未艾，政府軍不斷鎮壓民兵與財害百姓，國際社會似乎無法給予更強而有力的約束，讓傳統與非傳統安全理論似乎踢到鐵板一般。

三、未來研究趨勢與展望

　　最後，非傳統安全研究理論，不僅近只有上述四種研究途徑，類似「法蘭克福學派」、「英國學派」與「後現代理論」應該也可以提供一些新的分析視角，例如，英國學派強調「國際社會」的概念，讓國際社會如同國內社會一般，達到有效治理與規範的境界。以後，有志從事非傳統安全研究理論者，可以進一步嘗試將傳統與非傳統安全研究理論加以整合，或許可以整理出一套更有效果的分析架構，不僅可以分析現象的原因，更可以提出建設性的政策參考。

廖舜右

壹、前言

　　紐西蘭、新加坡、智利，以及汶萊於2005年簽署的「泛太平洋經濟夥伴關係協定」（Trans-Pacific Partnership, TPP），是全球第一個跨太平洋的多邊自由貿易協定（Free Trade Agreement, FTA）。在2005年生效的TPP文本中，規定會員必須於2015年將全部產品的關稅降為0%，且其執行自由化與便捷化的部門別包括農業、製造業、服務業、投資、智慧財產權、勞工標準、與法規一致性等，是一個高品質且涵蓋廣泛部門別的FTA。美國歐巴馬總統2009年2月就任後，基於美國經貿戰略的考量，於2009年11月APEC領袖高峰會議期間，宣布美國正式參與TPP的談判[1]。

　　至2011年10月止，有九個國家實際參與TPP的談判，分別為新加坡、紐西蘭、智利、汶萊、美國、澳洲、秘魯、越南、馬來西亞，均為亞太經濟合作的會員（Asia Pacific Economic Cooperation, APEC），而至2011年10月底已經進行九個回合的談判。在2011年11月中旬的APEC領袖會議上，日本首相野田佳彥宣布參與TPP的先期談判，使TPP的談判成員達到10個，並使TPP其為僅次於歐盟，同時GDP高達二十兆美元以上的超大型自由貿易區。至於其他曾經表達參與意願的國家，包括加拿大、墨西哥、台灣，菲律賓，以及泰國等。

　　TPP因為美國的加入而產生推動亞太經濟整合的新動力，並首次在2010年的APEC領袖宣言中表明：「亞太自由貿易區（Free Trade Area of the Asia Pacific, FTAAP）是APEC邁向區域經濟整合（Regional Economic Integration, REI）的主要手段，且FTAAP將藉由TPP、ASEAN加三、ASEAN加六等FTA，以達成廣泛FTA的目標。」TPP的發展對APEC的未來而言，具有相當程度的重要性，且美國是TPP的主要推動力量。未來，若有更多的APEC經濟體宣布加入，TPP的重要性極

---

[1] 2008年2月時，布希總統僅表明參加TPP投資與金融服務部門之談判，並於2008年9月時，由當時的USTR代表宣布美國將成為P4後，第五個參與TPP的國家。

可能超越亞太地區其他的多邊FTA。

　　TPP並非一個單純的自由貿易協定，除了其規範將採取高規格、高品質的自由化及便捷化貿易與投資措施之外，其中也意味著各國從地緣政治與經濟戰略層面，進行彼此間的相互角力，最終目的在於為各自國家利益與產業爭取最大的利潤。

　　因此，本文嘗試從國際政治經濟的角度切入，討論TPP談判的內容，以及可能的爭議問題。並歸納各談判參與國、潛在參與國對於TPP發展的觀點，最後討論TPP對東亞區域整合的可能影響。

貳、TPP談判的進展與政經意涵

一、TPP談判進展

（一）各參與談判國的可能目的與優勢

　　最初成立TPP的紐西蘭、新加坡、智利、汶萊不僅在貿易上呈現明顯的互補作用，同時其政府亦積極推動貿易自由化政策。紐西蘭的主要出口大宗為乳製品，亦是該國在TPP中的主要優勢。智利則為水果類的主要出口國，且其政府積極推動自由化政策，在亞洲亦有許多簽署自由貿易協定的貿易夥伴。不同於上述兩者的為汶萊與新加坡，汶萊的主要出口大宗為石油，與新加坡一樣缺乏農業。新加坡在部分的工業與服務業具有競爭力，亦是經貿體制自由化程度極高的國家。

　　2009年美國歐巴馬總統明確宣布加入TPP後，強力主導TPP以作為其重返亞洲的重要政策。美國本身為經貿與農業大國，亦有相當大的金融與投資實力，因此使TPP所涵蓋貿易範圍與重要性大幅增加，可說美國的加入確實改變了TPP的本質。而澳洲則以農礦大國之姿宣布加入，除卻經濟目的之外，澳洲也意欲藉此積極參與亞太事務。

　　另外，秘魯本為礦產出口國，因欲藉TPP改革其國內產業結構而加入，同時期能加強與美國與東亞的經貿關係。另有兩國則是在美國的鼓勵下加入，其中越南本是稻米生產大國，其主要目標為強化與美國的關係，此外越南也欲藉參與複邊為主的FTA，以加速其經貿體制的改革。另一方面，馬來西亞本就與美國商談FTA多時，其主要參與目標為以TPP取代美馬FTA談判，另外，其出口大宗為橡膠與棕櫚油，在TPP各成員國之中具有出口優勢。

表15-1　各談判回合時程

談判回合	時間	地點
第一回合	2010年3月15~18日	澳洲
第二回合	2010年6月14~18日	美國
第三回合	2010年10月7~8日	汶萊
第四回合	2010年12月6~8日	紐西蘭
第五回合	2011年2月14~18日	智利
第六回合	2011年3月24日~4月2日	新加坡
第七回合	2011年6月20~24日	越南
第八回合	2011年9月6~11日	美國
第九回合	2011年10月24~28日	秘魯
	2011年11月13日	APEC領袖會議提出TPP報告

（二）TPP談判分組

　　TPP談判模式共分為二十四組，依據議題類別在每一回合分別展開多邊談判，較特別的是第二十四組「跨領域特別小組」，負責中小企業、競爭、發展與法規調和等「水平議題」（horizontal issues）。水平議題（cross-cutting issues）包括如何協助創造有效率的供給鏈及如何創造一致（consistent）與可相容（compatible）的規範來使貿易更方便。

　　這些議題並不是致力於移除規範，而是著重如何促使這些規範更為有效。在談判過程中，該小組主要鎖定TPP如何協助中小企業在成員市場中拓展貿易，其次則是聚焦於經商便利，討論競爭力與全球供給鏈。最後，該小組亦關注發展（development）與法規一致性（regulatory coherence）議題。各分組臚列如下：

表15-2　TPP小組分工表

分組	負責工作或議題	分組	負責工作或議題
1	首席談判代表協商會議	2	市場進入（工業）
3	市場進入（纖維、成衣）	4	市場進入（農業）
5	原產地規則	6	貿易便捷化
7	衛生與植物檢疫（SPS）	8	技術性貿易障礙（TBT）
9	貿易救濟（貿易防衛措施）	10	政府採購
11	智慧財產權	12	競爭政策

分組	負責工作或議題	分組	負責工作或議題
13	服務業（跨境服務）	14	服務業（電信通訊）
15	服務業（商務人士移動）	16	服務業（金融）
17	服務業（電子商務）	18	投資
19	環境	20	勞工
21	法律與制度議題	22	爭端解決
23	合作與能力建構議題	24	跨領域特別小組

（三）TPP談判進展概況

第八回合已於9月11～15日在美國芝加哥舉行。而美國三大建議內容與談判發展，如下所示：

1. 透過TPP規範拓展美國藥商市場

在利馬談判期間，美國於10月24日發布四份文件[2]，作為其在智慧財產權議題的主要文本內容。美國企盼為其藥商創造「進入開發中國家的窗口」，以拓展市場的好處說服藥商放棄較嚴格的專利權保護。不過，目前仍有許多公民團體及公衛愛好者對此提案大力撻伐。

2. 美國希望將國營企業（state-owned enterprises, SOEs）納入TPP規範

美國期望享受國家資源及競爭優勢的國營企業與私人企業之間能建立一個「競爭中立」的原則。尤其這些國營企業向海外移轉或進行投資時，往往缺乏透明度與課責性。這些受國家控制的國營企業不僅以營利為目的，更是代表國家行使權力。遂提出國營企業的提議尋求TPP成員國的共識，甚至制定對國營企業具有約束力的協議[3]。

---

[2] U.S. TPP Proposals : Transparency On Pharmaceutical Pricing; TBT Annexes On Medical Devices, Pharmaceutical Products And Cosmetic Products; Intellectual Property Right; Regulatory Coherence. World trade online news, http://insidetrade.com/201110242379977/WTO-Documents/Text-Document/leaked-tpp-proposals-show-us-positions-on-ipr-regulatory-coherence-medicinal-access/menu-id-174.html.

[3] U.S. Fixes Future-SOE "Loophole," Sends TPP Partners Proposed Text, Inside U.S. Trade, http://insidetrade.com/201110192379537/WTO-Daily-News/Daily-News/us-fixes-future-soe-loophole-sends-tpp-partners-proposed-text/menu-id-173.html.

3. Yarn Forward[4]原則遭受反對

TPP成員國對於紡織品及成衣是否適用Yarn Forward原則，仍停留在初步研擬階段，許多成員國認為沒有其他TPP成員國專門處理紡織品及成衣的談判，反對將紡織品及成衣列為獨立專章[5]。

二、現階段談判成果的政經意涵

整體而言，2011年TPP的談判已經於11月APEC領袖會議中確定TPP文本的架構綱要，而談判國正式簽署文件的時間預計為2012年上半年。至於在細部方面，美國貿易代表辦公室（Office of United States Trade Representative, USTR）表示第八回合許多議題皆已達成共識，並在許多章節已完成大致的文件內容，例如關務、貿易技術障礙、電通通信、政府採購、水平議題、法規調和及發展等。此外，部分高爭議性的議題，如智慧財產權及投資也有進展。而各國談判代表們也尋求新的談判途徑，希望能以套案包裹方式協商市場進入議題，範圍涵蓋工業、農業、紡織成衣等約一萬一千項稅目，同時預計新增勞工與國營企業兩個章節。

另一方面，TPP談判也特別著重法規謀合，後續重要談判內容包括智慧財產、透明化、電信通訊、關務、環境等。特別是針對水平議題，各談判國希望透過協商，對於法規謀合的內容取得彼此間的共識，藉以避免法規上的障礙，而增加各國間的貿易困難度。TPP目前對於貿易商品完全開放的大部分項目已達成共識，自由化項目達90%以上，也就是預估有90%以上的商品會在TPP生效後立即降為零關稅。然而，包括糖、乳製品等商品在內的約10%可能列為例外項目，同時各國仍有歧見且需進一步談判的項目包括智慧財產權、勞工權利、環境保護、藥品價格等相關議題。

4　Yarn Forward原則來自北美自由貿易協定（NAFTA），亦即從紡紗、織布、裁減至加工為成衣的過程都必須在北美三國境內完成，方能享有關稅及配額上的優惠待遇。
5　U.S. Demand For Yarn Forward Rule Faces Opposition In TPP Negotiations, Inside U.S. Trade, http://insidetrade.com/Inside-US-Trade/Inside-U.S.-Trade-09/16/2011/us-demand-for-yarn-for-ward-rule-faces-opposition-in-tpp-negotiations/menu-id-710.html.

參、TPP爭議議題分析

以下針對目前TPP爭議議題進行分析,並根據不同議題,討論各談判國之立場與相關議題。

首先,在商品市場進入之議題上,目前仍未解決時程上的爭議,各談判國對於「市場進入」的時程究竟是採取重新協商(澳、紐、新支持此案),抑或排除已生效雙邊FTA之內容,僅針對未涵蓋的國家談判(美、智、越支持此案),仍未取得定論。另外,美國仍堅持區分「已與美國簽署FTA國家」與「未簽署FTA國家」兩種模式:僅針對「未簽署FTA國家」進行市場進入的雙邊諮商,包括:馬來西亞、紐西蘭、汶萊及越南。最後,在敏感商品上可能包括糖(美澳FTA中列為敏感清單)與乳製品(美、紐、澳等國無法達成共識)。

其次,在原產地原則上,具有設定一般性與特定產品的原產地原則(rule of origin, ROO)內容之爭議,在TPP談判中,將針對「一般性原產地原則」與「特定產品原產地規則」(product-specific rules of origin, PSRO)之可適用範圍進行討論[6]。

第三,在紡織與成衣業之議題上,美國積極地在市場進入議題中推動「yarn-forward」模式[7],藉此可讓TPP的利益限於會員國及其廠商享有。而對越南而言,若採「yarn-forward」原則,將會嚴格限縮適用優惠關稅的產品範圍與項目,將使越南紡織品及成衣出口至其他TPP國家,所能獲得之利益受限。

第四,在農業議題上,美國希望能爭取擴大牛肉輸出,以回應國內農業的要求。而前述的敏感商品,糖類可能列為敏感項目清單。且紐西蘭不願開放乳製品市場,因為擔憂美國乳製品大量傾銷。

第五,在智慧財產權議題上,美國提出高標準的TPP智慧財產規範,至少要以美韓FTA為範本。然而各談判國至今對於此議題仍未達成共識,包括:專利年限、網路服務提供者的規範、藥品研發、地理標示等。美方希望將版權年限可以延長至一百二十年,並嚴格限縮網路業者的傳播權。然而,紐、澳等國未同意美方對地理

---

[6] 依據NAFTA對PSRO的定義,第一種類是限定完全由區域協定成員國所生產之產品方能適用。第二種類為生產過程實質改變該產品性質(substantial transformation criterion),條件包括:1.改變產品之HS code;2.增加出口國本身生產該產品的附加價值;3.特殊技術要求。

[7] Yarn Forward原則來自北美自由貿易協定(NAFTA),亦即從紡紗、織布、裁減至加工為成衣的過程都必須在北美三國境內完成,方能享有關稅及配額上的優惠待遇。請參閱:Inside US Trade: "U.S. Mulls NAFTA-Like Marking Rules to Determine Tariffs Under TPP."

標示、版權年限與網路傳播權的主張：因美方所提之內容將對這些國家廠商產生嚴重影響。澳方明白表示，澳洲不會因為TPP而修改本國現有關於智財權的法規[8]。澳洲、越南與紐西蘭等國希望可以維持其國內原有的規範與廠商的利益，將「專利權授予前的異議期」（pre-grant patent opposition）納入TPP文本，但美國認為此一規範可能增加廠商成本，且耗費更多時間在專利權的爭奪上[9]。

第六，在藥品市場議題方面，美國提議納入「藥品定價與補償體制」的規範，允許藥商直接向消費者販售的規定[10]。以及開放「藥品仿單外的使用」（off-label use）。但是，越南與馬來西亞等開發中國家恐無法負擔藥品研發與專利的費用問題，使人民無法享有最有效的藥物以治療疾病。而紐西蘭照護組織（New Zealand Nurses Organization, NZNO）主席Nano Tunnicliff表示，新的TPP文件內容可能使得紐西蘭的藥價高漲[11]，擔憂影響紐國現行的健康照護政策。

第七，在網路資料傳輸議題上，美國提出開放網路傳輸的規範，此項規範可能會涉及社會主義國家（越南）是否願意開放資訊傳輸[12]。

第八，在競爭政策議題上，美國企業爭取將對國營企業之規範納入TPP競爭政策之討論，以確保公平競爭。尤其是越南與馬來西亞等國之國營企業[13]。美國提出此項政策，也考量未來中國大陸因其國營企業或受國家支援產業可能因為受有特殊待遇而使外國企業無法取得公平競爭環境。

第九，在菸草包裝之立法規範上，美國政府希望透過TPP的談判，侷限澳洲、紐西蘭等國對於菸草包裝的規範。但紐、澳皆已規範其國內菸商需在香菸包裝盒上印製警示標語，並不會為了貿易的理由而進行修正。

第十，在衛生與檢疫條款上，美國提出衛生與檢疫條款的內容，應該超越WTO的規範，此一條款的規範將有利於美國農業的出口[14]。

---

[8]　John Hilvert, "Australia plays down secret copyright treaty impact." *ITNEWS*, Apr. 1, 2011,詳參網址：http://www.itnews.com.au/Tools/Print.aspx?CIID=252967.

[9]　"Leaked paper shows U.S. fights pre-grant patent opposition in TPP", from *Inside U.S. Trade*, Jun. 30, 2011.

[10]　"U.S. circulates draft TPP proposal on drug pricing and reimbursement," from *Inside U.S. Trade*, Jul. 14, 2011.

[11]　請參閱："Pacific Partnership Agreement Threatens Health System," February 13, 2011.詳參網址：http://www.voxy.co.nz。

[12]　"Official Says US tables text on Free Data Flow at Vietnam TPP Round," form *Inside U.S. Trade*, Jul. 21, 2011.

[13]　請參閱："US business groups push for new SOE disciplines in TPP negotiations," From Inside US Trade, Mar. 25, 2011.

[14]　"USTR May Offer Revised SPS Proposal In TPP, Aims To Go Beyond WTO," from Inside U.S.

第十一，在環境議題上，美方提議TPP關於環境議題的談判內容應涵蓋：漁業補貼、鯊魚保護、非法販賣動植物、非法砍伐森林等。唯強調，此內容重點在於補充現有國際相關法規（如WTO、FAO等）之不足[15]。

第十二，在爭端解決議題上，各談判國在投資爭端解決機制的適用主體上產生爭議，美國擬採「投資人對地主國」，而澳紐等國擬採「國對國」之模式，經第四回合之談判仍未達共識。

第十三，在勞工權益上，美國希望越南允許成立工會，以有效維護勞工權益。

最後，綜合以上議題的個別分析，不難發現TPP的談判過程不斷出現爭議，不僅已開發國家與開發中國家間有爭議，已開發國家間亦存在不少爭議點。尤其以2011年美國在APEC積極推動新世代貿易與投資的議題層面，將涵蓋環境保護、勞工、智財權、服務業等，已非單純的關稅或非關稅障礙問題，農業與國內法規調和等問題亦將深入討論。換言之，即使大鋼架構已經完成，但關鍵細節至正式簽署前仍可能引發爭議。

依據USTR的Ron Kirk聲明，美國推動TPP的目的在於，期盼透過TPP提供一個提升生產效率和供應鏈發展的新環境，以鼓勵美國企業投資和生產。在談判過程中，美國較注意如何使管制規範能在TPP中更有效地運作，以幫助企業在拓展國外市場時所面臨的法律規範和非關稅措施問題。而制定共同的監管措施，也將有助於美國出口新興產業和技術，諸如能源及環境科技、生物科技、奈米科技，保健和醫療技術，資訊科技和教育。

此外，發展共同的監管措施，還有助於解決包括食品安全在內的其他問題。此外，TPP談判正在研究如何促進小型企業的出口。其他主要談判議題包括透明化、環境保護和節能、勞工權利以及經濟發展。

而關於美國各項FTA中均關切的投資人與地主國爭端解決機制（investor-state dispute mechanism），美國現正徵詢利害關係人和國會議員的意見。USTR辦公室官員指出，投資人與地主國爭端解決機制，是2002年貿易談判授權法（trade promotion authority legislation）中的重要部分。此一機制提供美國投資者在國外的重要保障，藉由建立一個中立的國際性論壇，以抵禦專斷、不公平或貪腐的政府。它還提供了透明度和公共參與，包括非政府組織之參與。美國現有FTA中的爭端解決

Trade, Jul. 21, 2011.

[15] 請參閱："US Tables Parts of TPP Environmental Text on Conservation Issues," from *Inside US Trade*, Apr. 1, 2011.

章節通常還規定，政府可以公開地向法院（tribunal）提請爭端解決，法院舉辦的聽證會也會向公眾開放，而且法院有權向民間徵求公眾意見。雖然TPP談判目前仍在進行中，但美國的一貫目標就是希望貿易政策與措施透明化及更多的公共參與。上述關於美國推動TPP的目的，美國經濟、能源與農業事務次卿Robert Hormats也有類似論述[16]。

　　因為TPP談判的動力來自於美國的參與及主導，美國基於本身利益而提出的議題可能與其他談判參與國產生立場不一致之處，TPP的後續發展可能因而受到延宕。

肆、其他APEC經濟體參與的可能性分析

一、日本

　　日本原本預計2011年6月宣布對TPP的立場，但受到三一一地震與內閣政權不穩的影響，延至APEC領袖會議才正式宣布參加立場。不過，野田首相（Yoshihiko Noda）於2011年9月13日在國會的演講，已經明確顯示日本對於TPP的正面立場。日本參與TPP的障礙主要在農業問題，據農林水產省2010年統計，日本農民平均年齡約六十六歲，而農業總產值僅占日本GDP的0.93%，因此若日本仍以高關稅保護其農業，無法防止未來農業衰退。日本迄今與十一國簽訂之EPA（經濟伙伴協定）僅達成84%至88%之商品免徵關稅及自由化，並將稻米、砂糖等項目列為例外項目。日本媒體分析日澳EPA的談判可能是日本參與TPP的關鍵之一，若日澳EPA能解決農產品的問題，將可能是日本決定參與TPP的關鍵要素[17]。此外，日本與印度已簽署FTA，其中日本的部分敏感性農業產品並未列入降稅範圍，如大米、小麥、牛肉與豬肉等農產品均未列入降稅範圍。然而，日經新聞於2011年11月12日的問卷結果顯示，高達73%的受訪者贊同加入TPP的決定。在日相表明加入TPP談判後，內閣支持率也上揚至59%的水準，較前次（11月7～8日）調查上升20%，這將明顯有助於日本現任內閣儘速啟動加入TPP的實質談判。

---

[16] Robert D. Hormats, "U.S. Economic Policy and the Asia Pacific," *U.S. Department of State*, September 13, 2011.詳參網址：http://www.state.gov/e/rls/rmk/2011/172307.htm。

[17] "Japan-Australia EPA Essential for TPP Talks," *The Yomiuri Shimbun*, Feb.12, 2011.詳參網址：http://www.yomiuri.co.jp/dy/editorial/T110212003550.htm。

二、菲律賓

在菲律賓的參與方面，美國大使Harry Thomas表示，歐巴馬總統已經將菲律賓列為優先參與TPP的國家之一，但菲律賓在政府貪污、法院體系等體制上仍需進一步改革，美國會協助菲國，使其具有參與TPP談判的資格[18]。9月30日菲律賓總統訪美期間，菲律賓的貿易部長（Gregory Domingo）與美國貿易談判代表（Ron Kirk）會面，討論成長夥伴倡議（Partnership for Growth initiative），該倡議旨於支持欲加入TPP的國家進行經濟改革[19]。

三、泰國

泰國前總理艾比希（Abhisit Vejjajiva）曾表示，泰國對於TPP感到興趣，會持續關注，但未明確表示泰國將爭取加入。現任總理盈拉（Yingluck Shinawatra）上台後，並未特別針對是否參與TPP作公開表態。然而，泰國商業部貿易談判廳長（Srirat Rastapana）於9月20日表示將向內閣建議加入以美國為首的TPP並與歐盟展開自由貿易協定談判，才能使企業享有歐美市場的關稅優惠，並確保競爭力[20]。

四、韓國

官方迄今未公開表達參與的意願，但因已與美國簽署FTA，而美國政府亦經常以美韓FTA的內容作為TPP談判的範本。近來韓國政府積極與亞洲國家洽簽FTA（泰國、新加坡、馬來西亞），相較於加入TPP後開放農業市場，似乎與個別國家洽簽FTA，這樣各別性漸進式地開放農業市場，國內農民較能接受，倘加入TPP，強勢的韓國農民一旦群起抗議，恐怕危及執政黨的政權穩定。

五、加拿大

2010年11月貿易部長Peter Van Loan曾表示，雖然加拿大有意參與TPP，但不會以放棄現行農業政策作為加入TPP的先決條件。而在2011年APEC領袖會議上，

---

[18] "Thomas Tells PHL: Institute Reforms to Join Trans-Pacific Trade Treaty.," *GMS News*, Jun. 30, 2011.詳參網址：http://www.gmanews.tv/story/224909/business/thomas-tells-phl-institute-reforms-to-join-trans-pacific-trade-treaty.

[19] "US Extends Assistance for Philippines Accession to Trans-Pacific Deal," Sept. 30, 2011.詳參網址：http://www.silobreaker.com/us-extends-assistance-for-philippines-accession-to-transpacific-deal-5_2264884940506136763.

[20] 「泰國政府考慮加入TPP，並擬與歐盟展開FTA談判」，經濟部台商網，2011年9月20日，詳參網址：http://twbusiness.nat.gov.tw/countryNews.do?id=127238192&country=TH。

加拿大總理哈珀（Stephen Harper）不再提及農業政策的先決條件，而正式宣布有意加入TPP談判。

六、墨西哥

2010年墨西哥經濟部長Bruno Ferrari表示，墨西哥無意加入該協定[21]。但2011的APEC領袖會議期間，繼日本與加拿大宣布加入TPP談判後，墨西哥政式表達參加TPP談判的立場。

七、中國大陸

中國國家主席胡錦濤，在對2011年APEC企業領袖發表演說時表示支持現有的貿易安排和達成亞太地區的經濟整合，卻把TPP列於東亞自貿區（ASEAN加三）、東亞全面經濟夥伴關係（ASEAN加六）之後。中國持續關注TPP談判之進展，迄今未表達參與之意願。據日本的研究報告指出中國大陸尚未表達對於TPP的立場，原因在於其金融機構的自由化程度、人民幣升值問題以及智慧財產權等議題，無法適用TPP高度自由化與法規謀合的要求。因此，中國對於TPP仍採觀望態度，並將重心放在「東協加N」機制。

八、印尼

官方表示，將以東協經濟共同體為主要的政策目標。

伍、影響TPP談判的可能因素

除了上述議題面的爭議影響TPP談判的進度之外，TPP的進展也可能因為其他內政因素、地緣政治與地緣經濟等因素，而減緩其談判進展。

---

[21] 2010年11月16日，墨西哥El Economista報。

一、美國國內政治影響TPP的發展速度

（一）現階段美國經濟發展的引擎之一

　　歐巴馬總統已於2010年宣示，將在2015年以前使美國出口貿易擴增一倍，並增加二百萬人的就業機會。因此，涵蓋亞太區域的TPP將是其達成政策目標的主要途徑之一。

（二）參與TPP是美國避免在東亞區域整合過程中被邊緣化的主要政策手段

　　美國自小布希政府執政末期至歐巴馬總統上任後，均積極推動參與TPP談判，並極力拉攏友邦加入談判之列。促使TPP成為APEC實現FTAAP的主要途徑。

（三）美國兩黨政治的動態將影響國會政策，且波及總統貿易談判授權（Trade Promotion Authority, TPA）

　　2010年底美國的期中大選結果，共和黨再度掌控多數席位，使歐巴馬總統的施政受到牽制。且若無國會授予的貿易談判授權，美國總統推動FTA談判的步調將放緩許多。TPP後續的進展動力可能有限。

（四）美國欲以同步方式強化與東南亞國家之經貿關係

　　根據2010年11月美國與東協的會談內容顯示，美國正與ASEAN洽談貿易與投資架構協定，已選定物流、電子商務、與健康照護等服務業為合作領域。同時，美國也將會就國際認證與標準、貿易與環保、科技、能力建構等議題要求ASEAN能提高進一步商談的意願。這些議題與TPP談判內容多有重複，由此看來，更顯示美國正以同步方式，加速經營與東南亞國家之經貿關係。

二、中國大陸的動向備受關注

（一）中國似乎由觀望到試探

　　中國政府官方尚未針對TPP正式表態，但根據中國財政部下之亞太與財經中心兩份TPP文件（至少某種程度上可以反應學界觀點），建議中國大陸政府應參與TPP。特別是在2011年1月初的文件中，已經開始提出中國大陸將遭受邊緣化的困境，並呼籲儘速參與TPP的進程。

（二）中國大陸的參與或可強化國內改革及非市場經濟的地位

中國社會科學院國際學會部主任張蘊嶺表示，中國對參加TPP應該持正面的態度，因為參加TPP可以加速中國經濟結構的改革與提升[22]。從中國大陸外貿發展層面思考，中國大陸一心想擺脫「非市場經濟」地位的帽子，若參與TPP談判可爭取到更多已開發國家承認其「市場經濟」地位，或可使中國政府從經濟戰略的高點思考參與TPP的可行性。

三、其他國家的支持與否將影響TPP的擴大

根據美國學者Vinod K. Aggarwal分析，TPP雖可鼓勵增進APEC會員體間自由貿易，做為亞太區域經濟整合的藍圖，並有美國的強力支持，但是目前東協與中、韓對TPP抱持的態度皆不明確，且TPP也可能對東協與APEC在領導區域經濟整合上造成衝擊，而源自各國內部的貿易障礙，以及TPP與現存自由貿易協定的調和，也為TPP的擴大帶來負面效應[23]。

四、東協之可能立場

東南亞部分國家認為，美國強力推動TPP的目的似乎意圖使東亞地區的經濟整合進展「失速」且脫離正軌，甚至有意「分裂」東協的整合。但依照近來東協所召開之一系列會議，包括東協暨「東協加X」外長會議、經濟部長會議等，均強調繼續推動「東協加X」經濟整合的重要性，而且特別強調，將全力建構「東亞共同體」。

五、東亞地區FTAs的發展可能與TPP產生競合或交互影響之作用

除上述「東協加X」的經濟整合外，中、日、韓間的三邊FTA或任兩邊的FTA之發展，也更積極推動且受到各方關注。「中日韓FTA」的成形原本就被視為是「東協加三FTA」推動的核心部分，若「中日韓FTA」真能早日實現，應有助於東亞共同體的推動。

---

[22] 在2010年12月9日於「第三十四屆太平洋貿易暨發展論壇」（PAFTAD 34）國際研討會之「中國在全球與區域架構的角色」場次中，回答日本學者Shujiro Urata詢問有關中國對TPP的態度。

[23] Vinod K. Aggarwal, "The Transformation of Trade Institutions in the Asia-Pacific." *The Taiwan Institute of Economic Research*, July 12, 2010.

六、2012～2013年TPP的可能發展

　　2012年APEC主辦經濟體為俄羅斯、2013年為印尼，這兩個國家均未表示願意參與TPP，且各主辦經濟體的年度主要目標均會有異，TPP是否仍受到如今年之關注，且推動力道是否仍強勁，有待觀察。

陸、結語

　　在歐巴馬總統上台之後所推動的亞太政策，對美國經濟發展而言，希望可以提升國內出口貿易與增加就業機會，但對於美國亞太戰略而言，則是落實歐巴馬重返亞洲的誓言。經過2009年的佈局，在美日聯手合作之下，2010年的APEC領袖會議宣言中，特別提出三個社群（community）的概念：經濟整合的（economically-integrated）、健全的（strong）、安全的（secure）；其中的內涵包括：更健全且更深化的經濟整合、更高品質的成長，以及更安全的經濟環境。令人驚奇的是，本次的領袖宣言不僅只有口號，還有清楚的路徑圖，其中最受到大家矚目的便是美國積極參與及主導發展的「泛太平洋夥伴協定」（TPP），這將是APEC邁向區域經濟整合的途徑之一。

　　美國今年在APEC中成功推動的各項計畫，似已成功的融合鳩山首相的「東亞共同體（EAC）」與陸克文總理的「亞太共同體」（APC），並由美國接手在APEC推動「亞太自由貿易區」（Free Trade Area of Asia Pacific, FTAAP），在2010年的領袖宣言中亦提及，APEC將是FTAAP的孕育者（incubator），而達成FTAAP的三個路徑（pathway）則包括：ASEAN加三、ASEAN加六與TPP。雖然上述的宣言內容是經過各國談判與折衝而成，但在APEC架構下，已出現亞太主義與東亞主義競合的情勢，而非僅是發展亞太主義的平台。

　　在「ASEAN+X」的機制發展上，今年11月的東亞高峰會將因為美、俄兩國的加入，從東協的角度來看，東協同意在以東協為發展核心的前提下讓美、俄兩國加入，意味著「東協主義」的擴張，東協似有意藉由區域周圍的強權共同參與，一方面是採相互制約平衡的策略，以確保東協主義的續存，維護東協在區域的發言權，一方面則是希望藉由美、俄的參與，讓「東協主義」更為壯大，似有意與APEC相互抗衡。但似乎也凸顯代表亞太主義的勢力在東亞的平台上發展。

　　亞太主義與東亞主義將可能在APEC及EAS兩大平台上產生激烈的競爭關係，

但也可能如鐘擺效應，兩大主義的鐘擺幅度將逐漸縮小而最終靜止，代表亞太主義與東亞主義完全的融合。就美國現階段的政策操作，鎖定APEC是推動經濟整合與對話的平台，而政治與國防安全等議題則將提到東亞高峰會上進行討論；日本則基於日美同盟關係，以配合美國政策為主軸；中國大陸則是積極發展與東協關係，推動ASEAN加三機制與東亞自由貿易區（EAFTA），並關注APEC持續以經貿為主軸的發展方向。

　　亞太區域發展的未來動向，可判定仍將由美、中兩國的行動為觀察指標。現階段的美國外交政策，多採取雙邊與多邊的合作與協商，透過與區域強權的共同合作，維持其全球霸權地位，但也不排除協助其他區域強權的發展。在東亞地區，美國與中國及日本的關係便是在此一架構下推進。美國不排除中國大陸成為東亞強國，但為避免中國大陸的國於強大而威脅其在該區域的支配力，美國也不斷維持美日同盟的互助戰略關係。總結以上，在美國所推動的「亞太主義」戰略架構下，TPP將是美國拓展其國內貿易，以及主導東亞經貿發展的具體設計。

吳建德、朱家敏、張蜀誠

壹、前言

衝突或危機處理（conflict and crisis management）係自第二次世界大戰以後，在國際研究中蓬勃發展之課題，究其原因，乃因世人經過了第一、二次世界大戰的血腥洗禮後，亟思探索各種方式或管道以避免戰爭，俾而謀求和平。

持平而言，國際衝突的最終、無法解決的層次即是戰爭。蓋國際環境的快速變遷，科技一日千里，戰略的演進日新月異[1]。在國際政治中，第二次世界大戰末期，美國擁有原子彈，確定其在戰後國際關係中的地位。尤有甚之，隨著國際情勢的更迭，美國在國際舞台上所扮演的角色已有極大的改變，從往昔不足輕重的「跑龍套」，搖身一變成為不可或缺的主角[2]。

冷戰結束後，蘇聯帝國土崩瓦解，俄羅斯因政治動盪不安、民生凋敝，故美國是在後冷戰（Post-Cold War）時期，世界上碩果僅存的「軍事超強」[3]。雖然，當時美國總統柯林頓（Bill Clinton）表示，美國目前沒有足夠能力建立起單極獨霸的權力格局。此外，對於往昔扮演世界警察（world policeman）的意願已不積極、熱衷[4]。然究實際而言，從波灣戰爭至今美國出兵海地（Haiti）等國際衝突中，美國自始至終在國際方面均扮演舉足輕重的重要角色。儘管，美國經濟不景氣、政治權力結構的交迭及社會狀況的意願不想扮演世界警察；但是，就當今世界而言，亦僅

[1] Henry A. Kissinger, "Force, and Diplomacy in the Nuclear Age," *Foreign Affairs*, Vol.34 (April 1956), p.355.

[2] Trevor Taylor著，鈕先鍾譯，國際關係中的學派與理論（台北：台灣商務印書館，民國81年），頁229。

[3] Samuel P. Huntington, "America's Changing Strategic interests," *Survival*, Vol.33, No.1 (January/February 1991), p.8; Jean J. Kirkpatrick, "Beyond the Cold War," *Foreign Affair*, Vol.69, No.1 (1989/1990), pp.1-2; John Naisbitt & Patricia Aburdene著，伊萍譯，2000大趨勢（*Megatrends 2000-Ten New Directions for the 1990's*）（台北：天下文化出版社，民國80年），頁179。

[4] John Ficaba, "Here, We Go Again," Newsweek (September 26, 1994), p.15；中國時報，民國83年1月28日，版3。

剩下美國足膺重任！

職是之故，國際衝突與危機處理在二十一世紀的今日業已成為政府部門與學界投注龐大心力，加以深入探討之領域。俗話說：「星星之火，足以燎原。」倘若，國際間衝突無法弭平，可能造成重大危機，即有火爆戰爭之機會。所以，本章將分析國際衝突之定義與層次、類型與如何進行危機處理；最後，以「美國出兵海地事件」作國際危機處理為個案研究，俾明其梗概。

貳、國際衝突之定義與層次

在傳統的國際政治中，由於衝突構成了國際政治的一種重要狀態，所以對衝突的研究乃國際政治和國際關係研究的重要內容[5]。在實際探討國際衝突之前，對於此一概念的釐清，將有助於理解國際衝突的本質與界線。

一、衝突與國際衝突

英語中衝突一詞是conflict，它由兩個部分組成，con為拉丁語詞根，其含義是「一起」，flict是拉丁語fligere派生出來的，其含義為「碰撞」，兩者合起來，就是一起碰撞的意思，即兩種力量或兩種體制的不和諧與相互撞擊。學者對衝突的定義是[6]：相互依存的兩個人在相互交往過程中感到與對方的意見、目標、價值觀、權位與利益發生不一致（collision），而且雙方各視對方為阻礙自己實現目標的潛在干擾和阻力，並具有「對抗」（struggle）、「戰鬥」（fight）與「戰爭」（war）之意思。衝突的要素包括[7]：（一）至少兩個方面之間的互動；（二）有關各方之間的相互對抗的行為；（三）一方試圖影響其他方面的行為。所以衝突所涉及的是人與人之間的相互關係，不包括人與自然的鬥爭[8]。再者，衝突也超出「競

---

[5] Seyom Brown, *International Relations in a Changing Global System: Toward a Theory of the World Polity* (Boulder: Westview Press Inc, 1992), pp.17-127.

[6] 巨克毅，「國際衝突理論」，**中興大學全球和評語戰略研究中心**，2003年5月21日，18:05:13網址：http://cgpss.nchu.edu.tw/modules/wfsection/article.php?articleid=49；陳胤維、劉俊裕，「國際文化研究導論」，國際事務網站，2006年4月10日，網址：www.wtuc.edu.tw/IntAffairs/table/class/國際文化研究導論2.doc。

[7] 「衝突的要義及其範圍」，**The Political Man**網站，2006年4月1日，網址：http://home4u.hongkong.com/education/university/thepoliticalman/index.htm。

[8] 學者路易士‧科澤爾便認為，衝突是一場「爭奪價值以及少有的地位、權力和資源的鬥爭。

爭」的範疇。它可以是暴力的，也可以是非暴力的；可以是有限度的，也可能是至
死方休的[9]。

　　國際衝突則是國際政治行為主體之間由於利益或目標的矛盾而發生的對抗或摩
擦的關係狀態。國際政治學者K.J. Holsti便指出，「國際衝突若導致有組織的暴力
型態出現，……參與衝突的當事者，都在尋求達成一定的目標，諸如更多的或能確
保的領土、安全、精神、乃至於市場的通路、聲望、同盟、世界革命、推翻不友好
的政府、修改聯合國的議事程式、以及其他等等。[10]」值得注意的是，有些學者認
為國際衝突意指國家間的衝突[11]，然自二次世界大戰以後，巴勒斯坦解放組織等非
國家團體亦成為引發國際衝突的要角。2001年9月11日美國遭受恐怖主義攻擊事件
後，更引起美國對恐怖主義「宣戰」[12]；同時，橫行國際海運通道的海盜集團、毒
品走私集團與遊走國際邊界的「分離主義」組織等，也都成為引發國家動用武力消
滅的標的，在在顯示出國家與非國家組織之間的衝突，也成為國際衝突亟待解決的
主要課題。

　　另外，許多國內衝突，包括索馬利亞內戰與南斯拉夫的種族清洗行為，由於受
到國際關注而遭受其他國家或跨國組織以「人權」等名義加以干預，進而導致國
際衝突[13]，例如北約所發動的科索沃戰爭即是顯例。上述兩項國際衝突的發展新趨
勢，值得吾人進一步密切觀察其發展與變化動向。事實上，自從冷戰結束後，隨著
全球化各國經濟相互依賴程度的加深、先前無核國家核能力的發展以及西方國家恐
怖主義影響範圍的擴大和自然資源的日漸匱乏，使得一個國家「主權不容干涉」的

　　敵對者的目的是壓制、傷害或消滅對方。」詹姆斯・多爾蒂（James Dougherty）則認為：
　　「衝突一詞指的是這樣一種情形：某一可以確認的人群（不論是部族、人種、語言、文化、
　　宗教、社會經濟、政治或其他群體）有意識地反對一個或幾個可以確認的人群，原因是他們
　　各自在謀求不同的或看起來不同的目標。」
9　Robert L. Pfalezgraff Jr., James E. Dougherty，胡祖慶譯，**國際關係理論導讀**（台北：五南圖
　　書出版公司，民國84年），頁124-5。
10 K.J. Holsti，李偉成、譚溯澄譯，**國際政治分析架構**（台北：幼獅文化事業出版社，民國85
　　年），頁589。
11 例如莫大華便將國際衝突與國際危機同樣定義為「國與國之間在進行滿足慾望的行動時，所
　　產生排斥性的敵對互動關係，隨著排斥性的增高而在時間的壓力下，有採取軍事行動的高度
　　可能性。」莫大華，「國際衝突與危機研究之探討」，**問題與研究**，第38卷第5期，民國86
　　年5月，頁17。
12 中國現代國際關係研究所反恐怖研究中心，**恐怖主義與反恐怖鬥爭理論探索**（北京：時事出
　　版社，2002年），頁32。
13 JAMES G. STEWART，沈鴻譯，「尋求國際人道法中武裝衝突的統一定義：對國際化武裝
　　衝突的評論」，**國際關係學檀**，2006年4月10日，網址：http://www.icrc-chinese.org/Article/
　　Files/7_IRRC%2003%20Stewart%20Single%20definition%20of%20AC%20in%20IHL.doc。

觀點遭受空前挑戰。現今的某些國內衝突更多、更殘忍，比國際性衝突更具破壞性，就算國家仍是戰爭發動機器的主體。但由於國際和一國國內的政治因素的相互交融，使得發生在一國國內的武裝衝突演變成國際化了的武裝衝突。因此，所謂國際衝突，乃指國際體系成員，不論國家或非國家，為了尋求生存與發展[14]，在利益與價值觀的交互作用下，所發生在個體、國家民族與國際結構等三個層次所引起的國際性衝突。

二、國際衝突層次

歸納而言，國際衝突過程一般有下列幾個層次[15]：

（一）以語言衝突為象徵的層次：運用語言的手段去說服和打動對方（傳播工具的相互指責、談判桌上的唇槍舌劍），使其做出不願做出的決定，此時可透過外交途徑解決。

（二）緘默層次：在政府間關係上，降低使領館官員的級別，相互來往明顯減少，以促使對方讓步。

（三）警告層次：當「緘默」不能讓對方讓步，衝突雙方就會選擇秘密或公開的途徑給對方以警告，使對方感到事態的嚴重性，研判是否做出讓步。

（四）威脅層次：威脅預示一種懲罰，包括暫停或取消援助項目、最惠國待遇等，直至公開的外交關係降級、中斷正式外交關係、進行軍隊動員、將軍事力量調往出事地點、顯示武力等，此時雙方採取各種激烈與報復手段，例如驅逐外交人員、斷交、禁運等。

（五）國際危機層次：這是國際衝突升級為國際戰爭的臨界狀態，此時雙方軍事調動、演習、動員，並發出最後通牒。

（六）使用武力層次：這是國際衝突的最激烈階段。最初往往採取武裝封鎖，其後是零星的接火，然後是正式宣布的有限的常規的局部的戰爭，最後是大規模的常規戰爭。最終決出勝負或達成妥協，衝突得到解決。

有關國際衝突升級的各個階段，國內學者莫大華提供了相當簡單而明確的圖示，說明了和平、衝突、危機與戰爭之間的關係與程度位階。

---

[14] 哈拉爾德·米勒著、麗紅等譯，**文明的共存——對塞繆爾亨廷頓文明衝途論的批判**（北京：新華出版社，2002年），頁87。

[15] 金應忠、倪世雄主編，**國際關係理論比較研究**（北京：中國社會科學出版社，1992年），頁315-7。

和平	爭議	衝突	危機	戰爭

圖16-1　戰爭與和平的連續體圖

資料來源：莫大華，「國際衝突與危機研究之探討」，**問題與研究**，第38卷第5，民國86年5月，頁16。

誠如圖16-1所示，量表的左右兩個極端分別為和平與戰爭；其中，「爭議」一項包括了語言衝突、緘默與警告等三個層次，威脅層次開始採取了一些實際的措施，因此屬於「衝突」階段；戰爭或國際武裝衝突是指至少有一個主權國家參與並在領土以外使用其正規武裝力量從事軍事活動的行為[16]。因此，武裝衝突是國際衝突的極端形式，並不是一旦交往各方不能和平相處時，就一定意味著戰爭必然隨之爆發。和平與戰爭之間，儘管由於不同學者有不同的看法，但實際上都同意存在著相當程度的「灰色地帶」，而危機則是處於爆發武裝衝突的臨界點[17]，可以說是和平與戰爭的關鍵性門檻，危機處理的成效，決定了衝突各方和平與戰爭。

參、國際衝突類型與危機處理

研究國際關係學者們，對於引發國際衝突的原因與類型，往往存在各自不同的看法和主張。這一點在探究衝突發生原因時尤其如此，因此由於篇幅所囿並為避免不必要的爭論，筆者們沿用一般學者的作法，就是捨去國際衝突原因的追索，專注於其類型的分析；如此有助於客觀理解國際衝突的形式，進而理出危機處理的有效方案而不至於陷入無意義的紛爭上。

一、國際衝突類型

在國際衝突的類型方面，學者間的看法有重疊之處，也有自己獨創的見解。例如Holsti根據1919年至1980年九十四件的衝突事件進行歸納，進而區分戰爭因素類

---

[16] David Singer and Melvin Small, The Wages of War (New York: John Willey ＆Son, 1972), p.31; Herbert K. *Tillema, International Conflict Since 1945* (Boulder: Westview, 1991), p.11.

[17] Clenn H. Snyder, and Paul Diesing, *Conflict Among Nations: Bargaining, Decision Making, and System Structure in International Crsis* (Princeton: Princeton University Press, 1977), p.3.

型計有[18]：領土（四十五件）、政府組合（十二件）、國家榮譽（四件）、區域性
帝國主義（十二件）、解放型衝突（十件）、國家統一（五件）、無從歸類（六
件）[19]。其中，領土侵犯問題占衝突發生比例的首位。另外，George Modelski的研
究則顯示1944年義大利戰爭爆發以來的國際政治體系可分為五個週期，其轉變動
因是全球政治體系的結構性危機，通常表現為對領導國的挑戰和領導權的爭奪，其
結果是全球政治體系新領導結構的產生[20]。對此，可按照引發國際衝突的三個層次
（個體、國家與國際結構）加以整理如表16-1所示：

表16-1　國際衝突類型一覽表

階層	表現方式	項目
個體	好戰性格	人與生俱來的好鬥性格。
	權力推動	個人野心、追求名望與慾望的滿足。
	國民性格	高度服從權威的領導階層與一般人民。
國家民族階層	價值觀 異質文化之間的矛盾	文化制度層面的政治制度、戰略思維、價值觀念、哲學觀念、宗教、文化藝術、道德倫理、歷史傳統等因素的唯我性和排他性等。
	民族主義或國家榮譽	1.殖民地民族解放，創造獨立國家； 2.主要由於外力而處於分裂狀況的民族爭取統一，建立統一的民族國家； 3.爭取本民族國家的政治自主，實現名實相符的政治獨立； 4.分離主義，爭取建立獨立的、往往是單一民族的民族國家； 5.民族歸併，亦即將境外同民族及其居住的地域置於本國管轄之下或直接併入本國； 6.多民族國家的瓦解。
	意識型態	自由與共產主義之對立，或民主與威權之間的對立。
	解放人民	由一個國家發動戰爭，以「解放」另一國家的人民，通常是為了種族或意識型態原因。
	歷史與傳統	國家之間的歷史遺留問題，或是對外傳統做法之間的歧見與衝突。
	宣傳所引起的國際衝突	長期敵對和渲染的新聞宣傳。包括印刷媒體，像報紙、刊物、書籍、小冊子、傳單、圖畫、海報、展覽等等。這與今天發達的電視、廣播、網路等媒介在快捷、生動和形象性方面相比自然遠不能及。

---

[18] K. J.Hollsti, *Peace and War : Armed Conflict and International Order, 1648-1989* (Cambridge: Cambridge University Press, 1991), p.311.

[19] K. J. Holsti著，李偉成、譚溯澄譯，國際政治分析架構，頁599。

[20] 「國際政治長週期與體系進化：莫德爾斯基長週期理論再解讀」，南京國際關係學報，2004年第12期，2004年12月，頁56-61。

階層	表現方式		項目
國家民族階層	利益	紛爭	1.領土爭端； 2.國家政府控制權之對抗； 3.經濟利益上之衝突。
		科技	科技所帶來的環境污染、生態平衡等導致跨國性的問題與衝突。
		政府屬性	國防部門與軍工業部門之間的掛勾。
		軍備競賽	一國為了增加安全度所進行的軍備提升，引起其他國家為同樣的目的而跟進所導致的緊張關係。
		內戰	由於一國之內不同政治派系、敵對團體之間所進行的內戰，引起國際關注與干預。
國際政經結構	極性		國際體系所呈現的單極、兩極或多極型態，決定了是否發生國際衝突。
	全球性政治體系領導權的更替		國際政治體系中出現挑戰舊有權力結構的新強權，並因此導致既得利益國家的重新利益分配所引起的國際衝突。
	區域型帝國主義		一個政府企圖破壞區域其他國家的獨立，以達其在意識型態、安全及商業上目標。
	南北發展差異		當今經濟發達國家幾乎都集中在北半球，導致經濟發展呈現傾斜所引發的對立與衝突。
	產業分佈不均		全球90%製造工業集中於發達國家，大部分專利與技術都壟斷在發達國家所導致的衝突。
	世界市場與國際貿易結構		世界市場的全球發展與國際貿易，相對地集中於發達國家之間，以及世界市場上能源與其他原料的不合理價格所導致的衝突。

資料來源：Clenn H. Snyder, and Paul Diesing, *Conflict Among Nations: Bargaining, Decision Making, and System Structure in International Crsis* (Princeton: Princeton University Press, 1977)pp.480-93; Samuel P. Huntington, "The Clash of Civilization," *Foreign Affairs*, Vol.72, No.3, (Summer 1993), pp.22-49; Frederick S. Person, J. Martin Rochester，胡祖慶譯，國際關係（台北：五南圖書出版公司，民國81年），頁225-32；K.J. Holsti，李偉成、譚溯澄譯，國際政治分析架構（台北：幼獅文化事業出版社，民國85年），頁596；S .B .Fay著，於熙儉譯，第一次世界大戰的起源（下冊）（北京：商務印書館，1959年版），頁442；金應忠、倪世雄主編，國際關係理論比較研究（北京：中國社會科學出版社，1992年），頁306-20；邵濱鴻，「國際衝突與大眾媒體」，世界經濟與政治，2004年第4期，2004年4月，頁1-4；塞奇·莫斯科維奇著，許列民等譯，群氓的時代（南京：江蘇人民出版社，2003年），頁183；石之瑜，文明衝突與中國（台北：五南圖書出版，民國89年），頁1；巨克毅，「國際衝突理論」；時殷弘，「民族主義的國家增生效應和暴力衝突傾向」，任東來、時殷弘、陳曉律主編，「民族主義與現代國際關係：歷史、現實和理論的分析」，南京大學國際問題研究所專題簡報第三號，1995年6月3日，頁2。

從上表內容看，歸納而言，國際衝突的的發生與以下五個方面因素有關：

（一）人性中的權力欲所致；

（二）國家之間誤解和隔閡，以及如狹隘的民族主義等不相容的價值觀所致；

（三）貧困及財富分配不均所致；

（四）國家內部發生危機，企圖挑起外部衝突以轉移國內注意所致；

（五）國際體系不健全，缺乏制止衝突和戰爭的有效機制。

再者，透過該表所顯示的內容，有助於我們從以下幾個面向來理解國際衝突：

（一）由衝突的內涵而論，可區分為政治、經濟、外交、軍事安全與意識型態等所引發的國際衝突。

（二）就範圍與性質而論，國際衝突可區分為局部衝突與全面衝突、內部與外部衝突，以及次要衝突與根本性衝突。

（三）自表現形式上看，可分為象徵性衝突與實際性衝突、非暴力衝突與暴力衝突。

（四）在引發國際衝突的層次方面，涵蓋了個人、國家、非國家（非政府組織、企業團體等）、區域與全球性組織和國際政治、經濟結構等。

二、衝突的危機處理

隨著全球化程度日益加深，國際體系成員，包括全球與區域組織、國家、跨國團體極具有重要性個人之間的互動，也呈現空前緊密關係，使得彼此之間發生衝突的機率也隨之升高；因此，如何避免戰爭，維持和平，就成為國際衝突中危機處理的首要課題。根據統計，1982年以來世界各國具有國際衝突性質的一千四百餘起對抗中，有一半以上是屬於暴力性質，其中16%甚至直接導致戰爭[21]。儘管顯示出衝突與暴力、戰爭之間的高度相關性，但反過來也顯示出由衝突所導致的危機，在某些情況下是可以被被成功處理與解決的[22]。甚至，美國前國防部長麥納瑪拉（Robert McNamara）曾經宣稱：「從今以後不再有軍事戰略這回事；只有危機管理。」

就衝突一方而言，要想針對國際衝突進行危機處理，就必須注意下列事項[23]：

---

[21] 資料摘自王逸舟，國際政治析論（台北：五南圖書出版公司，民國87年6月），頁225。

[22] Colin S. Gray, *Strategic Studies and Public Policy: the American Experence* (Lexinton: The University Press of Kentucky, 1982), p.113.

[23] Chang Kin-Yung, "Practical Suggestions for Crises Management: An Inventory," in Daniel Frei,

（一）認清危機感可能有瑕疵，特別是在危機緊張情勢下更是如此；（二）在危機期間預先認識到溝通管道的需要。如此每一個國家方能瞭解另一方的意圖，以及如何看待當前情勢；（三）盡可能地提升資訊品質；（四）保持選擇空間。同時，視爭議為利益衝突而非原則性衝突，必要時邀請第三者介入，對於挑釁行為不予理會，分離衝突與分散危機並且靈活而自制地運用武力做為解決危機資源等；另外一方面，盡量避免發出最後通牒，威脅對方核心價值體系，將道德原則與利益衝突混淆不清，或是壓迫對方的程度超過其容忍底線，都將有助於危機的控制與解決。然而，國際危機所涉及的至少有兩個主體，因此光是自己避免危機的產生，顯然仍不足以全面防範危機的發生。現依照國際衝突嚴重程度為主軸，提出各個階段的危機處理方案如下表所示：

表16-2 國際衝突的危機處理方案一覽表

方式	意義與目的	實際作法
預防外交	防止國家之間爭端發生、升高衝突或防止衝突擴散為各種戰爭行為。	迴避、妥協、屈服、嚇阻、誤會澄清、信心建立、事實調查早期預警與雙邊和平條約。
擱置	衝突未能以上述方法解決，形成一種事實的局面而被各方所接受。	當事國各方達成擱置爭議或衝突的默契，以利未來時機條件成熟時解決。
威嚇	透過對衝突另一方進行威脅，以解決雙方歧見並達到有利於自己的目標。	政治行動：結成反對聯盟、外交制裁、斷絕外交關係、終止條約等。 經濟行動：禁運、傾銷、財產國有化、撤銷經濟援助等。 非暴力軍事行動：改變部隊部署或行進方向、兵力展示、演習、動員、改採攻擊性的軍事態勢。
衝突解決	透過政治處置與法律解決方式，解決已經發生的衝突。	以談判、調查、和解、仲裁、司法解決、區域或全球組織之運用。
征服戰爭	征服就是通過武力的使用，把敵手完全壓倒，使之不能繼續抵抗，衝突因而停止。戰爭則為雙方發動戰爭，並直到其中一方，或各方喊停為止。	邊境衝突、以有限部隊越境、入侵空中領域、擊沈船艦、海空事件、轟炸重要目標、大規模軍事攻擊、戰爭。

ed., *Managing International Crises* (New York: Sage Publications, 1982), pp.199-209.；彭懷恩，國際關係與現勢Q＆A（台北：風雲論壇出版社，民國91年），頁159-60。

方式	意義與目的	實際作法
衝突處理	應用在已經長期紛爭的地區或事件。其目的在控制、限制和約束當事國的行為與意圖，防止衝突擴大或再起，為國際關係提供一種暫時性的處理方法。	壓制、信心建立、規則化、制度化。
和平維持	是一種聯合國的消極性干預行動，目的在為衝突的預防與和平的來臨創造條件。	派出軍事或文職人員至爭端地區，展示該組織的存在，但不實際介入當地事物或戰鬥。
製造和平	聯合國的積極性干預行動，目的在強制性地防止衝突再度發生。	除了派出軍事或文職人員外，更進一步要求聯合國部隊實際參與戰鬥，以製造和平條件。

資料來源：林碧炤，「國際衝突的研究途徑與處理方法」，**問題與研究**，第35卷第3期，民國85年3月，頁12-8；Bruce Russet, Harvey Starr，張明澍、關弘昌，**國際政治**（台北：五南圖書出版公司，民國84年），頁152-3；K.J. Holsti，李偉成、譚溯澄譯，**國際政治分析架構**，頁409-12；莫大華，「和平研究：另類思考的國際衝突研究途徑」，**問題與研究**，第35卷第11期，民國85年11月，頁80；陳宗岩，「聯合國改革與更自由的世界」，新世紀，2005年8月2日，網址：http://www.ncn.org/asp/zwgInfo/da.asp?ID=65143&ad=8/1/2005。

　　國際衝突的解決辦法，根據上表內容所顯示，若從危機處理的模式進一步予以歸納，亦即調解、限制與改變[24]：

　　（一）調解：就是衝突當事國透過談判、迴避、澄清或由第三者裁決方式，在各方達成妥協或諒解的基礎上，化干戈為玉帛，或至少不致擴大事態。例如使節談判、訴諸斡旋，第三方調停或勸說，依照商定的規則進行仲裁，根據公認的國際法準則做出司法判決。同時，也包括衝突一方在認清現實形勢和做出估計之後所做的某些妥協，雙邊或多邊反覆進行討價還價以及顯示武力或威脅使用武力迫使當事國或當事方就範等等手段。

　　（二）限制：亦即根據一定的規則、協議或默契，削弱、壓縮與減少某一方或各方的力量和能力，使其低於衝突再次爆發所需的水準，從而達到緩解甚至消除衝突的目標；其主要手段包括裁減軍備、武器管制、國際查核及監督，國際制裁及禁運等等。

　　（三）改變：則是指改變衝突原先發生的條件和基礎，或是改變處理衝突的機構與手段，以抑制衝突的爆發。其目的在於消除引發衝突的體制性、結

---

[24] 王逸舟，**國際政治析論**（台北：五南圖書出版公司，民國87年），頁245-50。

構性與政策性的根源。在這方面運用的手段包括舊的、不合理的國際政治、經濟秩序，完善聯合國等國際組織功能，加強各國雙邊、多邊及區域性合作，並建立相應的機制以保障合作安全、有效，與國際社會採取各種措施敦促各國內部政策與國際規範相吻合等等。

　　解決國際衝突的方式則可以簡單劃分為兩個主要手段：其一為非暴力途徑，此類方法是最常見及有效的解決衝突辦法。國際間之衝突亦多以此法解決。一般有談判、協商、對話、妥協及選舉。其中以法律途徑解決亦甚為常用。另一則為暴力途徑，其手段包括顛覆、恐怖活動、發動戰爭等形式。是一種高代價的解決衝突途徑，儘管可以在短時間之內解決危機，但往往也容易橫生副作用。

　　另外，奈伊（Joseph S. Nye）在強調國家軟性力量，與資訊革命技術融合運用，他理想預判的認為「可以幫助我們遏制衝突，使我們能夠意志處於對立緊張地區人們之間仇恨的擴散。[25]」所謂軟性力量，是「影響他國意願的能力與無形的權力資源，如文化、意識形態和政治制度等領域的力量。[26]」透過這樣的方式，將有助於減低各方在價值觀方面的矛盾與摩擦，進而減低爆發國際衝突的危險。「九一一」事件以後，法蘭西斯‧福山（Francis Fukuyama）甚至提出可透過「國家重建」方式，也就是協助容易引發國際性衝突的「失敗國家」增強其治理能力，擺脫其「失敗」窘境與消解其憤恨心態，進而降低因此所引發衝突的危險[27]。不過，這些強調軟權力與治理效能的方式，是否真能解決國際上大部分由「利益」矛盾所掀起的衝突，仍有待實證研究進一步加以驗證了。

肆、國際危機處理個案研究：1994年美國出兵海地事件

　　本文試圖藉由美國1994年出兵海地之國際衝突事件，採個案研究之方式，從決策理論、溝通理論及權力政治等面向分析其起因、處理的過程及解決之道，俾供參考。

---

[25] Joseph S. Nye jr., Ryan Henry and C.Edward Peartree, ed., *The Information Revolution and International Security* (Washington, D.C.: The CSIS Press, 1998.), pp.56.

[26] Robert. O. Keohane, Joseph S. Nye Jr., "Power and interdependence in the information Age," *Foreign Affairs*, Sptember/October, 1998, Vol.77, NO.5, pp.87-88.

[27] 參見法蘭西斯‧福山著，閻紀宇譯，強國論（台北：時報文化出版社，民國94年）。

一、海地之簡介

（一）地理位置

　　海地係南美洲之蕞爾小國，位於西半球，瀕臨美國東南方加勒比海，其地區面積約二七七一〇萬平方公里，與多明尼加共和國分占希斯盆洛拉島[28]。

（二）社會民生狀況

　　1994年海地之社會民生狀況，就人口、信仰、語言、經濟、生產、進出口等項扼要依序介紹如下[29]：

1. 人口：七百萬，大約95%是黑人，少數是混血兒，10%的海地人至今仍生活在十七世紀的環境中。
2. 信仰：80%是羅馬天主教徒，但其大多數也信仰巫毒教。
3. 語言：法文與克里歐語是官方語言，不過克里歐語更為普遍。
4. 經濟：海地是西半球最貧窮的國家，1990年她的國內生產毛額是二十七億美元，隨後數年，由於政治紛亂與國際制裁，經濟萎縮。平均國民生產毛額是四百四十萬美元，最低工資大約一天三美元。
5. 生產：三分之二的人口從事農、漁與林業，但全國僅有三分之一的可耕地。伐木一直是一個嚴重的問題。
6. 進出口：咖啡是重要的經濟作物，在實施國際禁運前，咖啡占出口總額的11%。主要進口項目是製成品、機械、糧食與家畜。

（三）軍事武力

　　當時海地三軍總部人數約七千四百人[30]。陸軍約七千人，使用軍備是六輛配備機槍、迫擊砲及若干75口徑與105口徑大砲的裝甲運兵車；海軍約兩百五十人，擁有八艘巡邏艇（妥善率可能極低）；空軍一百零五人，擁有三架戰鬥機與六架直升

---

[28] 聯合報，民國83年9月17日，版9。
[29] 青年日報，民國83年9月20日，版7（轉譯路透社電文）；聯合報，民國83年9月22日，版2。
[30] The International Institute for Strategic Studies (IISS), *The Military Balance 1994-1995*(London: IISS, 1994), p.199.

機；武裝部隊人數未精確統計，配備有吉普車、機槍和大砲[31]。

　　由上觀之，以海地的人口、經濟狀況及軍事武力與美國這個後冷戰時期世界上僅存的超強，兩者相較之下，有如霄壤之別。尤其，單就軍事武力而言，以海地落後的軍備及少數兵力對抗以美國為首的多國部隊，將是以卵擊石的悽慘。下項說明美國與海地衝突之始末。

二、美國與海地衝突之始末

　　美國與海地1994年衝突的起點須回溯至首位民選總統亞里斯提德（Jean-Bertrand Aristide），被海地軍事強人陸軍中將塞德拉斯（Raoul Cedrs）罷黜流亡海外的事件。職是之故，倘欲瞭解美國與海地衝突之來龍去脈，則需先認清亞氏被罷黜及爭取復位之歷程。

（一）亞里斯提德之個人背景

　　亞里斯提德出生於1953年海地南部鄉下，出生三個月後，父親不幸去世，舉家遷往海地首府太子港，長大後在天主教慈幼會所創辦的學校就讀，期間並接受準備當神父的訓練。1979年，在取得心理學學士後，曾前往耶路撒冷攻讀神學，及前往英國、埃及和義大利遊學，於1982年晉鐸後，便前往加拿大蒙特婁留學三年，隨後便返回太子港，獻身為赤貧居民服務[32]。

　　他是位激進民族主義者，以無比勇氣公開反對從1957至1986年統治海地的獨裁者：杜華利家族，因此招來杜華利家族之忌恨，卻因此贏得海地民心。於1990年12月16日，在海地建國一百八十六年以來，首次民主選舉中，以67%得票率，終結了長達二十九年的杜華利家族獨裁統治者，成為海地建國以來首位民選總統。由於他強調社會主義，力促行政革新，嚴懲貪官污吏，遂不免受流言中傷，於1991年9月30日遭政變流落華府[33]。

（二）亞氏被罷黜及爭取復位之歷程

　　1991年9月，亞里斯提德就位海地總統甫滿七個月時，即被以塞德拉斯為首的

---

[31] Ibid.
[32] **中國時報**，民國83年9月20日，版3。
[33] 同前註。

軍事政變罷黜而流亡到海外。三年多來，他積極爭取返國復位的努力，對海地而言是一次椎心刺骨的慘痛經驗。

從1991年至1994年間，美國歷經海地一批批難民潮的湧入、遣返、實施禁運與協助亞氏復位，重建海地的民生經濟與社會秩序。其間，由於海地軍事強人塞氏出爾反爾的作為，阻礙亞氏返國復位，加上1993年10月，擔任亞氏返國先遣部隊的一批美軍顧問搭美船隻駛抵海地首府太子港時，海地抗議民眾群情譁然阻止船隻泊岸，此舉使美國顏面掃地。同時，海地軍事強人迫害亞氏支持者的手段日益殘暴。基此，柯林頓亦遭美國人嚴厲的批判，認為美國人海地政策搖擺不定，根本沒有政策可言[34]。職是，迄至1994年6月初，美國與海地軍方始出現強烈對峙的局面。至此，遂有「山雨欲來，風滿樓」之情勢，遂種下美軍出兵海地之源。

三、美國出兵海地之原因探討

英國國際關係學者霍斯提（K. J. Holsti）認為，組織暴力的衝突係源自於特定的當事者，對於問題採取互不相容之立場、敵對態度與某種外交及軍事行動[35]。就此觀點而言，組織即指美國與海地兩個政府；當事者應是亞里斯提德與塞提拉斯等人；問題即亞氏被罷黜事件後引起美國政府的關切與重視。基此，兩國政府摩擦日起，矛盾油然滋生，遂導致雙方衝突產生。

從國際衝突或危機產生的過程而言，其間可能採取行動不勝枚舉，茲舉大端說明如下。由表16-3對照，不難窺見出美國與海地衝突事件中的處理方式、手段與上述資料有不少相容、吻合之處。今就國際衝突與戰爭產生原因而言，分別從霍斯提及羅森與瓊斯（Steven J. Rosen Walter S. Jones）學者的觀點，加以分析美國出兵海地之原因。

霍斯提將衝突原因歸類如表16-4，根據霍斯提統計1919至1986年國際衝突發生的原因及次數，如表16-5所示。

表16-3　國際衝突或危機處理過程概念表

1	抗議性的通知
2	否認與指控

[34] John Ficaba, op. cit., p.17.

[35] K. J. Holsti, *International Politics: A Framework for Analysis* (Englewood. Cliffs, New Jersey: Prentice Hall, 1988), p.396.

3	召回外交使節述職
4	撤回外交使節
5	威脅
6	更進一步威脅，以採取有限或全面性經濟抵制或禁運
7	發動國內外宣傳或用輿論指責對方
8	實施有限或全面性經濟抵抗或禁運
9	斷交
10	非暴力軍事行動
11	中止與敵方人民的交流、通訊活動
12	正式封鎖
13	使用武力加以報復
14	衝突最高層－戰爭

資料來源：K. J. Holsti, op. cit., pp. 403-405.

表16-4　衝突原因分析表

項次	衝突原因	案例
1	有限領土爭執	1.1967年以色列攻占戈蘭高地 2.1978年烏干達入侵坦尚尼亞 3.1980年兩伊戰爭
2	有關政府組成	1.1970~1973年美國亟思顛覆智利 2.1979年坦尚尼亞出兵驅逐烏干達
3	國家的榮譽	1.1925年希臘出兵保加利亞 2.1979年中共發動「懲越戰爭」
4	解決衝突	革命戰爭－通常是基於民族或意識型態的理由
5	分裂國家統一	南北越戰爭

資料來源：K. J. Holsti, op. cit., p.401.

表16-5　1919至1986國際衝突原因分析表

原因	衝突次數		合計
	1919-1939	1945-1986	
有限領土爭執	20	26	46
有關政府組成	3	11	14
國家的榮譽	2	2	4
地區性帝國主義	9	3	12
解決衝突	0	10	10

原因	衝突次數		合計
	1919-1939	1945-1986	
分裂國家統一	0	5	5
無法分類者	4	2	6
合計	38	59	97

資料來源：K. J. Holsti, op. cit., p.402.

表16-6　戰爭產生之原因一覽表

項次	戰爭產生原因
1	權力的不平衡
2	民族主義，分離主義與歸併主義
3	國際社會達爾文主義
4	溝通失效與相互誤解
5	毫無控制的武器競賽
6	藉外在衝突、促進內部統一
7	侵略的本能、文化的暴力傾向，以及戰爭與和平循環
8	經濟與科學的刺激
9	軍事與工業勢力的勾結
10	相對的困乏
11	人口限制
12	解決衝突

資料來源：Steven J. Rosen and Walter S. Jones著，林郁方、金開鑫、謝福助譯，國際關係（*The Logic of International Relations*）（台北：正中書局，民國72年），頁337-378。

　　由表16-5看來，自1919年至1986年間，國際間共發生過九十七次國際衝突事件；經霍斯提學者將其衝突原因加以分類後，實可供後學研析國際衝突根源之參考。

　　再就羅森與瓊斯針對戰爭現象分析，所產生的原因大抵有十二項，如表16-6。

　　審慎檢視霍斯提、羅森及瓊斯等學者的觀點後。不難窺見1994年美國與海地之衝突，顯然尚未因溝通失效與相互誤解而將衝突升高至戰爭最高層次。雖然美軍出兵海地，但未正式從事大規模的戰役。因此，此事件大抵可歸類在「衝突」之範疇。以下就針對美國與海地衝突事件中，分析美國出兵之原因：

（一）維護美國超強的國家榮譽

自蘇聯這個共產大國於1991年分崩離析瓦解後，在獨立國協中無一成員有意願及能力與美國在國際舞台分庭抗禮地爭取世界之領導權。因此，在後冷戰時期，美國是世界上僅存的「軍事超強」。如前文所提及，在第二次世界大戰後，美國搖身一躍從不重要的配角變成國際舞台上舉足輕重的主角。是故，在海地難民潮此起彼落地湧入美國境內之際，美國人民群起嘩然；嗣後，美軍顧問遭海地的抵制無功而返，令美國在國際上的聲望受挫，遂造成其人民對美國政府的交相指責，基此，柯林頓政府為此事件慘遭反對黨人士及大眾媒體的批評與攻擊[36]。

除此之外，美國駐聯合國大使梅德蘭·歐布萊特女士表示：「出兵海地至多只是維持秩序的『警察行動』。[37]」而且，在以柯林頓為首的美民主黨堅持對海地用兵，他們有兩大冠冕堂皇的理由，其一是海地的軍事獨裁者，將已經建立起的民主制度摧毀了，迫使民選總統流亡在美；其二是海地軍政府，殘暴不仁，侵害人權，濫捕殺其人民[38]。因而形成海地難民狂潮，一波波湧向美國。因此，民主黨遂認為就此兩點因素，美國即應產生上下同仇敵愾之心，舉國一致，給予獨裁者慘痛教訓[39]。雖然柯林頓政府在後冷戰時期，因主觀的意識及國內經濟問題的交錯下，對外宣稱不願再像往昔一樣充當世界警察的角色[40]。但是從此事件中，亦有人推測美國扮演世界警察的意願亦未曾稍有中歇[41]。

據此，不管是維持美國政府的顏面，抑或是維持海地的人權及民主政治，與扮演世界警察的角色，其中最後的目標應是維護有世界舞台超強的光榮地位，而不允許像海地這種小角色的「小丑跳樑」吧！

（二）保障美國本身利益

冷戰時期，美國在傳統上率以「世界警察」自居，而干涉加勒比海及中美洲地區國家的事務，故上述地區素被美國政府視為「後院」。回溯歷史，過去近八十餘年來，美國揮兵「進出」加勒比海地區達五次，茲將美國出兵加勒比海和中美洲的重大軍事行動，構表說明如下。

---

[36] Michael Kramer, "The Case for Intervention," *Time*, September 23, 1994, p.27.
[37] 聯合報，民國83年9月19日，版3。
[38] 中央日報，民國83年9月19日，版3。
[39] 同前註。
[40] John Ficaba, op. cit., p. 15.
[41] 聯合報，民國83年9月17日，版9。

表16-7　美國近十年來出兵加勒比海及中美洲地區國家分析表

時間	國家	理由	過程
1911	尼加拉瓜	尼國保守派與自由派暴力鬥爭，致民不聊生	美國占領尼國，1933年桑定諾將軍起兵反美，結束美國占領。翌年桑氏遭蘇慕薩暗殺，美方扶持蘇氏掌握政權至1979年
1915	海地	長年動亂，造成長期不安	1915年7月，美國派軍接管海地，1934年始撤兵
1965	多明尼加	對抗共黨勢力的蔓延	1965年4月，美國詹森總統派兵前往對抗「共黨毒瘤」，「四月革命」9月結束，至少三千人死亡，多數為多國人民
1983	格瑞那達	格國總理夏普遭左派執政團暗殺	1983年10月，美總統雷根派兵前往干預；嗣後，美國即宣布局勢穩定。美國傷亡一百餘人，格國四百人
1989	巴拿馬	保護美國僑民	1989年12月，美國以保護僑民之名進軍巴拿馬，推翻軍事強人諾瑞加，並將諾氏以販毒罪名引渡美國受審。美方動員二萬五千名官兵，造成五百至二千人之傷亡

資料來源：**聯合報、青年日報**，民國83年9月19日，版9。

就表16-7而論，美國在冷戰時期揮兵進軍加勒比海及中南美洲國家，大抵均干預上述國家的內政。充其量而言，與美國本身有關的，不過是1989年以「保護美國僑民」出兵巴拿馬此事件，其餘直接、間接方面本身並無太大關聯。

此次美國與海地軍事強人塞德提斯干戈相向，美方準備以優勢武力逼使軍事統治者下台。誠如柯林頓於1994年11月15日向全美人民針對海地問題發表之全國演說中，提及海地的狀況將會對美國利益產生威脅，並削弱美在世界上的信譽及影響力[42]。此外，由於柯氏多次對海地軍事強人武力恫嚇，倘若再不給嚴厲的警惕，則有辱美國的威信[43]。

值此世局邁入後冷戰時期，美國對於本身利益的考量是否會有所改變呢？依據美國名政治學者杭廷頓（Samuel P. Huntington）的看法，在後冷戰時期美國主要的戰略利益有以下三項[44]：

---

[42] Russell Watson, Karen Breslau, Douglas Waller, and Peter Katel, "Is This Invasion necessary?" *Newsweek*, September 19, 1994, p.14.

[43] Ibid.

[44] Samuel P. Huntington, op. cit., p. 8.

1. 維護美國世界超強的地位，尤其在未來面對日本經濟方面的挑戰。

2. 防止歐洲政治、軍事霸權的滋生。

3. 保護美國在第三世界的利益。

　　針對美國在第三世界的利益而言，杭廷頓認為將是持續促進人權、政治、市場經濟、經濟發展並防止政治上的侵略與動盪不安及軍備利益等[45]。蓋海地係屬於第三世界的國家，因此美國慣用以其第三世界之政策來評量此地區國家之各種狀況。

　　就此次海地事件而言，固因美國有三千五百人居於海地，可能會因此造成美國人民對柯林頓總統的批評，故華府亦不得不出兵。此外，海地難民潮如排山倒海般湧入美國本土，對美國社會治安、安全、經濟、政治及外交政策的衝擊亦不容忽視，基此，柯林頓政府為維護美國本身利益之問題，自然不可能對海地事件視若無睹。

　　然而，亦有人認為，海地事件並無十分危及美國安全利益，任何人均知道美國出兵藉口薄弱，故在入侵海地時，美國總統挺而走險，堅持不尋求國會授權，逕行下令出兵。究其實而言，正因柯林頓政府苦於「師出無名」，故不得不與國會正面交鋒而規避美國憲法規定府會分權的舉措[46]。

（三）提升以柯林頓總統為首之民主黨聲望，俾贏得將進行的選舉

　　美國共和黨人士認為，1994年11月份期中選舉迫在眉睫（國會每兩年改選一次，眾議員全部改選，參議員改選三分之一），然而，柯林頓總統之聲望持續低靡不振，因此，華府企盼此次對海地的興師問罪，不僅可提振柯氏之民意，更可為民主黨的候選人抬轎造勢[47]。

　　共和黨的參院領袖（Bob Dole）曾經指出：「海地並未危及到美國的國家利益，所以也沒有理由讓任何一個美國人到海地去冒險。」此外，美國前副總統奎爾（Dan Quayle）所說：「如果柯氏出兵海地，則將鑄下大錯。[48]」

　　由此可見，希望藉出兵海地以提高柯氏個人聲望，俾利民主黨在期中選舉的造勢之論點，大多是在野共和黨人士的論點。但是就1994年9月15、18日，美國廣播公司電視網所舉行的民意測驗中，則有顯著的差異。柯氏於15日向全美國人民宣

---

[45] Ibid., pp.13-14.

[46] 聯合報，民國83年9月17日，版9。

[47] Russell Watson etal., op. cit., p.15.

[48] Ibid.

布可能出兵海地，以解決危機；18日向全國宣布海地軍事領袖在美國沒有出兵入侵的情況下退位。

不可諱言地，美國柯林頓政府此舉確實使其形象大幅提升。事實上，柯氏亦有不得已之處。蓋自柯氏走馬上任以來，在國內事務所遭受的扞格與阻礙，可謂荊棘遍佈；例如，健康改革法案在國會「胎死腹中」；福利制度亦慘遭擱置；尤有甚者，美國參、眾兩院對在海地駐留美軍相繼通過應早日撤出之決議案。上述事件對柯氏的打擊，不僅使其「顏面掃地」，更使其領導能力倍受酷評且失信於民。職是之故，柯氏不得不藉出兵海地在外交政策上的主動出擊以挽頹勢。

最後，柯氏在「以武力為後盾」之恩威並施的談判策略運用下，消弭戰爭於無形，達到「不戰而屈人之兵」目的，使其贏得了朝野普遍的讚美與世人的稱譽。

四、美國處理與海地衝突之方法

誠如前美國總統杜魯門所言：「沒有人能知道，一個總統在做決定的整個思考過程及步驟。[49]」但是一位白宮決策研究者，認為一套理論應有步驟，歸納而言，脫離不了要作價值判斷、事實判斷及後果判斷的過程[50]。以下就決策理論，探討決策者透過價值判斷、事實判斷及後果判斷的過程，始採取行動計畫的選擇。

柯林頓政府對海地出兵的決策，應該也是經過上述「三種判斷」採取行動計畫的選擇。就價值、事實、後果判斷而言，分別說明柯林頓政府考量、評估為何？

（一）價值判斷：海地軍事強人的倒行逆施，是否危及美國的安全或利益。

（二）事實判斷：海地政府的作為是否與美國扮演「世界警察」角色有所衝擊，抑或美國在第三世界的政策或利益有所抵觸或違背。

（三）後果判斷：在國會未同意及國人不甚同意的狀況下逕行出兵海地，對柯林頓政府的影響是會帶來負面影響，尤其面臨即將舉行的期中大選。

透過這三種價值判斷後，美國政府認為海地事件確已危及美國的國家安全及利益；雖然，在國會及全國人民大多數不支持的狀況下，出兵海地可能造成不良的後果，但是，倘不出兵則影響美國在國際上的聲望。職是之故，美國遂出兵海地，同時亦不棄外交斡旋及高層談判的運用。

---

[49] T. C. Sorensen, Decision-Making in The White House (New York: Columbia University Press, 1963), p.10.轉引自，易君博，政治理論與研究方法（台北：三民書局，民國80年），頁92。
[50] 同前註。

　　本文擬從：（一）使用武力恫嚇；（二）其運用談判策略等兩個面向分析美國對與海地衝突處理的方法。

（一）使用武力恫嚇

　　霍斯提認為，權力（power）與安全（security）是任何國家所亟求的目標[51]。因此，一個國家在對內或對外的作為上，其主要是追求國家的安全與權力的延伸。權力在國際政治中是重要的概念之一，而一國武力之強弱攸關其在國際舞台上所能掌控的權力的多寡與扮演角色的重要與否。哈倫貝克（Ralph A. Hallenbeck）認為，軍事武力一直都是美國外交政策的重要工具之一[52]。泰勒（Trevor Taylor）認為在國際政治上，軍事武力是最重要的權力來源[53]。在理論上，一個軍事武力強大的國家通常比較容易「恫嚇」另一個比他弱的國家[54]。理所當然，在此海地事件中，美國也不免祭出她「看家法寶」：優勢的軍事武力。以下就美軍的作戰計畫剖析美國使用武力恫嚇的經過。美軍的作戰計畫分述如下：

1. 先行透過談判，促使海地軍事執政團自動下台。
2. 透過策反：
    (1) 利用金錢收買人心。
    (2) 利用散發傳單鼓舞人心，喚起支持亞里斯提德民運人士及背棄執政團者，起義顛覆執政團。
3. 實施軍事行動，一舉登陸，推翻軍事獨裁執政，採取優勢外線作戰[55]：
    (1) 特種部隊夜間滲透海地港口，執行重要目標標示、道路阻絕和占重要據點。
    (2) 一個營（約九百名）陸軍輕騎兵空降占領國際與軍用兩機場。
    (3) 約三百名海軍偵搜部隊占領港口，掃蕩障礙物，以供兩棲部隊順利登陸上岸。
    (4) 登陸艦艇和部隊順利登陸後，攻打市區；突擊隊緝拿軍事執政團塞德拉斯中將三軍總司令、畢安比少將參謀總長、佛蘭斯華中校警察局長等三

---

[51] K. J. Holsti, op. cit., pp.120-135.

[52] Ralph A. Hallenbeck, *Military Force As an Instrument of U. S. Foreign Policy (*New York: Praeger Publishers, 1991).

[53] 鈕先鍾譯，前揭書，頁175。

[54] Frederic S. Pearson & J. Martin Rochester著，胡祖慶譯，**國際關係**（*International Relations*）（台北：五南圖書公司，民國78年），頁204。

[55] 聯合報，民國83年9月14日，版3。

位首腦及其他軍官。隨後配合空降師及裝甲車發起全面攻擊，緊接多國所組成警察部隊登陸，擔任維持和平任務，預計十天全面控制海地。

　　由上觀之，美國使用武力恫嚇之時，仍不忘透過外交途徑的談判策略之運用，藉以消弭戰爭於無形。此外，並透過大眾傳播媒體將美軍優勢的兵力與作戰計畫公諸於世，其用心昭然若揭，目的乃是藉由媒體震撼與使用威脅的手段，來迫使海地軍事強人「知難而退」，以達不戰而屈人之兵之目的。事實上，國際政治權力的最後手段即為戰爭，但是，值得注意的是，戰爭並非是一個合於理想的武器，而是一種不得已而必要使用的最後手段。當然，任何人都瞭解「能避則避，能免則免」。基此，在後冷戰的今天，外交的斡旋或談判儼然成為解決國際衝突的主流。

（二）運用談判策略

　　古今中外沒有永遠不可談判的對立、衝突與戰爭。例如：兩次世界大戰、以阿戰爭、波斯灣戰爭。當初敵對雙方都是誓不兩立、不共戴天，不拼個你死我活，不善罷干休，但是最後還是走向談判解決之道。因此，今日國際衝突的解決實不能視「談判」如無物。今擬從溝通理論及博奕理論兩個角度加以分析，美國在海地事件中所運用的談判法則與過程。

1. 溝通理論

　　溝通理論主要的提倡者篤意奇（Karlw Deutsch），認為溝通不僅能傳遞訊息，更能反應訊息，故對組織十分重要[56]。根據拉斯威爾（Harold Lasswell）及霍斯提（Ole R. Holsti）等學者的觀點，傳播（或溝通）內容包含六個基本因素[57]：

(1) 傳播來源（communication source）

(2) 譯成符碼（encoding）

(3) 傳播通道（channel）

(4) 訊息（message）

(5) 接受者（receiver）

(6) 符碼還原（decoding）

---

[56] Alan C. Isaak, *Scope and Methods of Political Science* (Homewood, Illinios: The Dorsey Press, 1984), pp. 289-290.

[57] Ole R. Holsti, *Content Analysis for the Social Sciences and Humanities* (Reading, Massachusetts: Addison-Wesley Publishing, Company, 1969), p. 24.

由上述溝通基本因素可組成一套溝通程序，而且根據拉斯威爾所說名言：「以什麼方法、對誰、說什麼、產生些什麼效果？[58]」就此溝通模式，分析美國對海地事件所使用談判或溝通方法及過程為：戰雲密佈，在先頭部隊已銜命出動「進攻海地」的險局中，柯林頓總統臨危授命前總統卡特、前參謀聯席會議主席鮑威爾、參院軍事委員會主席努恩聯袂赴海地，作最後的努力，希望將兵戎相見之對立狀況化解，以解決海地軍人統治之情事，並避免美政府因出兵海地可能帶來的流血傷亡及政治危機[59]。

在談判期間，美國防部官員不斷對外宣稱美國兵力調動、部署及作戰計畫[60]。美國之所以將上述「軍事機密」公諸於世，其目的不外乎是給予海地軍事強人警告，倘不接受談判的協議，屆時，美國優勢的軍力即將「兵臨城下」。就事實而言，當卡特與海地軍事領袖正從事第二回合談判協議時，美軍六十九架飛機已起飛，即將臨空，顯然海地是在此軍事威脅下才簽定協議[61]。就柯林頓總統派遣談判代表赴海地尋求以外交斡旋解決此危機而言，實在是一項非常「聰明」的措施。倘若卡特等三人談判失敗，柯林頓將可義正嚴辭地向美國人民表示，他已殫精竭慮地用盡一切方法解決海地事件，最後在和平解決方法罔效之際，萬不得已只好用兵。據此，不僅美國「師出有名」，而且柯林頓就海地事件所引起個人政治危機也可能大幅降低。

今就此事件中，美國所用的談判方法及過程，歸納如下：

(1) 誰

　① 柯林頓、裴利、克里斯多福等人，對世界媒體進行對海地武力恫嚇。

　② 卡特等三人赴海地進行軍事談判。

(2) 為什麼－目的

　想達到不戰而屈人之兵或得到師出有名。

(3) 用什麼方法

　以武力為後盾的談判，易言之，在談判中「獎勵」與「懲罰」－「恩威並用」。

[58] Ibid.

[59] Kathie Klarreich, "U. S. Troops Land on Haitian Soil; Islanders Disappointed by Pact," *The Christian Science Monitor*, September 16, 1994, p. 1.

[60] *International Herald Tribune*, September 15, 1994, p. 1 & 7; September 16, 1994, p.1.

[61] Marshall Ingwerson, "Clinton Runs Political Ricks in Haiti," *The Christian Science Monitor*, September 20, 1994, p.3; Kathie Klarreich, op. cit., p. 3.

(4) 說什麼

要求海地軍方接受協議並且下台。

(5) 產生什麼效果

震撼與畏懼。

(6) 對誰

海地軍方。

2. 博奕理論

國際談判有兩種基本模式，即「零和」與「非零和」兩種模式[62]。零和模式即一方所得為另一方所失，係屬全面的衝突；非零和模式即雙方皆可得到利益，惟只是程度的差異。在後冷戰時期的國際政治中，大多屬於非零和的狀況，如波斯灣戰爭最後仍經由談判而解決。

博奕理論可供決策者在特殊狀況下，考量全般狀況後而作出最好的策略[63]。因此，美國與海地雙方政府在整個衝突事件過程中，應對利害作審慎的評估，始能作出兵與否及退讓與否之決策。據此，從圖16-2「膽小鬼」遊戲模式，來分析雙方考量方式。

基本上雙方都有兩種選擇，一種是閃避，一種是不閃避。在上圖中四個方格內，其數字代表雙方因為閃避或不閃避所造成的得失[64]。由此不難窺見在雙方「合作」之狀況下應會得到較多的利益。因此，許多研究國際關係的學者便常運用此模式來分析國際衝突中威脅和反威脅，或武力恫嚇等事件。

	閃　避	不　閃　避
閃避	-5 -5	+10 -10
不閃避	-10 +10	-50 -50

圖16-2　膽小鬼遊戲模式

資料來源：胡祖慶，前揭書，頁197。

---

[62] 胡祖慶，前揭書，頁195。

[63] Alan C. Isaak, op. cit., p. 240.

[64] 胡祖慶，前揭書，頁196。

就美國對海地僵局而言，當然能以恩威並濟、大軍壓境和以戰逼和，達到兵不血刃的協議，即是兩國最大的利益。美國在此事件中未傷一兵一卒，便將海地難題予以化險為夷，迫使軍方黯然下台，贏得世人的讚譽。海地遂在美國的支持下，重燃和平、民主的新希望。

坦誠而言，在今日錯綜複雜的國際政治中，國家與國家之間常存有衝突，惟在長時間的嘗試和錯誤之後，他們最終會發現採取合作方式，可能是最佳的途徑，因為「合則兩利，分則兩害」。美國在海地事件中，柯林頓政府以和平方式解決了箭在弦上的臨戰狀況；而且，在兼顧美國與海地雙方利益之下，簽訂七項協議[65]，而圓滿結束此事件。

美國特使前總統卡特與海地軍方扶持的總統約納尚18日在太子港所簽訂的七點協議，從美國與海地的談中，顯示談判中必須要有籌碼－尤其是軍事與經濟工具。因為擁有軍事為後盾，將可產生威脅或嚇阻；擁有經濟為支援，將可利而誘之；兩者惟相互配合，乃能相輔以成事。

五、檢討

（一）影響美軍出兵因素
此次美軍雖動用兵力前往執行其預遂行之戰略目標，然考量因素有以下幾項：

1. 經濟因素

每日需耗費四十餘萬美元，在曠日持久之下，唯恐財政無法擔，且為恢復海地民主所採取軍事行動預估需花費五億美元。

2. 政治因素

(1) 內政上
世人咸認此次柯林頓總統派美軍出兵，意在年底選舉，欲挽回其執政以來下跌之聲譽，遂想透過軍事上之勝利，來提升其威望，進而有助民主黨之選舉勝利。

(2) 外交上
誠如美國防部主管政策與戰略事務的助理部長渥諾所說：「進兵海地計畫是協助被罷黜的海地總統亞里斯提德重掌政權，以實現美國對加勒比海維持一個穩定和

---

[65] *The Christian Science Monitor*, September 20, 1994, p. 3；聯合報，民國83年9月20日，版9。

安全環境的承諾。」若果未行，將如美國務卿克里斯多福所說：「雖然美國民意調查對出兵海地計畫並不熱衷，國會對此支持程度亦相當薄弱，不過，由於美國一再宣稱，海地軍事政權若不下台，美國將動用武力，出兵海地一事已關係到美國的威信」。

(3) 國家利益上

柯林頓總統一再強調：「海地的不安定，將對美國的國家安全、外交政策及經濟，構成非比尋常之威脅。」

(4) 心理上

在此次出兵上，戰前透過民意調查，美政府出兵支持率：32%為贊成，48%反對，18%無意見。

（二）美軍採取策略

基於上項因素，因此美軍所採取攻略為：

1. 集中優勢兵力，預採速戰速決。
2. 透過電視媒體公諸於世之報導，美軍即將開始，甚至已在進行之作戰計畫；以透過媒體系統來恫嚇。
3. 透過外交幹旋，達成協議。結果，在即將兵臨城下之際，海地接受美提議於10月15日前下台，而結束此次僵局。

所以，此談判模式，大抵可以歸納如圖16-3：

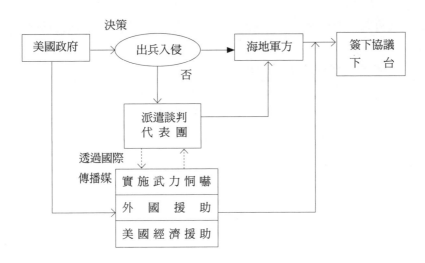

圖16-3　美國處理海地事件流程圖

說明：
———→　表示實際作為
——▶　表示未有實際作為
‥‥‥→　表示相互聯繫支持
←‥‥‥　表示相互聯繫支持

伍、結語

　　在海地事件中，美國之所以在世界舞台能扮演「超強」角色，，乃因其以「軍事力量」與「經濟資源」為最大後盾。現代國家倘欲在國際政治中扮演積極的領導人，上述兩項力量是缺一不可。如日本，雖是經濟大國，但由於缺乏強大的軍事力量為後盾，故在國際威望上難望美國項背。美國對海地事件，所處理的方法及策略，當引以為借鏡，今將其處理過程說明如後。

　　此次美國處理海地國際衝突事件的談判策略，在國際上是屬於「大棍與葫蘿蔔」兩種策略交互使用。此種策略主要手段乃是「威脅」、「懲罰」、「承諾」和「獎勵」。其中「威脅與懲罰」是屬於「大棍」策略；「承諾與獎勵」是屬於「胡蘿蔔」策略。今將其策略歸納如表16-8。

　　由上述美國談判發展的過程，呈現了許多國際政治上現實的一面，和冷戰時期相較，有些現象是該時期的延續。海地與我國有正式的外交，其政情轉變，隨著非

正式的外交行為（卡特等三人的談判）協助了正式外交所無法化解的危機。

表16-8　美國對海地運用策略分析表

策略	手段	實際作為
大棍	威脅	美軍作戰演習等武力恫嚇
	懲罰	經濟已制裁、軍事上尚未有實際作為
胡蘿蔔	承諾	不報復，允許他國提供庇護
	獎勵	聯合其他國家予以經濟援助

夏立平

壹、前言

　　北極地區安全形勢經歷了一個長期演變的過程。隨著北極正以比人們預想還要快的速度變暖，北極冰蓋在加速融化，北極航道在不遠的未來將要開通，北極環境正在醞釀重大變化。北極地區安全形勢出現了一些新的特點。這種變化將對全球安全產生重大影響。北極將成為全球新的關鍵戰略競技場之一，環北極國家對北極主權和資源的競爭和爭奪加劇，全球生態安全面臨重大挑戰。

貳、當前北極地區安全形勢主要特點

一、環北極國家強化各自對北極地區領土主權的訴求，以加強在北極地區的軍事存在作為這種訴求的戰略支撐

　　到目前為止，還沒有一部國際法明確規定北極地區的歸屬問題。根據《聯合國海洋法公約》，因為沒有證據表明任何一個國家的大陸架延伸至北極點，所以北極點及附近地區不屬於任何國家，北極點周邊為冰所覆蓋的北冰洋屬於國際海域，由國際海底管理局監督管理。北冰洋周邊國家俄羅斯、美國、加拿大、挪威、丹麥只擁有領海外兩百海里的專屬經濟區。但1994年生效的《聯合國海洋法公約》又規定，如果一個國家的大陸架超過兩百海里，專屬經濟區可適當延伸。大陸架是指領海以外陸地領土的全部自然延伸，其範圍從測算領海寬度的基線起不到兩百海里的，擴展到兩百海里；超過兩百海里的，則限制在兩百海里以內。

---

[1] 本文為中國國家海洋局國家專項「南北極環境綜合考查」之中國極地研究中心承擔的子專題「極地地緣政治研究」的課題「北極環境變化下的中國能源安全與軍事安全評估」、教育部項目北極環境變化中的中國國家安全利益（專案批號10YJAGJW017）和同濟大學「985工程哲學社會科學創新基地課題」──「全球變化與國家利益研究」中期成果之一。

目前，北冰洋周邊國家都在思考著如何延伸本國在北冰洋的大陸架到兩百海里以外。俄羅斯、挪威、美國、加拿大和丹麥等環北極國家在如何根據北冰洋底大陸架劃分北極方面有爭議。俄羅斯宣稱，北冰洋底的羅蒙諾索夫海嶺是其大陸架的一部分。加拿大和丹麥則反對這項主張，聲稱該海嶺是其各自領土的自然延伸部分。俄羅斯2001年曾向聯合國提交了對該海嶺擁有主權的申請，但文件不久被退回。聯合國要求其提供更多證據。俄方隨後加緊蒐集證據。2010年，俄「費奧多羅夫院士」號科考船在北極地區用三個月研究海底地形，總共完成了九千公里斷面的測量工作。這將成為俄羅斯宣稱根據羅蒙諾索夫海嶺是其大陸架自然延伸的一部分而在北冰洋擁有更大專屬經濟區的重要證據。

同時，美國與俄羅斯在劃分白令海經濟區問題上存在分歧。美國與加拿大在波弗特海邊界劃分上有較大分歧。美國認為，阿拉斯加與加拿大之育空地區的領土分界線向北冰洋的延伸線並不能成為兩國之間直達北極點的領海分界線。同時，加拿大與丹麥就格陵蘭與加東北的邊界劃分也有爭議，兩國曾因一個名叫漢斯的北極小島發生激烈爭執。加拿大與俄羅斯在誰擁有從北冰洋沿岸到北極點部分地區的主權上存在紛爭。

二、環北極國家為了支援其對北極地區的主權要求，紛紛加強在北極地區的軍事實力

2010年6月，時任俄羅斯總理普丁說，俄羅斯將增加在北極地區的駐軍，以保護其利益[2]。同年7月，時任俄羅斯國防部長阿納托利・謝爾久科夫透露，俄將組建兩個特種旅，派駐到北部的摩爾曼斯克、阿爾漢格爾斯克等地，維護俄羅斯在北極地區的利益[3]。2011年3月，俄羅斯軍方宣稱，俄正在組建一個特殊的摩托化步兵旅，其人數最多可能達到八千人，該部隊將駐紮在俄羅斯柯拉半島最北端的佩琴加，靠近挪威和芬蘭邊界，以保衛其在北極的油氣資源[4]。

2010年10月，俄羅斯海軍總司令維索斯基表示，根據時任俄總統梅德韋傑夫簽署的《俄聯邦海洋政策基本原則》，駐紮在北極地區的俄北方艦隊將逐步新增艦隻，以提升戰鬥力[5]。俄羅斯現在仍有十艘戰略導彈核潛艇。這些戰略核潛艇

---

[2] 俄塔社葉卡捷琳堡2010年6月30日電。

[3] 俄塔社葉卡捷琳堡2010年7月1日電。

[4] 「俄羅斯用北極旅來保衛油氣資源」，**每日電訊報**，2011年3月31日。

[5] 俄新社莫斯科2010年10月2日電。

可以攜帶一百六十枚潛射彈道導彈，裝載五百七十六枚核彈頭，占俄羅斯現在兩千六百六十八枚戰略核彈頭的23%。維索斯基透露，俄海軍已經向俄總理提出了保障北方海路安全的一攬子提議，其中包括海軍軍艦在航路各港口設立臨時駐點的措施。

　　美國加強了在北極圈內的軍事力量，派出潛艇在北極海底進行活動，收集情報，並探索北極潛在航道。美國2007年舉行軍事演習，2009年美海軍「海倫娜」號和「安納波利斯」號攻擊核潛艇在北極也參加了軍演。美國傳統基金會的專家建議設立北極司令部，以防範他國對北極資源日益增強的需求，同時警惕俄羅斯在該地區的活動，保護美國在北極地區的利益。2007年10月，美國海軍、海岸警衛隊、海軍陸戰隊聯合發布的《二十一世紀海權的合作戰略》，明確將維護在北極地區的航行自由權作為其最優先考慮的事務[6]。

　　2009年1月，時任美國總統喬治‧布希簽署了第66號國家安全總統指令／第25號國土安全總統指令（NSPD-66/HSPD-25）。該指令明確，為了國家安全和利益需優先制定有關北極地區的政策，美國是一個北極區國家，在北極享有廣泛而不容置疑的利益。指令認為，美國國務院、國土安全部和國防部應聯合研究並制定美國在北極地區的政策，出臺更詳盡的措施以及加強相關能力，以保護美國在北極邊界地帶的利益。增強在北極海域的態勢感知能力；確保美國軍事力量能利用北極海空，以發揮其全球機動能力；突顯美國在北極主權海域內的存在，鼓勵各方和平解決爭端；與其他北極地區的國家合作，以處理種種因船舶大量通航而產生的問題；建立包括聯合搜救、設立聯合營地和後勤支持等行動在內的危機回應機制，以應對該地區的突發危險情況；評估利用北極夏季航道作為戰略海運路線的可行性等。以上諸多舉措意味著美海軍必須要為將來進一步介入北極事務做好準備[7]。

　　2009年11月，美國海軍作戰副部長批准簽署了工作組草擬的海軍《北極路線圖》，與該檔同時公布的還有一份基於科研結論的時間表。路線圖為海軍參與北極事務提供了框架，開列了適宜的目標和行動類型，並勾畫了一個五年行動計畫，來執行美國國家北極區域政策和海軍的海上戰略。

6　Rear Admiral David W.Titley, U.S. Navy, and Courtney C. St.John, "Arctic Security Considerations and the U.S. Navy's Roadmap for the Arctic," *Naval War College Review*, spring 2010, Vol.3 No.2. The document can be found at: http://www.wired.com/images_blogs/dangerroom/2009/11/us-navy-arctic-roadmap-nov-2009.pdf.

7　The White House, President George Bush, National Security Presidential Directive and Homeland Security Presidential Directive no.66/ Homeland Security Presidential Directive 25 (January 9, 2009), http://georgewbush-whitehouse.archives.gov/news/releases/2009/01/20090112-3.html.

在環北冰洋各國中，加拿大是第一個正式提出對北極主權要求的國家。加政府自1925年起就宣稱以扇形原則界定加拿大領土——將國土最東邊和最西邊的界限，一直延長到北極點，形成的扇形所覆蓋的水域、島嶼等都是加拿大領土。

2009年，加拿大政府制定「北方戰略」，其主要內容是加強對其北極地區行使主權、促進經濟社會發展、保護環境、加強地方政府管理等。加拿大外長坎農2010年8月發表《北極外交政策聲明》，強調加拿大對其北極地區擁有主權，繼續推進「北方戰略」，並加大在這些方面的投入[8]。坎農表示，加拿大是北極大國，在世界北極事務方面發揮著重要作用。

近年來，加拿大的北極政策呈現出經濟建設與軍事建設相結合、內政與外交相相配合、全面扎實向北推進的新特點。在2007年俄羅斯在北極「插旗」事件後，加拿大陸續出臺了一系列加強在北極地區軍事建設的措施，包括：在其領土最北端埃爾斯米爾島的最靠近北極點的阿勒泰建立軍事基地；在「西北航道」中段的努納武特地區康沃利斯島的雷索盧特建立軍事基地；在巴芬島建設深水港；購買和建造新的巡邏艦艇等。2010年8月，加拿大總理哈珀表示，加將繼續增加國防投入，用最新裝備武裝軍隊，包括在2014年至2015年發射3顆遙感衛星，為軍隊提供高精度即時圖像，以便於對北極地區的控制。

2003年，加拿大耗資490萬美元在北極地區進行首次軍事演習。2004年，加又在北極地區進行代號為「獨角鯨」的軍事演習。自2007年起，加拿大每年在北極地區舉行代號為「納努克（因紐特語中指北極熊）行動」的軍演。其中，2010年8月，加拿大總理斯蒂芬·哈珀視察了該演習。2009年，加拿大海空軍在北極地區舉行代號為「北極主權」的反潛演習。2011年8月，加拿大再次在北極地區舉行代號為「納努克行動」的大規模軍事演習，1000名加拿大士兵參加了演習。加拿大國防部長彼得·麥凱說，演習顯示加拿大在北極地區「永久性和季節性」存在，以維護加拿大在這一地區的權益[9]。加拿大政府企圖用這些軍演來強化其對北極地區主權的宣示。

針對俄羅斯組建北極部隊和用戰略轟炸機進行戰略巡邏，加拿大不甘示弱，表示也準備建立北極部隊。加拿大2012年前增加北極部隊的總人數至五千人。這支北極部隊的主要使命是對北極地區的任何事件做出反應。為增加這支部隊的作戰反應能力，該部隊每年參加四次極地演習。此外，加政府更新北極圈內戰略要地雷索

8　法新社莫斯科2010年10月2日電。
9　路透社渥太華2011年8月20日電。

盧特灣的軍事設施，計劃斥資七十億美元建造八艘巡邏艦，並將撥款在北極建設一個軍事訓練中心，以供加拿大軍隊全年在北極進行訓練。

　　加拿大和丹麥因為漢斯島關係惡化。漢斯島位於加拿大與格陵蘭島之間的內爾斯海峽，面積只有一點三平方公里，距北極點僅僅一千公里，加丹兩國為此島爭吵了二十多年。1973年國界劃定時條約中故意忽略漢斯島，但以後雙方都在該島插國旗，以宣示主權。從1984年，丹麥先後五次到該島插旗，宣示主權。由於加拿大沒有可破冰的軍艦，二十多年來只能口頭抗議。2003年，丹麥將國旗插在北冰洋小島漢斯島上，迅速引發兩國關係的惡化。2005年加拿大在島上插上了加拿大國旗。作為反擊，丹麥再次派出武裝護漁船前往漢斯島確認主權。2005年，丹麥宣稱，北極與丹麥所屬的格陵蘭島由羅蒙諾索夫海嶺連接。只要能證明北冰洋海底山脈是格陵蘭島海脊的自然延伸，丹就對該地區資源擁有合法的開發權。於是，在2007年俄羅斯插旗事件後，丹麥組成一支由約40名研究人員組成的科考隊啟程奔赴北極，在丹麥的格陵蘭島北部海域收集有關資料，以證明2000多公里長的羅蒙諾索夫海嶺是格陵蘭大陸架的延伸。

　　丹麥議會在通過的2010～2014年防務草案中，計劃加強駐紮在丹屬格陵蘭島的軍事力量，包括組建一支北極部隊和設立一個北極地區軍事司令部。丹麥此舉將進一步加強冷戰時期美國在格陵蘭島的軍事基地、雷達站和預警系統。挪威也不甘落後，舉行了軍事演習，並且場景設定為因北極領土和資源爭奪激化進而爆發戰爭。

參、環北極國家尋求在北極問題上通過談判相互妥協、對外實行保護主義的趨勢在上升

　　為解決圍繞海域劃界、島嶼歸屬、航道管轄的爭端，環北極國家在北極問題上相互博弈的同時，也試圖相互妥協，對外實行保護主義趨勢在上升。北極理事會八個成員國對非北極國家參與北極治理表現出排斥態度。2008年5月，北冰洋五個沿岸國家美國、俄羅斯、加拿大、丹麥、挪威在格陵蘭島召開部長級會議。會議通過的宣言明確提出依靠現有的國際法主要是海洋法來解決有關北極的爭議，商定在現有國際公約基礎上開始談判北極分割事宜，同意通過科學研究提供證據來決定北極的主權問題，同時決定不再為此通過任何類似《南極條約》的新檔。現在加拿大、

俄羅斯、美國、挪威和丹麥等國正在加緊繪製各自的北冰洋海床圖，以便爭取在2013年向聯合國有關機構提交大陸架劃界申請。

2009年2月，在北極地區擁有領土的冰島、芬蘭、瑞典、挪威和丹麥召開北冰洋安全機制會議。

2010年9月，時任俄羅斯總理普京在莫斯科舉行的首屆北極論壇上對各國與會代表說：「我們認為，保持北極地區作為和平與合作區域是必要的。[10]」他指出：「我們聽到一些揚言為北極打一仗的超前論斷。但是，我們再仔細觀察這一地區的局勢後，清楚認識到大部分關於北極的可怕構想缺乏任何真正的依據。[11]」在該會議上，普京和其他北極國家與會代表強調，期望聯合國就各國對該地區礦藏相互衝突的所有權要求做出裁決。

2011年6月，俄羅斯和挪威首次交換了巴倫支海和北冰洋劃界及合作條約的批准檔。根據該條約，兩國爭議地區八十六萬平方公里水域歸俄羅斯，五十一萬平方公里歸挪威。條約還允許兩國在十七點五萬平方公里範圍內的北極大陸架開髮油氣田。該區塊主要是在位於北極海域的巴倫支海，該區塊內可能儲藏著一百二十億桶石油。

一、環北極國家對北極資源開發的重視程度日益上升，將其作為影響國家安全的重要因素之一

目前環北極國家強化對北極領土主權的訴求所引起的爭端主要是圍繞海域劃界、島嶼歸屬、航道管轄的問題，但實質上與北冰洋海底蘊藏著巨大的礦產和油氣資源有關。

北極大陸架是下一個十年潛在的聚寶盆，因此開發北極大陸架有極為誘人的前景。2009年，美國地質勘探局在其首份北極資源評估報告中顯示，在北極海床之下至少蘊藏著900億桶石油儲量，該儲量約占全球未探明石油資源的13%。有的專家說，北極地區可能蘊藏著全球五分之一的油氣資源。俄羅斯宣稱，歸俄所有的那塊北極區域可能擁有的石油儲量是沙烏地阿拉伯探明儲量的兩倍。

北極是俄羅斯最具戰略發展前景的地區之一，俄以油氣開採等專案為突破口，掀開了新一輪北極開發的序幕。2008年9月，時任俄羅斯總統梅德韋傑夫在國家安全會議上表示，開發北極資源是俄羅斯能源安全的保障，俄羅斯的首要任務是將北

---

[10] 法新社莫斯科2010年9月23日電。
[11] 法新社莫斯科2010年9月23日電。

極變為「俄羅斯二十一世紀的資源基地」。2010年10月，俄副總理伊萬諾夫在出席第二屆北極國際經濟論壇時表示，「北極的礦產資源價值超過三十萬億美元，其中三分之二的財富歸俄羅斯所有」。俄自然資源部2010年9月宣布，到2039年前，俄打算共投入約三千四百六十億美元用於大陸架開發，其中大部分資金投向北極地區。

　　在俄羅斯國家優先發展項目中有開採什托科曼凝析氣田項目。該氣田位於摩爾曼斯克東北巴倫支海俄羅斯所屬大陸架的中央部分，長達六百公里。這裡的海水深度在三百二十～三百四十米之間。氣田天然氣勘探儲量排在世界前十名，約有四萬億噸天然氣和約五千六百萬噸天然氣凝析油。什托克曼專案在2007年就已啟動，並於2008年創建俄法挪三國合資企業－什托科曼開發股份公司（Shtokman Development AG）。這家合資公司從開始投產算起未來25年內都將是該氣田的主人。俄羅斯天然氣工業股份公司（Gazprom）占有51%的股份，法國道達爾公司（Total）占25%的股份，挪威國家石油公司（Statoi）占有24%的股份[12]。

　　俄羅斯和美國也加強了在北極地區能源領域的合作。2011年8月底俄羅斯石油公司（Rosneft）與美國埃克森美孚（Exxon Mobil）簽署了戰略夥伴關係協定，其中就包括在北極的合作項目。美國公司獲得了在喀拉海三個油氣田開採權。先來者將獲得開採大型油氣田的最大自主權，從而鞏固自己在未來十年的地位。美俄雙方將進行技術和人員的交流，在聖彼德堡成立北極大陸架開發科研設計中心（ARC）。

　　格陵蘭島邀請世界各大石油公司開發其海域的油氣資源。由小布希和布雷爾的朋友比爾・蓋梅爾掌控的蘇格蘭石油公司2010年賣掉了其在印度拉賈斯坦邦德油田股份，獲得數十億英鎊的收益，轉而選擇將格陵蘭作為其未來石油開採的新領域。同年8月，該公司宣布在格陵蘭海域發現了天然氣。同月，英國凱恩能源公司宣布，該公司在格陵蘭島西部海岸打下的兩眼勘探井，已找到天然氣資源。

　　2011年8月下旬，西北航道和東北航道第一次同時打開，再次引發了北極開發的熱潮。

二、各國圍繞北極航道開通的前景開始進行的地緣政治博弈

　　2009年9月發布的《海冰展望》認為，當年9月泛北極地區的海冰面積為

---

[12] 錢宗旗，「俄羅斯北極開發國家政策剖析」，世界政治與經濟論壇，2011年第5期，頁81。

四百二十萬～五百萬平方千米。這個數值幾乎是歷史最低值[13]。許多科學家認為，北冰洋第一個無冰的夏季將會在五～五十年內出現，這已是一個何時發生的問題，而不是一個是否會發生的問題[14]。美國科羅拉多大學國家冰雪資料研究中心的科學家沃爾特·梅厄（Walt Meier）在研究的基礎上指出：「全球變暖使北極的冰在過去二十年中急劇減少，所記錄到的北極海冰覆蓋最少的六次記錄都是在過去六年中。由於北極海冰越來越薄，越來越可能在夏季化完。」他預測：「北冰洋將在2020年至2040年的某個時候完全無冰，如果早的話，在2013年夏天就會無冰了。[15]」

如果北冰洋夏季無冰，北極航道將開通。北極航道主要有兩條：第一條是穿過加拿大北極群島的西北航道（the Northwest Passage）；第二條是穿過歐亞大陸北冰洋近海的東北航道（the Northeast Passage）。

三、關於西北航道的爭議

西北航道位於加拿大北極群島沿岸，東起大衛斯海峽和巴芬灣，向西穿過加拿大北極群島水域，經美國阿拉斯加北面波弗特海，穿過白令海峽與太平洋相接。西北航道實際上是由多條海峽連接而成，包括由蘭開斯特海峽、巴羅海峽、梅爾維爾子爵海峽和麥克盧爾海峽組成的帕裡海峽。西北航道有七條潛在可行的航線[16]。由於一年中這些航線絕大部分時間都要受到冰況的影響，因此每條航線都有或多或少的難度。同時，船隻航海路線的選擇還將取決於船隻的噸位、破冰的能力和水文測量的資料等因素。北極委員會2009年發布的報告關注了其中的五條航線[17]。實際上，連接大西洋和太平洋的西北航道由於冰層融化在2007年夏季已經開始通航。

---

[13] Norwegian Polar Institute, "Outlook of Ice on Sea," September 9, 2009, http://npweb.nplar.no/english/subjects/1250776798.55.

[14] Arctic Council, "Arctic Marine Shipping Assessment 2009 Report," *Arctic Council*, April 2009, p.30; US National Snow and Ice Data Center, "Arctic Sea Ice Shrinks as Temperature Rise," *Press Release*, October 3, 2006, http://nsidc.org/news/press/2006_seaiceminimum/20061003_pressrelease.html; A. Grupta, "Geopolitical Implications of Arctic Meltdown," *Strategic Analysis*, Vol.22, No.2, 2009, p.174.

[15] Walt Meier,Julienne Stroeve,Mark Serreze,Ted Scambos, *National Snow and Ice Data Center* (NSIDC), "2010 Sea Ice Outlook, June Report," http://www.arcus.org/files/search/sea-ice-outlook/2010/07/pdf/pan-arctic/meieretaljulyoutlook.pdf.

[16] 郭培清等，北極航道的國際問題研究，（北京：海洋出版社2009年版），頁4。

[17] Australia Maritime Safety Authority, "Protection of the Arctic Maritime Environment," *2009 Report*, Arctic Council, p.21, http://www.arctic-council.org.

如果從中東、東北亞經北極往返北美、南美東海岸或北歐、西歐，穿越北極的航行要比經巴拿馬運河或合恩角、蘇伊士運河或好望角少走六千～一萬一千公里。這使得美國與歐盟等都對北極航道深感興趣。

由於「西北航道」是美國將阿拉斯加的石油運至東部市場的捷徑，冷戰時期還是美國核潛艇往返北冰洋的重要通道，因此，美、加兩國長期以來就「西北航道」的國際地位存在分歧。美國認為，西北航道是一條國際航道，各國均有權「過境通行」，加拿大的意見則恰恰相反。近幾年，北極國家對「西北航道」的爭奪趨近白熱化。

長期以來，加拿大一直聲稱對西北航道擁有主權。1969年，時任加拿大總理特魯多強調北極群島水域是加拿大內水。1970年加拿大政府正式宣布西北航道既不是國際通道，也不是公海。加政府認為，因為西北通道沒有商業航行的歷史，不符合國際海峽的法律標準。但美國政府拒絕承認西北航道是加拿大內水的法律地位，認為這是一條國際通道。

2007年8月20日，時任美國總統布希在與加拿大總理哈珀和墨西哥總統卡爾德龍舉行一年一度的北美峰會時重申，美國堅持西北航道屬於國際航道。布希同時表示，美國並不質疑加拿大對其北極島嶼擁有主權，美國支持加拿大為行使主權而進行的投資。

2008年8月27日，加拿大總理哈珀在北極地區波弗特海沿岸舉行的新聞發布會上宣布，凡駛入「西北航道」的船隻必須在加拿大海岸警衛隊登記備案。他呼籲各國船隻遵守新規定，因為加拿大正著手「增加海岸警衛隊船隻數量，增強攔截和扣押違規船隻的能力」。

加拿大對西北航道的單獨占有已經引起了國際不滿，包括美國、歐盟在內的多數西方國家認為，北冰洋水域是國際水域，不應歸任何一個國家單獨所有；西北航道是國際航道，不應該為加拿大獨占。美加之間的「特殊關係」對加拿大的主權追求也是有所影響。在拒絕接受美國觀點的同時，加拿大也意識到美國在該地區的「特殊利益」。它保證西北航道向所有國家的船隻開放，但需遵守加拿大政府所規定的要求。短時期之內，關於西北航道歸屬問題還將僵持不下。

四、關於東北航道的爭議

東北航道（the Northeast Passage）西起冰島，經巴倫支海，沿歐亞大陸北方海域。向東穿過白令海峽，連接東北亞，長約兩千九百海裡。北方海航道（North

Sea Route）是東北航道的一部分，它西起新地島海峽的西部入口，東到白令海峽，長約兩千五百五十一海裡。北方海航道穿過北冰洋的五個邊緣海，經過十條海峽，沿線有四個重要港口，從巴倫支海到白令海峽之間有四條不同的航線。俄羅斯認為，與東北航道部分重疊的北方海航道是位於俄羅斯「內海、領海（領水）或專屬經濟區內的基本海運線」。這條航道從1932年起處於蘇聯（俄羅斯）控制之下。

挪威、瑞典和美國等一直堅持國際通行權利，遭到蘇聯（俄羅斯）多次拒絕。數十年來，「東北航道」一直是美俄在北極地區最有爭議的問題之一。美國並不接受俄羅斯的立場。美國認為俄北部海峽應適用國際海峽航行制度，外國船隻應享有過境通行權或無害通過權。美國政府的北極政策檔將航海自由置於「最優先」的地位。美國堅持北極地區的東北航道屬於國際航道，北方海航道包括用於國際航行的海峽，美國船隻有權通行[18]。俄羅斯否認這些海峽是用於國際航行的海峽。

東北航道是聯繫大西洋和太平洋港口的重要航道，是俄羅斯西伯利亞許多城市的生命線，大量燃料、食品和其他物資經由這條航線得以補充。俄羅斯（蘇聯）對東北航道實施了嚴格的管轄，在海商部內專門設置了東北航道管理局，負責航道管理事宜。

1987年10月1日戈巴契夫在摩爾曼斯克講話後，東北航道對外開放，蘇聯收取費用提供服務。為實現對東北航道的控制，1984年蘇聯連續出臺了兩個法令，《專屬經濟區布告》和《東北區域自然保護布告》，1990年蘇聯部長會議頒布《北極自然保護法》。蘇聯解體後，俄羅斯法律要求過往船隻事先取得許可，強制使用俄羅斯破冰和導航服務，收取高額費用，引起了其他一些國家的不滿。

近年來，由於北冰洋冰蓋漸趨萎縮，北方海航道的巨大航運價值逐漸被人們認知。為了控制北方海航道，俄羅斯政府連續出臺法令，規定對航道實施壟斷性控制，要求過往船隻必須事先取得俄政府許可，並使用俄羅斯的船隻破冰和導航服務，從中收取高額費用。這引起一些國家的不滿。

近年來，由於全球氣候變暖，北極冰層加速融化，東北航道的巨大商業航運價值逐漸為人們所重視。

---

[18] "National Security Presidential Directive and Homeland Security Presidential Directive," http://georgewbush-whitehouse.archives.gov/news/releases/2009/01/20090112-3.html.

肆、為期十五年北極地區安全的發展趨勢

一、各國圍繞北極航道的爭議將成為國際政治中的熱點之一

由於北冰洋將在2020年至2040年的某個時候完全無冰，如果早的話，在2013年夏天就會無冰了，因此北極航道成為國際商貿的重要航線勢在必行，只是時間問題。但國際上在北極地區的西北航道和東北航道是否屬於國際航道問題上有嚴重分歧。

加拿大主張，西北海上通道是加拿大專屬經濟區的一部分，並宣布凡駛入西北航道的船隻必須向加拿大海岸警衛隊登記備案。但美國堅持西北航道屬於開放水域的國際航道，而非加拿大所宣稱的內海航路。

俄羅斯將東北航道視為國內交通路線，主張其有權建立對外國船隻和軍艦在該航道航行的制度，其中，維利基茨基海峽、德米特裡·拉普捷夫海峽、紅軍海峽等被俄視為內水，過境通行或無害通過均不適用。俄羅斯政府出臺法令，規定對航道實施壟斷性控制，要求過往船隻必須事先取得俄政府許可，並使用俄羅斯的船隻破冰和導航服務，從中收取高額費用。而美國政府堅持北極的東北航道屬於國際航道，北方海航道包括用於國際航行的海峽，美國船隻有權通行。東北航道將是美俄在北極地區最有爭議的問題之一。

總體來看，東北航道的爭議較難解決，因為俄羅斯不僅將東北航道視為國內交通路線，而且還希望從對航道實施壟斷性控制中收取高額費用。這將使美國等國與俄羅斯在這一問題上的爭議長期化，有時甚至會激化。

西北航道的爭議相對容易解決，因為加拿大是美國的盟國，美國在承認加拿大對其北極島嶼擁有主權的基礎上，要求加拿大同意西北航道為國際航道。加拿大可能會逐漸接受。

二、北極國家關於北極地區領土主權的爭議將在博弈中通過談判趨於解決

俄羅斯政府將於2012年按照《聯合國海洋法公約》，向聯合國大陸架界限委員會提交確認北極大陸架的有關文件，包括繪製的北冰洋海床圖和大陸架劃界申請。其他環北冰洋國家，如加拿大、美國、挪威和丹麥等國也將在2013年陸續這樣做。北冰洋五個沿岸國家美國、俄羅斯、加拿大、丹麥、挪威2008年在格陵蘭部長級會議通過的宣言中，已明確提出依靠現有的國際法主要是海洋法來解決有關北極的爭議，商定在現有國際公約基礎上開始談判北極分割事宜，同意通過科學研

究提供證據來決定北極的主權問題。因此，它們之間雖然在劃分北極大陸架方面有矛盾和爭議，但可以通過談判和國際法來逐漸解決。

三、北極能源和資源的開發將有較大進展

北極地區有豐富的油氣、煤炭資源和富饒的漁業和森林資源以及鎳、鉛、鋅、銅、鈷、金、銀、金剛石、石棉和稀有元素等礦產資源。隨著北極冰蓋融化，相關國家和一些企業正在加快勘探和開採這些資源。由於現在世界上對油氣資源和其他資源的需求量很大，現代資源勘探和開採技術發展較快，相關國家和企業將對北極資源勘探和開採投入大筆資金，因此對北極資源的開發將在未來十五年取得很大進展。

四、有關北極治理的國際機制將有進一步發展

現在北極治理的參與者和模式還未定下。當前北極理事會八個成員國在北極問題上正在顯示出保護主義的傾向，一直強調它們對北極地區的主權，對非北極國家參與北極治理表現出排斥態度。這不利於北極治理的發展。國際上要求改變在北極治理中對非北極國家的排斥性的決策機制的壓力在增加。

已有一些著名政界人士和學者提出，北極理事會應該建立「八加六」機制（北極理事會成員八國加上中國、歐盟、巴西、印度、日本、韓國；其中，中國、歐盟、印度、日本、韓國已經是北極理事會特別觀察員），以討論北極治理的一些重大問題。

歐盟近來在北極問題上的姿態開始積極。歐盟如果希望實現它在北極問題上的目標，必須滿足兩個條件：一是內部條件，即歐盟必須有充分的資源和能力；二是外部條件，即歐盟在北極問題上必須為國際所接受和信任。歐盟在與北極地區有關的能源、航運、捕魚、安全等領域有關鍵利益。其他國家也希望歐盟在與北極地區有關的氣候變化、環境、原住民、多邊治理等方面發揮作用。有的專家提出，如果歐盟在北極理事會中的地位得到提升，將有利於歐盟和北極理事會的利益。

在現在的北極治理體系中，北極理事會發揮核心作用。北極理事會向北極原住民群體提供了作為北極地區關鍵的利益相關者的獨特地位。但對其他的利益相關者群體，如非政府組織、私人企業和地方政府等在北極治理中可以發揮的作用重視不夠。他主張，其他的利益相關者群體應該參與北極地區國際環境治理的決策體系中。

　　北歐五國在北極八國的框架內將加強協調，提出更加綜合性和建設性的觀點來應對北極地區未來的挑戰。北歐五國還可能加強與政府間國際組織和非政府組織的協調，以在北極治理中實現國家之間的和平合作。

　　從中期來看，經過有關各方博弈，關於北極的國際機制將有進一步的發展。

五、環北極國家在北極的軍事存在對全球戰略格局的重要性進一步上升

　　美國和蘇聯在冷戰時期就在北極地區部署了大量核潛艇和核導彈，以及其他先進武器。冷戰結束後，美國和俄羅斯仍在該地區保留相當多數量的核武器和先進武器。當前環北極國家正在加強在北極的軍事存在，並進行各種軍事訓練和演習。隨著北極冰蓋融化，北極地區不僅將適應部署更多先進武器和進行更多種類的軍事活動，而且將成為全球新的關鍵戰略競技場之一。美國和俄羅斯的軍艦將可以利用新開通的北極航道，迅速前往東亞地區。這些將使北極地區在軍事上對全球戰略格局的重要性進一步上升。

六、北極冰蓋融化的前景對全球生態安全形成重大潛在威脅

　　北極冰蓋融化正在並將繼續對全球氣候變化產生重大影響。科學家們表示，通過電腦類比得出的結論，以北極冰蓋目前的融化速度，再加上溫暖的太平洋海水流入，北極地區在十年之內夏季將不再有冰蓋覆蓋。在過去的八十萬到一百萬年，北極至少部分地區全年被冰覆蓋。如果北極冰蓋全部消融，其造成的劇烈生態影響在整個人類歷史上都將是史無前例的。

　　這種變化將首先對北極地區帶來毀滅性的生態災難。北極熊失去大片賴以捕獵的浮冰，不得不冒險前往人類居住的地方捕食。由於失去穩定冰面，許多海豹不得不爬上它們不熟悉的陸地產崽。

　　北極冰川融化後，全球海平面將上升。在過去的一個世紀裡，北極冰蓋的融化導致全球海平面上升了十～二十五釐米。現在冰川融化導致海平面上升的數值正在不斷增加。科學家預測，如果極地地區的冰全部融化，可能會導致海平面上升約七米。這將使一些島國面臨沒頂之災和淹沒許多國家的沿海地區。太平洋和印度洋上的一些島國居民將首當其衝，尋找新的棲息地將成為他們最重大的問題。世界衛生組織、歐洲環境機構和歐洲委員會在2009年9月發布的一份報告中預測，到2100年，隨著海平面的上升，從倫敦到雅典將有四百多萬歐洲人面臨著被海水吞噬的危險，損失將達到兩萬億歐元（約合二點九萬億美元）。

　　而且，北極和南極冰川是地球上兩個最大的固體淡水庫。地球的淡水資源中，有70%以上是凍結在北極和南極的冰蓋中，如果北極冰川全部融化，地球將進入缺乏淡水的時期。北極冰川的後退還使北極的沙塵被吹到歐洲北部和北美。

第 18 章　恐怖主義與國際反恐作為

李銘義

壹、前言

　　在美國九一一事件後，恐怖主義及國際反恐，成為國際關係上受矚目的話題，本章嘗試從九一一後反恐趨勢及恐怖主義定義著手，進一步討論各國際組織、國際會議及國家對於恐怖主義因應作為，最後提出本章結語。

　　美國在2001年9月28日促使聯合國安理會做出第1373號（反恐）決議案之後[1]，冷戰結束迄今，美國雖然清楚地意識到國際強權對美國走向單邊主義的疑慮，卻對多邊主義受制於強權間的爾虞我詐而產生排斥感。事實上，現階段或未來的反恐行動有賴於參與各方建構一個健全的協商機制，讓參與各方決議的行動能建立在共識的基礎上。問題是，當前反恐聯盟的實際走向既非美國堅持的單邊主義，亦非其他強權標榜的多邊主義，它大體上具有「單邊主義—『加』」的意義[2]。即是在單邊主義外，對於大國或是國際組織予以事先之徵詢及溝通[3]，以取得諒解及支持。從

---

[1] 第1373（2001）號決議：2001年9月28日安全理事會第4385次會議通過。每個國家都有義務不在另一國家組織、煽動、協助或參加恐怖主義行為，或默許在本國境內為犯下這種行為而進行有組織的活動，呼籲各國緊急合作，防止和制止恐怖主義行為，包括通過加強合作和充分執行關於恐怖主義的各項國際公約，確認各國為補充國際合作，有必要在其領土內通過一切合法手段採取更多措施，防止和制止資助和籌備任何恐怖主義行為。關切地注意到國際恐怖主義與跨國有組織犯罪、非法藥物、洗錢、非法運輸軍火、非法運送核、化學、生物和其他潛在致命材料之間的密切聯繫，在這方面並強調必須加緊協調國家、分區域、區域和國際各級的努力，以加強對國際安全所受到的這一嚴重挑戰和威脅的全球反應。決定按照其暫行議事規則第28條設立一個由安理會全體成員組成的安全理事會委員會，在適當專家的協助下監測本決議的執行情況。資料參見：http://www.un.org/chinese/aboutun/prinorgs/sc/sres/01/s1373.htm（檢索日期：2012年10月13日）。

[2] 吳東野，「全球反恐聯盟及其相關問題之探討」，**遠景基金會季刊**，第4卷，第1期，2003年，頁23。

[3] 如在APEC資深官員會議中通過由馬來西亞提出的「反恐行動計畫」（Counter-Terrorism Action Plan），希望各經濟體能在第三次資深官員會議時完成填表工作。該行動計畫附有各經濟體執行反恐措施的check-list。內容涵蓋加強APEC區域貿易安全、保護國際海運的船隻安全、保護國際航空安全、保護人員運輸安全、杜絕恐怖主義資金、推動較佳選擇匯款系統和非營利機構、強化反恐管制能力的法律、推動電腦安全、能源安全、保護社區民眾健康安全

形式及功能而言，單邊主義或許有效率，但是缺乏正當性及過於威權，容易引起國際社會之反感。而如聯合國及亞歐會議等既然是一個國際組織及國際會議，所奉行又是一致決原則，自然是一種多邊主義而非單邊主義，而且美國的單邊主義在此一形式上自然很難奏效，一定得透過盟友在會議上取得決議，並奉行聯合國之決議為主旨，某種層面上，是多邊主義運作[4]。

　　從反恐形式來說，九一一事件後美國以其強勢地位推行單邊主義和多邊合作同時並行的方針，它一方面撇開聯合國發動對伊戰爭，一方面以反恐為契機，主動調整與各大國關係，稱俄、中為「反恐盟友」，並先後兩次訪中，三次訪俄，表明其謀求大國合作[5]。所以在九一一事件後，一方面美國以單邊主義進行對伊之懲罰戰爭，另一方面仍不可避免地在國際合作及國際組織上以單邊主義「加」或多邊主義方式進行反恐聯盟之工作。

貳、恐怖主義定義及類型

　　從恐怖主義定義來說，恐怖主義是指「利用攻擊無辜的民眾，讓大眾產生恐懼意象（terror image），以達成他們政治目的的行為」[6]，此項定義是抽象，而範圍可以很廣[7]。恐怖主義一詞來源於法國大革命，因此牛津英語詞典關於恐怖主義的

等。此即是國際組織中配合反恐所進行專業化之計畫表現。參見網頁資料：http://www.tier.org.tw/ctasc/issue/%A4%CF%AE%A3.htm（檢索日期：2012年10月13日）。

[4] 即便是美國，亦無法在整體戰略上只採取單邊主義，也需要朝向多邊主義發展。參見威廉‧陶（William T. Tow），亞太戰略關係：尋求整合安全（台北：國防部史政編譯室，2003年），頁432。

[5] 陳鴻壽，「國際形勢新變化與中國對外關係」，全球化趨勢下的反恐與兩岸關係學術研討會（台北：兩岸交流遠景基金會，2003年），頁230。

[6] 王崑義，美國的反恐戰爭與台灣的戰略選擇，參見中興大學全球和平與戰略研究中心網頁：http://cgpss.nchu.edu.tw/modules/wfsection/article.php?articleid=358（檢索日期：2012年10月13日）。

[7] 恐怖主義在人類社會肆虐二千餘年，正式使用恐怖主義的概念也已二百多年，關於恐怖主義的論著和文件數以千計，恐怖主義的定義數以百計，討論恐怖主義的會議無法計算。然而人們至今仍然未能有一個普遍接受的恐怖主義的定義。1990年第8屆聯合國預防犯罪和罪犯待遇大會制定的「打擊國際恐怖主義的措施」中所指：「自從1972年聯合國首次研究國際恐怖主義以來，國際社會一直未能就國際恐怖主義一詞的含義，達成普遍一致的看法，也未能就預防恐怖主義暴力行為所必須採取的措施，達成充分的一般意見」，其理由在此。參見國家政策研究基金會網頁資料：http://www.npf.org.tw/PUBLICATION/CL/091/CL-R-091-034.htm（檢索日期：2012年10月13日）。

第一個定義是：「如同法國1789至1797年大革命當權者實行的威脅一樣，憑藉威脅的政府」。依此定義，主要是指國家恐怖主義，即政府實行的恐怖主義。1989年出版的牛津詞典，給恐怖主義界定了兩個涵義，一是專門指法國革命後政府的恐怖統治；二是指「意圖以恐怖手段打擊異己的政策，威脅方式的使用，引起恐怖的事實或者使人恐怖的情況」。至於其他詞典有關恐怖主義的定義，已無法國大革命恐怖主義的涵義。「簡明不列顛百科全書」對恐怖主義的詮釋是：「恐怖主義是對各國政府、公眾或個人，使用令人莫測的暴力、訛詐或威脅，以達到某種特定目的之政治手段。各種政治組織、民族團體、宗教狂熱者、革命者和追求社會正義者，以及軍隊和秘密警察都可以利用恐怖主義。」

從恐怖主義組織來說，大概區分成下列五類[8]：

一、民族主義型

例如北愛爾蘭共和軍、西班牙埃塔組織、法國科西嘉民族解放陣線、巴勒斯坦解放組織、斯里蘭卡泰米爾之虎與車臣分離游擊隊等。

二、宗教極端主義型

（一）伊斯蘭宗教基要主義[9]：主要有埃及的「穆斯林兄弟會」、「伊斯蘭解放組織」、「贖罪與遷徙組織」、巴勒斯坦「伊斯蘭聖戰組織」、「哈瑪斯組織」、印尼「伊斯蘭祈禱團」。

（二）猶太教基要主義：例如「Neturei Karta」（KA）。

（三）美國基督教新右派極端份子。

（四）印度教基要主義：「RSS」與「VHP」等。

三、極右意識形態型

（一）義大利極右組織（新秩序、光頭黨、民族先鋒隊）

（二）德國極右組織（新納粹黨、德國人民聯盟）

（三）英國極右組織（C18、白色閃電、白狐）

---

8 巨克毅，當前蓋達（Al-Qaeda）組織的思維與策略之分析，參見中興大學全球和平與戰略研究中心網頁：http://cgpss.nchu.edu.tw/modules/wfsection/article.php?articleid=356（檢索日期：2012年10月13日）。

9 討論宗教與恐怖主義及美國因應方式的作品，可以參考：Noam Chomsky著，丁連財譯，9-11（台北：大塊文化公司，2001年）。

（四）法國極右組織（維護法蘭西運動、國民陣線）

（五）美國極右組織（三K黨、雅利安民族黨、各州極右民兵團組織）

四、極左意識形態型

例如：德國紅軍旅、義大利赤軍旅、日本赤軍旅、法國直接行動、祕魯光明之路、美國氣象地下組織與黑人解放軍等。

五、現代科技型

當代新恐怖主義大量利用資訊網絡，從事「網絡作戰」；進一步並可能採取大規模殺傷性武器，例如：生化武器、毒氣、細菌戰，或是核子武器，從事恐怖活動與威脅。

從反恐聯盟的功能主義來說，也因為「溢出效應」（spillover effect）會逐漸擴大它的任務和功能；換言之，因為恐怖主義而衍生的許多國際性犯罪問題，都可能成為反恐聯盟的新任務，其中包括了網路犯罪、跨國性販毒、人口走私、色情業泛濫等，甚至國際間許多涉及人道干預等工作，也會被納入[10]。使得對於恐怖主義定義，從原來之軍事武器等使用，進一步到各層面之有組織犯罪行為。「恐怖主義」所呈現的不再是片面、零散的破壞行動。除了挑戰傳統國際法對戰爭的定義與模式，以及國際政治對非國家行為者的權力界定，此種「不對稱戰爭」所促成「恐怖有效」的概念已散布到世界各個角落，鼓舞了各國的異議份子、宗教狂熱信徒與偏執獨立份子[11]。而大型毀滅性武器若為恐怖份子所應用，其產生之威脅及影響，將比傳統之恐怖主義來得大，也須及早因應[12]。

2001年美國九一一恐怖擊事件發生後，聯合國極度重視此一事件。安理會於9月28日晚間，一致通過第1372號決議，要求所有國家凍結任何涉嫌從事恐怖主義行為的個人資金，或切斷其經濟來源，並對涉嫌從事恐怖主義行為者提供任何資金或經濟來源的組織，進行嚴厲打擊。決議譴責9月11日在美國紐約和華盛頓等地發生的恐怖事件，並重申國際恐怖主義行為已經對國際和平與安全構成威脅。決議對

---

[10] 吳東野，前揭文，頁26。

[11] 詹姆士·史密斯（James M. Smith），恐怖主義威脅與美國政府的回應（台北：國防部史政編譯室，2002年），頁30。

[12] 維特·烏拖葛夫（Victor A. Utgoff），浮現中的核武危機：核武擴散、美國利益與世界秩序（台北：國防部史政編譯室，2003年），頁335-354。

與日俱增的恐怖主義行，深表關切，重申必須依據「聯合國憲章」以一切手段打擊恐怖主義行為。呼籲各國密切合作，防止和制止恐怖主義行為。決議要求各國應防止和制止資助恐怖主義的行為，並制止在本國領土內以任何手段直接、間接和故意，為恐怖分子提供、募集資金，制止恐怖主義組織招募成員，以及不供應武器予恐怖主義分子；對提供恐怖主義分子安全庇護之人，各國應不給予安全庇護。所有國家應採取措施，將參與資助、策劃、籌備、執行恐怖主義行為或參與支援恐怖主義行為之人，繩之以法，並將此種恐怖主義行為，在國內立法中明確規定為最嚴重的刑事犯罪，使恐怖主義分子受到嚴懲。此外，決議還呼籲所有國家加速情報交流工作，並加強協調所有國家、區域，以加強國際社會往全球面臨恐怖主義威脅時，作出必要的反應。安理會是依據「聯合國憲章」第七章通過此一決議。因此，該決議對所有國家具有強制性約束力，任何國家若不遵守此一決議，安理會有權對有關國家進行制裁，甚至使用武力，以強制有關國家執行此一決議[13]。

　　從下節之亞歐會議反恐決議的內容看來，其反恐內容如上述也包含多種定義，從軍事武器使用到組織犯罪預防，從形式來說是多邊主義之國際組織。但對於單一國之人權問題時，雖有在會議上提出，而因為基於對國家領土主權的尊重及講求會議之和諧，無法進一步規範有違人權之國家。

　　像亞歐會議此種跨國機構來分擔反恐聯盟過多的任務也有其困難度，其中最關鍵之處在於，只要國家過於堅持主權，政府就不會授權該國代表參與草擬跨國性的協議。再者，理論上跨國機構愈少官僚式的運作，參與成員國遵守共同政策的意願會愈低。在一個「半帝國式」反恐聯盟的架構下，某一個（或一群）主導國家可以設定反恐路線，其他國家也可以根據自己的國家目標決定是否要跟進。只不過現實政治的反映是，各種誘因與政治壓力往往會逼使這些國家必須遵循反恐路線[14]。

　　「九一一事件」之後，例如亞歐會議要求遵守聯合國憲章，加強聯合國危機處理的架構，某一層面上是約束美國單邊主義的對外軍事行動。但從美方觀點來看，不管是多邊主義、單邊主義、單邊主義「加」，都無法忽視在九一一事件後「恐怖主義續行多元攻擊，並利用尖銳之貧窮與種族緊張衝突」[15]之事實。也因為此一事實，亞歐會議才會一再針對反恐提出宣言及短中長期作為。

---

[13] 何秉松，「現代恐怖主義之意義與反恐怖主義的國際實踐」，**國家政策研究基金會**。網址：http://www.npf.org.tw/post/2/997（檢索日期：2012年10月13日）。

[14] 吳東野，前揭文，頁29。

[15] 李英明主編，**2002～2003年亞太形勢發展與展望**，（台北：兩岸交流遠景基金會，2003年），頁498。

參、亞歐會議反恐議程分析

亞歐會議（Asia-Europe Meeting, ASEM）原來是亞歐二十五國和歐盟執委會的政府間論壇。1994年10月，新加坡總理吳作棟訪問法國時提出了召開亞歐會議的設想，以透過對話與合作，促進亞歐兩大洲經濟發展與社會進步。這個倡議順應世界發展新趨勢，得到了各有關國家的積極響應。1995年3月歐盟部長理事會正式通過了支持召開亞歐會議的決議。亞歐會議的構想也得到了東協各國的一致贊同，中國和日本、韓國也給予積極支持。2004年擴大後的亞歐會議組織成員增加至39個，占世界人口的40%，總國內生產總值占世界的50%[16]。

亞歐會議將對新世紀的亞歐關係乃至全球發展產生巨大影響。這是亞歐建立長期夥伴關係的重要一步。隨著經濟全球化、一體化進程的進一步加快，尤其是亞洲經濟在經歷了金融危機的考驗之後開始全面復甦，這使得歐洲國家與亞洲合作的戰略意義更顯突出。歐洲國家深刻地認識到，與亞洲國家的合作僅僅著眼於擴大在亞洲的市場是不夠的，更重要的是創造一種有利於雙方共同利益的氣氛，編織出聯繫亞洲和歐洲的紐帶，就可以建立起更為牢靠的根基[17]。ASEM對話範圍甚廣，除經濟外，包括政治、科技、環境、文化和教育等方面都進行廣泛對話。亞歐會議的主要宗旨是通過加強亞歐之間的對話、了解與合作，建立亞歐新型、全面夥伴關係，為亞歐經濟和社會發展創造有利條件，維護世界和平與穩定。亞歐會議強調以下原則：各成員國之間對話的基礎應是相互尊重、平等、促進基本權利、遵守國際法規的義務、不干涉他國的內部事務；進程應是開放和循序漸進的，後續行動應在協商一致的基礎上進行；擴大新成員應由國家元首和政府首腦協商一致決定；透過對話增進相互了解和理解以確定優先領域並共同合作[18]。

2001年發生的九一一恐怖攻擊事件，轉變了全世界對國際安全維護的觀點。美國本土竟然遭受到以賓拉登為首的回教激進組織的攻擊。之後由美國積極主導的全球反恐聯盟出現，美國在全面反恐的壓力下，將外交政策作了調整，要透過多邊主義的效果合力打擊恐怖主義，尋求到透過聯合國爭取國際支持[19]。也積極改善鄰

---

[16] 參見新加坡廣播公司資料：http://www.rsi.com.sg/chinese/newsscan/view/20041011094800/1/b5/.html，26. Apr, 2005及參見ASEM官方網頁http://europa.eu.int/comm/external_relations/asem/intro/index.htm（檢索日期：2012年10月13日）。

[17] 解放軍報，2000年10月27日。

[18] 參見網頁資料：http://big5.xinhuanet.com/gate/big5/ln.xinhuanet.com/dalian/y-ou/htm/0625/06261.htm, 26. Apr, 2005（檢索日期：2012年10月13日）。

[19] 後聯合國於2001年9月通過1373號及11月通過1377號決議，呼籲各國從事反恐怖行動。見

近阿富汗、中亞地區國家，及與大國如俄羅斯與中國的關係。因九一一事件影響，亞歐會議在第四屆會議提出一項宣言及一項合作計畫，詳細地規畫亞歐會議成員參與反恐議程之內容。

「全球化問題」與「恐怖主義威脅」成為第四屆「亞歐會議」（ASEM）的主要議題，這次峰會採用「多元化的整合與力量」（Unity and Strength in Diversity）為標題，就充分顯示了2000年才成形的「亞歐合作架構」（AECF），未來將會朝著區域安全、經貿投資、文化認同等三個面向同步發展，它在某種程度上可能會對大西洋兩岸關係產生衝擊作用[20]。

2004年在越南河內舉行之第五屆ASEM，重點討論政治對話、經濟合作和文化交流等亞歐會議的三大「支柱」問題，旨在進一步振興、充實亞歐夥伴關係；加強雙邊合作，以應對新的全球挑戰；增強亞歐會議的活力、吸引力和加強亞歐會議在世界的作用；使亞歐會議不僅對亞歐兩個大陸，而且對整個世界的和平、安全、穩定、社會繁榮和進步做出積極貢獻。會議通過《主席聲明》、《亞歐會議更緊密經濟夥伴關係宣言》和中、法共同提出的《亞歐會議文化與文明對話宣言》[21]。在第五屆亞歐會議主席聲明中，亦承繼第四屆之精神，在加深政治對話部分，共十二小點，其中有四點與反恐有關[22]。反恐在政治對話部分其所占分量也不小。

在歷屆政治對話中，亞歐會議各成員已就共同關心的地區及其他國際問題舉行了一系列對話，內容涉及中東局勢、國際恐怖主義和大規模殺傷性武器及社會發展等問題。第五屆會議就國際形勢與新的全球挑戰問題，特別是多邊主義、聯合國的作用、恐怖主義和非傳統領域的安全危機等問題進行討論，達成更多富有建設性的共識[23]。

第四屆亞歐會議於哥本哈根舉行，主要議題因應美國九一一事件後，探討在九一一事件後所產生的新安全挑戰。在主席聲明中[24]強調對抗國際恐怖主義，決定

---

http://www.un.org/chinese/aboutun/prinorgs/sc/committees/1373/1373.htm, 26. Apr, 2005（檢索日期：2012年10月13日）。

[20] 吳東野，「本屆亞歐高峰會議對台灣的啟示」，歐洲聯盟研究論壇研討會，參見http://iir.nccu.edu.tw/eurf/1004.htm（檢索日期：2012年10月13日）。

[21] 新華社，2004年10月9日，參見：http://www.takungpao.com/news/2004-10-9/ZM-315257.htm（檢索日期：2012年10月13日）。

[22] 參見ASEM官方網頁：http://www.asem5.gov.vn/detail_new.asp?id=222&langid=2&menuid=73&curentmenuid=115（檢索日期：2012年10月13日）。

[23] 新華社，2004年10月6日河內電。

[24] 參見亞歐會議官方網頁資料：http://europa.eu.int/comm/external_relations/asem/asem_summits/asem4/stat.htm（檢索日期：2012年10月13日）。

共同合作對抗破壞全球和平與安全、永續經濟發展與政治穩定的威脅。強調要對抗恐怖主義必須以聯合國為中心，以聯合國憲章為領導。會後通過《對抗國際恐怖主義亞歐會議哥本哈根合作宣言》（ASEM Declaration on Cooperation against International Terrorism）[25]與《對抗國際恐怖主義亞歐會議哥本哈根合作計畫》（ASEM Copenhagen Cooperation Programme on Fighting International Terrorism）[26]。並決議在中國舉辦一場反恐之研討會。

利用亞歐會議與會國在聯合國大會邊緣的協調會議的正面經驗，會中同意亞歐會議與會國應繼續此種政治對話，並決定建立一特別非正式協調機制，賦予亞歐會議協調者與資深官員及時商談特別國際事件的能力。

會中強調在九一一事件後，呈現出亞歐會議包含了各種不同的文化與文明，是國際關係中的一項有價值的東西，值得持續的發展。基於此項精神，亞歐會議首次「文化與文明對話」，此對話以尊重所有文明的平等性，而文化只是一項資產，強調現存的亞歐會議全面性雙邊談話應努力在異中求同—在不同的文化文明中追求整合。

而教育對於克服防止現在與未來亞歐會議與會國間先入為主及刻板印象非常重要，所以在未來的會議中應繼續做有效的交流，任命各部長會議在所有層級發展進一步文化與文明的對話，並同意在政治層級召開亞歐後續文化文明會議。會中也鼓勵亞歐基金會透過公眾對此些議題的注意，持續建立對話。成立「亞歐青年競賽」（ASEM Youth Games），此類活動將進一步幫助人員的接觸，因而增加雙方彼此的認識與了解。

第四屆亞歐會議與會領袖了解目前朝鮮半島的最新發展情況，並通過《朝鮮半島和平哥本哈根政治宣言》（ASEM Copenhagen Political Declaration for Peace on the Korean Peninsula）[27]，重申支持兩韓間平和的和解與合作，歡迎目前一系列促進兩韓合作的計畫。會中亦提及建立跨亞歐鐵路，此「鐵絲路」（Iron Silk Road）的建立，將會對區域間的交流有正面影響。會中也討論了伊拉克問題與中東情況。

會中同意歐盟的擴大對於世界經濟將會有正面的結果。與會領袖也提及目前亞

---

[25] 參見亞歐會議官方網頁資料：http://europa.eu.int/comm/external_relations/asem/asem_summits/asem4/1.htm（檢索日期：2012年10月13日）。

[26] 參見亞歐會議官方網頁資料：http://europa.eu.int/comm/external_relations/asem/asem_summits/asem4/2.htm（檢索日期：2012年10月13日）。

[27] 亞歐會議官方網頁資料：http://europa.eu.int/comm/external_relations/asem/asem_summits/asem4/3.htm（檢索日期：2012年10月13日）。

洲伙伴在其區域合作的進展，如ASEAN十加三與「亞洲合作對話」（Asia Cooperation Dialogue）。

　　對於從第三屆亞歐高峰會後許多倡議與活動的成果都相當滿意，重視此會議非正式、獨立且互動的討論，並認為應該擴大與加深亞歐會議的討論事務。會中同意把對抗恐怖主義與跨國組織犯罪、建立更親密的經濟伙伴關係、在社會、教育與環境領域的合作以及文化文明的對話……等皆列為亞歐會議的優先要點。

　　以上是第四屆主席聲明中與反恐及國際合作較有相關之內容。而所通過之兩項宣言內容如次：

一、對抗國際恐怖主義亞歐會議哥本哈根合作宣言

（一）譴責國際恐怖主義

　　第四屆亞歐高峰會中回顧起2001年9月11日恐怖份子的攻擊事件，促使與會國加強討論有關各種新安全的挑戰，特別是國際恐怖主義以及與其相關的跨國組織犯罪。國際恐怖主義的行動對國際和平與安全造成各種的威脅，恐怖主義不僅僅對無辜的人類造成生命的威脅，也威脅著已經建立起的社會基礎。亞歐會議譴責所有有關恐怖主義的行動。國際合作反恐活動，包括如歐盟與東協的區域合作以及雙邊合作都有極大的進展。

（二）以聯合憲章及決議為基礎

　　亞歐會議誓言共同行動對抗對全球和平與安全的威脅，持續發展經濟與政治的穩定，並強調反恐必須以聯合國憲章與國際法規定為基礎。而反恐需要國際社會全面性的合作，包括政治、經濟、外交、軍事與法律。強調國際合作反恐的重要性，並以聯合國為領導角色。亞歐會議與會國完全支持且遵行聯合國安理會2001年第1373號與1377號決議案。為執行1373號決議案，需要提供第三國家技術支援，而反恐委員會（Counter Terrorism Committee）工作也非常的重要，亞歐會議與會國也將執行現存國際反恐公約。

（三）反恐需擴及其他形式

　　如大型毀滅性武器擴散至恐怖份子團體對於全球和平與安全是嚴重的威脅，因

此，亞歐會議重申對聯合國大會56/24T決議案[28]有關裁武與不擴散以及全球支持反恐多邊合作的承諾。恐怖主義，包括與跨國組織犯罪的可能連結，如：洗錢、武器走私、偷渡以及非法毒品的製造與走私，對於全球安全都是挑戰。

（四）跨文明及文化之對話

亞歐會議決定加強有關因安全挑戰的協商、合作與協調，擴大亞歐會議的倡議，直接對抗由恐怖主義與國際組織犯罪所引起的災難。亞歐會議的合作將建立在亞歐會議的對話與跨文化了解上，反對恐怖主義與任何宗教、種族與國家結合的企圖。

二、「亞歐合作反恐合作計畫」（ASEM Copenhagen Cooperation Programme on Fighting International Terrorism）

（一）短期行動

1. 建立協調者與資深官員間非正式性的特別協商機制，以及亞歐會議與會國間有關區域與國家部門的定期接觸，以促進共同對抗恐怖主義與跨國組織犯罪的合作。
2. 在中國召開一場反恐之研討會。
3. 與聯合國反恐委員會合作。
4. 對於恐怖主義與跨國犯罪組織之影響及早溝通與合作打擊犯罪。
5. 對於核子恐怖主義進行壓制。
6. 遵守執行聯合國反恐公約。

（二）中程行動

1. 防範金融犯罪、洗錢等犯罪，並保障航空及航海安全，以確保人員資金及貨物平順流通。
2. 亞歐會議成員參與聯合國反恐安全委員會。
3. 2003年於德國舉行反洗錢及地下金融之研討會。
4. 舉行文化與文明對話會議。

---

[28] 裁軍和不擴散領域的多邊合作和打擊恐怖主義的全球努力，聯合國大會2001年11月29日決議。參見：http://www.un.org/chinese/ga/56/res/r56c1.htm（檢索日期：2012年10月13日）。

（三）長程行動

促進人力資源發展、亞歐大學計畫、終身學習計畫。

（四）透過亞歐基金會以促成知識、文化、人員往來。

（五）以緊密經濟伙伴關係促進貿易及投資關係。

以上短中長期行動，基於亞歐會議既存對於跨國犯罪組織打擊機制如：
（一）反洗錢。
（二）年輕世代反毒計畫
（三）反腐敗貪污。
（四）反組織犯罪。
（五）管理移民流動。
（六）反販賣婦女及兒童[29]。

因此，亞歐會議中短期的反恐活動，包括建立協調者與資深官員間非正式性的特別協商機制，以及亞歐會議與會國間有關區域與國家部門的定期接觸，以促進共同對抗恐怖主義與跨國組織犯罪的合作。而長期活動則將焦點放在去除文化誤解與去除恐怖主義產生的因素。

第五屆於越南河內舉行之亞歐會議主席聲明中亦提出：各國持續追求和平、合作與發展。並且對恐怖主義、分離主義、大規模毀滅武器、跨國犯罪、貧富差距等問題加強打擊與合作。在反恐及其他國際問題上，並以聯合國為核心角色。並對聯合國體系如大會與安理會加強其代表性及效率。與會領袖並對印尼、俄羅斯、西班牙所發生的恐怖事件予以譴責，並反對任何形式之恐怖主義。以聯合國憲章與國際法規定為基礎，以保障基本人權及法律秩序。強調國際合作反恐的重要性，並以聯合國為領導角色。亞歐會議與會國完全支持且遵行聯合國安理會2001年第1373號決議案。有關反恐之聯繫模式，不管是ASEM本身成員，或是區域性像是歐盟本身，或是東南亞國協，或是東協加三，或是APEC都是可行的方式[30]。

---

[29] 消除對婦女一切形式歧視公約及兒童權利公約承認婦女擁有與男性同等的權利，兒童並非父母的財產，是具有尊嚴的個體，須予尊重，人類應把最好的奉獻給兒童。

[30] 參見：http://www.asem5.gov.vn/detail_new.asp?id=222&langid=2&menuid=73&curentmenuid=115。

　　第四屆亞歐峰會就公布了「合作反恐聲明」（The ASEM Copenhagen Declaration on Cooperation against International Terrorism），二十五國在聲明中強烈宣示反恐決心，但強調反恐必須建立符合聯合國憲章與國際法的原則；二十五國都主張反恐需要國際社會綜合性採取（類如政治、經濟、軍事、外交）合法的途徑，但隻字不提美國；二十五國都認為國際間正面臨嚴峻的傳統與非傳統性安全問題（例如WMD），卻未提出具體的解決方式。整體看來，這次峰會的成員國對當前國際情勢的看法或許相同，未來各自採取的因應對策未必一致；換言之，峰會的反恐聲明充滿了政治妥協的意涵[31]。

　　第六屆亞歐首腦會議于2006年9月10日至11日在芬蘭赫爾辛基舉行。會議圍繞「亞歐會議十週年：共同應對全球挑戰」的主題，討論了加強多邊主義和應對安全威脅、全球化與競爭力、能源、氣候變化、文化與文明對話及亞歐會議未來發展等問題。會議通過了《主席聲明》、《亞歐會議未來發展宣言》和《關於氣候變化的宣言》[32]。中國總理溫家寶在會上就各議題闡述了中方立場。就加強多邊主義和應對國際安全威脅，他認為，應加強聯合國應對新威脅新挑戰的能力，消除全球安全威脅隱患，堅持通過對話和談判解決國際爭端，反對任意使用武力或以武力相威脅，深化反恐合作並反對搞雙重標准，制定全面的防擴散出口管制體系並加強執法措施，開展傳染性疾病防控合作[33]。

　　第七屆亞歐首腦會議將於2008年10月24日至25日在北京舉行。這是亞歐會議實現第二輪擴大后四十五個成員領導人的首次聚會。首腦會議的主題為「對話合作、互利共贏」。與會領導人將圍繞政治、經濟和社會文化三個領域進行深入討論，包括與可持續發展相關的問題。會議將致力於擴大和深化亞歐的平等對話與互利合作，創造共贏局面，造福兩大洲人民[34]。本次會議重點是因應國際大環境變遷及持續發展議題。綜觀此次的會議，整體都是籠罩在世界金融危機的陰影中。原本此次會議的主題是「遠景與行動：共創雙贏」（Vision and Action: Toward a Win-Win Solution），但由於面對此無法見底的危機，各國都左支右絀，因而團結一致、互助合作則成了此次會議的主軸。第八屆亞歐首腦會議，在2010年10月4日至

---

[31] 吳東野，「本屆亞歐高峰會議對台灣的啟示」，如前揭網址。

[32] 歷屆亞歐首腦會議，參見：http://big5.cri.cn/gate/big5/gb.cri.cn/18504/2008/10/16/1545s22835915.htm（檢索日期：2012年10月13日）。

[33] 參見：http://www.zwbk.org/zh-tw/Lemma_Show/214870.aspx（檢索日期：2012年10月14日）。

[34] 參見：人民網http://world.people.com.cn/BIG5/8212/135921/index.html（檢索日期：2012年10月14日）。

5日，於比利時布魯塞爾舉行。第九屆亞歐首腦會議，於2012年在老撾萬象舉行。對於反恐較無直接之決議。

肆、其他國際組織及國家反恐之努力

2002年APEC領袖會議發表反恐聲明，強調恪守「聯合國憲章」和其他國際法，防止、制止一切形式的的恐怖活動；迅速而有效執行安理會第1368和1373號決議文，支持一切有關加強國際反恐機制的努力。APEC領袖還決定由各經濟體根據各自的具體情況加強反恐合作，包括防止恐怖主義的資金流動、執行海空運的相關安全要求、加強區域能源安全、加強關鍵領域如電信和交通的保護工作、加強海關聯繫網絡，以及加強能力建設和經濟技術合作，進而協助各經濟體能確定和實施有效的反恐措施，最後並努力減少襲擊事件造成經濟下降的影響等[35]。

許多國家支持反恐戰爭，支持的方式也各有不同，有的是以外交方式，有的是提供經濟援助或是財政支援，也有些國家低調而不願公開援助的方式。美國防部長倫斯斐表示，世界各地的恐怖分子仍然構成威脅，而部分恐怖分子正在尋求化學、生物與核子武器。他說：「數以千計的恐怖份子仍在幾十個國家消遙法外，他們正在尋求能夠讓他們殺害不只數千，而是數以萬計無辜者的大規模毀滅性武器。」儘管有此威脅，美國依然堅定決心打擊恐怖主義，並且預防可能比九一一恐怖攻擊更嚴重的一場災難。「美國在全球反恐戰中的目標就是在更嚴重的一項攻擊發生之前預防另一次九一一事件。[36]」美國政府在組織上立即成立「國土安全部」為其內閣中之第十五個部會。以綜合性國家安全概念，推動政府改造，重組國內公共安全組織機制，整合與運用所有資源，強化政府危機管理與緊急應變能力。布希總統遂於2002年10月8日成立國土安全辦公室（Homeland Security Office），2002年11月19日通過立法，並於25日正式宣布成立「國土安全部」（Department of Homeland Security, DHS），更任命其二十年來的好友湯姆・裏奇（Tom Ridge）為第一任部長。該部整併了原有之二十二個單位之整體或部分之功能，例如海關（Customs）、交通安全（The Transportation Security Administration）、移民歸化署（the Immigration and Naturalization Service, INS）、海岸巡邏隊（Coast

---

[35] 吳福成，「反恐與亞太貿易自由化」，台經月刊，91年12月號。
[36] 中央社：http://news.yam.com/cna/international/news/200210/2002100806206.html。

Guard）、邊境巡邏隊（the Border Patrol）等部門的十七萬的員工，及三百七十餘億美金之預算，後國會追加至四百億。國土安全部包括五個部門：一、邊境與交通安全部門（Border & Transportation Security）；二、緊急應變與反應部門（Emergency Preparedness & Response）；三、科學與技術部門（Science & Technology）；四、情資分析與組織保護部門（Information Analysis & Infrastructure Protection）；及五、行政管理部門（Management）。另外仍尚有不斷整併或新成立之單位[37]。

美軍中央指揮部則說明，反恐怖主義戰爭是一項需要時間的戰爭，支持反恐的國家各有其不同的處境，參與的方式也不一樣，但盟國需要各國的支持，包括人道的援助[38]。以下說明各國支援反恐之背景及可能原因。

一、東南亞

印尼是全球人口最多的回教國家，境內信徒有兩億之眾，且自1945年獨立以來一直有基本教義派系的問題。基本教義派回教徒為數不多，在1970年代還曾受到蘇哈托的嚴厲壓制，無從發展。但是在1980年代，基本教義派重新復甦，1990年代部分活躍份子更組成「回教共同體」（Jemaah islamiyah），旨在成立包括馬來半島、泰國南部、菲律賓群島南部以及印尼在內的超級回教大國[39]。美國在越戰失敗後一度忽略東南亞，但九一一之後東南亞重新成為美國的區域戰略考量重心。東南亞位居太平洋與印度洋的海運及航空交通樞紐，臨近潛在衝突多的東北亞地區，就現階段而言戰略地位不容忽視。馬來西亞、菲律賓等東南亞國家也因利益的考量，決定支持美國的全球反恐行動。美國在東南亞的反恐行動以及「回教共

---

[37] 國土安全部，參見維基百科：http://zh.wikipedia.org/zh-tw/%E7%BE%8E%E5%9C%8B%E5%9C%8B%E5%9C%9F%E5%AE%89%E5%85%A8%E9%83%A8（檢索日期：2012年10月14日）。

2002年國土安全法（The Homeland Security Act of 2002，P.L. 107-296, 116 Stat. 2135），2002年成立國土安全部（Department of Homeland Security, DHS）。包含聯邦緊急事務管理總署等六個單位的任務、人事、資源及權限均移轉至應急整備與反應司（Emergency Preparedness and Response Directorate）。國土安全法第507條特別對聯邦緊急應變管理總署委以重任來「藉著帶領並支托國家執行其以全面性風險管理基礎的緊急應變管理計畫來減少生命及財產喪失並且保護國家免於所有的危險威脅的任務」。

[38] 中央社，2002年9月8日，http://news.yam.com/cna/politics/news/200209/200209082000227.html（檢索日期：2012年10月14日）。

[39] 中央社：http://news.yam.com/cna/international/news/200209/200209132100354.html（檢索日期：2012年10月14日）。

同體」的攻擊陰謀被偵破，對馬來西亞執政當局而言，可謂意外飛來的福氣。執政已經二十一年的馬哈地總理，突然不再是美國的拒絕往來戶，而馬來西亞國會反對勢力中的基本教義派，則因為這些事件而公信力大失，警方更是趁著打擊恐怖份子的機會，同時大舉逮捕數十名反對派人士。在印尼方面，美國自1999年印尼軍隊在東帝汶鬧事之後，就取消對其提供的補助。但是在目前的國際聯合反恐行動中，雅加達可望重新獲得美國的財務援助。今年八月份美國已經提供五千萬美元給印尼作為打擊恐怖主義之用。在華盛頓的思維中，印尼部隊雖然在人權問題方面聲名狼藉，但仍是印尼政權穩定的支柱，也是防止印尼這個幅員遼闊而複雜的國家變成國際恐怖主義活動溫床的關鍵力量[40]。菲律賓支持反恐是因為長期受到南部民答那峨（Mindanao）伊斯蘭叛軍的安全威脅。

二、日本

亞太的情勢發展來看，日本能否承擔美國期許的更多反恐任務，似有國際現實政治上的困難，但它應該是美國亞太戰略部署的一個最重要夥伴。

三、歐盟國家

因應「九一一事件」後的東亞局勢變化，經驗研究顯示，歐盟應該會朝四個面向去發展[41]：

（一）就歐盟「共同外交暨安全政策」（CFSP）的進程來看，擴大加強與東亞國家建構夥伴關係是必然趨勢，更何況「九一一事件」讓歐盟可以藉著反恐怖主義、反分離主義與反基本教義主義（fundamentalism）等理由，將政治觸角擴大伸入到東亞地區，歐盟近年來積極介入朝鮮半島和談只是明確的案例之一。

（二）「九一一事件」後的東亞情勢變化，已經讓歐盟不得不對台海問題做出明確的表態。歐盟在不支持台灣獨立的前提下，今後必然也必須表明不接受中共對台動武的立場，同時要求兩岸應透過和平協商的方式解決分歧。

（三）歐盟鑒於在東亞地區的政經利益日漸擴增，未來在東南亞與東北亞地區

---

[40] Ibid.

[41] 李銘義，「國際關係」，**義守大學上課講義**，資料來源：未來中國研究網頁及遠景基金會知識研究資料庫。

很難不會加強扮演中介的角色，甚至承擔更多維護區域安全的責任。

（四）歐盟自知短期內不可能取代美國在亞太地區的角色，但是會擴大參與東亞地區的活動及維護東亞地區的安全與穩定，因為歐洲人始終認為「九一一事件」已讓亞太地區的情勢趨於複雜而多變，美國不可能再像過去一樣，單獨承接所有維護安全的責任。

四、俄羅斯

前蘇聯地區的勢力範圍或許已不再是禁區（taboo），西方勢力可以填補這個真空，莫斯科可能也不會太在意北約或歐盟的東擴舉動，但俄羅斯堅持本土（例如車臣）不受侵犯的立場，依然強烈而明確。莫斯科不會容忍任何外力介入車臣問題，也不可能接受國際維和部隊進駐車臣的倡議。俄羅斯支持反恐聯盟，就與平息車臣伊斯蘭分離主義的紛爭及期望和美國達成限武決議有關。

五、中國

「九一一事件」之後，中共似乎仍在延續其加強聯合國危機處理的架構，進而約束美國單邊主義的對外軍事行動，中東地區是一個最佳的試金石，未來的台海衝突又何嘗不是。於今，中共即便是無法阻擋美國對伊拉克的軍事行動，但只要美國身陷以、巴衝突的泥沼之中，北京就可以利用聯合國的地位從中獲利，最起碼也讓中共有充裕的時間去發展經濟與擴充軍備，承受來自外力的政治壓力（如人權問題）相對更會少一些。中共支持美國主導的反恐聯盟，亦不乏期望美國把「東突厥伊斯蘭（分離）運動」（Eastern Turkistan Islamic Movement；疆獨組織，以下簡稱ETIM）界定為恐怖組織，並對中共迫害人權和西藏問題保持緘默；雙方建立反恐怖合作機制：江澤民表示，「中國」一貫反對一切形式的恐怖主義，支援對恐怖主義進行打擊。打得準才能打得狠，應避免傷及無辜。「中」美之間可以建立中長期的反恐怖主義合作機制。布希感謝中國在第一時間就站在美國政府和美國人民的一邊，但強調打擊恐怖分子不能成為迫害少數民族的藉口[42]。

六、埃及

支持反恐聯盟是為了掌控境內伊斯蘭激進組織的暴力活動，同時希望美國對以

---

[42] 行政院大陸委員會研析資料，參見：www.mac.gov.tw（檢索日期：2012年10月14日）。

色列施壓並終止以色列在約旦河西岸的屯墾政策。

七、沙烏地支持反恐只為把境內因為支持賓拉登的動亂減至最小程度。

八、約旦支持反恐是希望美國更積極地扮演以、巴和談的推手。

九、台灣反恐措施[43]

（一）九一一事件發生後，我國隨即發表聲明，支持美國的反恐行動，積極偵
防國際恐怖主義分子來台狀況；並依據洗錢防制法清查恐怖主義組織和
個人利用台灣作為洗錢管道之可疑資產。

（二）在行政院下成立跨部會之反恐小組，各情治單位人員並分別參加反恐專
精講習、訓練。

（三）增訂反恐法令，針對疑為恐怖分子之身分、通聯及交通工具之查證；對
發起或參與及資助恐怖活動組織者，科以刑罰，並將違法所得沒收等，
均作了明確處罰規定，有效打擊恐怖犯罪活動。惟該項「反恐行動法」
草案現仍在立法院，尚未通過立法程序。

（四）加強機場、港口及水、電、油、核能、科學園區等重要基礎設施之安全
防護工作，並定期舉行各種反恐演習。

（五）反恐作為方面，因為單位甚多且各自有其情資系統，造成無法有效整合
與運用的窘境。故亦似乎宜在情資品質之有效掌握與運用，及科技的巧
妙結合上更加著力，以便能更有效率的維護社會之安全。故建議，在恐
怖主義之組織、類型、活動方式等應於平時，充分的蒐集相關的資訊，
以便使相關單位能對恐怖主義有充分之瞭解認識，進而能更精準的評估
與規畫對抗之作為。其次，宜召集各相關情治單位，就可能招致攻擊或
破壞之目標，進行普查與事前之整備。另外，宜由各相關治安單位，就
情資之整合與運用研發、設計出應用之軟體，與實際運作的機制，使得
反恐甚或一般犯罪行為或犯罪組織之掌控能更具效率。

（六）行政院於2003年設置反恐相關專責機構；同年9月22日行政院通過「反
恐怖行動法」草案，作為執行工作之依據，2004年11月16日「反恐怖

---

[43] 陳文宗，我國反恐作為與國際接軌現勢，參見http://www.tcfd.gov.tw/02mid/07trouble/95/trouble_95-01-09.htm（檢索日期：2012年10月14日）。

行動政策會報設置要點」奉總統核定正式頒布，由行政院長擔任小組召集人，秘書長任督導官，其他各部會如國家安全局、內政部、交通部、國防部、衛生署、經濟部、財政部、法務部等二十一位首長擔任委員，由行政院國土安全辦公室擔任秘書單位，協調、管考與整合有關國土安全事項，此外行政院亦就個案性質的不同，協調不同的部門實施分工，並與世界各國在相關議題上保持聯繫合作，以周密國家「反恐制變」危機管理機制。依據行政院頒布的「反恐怖行動組織架構及運作機制」，我反恐組織運作，採「國安」與「行政」兩體系相互合作的雙軌一體制設計，在「三、三、一」機制上，分別律定「反恐制變」工作組織之應變處置作為。所謂的「三、三、一」機制，亦即危機管理三個階段（預防、處理、復原階段），風險管理三種燈號（綠燈「低風險階段」、黃燈「中度風險提升階段」、紅燈「高度風險嚴重階段」），以及危機處理（一旦發生恐怖攻擊或重大不明災變）的事件類型[44]。

伍、結語

「國土安全」作為一個新內涵的專有名詞，且具有不同於以往的範疇，應該是九一一事件後由美國所發起，並給予其定義及要求各國重視與配合。且在2001年2月美國「二十一世紀國家安全全國委員會」公布第三階段報告後，才正式成為美國官方引用的辭彙。其後因應此報告建議，布希總統在2001年10月8日以行政命令成立「國土安全辦公室」與「國土安全委員會」，並在「2004年情報改革暨預防恐怖主義法」中，亦有專節規範應強化的相關工作。在此之前，一般人對於此概念的認知，經常等同於「國土防衛」，並與軍事行動關係密切。

---

[44] 國防部政戰資訊網：http://gpwd.mnd.gov.tw/onweb.jsp?webno=333333331;&webitem_no=811（檢索日期：2012年10月14日）。

　　峇里島爆炸事件[45]顯示，「蓋達組織」[46]已經構成東南亞地區的嚴重安全威脅。歐盟鑒於在東亞地區的政經利益日漸擴增，未來在東南亞與東北亞地區很難不會加強扮演中介的角色，甚至承擔更多維護區域安全的責任。最後，歐盟自知短期內不可能取代美國在亞太地區的角色，但是會擴大參與東亞地區的活動及維護東亞地區的安全與穩定，因為歐洲人始終認為「九一一事件」已讓亞太地區的情勢趨於複雜而多變，美國不可能再像過去一樣，單獨承接所有維護安全的責任[47]。

　　與世界各地區比較起來，東亞地區各國之間的國際組織一向偏少、不全面性而且影響力有限。其中重要的原因就是中國的霸權政策（牽涉到台灣與香港、澳門的會員資格問題）及北韓的獨立自主政策（不願意參與國際合作）。此外，更有日本的歷史包袱及美、澳、紐的區域定位問題[48]。因此，在亞歐會議成員逐漸增加的同時，論者會進一步思考何以東協為主體者可以代表亞洲？何以歐洲歐盟國家數逐漸增加，但是亞洲部分又受到如此多之限制？而台灣，居於東北亞，因中國之壓力，以致於與此一大型之國際會議絕緣，事實上是不公平及不正義，從參與主體來看，亞歐會議擴張成員有其必要性的趨勢發展。

　　檢討亞歐會議反恐議程，有譴責國際恐怖主義、以聯合憲章及決議為基礎、反恐擴及其他形式、需跨文明及文化對話等特點，並且擬定短中長期行動。第四屆亞歐領袖會議是在九一一事件後國際形勢發生複雜變化的背景下，亞洲和歐洲領導人的首次聚會，與會領導人一致認為，深化亞歐對話與合作，不僅符合亞歐各國的共同利益，也有利於維護世界和平，促進共同發展。會議以《反對國際恐怖主義合作宣言》的形式表明亞歐反恐的決心。宣言強調了聯合國的作用，指出任何反恐行動均需遵守聯合國憲章和國際法基本準則，並提出亞歐之間的反恐合作應在對話與相互理解的基礎上進行，反對將恐怖主義與民族或宗教聯繫起來。宣言還提出了亞歐

---

[45] 可能發起峇裏島這次恐怖攻擊的團體有四個：一、潛伏在印尼的蓋達組織成員。二、跟蓋達組織有關的印尼回教激進團體。如果這些激進團體是發動攻擊的元兇，將為印尼政府帶來十分微妙的內政問題。三、印尼民族主義份子。回教激進團體因為阿富汗和伊拉克等問題，對美國和支持美國立場的澳大利亞感到憤怒，但民族主義份子因為失去東帝汶，對美、澳等國更加痛恨。四、發動攻擊的，也可能是單純希望使梅嘉娃蒂政府難堪的組織，目的在強化本身在下次選舉中勝選的希望。參見http://news.yam.com/cna/international/news/200210/20021014 2230441.html（檢索日期：2012年10月14日）。

[46] 當今全球最重要的國際恐怖組織就屬賓拉登（Osama Bin Ladden）的蓋達（Al-Qaeda）組織。蓋達其意為「軍事基地」，亦有學者譯為「軍事據點」，意指其利用遍布於全球的恐怖份子與各種組織，運用各式攻擊手段，進行全球恐怖攻擊。資料參見：巨克毅，op.cit.。

[47] 吳東野，「全球反恐聯盟及其相關問題之探討」，頁34。

[48] 吳志中，**亞歐會議ASEM的地緣政治意義**，參見http://eusa-taiwan.org/NEWSLETTER/LET-TER/2003/20030812.htm（檢索日期：2012年10月14日）。

兩大洲之間在反恐合作方面的具體行動計畫。這一計畫決定,亞歐國家將在反恐方面開展短、中、長期合作。短期合作包括建立非正式的磋商機制和2003年在中國召開亞歐反恐研討會;中期合作是加強海關、金融與海、空交通安全等方面的合作,並於2003年在德國召開亞歐反洗錢研討會;長期合作是擴大人員交流和消除各國因文化不同而可能產生的誤解等。第五屆ASEM則就加強亞歐會議和在其他國際論壇的對話與合作、加快聯合國和聯合國安理會的改革進程、加強亞歐會議在反對國際恐怖主義、打擊跨國犯罪及其他非傳統安全領域的各種威脅等問題進行了討論。

　　當前國際社會在反恐議題上,有著不同思考方向,以美國新保守派當家主導下的國際反恐主張,主要以現實主義、單邊主義、霸權主義、軍事武裝力量為打擊恐怖主義之依據,並採取「以暴制暴」的戰略與戰術,其結果不但未能消弭恐怖主義及其暴力活動,更造成全球恐怖主義滋長的潛在威脅。另一種思考方向則是採取全球共同合作,在聯合國的主導下,深入探討國際恐怖主義的根源問題,共同以國際建制與和平手段,共謀解決恐怖主義問題[49]。在目前反恐之行動上,在聯合國等國際組織支持下及運作下,不管美國或其他支持反恐的國家,事實上仍有一段漫長的旅程。

---

[49] 巨克毅,當前國際反恐成效之省思與分析,參見中興大學網頁資料:http://cgpss.nchu.edu.tw/modules/wfsection/article.php?articleid=1012。

蔡裕明

壹、前言

　　美國前國務卿艾其遜（Dean Acheson）曾經言：「在人類社會之中，核子武器比圓輪的發現更具有革命性的發明，倘若這項發明持續的發展，並且一旦被當作毀滅性的使用，將沒有任何勝利者，也沒有任何文明會得以倖存」[1]。因而，自從1945年第二次世界大戰結束以來，人類一直在尋求減少爆發核武戰爭的可能性，以致於核武擴散的問題更成為冷戰結束後國際社會上關注的焦點之一。與此同時，當代許多衝突主要經由小型武器（small arms）與輕型兵器（light weapons）所進行[2]。這類武器在國家內部衝突中廣泛使用，也是內戰、恐怖主義、組織犯罪（organized crime）或幫派行動的首選武器[3]。儘管許多國家把擁有槍枝視為合法權力，但是非法槍枝的擴散（proliferation）或交易卻助長衝突、犯罪與暴力行為，全世界每天約有一千人在槍枝下喪命、受傷致殘、或因為武裝暴力被迫流離失所。因此，聯合國和平信使道格拉斯（Michael Douglas）才會表示，「武器流到哪裡，暴力就接踵而至」。

　　在1992年1月31日，聯合國安全理事會（U.N. Security Council）一致認為核武擴散已取代過去美國與前蘇聯核武軍事對抗的威脅，成為國際安全的一大隱憂[4]，其他如對生物武器（biological weapons）、化學武器（chemical weapons）或彈道飛彈（ballistic missile）等的擴散問題，同樣成為國際社會的一大挑戰。根據《小型武器調查》（Small Arms Survey）網站報告，全球估計有八百七十五萬小型武器

---

[1] Fred Charles Ikle, "The Second Coming of the Nuclear Age," *Foreign Affair*, Vol.75, No.1 (January/February 1996), p.120.

[2] 兩者的英文簡寫為SALW，除有特別指涉，本文之後將小型武器與輕型武器合稱為輕小型武器。

[3] 聯合國安全理事會，「小武器：秘書長的報告」，S/2008/258，April 17, 2008，詳參網址：http://www.un.org/zh/documents/view_doc.asp?symbol=S/2008/258。

[4] John M. Deutch, "The New Nuclear Threat," *Foreign Affairs*, Vol.72, No.4 (Fall 1992), p.133.

在世界各地流通，每日約有十二人或者每年約有三十萬人死於有輕小型武器有關的暴力行為[5]，在死亡的人當中有90%為婦女或兒童，並且有相當數量的輕小型武器經由腐敗政權、掠奪、遺失或透過非法管道進而入非法市場，讓此類武器持續在衝突地區受到廣泛使用。本章旨在探究國際輕小型武器擴散、核武擴散危機與武器管制等問題。

貳、武器擴散、輕小型武器與核子武器名詞界定

核武擴散是指國家獲得製造核子武器的原料、零組件、專業技術、管理技術與處理核廢料方法，以及投射核武的系統，以任何形式從一個國家轉移到另外一個國家。核武擴散之所以受到世人的關注，可有數點理由：核武擴散可能引發區域性或全球性的危機，特別是當核武的擁有者為恐怖主義團體，或者落在一些政治軍事形勢不穩定、或具有潛在侵略性國家的手中；增加核子意外或被非理性決策者誤用的可能性；而且更難以嚇阻擁有核武的國家採行侵略行為，或可藉由核武來威脅鄰近國家；以美國而言，全球的防止核武擴散更牽連到美國的外交政策，影響美國的軍事防禦計畫以及軍事作戰計畫，對美國不友善的國家更可以抗拒美國在各地的干涉行動[6]，以及限制美國在全球事務的行動自由[7]。

小型武器與輕型兵器在不同的文件或研究有著不同的界定。根據2005年12月8日由聯合國大會所採用的《使各國能及時可靠地查明和追蹤非法小武器和輕武器的國際文書》（International Instrument to Enable States to Identify and Trace, in a Timely and Reliable Manner, Illicit Small Arms and Light Weapons）之界定，小型武器為基於個人使用為目的的武器，輕型兵器為設計給一組人所使用的武器。因此，小型武器包含：一、左輪手槍和自動手槍；二、步槍和卡賓槍；三、衝鋒槍；四、突擊步槍；五、輕機槍等；輕型武器則包含：一、重機槍；二、手提下管和可架起

[5] United Nations Office, "Film on Manipur Women Gun Survivors Network Screened at United Nation," *Control Arms Foundation of India*, March 20, 2012,詳參網址：www.cafi-online.org/images/uploadimages/report/2211_large.doc。

[6] See Gompert David, Kenneth Watman, and Dean Wilkening, "Nuclear First Use Revisited," *Survival*, Vol.37, No.3 (Autumn 1995), pp.27-28; Steve Fetter, "Ballistic Missiles and Weapons of Mass Destruction," *International Security*, Vol.16, No.1 (Summer 1991), p.28.

[7] Philip Karber, "Nuclear Proliferation: The Problem of Irresponsibility," in *Foreign Policy and U.S. National Security*: *Major Postelection Issues*, William Whitson ed. (New York: Prarger, 1976), p.267.

的榴彈發射器；三、移動式高射炮；四、移動式反坦克炮,無後坐力炮；五、移動式反坦克導彈和火箭系統發射器；六、移動式防空導彈系統發射器；七、口徑不到100毫米的迫擊炮等。彈藥或爆裂物在衝突當中也是輕小型武器的一部分，彈藥的獲得為重要的因素，沒有適當彈藥，輕小型武器便無用處。彈藥的種類包含：一、小型武器子彈（發）與彈藥筒；二、輕武器炮彈和導彈；三、裝有單動式（single-action）防空和反坦克系統導彈或炮彈的機動容器；四、殺傷性和反坦克手榴彈；五、地雷；六、炸藥等[8]。彈藥的可用性是一個重要的獨立元素，大多數小型武器和輕型武器若不配備彈藥就無殺傷力。因此，彈藥和炸藥也是衝突中使用的小型武器和輕型武器的組成部分，其中包括小型武器彈夾（發）、輕武器炮彈和導彈、裝填獨立防空和反坦克系統導彈或炮彈的可移動裝置、殺傷人員手雷和反坦克手雷和炸藥[9]。

　　小型武器或輕型武器擴散，是指無這類武器的國家或團體（組織）獲得這類武器本身以及彈藥，以直接轉移、合作生產或科技轉移、軍事交流及代訓的方式，從一個國家轉移到另外一個國家。在本章當中所謂小型武器或輕型武器的擴散，是指一個國家跟隨另外一個國家擁有這類武器與彈藥的進程（process）[10]，也是指這類武器與其製造技術散布到無這類武器的國家、地區的武裝團體、叛亂團體甚至恐怖組織[11]。從概念上而言，小型武器或輕型武器或核子武器擴散有兩種主要形式：一是垂直擴散（vertical proliferation），也稱為縱向擴散，即擁有這類武器的國家在規模上的擴大、質量上的提高和品質上的增加，也就是在質與量方面的提升。二是水平擴散（horizontal proliferation），也稱橫向擴散，是指無小型武器或輕型武器的國家（或組織）透過自行研發、技術移轉或購買而擁有小型武器或輕型武器，即國際間日益增多擁有小型武器或輕型武器的國家、團體或非政府組織（例如，恐怖組織或組織性犯罪），此種形式也稱之為軍備轉移（arms transfer）或武器貿易（arms trade）。

　　傳統所謂的非擴散（nonproliferation）或不擴散，是以建立各種國內規定、國

---

[8] United Nations, *General and Complete Disarmament: Small Arms*, A/52/298, August 27, 1997, pp.11-12.

[9] 聯合國，「小武器和輕武器」，詳參網址：http://www.un.org/chinese/peace/ disarmament/small.htm.

[10] See Wolfram F. Hanrieder and Larry V. Buel, *Words and Arms: A Dictionary and Security and Defense Terms* (Boulder, Colorado: Westview, 1979), p.87.

[11] See Jay M. Shafritz, Todd J. A. Shafritz, and David B. Robertson, *The Facts on File Dictionary of Military Science* (New York: Oxford, 1989), p.368.

際建制（international regime）或國際條約（treaty），防止核子、化學和生物武器與技術的擴散，或者輕小型武器甚至最後希望全面禁絕這類武器，以保護人類未來安全和生存環境。也就是用條約或建制來進行規範，輔以簽約國之權利與義務，來維護非擴散效果的持續。而近來另外常被討論的反擴散（counter-proliferation），是指使用外交到嚇阻和軍事手段，對於核子武器生產設備進行先發制人之攻擊，而且更強調採取激烈的預防性措施[12]。換言之，非擴散是對於武器擴散的事實與未來所做外交政策方面的努力，而反擴散則強調對擴散行為和結果的單邊軍事防禦和打擊。[13]非擴散或不擴散與反擴散之間最主要的差別在於軍事力量使用的有無。而這幾年國際社會除關切核生化武器及其載具的擴散外，也相當關切於小型武器與輕型武器與彈藥的擴散，並且認為輕小型武器為當代世界的毀滅性武器。

參、武器擴散趨勢與問題

一、核武擴散趨勢與問題

相較於冷戰時期，核武擴散問題有不同的趨勢[14]：

（一）除印度與巴基斯坦外，其他國家，如以色列、伊朗、北韓、印度與巴基斯坦等國家的核武發展更受到重視，這些國家也企圖經由自行研發或購買來取得核武，或許這些國家可能已經擁有核子武器，而且這些國家皆處於國內外政治、軍事與經濟相對不穩定的地區。

（二）部分國家願意接受條約上的限制，放棄秘密的核武計畫，同意接受國際社會的監督。如南非願意放棄其所擁有的核子武器，以換取國際社會對南非的孤立。在中國、阿根廷（Argentina）、巴西（Brazil）、羅

---

[12] 反擴散包含下列14種方式，外交、嚇阻、軍備管制、合作性與強制性裁軍、經濟和軍事援助、制裁和禁運（embargo）、情報、出口管制、安全保證、穩定性措施、改善反應能力、致命（lethal）和非致命（non-lethal）反措施、積極防禦與消極防禦，最後則是軍事行動。參見丁樹範，「反擴散、戰區飛彈防禦、與東亞安全」，論文發表於軍事事務革命（RMA）與國防研討會（1999年3月），由台灣綜合研究院戰略與國際研究所舉辦，頁1-6。

[13] 張亞亮，「試論美國的『反核武擴散戰略』」，美國研究（北京），1996年第4期，1996年12月，頁76。

[14] Rodney W. Jones, and others eds., *Tracking Nuclear Proliferation: A Guide in Maps and Charts, 1998* (New York: Carnegie Endowment for International Peace, 1998), pp.3-5.

馬尼亞（Romania）、南非與烏克蘭相繼加入核子供應商集團（Nuclear Suppliers Group, NSG），阿根廷、巴西與南非也加入導彈技術管制，而以色列與烏克蘭也願意遵守導彈技術管制的相關規定，這些行為均強化國際性出口管制措施的合法性。

（三）除全球性規範外，區域性防止核武擴散的建制也相繼的簽訂，特別是建立「非核區」（Nuclear Weapon-Free Zones, NWFZ）。如1967年拉丁美洲國家簽訂特拉泰羅戈條約（the Treaty of Tlateloco），1985年南太平洋地區國家簽訂羅特托加條約（the Treaty of Rarotonga）[15]，1995年時東南亞國家也想建立非核區，以及非洲國家於1996年通過的匹林泰巴條約（the Treaty of Pelindaba）。從1990年代開始，非核化擴散的措施漸臻完備，禁止核子武器擴散條約也幾乎涵蓋全球的國家。在2012年年底時，全球共有一百八十九個國家簽署禁止核子武器擴散條約，而且其中包含五個核武國家。[16]在該條約之下，所有的非核武國家均同意不擁有核武，並同意在國際原子能總署的監督之下，禁止將核能作為軍事用途。但在2012年底時，全球總共有三個國家未加入該條約，分別是以色列、印度與巴基斯坦，北韓簽署後又退出。

許多國際關係學者均試圖解釋這種國際非擴散的合作趨勢。其中新現實主義論者認為國際社會處於無政府狀態，使得管制核武擴散成為高度的挑戰，而冷戰結束所造成國際體系也相對的改變，核武對於某些國家而言，是最好的機會，但對於國際安全而言，後冷戰時期的核武擴散問題也存在著一些挑戰[17]。首先為前蘇聯所遺留下來核武問題。由於政爭與經濟改革，俄羅斯政府一直無法有效的掌握在其境內的核子武器與原料，也無法阻止高技術人才向第三世界國家輸出核武技術，更由於黑市交易的存在可以避開國際原子能總署的檢查，也間接鼓勵核子原料在黑市交易中的熱絡。其次就是為印度與巴基斯坦在1998年5月相繼舉行核子試爆，使得南亞地區再度陷入核子威脅的陰影之下，並且兩國均缺乏有效的核武管理制度，無法

---

[15] 有關於特拉泰羅戈條約與羅特托加條約的成立背景、內容，參見Shannon Kile, "Nuclear Arms Control," in SIPRI 1997: Armaments, *Disarmament and International Security* (New York: Oxford University Press for Stockholm International Peace Research Institute, 1997), pp.390-391.

[16] U.S. Arms Control and Disarmament Agency, *The Treaty on the Non-Proliferation of Nuclear Weapons* (Washington, D.C: Office of Public Affairs, 1995).

[17] Jones, and others eds., *Tracking Nuclear Proliferation*, pp. 5-8.

表19-1　核武戰略環境之變動

	冷戰時期（過去）	後冷戰時期（現在／未來）
互動模式	超強之間的對抗 把核武視為雙邊關係的重點 雙邊的核武平衡 相互保證毀滅	各國間廣泛的接觸 核武不再成為國際政治上唯一的焦點 大規模毀滅性武器與飛彈的擴散 易毀性之增加
對抗模式	報復性的嚇阻 傳統武器上雙方大致相等	防衛性的國防 美國在傳統武器上的獨霸
核武戰略	核武主宰核武國軍事戰略的部署 巨型的、集中型的戰爭計畫	任何的國家都有可能遭受核武攻擊的危險 特別的、視情狀改變的戰爭計畫
核武發展	核子試爆	科學的管理與設計
武器管制	武器管制著重在軍事部署的戰略 安全的保證 出口管制 國際建制如NPT／IAEA	武器管制著重在核子材料、技術的取得 安全的保證 出口管制 國際建制如NPT/IAEA/MTCR/NWFZs的強化 非致命性技術的提供（和平使用核能） 非（反）核武擴散政策

資料來源：Mitchell Reiss, "Conclusion: Nuclear Proliferation after the Cold War," in Nuclear Prolif-eration after the Cold War, Mitchell Reiss and Robert S. Litwak eds. (Washington, D.C.: Woodrow Wilson Center Special Studies, 1994), p.348; *Report of U.S. Nuclear Policy in the 21st Century: A Fresh Look at National Strategy and Requirements,* by Center for Counter Proliferation and Research of U.S. National Defense University, July 1998,詳參網址：http://www.ndu. edu.tw/inss/ccp/nupolicy.nupolicy.html。

保證不因為錯誤或技術意外（technical accident）或者武器為恐怖組織所取得而造成大規模毀滅性戰爭的出現。與冷戰時期的戰略環境相比，後冷戰時期的核武問題更存在許多的不確定因素與疑慮，核子武器的擴散使得全球的互動模式、對抗模式、核武戰略、核武發展計畫與武器管制措施等，皆有不同的變化與調整（參見表19-1）。

二、輕小型武器擴散危機與問題

小型武器和輕型武器的擴散，在全世界範圍內加強武裝衝突的強度、時間與影響，破壞可能達成的和平協議（peace agreement），也阻礙國家內部和平建設與政府治理能力。全世界許多國家或公司皆有生產小型武器或輕型武器，而且國際間許多區域衝突，這類武器常被當作「首選武器」，它們便宜、具有殺傷力、易於走

私隱藏，而且操作簡便，連兒童經過簡單訓練就能操作此類武器[18]，這類武器經由非法管道走私進入嚴重衝突的地區，換取鑽石、各類寶石或毒品，叛亂團體、組織犯罪者或恐怖份子多使用這類武器[19]。小型武器與輕型武器會造成人類死亡、武器污染、助長區域衝突、阻礙或破壞外國投資機會、侵犯人權、兒童兵（child soldiers）以及難民潮的發生等問題。以下說明小型武器與輕型武器擴散諸多問題。[20]

（一）輕小武器進出口增加但透明度不足

根據《2011年小型武器調查報告》（Small Arms Survey 2011）指出，2010年國際小型武器與輕型武器年度交易額為十一億美元，其中包含有列入登記的交易額為二點四二億美元，其中包含反坦克導彈武器占總數的一半以上，而無交易記錄的估算交易額為八點七二億美元。而把此貿易額與獲准的輕小武器（十六點八億美元）及其彈藥（四十三億美元）相加，平均每年貿易額將近七十一億美元。國家在生產和轉讓輕小型武器缺乏透明度使得國際社會難以對於輕小型武器進行相關研究與管制。表19-2為國際小型武器與輕型武器轉讓的估計年度值。而且儘管輕小武器轉讓情況向聯合國常規武器登記冊報告的國家數量有所增加，但是整體而言，有關輕小武器轉讓的資訊仍然過低[21]，亦或者國家所提供的數據標準也不盡然一致，由中間商或私人企業轉移的合法或非法管道也不受監督。

表19-2　國際小型武器與輕型武器轉讓的估計年度值

	便攜式防空武器系統（Man-portable air defence systems）	反坦克導彈武器	其他輕型武器	共計（百萬美元）
登記在冊	66	129	47	242
未登記	36	626	210	872
共計	102	755	257	1114

資料來源：The Graduate Institute, *Small Arms Survey 2011* (Geneva: The Graduate Institute, 2011), p.21.

---

[18] DAWN.COM, "Pakistan Among Leading Importers of Small Arms," July 9, 2011，詳參網址：http://www.dawn.com/2011/07/10/pakistan-among-leading-importers-of-small-arms.html。

[19] 電影血鑽石（Blood Diamonds）即描寫此類場景；另可以參考電影軍火之王（Lord of War）所描述輕小型武器擴散的問題。

[20] Isana and Oxfam, *Arms Without Borders: Why a Globalised Trade Needs Global Controls*, 2006，詳參網址：http://www.oxfam.ca/sites/default/files/arms-without-borders.pdf, p.9。

[21] The Graduate Institute, *Small Arms Survey 2011* (Geneva: The Graduate Institute, 2011), Chapter 1.

（二）軍火商交易活動的全球化

後冷戰時期，輕小型武器的製造與交易更為複雜與嚴重。輕小型武器的製造逐漸由國家的國有工廠轉向到私人公司。同時，軍火貿易已經從主要由政府官員與代理人之間的直接接觸，轉變為普遍使用私人仲介機構。這些仲介機構在一個全球化的環境中運作，讓武器交易商、代理人、經紀人、承運商和資助者常常將他們的各種活動結合在一起，他們使用秘密帳戶、招牌公司和偽造的最終用戶證明以至有時難以清楚地區分小武器交易和仲介及相關活動[22]，並經由許多方式運送到侵犯者手中。國家也利用武器仲介商，包含國家前國防或安全機構的人員為將他們的貨物運送給侵犯人權者，跨國公司也參與向違反人權的國家和武裝團體銷售或轉移輕小型武器的活動。此外，輕小型武器零組件來源的全球化、海外授權生產以及子公司武器出口管制漸難以有效管制。

（三）彈藥擴散也成為輕小武器擴散的問題

許多國家是在國內購買他們的小武器和輕武器的彈藥。世界各地均生產彈藥，至少有十一個非洲國家也生產彈藥。儘管如此，國際彈藥貿易仍相當可觀。在衝突地區的彈藥供應模式往往與補充軍火的模式截然不同。輕小型武器可以在一場衝突之後又用於另外一場衝突，通常可以用幾十年，但其價值則賴於不間斷供應彈藥[23]。

（四）武器污染（weapon contamination）問題或阻礙或破壞外國投資機會

在戰爭過後遺留的爆炸物，例如，手榴彈、迫擊炮、集束彈藥、地雷、炸彈、甚至導彈等，會使得該地面臨新一波的風險，農田也可能遭受影響，並會對於當地居民的日常生活等經濟社會造成影響，也會波及兒童玩耍處。而且在戰爭期間，交戰團體會向敵方投放大量炸彈，包括小型炸彈、手榴彈、火箭及導彈等，此類未爆炸軍火（unexploded ordnance）沒有即時爆炸，卻留在地面田間，當平民不小心踏踩時，便會受到傷害。

---

[22] 聯合國安全理事會，「小武器秘書長報告」，April 5, 2011, S/2011/255，頁3，詳參網址：http://www.poa-iss.org/poa/S-2011-255-smallarms-ch.pdf。
[23] 上述參見聯合國安全理事會，「小武器秘書長報告」，頁3。

（五）輕小型武器助長侵犯人權之行為

　　根據聯合國裁軍辦公室（United Nations Office for Disarmament Affairs）的報告，輕小型武器仍被普遍濫用或有計畫的侵犯人權行為，包括殺傷、強姦、以及其他形式的性暴力、酷刑以及武裝團體或叛軍部隊強以暴力脅迫方式強迫徵召兒童[24]。個人擁有輕小型武器破壞當地治安形勢，造成各種形式的暴力手段。全世界每年有五十萬人死於輕小型武器所造成的戰爭、他殺、事故或自殺，更有數百萬人死於輕小型武器所造成的不治槍傷或因為受傷而致殘，也由於長期的殘疾或心裡創傷，導致受暴力所影響的人們日常生活徹底被改變[25]。

　　從人權的角度而言，使用武器的行為依武器使用者與受害人身份以及武器使用時的情形有著不同法律意涵，可以再區分為三種類型：國家機關工作人員的濫用、當國家沒有給予應注意武裝個人或團體的濫用、明知武器可能使用於嚴重違反國際人權和人道主義行為仍然轉移[26]。表19-3為濫用輕小型武器事件與可能侵犯的權利與影響。國家機關工作人員的濫用輕小型武器的情況包括：對於示威者或被拘留者過度使用武力，或對於政治異議人士、兒童或不受政治當局歡迎的全體實施法外處決，或者政府為達到政治目的對部分團體提供武器，造成種族或族群暴力，國家工作人員易獲得輕小型武器提高他們鎮壓能力，導致更為嚴重侵犯人權的行為。而國家是否應該負擔個人使用輕小型武器所侵犯的行為？主要有國家責任理論以及關於國家責任方面的應注意理論，後者多獲得國際間之支持，表明國家對於個人角色侵犯人權的行為負有責任。國家責任應有注意理論源於習慣國際法原則，表明國家有其義務保護非公民不受私人行為者的傷害。倘若國家未能履行合理的保護責任，根據國際法應該承擔不作為之責任[27]。

---

[24] UN Office Disarmament Agency (UNODA), "Small Arms,"詳參網址：http://www.un.org/disarmament/convarms/SALW/。

[25] Barbara Frey, Prevention of Human *Rights Violations Committed with Small Arms and Light Weapons, Commission On Human Rights, Sub-Commission on the Promotion and Protection of Human Rights*, UN, E/CN.4/Sub.2/2003/29, June 25, 2003, p.4.

[26] Barbara Frey, *Prevention of Human Rights Violations Committed with Small Arms and Light Weapons, Commission On Human Rights*, pp.6-7.

[27] Gordon A. Christenson, "Attributing Acts of Omission to the State," *Michigan Journal of International Law*, Vol.12, 1991, pp.312-370.

表19-3　濫用輕小型武器事件與可能侵犯的權利

濫用輕小型武器事件	可能侵犯的權利	影響
執法部隊對學生示威過分使用武力	生命權、個人安全 集會、結社與遷徙自由 思想、言論自由 參與政府的自由 受教育權	死亡或傷亡狀況 倖存者的心理創傷 受害者喪失受教育機會 家庭收入損失 恐懼參與政治活動 由暴力所致的社會投資損失
武裝個人和團體的長期暴力生命權、個人安全	集會、結社、遷移自由 言論自由 受教育權 適足的生活標準權，社會治安 參加社區文化生活的權利 醫療保健權	死亡或傷亡狀況 被綁架人數狀況 被強姦和其他基於性別的暴力行為 對倖存者的心理創傷 因死亡、殘疾、盜竊而致收入和財產的損失 因暴力而致社區投資損失 無家可歸者 暫停行使人權的緊急狀態事件 享受教育、醫療保健情況 社會福利方面的公共支出減少，而個人安全方面的公共支出增加

資料來源：修改自Barbara Frey, *Prevention of Human Rights Violations Committed with Small Arms and Light Weapons, Commission On Human Rights*, Sub-Commission on the Promotion and Protection of Human Rights, UN, E/CN. 4/Sub.2/2003/29June 25, 2003, p.4.

肆、輕小型武器與核武管制理論

　　近年來學術界開始重視大規模毀滅性武器、傳統武器與輕小型武器擴散與管制問題。許多武器擴散的理論基於軍備競賽（arms race）與軍備管制（arm control）。在冷戰時期，軍備競賽為國家關係學界主要的研究主題，認為軍備競賽將導致國家或區域間的衝突狀態，並且認為很難解決國家軍備競賽狀態。國際關係的現實主義者認為，軍備轉移或武器銷售將助長軍備競賽，造成或增加區域的不安全狀態，任何衝突極可能升高為戰爭，並且相關國家可能捲入此種衝突或戰爭。他們建議應該強化國際管制來減少武器擴散的風險。而在核武擴散方面，學者華爾茲（Kenneth Neal Waltz）認為第三世界國家核武的發展，從設計、研發、製造到完成非一朝一夕即可完成，需要先導時間（lead time），在這段時間更有賴於行政系

統與技術官僚的全力合作，他們必須共同合作解決今日的問題，並對於未來作最妥善的規畫，因而從歷史上而言，從未有一國的內戰使用核子武器攻擊對方的紀錄，也因而核武的擁有可以減緩軍備競賽[28]。華爾茲並認為國際政治是自助式的體系，核武是自保的有效工具，造成冷戰時期美國與蘇聯之間所形成的「恐怖平衡」（balance of terror），造成某種形式的核武平衡，避免美蘇之間直接的武力對抗；也由於難以估量核子戰爭所帶來毀滅性的代價，是否大於經由戰爭可獲得的利益，更使得核武戰爭變得不易發生，也因為新興核武國家對外行為受到舊核武國家之制約，新興的核武國家更加關心自身的安全，在這些條件之下，核武戰爭就更難發生[29]。

　　學者哈克維（Robert E. Harkavy）另從國際體系的變化探究武器交易。他將國際體系分為三個階段，分別為：國際戰爭、冷戰與後冷戰時期，國際結構也出現兩極體系之間的意識型態衝突、聯盟關係、軍事技術改變狀況，並從供應者的市場、供應者接受者關係模式、武器轉移模式、武器接受者的依賴程度進行分析，認為後冷戰時期全球軍事交易模式回到國際戰爭模式，特別形成去政治化（depoliticization）與去國家化（denationalization）的情況，並且軍事技術革命（Military Technical Revolution）在全球武器交易當中具有關鍵因素[30]。

　　傳統上國際社會防止武器擴散的努力有：條約、貿易控制、外交與制裁等[31]。而在許多出售軍火國家當中，武器的零組件來自於全世界許多國家，這也是管制輕小型武器之困難。黑市交易當中的輕小型武器來源也多來自於各國軍火庫。輕小型武器的特徵之一便是易攜性與可長期使用性。此處就國際社會在防止核武擴散上所採行的措施加以探討，區分為說服的方式、規範的方式、懲罰的方式與軍事防禦等四種方式。

一、說服的方式

　　國家發展核武最大的動機就是對於外部環境的不安全感。無論是北大西洋公約組織（North Atlantic Treaty Organization, NATO）或已經解體的華沙公約組織（Warsaw Treaty Organization），或是經由美日安保條約（Security Treaty between

---

[28] Kenneth N. Waltz, "More May be Better," in *The Spread of Nuclear Weapons: A Debate*, pp.9-10.

[29] Waltz, "More May be Better," in *The Spread of Nuclear Weapons: A Debate*, pp.44-45;陳文賢，「柯林頓政府的核武政策」，**問題與研究**，第37卷第5期，1998年5月，頁9。

[30] Robert E. Harkavy, "The Changing International System and the Arms Trade," *The Annals of the American Academy of Political and Social Science*, Vol.535, No.1 (September 1994), pp.11-28.

[31] *The Economist*, "Proliferation: Cold War II," pp.34-35.

the United States of America and Japan）之簽訂，強國均有能力給予其會員國安全
上的保障，減少其他國家發展核武的動機[32]。經由延伸的安全保障，集體式的安全
聯盟可以控制成員國的核武擴散，把友好的國家納入共同的安全架構之中，減低國
家的不安全感，促使其放棄核武的企圖。另一方面也承諾一旦遭到其他國家的攻
擊，美國或蘇聯將會不計一切代價展開報復。但是此種的「延伸核武嚇阻」（ex-
tended nuclear deterrence）卻受到質疑。學者赫斯（Paul K. Huth）就認為有兩種理
由，提高延伸嚇阻的代價：（一）決策者必須面對多般的複雜形勢，同時也必須度
量對手的意志與能力；（二）決策者對於安全威脅與挑戰的感受性並不相同，決策
者會基於過去經驗與信念，選擇性相信情報[33]。

二、規範性的方式

　　新現實主義對國際環境的基本假定就是國際社會是無政府的狀態，然而新自由
制度主義確認為核武擴散措施之中，以國際建制的方式，可以減緩國際社會無政府
的狀態，並可以促進國家之間的溝通、談判與協調，減少資訊與相互交流的代價。
安全建制之形成，也可減緩主權國家因為安全兩難所引起的不確定因素與相互之
間的不信任[34]。為防止更多國家獲得此種毀滅性的武器與減少核武所帶來的威脅，
美國從1950年代起開始主導各種防止核武擴散的相關組織與條約的簽訂及執行。
如1957年成立國際原子能總署，1963年的禁止核子武器試驗條約（The Partial Test
Ban Treaty, PTBT），1968年115國共同簽署禁止核子武器擴散條約，也在1995年
主導禁止核子武器擴散條約評審暨續約會議（The NPT Review and Extension Con-
ference），並且聯合國也在2012年試圖通過武器貿易條約（Arms Trade Treaty）。
這些禁止核武擴散建制主要區分為出口管制與軍備管制，包含條約、國內相關法規
及對核武出口限制條例，皆成立全球性國際組織或地區性的協定加以監督。出口管
制是指斷絕核武需求國獲取核武製造的相關技術、原料與設施的途徑；軍備管制是
強化禁止核子武器擴散條約、全面禁止核子試爆條約、建立非核區以及建立安全信
任措施。透過這些條約，可以防止核武先發制人的攻擊，和採取措施以降低傳統武

---

[32] Zachary S. Davis, "Nuclear Proliferation and Nonproliferation Policy in the 1990s," in *World Se-curity: Challenges for A new Century*, Michael T. Klare and Daniel C. Thomas ed., (New York: St. Martin's Press, 2d ed., 1994), 128.

[33] Paul K. Huth, *Extended Deterrence and the Prevention of War* (New Haven and London: Yale University, 1988), p.1, p.3.

[34] Neta C. Crawford, "A Security Regime among Democracies: Cooperation among Iroquois Nations," *International Organization*, Vol.48, No.3 (Summer 1994), p.348.

力擦槍走火導致衝突的危險，並使決策者認清事實而不敢採取行動[35]，使得一些國家相信他們的鄰國沒有意圖發展核子武器。

為打擊輕小武器的擴散，除聯合國與區域層次制止輕小武器的擴散外，各個國家強化對於輕小武器的管控，訂定有關輕小武器在生產、擁有、使用、儲存與出售的國內立法與管理機制，希冀防止落入非法組織甚至恐怖組織當中。大多數傳統的武器出口國已參與多邊出口控制制度和安排，此制度旨在管控軍事與敏感裝備的國際轉移，根據聯合國小型武器行動計畫（United Nations Programme of Action on Small Arms），各國都致力於建立有效的出口管理制度，並嚴格按照國家法規和程序評估申請出口許可證，並且符合相關國際法律。

三、懲罰性的限制與軍事防禦

雖然經由說服的方式，或者透過軍備管制以及出口控制制度，仍很難使得有心發展核武的國家就範，相對於上述的兩種方式，國際上或國家單邊的制裁，可能可以有效的嚇阻核武擴散。就理論上而言，經濟制裁為施用國為了促使目標國改變其行為或政治態度，而尋求各國或本身的影響力來降低與該國的國際貿易，其多半有其政治意涵[36]。無論其是否為禁止核子武器擴散條約的簽署國，當有國家企圖獲得核子武器，或製造核武的技術時，其他國家應該對該國進行制裁，以迫使該國遵守禁止核武擴散的協議。

除經濟制裁外，這些對於核武擴散其他的制裁措施包括：[37]公布該國非法的行為；對受到核武威脅的國家提供技術或軍事上的支援；發展與部署主動的防禦系統（如飛彈或空中防衛），或消極的措施（如防毒面具或防護衣，以應付生化武器的攻擊）；對於擴散國展開外交的孤立，或建構對抗擴散國的軍事聯盟；美國對其撤銷安全保證。這些制裁措施成功的條件有賴於國際合作，以及更有效的國際建制。國家之間達成合作的可能不外乎相信制裁不但有助於本國安全的保障，而且相信經由制裁可以使得擴散國就範。防止核武擴散最後的手段便是使用軍事行動。在軍事行動的光譜上，又可以區分為五項等級，從威脅使用武力到實際使用軍事武力：（一）在核子武器尚未研發完成時，立刻破壞該國製造核武的軍事設施。（二）在

---

[35] Hans A. Binnendijk，美國1996年戰略評估（Strategic Assessment 1996），國防部史政編譯局譯（台北：國防部史政編譯局，1997），頁159。

[36] Robert A. Pape, "Why Economic Sanctions Do Not Work," *International Security*, Vol.22, No.2 (Summer 1997), pp.90-136.

[37] Randall Forsberg, et al., *Nonproliferation Primer*, p.90.

核子武器未使用之前，即將之摧毀。（三）採用防禦性的方式，如發展飛彈或防禦系統。（四）從聯合國安全理事會687號決議案引伸而來，對於擴散國可以使用武力或者威脅使用武力迫其就範。（五）促成該國政府的改變，利用各種方式推翻該國政府，以願遵守國際規範政府取代[38]。

　　後冷戰時期的核武擴散問題，以及防止核武擴散的政策，並非單獨只是單一國家的責任，而是各個相關國家共同的責任。無論是上述方式任何的單獨使用，很難使有心獲致核武的國家真正的遵循國際規範。而從分析與決策觀點而言，武器擴散的確切數字並不重要。相反的，有各類輕小型武器或傳統武器，包含被偷盜、即將被銷毀武器再被轉售等於全球擴散，甚至流入衝突地區。武器的全球擴散意味著有必要進行國際合作，制訂與實施負責任的政策，限制武器流入衝突地區。

表19-4　防止武器擴散的措施

目標	對象	措施	說明
說服式的方式	需求國	延伸嚇阻，承諾與安全援助	給予安全保障，把友好的國家納入共同的安全架構中，減少國家的不安全感，促使放棄研發核武
	供應國 需求國	核武外交	強調擁有核武與輸出核武在政治、軍事與經濟上所需付出的代價
規範性的方式	供應國	出口管制	國際原子能總署（1957） NPT供應者出口管制／桑格管制清單（1974） 倫敦核子供應商集團綱領（1978） 導彈技術管制（1987） 核子國的國內立法
	供應國 需求國	軍備管制	禁止核子武器擴散條約（1968）、全面禁止核子試爆條約（1996） 非核區之建立、非軍事區（DMZ）之建立 從各個方面防止、打擊和消除小武器和輕武器非法貿易的行動綱領（2001）
懲罰性的限制	供應國 需求國	國際壓力／國際孤立	公布違反協議的行為或與其他國家分享情報
	供應國 需求國	經濟制裁	對發展核武，或進行核武試爆與對輸出核武的國家實施制裁

---

[38] Randall Forsberg, et al., *Nonproliferation Primer*, p.91.

目標	對象	措施	說明
軍事防禦	需求國	戰區飛彈防衛／戰略與戰術預警	消極性防止核武擴散的措施，主要運用軍事力量來預防或是摧毀核子武器的製造工廠與發射基地
	需求國	軍事力量	使用武力或威脅使用武力推翻該國政府

資料來源：本研究。

伍、結語

從1990年代開始，安全概念已出現顯著變化。試以冷戰終結而言，開啟許多地區的民主化、國家間衝突的緩和或結束，以及區域合作與相對和平時期。儘管有著這些變化，安全威脅仍未徹底消除，非傳統安全議題仍為顯學，例如，環境惡化、大規模人口流動、輕小型武器擴散或毒品走私等問題。而跨國犯罪也因為隨著經濟全球化，其所帶來影響也與日遽增，犯罪集團也發展出水平的網絡結構（horizontal network structures），讓國家機關更難追查與防範，結果便是造成規模空前國際犯罪經濟。這些跨國犯罪制約著國家向其公民提供基本安全保障能力。無論輕小型武器擴散所涉及的政府或組織犯罪，此種現象關鍵性之問題在於該地政府部門的貪污狀況。在發展中國家的警政與司法體系的能力普遍性不高，其中一項重要原因在於組織犯罪可以滲透或與國家高層合作，從調查或司法體系保護組織犯罪，這對於軍火商、盜賣武器的組織犯罪集團提供巨大機會。

特別是輕小型武器可以無盡的回收與再利用，從一場衝突到另外一場衝突。輕小型武器的擴散已是對於個人、社會、國家與全球許多方面構成明顯的挑戰。除對於生命與民眾生計直接帶來影響外，輕小型武器也會因為暴力所產生的恐懼影響社會與區域發展輕小，或助長國家的內戰或叛亂，或國家在內戰結束後復甦計畫或持續的武裝衝突，或失敗國家可能破壞區域穩定或全球發展，即便是小規模的叛亂，倘若任其繼續發展，可能導致更為嚴重的內戰衝突。而在特殊的情狀下，脆弱（fragile state）或失敗國家可能成為武裝團體或恐怖組織的避風港。輕小型武器也為許多衝突地區的首選武器也是死亡或國家崩壞的主要工具，經常被使用於驅趕已經流離失所的民眾，或阻礙國籍的人道援助或復原計畫，或成為阻礙和平與建設工作。在非衝突地區，輕小型武器可能被用於暴力犯罪、兇殺或自殺案件，或意外

等。因此，由於輕小型武器的暴力與災難性結果，已讓國際社會開始重視輕小型武器擴散之管制問題與政策。國際社會已多方思考如何解決全世界所面臨的輕小型武器擴散問題，不外乎以下的方式或途徑解決輕小型武器擴散所帶來問題：解決叛亂或衝突的根源、爭取非政府組織的支持、積極鼓勵聯合國會員參與相關防止輕小型武器擴散的協定防堵此類威脅、改善國家或區域治理能力、行政效率與執法能力等途徑。

第 20 章　國際衝突中的不對稱作戰

戴振良

壹、前言

當今國際間產生的衝突（conflict），不論從國與國間意識型態，到經貿交流的所形成的爭端，或是提升到軍事對峙所發生的衝突，這些爭端與衝突須要有一個較佳的解決方式，否則稍一不慎，引發更大的災難，因此，國際衝突中所形成的不對稱作戰能否運用適切，不但可減少傷亡，而且能左右戰局是值得探討議題。事實上，從不對稱作戰（Asymmetric Operation/War）的概念，說明了雙方的戰力強弱對比不再是一個絕對的勝負依據，傳統的戰爭史觀似乎也因此而受到一定的衝擊，對現今軍事領域確實產生了巨大的影響。

平心而論，國際間戰爭的發生、解決、互動以及結果是逐漸衍生出來的，如果國際間期望的秩序是混亂的，則透過戰爭、軍事壓迫、恐怖攻擊等手段，必然可以達到其目的，但是對於彼此仇恨的消除沒有助益，反而引發衝突更加的擴大；本章將先探討國際衝突的意涵、解決；其次，論述不對稱的意涵、運用；最後，嘗試以科索沃作戰作為個案加以分析，俾能瞭解其運用精髓所在。

貳、國際衝突理論的概念

一、國際衝突的意涵

衝突是指某個團體因為要追求一項目標而與另一個團體發生有意識的對抗，西方國際政治學者柯斯（Lewis A. Coser）認為衝突是指：資源、地位和權力等稀有事物與價值的爭奪。為了達成此項目的，爭奪雙方都是用盡手段去打擊或消滅對方[1]。其實，國際間由於各國的國家利益與國家目標的認知與主張不同，往往就會

---

[1]　Rober L. Pfaltzgraff Jr., James E. Dougherty著，胡祖慶譯，**國際關係理論導讀**（台北：五南圖

發生爭議而產生衝突。

因此，西方國際政治學者郝斯提（K.J.Holsti）認為構成國際衝突的內涵有[2]：

（一）參與者的特殊結合

國際爭端的參與國，通常是民族國家的政府（明顯的例外有巴勒斯坦游擊隊、越共）。這些參與者都是為了完成某些目的，包括要求更安全的領土、保障、人口、貿易管道、權勢、聯盟、改變聯合國程序及其他事務。

（二）對某一爭論的問題

指的是參與者競爭的目標在於企圖達到爭取地位提升。最有可能導致爭端，在於參與者有所得，必定有損另一參與者的立場。最具傳統性的問題領域，就是實際的領土控制問題。

（三）相互敵對的態度

指的是一國人民決策者，其對其他參與國所持的一種不信任或懷疑的態度與傾向。事實上，在兩個目標不相容的國家之間，特別感受到可能的損失或威脅，自然就會產生某些程度的敵對、不信任、懷疑的緊張氣氛。

（四）一定型態的行動作為

由於衝突當事國之間所追求目標是不相容，尤其為了保衛自身利益，必須採取防衛措施來抵制別國的要求，或者採取外交、宣傳、商業或軍事的威脅與懲罰等行動來改變他國行為。

一言之，國際衝突的當事國者通常是國家，參與衝突的當事國在維持該國國家利益與目標，包括：領土安全、市場通路、同盟、推翻不友好的政府等，為了要達成或防衛這些目標，因此，各當事國的要求與行動就和其他參與國的利益與目標產生零和競賽的衝突。

書出版公司，1995年），頁124。
[2] K.J.Holsti著，鄭哲民、龔文周、何建台等譯，**國際政治解析的架構**（台北：龍田出版社，1983年），頁470-472。

二、國際衝突的解決

在冷戰期間，美蘇兩個霸權國的相互競爭並沒有停止，即使冷戰過後，大規模戰爭發生的機會已經趨低，但是區域內小型的衝突依舊有發生的可能[3]，如1999年零星的衝突有：科索沃作戰、伊拉克戰爭的衝突、以巴之間無止境的報復行為、朝鮮核危機、伊朗與國際原能機構和西方國家的對峙、北非人道主義為基的國際化、俄羅斯外高加索地區的不穩定、俄羅斯中亞地區與美國的爭奪、東南亞面臨恐怖攻擊以及台海兩岸的對抗等[4]；2011年有中菲黃岩島之爭、中美為三沙市互批、越南覬覦我國太平島，造成南海緊張情勢不斷升高[5]；同時，東海有日本政府在內閣決定撥款購買釣魚台，並隨即與地主簽約，完成釣魚台的國有化，此舉牽動台、中、日在東亞情勢因而出現新的緊張，也影響美國亞太戰略布局[6]。

其實，衝突的一國在另一國的壓力與政策下，改變自己的原先的計畫，但是如果沒有改變自我慾望的可能，就必須積極面對這個威脅，對於威脅的解決可以使用很多方式，霍斯蒂認為解決國際衝突的行為及方法有六種[7]：

（一）逃避（Avoidance）

當雙方知道他們的目標、價值、利益或立場不一致時，可能採取的解決途徑是，單方或雙方均自交涉的立場撤退，或者中止當初引起敵意的行動，這是正式保持友好關係的國家之間是一種經常採用的方式。

（二）征服（Conquest）

雖運用武力達到征服對方的目的，使之不能繼續抵抗，衝突因此停止。這種結果的產生，必須其中一方瞭解，和平（甚至是無條件投降）終究較衝突延續下去較有利一些。

---

[3] 王逸舟，國際政治學：歷史與理論（台北：五南書局，1999年），頁244。

[4] 主編，2005年：全球政治與安全報告（北京：社會科學文獻，2004年12月），頁5-9。

[5] 「社評－建立南海爭端五國六邊機制」，中時電子報，2012年9月11日，http://news.china-times.com/forum/11051404/112012091100486.html（檢索日期：2012/10/9）。

[6] 「社論－釣島風雲緊繃台日漁權可和平對話？」，中時電子報，2012年9月11日。http://news.chinatimes.com/forum/11051402/112012091100470.html。（檢索日期：2012/10/9）

[7] K.J.Holsti著，鄭哲民、龔文周、何建台等譯，國際政治解析的架構，頁483-489。

（三）屈服或嚇阻（Submission or Deterrence）

屈服或嚇阻與征服的區別，在於是否真正執行動武的威脅，在屈服或嚇阻中，使用武力的威脅奏效，使對方被迫撤回原先所堅持的價值、立場或利益。衝突的一方設法使對方瞭解到，固執己見或持續行動，可能受到的風險較撤回的代價大，而使後者能嚇阻對方，或逼使對方屈服。

（四）妥協（Compromise）

如果衝突各方局部地撤回當初的目標、立場、要求或行動，從而使衝突得以解決，就可稱為妥協，達到妥協最大困難在於，如何使雙方瞭解，衝突延續的代價，將遠大過降低要求或撤回既有的立場所付出的代價與後果。因此，在僵持形成之前，雙方均不肯坐下來討論解決方法，而只要任何一方相信可以達成既定目標時，衝突的妥協就不易達成。

（五）裁決（Award）

雙方基於事先約定，不以談判為程序，而以一個獨立的第三者（如法院）去裁決。由於訴諸裁決之後，雙方都得放棄交涉機會，而且願意站在公平標準（如法律）上解決問題，因此，大部分的國際衝突，常不用裁決來解決，尤其是遇見經談判妥協可能獲致有利條件時，更不願接受這些判決。若雙方陷入僵局中，都信任第三者，又期盼有個公平裁決時，才有可能接受司法程序的公平判決。

（六）被動解決（Passive Settlement）

當國際衝突時間拖久之後，雙方都把衝突狀態默認為新的合法狀態，因此，國際衝突經嘗試不了了之。換言之，經過長期的對抗，雙方都學習適應了互相對峙立場的情況，雙方都默認，任何目標的完成，都不值得以軍事行動最為代價，而且這個結果根本沒有明確的時間。

綜上可知，國際秩序的建立是透過對於國際間事務的發生、解決、互動以及結果逐漸衍生出來的，國際間的紛爭，都必須經由一定程序來消弭，尤在面對國際衝突的解決，除了透過逃避、妥協、裁決、被動解決等方法之外，也可以運用經濟的、外交的、文化的與社會的層面，至於武力的征服、屈服或嚇阻的方法是盡量避免運用，讓爭執的情況有所改變，進而解除衝突發生。

參、不對稱作戰的概念

國際間具有一個優勢的工業強國，在面對一個劣勢的、半封建、半殖民地與低度開發的對手時，作為就會產生衝突與矛盾現象，尤其在國際衝突中強權國家面對此對手，自然而然地將動用其壓倒性優勢的高科技的武器與裝備。而看似處於劣勢的對手卻通常會在意志方面居於優勢，展現其願意接受高昂代價與雖居劣勢仍然努力以赴的決心[8]。因此，筆者試圖從不對稱作戰的意涵、運用加以論述，將有助於理解不對稱作戰的本質與概念。

一、不對稱作戰的意涵

有關「不對稱」源自於美軍提出的概念，美國參謀首長聯席會議將不對稱作戰定義為：一方面迴避或削弱對手之優勢，另一方面又利用其弱點，而所採手段則截然不同於對手慣用作戰模式之企圖[9]。美軍《2020年聯合構想》更指出：我們擁有無可匹敵的常規作戰能力和有效的核威懾能力，但這種有利的軍事力量對比不是一成不變的。面對如此強大的力量，潛在對手會越來越尋求訴諸不對稱手段......發展利用美國潛在弱點的完全不同的戰法。從相關文獻可知，從1996年起美國學界與政府均已出版各種專著及刊物為主要研究資料[10]。

就我國的而言，「不對稱」的名詞及概念，在1999年2月出版之《核霸》一書中，林中斌有具體之描述，及自美國國防部1999年2月26日發表台海安全情勢報告一文內提及不對稱作戰之後，此一名詞及概念即為國內學者所廣為關切與引用，我國國內學者也發表相關著作與論文[11]。一般學者均使用「不對稱」的名詞以描述戰

---

[8] Robert M. Cassidy著，楊紫函譯，**戰略文化與不對稱衝突**（台北：國防部史政編譯室，2004年），頁19。

[9] Roger W. Barnett著，謝豐安譯，**不對稱作戰：當前美國軍力面臨之挑戰**（台北：國防部史政編譯室，2005年），頁19。

[10] 上述資料包括1996年2010年聯戰願景、1997年四年期國防總檢、1997年國家軍事戰略、不對稱作戰——陸軍準備好了嗎？、1998年戰略評估、1999年塔克不對稱作戰、2000年麥克‧肯茲米蘭人復仇記——不稱對威脅和下一個四年期國防總檢、2000年羅伯特不對稱衝突2010、2001年梅茨和詹森不對稱和美國的軍事戰略——定義、背景和戰略概念等研究。

[11] 上述資料包括：林中斌，**核霸**（台北：學生書局，1999年）；鞠德風，「從中共超限戰理論論我國複合式軍事戰略運用」，**三軍大學跨世紀國家安全與軍事戰略學術研討會論文集**，1999年；陳勁甫，「『不對稱戰爭』原則對我國軍事戰略發展之探討」，**淡江大學國際事務與戰略研究所2000年國家安全戰略情勢評估——不對稱戰略思考與作為學術研討會論文**，2000年；翁明賢，「中共擴張軍備的戰略意涵」，**國魂**，651期，2000年；李黎明，「美國對新世紀中共戰爭思維之假設——不對稱戰爭概念之發軔」，**共黨問題研究**，第26卷第3

略或中共戰略的實質作為。

雖然不對稱作戰的概念看法不一，事實上，一般通稱為非對稱作戰、不對等作戰、不對應作戰。旨在運用軍事與非軍事手段，講求以小搏大、避實擊虛、以弱擊強、以劣勝優的原則[12]。換言之，不對稱作戰的意涵，在於說明不論是對優勢者或弱勢者而言，善用之，則均能獲其利。其目的在於尋求戰略上的不對稱優勢，以獲致最後的勝利。

二、不對稱作戰的運用

不對稱作戰的概念，乃避開敵人之優點所遂行的戰爭，乃以我方的相對優點來對付敵人相對弱點。在第一次波灣戰爭中以美軍為首的多國部隊，藉高科技、高規格的武器裝備，快速的贏得一場不對稱作戰，但1999年北約聯軍於科索沃之作戰中，顯示不對稱作戰絕非高科技進步國家的勝利保證。尤其國家在財力、科技能力限制下，無法建立一支高科技的軍隊下，仍可運用以弱擊強的方式，改變不對稱作戰的方式，運用有利地形，以保存戰力，並透過電信、大眾傳播等多重方式達到心理的威脅，影響往往大於高科技武器與裝備威脅[13]。

事實上，各國都必須瞭解何者為其擅長之利基，才能夠發揮以小博大的機會，不至於虛耗國家實力與不相稱的國家目標[14]。一個科技落後的弱國其國家目標在於利用預期或創新的方法，避開強敵相對優勢，找出敵之弱點，而運用已方的相對優勢以打擊敵人。其實，劣勢一方要戰勝優勢一方，必須具備一定的戰爭實力與戰爭潛力，依靠一定的客觀物質基礎進行戰爭，包括：（一）有一支相當規模的武裝力量，特別是堅強戰鬥力的部隊；（二）有充分的人力資優勢；（三）有一定的物資來源，提供戰爭的需要[15]。

是以，不論是優勢或是劣勢的一方，都是避開對方的強點，減少正面作戰的機會，尋求對方的弱點來攻擊，創造出有利於我方之優勢，取得我方需求政治目

期，2000年。

[12] 戴振良，「中共『不對稱作戰』發展對我防衛作戰之影響」，**陸軍學術雙月刊**，第42卷第486期，2006年，頁111。

[13] 吳正光，「廿一世紀新戰爭型態－不對稱作戰探討」，**國防雜誌**，第18卷第7期，2003年，頁33。

[14] 翁明賢，**解構與建構：台灣的國家安全戰略研究（2000-2008）**（台北：五南圖書出版公司，2010年），頁206。

[15] 蔣磊，**現代以劣勝優戰略**（北京：國防大學出版社，2000年），頁27。

的[16]。一言之，不對稱作戰的運用就是針對敵人弱點，發揮自已的優點，以已之強攻敵之弱，避實擊虛，以劣勝優，削弱、癱瘓敵優勢戰力，以獲取作戰勝利。

肆、國際衝突中的不對稱作戰個案研究：1999年的科索沃作戰

本章試圖藉由科索沃作戰以個案研究之方式，說明以美國為首的北大西洋公約組織（簡稱北約），展現高科技武器的威力，採取大規模空襲行動。相對的，南斯拉夫聯盟（簡稱南聯）採取即是以劣勢戰力對抗現代化高科技的不對稱作戰方式，對未來戰爭型態具有重大意義，謹就戰前情勢分析、作戰經過概要、不對稱作戰的運用加以評析，以瞭解全貌。

一、戰前情勢分析

（一）歷史背景

十四世紀時塞爾維亞曾經是巴爾幹最強盛的國家之一。十五世紀後至十九世紀，巴爾幹半島在土耳其人的統治下；亞得里亞海東岸的克羅埃西亞、斯洛維尼亞在奧匈帝國和威尼斯共和國的統治下。1945年11月29日前南斯拉夫總統狄托（Josip Tito）宣布成立南斯拉夫聯邦人民共和國。1963年南斯拉夫通過新憲法，並改國名為南斯拉夫社會主義聯邦共和國（Socialist Federal Republic of Yugoslavia），由塞爾維亞（Serbia）、克羅埃西亞（Croatia）、斯洛維尼亞（Slovenia）、波士尼亞－黑塞哥維那（Boania and Herzegovina）、蒙特尼格羅（Montenegro）、馬其頓（Macedonia）六個共和國以及科索沃（Kosovo）、佛伊佛德（Vojvodina）兩個自治省（屬於塞爾維亞共和國）組成[17]。

1980年狄托過世後，南聯政府開始鬆動，由於各共和國在族群、宗教、文化，語言及政經利益上的差異，遂出現獨立風潮[18]。1990年科省議會被解散，同時

---

[16] 陳勁甫，「『不對稱戰爭』原則對我國軍事戰略發展之探討」，頁70。
[17] 「南斯拉夫」，維基百科網，2012年1月3日。http://zh.wikipedia.org/wiki/%E5%8D%97%E6%96%AF%E6%8B%89%E5%A4%AB（檢索日期：2012/10/9）。
[18] 南斯拉夫是由6個共和國合組的聯邦，鄰近奧地利及義大利，生活水準高而且信奉天主教的

阿爾巴尼亞人自治權亦被剝奪[19]，致使阿裔分離份子與科省解放軍開始對塞軍實施長期戰鬥，南斯拉夫總統米洛塞維奇，即下令在1998年8月起向科省游擊隊發動長達8個月的攻擊，並有計畫下驅逐阿裔回教徒出境，以遂行種族淨化政策[20]。同時拒不接受美國停火及北約組織派遣維和部隊的要求，致使以美國為首的北約組織於1999年3月開始對南斯拉夫發動空中攻擊。

（二）民族與宗教

由於南斯拉夫位處歐、亞民族遷移孔道，自古來即在列強的夾縫中求生存，致而各民族在不同期下常隸屬不同帝國統治勢力下，同時受其文化及宗教影響，而蒙、波兩國以信奉回教及穆斯林文化，然卻分別使用塞爾維亞-克羅埃西亞語及阿爾巴尼亞語。由於南國境內民族複雜、宗教迥異、風俗習慣不同，再加上前述的歷史宿怨，終導致南斯拉夫聯邦的瓦解。

科索沃原為南聯中塞爾維亞共和國的一省，境內約兩百萬人口中，其中阿爾巴尼亞裔占了約百分之九十的人口[21]，且科索沃曾為塞爾維亞人中古時期的首都，在塞爾維亞人歷史及文化上的地位，有其心目中的神聖地位，故從歷史及宗教層面分析，科索沃衝突遠比波西尼亞內戰遠為複雜，且難以透過國際會談達成和平解決。[22]事實上，國際社會不支持科索沃獨立，乃因獨立後的科索沃與阿爾巴尼亞合併建立「大阿爾巴尼亞」，破壞巴爾幹半島的權力平衡[23]。巴爾幹半島的民族和宗教矛盾十分複雜，而這一地區局勢長期動盪的情勢又為美國為首的北約勢力所顧慮的，而科索沃正可謂巴爾幹地區種族、宗教矛盾最具代表性之地區，是以科索沃作戰就是在這一背景下發生的。

克羅埃西亞和斯洛維尼亞等國在1991年6月獨立，鄰近希臘的馬其頓也在同年8月獨立；波士尼亞－黑塞哥維那在1992年2月以公民投票決定獨立，原先的6個共和國，只剩下塞爾維亞和蒙特格羅兩國，他們和組成新南斯拉夫聯邦。轉引自丁連財、郭建中等，**現代用語導讀1：國際關係際國際組織**（台北：書泉出版社，1996年），頁5-8。

[19] 許乃權，「南斯拉夫內戰之探討」，**國防雜誌**，第11卷第4期，1995年，頁28。

[20] 楊文鎮，「科索沃戰事之探討與體認」，**國防雜誌**，第15卷第3期，1999年，頁96-98。

[21] John E. Peters, Stuart Johnson, Nora Bensahel, Timothy Liston, Traci Williams著，楊紫函譯，**科索沃聯軍作戰對未來美歐軍事合作的意涵**（台北：國防部史政編譯室，2003年），頁12。

[22] 楊文鎮，「科索沃戰事之探討與體認」，頁99-101。

[23] 劉文彬，「科索沃獨立運動之困境」，**問題與研究**，第45卷第5期，2006年，頁100。

二、作戰經過概要

（一）戰前情勢

　　1991年南聯中的克羅埃西亞、斯洛維尼亞、波士尼亞－黑塞哥維那、馬其頓等四個共和國先後宣布獨立，科索沃的阿爾巴尼亞人民舉行公民自決，要求脫離南斯拉夫聯邦，並決定成立「科索沃共和國」，1992年選出議會及總統，並成立「科索沃解放軍」（The Kosovo Liberation Army,簡稱KLA），國際間除了阿爾巴尼亞外，國際社會對於科索沃阿裔人民的獨立建國主張並沒有給予支持。然而在1992年至1995年間的波士尼亞內戰期間，塞爾維亞當局開始武裝鎮壓，並大量屠殺阿裔人民[24]。因此，北約組織決以歐洲警察之角色，出兵介入，旨在與使南聯總統米洛塞維奇進行最後協商過程，以防止其再度利用外交手段爭取徹底擊敗科索沃解放軍的時間，這種作法最後終於使得米洛塞維奇被迫接受「達頓和平協定」（Dayton peace accords）[25]。

　　其實，1997年至1998年春，適逢阿爾巴尼亞發生暴動及金融危機，造成大量武器被盜賣出境至科索沃地區，因而壯大了科索沃解放軍武裝力量，更激化了塞裔及阿裔的武裝衝突[26]。米洛塞維奇採取殘酷的武裝鎮壓，塞裔軍隊對科索沃的阿裔居民進行種族淨化的暴行。而科索沃解放軍也採取攻勢，同年7月也奪取奧拉霍瓦（Orahovac），由於該城區域遼闊，不利防守，導致失敗。米洛塞維奇採取反擊，許多村莊遭受攻擊，二十萬民眾被迫離開家園進入山區。雖然國際社會對米洛塞維奇加以譴責，但很明顯的，西方國家事實上是袖手旁觀，讓米洛塞維奇的意圖得逞[27]。

（二）戰爭的爆發

　　從1998年9月，開始對阿裔非法武裝進行全面攻擊，重創了科索沃解放軍。然而，北約基於穩定巴爾幹地區情勢急人道主義考量，決定插手科索沃危機，致使科

---

[24] 劉德良，「從地緣政治看科索沃衝突中的強權」，國防雜誌，第15卷第1期，1999年，頁11。

[25] Seyom Brown著，李育慈譯，掌控的迷思：美國21世紀的軍力與外交政策（台北：國防部部長辦公室，2006年），頁185。

[26] 石錄，「科索沃戰爭的全方位構圖」，中央日報，1999年3月29日，版9。

[27] Michael Ignatieff著，吳福生、黃俊彥等譯，虛擬戰爭：從科索沃談起（台北：國防部史政編譯局，2001年），頁9-10。

索沃局勢急轉直下，科索沃戰爭正式爆發。在1999年3月24日至25日，北約第一階段的行動以對南斯拉夫各地軍事目標發動數波空襲，並表明除非南聯接受科索沃3年過渡時期的自治方案，及北約維和部隊進駐科索沃協助落實和議的軍事安排，否則北約終將摧毀南聯的軍事力量。經過數波攻擊，分別轟炸南聯各處對空飛彈連、防空雷達及軍用機場等重要目標[28]。

　　事實上，空中攻擊並沒達到預期效果，北約進入第二階段的行動，打擊重點從制壓敵軍防空系統轉變為阻絕作戰，至重點於切斷南斯拉夫陸軍與塞爾維亞內政部警察部隊之交通線，及集結的戰車部隊[29]。由於北約的政治領袖意見不一，及攻擊過多的目標，致使成效不彰。第三階段主要是軍方領導階層指揮機構、指管中心、武器儲存庫及貝爾格勒附近重要設施攻擊，空襲持續至6月12日為止[30]，並接受聯合國維和部隊的監督，於是科索沃作戰在雙方各自讓步下宣告終止。

三、國際衝突中的不對稱作戰之運用評析

（一）高科技武器運用侷限性

　　科索沃作戰中，由於北約聯軍以最先進的武器，實施重要目標炸射，幾乎用盡庫儲的精密彈藥（空射巡弋飛彈剩下不到九十枚），尚不能達到預期的效果，足見高科技武器的威力在戰場上仍有侷限性[31]。其實，北約聯軍空中攻擊對固定目標攻擊效能較佳，但對機動目標則表現不佳，需要出動甚多架次才能獵殺一個目標。雖然盟國攻擊執行數千次對地攻擊架次，但停火後證實僅摧毀九十三輛戰車、一百五十三輛裝甲戰鬥車輛車、三百八十九門火砲以及三百三十九輛其他軍用車輛[32]。分析原因主要是盟國間的接戰規定協調性欠缺、參戰人員專業性不足、以及惡劣天候，將會導致高科技武器運用的效能受限，相對的，有利於劣勢的南聯軍隊加強戰備整備，以保持戰力。

---

[28] Benjamin S. Lambeth著，吳福生譯，科索沃空戰（台北：國防部史政編譯室，2003年），頁23-28。

[29] Benjamin S. Lambeth著，吳福生譯，科索沃空戰，頁29。

[30] Benjamin S. Lambeth著，吳福生譯，科索沃空戰，頁60-68。

[31] 銘勳，「科索沃戰爭研究」，國防雜誌，第16卷第3期，2000年，頁70。

[32] 根據北約盟軍最高統帥克拉克（Wesley Clark）上將與科索沃任務效率評估小組長科利（John Corley）准將在記者會中說明，參見：http://www.eucom.mil/operations/at/nato/1999/meabriefing.htm，轉引自John E. Peters, Stuart Johnson, Nora Bensahel, Timothy Liston, Traci Williams著，楊紫函譯，科索沃聯軍作戰對未來美歐軍事合作的意涵，頁43-45。

（二）資訊戰易受威脅及損害

　　資訊時代進展快速不僅是改變經濟與社會體系的力量，同時也改變戰爭的型態。由於資訊戰之出現，在科索沃作戰中顯見，北約大幅運用資訊科技整合軍事行動，有效掌握南聯的調動情形。另對北約相關的部隊管制、戰力運用、訊息交換、指揮通連、後勤支援等，都以資訊整合的方式，取得戰場先機。相對的，南聯軍隊也運用資訊電腦專家，對北約國家的網站實施攻擊，以電腦病毒入侵，形成資訊傳輸中斷[33]，進而癱瘓C4ISR系統與偵搜能力作為，使高科技武器系統效能無法發揮精準的打擊效能，更直接影響空中交通管制功能，對整體作戰影響甚巨。

（三）強化雷達偵蒐及電子反制作為

　　南聯為了發揮現有武器及裝備效能，保護現有老舊雷達免受北約反輻射飛彈攻擊，採取雷達相互支援方式，靈活的管制發射時機，遠程雷達採短時間開機，確認飛彈來襲迅速開機，待北約戰機臨空時，發射飛彈對空中目標攻擊，並隨即變換陣地，同時，對部分電子系統進行性能提升，尤其針對紅外線尋標系統的弱點，當敵機來襲時，即施放煙幕，形成煙幕遮障重要設施與目標，降低遭受空中攻擊的損害[34]。因此，經統計南聯擊落含隱形F-117各種先進戰機九十八架，攔截兩百三十八多枚的巡弋飛彈[35]。顯見南聯以劣勢裝備對抗優勢裝備的北約部隊，善用利用裝備特性及巧妙運用謀略，創造有利機勢，是一場不對稱作戰典型戰史，也是以劣勢戰力對抗現代化高科技的不對稱作戰的積極主動作為。

（四）運用地形偽裝及疏散達防護效能

　　南聯運用複雜地形，隱密部隊運動和囤儲戰備物資，在城鎮村落部署指揮機構和疏散武裝部隊。以藏軍於民的方式保存戰力，使北約雖然擁有先進的偵蒐科技，卻無法完全掌握南聯的動態，降低空中攻擊的效果。南聯以有限的防空飛彈及火砲反擊下，並大量使用煙幕，甚至以燃燒廢輪胎的方法來生產煙幕[36]、戰車和地面部隊分散部署、重要設施工事地下化等作為，造成北約的戰機、飛彈及炸彈無法發揮

[33] 謝志松，「科索沃戰爭對台澎防衛作戰之啟示」，**海軍學術月刊**，第34卷第9期，2000年，頁17。

[34] 徐文高，「科索沃戰爭的電子戰角逐」，**解放軍報**，1999年8月3日，版6。

[35] 岳宣義，「科索沃戰爭對我軍政治工作的警示」，**解放軍報**，1999年8月24日，版6。

[36] 林明儀，「科索沃戰爭煙幕之探討」，**核生化防護學術半年刊**，第71期，2001年，頁29。

其功能，而保存了80%的戰力的防護力量[37]。因此，南聯善用有利地形結合作戰區特性採隱真、示假、迷盲導引及熱源干擾都會產生出人意表的戰力保存效果。

（五）民心士氣為戰爭成敗之關鍵因素

　　南聯遭受北約七十八天的猛烈炸射後，猶能堅強不屈，乃在軍民認為科索沃是國家領土的一部分，願意支持政府對抗北約聯軍，以確保領土主權的完整，印證了西方國家以空中的軍事行動，暫時並不能制止該地區戰火的蔓延[38]。南聯為確保全民抗敵，反制北約聯軍之心理戰，於戰前加強新聞檢查，充分運用及控制媒體，不僅抵制了西方對其不利報導，而且消除了北約的耳目，削弱其情報蒐集能力，並廣泛運用網路發送大量電子郵件，批判西方國家歪曲宣傳及擴大全民抗敵意志的報導[39]。尤其，低估南聯的抵抗意志，未能達到預期的戰爭目的，故而民心士氣在面臨生死與共的時候，能獲得軍民保國守土的作戰意志與決心，同時也是決定戰爭勝負的關鍵因素。

伍、結語

　　國際關係領域很重要的一個環節，就是處理國際衝突所引發的效應；如何在國際衝突中讓衝突不至於影響國際社會的安全、穩定是研究衝突的學者追求的目標，如何運用國際衝突中的不對稱作戰的概念，並非具有一定模式可循，仍然須作理論與實際運用方面進一步探究。本章藉由科索沃作戰以個案研究之方式，說明科索沃作戰是二十世紀末期的一場國際區域戰爭，可以清楚瞭解，北約聯軍領袖們原本預期，以極短時間的空中攻擊，就足以迫使南斯拉夫總統米洛塞維奇投降。事實上，整個作戰期程延續了三個月之久，最後還是藉由對其經濟基礎設施加以空中攻擊，加以俄羅斯也不再支持塞爾維亞，整個作戰才告結束。

　　不過，國際衝突的解決，雖可以運用武力達到征服對方的目的，使之不能繼續抵抗，使衝突能立即停止。但在科索沃作戰中，北約展現了高科技武器的效能，而其中有關全球定位系統、結合資訊作戰等，在戰爭中均表現傲人的成果，另一方

---

[37] 譚克明，「隱真示假真豪傑」，**解放軍報**，1999年9月1日，版7。
[38] 湯紹成，「柯林頓新政府的南斯拉夫政策」，**美國月刊**，第8卷第6期，1993年，頁44。
[39] 楊振富，「科索沃戰火一場資訊大對抗」，**中國時報**，1999年4月2日，版4。

面由於南聯全國軍民的作戰意志及配合運用複雜地形，隱密部隊運動和囤儲戰備物資，以藏軍於民的方式保存戰力，使北約雖然擁有先進的偵蒐科技，卻無法完全掌握南聯的動態，降低空中攻擊的效果，因此可以說明高科技武器在軍事作戰運用方面，自有其侷限性，最重要是在國際衝突中，弱勢的一方，如果運用有限資源及配合民心士氣，發揮以小博大，以劣勝優的不稱稱手段，方能確保國家生存與發展。

表20-1　1999年科索沃作戰大事記

日期	事件
03.23	北約盟軍最高統帥克拉克（Wesley Clark）上將告知北約組織秘書長索拉納（Javier Solana）：北約在科索沃遂行的空中作戰（名稱為聯軍作戰）已經開展，隨即對南聯展開大規模空中攻擊行動。
03.24	北約夜襲南聯五十個軍事目標，擊落兩架南聯米格29戰機。
03.27	美國戰機F-117A，在貝爾格勒附近被地面砲火擊中。
03.29	美國國防部長柯恩（William S. Cohen）宣布：美國將派遣B-1B「槍騎兵」轟炸機及配備電子反制裝備的長程全天候EA-6B「潛行者」飛機，專門打擊敵人防空砲火的地面攻擊機。
04.07	北約不理會南斯拉夫總統米洛塞維奇片面停火宣布，堅持必須接受五項停火條件。
04.09	俄羅斯總統葉爾辛首度警告，美若採地面攻擊，俄將被迫捲入並引發歐戰。
04.15	北約戰機群在科索沃誤擊，造成七十五人喪生
04.16	南聯拒絕聯合國秘書長安南（Kofi Atta Annan）所提的和平建議。
04.21	北約戰機擊中南聯執政黨總部。
04.23	北約會員國在美國華盛頓舉行高峰會，慶祝北約成立五十週年紀念。
05.01	南聯與俄羅斯提出和平解決科索沃危機的計畫，但北約表示反對。
05.06	八大工業國家就科索沃和平計畫草案達成協議。
05.07	北約空襲南聯，誤擊中共駐貝爾格勒大使館，造成三人死亡，二十人受傷，大陸全面引爆反美示威活動。
05.08	美國總統柯林頓為誤擊事件向中共國家主席江澤民表達深沈的哀悼。
05.16	南聯內部引爆反米洛塞維奇動亂。
05.21	八大工業國集團高級官員在波昂研擬聯合國停戰決議案。
05.22	北約戰機出動七百架次任務，進行大規模空襲。
05.27	國際法庭起訴米洛塞維奇。
05.31	南聯證實米洛塞維奇願接受八大工業國和平協議。
06.03	南聯政府宣布接受北約和平方案。
06.06	北約與南聯在馬其頓北部談判，北約限期七天撤軍。
06.07	和談協議不成，北約恢復轟炸塞爾維亞軍隊。

日期	事件
06.09	北約與南聯在馬其頓達成協議，南聯軍隊須在十一天內撤出科索沃。
06.10	聯合國安理會在中共棄權下，以十四票比零票通過第1124號決議案。該決議案。不僅要求由國際非軍事人員接管科索沃，並且要求塞爾維亞撤軍、科索沃自治等決議案。
06.20	北約組織秘書長索拉納正式宣布：終止北約的空中作戰。

資料來源：Michael Ignatieff著，吳福生、黃俊彥等譯，虛擬戰爭：從科索沃談起（台北：國防部史政編譯局，2001年）；Benjamin S. Lambeth著，吳福生譯，科索沃空戰（台北：國防部史政編譯室，2003年）；Bruce Berkowitz著，李育慈譯，戰爭新風貌：21世紀作戰方式（台北：國防部史政編譯室，2003年）；John E. Peters, Stuart Johnson, Nora Bensahel, Timothy Liston, Traci Williams著，楊紫函譯，科索沃聯軍作戰對未來美歐軍事合作的意涵（台北：國防部史政編譯室，2003年）；David R. Mets and William P. Head著，趙宏斌譯，空中用兵紀實：對美國空軍戰略攻擊理論與準則的省思（台北：國防部史政編譯局，2005年）；「南斯拉夫」，維基百科網，2012年1月3日，http://zh.wikipedia.org/wiki/%E5%8D%97%E6%96%AF%E6%8B%89%E5%A4%AB。

第 21 章 現代性與軍事全球在地化

許克文

壹、前言

　　二十一世紀是快速變動和流動的世紀。2001年的九一一事件引起全球反恐怖組織戰爭和阿富汗—巴基斯坦（AfPak）戰爭，2008全球金融危機導致二十國集團（Group 20）與兩國集團（Group 2）：美國與中國取代原有的八國集團，雖然這些變動的幅度遠不如兩次世界大戰和冷戰與蘇聯解體，卻是深刻地影響著人類的生活；此外，人類的生產與消費方式大幅改變，知識（廣義定義包含資料、資訊、影像、象徵、文化、意識形態及價值觀）為核心的第三波文明[1]，改變了十八世紀下半葉科學革命帶來工業革命的生產型態，以及連1910年代大量生產、標準化和工業化帶來新工業革命的福特主義[2]。簡言之，人類在二十一世紀的經濟形式有大規模的變動，現代性（modernity）的生產型態繼續改變著。若考慮到整個地球，則會理解全球化所帶來的衝擊更形巨大，全球分工體系改變生產方式、金融體系、國內和國際勞動市場，甚至是2008年的全球金融危機。就這點來說，二十一世紀最顯著的兩件改變分別屬於經濟與軍事層面，而本文將探討全球化之下的全球軍事議題。

　　賓拉登與蓋達組織能滲透到美國，從而發動九一一攻擊，普遍認為雖有長期的歷史因素，卻與全球化的去國界化與人員快速流動有關。1990年代蘇聯集團崩潰，結束長達四十五年的東西兩大集團對抗。許多人欣然認為和平將降臨地球，人類歷史將進入終結[3]。然而，重大衝突如第一次波灣戰爭（沙漠風暴）、南斯拉夫內戰及科索沃議題、中非洲大戰[4]、印巴衝突、車臣問題、阿富汗戰爭、第二次波

---

[1] Alvin Toffler & Heidi Toffler著，傅凌譯，**第三波**（台北：時報文化，1994），頁74。

[2] Allen et al著，許文伯等譯，**現代性的政治與經濟形式**（台北：韋伯文化，2003），頁345-355。

[3] Francis Fukuyama, *The End of History and the Last Man* (New York: Free Press, 1992).

[4] 中非洲大戰為自1994年於剛果爆發的種族衝突，此衝突於1998年盧安達、烏幹達、辛巴威、安哥拉、那密比亞等國加入之後更加劇烈，估計至2002年停戰以來，至少有300萬人喪命。

灣戰爭與喬治亞戰爭等，短短二十年內爆發如此多的衝突，讓世人不再如此樂觀。兩極崩解到趨向一超多強的世界結構之下，被壓制多年的不同文明、宗教、種族、價值觀、領土等問題，躍上檯面成為衝突的主角，從巴爾幹半島、北非、中東、中亞、南亞到東南亞的弧形地帶，成為衝突最劇烈的地方，文明衝突之說成為顯學。各國整軍備武的行動持續進行，許多國家的軍事預算甚至占了不低的國內生產毛額比例，全球軍事準備與衝突持續進行的情況之下，讓人疑惑全球化真的只有美好的經濟成長，沒有其他層面的議題嗎？本文認為必須詳加研究全球化時代的軍事議題，理解全球化與軍事全球化的關係。然而，要理解全球化與軍事全球化從紀登斯（Anthony Giddens）的現代性制度性面向分析是好的開始，因為紀登斯的工業主義與軍事主義和本文論題息息相關。因此本文的核心關切是理解現代社會、全球化與軍事全球化之關係。前言與結論之外，本文將分三部分討論，首先是探討現代性的意涵，與現代社會的形成、風險和全球化之關聯性；其次，將關注全球化的統合風潮與相應而來的全球在地化，如此更能理解現代性與全球化對各個國家暨區域造成何種影響；最後，深入探討現代性、全球化與軍事全球化之關係，與軍事全球在地化對人類社會的意涵。

貳、現代性與全球化

紀登斯認為傳統社會和現代社會的差異，在於現代性和現代性的四個面向，再加上現代社會已經進入全球化時代，因此理解現代性與全球化就是理解人類社會目前身處環境的最佳之道。本節將探討紀登斯的現代性，與二十世紀末期發展的全球化現象。

一、現代性及其特質

紀登斯認為：「在最簡單的形式中，現代性是現代社會或工業文明的簡稱。比較詳細地描述，它涉及：（一）對世界的一系列態度、關於現實世界項人類干預所造成的轉變開放的想法；（二）複雜的經濟制度，特別是工業生產和市場經濟；（三）一系列的政治制度，包括民族和民主。基本上，由於這些特性，現代性同任何從前的社會秩序類型相比，其活力都大的多。這個社會—詳細地講是複雜的一系

列制度—與任何從前的文化都不相同，它生活在未來而不是過去的歷史之中[5]。」
此段對話表示現代性其實是在十七世紀之後出現在歐洲，並逐漸在影響到整個世界。工業革命所帶來的種種政治、經濟、社會等制度之改變所形塑的就是現代性。然而，追根究底現代性要從更早的時代著手，因為西方（南歐與西歐為核心）的現代性是從義大利半島的諸國度權力平衡與文藝復興所發展的。

　　表21-1是西方現代性的型塑時間表，城市的繁榮主要是義大利諸城邦和西歐與北歐的特定都市為代表，其後由拜占庭帝國引入的文藝復興和當時西班牙和葡萄牙發動的地理大探險奠定西方現代性的基礎。十五世紀之後，隨著西方國家的全球殖民與帝國主義，在十九世紀末期將全世界都捲入西歐國際國家體系。若從現代性的要素觀察，則可發現資本主義、工業主義、科技、民主法治、帝國與殖民主義、基督新教、民族國家、科層組織與都會生活均為其要素[6]。屬於政治方面的有民主法治、帝國主義、民族國家與科層組織等；經濟方面則有資本主義、工業主義、科技、殖民主義與科層組織等；社會方面有基督新教與都會生活等。可見現代性起源於西方，並包含人類生活的各種層面。

表21-1　西方現代性的形塑

西方現代性的形塑	城市的繁榮（11～13世紀）
	文藝復興（14～15世紀）
	海外探險及殖民主義（15～19世紀）
	資本主義（14～20世紀）
	宗教改革（16世紀）
	民族國家興起（17世紀）
	民主革命（17世紀）
	科學革命（17世紀）
	啟蒙運動（18世紀）
	工業革命（18～19世紀）

資料來源：黃瑞祺，**現代與後現代**（台北：巨流出版社，2000），頁56。

---

[5] Anthony Giddens & Christopher Pierson著，尹弘毅譯，**現代性・紀登斯訪談錄**（台北：聯經出版社，2002），頁69。

[6] 黃瑞祺，「現代性的省察—歷史社會學的一種詮釋」，**台灣社會學刊**，第19期，1996，頁169-211。

現代性有兩個核心面向：「資本主義」（capitalism）與「工業主義」（indus-trialism）[7]，前者為商品生產的體系，是以對私人資本與生產者的勞動雇用之間的關係為中心，企業主要依賴市場競爭；後者是商品生產過程中，利用機械對於自然資源的利用，以提高效率達到最大最佳的狀態，其中機械扮演重要的角色。這兩個面向透過人對於物質慾望的追求而互相影響，最終構成了現代社會的核心面向。

傳統社會學經常過分簡化現代社會秩序，而將現代社會化約為（馬克思式的或韋伯式的）資本主義範疇，或者為（涂爾幹式的）工業主義範疇。紀登斯基本上反對這樣的處理方式，反而強調現代制度的多面性[8]。雖然現代性有資本主義與工業主義等兩個核心面向，卻表現在四個不同的制度性面向：資本主義、工業主義、監控（surveillance）與軍事力量（military power）[9]，圖21-1說明這四種制度性面向的關係。監督最主要是國家對人民控制力的迅速擴張，表現在對於資訊與社會監督的控制；軍事力量具體表現在現代國家能在本身領土之內成功壟斷暴力工具，在工業化之後的大量製造與兩次世界大戰之後，尤其備受重視，軍事武器工業化與核子武器的產生，使得軍事成為現代性的第四個面向。這意味著討論現代性與全球化時，忽略軍事力量或軍事議題將無法完整說明人類社會的發展。

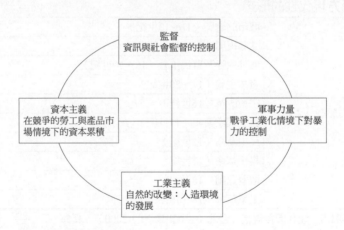

圖21-1　現代性的制度性面向

資料來源：Anthony Giddens, *The Consequences of Modernity*, p. 59。

---

[7]　Anthony Giddens, *The Consequences of Modernity* (Cal.: Stanford University Press, 1990), pp.55-56.

[8]　黃瑞祺，「現代或後現代─紀登斯論現代性」，**東吳社會學報**，第6期(1997)，頁290。

[9]　Anthony Giddens, *The Consequences of Modernity*, p.59.

表21-2 全球化的起始年代

學者	開始年代	主題
馬克思	15世紀	現代資本主義
華勒斯坦	15世紀	資本主義世界體系
Robertson	1980～1920	包括多個面向
紀登斯	18世紀	現代性與現代化
Perlmutter	1990年代	全球文明

資料來源：David Held & Anthony McGrew, *Global Transformations: Politics, Economics and Culture*（Cambridge: Polity Press, 1999），p.32。

二、現代性與全球化

現代性與全球化有什麼關係？討論之前必須先簡單釐清爭議不斷的全球化。首先是全球化到底從何時開始，目前至少有五種不同的見解，詳見表21-2。

這些分法是依據不同主題而分，例如馬克思與華勒斯坦同屬於馬克思主義，強調當前所見的全球化是十五世紀以來的現代資本主義發動的（生產力與生產關係）。因為不同學者對全球化的主題有不同的見解，所以全球化的研究也至少分成下列三種不同的主張[10]。

第一為超全球主義論（hyperglobalizers），全球化被界定為人類歷史上的新時代，傳統民族國家已經一反常態成為全球經濟體系中的商業單位，是全球經濟市場的形成所帶來新型態的政治、經濟、社會環境。第二是懷疑論（sceptics），其認為超全球主義論有其根本上的缺失，且在政治觀點上過於天真，因為它低估各國政府在規範國際經濟活動上的長期權力。多數的懷疑論者認為，世界經濟體系正逐漸形成三大主要金融與貿易集團，包括歐洲經濟區、亞太經濟區與北美經濟區。第三種是轉型主義論（transformationalists），其相信全球化是引發社會、政治與經濟變遷背後主要的動力，這些變遷正逐漸重新塑造現代社會與世界秩序。但是就這些變動的方向仍未有定論（下一節將詳細討論全球化）。

若從紀登斯的觀點而言，現代性所導致社會活動的全球化，也就是真正的世界性關聯，四個現代性制度性面向都均息息相關[11]。資本市場經濟的發展主要掌握在

---

[10] David Held and et al.著，沈宗瑞等譯，**全球化大轉變—全球化對政治、經濟與文化的衝擊**（台北：韋伯文化，2001），頁2-9。

[11] Anthony Giddens, *The Consequences of Modernity*, p. 70-78.

先進的資本主義國家，並且逐漸形成資本世界體系。跨國公司對於國界有其大的穿透力，其挾著強大的資本影響世界經濟。但是國家仍然掌握高階政治的權力，尤其是只有國家擁有合法性的暴力工具與徵稅、法院、警察等強制力量。國家不只是支持經濟的運行，還必須維護自己的領土並顧及固有的國家價值和國家利益等。

第三個面向是世界軍事秩序，冷戰時期的美蘇東西對峙已被世界新秩序所替代，美國軍力為主要核心所扮演的單一聯盟體系，影響世界軍事秩序。在科學革命興起後，戰爭的工業化與現代化，威脅到每一個國家，因此每個國家必須不斷在軍事上投資才能保護國家主權並面對戰爭可能的威脅。第四個面向乃是工業的發展，最明顯的特徵就是全球勞動分工的擴張。工業主義將地方工業與世界經濟緊密連結，透過跨國公司、貿易等方法，先進國家將高勞力密集、高污染工業轉移到開發中國家。另外，傳播技術的發展更影響全球化的發展，特別是各種跨國的文化事業[12]。

圖21-2就說明紀登斯從現代性的四個制度面向探討全球化的四個面向，換言之，全球化與現代性密切相關，無論是民族國家體系、世界資本經濟、國際勞動分工與世界軍事秩序都必須是全球化研究的核心。然而，全球化研究多探討民族國家的消失，特別是國界線模糊與主權消融，全球化也著重在全球貿易、人員、商品和資本等自由流通。簡言之，目前的全球化研究多半忽略「世界軍事秩序」這個面向，若能理解世界軍事秩序將有助於理解當前的人類社會。

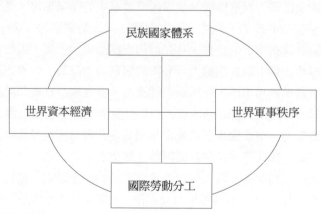

圖21-2　全球化的面向

資料來源：Anthony Giddens, *The Consequences of Modernity,* p. 71。

---

[12] Ibid.

參、軍事的全球化與在地化

　　紀登斯現代性的四個制度面向，衍生為全球化的世界軍事秩序，顯見無論是現代社會或全球化時代的軍事面向都十分重要，特別是全球化的世界貿易與經濟也與軍事行動密切相關。例如以色列與阿拉伯情勢不穩，或是伊朗核武危機都引起全球石油價格的波動；同樣的，俄羅斯與中亞或東歐國家的衝突，也導致天然氣危機。換言之，軍事面向的全球化對人類的影響是極為深遠的；然而，全球化潮流中有一股全球在地化的力量，亦即要求將擴散全球的力量與地方特性結合，不致於完全顛覆既有的秩序。若要理解軍事全球化，就必須理解全球化與全球在地化對世界軍事秩序的影響。

一、軍事全球化

　　前一節談論紀登斯如何將現代性的四個制度面向運用在全球化，本節將深入探討全球化對軍事全球化之行為者：國家的影響。基本上，因應全球化與地方化、國家化、區域化與國際化的空間差異，赫爾德與麥克格魯將定義全球化如下：「透過評估範圍、強度、速度與衝擊影響等，所產生跨洲或跨區域的行為、互動與權力運作等交流與網絡的一種或一系列過程，其包括各種社會關係與交易等空間性組織的轉變[13]。」

　　這個定義勾勒出複雜的全球化現象，主權國家不再是唯一行為者，眾多非國家行為者以及超國家行為者並列其中，共同參與價值分配的決策過程。對於國家主權的削弱最常被提出來做為證明的論點是，資本主義的全球化已使它的制度和組織（跨國與多國公司、媒體與傳播網路、國際貨幣基金與世界銀行），相對獨立於民族國家的權力與控制之外[14]。這種說法是新增超越政治疆界的議題，主權國家與其他行為者複雜交織的情況下，領土不再是政治決策的考量重心，區域組織和全球性組織日漸增加，形成全球化的多層次治理圖像[15]。全球化削弱主權國家的行為能力，同樣的也會削弱軍事行動的自由度，因此世界軍事秩序似乎就越來越有兩種轉

---

[13] Held, David & Anthony McGrew, *Global Transformations: Politics, Economics and Culture* (Cambridge: Polity Press, 1999), p.16.

[14] Tony Schirato & Jen Webb, *Understanding Globalization* (London: Sage publications Ltd, 2003), p.106.

[15] David Held & Anthony McGrew, *Globalization/Anti-Globalization* (Malden, MA: Blackwell Publishers Ltd, 2002), p.6.

變。

　　第一種轉變是各個國家內部軍事秩序的弱化，因為現代國家內部秩序碎片化（fragmentation）的情況，主權從政治憲政主義轉變為經濟憲政主義，保障市場活動不受到政治的影響。亦即，過去主權在國家領土內，透過政治憲政權威來實踐壟斷性的特色消逝，現今則為經濟制度凌駕於政治制度之上[16]，各國政府的內部綏靖更容易受到跨越國家的經濟力量影響，特別是經濟與軍事力量越弱的國家更容易受到影響。然而，內部軍事秩序弱化不見得是主權國家將軍事能力轉移到更高層次的超國家組織，這與第二種轉變有關。

　　第二種轉變是國家主權可讓渡性的說法，進而解釋軍事層面多層次治理的正當性來源是國家賦予的。這意味著主權可以讓渡和分割，國家將權力讓渡給超國家機構，彰顯超國家機構的正當化與新功能。就軍事而言，國家透過向上或向下轉移權力或批准新的權力：向上授權，意指透過國家之間的協定，創立和服從國際治理形式；向下授權，則指透過國家憲法命令，決定中央、地區和地方政府，以及公民社會中的團體，規範國家領土內的權力與權威關係[17]。換言之，國家類似國際「準政體」（quasi-polity）的構成份子。民族國家的核心功能，變成是提供正當性權力於超國家（supranational）和次國家（subnaitonal）的治理機制，並確保這些機制能夠負起責任[18]。就後冷戰的全球軍事秩序而言，由美國位於頂端，類似八大工業國與聯合國等組織占據第二層，而一連串由不同群體組成的機構（地區性安全組織和權力較小的民族國家）則處在第三層[19]。這種轉變更彰顯強國與弱國之間軍事力量不對等，全球軍事秩序自然就成為層級的制度。

　　根據這兩種轉變，我們可理解軍事的全球化可以概略為「世界體系中政治單位之間的軍事關係程度與擴張性逐漸增加的一種過程（此處的軍事關係、軍事權力泛指組織化的武力形式）。基於這樣的理解，它同時反映出世界軍事關係網絡的擴大與重大軍事技術革新的影響，隨著長時間發展，軍事全球化將世界建構成一個單一地理戰略空間。從歷史上來看，當發動遠程毀滅性武力的能力激增時，這種時空壓縮過程將軍事權力中心導入更密切關係的同時也容易引發潛在衝突[20]。」

---

[16] Kanishka Jayasuriya, "Globalization, Sovereignty, and the Rule of Law; From Political to Economic Constitutionalism?" *Constellations*, Vol.8, No.4 (2001), pp.443-450.

[17] Paul Hirst & Grahame Thompson, *Globalization in Question: The International Economy and the Possibilities of Governance* (New York: Blackwell Publishers Ltd, 1999), p.276.

[18] Ibid., pp.256-257.

[19] Tony Schirato & Jen Webb, *Understanding Globalization*, pp.106-107.

[20] David Held and et al.著，沈宗瑞等譯，全球化大轉變，頁109。

二、在地反應：全球化在地化

　　全球化是一種流動（flows）的快速變化，跨國性的與洲際性的流動與國內外社會互動的型態，在程度與規模上擴大與深化。也就是人類的全球社會跨越地理位置的限制，將各區域與國家彼此聯繫[21]。快速流動的過程中，產生時空壓縮（time-space compression）的現象，亦即既有時間與空間的概念被壓縮，將全球視為一整體的概念也就得以實現。將全球視為一個整體的前提出發，造成各種流動的快速變化與時空壓縮的特質，全球與在地（local）融為一體看似理所當然。但我們仔細想想，這種推論的過程其實把行為者（actors）的角色移除。例如國際的軍事行動，主要由聯合國或是區域的軍事組織發動，但組織內部的個別國家的角色就此模糊。

　　雖然全球化是一種藉由科技、制度與思想等各面向的結合，達成全球性流動的快速變化以及時空壓縮過程與現實。但若認為全球化是單線的過程與結果，並會促成全球社會的趨同，無論是在政治、經濟、社會與文化的面向等，這是有問題的。換言之，不同國家的個別軍事反應，絕對是與世界軍事秩序有所差異，這就必須兼顧源自於「土著化」（dochakuka）的全球在地化（glocalization）」[22]。就軍事全球化而言，並非是單向的全球化，不是反向的在地化[23]，而是結合兩種過程與空間的「軍事全球在地化」。就這層意義而言，軍事的全球在地化同時賦予全球化與個別主權國家能動性。

肆、軍事全球在地化

　　軍事全球在地化是現代性與全球化的產物，由於主權國家對軍事的控制力量受到更高層級的超國家組織，例如聯合國或區域軍事組織的制約，顯示全球軍事秩序的層級性。本節將進一步探討軍事全球在地化的三個層面，與對人類社會的可能意涵。

---

[21] David Held & Anthony McGrew, *Globalization/Anti-Globalization*, p.1.

[22] 徐偉傑，「全球在地化：理解全球化的一條路徑」，思與言，第41卷，第1期，2003，頁7-8。全球在地化原先是企業的概念，「是1980年代末日本企業發展出來的行銷策略，為了滿足各地多樣的消費者與接近當地市場，以全球的視野看待地方性事務議題，表現為該地區自我獨特的特色。」由於全球與在地之間的相互滲透被視為全球社會的重要特質，因此該概念跳脫商業範疇，被應用到其他社會面向的觀察，也可以運用在軍事全球化的面向。

[23] 徐進鈺、鄭陸霖，「全球在地化的地理學：跨界組織場域的統理」，都市與計畫，第28卷，第4期，2001，頁395-396。

一、軍事全球在地化的三個層面

就分析角度而言，軍事全球在地化可分成三個面向探討，分別是：全球性的戰爭系統（包括地緣政治秩序、強權之間的對立、衝突與安全關係）、全球武器動態（軍事能力與軍備生產技術擴散全球）和組織化武力的地域管理（有關軍事權力取得、部署與利用的各種正式與非正式國際規範）。

（一）全球性的戰爭系統

蘇聯解體，後冷戰進入一超多強的國際局勢。原先預期的世界和平局勢未曾出現，取而代之的乃是低強度衝突到區域國家間戰爭。觀察冷戰結束後的十五年間，可發現被壓制多年的不同文明、宗教、種族、價值觀、領土等問題，躍上檯面成為衝突的主角，從巴爾幹半島、北非、中東、中亞、南亞、到東南亞的弧形地帶，成為衝突最劇烈的地方。未來可能的衝突點仍然是沿著此弧形地帶，且衝突可能越演越烈。從地緣政治趨勢觀察，各民族、文明、宗教與種族會導致國家的分裂，而各種威脅、大規模毀滅性武器、恐怖活動等將繼續擴散；傳統的霸權與興起中的(區域)霸權的根本性利益衝突日趨嚴重；最主要的仍是冷戰期間被壓制的積怨，可能來自宗教、種族、經濟利益等問題，會再度引爆而導致全球的混亂。而衝突的主要參與者仍然集中於國家或類似國家者，衝突將沿著以下地區爆發：貧富落差斷層線、種族匯集點、經濟利益交會處、霸權衝突點、及天然資源地區[24]。沿著這弧形地帶，第一波到第三波的國家兼而有之。若此地帶爆發衝突，我們可以說未來的戰爭仍會出現以工業化大量生產的部隊，可能使用傳統武器、有限的大規模毀滅性武器，採取較不精準的攻擊方式與先進的資訊時代部隊，此部隊具有精準、大規模、速度與機動力之能力。

（二）全球武力動態

美國一直扮演全球武器的供應商，美國在戰爭表現中優良的武器往往也是未來擴散的主要武器。兩次波斯灣戰爭，精準炸彈與巡弋飛彈等兩類武器在未來戰場上必將扮演更重要的地位。戰斧巡弋飛彈（BGM-109 Tomahawk）在1991年波灣戰爭中出盡鋒頭，其導引系統由二十四枚導航衛星組成的全球定位系統，可由高速、低速迂迴飛行，通常以次音速前進，有匿蹤與低空飛行能力，誤差半徑在幾公尺之

---

[24] Robert H. Scales著，王一鳴等譯，未來戰爭文選（台北：國防部史政編譯室，2003），頁90-92。

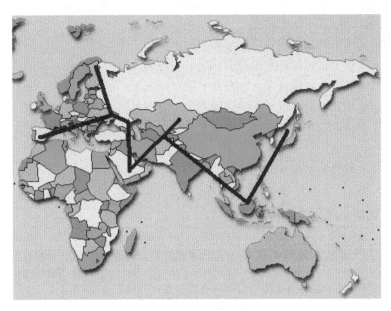

圖21-3　弧形地帶

內，平均單價為一百四十萬美金，現在已能壓低到五十萬美金。2003年第二次波
灣戰爭引領風騷的炸彈應該就是JDAM聯合導引攻擊炸彈，包括鋪爪三型（GBU-
24D/B Paveway III 2000lb）與碉堡殺手（GBU-28C/B）等，主要由雷射與衛星導
引，敏感度很高，可在能見度極低的氣候下進行攻擊，就其實戰命中率來說，接近
百分之百，是種可信任的武器。軍方逐漸重視這些遠距離（視距外）武器的最主要
原因，是各型各類的飛彈與炸彈雖然有其缺陷，但投資效益還是比有人駕駛的飛機
為佳。尤其是大量生產之後的單價會逐漸壓低，如戰斧巡弋飛彈的單價已經壓低到
50萬美金。各種精靈炸彈的單價也逐漸下降。

　　當然各種非致命性的武器，例如電子武器—輻射飛彈、電磁脈衝彈
（EMP）、無線電干擾等在資訊戰領域扮演關鍵角色。未來戰爭若無法取得資訊
優勢，就無法精確控制飛彈、炸彈等武器，更遑論制空權。因此資訊戰也是未來的
重頭戲，尤其可能爆發不對稱戰爭將特別注意資訊議題。其他的高科技武器如偵測
器之戰，將利用程式化設計可以改變雷達頻率而達到反制的目的，採用各種欺敵的
反制作戰。電磁脈衝是一瞬間放大則以使電子裝備功能失效的電流輻射波，此類武
器可攻擊敵方電子裝備讓其失效，此類武器尚未在戰場中使用，因為沒有人真正了
解它究竟會造成何種程度的損害。

（三）組織化武力的地域管理

　　我們看到高科技武器與精準武器未來將成為最主要的擴散武器。另外，大規模毀滅性武器—核生化武器的製造技術與原料的外流，與恐怖主義勃興的情況下，某些武器勢必擴散到非民族國家，也就是非國家行為者可能將會擁有許多殺傷力強大的武器，這挑戰軍事全球在地化是以國家為主要行為者的假設。換言之，各個地區所面臨的大規模武器和恐怖組織這兩個關連性極高的議題時，將會興起一波符合各個地區特色的軍事管理，這正是軍事全球在地化的重要意涵。總體而言，我們可將軍事全球化的特徵表列如下。

表21-3　軍事全球化主要特徵

	現代初期（14～18世紀）	現代（19～20世紀）	當代（1945年之後）
擴張範圍	大多是區域間的武器交流。 大發現時代與擴張主義。	全球性帝國與對立情勢的強化。 展開全球武器貿易與多邊規範。	全球民族國家體系確立。 全球與區域安全集團的相互貫通。
強度	缺乏基礎建設交流且相互聯繫程度低。	交流與相互聯繫的速度與程度逐漸增加。	所有軍事安全領域的交流與相互關連程度達到前所未見的巔峰。
速度	以數世紀或數十年作為衡量	由慢漸快。	高：迅速擴散。
衝擊面向	低：強調重商主義與自給自足	高度敏感且易受影響。	高度敏感且更容易受到影響。
基礎結構	有限：缺乏規則化、可靠、有效且可轉換的全球通訊機制	規則化而可靠的全球運輸與通訊體系逐漸發展。	先進但普及的運輸通訊系統與軍事監督。
制度化	極度有限：缺乏軍事、外交、武器貿易與規範系統。	有限而分散：全球武器貿易、集體安全配置的演進與瓦解。	強烈但分散：武器貿易、集體防禦與共同安全配置以及規範體制的鞏固與擴張。
層級性	歐洲主導優勢與武器壟斷，形成以歐洲為核心的秩序。 高度不平等性。	軍事權力高度集中至大西洋為核心的秩序。有限的全球軍事能力與權力擴散。	大西洋的全球主導優勢漸趨分散。 軍事能力與權力明顯出現全球性擴張。
互動模式	帝國主義／強迫式。	帝國主義、全球對立、擴張戰爭、總體戰爭。	對立、集體合作結構內的競爭與衝突。

資料來源：David Held等著，沈宗瑞等譯，全球化大轉變，頁166。

二、軍事全球在地化的意涵

　　當代的軍事全球在地化的流動速度，要過去人類的歷史都更快，衝擊人類生活面向更廣，軍事安全與經濟、社會或糧食安全等的關連性更深。人類必須掌握軍事全球在地化的意涵更能協助人類歷史的發展。其實，軍事意涵更深一層的是未來軍事將如何影響到人類，這就牽涉到整體的變遷動力。圖21-4從六個改變的支配性趨勢探討未來的發展。

　　上圖表示可能驅動戰爭改變的原因與發展趨勢。從政治、社會、經濟、人口、倫理道德與技術等原因皆會改變未來國際體系，進而影響戰爭的型態與軍事意涵，透過這樣的關聯讓我們更清楚了解未來戰爭的可能走向。但這也表示對於軍事全球在地化，我們似乎只能看到一個模糊的輪廓，因為政治、經濟與社會的走向經歷後冷戰、後九一一、新中東與全球金融危機後，都有相當程度的改變。畢竟全球化是快速流動的時代，任何在地的或是遠距的力量將會同時影響到全世界。換言之，研究現代性與軍事全球在地化就必須從回歸現代性的四個面向探討，理解各種不同面想的轉變才更能理解軍事對未來人類社會的意涵。

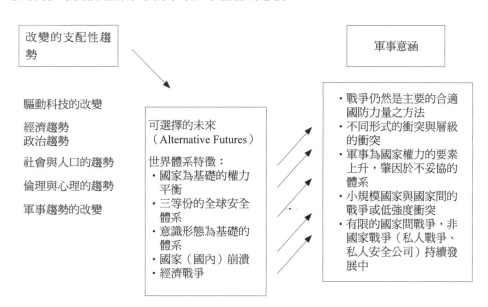

圖21-4　可選擇未來的軍事意涵

資料來源：Francois Very, "Forewarned is Forearmed: Futures Research and Military Strategy," *Foresight*, Vol.3, No.3 (2001), p.217。

從圖21-4可看出影響未來軍事意涵的驅動力主要有：科技、經濟、政治、社會與人口、倫理與心理，和軍事等六種力量，這與紀登斯的全球化面向是相互關連的。因為世界軍事秩序同時受到世界資本經濟、民族國家體系與國際勞動分工等三個面向所影響，扣除軍事外的其餘五種力量也都屬於上述三個面向。若從各個子項觀察，可以推斷未來軍事全球在地化會受到下列因素影響，同時軍事全球在地化也會反饋給下列因素：

（一）科技的改變：以知識為生產要素的經濟與高科技，如奈米、光電、資訊等的興起；

（二）經濟趨勢：全球勞動分工將越來越明顯，中國、印度、東南亞等地區的廉價勞工與相當程度的低新高知識份子將越來越受跨國公司的利用；

（三）政治趨勢：國際關係中，美國為龍頭的一超多強局勢未來將持續穩定一段時間，這對於地緣政治的變遷產生穩定作用，但是區域的衝突仍將繼續；

（四）社會與人口的趨勢：社會分工將日益明顯，人口也將在開發中國家或是低度發展國家大量膨脹，這會影響區域的穩定與增加南北衝突的可能性。

伍、結論

現代性的四個制度性面向：資本主義、工業主義、監控、與軍事力量形塑當代的人類生活；當時序進入全球化時代，由這四個制度性面向發展的民族國家體系、世界資本經濟、國際勞動分工與世界軍事秩序等，包括政治、經濟、社會與軍事等面向，深刻影響人類發展的脈動。無論是現代性或是全球化的四個面想，都是考慮到技術的層面，因為技術的演進可以讓現代性的發展跳躍，例如資訊科技的突破帶來遠距溝通的可能性，也讓當代戰爭進入視距外的決戰。其實，軍事全球在地化受到科技影響的程度，甚至比起其他面向更高。

因為後冷戰時期的和平狀態，讓人們認為經濟、社會與文化對全球的影響就是全球化的全部，這種忽略軍事層面的探討是有危險性的。美國最近在阿富汗與巴基斯坦的軍事行動，甚至被認為是決定歐巴馬政權外交能力的指標，追根究底就是軍事與政治仍是全球化時代的關鍵力量。美國的強大軍事實力，讓許多區域性國家或

中等國家理解巨大的力量差異，因而產生各種後冷戰時代的集體合作與安全，拉近不少地區的在地化整合，這乃全球軍事秩序所導致的軍事全球在地化現象。

軍事層面的重要性，讓人類即使在全球化重視絕對利得的年代，也無法逃脫武器擴散或恐怖組織的衝擊，或是天然資源豐富的國家有任何變動，都會帶來大規模的經濟波動。無論是科技改變、人口結構變遷、區域政治或地緣政治變動等會影響全球化的走向，而軍事層面的影響與上述變動等量齊觀。全球化仍將持續，軍事全球化與軍事全球在地化也將繼續發展。

第肆篇

中國崛起與國際秩序

第 22 章　當前中共對外政策的實踐作為

李明正

壹、前言

　　近年來中共的崛起，已使得自身成為世界體系參與者、協調者、周邊秩序的務實塑造者，因應國際新角色所產生新的國際觀及政治佈局亦受到國際社會的注意。2003年年底，學者麥艾文(Evan S. Medeiros)和傅泰林（Fravel M. Taylor）刊登在美國《外交雜誌》（Foreign Affairs）之《中共新外交》（China's New Diplomacy）一文，開啟了探討中共新外交型態的研究風潮，全文深入分析了中共在國際政治面上對外關係態度上的調整，並列述相關之外交作為驗證其觀察[1]。

　　當前中共對外政策，主要以開放改革為依據，在經濟發展的前提下，依循鄧小平對世界和平發展的觀察，從鄧小平獨立自主、和平發展與睦鄰外交、江澤民的大國外交與新安全觀到胡錦濤的和平崛起與和諧世界，每個時期的對外政策雖然因應當時國內外環境的變化作調整，然而，仍不脫鄧小平所提出和平發展與經濟改革的政策原則。值得一提的，當前的國際局勢，相較於冷戰時期，軍事力量已不能全然涵蓋一國的影響力。而是須通過包括軍事在內，把國內的道德、知識、科學、藝術、經濟、文化等成果向他國投射而獲得一種理想的國際形象[2]。

　　此發展使得中共在對外政策上，不論政治、經濟、安全與文化領域，皆一改以往對抗孤立的態度，轉而採取合作與參與的方式進行與各國的交往。在綜合國力不斷上升的情況下，中共在國際事務影響力也日益的提升，對外政策也日漸吸引國際社會的注意。許多學者皆認為，當前中共對外政策的制定，似乎深受傳統中國戰略文化的影響[3]。如近年所提出和諧世界，就充滿傳統中國式的國際思維。本章將分

---

[1]　Evan S. Medeiros and Fravel M. Taylor, "China's New Diplomacy," *Foreign Affairs*, Vol.82, No.6 (November/December 2003), pp.22-35.

[2]　Chas. W. Freeman Jr., *Arts of Power- Statecraft and Diplomacy* (Washington, D. C.: United States Institute of Peace Press, 1997), p.41.

[3]　Tiejun Zhang, "Chinese Strategic Culture: Traditional and Present Features," *Comparative Strategy*, Vol.21, No.2 (Apr-Jun 2002), p.73.

別就中共對外的政治、經濟、安全與文化策略與實踐作分析，以期更全面了解當前
中共對外政策的實踐與影響。

貳、中共對外的政治策略

　　開放改革以來，中共國力快速上升，致使世界政治觀產生改變，在經濟發展的
前提下，當前中共對外的政治戰略，大致承襲鄧小平對世界和平發展的觀察，

　　在獨立自主的外交原則下，發展夥伴外交，並在和諧世界的觀點下承擔大國的
國際責任，以提升自身的國際政治地位及影響。相較於開放改革前，中共在對外關
係上堅持意識形態至上和全面抗衡現行國際秩序的方針，所以對於國際機制和多
邊主義大都抱持懷疑、抵制、批判的態度。例如，聯合國被視為兩個超級大國的鬥
爭場；世界銀行、國際貨幣基金組織、關貿總協定等組織被視為西方國家的鬥爭工
具；世界軍控與裁軍條約被視為限制開發中國家的機制；甚至一些民間和平運動、
人權論壇也被批判為資本主義和現代修正主義的傳聲筒。並認為如果承認或加入這
些由西方主導的機制，將喪失主權，國家安全也會受到威脅，甚至可能被西方和平
演變[4]。

　　相較於毛時期抗拒參與他所認為西方主導的國際制度，國內外環境的改變，使
得當前中共除了接受現行的國際機制外，也擴大參與了國際社會的運作。1986年3
月，中共總理趙紫陽在《政府工作報告》中第一次談到多邊外交問題。這是中共國
政府自改革開放後對多邊外交政策的第一次全面的權威性闡述。他表示：「中國將
遵循《聯合國憲章》的宗旨和原則，支援聯合國組織根據《聯合國憲章》精神所進
行的各項工作，積極參加聯合國及其各專門機構開展的有利於世界和平與發展的活
動。[5]」

　　正如中共學者時殷弘的觀察，中共的世界政治觀已經部分地（當然只是並只應
當是部分地）有如國際關係思想史上的「理想主義」或「自由主義」，既承認總的
國際無政府狀態和國家間常見的利益歧異甚而利益對立，但是同時也理解到甚至強
調與之並存的、有規範和雙贏或多贏的國際，跨國交往，認識到甚至強調世界政治

---

[4]　蔡拓，「和諧世界與中國對外戰略的轉型」，**吉林大學社會科學學報**，第46卷，第5期，
　　2006年9月，頁55。
[5]　龐森，「改革開放與中國的多邊外交政策」，**世界經濟與政治**，2008年第11期，頁45。

中各國的那些共同利益、共同價值觀念和共同規範起著重要作用，並且應當起更大的作用[6]。可以說，中共參與國際體系的實踐，是國內政治選擇的結果，也即中共願意接受國際體系的規範和影響，尋求在體系中發展的自主行為。中共選擇和平發展戰略，就是要彌合與國際體系要求的差距，通過和平與合作的方式化解由差異帶來的矛盾和問題，以避免對抗和敵對關係的產生[7]。

尤其在冷戰結束後，中共在新安全觀的認知下，推動夥伴外交與大國外交，藉以深化與全球大國尤其是周邊國家的互動與合作，在國際關係中，「夥伴關係」是指國家間為尋求共同利益而建立的一種合作關係。因此，夥伴關係國之間應該互不為敵，雙方具有共同的利益，各自都有為尋求這種共同利益而進行合作的願望，雙方能夠採取切實的措施發展相互關係。也就是說，這種夥伴關係是一種互不以對方為敵、平等的相互尊重、互不干涉內政、相互尋求共同的政治經濟利益、保持並推進雙方關係發展的良好狀態[8]。

近年來，中共對國家間夥伴關係體現出更為準確的把握，更具全球性，戰略視野更為寬廣，並將這種新型關係應用於國家聯盟。建立各種「合作夥伴關係」、「戰略夥伴關係」[9]。當前中共的「戰略夥伴關係」、「戰略協作關係」或「戰略合作關係」有巴西、俄羅斯、印度、墨西哥、埃及、阿根廷、印尼、哈薩克斯坦、加拿大、西班牙、巴基斯坦、菲律賓等國家。「全面合作」、「全面合作夥伴」或「全面戰略夥伴關係」包括法國、英國、日本、南韓、波蘭、匈牙利、羅馬尼亞、智利、秘魯、孟加拉、斯里蘭卡、克羅埃西亞等國家。中共與國家聯盟的戰略合作也提升到新的水準，這包括率先與東協建立戰略夥伴關係、與歐盟建立戰略夥伴關係、與非統組織確立新型戰略夥伴關係等[10]。中共幾乎與世界各大主要國家皆簽定夥伴關係，其中值得注意的是，中共也重視與第三世界國家的互動，以保持與第三世界國家友好的關係。

以拉美地區為例，自二十世紀90年代中期中共與巴西建立了戰略夥伴關係以來，中共相繼與委內瑞拉建立了「面向未來共同發展的戰略夥伴關係」，與墨

6　時殷弘，「改革開放以來中國對外戰略思想—意識形態基礎、根本戰略綱領和當今所遇挑戰」，江海學刊，2009年第5期，頁10。

7　朱立群，「中國參與國際體系的實踐解釋模式」，外交評論（外交學院學報），2011年第1期，頁31。

8　倪建民、陳子舜，中國國際戰略（北京：人民出版社，2003年），頁363。

9　夏建平，認同與國際合作（北京：世界知識出版社，2006年），頁219。

10　安秀偉，「試析中國和平發展戰略的實施狀況與成效」，山東省農業管理幹部學院學報，第28卷，第1期，2011年1月，頁81。

西哥、阿根廷和秘魯分別建立了「戰略夥伴關係」，與智利建立了「全面合作夥伴關係」，中共還逐步參與拉美地區組織與機制。繼1991年和1993年成為美洲開發銀行、拉美一體化協會的觀察員之後，中共又於2004年成為拉美一體化協會、美洲國家組織和聯合國拉美經委會觀察員，此外還建立起與里約集團（The Rio Group）、南方共同市場（South American Common Market）、安第斯集團（Andean Group）的對話機制及與主要國家外長級的磋商機制，形成了一個多管道的、有機的溝通對話機制。2008年中共官方發表了《中國對拉丁美洲和加勒比政策檔》，成為中拉關係發展的綱領性文件，為中拉關係的全方位合作奠定了基礎[11]。

另外，二十世紀90年代中期，中共官方也提出要做「國際社會負責任大國」，並開始積極地從理念和實踐兩個層面建構這種新的國家身份。一方面，中共在理念上提出了一系列符合國際法和國際關係準則的理念，宣示了中共對國際責任的理解認知和對建構未來世界的理想目標追求；另一方面，中共在實踐上積極加強與國際社會的互動，在國際安全、經貿、環境等領域主動承擔責任，在加強與已開發國家合作的同時，積極深化與開發中國家的關係，促進共同發展。這些理念和實踐都傳遞出了強烈的責任意識，表明中共正在努力轉變自己的國家身份，承擔更多的國際責任，相對的也為進一步提升國際地位作準備[12]。

如對外援助就是中共官方發展對外友好關係與展現負責任大國的重要手段之一。中共的對外援助主要有贈款、無息貸款、低息貸款、免債、提供人道主義援助和向國際多邊援助組織提供資金等形式。中共對外援助不僅包括資金援助，而且也包括各種實物援助，如在受援國援建各類基礎設施、提供成套設備和技術、派遣醫療隊和專家組、開辦培訓班、發放獎學金等[13]。

以人道援助為例，自2002年向阿富汗提供救援物資以來，中共已二十八次執行國際緊急人道主義援助任務，共向二十二個受災國提供總價值超過九點五億元人民幣的帳篷、毛毯、藥品、醫療器械、食品、發電機等救援物資。2001年，由北京軍區工兵團官兵、武警總醫院醫護人員和中共地震局專家組成的中共國際救援隊，開始參與國際災難緊急救援行動，迄今已八次赴受災國執行救援任務。2010

---

[11] 于玉宏，「冷戰後中國對外關係中的地緣戰略分析」，**重慶社會主義學院學**，2010年第5期，頁60。

[12] 嚴雙伍、趙良英，「機遇與挑戰：理性看待中國責任論」，**江漢論壇**，2010年第11期，頁76。

[13] 吳傑偉，「中國對東盟國家的援助研究」，**東南亞研究**，2010年第1期，頁42。

年1月，中共國際救援隊和人民解放軍醫療防疫救護隊赴海地參與地震救援，執行人員搜救、緊急救護、衛生防疫等任務，累計救治當地傷病員六千五百人次。2010年9月，中共國際救援隊和人民解放軍醫療救援隊、直升機救援隊赴巴基斯坦執行人道主義救援任務，累計救治當地傷病員三點四萬人次，直升機投送物資六十噸[14]。中共多邊援外為開展多邊外交創造了良好的條件，還日益成為塑造中共負責任大國形象的重要手段。整體而言，中共多邊援外為中共外交營造了有利的國際環境[15]。

中美關係在中共對外政治戰略中是屬於全球層次，中共體認到，美國全球戰略目標是維護美國作為世界唯一超級大國在現行國際政治經濟秩序中地位和利益。為了實現全球戰略，美國必須為此付出巨大的成本。面對全球化時代不斷增長的各種傳統的和非傳統的不安全因素，美國必須走與其他大國合作之路，通過國際機制與大國協調來維持對全球事務的管理，從而最大限度地維護和擴展美國的國家利益。美國的霸權是有限的，美國在維持東亞區域秩序乃至世界秩序時，需要來自中共的支援。同樣，中共是一個正在崛起的大國，與世界經濟進一步融合，國家利益進一步拓展，有同美國進行合作的內在要求。目前中共已經成為美國最大的債權國，中美「相互依賴」性空前增強[16]。

換言之，中美之間是既競爭又合作的關係，雖然中共仍被美國視為第一假想敵，然而在國際事務上卻需要中共支持與合作卻也是不爭的事實，如此情勢下也給了中共扮演世界大國角色的機會，近年來，中共也在中美合作競爭的平衡中尋找大國角色的扮演機會，然而當前的時空條件，對中共來說，周邊區域仍是其主要的重點所在（如表22-1所示）。

在東北亞，中日關係與南北韓問題是中共的重點所在，中日關係在小泉時代，因教科書及靖國神社等歷史問題，中日兩國在政治上衝突不斷。2006年10月，中日關係出現了日本前首相安倍的「破冰之旅」，安倍訪華的最大成果，是中日雙方同意建立兩國關係新的基本框架，即「基於共同戰略利益的互惠關係」；2007年4月，中共總理溫家寶的「融冰之旅」，實現了兩國領導人互訪，雙方確認了中日戰略互惠關係的內涵。2008年5月，中共國家主席胡錦濤的「訪日之旅」中日兩國領

---

[14] 「2010年中國的國防」，新華社，詳參網址：http://big5.xinhuanet.com/gate/big5/news.xinhuanet.com/politics/2011-03/31/c_121252219_9.htm。

[15] 熊厚，「中國對外多邊援助的理念與實踐」，外交評論（外交學院學報），2010年第5期，頁63。

[16] 于玉宏，「冷戰後中國對外關係中的地緣戰略分析」，頁61。

表22-1　2003～2009年中共首腦出訪主權國家和地區地域分佈表

年　份	周邊地區	歐洲北美	西亞北非	撒哈拉以南非洲	拉丁美洲	大洋洲	總計
2003	13	3	3	1	3	3	29
2004	13	22	5	8	4	0	52
2005	15	12	1	7	13	2	50
2006	12	14	3	12	3	3	47
2007	11	5	2	11	7	2	38
2008	14	5	12	6	6	1	44
2009	18	18	4	6	10	4	60
總計	96	82	30	51	46	15	320
地區總國家數	29	46	24	48	33	16	196
國均受訪次數	3.31	1.78	1.25	1.06	1.39	0.94	1.63

資料來源：劉長敏、黃建達，「當代中國首腦出訪與周邊外交」，世界經濟與政治論壇，2011年第1期，頁62。

導人簽署了《中日關於全面推進戰略互惠關係的聯合聲明》。2009年9月，主張中日友好的日本民主黨領導人鳩山上台，他主張建立中日韓共同體，繼續發展中日戰略互惠關係。2010年6月，日本新首相菅直人上台，他在首次施政演說中也表示要深化同中共的戰略互惠關係，以此表明了中日雙方急欲改善政治關係的努力。

　　在南北韓的問題上，冷戰結束後，中共一改以往一面倒向北韓的政治立場，於1993年與南韓建交，並與北韓維持友好關係，對雙方採取等距外交的手段。其中，中共與南韓雙方關係先後由最初為1998年的《面向21世紀的合作夥伴關係》、2003年的《全面合作夥伴關係》直至2008年建立《中韓戰略合作夥伴關係》，在政治互動中愈加強化。胡錦濤表示，中韓戰略合作夥伴關係的建立，標誌著兩國關係進入了新的發展階段。雙方要不斷充實和拓展中韓戰略合作夥伴關係的內涵，推動各領域合作取得更加豐碩的成果[17]。

　　在東南亞地區，二十世紀90代以來，中共先後與泰國、越南、印尼等國確立戰略夥伴關係。1997年12月16日，首次東協－中共領導人非正式會議在馬來西亞首都吉隆玻舉行。會議發表了《中華人民共和國與東協國家首腦會晤聯合聲明》，確立了中共與東協面向二十一世紀的睦鄰互信夥伴關係。2002年，中共與東協各國簽署《南海各方行為宣言》，就和平解決爭議、共同維護地區穩定、開展南海合作

---

[17] 張玉山，「中韓關係的回顧與展望」，當代韓國，2010年春季號，頁2。

達成共識。中共於2003年作為域外大國率先加入《東南亞友好合作條約》，與東協建立了面向和平與繁榮的戰略夥伴關係，「十加三」和「十加一」合作機制為雙方或多方雙方對話合作提供了平臺[18]。

在中亞地區，中共是最早承認中亞五國獨立並同它們建立外交關係的國家之一。1991年12月27日，中共宣佈承認中亞五國獨立。1992年1月2～6日，中共先後與中亞五國建立大使級外交關係。1991～1997年，中共與中亞各國領導人頻繁互訪，先後簽署一系列重要檔，為雙方建立睦鄰友好關係奠定了條約法律基礎。以1997年9月中共與哈薩克斯坦簽署兩國政府關於在石油天然氣領域合作的協定為標誌，中共對中亞的政策開始發生一些顯著的變化，其主要表現是較前明顯加強了與中亞國家在能源、經貿和安全領域的合作，鞏固並發展了「上海五國」機制框架下的對話與合作。2001年6月上海合作組織的成立，在雙邊和上海合作組織框架下，同中亞國家加強睦鄰友好關係，發展在政治、經濟、軍事、安全、能源、交通和人文等各領域的合作，維護區域安全與穩定，促進各國共同發展與繁榮[19]。

在南亞地區，一方面中共繼續保持加強與巴基斯坦的關係，不僅提供了大量的援助，在礦產能源領域擴大合作，還投資兩億美元在瓜達爾港修建一條公路和一個港口。另一方面，鼓勵印度和巴基斯坦和平解決喀什米爾問題，積極發展對印度的關係。2003年6月，印度總理瓦傑帕伊（Atal Behari Vajpayee）訪華雙方簽署了聯合聲明。印度首次承認西藏是中共領土的一部分，為進一步發展兩國關係掃除了障礙。此外中共還積極參與阿富汗重建，繼續保持同孟加拉、斯裡蘭卡、汶萊、馬爾代夫等國的友好合作關係[20]。中共也透過參與南亞多邊組織與會議，意圖達到參與南亞進而影響南亞的目的。如2005年11月，第十三屆南盟峰會原則同意接納中共為觀察員，2006年，中共正式取得南盟觀察員地位，並於2007年4月，由外交部長李肇星率團首次出席在印度新德里舉行的第十四屆南盟峰會。這是中共在南亞地區多邊外交的一個重要突破，標誌著中共與南亞國家關係進入一個新的階段，也意味著中共開始通過多邊和制度的途徑發展與南亞國家的關係[21]。

當前中共對外政治戰略既希望通過制定和實施合作規則，在減少不確定性中為合作關係的穩定運行提供法理保證。一方面，中共加快了參與現有國際或區域

---

[18] 于玉宏，「冷戰後中國對外關係中的地緣戰略分析」，頁59。

[19] 柳豐華，「中國在中亞關：政策的演變」，**俄羅斯中亞東歐研究**，2007年第6期，頁64、67、69。

[20] 于玉宏，「冷戰後中國對外關係中的地緣戰略分析」，頁59。

[21] 中華人民共和國外交部編，**中國外交2008年版**（北京：世界知識出版社，2008年），頁244。

性合作組織的步伐。迄今為止，中共參加了一百多個政府間國際組織，簽署了三百多個國際公約，認真履行以聯合國體系為中心的國際合作制度所賦予的國際責任。另一方面宣導並建立了各個層次和各種類型的對話與合作機制。除上海合作組織與中共-東協自由貿易區以外，還包括中非合作論壇、中阿合作論壇，等等[22]。從冷戰結束以來，中共在不同時期參與區域合作，其身分定為也發生變化，從初期的主動參與者，中期以發展中國家之首自居並企圖成為主導者，進入二十一世紀後，近期中共以強化其區域大國的身分並期望從區域大國往全球性大國邁進（如表22-2所示）。

表22-2　中共參與區域合作的作為演變

期間	代表作為	對外的主要策略	身分
1991-1994	加入APEC 加入ARF	既有國際秩序緩和大國關係與強化周邊關係。 與東協國家建立地區安全機制。	主動參與者
1995-1998	參與APEC領導人會談 上海五國機制 力撐人民幣度過亞洲金融風暴 收回香港主權	加速國內經濟體制改革。 透過人民幣提升次霸權地位，並成為強勢通貨。 落實APEC茂物目標強化加入WTO的籌碼。 提出APEC方式抗衡美國的經濟共同體。	發展中國家之首自居
1999-2001	收回澳門主權 主辦APEC會議 主辦亞洲博鰲論壇 成立上海合作組織 加入世界貿易組織（WTO）	積極舉辦區域合作活動，建立大國形象。 提出《中國現代化報告》。 將區域合作範圍從經濟擴大至政治安全領域。 以WTO作為多邊經貿協商談判平台。 提出新安全觀。	企圖成為主導者
2002-2005	加入《東南亞友好合作條約》 與東協簽署框架協議 與港、澳簽署《緊密經濟夥伴關係協定》(Closer Economic Partnership Agreement, CEPA) 參與六方會談 參與EAS	積極建立負責任大國的形象。 聲稱由東協主導東亞區域合作。 參與反恐行動與展開非傳統安全領域的合作。 頒布《中國國防白皮書》。 推動《東亞新型戰略夥伴關係宣言》。	區域性大國

[22] 劉傳春，「論改革開放以來中國對外合作思想的變化與延續」，三峽大學學報（人文社會科學版），第32卷，第1期，2010年1月，頁38。

期間	代表作為	對外的主要策略	身分
2006-2008	提出和諧世界、三鄰政策 推動經濟夥伴協定（Economic Partnership Agreement, EPA） 推動《東亞能源安全宿霧宣言》 次、微區域主義邊境合作戰略 提出和平鴿戰略 兩岸兩會恢復會談 積極參與二十國集團（G20）	主導東亞門羅主義，排除美國因素。 推動十加六、十加三的合作模式。 簽署FTA或雙邊貿易與投資協議。 推動軍事戰略夥伴關係與聯合軍演。 建立和諧社會的國際觀。 透過EAS與日韓共商區域事務。 北京奧運中融合中國文化提升軟權力意識。 推動廣西北部灣經濟區與東南亞國家合作模式。 於G20會議中提高中共的負責任大國形象。	區域性大國邁入全球性大國

資料來源：高長、吳瑟致，「中國崛起對東亞區域主義的影響」，**遠景基金會季刊**，第10卷，第2期，2009年4月，頁20。

　　綜合言之，中共對外政治策略，因國內外環境的不同而有所調整，在不同階段採取不同身分的定位，然而不變的是對外採取開放合作的立場。考量其國力，當前中共仍以周邊區域政治合作為主，期望在鞏固周邊的基礎上逐步邁向全球性大國之列，符合中國傳統戰略文化中成為亞洲盟主的主要目的。另外值得一提的是，在中共參與的各種區域合作，其組織性質往往不只侷限在政治議題，以中共對上海合作組織的外交手段為例，主要有以下幾個方面。首先是積極推動上海合作組織成為多邊合作機制，增強上海合作組織的執行能力，並推動上海合作組織在地區事務中發揮巨大作用，但又不願意不將上海合作組織的範圍過分擴大。其次是推動軍事合作，主要通過上海合作組織內部的聯合軍事演習，表達維護地區和平與穩定，反對恐怖主義、分裂主義、極端主義等「三大勢力」的決心。再次是積極推動上海合作組織框架內的區域經濟一體化，與成員國就能源合作問題展開對話。最後是在上海合作組織的框架下，與俄羅斯展開多層次，的政治、經濟與文化交流[23]。此種特徵也將於下文在經濟、安全與文化策略議題的討論中顯現出來。

---

[23] 陳琨，「論中俄上海合作組織政策相異的原因」，**改革與開放**，2011年第4期，2011年2月，頁27。

參、中共對外的經濟策略

　　自從1978年十一屆三中全會以來,中共國家戰略的發展,就是以經濟為中心,任何政治、軍事與文化戰略皆以配合經濟戰略為主軸,中共對外戰略自不例外。中共經濟戰略主要以開放改革為核心,藉以引進資本及西方先進人才及制度,作為提升經濟發展進程方式,逐步將中共從計劃經濟轉型為與世界接軌之市場型經濟,分階段邁向世界經濟大國之林。依據鄧小平對國際形勢及國家發展的重新定位,中共國家戰略發展產生了根本性變化。1982年召開的中共十二大提出「逐步實現工業、農業、國防和科學技術現代化,把我國建設成為高度文明、高度民主的社會主義國家」的任務,同時把實現小康作為二十世紀末的奮鬥目標,並提出今後二十年「兩步走」的戰略步驟:前十年主要打好基礎,積蓄力量,創造條件;後十年進入一個新的經濟振興時期[24]。從中國戰略文化經濟的角度觀察,鄧小平要奠定「小康」經濟型態,再從此型態轉型為強權之林。

　　1987年,中共十三大提出「把我國建設成為富強、民主、文明的社會主義現代化國家」,並且正式確立了完整「三步走」的戰略構想:「第一步,實現國民生產總值比1980年翻一番,解決人民的溫飽問題;第二步,到二十世紀末,使國民生產總值再增長一倍,人民生活達到小康水準;第三步,到二十一世紀中葉,人均國民生產總值達到中等開發國家水準,人民生活比較富裕,基本實現現代化。[25]」

　　1997年中共十五大對原來「三步走」戰略中長達五十年的第三步戰略目標作了進一步具體化,提出了新「三步走」發展戰略思想:「展望下世紀,我們的目標是,第一個十年實現國民生產總值比2000年翻一番,使人民的小康生活更加寬裕;再經過十年的努力,到建黨一百周年時,使國民經濟更加發展,各項制度更加完善;到世紀中葉建國一百年時,基本實現現代化,建成富強民主文明的社會主義國家。[26]」可以說,中共自確立經濟改革路線後,經濟發展已成為國家戰略發展的核心。

　　中共對外經濟戰略除了受內部因素的影響外,世界局勢的走勢也是影響的因素

---

[24] 金樂琴,「中國國家發展戰略:30年變遷及成效」,**中共長春市委黨校學報**,總第112期,2008年10月,頁44。

[25] 中共中央文獻研究室,**十三大以來重要文獻選編(上)**(北京:人民出版社,1991年),頁16。

[26] 中共中央文獻研究室,**十五大以來重要文獻選編(上)**(北京:人民出版社,2000年),頁4。

之一。1989年東歐劇變、1991年蘇聯解體，國際冷戰結束。阻礙經濟跨越國家邊界的政治障礙消除，經濟全球化高速發展，人類真正進入因經濟全球化而形成的整體世界歷史。受到1989年天安門事件的影響，一度使中共經濟發展充滿變數，然而，1992年年初，透過鄧小平的南巡，對中共持續經濟改革起了關鍵性的推動作用。在排除經濟改革的疑慮後，1992年中共十四大確定社會主義市場經濟體制的改革目標。社會主義市場經濟體制改革作為一種內在力量，要求中國大陸加大對外開放力度，主動參與國際市場競爭，融入經濟全球化進程[27]。

　　當前中共對外經濟戰略的主要思維為，主動融入經濟全球化，成為經濟全球化的參與者，制度的制定者，而不是經濟全球化的反叛者。經濟全球化是一個世界發展的總的趨勢，是國家行為體無法拒之門外的客觀潮流。經濟全球化得主要表現世界經濟的資訊化、市場化、自由化是全球經濟的集中寫照。科技革命特別是近年來的資訊革命極大的加快了全球資訊的整合，世界真的變成了一個地球村，資訊技術加快了知識經濟資源在全球的快速傳播；世界經濟的市場化以及世界各個國家市場的一體化將「市場」這一個無形的手對資源的配置作用應用於世界的各個角落；正是世界經濟的資訊化和市場化令世界經濟自由化成為現實。事實證明誰在世界經濟全球化的過程中贏得先機，率先在科技革命以及市場化改革的關鍵時刻把握好了自身命運，推動了自身的科技資訊化和經濟市場化，誰就可以在經濟全球化中處於主導地位，為自身贏得主動，令自身收益[28]。

　　以亞洲金融風暴為例，中共首次展現其經濟的實力，此次風暴也使中共確實感受到經濟手段所帶來非政治、軍事手段可以達到的國際影響力。在亞洲金融危機期間，相較於歐美各國置身事外的態度，中共就顯得較為積極，其中堅持人民幣不貶值的政策，舒緩了危機的惡化，也讓東南亞國家重新認識中共在此區域經濟的影響力。可以說，1997年亞洲金融危機的爆發是中共、東協關係的一個轉捩點。金融危機的突然襲擊使得東協國家想要快速進入已開發國家行列的夢想瞬間破滅；而中共此時的經濟政策，獲得了巨大的利益，除了達到抑制危機的進一步傳染對本身所帶來的負面影響外，同時也獲得消除「中國威脅論」的戰略效果。可以說，中共在自身經濟面臨巨大壓力的條件下，堅持人民幣不貶值的作法，大體改變了東南亞國家對中共的原本認知。

---

[27] 劉傳春，「新中國對外合作關係發展的歷史進程和經驗啟示」，**長白學刊**，總第158期，2011年3月，頁111。

[28] 史明俊，「中國應對全球化的政治經濟戰略」，**法治與社會**，2011年第6期，頁202。

　　此事件更強化中共經濟「走出去戰略」，進一步與區域或全球經濟接軌，2000年10月召開中共第十五屆中央委員會第五次全體會議上，在「中共中央關於制訂國民經濟和社會發展第十個五年計畫的建議」中，江澤民首次明確提出「走出去戰略」，至此中共正式確立了「鼓勵中國大陸具有比較優勢企業進行對外直接投資」的戰略方針[29]。中共「政府」不論是在政策上的鬆綁或是財政上的挹注，其主要目的皆是希望，透過「企業」走出去來提升中共國際地位的形象；與此同時，政府積極透過與世界各國建立雙邊、多邊的貿易協議，如簽訂自由貿易協定；積極參與或組織區域性、全球性經貿組織，如參與WTO、組織東協加一、東協加三等方式，藉以提升國際地位，形塑中共是「負責任大國」之國際形象[30]。

　　2001年對中共經濟來說是個關鍵年，經過十五年的談判，中共正式加入世界貿易組織（World Trade Organization, WTO），標誌著中共經濟正式與世界完全接軌，也表明中共經濟開放改革將不會走回頭路。隨著中共「入世」和綜合國力的不斷增強，中共與世界的關係正變得越來越密切。中共十七大指出，經濟全球化深入發展。中共發展離不開世界，世界繁榮穩定也離不開中國大陸。中共入世後，創造了對外貿易增速世界紀錄，成為世界第一大進口商品貿易貢獻國和第二大出口商品貿易貢獻國。2007年中共對外貿易額比1978年增長了一百零五倍，占GDP的比重大增至67%，占世界貿易總額比重由1978年的不到1%提高到2007年的近8%[31]。

　　二十一世紀以來，中共全面融入國際經濟體系，海外投資也出現了迅速增長的趨勢。截至2008年，中共共有五千多家境內投資主體在一百七十二個國家和地區設立境外企業一點二萬多家，投資總額達一千七百億美元，成為新興的對外投資國；同期，每年中共出境人員總數已超過四千萬人次[32]。令中共的經濟體也不斷快速增長，2004年超越義大利；2005年一舉超越法國、英國，成為僅次於美、日、德三國，全球第四大經濟體。至2008～2009年，在國際金融風暴、景氣低迷的環境中，中共仍能保持經濟的高成長，其GDP乃相繼超越德、日兩國，成為僅次於美國的全球第二大經濟體。另中國大陸有世界工廠之稱，目前，整體中國製造業的國際市場占有率為12.42%，紡織服裝、鞋、帽製造等領域的國際市場占有率均超

[29] 蕭芃連，「中國『走出去』戰略與中國企業跨國投資關聯性研究」，私立淡江大學大陸研究所碩士論文，2005年7月，頁24。

[30] 鄭又平、林彥志，「中國『走出去戰略』之分析：跨世紀中國經濟的轉變」，展望與探索，第6卷，第8期，2008年8月，頁61。

[31] 安秀偉，「試析中國和平發展戰略的實施狀況與成效」，頁80。

[32] 甄炳禧，「新形勢下如何保護國家海外利益—西方國家保護海外利益的經驗及對中國的啟示」，國際問題研究，2009年第6期，頁49-54。

過30%；文教體育用品、傢俱、通信設備、電腦及其他電子設備製造業的國際市場占有率也超過了20%。產業國際競爭力在全球位居榜首[33]。

中共雖然被視為美國最大的挑戰者，然而，中共與美國是世界大國，又是經濟依存度最高的國家，也存在著嚴重的貿易不平衡的問題。2011年，中美雙邊貿易額達到四千四百七十六億美元，是兩國剛建交時候的一百八十倍，中國對美進口一千兩百二十二億美元，對美出口三千兩百四十五億美元[34]。雙方處於既競爭又合作的關係。早在2004年，美國就成為中共的最大交易夥伴。儘管雙邊存在貿易赤字的問題，但中美兩國彼此間的關係還算穩定。雙方會就經濟矛盾針對經貿議題進行過戰略經濟對話，這些有助於減少兩國間的誤解及彼此間的不信任。隨著兩國的關係加深，中美之間需要充實的雙邊模式與對話機制。因此，中美應從近期、中期、長期目標集中探討兩國合作議題。處理好中美雙邊關係是保持台海局勢穩定及東亞地區和平安全穩定至關重要的因素，如果中美雙方能在戰略上達到某種共識、形成一個構架的話，將有利於整個亞太地區長久的和平穩定和發展[35]，而經濟合作是一關鍵因素。

近年來，中共與周邊區域經濟聯繫更為緊密，區域經濟一體化是當前世界經濟發展的特點之一。目前全球有近三百個區域經濟合作組織。其中以歐洲聯盟和北美自由貿易區在區域經濟合作方面最為成功。區域經濟組織發展的根本原因是世界各國的經濟聯繫日益密切，相互依存日益加深。在經濟全球化的背景下國際市場競爭的激烈程度也在不斷加深，新的貿易保護主義思想抬頭，國家尋求以更強大的力量應對挑戰，區域經濟組織的形式成為一種必然的選擇[36]。

在東北亞地區，中日韓經濟聯繫日趨緊密，一體化發展是必然趨勢。據中共商務部統計，2009年，中共和南韓分別是日本第一、第三大出口交易夥伴，占日本出口總額比重分別是18.9%和8.1%，而2004年為13.1%和7.8%。南韓是東北亞地區對區域內貿易依賴度最高的國家，繼2004年中共取代美國成為南韓的第一大交易夥伴之後，2009年中韓貿易額占南韓貿易總額達到創歷史新高的20.5%，而1991年僅為2.9%；日本是南韓第二大進口來源國和第三大出口對象國。2006

[33] 張莉，「未來十年：對外經濟合作的機遇和挑戰」，國際經濟合作，2012年第5期，頁10。
[34] 周永生，「中國周邊態勢與經濟外交反思」，國際關係學院學報，2012年第2期，頁46。
[35] 巴殿君，「21世紀中美雙邊關係中的台灣問題」，東北亞論壇，第16卷，第5期，2007年9月，頁71。
[36] 李文鴻，「多博弈和參與多個區域經濟合作組織的決策機理—以中國為例」，中央財經大學學報，2012年第5期，頁65。

年以來，日本和南韓分別是中共第三和第六大交易夥伴，2009年中日貿易額為兩千兩百八十九億美元，2011年，中日貿易總額比2010年增長14.3%，達到三千四百四十九億美元，中韓貿易額2009年為一千五百六十二億美元，2010年，則為兩千零七十一點七億美元，增長32.6%[37]。

客觀環境的發展配合國家戰略的前提下，中共對東北亞經濟合作一直持正面的態度，其戰略思維是希望透過經濟的合作整合東北亞經濟潛能，除了將中共經濟影響力在此區域加以提升外，也能促進本身經濟的發展。關於中、日與南韓三國合作，中共國家副主席習近平曾表示，亞洲已成為全球最具發展活力和前景的地區之一。中、日與南韓同為亞洲重要國家，加強三方合作不僅符合三國利益，也有利於亞洲乃至世界的繁榮與發展。我們要把握歷史機遇，不斷擴大合作領域，創新合作模式，豐富三國伙伴關係內涵，發揮中、日與南韓合作對東亞合作的促進作用，為東亞共同體的建設作出應有貢獻[38]。

在東南亞地區，亞洲金融危機之後，中共與東協之經濟交流更為緊密，根據統計，1997～2008年中共出口至東協諸國以及從東協進口的貿易額分別成長799%以及847%。中共從東協進口額已從1997年的一百二十四億美元成長至2008年的一千一百六十九億美元，中共出口至東協部分也從1997年的一百二十七億美元，成長至2008年的一千一百四十一億美元。中共對東協經濟的重要性在於貿易與投資，此趨勢在未來將繼續持續下去[39]。

2009年10月，在第十二次中共與東協領導人會議（十加一）上，中共總理溫家寶提出要發揮中共－東協自貿區作用，舉辦中共－東協自貿區論壇，設立總規模一百億美元的中共－東協投資合作基金[40]。此舉可看出中共與東協在經濟合作上的緊密程度。2010年1月1日中共－東協自貿區的全面建成是雙方關係史上又一重要里程碑，也是東亞經濟一體化進程中的重大事件。自此，中共對東協平均進口稅率從9.8%降至1.0%，東協六個老成員國對中共的平均關稅從12.8%降至1.6%[41]。2010

---

[37] 馮興豔、江瑞平，「東亞區域合作中的南北互動」，**國際問題研究**，2011年第2期，頁50；周永生，「中國周邊態勢與經濟外交反思」，頁47；「中國與東北亞國家關係」，**澳門日報**，2012年4月1日，版B8。

[38] 「加強中日韓三方的合作　繼續推進六方會談進程」，**文匯報**，2009年12月13日，版5。

[39] 洪銘德、游智偉，「中國東南亞外交之研究：從軟權力的角度分析」，**展望與探索**，第7卷，第12期，2009年12月，頁67。

[40] 何穎，「構建中國－東盟文化中心的幾點設想」，**當代廣西**，2009年12月下半月號，第24期，頁56。

[41] 馮興豔、江瑞平，「東亞區域合作中的南北互動」，頁48。

年中共-東盟自由貿易區全面建成時，雙邊貿易額達到兩千九百二十八億美元，同比增長48%[42]。2011年，雙邊貿易額達三千六百二十三點三億美元，創歷史新高。目前，東盟已經成為中共的第三大交易夥伴，中共成為東盟的第一大交易夥伴和第一大出口目的地[43]。

在中亞地區，中共與中亞區域的經濟合作也趨於緊密發展。1992年，雙邊在建交之初，中共與五國的貿易額僅為四點六億美元。2001年，上海合作組織成立以後，貿易額保持快速增長。2008年的貿易額已達三百零八點二億美元，增長了近六十六倍。受國際金融危機影響，2009年中共與中亞五國雙邊貿易額為二百三十五點四億美元，與上年相比，下降了23.6%。2009年貿易額下降主要是受到市場需求和價格下降因素的影響，中共與中亞國家經貿合作發展的趨勢並沒有改變。2009年，中共自中亞國家進口原材料商品數量有較大增長，中共在中亞各國外貿中的份額均有不同程度的增加。中共在中亞各國貿易排名進一步提前，中共已分別成為哈、烏、吉、塔的第二大交易夥伴，土庫曼的第四大交易夥伴。2010年1～4月中共與中亞國家貿易額已出現大幅回升，達到八十七億美元，增長26%[44]。

在南亞地區，隨著雙邊關係的發展，中共與南亞經貿合作也在不斷深化，雙邊貿易增長強勁。據中共商務部統計，2008年中共與南亞8國的雙邊貿易總額已經達到六百六十一億美元，相比2000年增長了近十二倍[45]。2010年至10月止，中共與南亞國家的進出口貿易額就實現了八百七十七點零一億美元，超過了2009年全年的貿易總額，也比2009年同期增長48.5%，實現了高速增長。其中與孟加拉、尼泊爾、馬爾代夫三國的進出口增長率都在50%以上，與尼泊爾和馬爾地夫間的進出口增長率更是高達70%以上[46]。但就目前而言。雙邊的貿易總量和經濟合作水準還存在很大的差距，還具有很大的潛力。

中共除了與周邊區域發展經濟合作，也將合作範圍擴及非洲及拉美地區，中非貿易額從2000年的一百零六億美元增長到2010年的一千兩百六十九億美元，2009年以來中共已成為非洲最大交易夥伴；中共對非洲直接投資從2001年的五千萬美元增長到2010年的二十一億美元；中共從1992年開始進口非洲原油，從當年

[42] 黃信，「中國—東盟全面經濟合作框架協定10周年回眸展望」，法治與經濟（上旬），2012年第3期，頁39。

[43] 高歌，「中國—東盟自貿區建立的回顧與展望」，當代廣州，2012年第9期，頁32。

[44] 淩激，「中國與中亞國家經貿合作現狀、問題及建議」，國際觀察，2010年第5期，頁18。

[45] 袁群、安曉敏，「南亞區域經濟合作的現狀、問題與前景」，經濟問題探，2010年第10期，頁166。

[46] 俞文嵐，「2010年南亞政治經濟發展概述」，東南亞南亞研究，2011年第1期，頁13。

的五十萬噸增長到2010年七千零八十五萬噸,目前來自非洲的原油約占中共原油總進口量的30%[47]。中拉雙邊年貿易額已從十年前的不足百億美元增加到2010年的一千八百三十億美元;中共已成為智利、巴西的第一大出口市場,以及阿根廷、秘魯、哥斯達黎加和古巴的第二大出口市場;中共企業在拉美投資項目多、規模大、涵蓋廣,拉美已成為中共企業海外投資的重要目標市場。尤其是國際金融危機爆發後,中拉經貿合作的步伐進一步加快[48]。

當前區域一體化的趨勢加速發展,擴大了地區內國家間的共同利益,擱置、緩解了部分地區矛盾,為地區的和平與發展提供了動力。當今,全球化不斷進展是同區域一體化的深化與發展緊密聯繫在一起的。全球化為區域一體化提供了動力和條件;一體化反過來又拓展了全球化的勢頭和前景。在歐洲,區域一體化已成為現實;在東亞,一體化進程已經開始;在拉美,新的聯合趨勢正在出現;在南亞,兩個大冤家—印度和巴基斯坦,也在考慮建立南亞經濟共同體,這些都大大促進了地區的和平與穩定[49]。

經濟一體化的進程,也是中共對外經濟戰略的重要一環,目前中共已經簽署和正在談判自由貿易區(FTA)的三十多個國家和地區看,除了部分重要能源資源生產國以外,有十七個是周邊國家和地區,主要集中在東亞地區。此外,中共還正在與印度、南韓等進行建立自由貿易區的雙邊可行性研究。顯然,首先發展與周邊國家和地區的區域經濟合作,並以此為基礎,逐漸建立中共的區域經濟合作網(如表22-3所示),成為中共自由貿易區戰略的核心[50]。

未來,中共在經濟的整合與合作,大致仍以周邊區域為核心,尤其是與東協之間的合作發展勢必更為緊密,從經濟戰略的規畫上,中共對亞洲區域整合基本目標仍是以與東協為主,未來在規畫建構經濟共同體時,可能仍會以將成立的「東協共同體」為核心,以「東協加一(中共)」合作機制為第一外圍,以「東協加三(中日韓)」合作機制為第二外圍,再以「東協加六」(「東協加三」再加上澳洲、紐西蘭和印度)合作機制為第三外圍,來建構亞洲區域整合的「同心圓」。基本上,這些中共所能主導的「東協加三」與「東協加六」,均未納入美國,根本是一個中

---

[47] 羅建波,「中國對非洲外交:戰略與政策」,新遠見,2012年第5期,頁21-22。

[48] 「新政治經濟格局下的中國經濟外交」,理財一周,2011年11月18日,版A15。

[49] 李杏紅、任啟民,「經濟全球化的歷史機遇和區域一體化的周邊戰略」,和平與發展季刊,2005年第3期,頁15。

[50] 華曉紅、莊芮、楊立強,「中國參與周邊區域經濟合作的實踐與策略」,雲南師範大學學報(哲學社會科學版),第43卷,第2期,2011年3月,頁82。

表22-3　截至2010年9月中共參與區域經濟合作情況

地區	名稱	狀況
亞太	亞太經濟合作組織（APEC）	1991年加入
東亞	內地與港、澳（CEPA）	2003年簽署；2004年1月1日實施
東亞	中共－東協自由貿易區（CAFTA）	2002年簽署協定；2004年實施早期收穫計畫；2005年實施《貨物貿易協定》；2007年1月簽署《服務貿易協定》；2010年基本建成
東亞	《中共－新加坡自由貿易協定》	2008年10月23日簽署
南亞	《中共－巴基斯坦自由貿易協定》	2005年6月簽署《早期收穫協定》；2006年1月1日實施該協議；2006年11月簽署《自由貿易協定》；2009年2月21日簽署《服務貿易協定》
中亞	上海合作組織	2001年加入；2004年通過《〈多邊經貿合作綱要〉落實措施計畫》
拉美	《中共－智利自由貿易協定》	2005年11月簽署，2006年10月實施；2008年4月簽署《服務貿易協定》
拉美	《中共－秘魯自由貿易協定》	2009年4月28日簽署
拉美	《中共－哥斯大黎加自由貿易協定》	2010年4月8日簽署
大洋洲	《中共-紐西蘭自由貿易協定》	2008年4月7日簽署

資料來源：華曉紅、莊芮、楊立強，「中國參與周邊區域經濟合作的實踐與策略」，頁83。

共獨霸亞太的格局。這種發展趨勢讓中國為亞洲政經中心的圖像再度昇起，中國傳統戰略文化思維中的亞洲盟主再現，致使美國在亞洲地區有強烈被邊緣化的危機，更燃起重返亞洲市場之決心，且在東協國家中仍有部分國家主張以美國制衡中共在此區域之發展[51]，因此，中共未來如何加強與東協國家之互信及合作，以排除美國介入中共所規畫的亞洲區域整合計畫，深值關注。

---

[51] 在經濟方面。美國希望到2014年把出口增加一倍，但目前中國積極的在東亞籌組區域性的自由貿易組織，不把美國放在眼裡，無論是東協+1，或是中日韓三國，都是北京主導的經濟體，美國雖然是ＡＰＥＣ廿一國的龍頭，但是此組織內的貿易自由化卻遲遲沒有進展，有必要另起爐灶。美國就與亞太十國共同成立ＴＰＰ（跨太平洋夥伴協議），而把加入門檻，包括智慧財產權保護、勞工標準、環境保護等，訂得很高，對發展中國家沒有特殊待遇，剛開始中國甚至沒有受邀，後來歐巴馬口頭邀請，但前提是中國必須達到高標。「爭奪亞太主導權美態度積極」，**中國時報**，2011年11月19日，版A15。陸委會企劃處，「胡錦濤馬來西亞、新加坡之行的觀察」，**大陸與兩岸情勢簡報**，2009年第12期，2009年12月，頁4。

肆、中共對外的安全策略

　　所謂「安全」是強調國家主權、生存等目標的概念,傳統安全領域大都集中在國家生存的想像上,在冷戰時期主要以軍事安全為考量,並結合外交政治等傳統國家安全為內容,所涉及的安全議題包括軍事力量的威脅、武器的使用和控制方面。尤其冷戰時期以軍事和意識型態為主體的兩極對抗,已逐漸為後冷戰時期趨向多元化的既競爭又合作的機制所取代,首當其衝的是,全球化下的國家新主權觀已不再是傳統所認定應具有絕對性和不可分割性的主權觀[52]。面對國際局勢的新發展,聯合國開發計畫署也在1993年的《人類發展報告》中針對安全概念指出:「安全概念必須改變,由單獨強調國家安全轉向更多強調人的安全,由通過軍備實現安全轉向通過人類發展實現安全,由領土安全轉向食物、就業和環境安全。[53]」重新定義安全概念。

　　在全球化的議題不斷發展之下,對於國家安全的挑戰除了領土、邊境、種族等矛盾所引起的衝突和戰爭,諸如此類所謂的傳統安全外,非傳統安全的影響亦在日益增加之中。除了國際恐怖主義和大規模殺傷武器的威脅之外,毒品走私、跨國犯罪、金融危機、傳染性疾病、非法移民、能源安全、環境污染等問題都是立即且明顯的挑戰,由於問題已跨越國界,於是國與國之間的合作安全逐漸成為維護國際安全的有效途徑,而集體安全亦成了維護國際安全的最終目標。國際間對於安全的發展逐漸朝向非軍事層面的「綜合安全」、強調相互依賴的「共同安全」、以及各國相互合作方式面對安全問題的「合作安全」方向發展[54]。

　　可以說,隨著全球化和地區一體化的不斷發展,相互依存的世界體系已逐步形成,安全狀態的建構與維持已超越國家層面而上升為地區性和全球性議題。國家間為了自身和地區整體安全而發展與加強合作,成為地區安全秩序的基礎。各國對安全合作模式的選擇,成為地區安全結構塑造的決定性因素[55]。因此,加強國際合作、共謀應對之道日益成為國際社會的共識。近年來,世界各國透過發展雙邊或多

---

[52] David Held, "Democracy, the Nation-State, and the Golbal System," in David Held eds., *Political Theory Today* (Cambridge: Polity Press, 1991), pp.197-235.

[53] United Nations Development Programme, *Human Development Report 1993* (New York: Oxford University Press, 1993).

[54] 吳英明、許文英,「非政府組織(NGOs)在人類安全中的角色—多軌外交與全球民主安全」,發表於「人類安全與21世紀的兩岸關係研討會」(台北:台灣綜合研究院戰略與國際研究所主辦,2001年9月14日),頁96。

[55] 李志斐,「東亞安全:合作模式與結構」,當代亞太,2010年第6期,頁104。

邊安全合作，逐漸形成和建立了一些新型國際安全機制，促進了非傳統安全問題治理[56]。當前各主要大國對安全環境的分析研判，不僅注重軍事、情報、社會穩定等傳統安全挑戰，而且越來越多地關注紛繁複雜的非傳統安全挑戰。不僅注重強軍，而且強化經濟科技發展、資源環境維護與應對氣候變化。各大國調整安全戰略普遍更加重視國際經濟環境變化與自然災害等因素，力圖增強自身經濟與環境安全[57]。

在此背景下，以「非傳統安全」為其特徵之新安全觀成為冷戰結束觀察國際社會的新視角，新安全觀主要認為安全是相互依賴的，它強調合作的重要性，重視集體安全與合作安全。新安全觀的合作模式既包括具有較強約束力的多邊安全機制、具有論壇性質的多邊安全對話，又包括旨在增進信任的雙邊安全磋商，以及具有學術性質的非官方安全對話等[58]。受此影響，中共有別冷戰時期對國際安全合作較為漠視的態度，冷戰結束後，以聯合國為主導作為強化國際安全合作的平臺。中共認為，作為最具普遍性、代表性、權威性的政府間國際組織，聯合國是實踐多邊主義的最佳場所，是集體應對各種威脅和挑戰的有效平臺，應通過改革，使其朝向更有權威、效率和能力的方向發展，最終建立起以聯合國為核心，包括各種地區、跨地區、次地區多邊安全合作機制在內的全球集體安全機制[59]。

在聯合國的基礎下，近年來中共積極參與周邊地區的多邊安全機制，中共體認到，在相互依存加深的時代，沒有一個國家能夠單純依靠自己的行動來獲得真正的安全，安全只能是相互的，各國都有權利和責任尋求建設性地解決安全問題，所有國家都有獲得安全的權利[60]。而參與周邊多安全機制一方面，這一進程把中共與周邊國家的關係納入到地區制度框架之中，特別是這一制度建立在一系列新的安全和政治理念中，這無疑有利於鞏固中共與周邊國家的雙邊關係；另一方面，中共在這一進程中宣導的原則、建構的機制、積累的經驗隨著地區多邊主義的擴大，完全可以推動全球層次上的多邊主義的發展[61]，正符合當前中共對外的戰略利益。

尤其面對美國的戰略圍堵，近年，美國在穩固東亞戰略局勢的戰略盤算下，正

---

[56] 劉亞洲，「把握國家安全形勢加強國防和軍隊現代化建設戰略籌劃」，黨政幹部參考，2010年第9期，頁43。

[57] 陳向陽，「對當前主要大國安全戰略調整的看法」，江南社會學院學報，第12卷，第3期，2010年9月，頁21。

[58] 陸忠偉，非傳統安全論（北京：時事出版社，2003年），頁57。

[59] 張沱生，「中國的國際安全秩序觀：歷史的回顧與思考」，國際政治研究，2009年第4期，頁94。

[60] 韓莉，「中國崛起與東北亞的安全戰略選擇」，延邊黨校學報，第25卷，第5期（2010年10月），頁68。

[61] 方長平，「多邊主義與中國周邊安全戰略」，教學與研究，2004年第5期，頁51。

研議將美、日、韓三邊對話機制朝向東北亞安全合作機制（The Security Institution of Northeast Asia）發展，以及建構美、日、澳三邊軍事安全合作進一步整合亞太聯盟體系，希望透過制度化的建構以維持美國在東亞地區的領導地位，同時遏制中共成為東亞地區的霸權國家[62]。中共如能參與周邊多邊安全機制，必能有效化解美國所給予的壓力，並因勢利導區域的發展，因此冷戰結束後，中共積極於參與東北亞、東南亞與中亞等地區的多邊安全機制。

在東北亞地區，1993年成立的「東北亞合作對話」是一個第二軌道（半官方或非官方性質）的多邊安全論壇，官員和學者共同參加，旨在增進相關各國的理解、信任與合作。2003年成立的北韓核問題六方會談則是專題性的政府間地區安全合作進程，它是第二次北韓核危機爆發後由中共促成的。儘管目前六方會談面臨著很大困難，但它仍不失為朝鮮半島危機管理的一個重要管道，美國在北韓問題上需要中共的支持與援助，而中共利用此會談，在北韓核議題上，占有舉足輕重的地位，連帶也提升自身在東北亞的影響力。

在東南亞地區，東協區域論壇是東亞安全合作機制化推動最早也最具規模的組織。由東協國家所主導，試圖以自己為核心推動亞太地區安全合作，以提升自身在區域的影響力。1994年第一屆東協區域論壇召開。迄今它已涵蓋亞太地區幾乎所有重要國家，成為本地區最重要的多邊安全合作機制。1994年，中共出席了東協區域論壇召開的首次部長會議，顯示出中共在地區安全事態中已擺脫過去那種孤立的、被動應對的狀態，體現出一種積極的自身定位[63]。另2005年成立的東亞峰會機制也是由東協倡議成立的，中共也參與其中，目前其成員已發展到包括東協、中、日、韓、印、澳、紐西蘭、美、俄等在內的十八個國家。它們有助於促進地區穩定，也緩解了有關大國對東亞地區一體化的疑慮。

在中亞地區，2001年由中共主導成立的上海合作組織是實踐中共新安全觀的典範，目前該組織的功能已由安全（例如反恐）和政治合作向經濟等領域拓展，成為歐亞大陸腹心地帶有活力的一個區域組織[64]。中共在中亞的安全戰略，主要建立在上海合作組織的架構下，與中亞國家解決了歷史遺留的邊界問題及建立的軍事合

---

[62] Sang-Jin Shin, "North Korea-China Relation: Current Situation and Prospects," *East Asian Review*, Vol.17, No.3 (September 2005), pp.3-24.
[63] 馬榮久，「中國與東亞地區安全—以地區複合安全的過程導向為視角」，**當代世界社會主義問題**，2010年第1期，總第103期，頁105。
[64] 宋效峰，「國際機制與和諧亞太建設」，**淮海工學院學報（社會科學版）**，第9卷，第5期，2011年3月，頁3。

作及互信；在聯合反恐、打擊跨國犯罪等非傳統安全領域的合作方面，中共與中亞國家多次舉行反恐聯合軍演，簽署了《上海合作組織五周年宣言》、《上海合作組織成員國打擊恐怖主義、分裂主義和極端主義2007年至2009年合作綱要》及《關於在上海合作組織成員國境內組織和舉行聯合反恐行動的程式協定》等十個綱領性的文件，為以後合作的進一步深化打下了基礎[65]，對穩定中共西北邊境建立了正面的貢獻。

　　另外中共的安全策略也反映在中共處理主權爭議的議題上，主權爭議一直都是中共對外關係最敏感的議題，唯有解決主權爭議，才能擁有穩定和平的周邊環境，為了確保周邊環境的穩定，目前，中共已與絕大多數鄰國簽署了陸地邊界劃分條約，陸地疆界基本穩定。中共與哈薩克斯坦一千七百八十二公里的邊界線通過1994年《中哈邊界協議》、1997年《中哈國界補充協定》、1998年《中哈國界第二補充協定》及2002年《中哈國界線勘界議定書》已全部解決；中共與吉爾吉斯斯坦於2004年簽署《中吉國界線勘界議定書》，一千零九十六公里的邊界劃定已經完成；中共與塔吉克斯坦五百公里的邊界線於2002年通過簽署《中塔國界的補充協定》已經解決；2004年中共與俄羅斯簽署的《中俄東段邊界補充協定》使中俄之間四千三百多公里長的邊界問題經過十餘年的談判終於解決；就連存在問題的中印東部邊界，自1993年9月中印兩國正式簽署《關於在中印邊界實際控制線地區保持和平與安寧的協定》以來，也逐步向好的方向發展，目前中印邊界局勢比較穩定。海上疆界方面，2000年12月25日，中越正式簽署《中越關於在北部灣領海、專屬經濟區和大陸架的劃界協定》和《中越北部灣漁業合作協定》2004年6月30日，在經過批准後，兩協定同時生效，至此，中越兩國終於解決了在北部灣劃界問題上雙方長期存在的爭議[66]。

　　大體上，目前中共主權爭議尚有中印邊界、南海問題與釣魚臺等仍未解決，在此部分，中共採取「主權擱置，共同開發」的方式處理。1984年2月，鄧小平在會見美國喬治城大學戰略與國際問題研究中心代表團時說：「世界上有許多爭端，總要找個解決的出路。我多年來一直在想，找個什麼辦法，不用戰手段而用和平方式，來解決這種問題。」進而提出，「有些國際上的領土爭端，可以先不談主權，

---

65 封永平、姚志鵬，「中亞地緣政治經濟博弈與中國的戰略選擇」，上海商學院學報，第10卷，第6期，2009年11月，頁38。

66 靖國華，「20世紀90年代以來的中國睦鄰外交」，經濟與社會發展，第6卷，第1期，2008年1月，頁48。

先進行共同開發。這樣的問題,要從尊重現實出發,找條新的路子來解決。[67]」在此原則下,通過簽署不使用武力解決的信任措施,尋求通過協商方式解決問題,或維持現狀,同時鼓勵各方共同建立信任措施,實施預防性外交[68]。

　　以南海問題為例,中共與東南亞爭端國,透過東協區域論壇進行協商,東協國家在南海問題上的基本立場可以概括為:各方行為體必須遵守國際法和國際公約中的相關準則;要求各方保持行為上的自我克制,用和平方式解決爭端;保持南海地區的航海自由。值得指出的是,東協區域論壇開始鼓勵與中共就南海問題進行高級對話,並著手制定南海行為準則。2002年11月4日,東協與中共在柬埔寨王國金邊簽署了《南海各方行為準則宣言》確認了雙方在南海問題上的共同立場[69]。2010年以來,面對南海問題的持續升溫,中共與馬來西亞、印尼、菲律賓、越南等國相繼通過雙邊高層會談發佈「聯合公報」或「聯合聲明」等官方檔,重申通過和平對話處理爭議,繼續尊重和遵守《南海各方行為準則宣言》,以維護地區和平、安全與穩定[70]。

　　另外,近年來中共對軍事外交著力甚深,軍事外交是實現國家安全戰略目標的一種重要手段,它與國家安全戰略緊密結合在一起,承擔著維護國家安全的責任。軍事外交中的活動形式多樣,主要通過軍事交流、國際維和、人道主義救援、軍事援助、聯合軍演,國際軍控等各種管道,推進世界各國軍隊交流與合作、瞭解與信任[71]。作為國家外交的重要組成部分,軍事外交在國家外交戰略中扮演著重要的角色。如中共學者楊松河認為:「軍事外交是代表國家軍事安全利益或國家集團安全利益,以軍隊為主體、以軍事為主要內容的涉外活動。」軍事外交服從和服務於國家政治、外交和軍事戰略,為實現國家的外交和軍事戰略目標服務[72]。

　　據統計,1980年以前中共對外軍事交往的互訪次數僅百餘次之多。改革開放以後,中共在對外軍事交往中逐步超越了社會制度、意識形態、經濟發展水準和地理位置的限制,發展出軍事外交一個嶄新的時期[73]。尤其在冷戰結束後,國際局勢從以往以軍事對抗為特徵之兩極格局轉變為以經濟交流之多元互動形式,更突顯出

---

[67] 鄧小平,鄧小平文選第3卷(北京:人民出版社1993年),頁49。
[68] 周士新,「試論中國對東盟的合作安全政策」,創新,2010年第2期,頁7。
[69] 餘建軍,「美國和東盟地區論壇—多邊主義的視角」,東南亞研究,2009第1期,頁60。
[70] 鄭先武,「中國—東盟安全合作的綜合化」,現代國際關係,2012年第3期,頁51。
[71] 韓壯壯,「軍事軟實力與軍事外交」,學理論,2009年第24期,頁26。
[72] 楊松河,軍事外交概論(北京:軍事譯文出版社,1999年),頁1。
[73] 李眾軍,「試論鄧小平軍事外交思想」,中共珠海市委黨校珠海市行政學院學報,2004年第4期,頁34。

軍事外交的重要性。1998年7月中共公佈的第一部國防白皮書《中國的國防》，首次在對外公開的官方報告中提出要發展全方位、多層次的軍事外交[74]。標誌著中共正式將軍事外交提上對外政策的議程上。而2004年頒布的中共國防白皮書，首次將對外軍事交流與合作列入中共的國防政策，並提出了與周邊國家開展軍事交流合作的「睦鄰、安鄰、富鄰」政策，推動中共與周邊國家軍事關係不斷深入。「請進來」聯訓之舉，則是標誌著中共與周邊國家的軍事交流合作邁開了實質步伐[75]。

當前中共的國防建設和軍隊建設的現代化水準與已開發國家相比存在著很大的差距。因此引進外援，學習外軍的先進經驗，特別是先進的軍事科學技術和管理經驗，為中共國防現代化的重要途徑之一，藉此使中共能迅速擺脫落後局面，是實現軍事現代化的有效途徑[76]。如在航空工業領域與俄羅斯的合作，拓展了中共航空企業製造第四代飛機的相關知識；以色列提供了航空電子設備與空對空導彈科技相關援助；法國則幫助開發空對空和地對空導彈相關技術[77]。

近年來，中共透過如參加東協區域論壇、上海合作組織國防部長會議、上海合作組織防務安全論壇、東北亞合作對話會、亞太多邊防務論壇等機制性的安全對話與合作，為中共官方、軍隊與世界各國展開安全對話、軍事合作，解決各國普遍面臨的各種安全威脅，乃至通過合作逐步解除恐怖主義威脅搭建起了堅實的平台[78]。並通過雙邊、多邊聯合軍事演習，尤其是大型聯合軍事演習，可以檢驗一國軍力投送能力、各軍兵種之間戰略戰術協同能力，瞭解本國軍隊的短處及他國軍隊的長處，從而促進中共軍隊的新軍事變革，提高中共軍隊戰力[79]。

其中有不少作法在中共軍事外交史上是第一次：第一次組織上海合作組織成員國進行聯合反恐軍事演習，第一次與俄羅斯商簽了在傳統安全領域舉行聯合軍事演習的備忘錄，第一次分別與英、法等西方國家及巴基斯坦、印度舉行了海上聯合搜救演習，第一次與巴基斯坦等中亞國家在高海拔地區舉行聯合反恐軍事演習，第一次組織外軍觀察員觀摩中共的軍事演習，第一次完成了海軍編隊環球航行等等（如

---

[74] 「1998年中國的國防」，詳參網址：http://news.163.com/06/1228/18/33EUVQDQ0001252H. html。

[75] 「解放軍採取「請進來」聯訓」，**文匯報**，2009年7月20日，版A11。

[76] 王雨霏，「新中國50年軍事外交的回顧與思考」，**軍事歷史**，2000年第1期，頁30。

[77] Evan S. Medeiros, Roger Cliff, Keith Crane and James C. Mulvenon, *A New Direction for China's Defense Industry* (Santa Monica, Calif: RAND, 2005), p.1-50.

[78] 徐目坤、耿超，「當代中國軍事外交新特徵」，**軍事歷史研究**，2009年第S1期，頁33。

[79] 何奇松，「中國軍事外交析論」，**現代國際關係**，2008年第1期，頁54。

表22-4所示）[80]。

表22-4　2000年以來中外軍演觀摩和聯合軍演情況

時間	對象國	性質
2000.11	美國	邀請美軍事代表團觀摩軍事演習
2002. 10	吉爾吉斯斯坦	聯合反恐軍事演習
2003. 5	美國、泰國和新加坡	派出觀察員觀摩「金色眼鏡蛇」演習
2003. 8	俄羅斯	派出觀察員觀摩首長司令部演習
2003. 8	上海合作組織成員國	「聯合—2003」多邊反恐軍事演習
2003. 8	十五國二十七名軍事觀察員	邀請觀摩實兵軍事演習
2003. 10	巴基斯坦	海上聯合搜救演習
2003. 11	印度	「海豚0311」海上聯合搜救演習
2004. 3	法國	海軍聯合軍事演習
2004. 6	英國	海上聯合搜救演習
2004. 8	巴基斯坦	聯合反恐軍事演習
2004. 8	印度	邊防部隊聯合登山訓練
2004. 9	多國軍事觀察員、國防大學防務學院國際問題研討班學員	邀請觀摩「中國蛟龍—2004」兩棲登陸作戰演習
2004. 9	十六國軍事領導人、軍事觀察員、十三國駐華武官	邀請觀摩「鐵拳—2004」實兵實彈演習
2004. 10	澳洲	海上聯合搜救演習
2005. 8	俄羅斯	「和平使命—2005」聯合軍演
2005. 9	二十四個周邊及西方主要國家的軍事觀察員和駐華武官	邀請觀摩北京軍區「北劍—2005」軍事演習
2005. 11	巴基斯坦	「友誼—2005」海上搜救演習
2005. 12	印度	「友誼—2005」海上搜救演習
2005. 12	泰國	「友誼—2005」海上搜救演習
2006. 9、11	美國	海上聯合搜救演習
2006. 9	塔吉克斯坦	「協作—2006」聯合反恐軍事演習
2006. 12	巴基斯坦	「友誼—2006」聯合反恐演習
2007. 2	巴基斯坦等國	「和平—2007」多國海上聯合軍演
2007. 5	十二個國家的十五艘軍艦參加	第二屆西太平洋海軍論壇多邊海上演習
2007. 7	泰國	「突擊—2007」中泰聯合軍事訓練
2007. 8	俄羅斯	「團結—2007」聯合軍事反恐演習

---

[80] 熊賢培，「中國周邊安全與和諧發展戰略研究」，**哈爾濱工業大學學報（社會科學版）**，第12卷，第1期，2010年1月，頁34。

時間	對象國	性質
2007. 8	上海合作組織成員國	「和平使命—2007」聯合反恐軍事演習
2007. 9	英國	中英「友誼—2007」海上聯合軍演
2007. 9	三十五個國家的五十五名軍事觀	「勇士—2007」軍事演習
2007. 9	察員	
2007. 9	法國	中法「友誼—2007」聯合海上軍事演習
2007. 9	西班牙	中西「友誼—2007」聯合海上軍事演習
2007. 12	澳洲和紐西蘭	三邊海上聯合演習
	印度	「攜手—2007」中印陸軍聯合反恐訓練
2008. 7	泰國	「突擊—2008」中泰陸軍特種作戰分隊聯訓
2008. 12	印度	「攜手—2008」中印陸軍聯合反恐訓練
2009. 3	十一國海軍參加	「和平—2009」海上多國聯合演習
2009. 6	加彭	「和平天使—2009」中加人道主義醫療救援聯合行動
2009. 6	新加坡	「合作—2009」中新安保聯合訓練
2009. 6	蒙古	「維和使命—2009」維和聯合訓練
2009. 7	俄羅斯	「和平使命—2009」中俄聯合反恐軍演
2009. 9	俄羅斯	「和平藍盾—2009」聯合演習
2010. 7	巴基斯坦	「友誼—2010」中巴反恐聯合訓練
2010. 9	上海合作組織成員國	「和平使命—2010」上海合作反恐軍演
2010.10、11	泰國	「藍色突擊—2010」海軍陸戰隊混編同訓
2010. 11	羅馬尼亞	「友誼行動—2010」陸軍山地部隊聯合訓練
2011.6	印尼	「利刃—2011」陸軍特種部隊聯合訓練
2011.11	巴基斯坦	「友誼—2011」反恐聯訓
2011	巴基斯坦	中巴空軍聯訓
2011	白俄羅斯	中白空降兵聯訓
2011	委內瑞拉	中委空降兵城市反恐聯訓

資料來源：韓獻棟、金淳洙，「中國軍事外交與新安全觀」，現代國際關係，2008年第2期，頁52；「中國海軍艦艇赴海外執行任務大事記」，長江日報，2008年12月27日，版3；「中印陸軍反恐聯合訓練無特定背景不針對第三方」，華僑報，2008年12月6日，版24；「中俄艦隊亞丁灣演練反海盜『和平藍盾－2009』演習將探索『上合組織』海上安全合作模式」，《重慶晨報》，2009年9月18日，版17。「海外練兵走出國門步伐越來越大從連級特種兵反恐到多兵種萬里投送跨國奔襲」，文匯報，2011年1月7日，版A8-9；「2011中國軍事外交全掃描」，浙江日報，2012年1月17日，版9；「中國軍隊參加的28次主要中外聯合軍事演習」，詳參網址：http://big5.showchina.org:81/gate/big5/www.chinaxinjiang.cn/zt2010/35/12/1/t20100916_650915.htm。

綜合言之,當前國際安全觀已發生改變,有別於以往傳統安全觀,「非傳統安全」是在二十世紀90年代經濟全球化加速的背景下逐漸突顯的概念,也因所涉及議題已非傳統主權國家可單獨解決,必須透過各國合作與協商的方式進行。進入二十一世紀,非軍事類安全威脅上升,特別是九一一事件和美國反恐戰爭的衝擊,使這一概念的認同程度不斷提高,而且日益成為當前國際社會具關鍵特徵的意義[81]。有鑑於此,中共對外的安全策略也作了因應的調整,發展出與區域安全機制合作,處理相關安全議題的模式。並利用軍事外交與各國展開軍事交流,提升信任關係與促進區域穩定,如此符合中共當前對外政策穩定周邊促進發展的政策原則。

伍、中共對外的文化策略

近年來中共對文化戰略的重視與政策制定,主要來是國內外環境的改變,使得文化在中共對外政策的重要性日益提升。在國際環境方面,冷戰結束後,國際發展已由以往強調軍事對抗之權力角度,轉而朝向以交流合作為特徵之國際格局。以往在冷戰時期兩極化的格局下,國際間主要權威來自於軍事實力或軍備上的優勢,如從現實主義的理論看,在有軍備差距的兩個國家中,軍備強的國家對軍備弱的國家有政治影響力,即具有國際威望。而且,各國間這種軍備強弱對比越懸殊,強軍備國對弱軍備國造成的心理壓力就越大,強國的政治影響力也就越大、國際威望就越高[82]。冷戰結束後,蘇聯解體,歐盟興起,還有一些新興的經濟力量相繼崛起,世界多極化趨勢加速發展。在新的形勢下,國際間實力的資源、性質與範圍也相應發生改變,軍事力量在解決國際爭端中的作用愈顯不力。經濟、外交、科技、文化等非軍事的手段反而成為處理國際事務確保國家利益的有力手段。

其中文化因素更是後冷戰時期國際關係研究的主要新趨勢,而文化對大戰略及國家行為能夠產生深刻影響在國家安全策略的研究中也已獲得共識[83]。較具代表性的如哈佛大學教授杭亭頓(Samuel P. Huntington)以文化為視角,分析全球各

---

[81] 薛晨,「非傳統安全問題與國際公共產品供給—兼論『中國責任論』與和諧世界理念的實踐」,世界經濟與政治,2009年第3期,頁62。

[82] 李智,「試論文化外交對國家國際威望樹立的作用」,太平洋學報,2005年第3期,頁71-72。

[83] Jeffrey S. Lantis, "Strategic Culture and National Security Policy," *The International Studies Review*, Vol.4, No.3 (Fall 2002), p.87

文明間差異所可能引起的衝突；奈伊（Joseph S. Nye Jr.）提出「軟權力」（Soft Power）的概念，來解釋冷戰結束後，國際局勢的走向，以上兩種觀點皆是從文化出發來觀察後冷戰時期的國際走勢，進而提出對應策略；另外，建構主義也是以文化為視角，在冷戰結束後所發展出有別於現實主義與自由主義新的國際關係理論。

　　根據建構主義的理論假設，文化不僅影響國家行為的各種動機，而且還影響國家的基本特徵，即所謂的國家的認同。文化的定位功能為確定對外政策提供了觀察世界及自身的視角；文化的定向功能決定了對外政策的價值追求；文化的規範功能為對外政策的選擇限定了範圍；文化的認同功能為對外政策中確定與別國的關係提供了文化基礎[84]。換言之，國際秩序的呈現為各國對國際社會的文化認同所產生互動的結果，而文化的認同即文化通過構建共有觀念或知識來塑造國家這一國際社會行為體的身份歸屬。因此，同質文化對於作為文化載體的民族和國家具有強大的凝聚力和向心力，並以其特有的親和功能使具有同質文化的國家在對外交往中加強合作或構築聯盟[85]。在建構主義的理論內容中，文化因素對一國在國際關係的互動中具有舉足輕重的地位。

　　在國內因素方面，自從1978年中共實施開放改革政策以來，經濟發展所帶來綜合國力的提升，中共國際地位已不可同日而語。2010年經濟體超過日本，目前僅次於美國在世界排名第二，而國際形象、責任、威望的提升，成為現階段中共對外關係的政策核心。文化對外的傳播，對提升一國國際形象、責任及威望具有正面的效果，文化對外傳播的戰略目標主要為：向國際社會製造和供給「共有（文化）觀念」，從而按有利於該國的方向引導和規範相關國家確立其國家身份，塑造其國家偏好，定義其國家利益（包括國家安全），支配其國家行為，最終達到在文化觀念上影響和控制目標國的目的[86]。由於文化作為一種軟權力資源越來越成為民族凝聚力和創造力的重要源泉，也越來越成為綜合國力競爭的重要因素，所以國家形象越來越需要文化力量的支撐。面對當前的國際新形勢，中共必須發展和完善自身的文化外交策略，進一步開展對外文化交流工作，這樣才能讓自己的文化走向全世界，提升自身國際形象，進而讓世界接受，為中共發揮正面的國際影響力[87]。

---

84 尹朝暉，「論中國在東亞地區的地緣文化戰略」，**鄭州航空工業管理學院學報**，第27卷，第4期，2009年8月，頁134-135。

85 孫紅霞、李愛華，「文化外交的獨特價值」，**國際資料資訊**，2007年第6期，頁17。

86 李智，「文化軟權力化與中國對外傳播戰略」，**理論與改革**，2010年第2期（2010年2月），頁108。

87 喬旋，「構建中國文化外交新戰略提升國家形象」，**教學與研究**，2010年第5期（2010年5月），頁66。

　　此外，文化外交不僅為不同國家間的文化交流和對話搭建了一座橋樑，有助於增進彼此之間的溝通理解，化解相互間的文化衝突，而且還能通過對外文化傳播和交流，正確地影響和引導對方國家的輿論導向，化解不利於自己的言論，從而建構有利於自己的國家形象[88]。正如阿納德所指出的：「各種族與國家間無疑都受其文化間差異的影響，這些差異反映在他們不同的價值觀、世界觀、利益、習慣、歷史期望和恐懼，之間的差異如果無法理解，就會導致誤解、扭曲並產生錯誤的判斷。[89]」

　　可以說，文化外交的意義在於它在很大程度上是一種預防性外交。它的主要功能不在於問題出來後才去做修補，而在於事前所做的鋪墊。譬如說，塑造國家形象，其根本是要調動對外關係中的情感因素，以至爭取政治盟友和合作夥伴[90]。近年來，中共已逐漸把文化外交納入到同經濟、政治外交並列的外交戰略總體佈局中來，並日趨走向理性、務實[91]。文化外交作為一種柔性的外交活動在一定程度上填補了軍事、政治、經濟外交的不足。文化外交觸發國際矛盾與衝突的概率較低，可以淡化政治和功利色彩，突破社會制度和意識形態造成的鴻溝，達到從文化親近走向政治親近和經濟合作[92]。

　　當一個國家文化魅力的增強和對自身優秀文化的有效展示與傳播，才是更具深遠影響力的國家軟權力。在對外交往中，通過主流文化的傳播和影響，國家的核心價值觀更易深入人心；也只有在自己的核心價值觀被他國充分暸解和接受的前提下，這個國家的對外形象才能在真正意義上得以確立[93]。並可提升國際上的「話語權」，所謂「話語權」，簡言之，就是說話權，就是控制輿論的權力。「話語權」掌握在誰的手裡，誰就能決定社會輿論的走向。在當代社會思潮中，「話語權」指影響社會發展方向的能力，指一個信息傳播主體的潛在的現實影響力。另從國際關係的觀點來看，「話語權」是指一個國家結合其硬權力和軟權力，通過指導國際事務、引導媒體輿論、影響外交政策、傳揚文化感染力，以達到在國際社會不同領域

---

[88] 張殿軍，「關於文化外交若干問題的探討」，**天津行政學院學報**，第12卷，第6期（2010年11月），頁29。

[89] R. P. Anand, *Cultural Factors in International Relations* (Shakti Malik: Abhinav Publication, 1981), p.15.

[90] 劉乃京，「文化外交—國家意志的柔性傳播」，**新視野**，2002年第3期，頁68。

[91] 張殿軍，「論和平發展征程中的中國文化外交」，**中共雲南省委黨校學報**，第11卷，第3期（2010年5月），頁34。

[92] 邊葉宏，「文化外交在國際外交戰略中的雙重效應及啟示」，**理論前沿**，2009年第13期，頁28。

[93] 「推動中華文化走向世界」，**江西日報**，2010年8月30日，版B3。

上成功說服的一種能力[94]。

　　近代以文化為工具進行國力傳播，始於法國對外的法語教學。早在1883年，法國就成立了以在海外教授法語為主的法語培訓中心（也譯做法語聯盟），在法屬殖民地和世界各地教授法語。目前已在一百三十八個國家建有一千零九十八個分支機構，擁有三十多萬名學員。每年三點七五億歐元的預算和遍佈世界九十一個國家的一百四十四個文化中心構成了法國全世界首屈一指的海外文化推廣體系[95]。二十世紀30年代之後，各國都競相模仿法國的作法，用更隱蔽、更有滲透性的方法實現戰略目的（如表22-5所示）[96]。

　　如以文化外交最成功例子，美國當之無愧，為了在國際上推銷自己的形象，美國一直鼓勵以各種形式的接觸在他國培養「親美派」和「知美派」。它在國外設立「美國之家」，興辦美國大學，還通過各種教育和文化交流活動來傳播西方思想，

表22-5　世界主要語言—文化推廣機構的概況

機構	歷史至2008年	性質	目的	海外分支數目	年度經費估算及來源
法語聯盟	124年	與外交部有協議的半官方機構	在全世界傳播法語，擴大法國的思想和精神的影響	1100	約6億美元，政府撥款約占25%
歌德學院	89年	與外交部有協議的半官方機構	促進海外德語教學，增進與各國的文化交流	142	約4億美元，主要為政府和公共基金投入
英國文化協會	65年	隸屬外交部的半官方機構	推廣對外英語教學,增進外國對英國文化的瞭解	223	約6億美元，主要為政府撥款
西班牙賽凡提斯學院	17年	隸屬外交部的半官方機構	在全球推廣西班牙語教學、研究和使用，宣傳西班牙文化	60	約0.8億美元，主要為政府撥款
孔子學院	4年	隸屬國家漢語國際推廣領導小組的非政府機構	增進世界人民對中國語言文化的瞭解，促進多元文化發展，構建和諧世界	305（包括孔子課堂）	近年有較快增長，主要為國家財政投入

資料來源：段奕，「硬實力-軟實力理論框架下的語言-文化國際推廣與孔子學院」，**復旦教育論壇**，第6卷，第2期（2008年），頁50。

---

[94] 蔡國裕，「中共企圖增強其在世界的文化「話語權」之研析」，**展望與探索**，第8卷，第5期（2010年5月），頁10。

[95] 「全球邁入『文化外交』時代」，北京商報，2011年1月24日，版A4。

[96] 胡榮榮，「話語權與文化外交」，**世界經濟與政治論壇**，2008年第5期（2008年第5月），頁66。

如：富布賴特計畫（Fulbright Program）、國際訪問者計畫、總統國際青年交流倡議，這些計畫旨在通過人與人的直接接觸，加強和促進他國與美國人民之間的互相瞭解。此外，還通過政府間的藝術表演和美術交流，樹立美國的形象，寓宣傳於藝術交流之中；通過圖書出版和英語教學，擴大美國文化在國外的影響[97]，美國文化的有效傳播，無形中也營造出有利於美國世界治理的文化客觀環境。

另外，美國也是世界上傳媒最發達的國家，它利用遍佈世界的新聞傳播網路，構建話語強權。這套話語傳播體系通過種種途徑，滲透到了世界上許多的國家和地區，通過輿論、資訊的控制和傳播體系進行強勢的文化滲透。美國成立「全球資訊辦公室」，整合對外宣傳力量。美國媒體發佈的信息量是世界其他國家發佈資訊總量的一百倍，控制著世界75%電視節目的生產與製作。目前，CNN（美國有線電視新聞網）通過衛星電視向全世界一百三十七個國家和地區傳送晝夜新聞節目。美政府海外電臺的「美國之音」，能使用包括英語在內的五十二種語言廣播，每週擁有世界各地約八千六百萬聽眾。此外，美國在一百多個國家設立了兩百多個新聞處和2000多個宣傳活動點，在八十多個國家建立了圖書館，不遺餘力地擴大其思想文化影響[98]。

除利用報刊、廣播和電視傳統媒體之外，西方國家還利用所謂「第四媒體」—網際網路，進一步增強西方文化滲透和入侵的能力。據統計，現在網際網路上的內容，英語約占95%，法語約占3%，世界上其他眾多的不同語系只占2%，其中，網際網路上的中文資訊僅占1%[99]。縱觀世界各國文化市場中的份額，美國占43%，歐盟占34%，亞太地區占19%，日本占10%，南韓占5%，而中國大陸和其他亞太地區只占4%。美國的影視和圖書出版等總收入是六百多億美元，美國還控制了世界75%的電視節目的生產和製作，許多第三世界國家的電視節目有60%～80%的欄目來自美國[100]。

中國大陸「中國科學院中國現代化研究中心」依據世界各國的各項指標數據，研究、評比各國的文化影響力指數之排名，得出如下結果：「中共的文化影響力指數，在全世界排名第七，居於美國、德國、英國、法國、義大利、西班牙之

---

[97] 劉乃京，「文化外交—國家意志的柔性傳播」，頁67。

[98] 趙桂生，「安全環境新變化與國防經濟發展戰略」，**軍事經濟研究**，2010年第12期（2010年12月），頁13。

[99] 胡惠林，**中國國家文化安全論**（上海：上海人民出版社，2005年），頁201。

[100] 張志勇、司春霞，「關於提升文化軟實力戰略的思考」，**淮北師範大學學報**（哲學社會科學版），第32卷，第1期（2011年2月），頁42。

後。[101]」從以上的數據可顯示出，中共的文化影響力，在世界所占的比例是多麼微不足道。正如英國前首相柴契爾（Margaret Hilda Thatcher）曾經指出：「中共沒有那種可用來推進自己的權力、從而削弱我們西方國家的具有國際傳染性的學說。今天中國大陸出口的是電視機，而不是思想觀念。[102]」

　　在國際局勢發展及自身文化實力不足的情況下，中共已體認到，當代世界，安全環境不再是單純意義上的國防安全，更多的時候體現的是一種綜合性，包括政治的、經濟的、文化的、網路的安全等，不一而足。而「文化安全」[103]威脅卻是以上種種安全威脅中最致命的威脅，特別是美國的文化產品及民主思想傳播，已經對自身構成嚴峻挑戰。直接促使二十世紀90年代以來，中共在中國文化復興運動中，如何重建中國文明，界定中國文明自身的精神特質及恢復自身的思想能力中，重新開始思考如何重建自己的思想框架和基本觀念，創造自己的世界觀、價值觀和方法論，並思考自身與世界，思考自身的前途、未來理念以及在世界中的作用和責任[104]。在中國傳統戰略文化思維中，文化是把種族差別與文化差異、地理疆域聯繫起來之重要載具，而且中國傳統戰略文化中相當程度具有道德主義的傾向，倫理色彩濃厚。中國古代的政治家們往往將道義置於政治活動的中心位置，依據對道義的解讀一個朝代的興衰。這種趨向理想化的政治理念的積極性在於，當國家興盛時，能產生出強大的感召力，並能對以中國為核心的東亞政治體系產生相當好的規範作用，因此，只要做好自身文明建設，他人自來效仿學習、誠心歸服，「修德懷遠」成為中國歷代統治者最佳的對外政策選擇。

　　為此，2000年10月，中共十五屆五中全會通過的《中共中央關於制定國民經濟和社會發展第十個五年計劃的建議》中，第一次在中央文件中提出「文化產業」的概念[105]。2002年11月，江澤民在中共十六大報告中指出：「文化建設要立足於改革開放和現代化建設的實踐，著眼於世界文化發展的前沿，發揚民族文化的優秀傳

[101]蔡國裕，「中共企圖增強其在世界的文化『話語權』之研析」，頁11。
[102]蔡國裕，「孔子雕像鄰立天安門廣場之文化與政治意涵」，**展望與探索**，第9卷，第2期（2011年2月），頁34。
[103]文化安全指一個國家文化主權獨立，在遭受外來文化的侵蝕、破壞和顛覆時，能很好地保護本國人民的價值觀念、意識形態、行為方式及評判標準等不被重塑、同化，保護文化的民族性，維護民族的自尊心和凝聚力，並利用必要的手段擴大本國文化在世界上的影響。楊世生、張育賢，「維護中國文化安全的戰略思考」，**湖南工業職業技術學院學報**，第10卷，第5期（2010年10月），頁33。
[104]趙汀陽，**天下體系：世界制度哲學導論**（南京：江蘇教育出版社，2005年），頁2。
[105]陳庚，「國家文化創新戰略確立的歷史邏輯與價值意義」，**江漢大學學報**（人文科學版），第30卷，第1期（2011年2月），頁32。

統,汲取世界各民族的長處,在內容和形式上積極創新,不斷增強中國特色社會主義文化的吸收力和感召力。[106]」2005年10月,中共在十六屆五中全會中提出:「加快實施文化產品「走出去」戰略,推動中華文化走向世界。[107]」2006年9月,文化建設十一五規畫指出:「堅持文化創新,解放和發展文化生產力;實施文化創新戰略;實施「文化創新工程」,推進舞臺技術進步。」國家十一五時期文化發展規畫綱要指出:「始終把文化創新作為文化發展的戰略基點和前進動力;文化創新,包括繁榮發展文學藝術、培育文化創意群體和內容提供者、推動文化企業成為文化創新主體、加快科技創新、加強智慧財產權保護。[108]」

2007年10月,胡錦濤在中共十七大報告中提出:「當今時代,文化越來越民族凝聚力和創造力的重要源泉,越來越成為綜合國力競爭的重要因素。」「要堅持社會主義先進文化前進方向,興起社會主義文化建設新高潮,激發全民族文化創造力,提高國家文化軟權力。[109]」2009年7月,中共國務院原則通過了《文化產業振興規畫》。規畫提出了深化文化體制改革、加快跨區域重組的振興任務。首次提出允許社會資本和外資進入文化產業[110]。2010年3月5日中共國務院總理溫家寶在十一屆全國人大三次會議上作政府工作報告時指出:「國家發展、民族振興,不僅需要強大的經濟力量,更需要強大的文化力量。文化是一個民族的精神和靈魂,是一個民族真正有力量的決定性因素,可以深刻影響一個國家發展的進程,改變一個民族的命運[111]。中共近年來一系列有關文化觀點官方文件的提出,顯現出中共對此議題的重視。其主要作為如下:

首先,為了提升中共的國際形象,近年來,極力推動公共外交,公共外交一詞,係由位於美國波士頓(Boston)塔芙茨大學(Tufts University)佛萊契法律與外交學院(Fletcher School of Law and Diplomacy)前院長愛德蒙·古連(Edmund Gullion)於1965年時提出,但其定義眾說紛紜。簡單而言,公共外交是一國政府

---

[106] 中央文獻研究室編,十六大以來重要文獻選編(上)(北京:中央文獻出版社,2004年),頁30。

[107] 中央文獻研究室編,十六大以來重要文獻選編(中)(北京:中央文獻出版社,2006年),頁1033。

[108] 陳庚,「國家文化創新戰略確立的歷史邏輯與價值意義」,頁33。

[109] 胡錦濤,「高舉中國特色社會主義偉大旗幟,為奪取全面建設小康社會新勝利而奮鬥」,中國共產第十七次全國代表大會檔彙編(北京:人民出版社,2007年),頁33。

[110] 朱虹,「文化外交折射文化的傳承與創新」,新東方,2010年第5期,頁69。

[111] 鄧清柯,「文化是一個國家的命根子—論文化立國的戰略價值與意義」,湖南社會科學,2010年第6期,頁130。

影響他國民眾或菁英分子意見的作為，目的在轉化目標國家的政策對本國有利[112]。

　　公共外交對中共而言是較新的觀念。2001年10月，時任中共國務院新聞辦公室主任的趙啟正在「全國人大對外宣傳會議」上表示，為了取得良好的國際公眾輿論，必須從現在起更加明確做好公眾外交工作，這是中共官方首次使用公共外交之概念。2009年7月20日大陸舉行的第十一次駐外使節會議中，胡錦濤正式使用公共外交一詞，他在對今後中共外交工作方向提出指示時，強調要「要加強公共外交和人文外交，開展各種形式的對外文化交流活動，扎實傳播中華優秀文化」。在胡錦濤要求加強公共外交的指示下，中共中央政府已將公共外交列為重點工作[113]。

　　中共推動公共外交主要採取三項策略：一、建立和完善新聞發言人制度；二、大力開展對外交流，積極傳播中華文化；三、加強對外宣傳，努力掌握國際輿論話語權。其中第二項即是配合文化外交加以開展，而文化外交是公共外交的重要內容之一，同時文化外交亦是軟權力的運用；第三項則是掌握國際發言權，與中共使用的國際宣傳媒體及其建設有關[114]。

　　其次，增設駐外中國文化中心。增設中國駐外文化中心，是為適應中國文化走出去，活躍中國文化外交的需要而實施的一項創新性舉措。繼1988年7月和9月，中共首批駐外中國文化中心分別在非洲的模里西斯共和國（Republic of Mauritius）和貝南共和國（La Republique du Benin）建成並對外開放後，又先後在法國、南韓、日本、埃及等多個國家建設了中國文化中心。中共駐外文化中心正逐步成為中共最為權威的海外文化傳播平臺[115]。目前，中共已批准在海外建立個中國文化中心，把中國文化高頻率、不間斷地送到駐在國民眾的家門口；此外，已有一百多個國家的兩千多所大學開設了漢語課。在中國大陸的外國留學生過去十年間由三點六萬增長到十一萬。根據國家教育部的統計，從1978年到2008年10月，中共累計接受來自世界一百八十多個國家和地區的外籍學生一百二十三萬人次。近年來，外國來華留學生年均增幅超過加20%[116]。

　　第三，舉辦中國文化年，中國文化年實質上就是中共對外交流新機制實施的一個縮影。其活動主要由中共文化部負責組織，科技部、教育部、國家民委、國務院

---

[112]胡聲平，「大陸公共外交的內涵、特色與發展」，**大陸與兩岸情勢簡報**，2011年第1期（2011年1月），頁18。
[113]胡聲平，「大陸公共外交的內涵、特色與發展」，頁17-18。
[114]胡聲平，「大陸公共外交的內涵、特色與發展」，頁19。
[115]張殿軍，「論和平發展征程中的中國文化外交」，頁35。
[116]趙卓莉，「提升我國文化軟實力的戰略意義及路徑選擇」，**哈爾濱市委黨校學報**，總第66期（2009年11月），頁67。

新聞辦、國家廣電總局、國家體育總局、新聞出版總署、國家旅遊局、國家文物局、中國對外友協、中國文聯、中國作協和全國婦聯等多個部委和全國性人民團體共同參與舉辦，並成為加強與友好城市之間交流的重要手段[117]。這些對外大型的文化交流活動，既能擴大世界對中國歷史文化的溝通與理解，也有利於中共文化外交戰略目標的實現。

近年來，中共與不同國家開展形式多樣的國際文化周、文化年活動。舉辦文化年、文化周，是提高一個國家文化軟權力影響的重要依託[118]。如法國「中國文化年」（2003～2005年）、英國「中國文化年」（2003～2004年）、俄國「中國文化節」（(2003～2004年)、愛爾蘭「中國文化節」（2004年）、荷蘭阿姆斯特丹「中國藝術節」（2005年）、美國「中國文化節」（2005年）活動，從2006年開始，中國－俄羅斯「國家年」、「中印文化年」、德國漢堡「中國文化節」、義大利羅馬「中國文化節」也陸續拉開帷幕[119]。

最後，孔子學院的成立。近年來，海外孔子學院和國際漢語教育發展取得的豐碩成果與其制度建設密不可分。2006年，《國務院辦公廳轉發〈教育部等部門關於加強漢語國際推廣工作若干意見的通知〉》（國辦發〔2006〕17號）頒發實施；2007年，孔子學院實行總部理事會議事決策制度；2008年，推出《國際漢語教師標準》《國際漢語能力標準》和《國際漢語教學通用大綱》，為國際漢語教育提供品質標準。2009年，網路孔子學院上線，構建了國際漢語教育的遠端教學與開放式學習體系。設立孔子學院獎學金制度，為外國漢語教師來華研修、攻讀學位提供資助。在此基礎上，《孔子學院章程》規定了全新的「因地制宜」合作方式，旨在建設不同類型與功能的孔子學院及孔子課堂，形成輻射作用的國際漢語教育骨幹體系[120]。綜言之，孔子學院以漢語教學和中外教育、文化、經濟等方面的交流與合作為主，內容包括：面向社會各界人士，開展漢語教學；培訓漢語教師，提供漢語教學資源；開展漢語考試和漢語教師資格認證；提供有關中國教育、文化、經濟及社會等的信息咨詢；開展當代中國研究等。

隨著中國綜合國力的增強，世界影響力也不斷擴大。同時，世界上學習漢語

[117]李志斐、於海峰，「試論『中國文化年』現象」，理論界，2007年第2期（2007年2月），頁111。

[118]張殿軍，「論和平發展征程中的中國文化外交」，頁35。

[119]李志斐、於海峰，「試論中國文化年現象」，頁109。

[120]袁禮，「試論孔子學院和國際漢語教育的制度化建構」，華僑大學學報（哲學社會科學版），2011年第1期（2011年1月），頁76-77。

的人也越來越多，形成了「學漢語熱」。從2004年11月21日，全球第一所孔子學院正式在南韓首都首爾掛牌成立起，截至2011年8月底，各國已建立三百五十三所孔子學院和四百七十三個孔子課堂，共計八百二十六所，分佈在一百零四個國家（地區）。孔子學院設在九十九國（地區）共三百五十三所，其中，亞洲三十國（地區）八十二所，非洲十九國二十四所，歐洲三十四國一百二十所，美洲十三國一百一十一所，大洋洲三國十六所。孔子課堂設在三十九國共四百七十三個（緬甸、馬里、巴哈馬、突尼斯、坦桑尼亞只有課堂，沒有學院），其中，亞洲十二國三十九個，非洲五國五個，歐洲十四國一百個，美洲六國三百一十個，大洋洲兩國十九個[121]。由此可見，孔子學院的發展快速，亦在一定程度上滿足各國民眾對中國文化和漢語學習的需要。漢辦的目標是到2020年在全球設立一千所孔子學院[122]。

　　對於孔子學院設立，大多數國家或人民認為這給他們學習漢語提供了一個良好的機會，然而，也有國家或不少人對此表示擔憂。其中，在美國的孔子課堂和大學的孔子學院已經達到六十多所，而且還有如雨後春筍般的增加之勢。這種趨勢在南加州一些地區卻遭到抵制，反對者質疑中共的資本已經改變了當地的商業，難道中共還要改變美國的孩子？因此，當地有些美國人對不斷湧入的中國文化表示排斥，他們認為開設孔子文化課堂是一種「宗教入侵」。此外，澳洲也出現不贊成設立之聲音，印度甚至禁止孔子學院之設立，就是擔心中共的「文化入侵」[123]。從意識形態上來看，中共是共產黨國家，實施與西方不同之政治制度，相較比較獨裁、不民主，也因此中國文化的擴散使人們感到威脅。漢語學習雖然越來也熱，有其越來越重要的實用價值，但由於人們對「中國文化威脅論」的擔心，難免對中共大力推廣的語言和文化活動也產生戒心。

陸、結語

　　近年來，中共在國際上的表現已引起西方國家的注意，如科蘭滋克（Joshua Kurlantzick）在2007年以《魅力攻勢：中共的軟權力如何改變這個世界》為名，著

---

[121]孔子學院總部網站，詳參網址：http://www.hanban.edu.cn/。
[122]「現代中國＋全球化孔子「環遊」世界中國展現軟實力」，文匯報，2010年11月10日，版A27。
[123]「孔子學院與文化入侵」，2010年4月26日，詳參網址： http://www.bbc.co.uk/zhongwen/trad/indepth/2010/04/100426_ana_confucius.shtml?print=1。

書描述中共憑藉其軟權力所發揮的全球影響力[124]。雷默（Joshua Cooper Ramo）則提出「北京共識」（Beijing Consensus）這個概念，指出「……中國模式，已開始在經濟、社會以及政治方面改變整個國際發展格局」；相較於繼續倡導旨在保護其自身利益之單邊政策的美國，中共已在許多國際事務領域上削弱美國的影響力[125]。

　　值得注意的是，西方對中共的觀察，並非只以傳統西方權力政治的視角作分析，反而在多方面對中國傳統戰略文化觀進行觀察，試圖從中尋找中共未來發展的軌跡。而近年來，中共對外政策的論述，似乎也喜歡引藉傳統中國戰略文化的觀點來作理論鋪成，「和諧世界」就是最典型的例子，胡錦濤指出：「中國人早就提出了和為貴的思想，追求天人和諧、人際和諧、身心和諧，嚮往人人相親，人人平等，天下為公的理想社會。[126]」加以如前文所分析中共對外不論政治、經濟、安全與文化戰略，皆看得到傳統中國戰略文化的影子，其執行成果也已經廣泛引起世界各國的注意，可以推斷，中國戰略文化，將是分析未來中共的對外政策的重要視角。

124*Joshua Kurlantzick, Charm Offensive: How China's Soft Power Is Transforming the World* (New Haven: Yale University Press, 2007).

125Joshua Cooper Ramo, *The Beijing Consensus* (London: Foreign Policy Centre, 2004), p.3.

126胡錦濤，「在美國耶魯大學的演講」，**解放軍報**，2006年4月23日，版1。

林文程

壹、前言

　　一般之認知是美中關係存在很多的矛盾，歷史上的事實也證明兩國確實存在嚴重的衝突，例如兩國在1950至1953年的韓戰交鋒、1954～1955年和1958年之兩次台海危機美國支持台灣而與中國出現潛在對峙、1960年代中國抗美援越再度與美國交戰、而美國也支持西藏鬥士反抗中國對西藏之統治。雖然進入1970年代之後，尼克森（Richard Nixon）基於與中國的平行戰略利益（parallel strategic interests）而積極改善美中關係，到了卡特（Jimmy Carter）政府時期完成雙方之關係正常化，雷根（Ronal Reagan）政府在1980年代甚至銷售武器給中國，然而兩國間之互信仍然相當脆弱，因此兩國之學者專家對此一雙邊關係均有所保留，例如何漢理（Harry Harding）形容兩國是一種脆弱的關係（a fragile relationship）、藍普頓（David Lampton）形容雙方是同床異夢（same bed different dreams）[1]。中國學者唐永勝、盧剛指出中美兩國存在結構性矛盾[2]，王緝思認為美中戰略衝突不可避免[3]。

　　中國國力增強，美國國力相對趨於衰弱之全球化時代，許多國際問題需要世界各國通力合作，尤其是美中兩國之配合，才有徹底解決之可能。中國雖然國力日漸增強，但是現階段仍然不足於與美國相抗衡，因此仍未完全忘記鄧小平「韜光養晦」及江澤民「不搞對抗」的政策，所以中國一再強調會與美國合作，例如中國國家主席胡錦濤在2011年年初訪問美國，於元月21日在華府以「建設相互尊

---

[1] Harry Harding, *A Fragile Relationship: The United States and China since 1972 (Washington, D.C.: The Brookings Institute, 1992); and David M. Lampton, Same Bed Different Dreams: Managing U.S.-China Relations 1989-2000* (Los Angeles: University of California Press, 2001).

[2] 唐永勝、盧剛，「中美關係的結構性的矛盾及其化解」，收於王緝思總主編，世界和中國 2007～2008（北京：新世界出版社，2008年），頁58-82。

[3] Wang Jisi, "Strategic Conflict Inevitable Between China and US," *Global Research*, August 6, 2010, in http://www.globalresearch.ca/index.php?context=va&aid=20496.

重、互利共贏的中美合作伙伴關係」為題所作的一項演說中，「合作」這個詞共出現二十二次，而國家副主席習近平於2012年2月16日在華府的一項演說中，也有二十一次提到合作的字眼[4]。胡錦濤甚至強調中國尊重美國在亞太地區之存在及正當權益，而且歡迎美國在區域事務上扮演建設性角色[5]。美國也一再重申歡迎一個強大、繁榮、成功並在世界事務上扮演更大角色之中國的崛起，而且否認有圍堵中國之意圖[6]。然而，檢驗這兩國之實際作為，這些言詞只是外交辭令、官樣文章。美中之衝突不僅沒有減少，而且是越合作矛盾和衝突也越多，原因在於兩國存在競爭關係，和複雜的潛在衝突因子。

貳、美中之競爭或矛盾關係

美中間的矛盾之根本原因仍在於雙方國家利益的衝突，茲分別說明如下：

一、結構性矛盾

雖然美國與中國一再宣示要共同努力建設「二十一世紀積極合作全面的中美關係（a positive, cooperative, and comprehensive China-U.S. Relationship for the 21st century）」，而且雙方一再強調彼此合作的意願，但是兩國間矛盾依舊持續不斷，這是因為美國與中國關係存在結構性之矛盾，意即美國此一後冷戰時期唯一的超強，面對崛起中之中國的挑戰，美國如果不願意與中國分享權力，而中國又對以美國為首之單極獨霸的國際體系不滿，想要改變現狀，則兩國間之衝突就難以避免。誠如卜睿哲（Richard Bush）和歐漢藍（Michael E. O'Hanlon）在他們合著《一個不一樣的戰爭：有關中國挑戰美國的真相》一書中所指出，一個原本衰弱國

---

4 「胡錦濤在美國友好團體歡迎宴會上的講話（全文）」2011年1月21日，http://www.fmprc.gov.cn/chn/pds/gjhdq/gj/bmz/1206_22/1209/t788591.htm；「習近平在美國友好團體歡迎宴會上的演講（全文）」2012年2月16日，http://www.fmprc.gov.cn/chn/pds/gjhdq/gj/bmz/1206_22/1209/t905507.htm；accessed on June 26, 2012。

5 Ministry of Foreign Affairs, "Hu Jintao Meets with US president Obama," http://www.fmprc.gov.cn/eng/wjb/zzjg/bmdyzs/xwlb/t918315.htm, accessed on May 16, 2012.

6 U.S. Department of State, "U.S. Policy toward the People's Republic of China (P.R.C.)," Daniel J. Kritenbrink's statement before the U.S.-China Economic and Security review Commission, Washington, D. C., April 13, 2011, http://www.state.gov/p/eap/rls/rm/2011/04/160652.htm, accessed on May 15, 2012.

家在迅速累積經濟和軍事力量後想要重新改造先前之層極化權力結構，通常引起既有霸權的高度關切[7]。這種國際政治中兩最強大國家間難以逃脫的陷阱，加上意識型態的分歧，以及過去歷史上的恩怨情仇，確立美國與中國關係矛盾和衝突的必然性。

二、台灣問題

美國與中國在台灣問題上存有爭議，這是眾所皆知的事。許多中國學者指出，台灣問題是中美關係中最具爭議的議題或是主要的障礙，以致於美國的學者開始主張美國應該放棄台灣或是歡迎「芬蘭模式」應用到台灣，但是這些聲音在美國仍然屬於少數。大多數美國的學者專家仍高度肯定台灣的民主發展以及台灣繼續存在的價值，沒有任何證據顯示美國有放棄台灣的打算。相反地，由美國新建美國在台協會（American Institute in Taiwan, AIT）台北辦事處大樓規模之大得到證明，中國的普遍認知是美國不會願意見到台海兩岸統一。

三、人權問題

在意識型態上，美國與中國具有很大的差距，美國的獨立革命是基於所有人均生而平等（all men were born equal），被賦予生活、自由和追求幸福的神聖權利理念[8]。理想主義的想法讓美國重視民主和人權，想要輸出自己的政治體制和價值觀，也因此影響美國的外交政策，像田南保（Frank Tannenbaum）大聲疾呼美國外交決策不要忘記美國包括人人生而平等、個人主義、容忍不同族群、民主、人權、自治、宗教自由等信條（commitment）[9]。

中國人權不佳不時引起美國的批評。人權的問題涵蓋中國限制言論自由、控制媒體、逮捕民主運動人士、限制宗教信仰自由、禁止反對黨出現、迫害藏人和新疆維爾族等。雖然美國柯林頓國務卿（Hillary Clinton）在2009年2月訪問中國時表示，比起安全、環保和經濟合作的問題，人權議題是次要的，但是美中在人權議題上的磨擦仍將持續不斷。

---

[7] Richard Bush and Michael E. O'Hanlon, *A War Like No Other: The Truth about China's Challenge to America* (Hoboken, New Jersey: Wiley, 2007), pp. 1-3.

[8] 「美國獨立宣言（The Declaration of Independence, 1776）」，收於Richard D. Heffner (ed.), *A Documentary History of the United States* (New York: Penguin Books, 5th ed., 1991), pp.15-19.

[9] Armin Rappaport (ed.), *Issues in American Diplomacy*, Vol.1 (London: The Macmillan Company, 1965), pp. 15-34.

四、中國支持流氓國家或銷售武器給潛在衝突地區國家

中國對蘇丹、緬甸、北韓、伊朗等國之支持，不僅損及中國的國際形象，也對中美關係造成負面影響。此外，中國輸出飛彈、飛彈技術或可製造大規模毀滅性武器之原料或技術給巴基斯坦、伊朗、北韓等潛在衝突地區的國家，違反中國1991年同意遵守飛彈技術管制機制（Missile Technology Control Regime, MTCR）的承諾。

五、地緣戰略上的衝突

美國駐軍中亞國家，在冷戰結束之後仍然維持在東亞地區之眾多雙邊同盟體系，被中國視為是圍堵中國之舉動，是冷戰思維。美國不願見到中國主宰南海地區，而與越南、菲律賓等國聯合起來制約中國，如上所述導致美國柯林頓國務卿與中國外長楊潔篪於2010年7月在東協區域論壇（ASEAN Regional Forum, ARF）外長會議上針鋒相對。

六、經貿衝突

誠如中國學者張幼文和黃仁偉所指出的經貿關係過去是穩定中美關係的力量，但現在卻是兩國「最大的磨擦點之一」[10]。美國與中國業已成為對彼此之重要貿易伙伴，雙邊貿易額高達三千億美元以上，但是中國每年享有對美國高達兩千億美元以上之貿易順差，引發美中兩國間一些貿易上的矛盾，美國要求人民幣升值、逼迫中國嚴厲打擊仿冒以維護智慧財產權、禁止對美國傾銷、停止補貼輸往美國的產品、放鬆對中國服務業市場的保護政策、提高中國產品品質和安全的檢核標準等。中國則要求美國放寬對高科技產品輸出中國上的限制，甚至指責美國的消費習性導致美國的經濟困境。

七、競爭有限的戰略資源

為了繼續維持經濟發展，中國積極在全球爭取戰略資源，包括原油、鋼鐵、鋁、鋅等原料，因為中國的消耗和爭取，價格不斷飆漲。中國搶奪資源的對象可說是遍布全球，非洲、中亞、中東、拉丁美洲、大洋洲均有中國足跡。以能源為例，美國是世界最大石油輸入國，中國排名第二，中國的石油需求量和生產量的缺口不

---

[10] 張幼文、黃仁偉，2008中國國際地位報告（北京：人民出版社，2008年）頁192。

斷擴大，未來石油進口量會不斷增加，為確保石油之供應，美國與中國在全球石油市場相互競爭，中國甚至不惜犧牲國際形象，支持蘇丹和伊朗等國，與美國產生嫌隙。

參、美中共同利益

　　一般的印象是美中衝突多於合作，但是中國是政經影響力不斷增強的國家，而且是聯合國安理會常任理事國，而且沒有中國之合作，而且沒有中國之合作，許多國際問題難以解決，尤其是美國面臨的許多國際問題需要北京的支持，因此小布希總統在其2002年的國家安全戰略報告書中，指出美國與中國在打擊恐怖主義和維持穩定之朝鮮半島兩議題上享有共同之利益[11]。兩國之共同利益大致可說明如下：

一、打擊國際恐怖主義

　　2001年9月11日美國遭到恐怖主義攻擊，中國立即表態譴責此一攻擊行動，並表示支持美國。當然北京的表態有其考量，因為中國自身也遭受恐怖主義之威脅，希望以支持美國來換取華府將東土耳其斯坦伊斯蘭運動（the Eastern Turkestan Islam Movement）列為國際恐怖組織。中國甚至同意美國聯邦調查局（Federal Bureau of Investigation, FBI）在北京設立一個辦公室，以及2002年7月加入美國倡導之貨櫃安全倡議（Container Security Initiative, CSI）。然而，中國對美國之支持並非毫無保留。相反地，北京反對美國之單邊主義和新干涉主義。如果北京認為美國藉全球反恐來擴張地緣戰略利益，則北京會反過來反對美國，例如北京反對美國在中亞之駐軍[12]。

二、維持非核之朝鮮半島和日本

　　美國和中國均不願意見到北韓擁有核武，北京尤其不願見到日本發展核武。然而，華府認為北京在解決北韓核武問題上不夠盡力，因為北京一再阻擾聯合國安理

---

[11] George Bush, "The National Security Strategy of the United States of America," September 2002, p.27.
[12] *Bates Gill, Rising Star: China's New Security Diplomacy* (Washington, D.C.: Brookings Institution Press, 2008), pp.170-190.

會通過對北韓更嚴厲之制裁決議案,北京則認為對北韓採取更嚴厲之制裁措施,不僅無法解決問題,反而會使北韓反彈導致情勢更加複雜。

三、在非傳統安全議題上的合作

例如在打擊跨國有組織的犯罪,以及打擊海盜對航運安全之威脅,美中兩國具有共同的利益。跨國有組織的犯罪包括毒品和槍枝走私、經濟犯罪、人口販運等,當然兩國在防範國際傳染病的擴散上也具有共同利益。

四、因應國際金融危機

國際金融危機於2008肇始於美國,迅速蔓延到全世界,可說是全球沒有一個國家能夠倖免,美國和中國是世界上最大的兩個經濟體,兩國的領袖已經一再表示要攜手合作來度過難關。

肆、美中衝突多於合作

雖然美中兩國均知道彼此合作的重要性,而且一再重申要與對方合作,可是在實踐上總是衝突多於合作,而且縱然沒有台灣問題,兩國之衝突依舊持續不斷,這可以以兩國在聯合國大會之投票為行得到證明。例如2007年之聯合國大會有八十二件決議案訴諸投票,美中兩國僅對其中的七件投票行為完全一致。(請參見表23-1),投票完全相反的則高達六十八件,與聯合國其他的會員國相比,中國排第一百零四名[13],可說是與美國投票吻合度非常低的國家,與英國、法國、俄羅斯等三個安理會常任理事國的投票相比較,中國也是與美國衝突最激烈的國家。

---

[13] Bureau of International Organization Affairs, Department of State, the United States of America, *Voting Practices in the United Nations 2007* (Washington, D.C.: Department of State Publication, April 2008), p.101.

表23-1　美中在聯合國大會投票吻合度，1989～2009

年度	投票一致	投票相反	共識絕不需投票	其他	決議案總數	投票吻合度	
						含共識決議案	僅算投票案
2000	13	39	209	31	292	84.7%	25.0%
2001	10	48	223	30	311	82.8%	17.2%
2002	13	61	234	26	334	79.8%	17.6%
2003	10	66	211	22	309	76.7%	13.2%
2004	6	62	213	12	303	77.6%	8.8%
2005	10	67	183	25	285	73.9%	13.0%
2006	14	73	174	21	292	71.7%	16.1%
2007	7	68	170	18	263	69.3%	9.3%
2008	13	66	192	18	289	75.3%	16.5%
2009	7	45	189	13	254	77.2%	13.5%

資料來源：Bureau of International Organization Affairs, the United States Department of State, "Voting Practices in the United Nations," released annually since 2000; United Nations General Assembly: Voting Information, http://ww.un.org/Depts/dhl/resquide/gavote.htm.

伍、美中在台灣問題上的衝突

如上所述，美國與中國在台灣問題上有所衝突。布朗（Harold Brown）和普魯赫（Joseph W. Prueher）曾表示台灣是唯一能將美中捲入重要武裝衝突的國家[14]。不少美國的學者認為台灣海峽是對美國而言最危險的地區[15]，因為如果台海兩岸發生戰爭，而美國決定武裝介入，就會捲入與中國此一崛起中強權的軍事衝突，因此這些學者不斷思考如何避免這種危機發生，所提出的建議包括中程協議、芬蘭模式或是乾脆放棄台灣。

---

[14] Harold Brown, Joseph W. Prueher, and Adam Segal, *Chinese Military Power* (New York: Council on Foreign Relations, 2003), p.33.

[15] Kurt M. Campbell, and Dereck J. Mitchell, "Crisis in the Taiwan Strait," *Foreign Affair*s, No.80 (July/August, 2001), pp.14-25.

一、美國在台灣的國家利益

一般認為美國在台灣具有戰略、政治、和經濟上的重大利益，茲分別說明如下[16]：

（一）戰略利益

在冷戰的初期，尤其是美國因韓戰與中國關係極為惡劣時期，台灣是美國在東亞的前進基地之一，被形容成不沈的航空母艦。但是在美國從1970年代開始與中國大為改善關系之後，台灣對美國的戰略重要性逐漸下降，可是台灣對日本的戰略重要性隨著中國國力之增長不僅沒有下降，反而更為提升，而日本是美國在東亞最重要的盟邦，是美國亞太戰略之基石，如果台灣被中國拿下，日本更加難以抗拒來自中國之壓力，中國在東亞之主導地位將更進一步強化。此外，如果中國拿下台灣，則中國海軍進出第一島鏈將更加通暢無阻。如果美國將中國視為挑戰者或競爭者，台灣的繼續存在符合美國的戰略利益。

（二）經濟利益

台灣是美國第九大貿易伙伴和農產品的第六大輸入國，而且美國對台灣有金額不小的投資。此外，台灣是台灣軍火工業的忠實、重要的顧客。

（三）政治利益

美國一向自視為推動全球民主發展的先鋒，台灣是發展中國家民主轉型成功的典範。如果美國坐視台灣被中國拿下，將會嚴重傷害美國在全球，尤其是在亞太地區的信用和領導地位。目前中國周邊國家面對中國崛起之壓力，紛紛採取避險（hedging）政策，將美國力量引進來以平衡來自中國之壓力，如果美國放棄台灣，亞太國家今後將很難信任美國之承諾。

二、中國在台灣之利益

北京一再強調台灣屬於中國的核心利益，可分別從主權、戰略、和經濟的層面來說明：

---

[16] Kerry Dumbaugh, "Taiwan-U.S. Relations: Developments and Policy Implications," *CRS Report for Congress*, April 2, 2009; and John F. Cooper, "Why We Need Taiwan," *The National Interest*, August 29, 2011.

（一）主權利益

北京一再強調台灣是中國不容分割的一部分，而且一再宣示最終一定要統一台灣，以真正結束所謂百年之屈辱，區別只是要用和平或戰爭的手段來達成此一目標而已。

（二）戰略利益

建立一個富強之中國是自清朝中期以來所有中國菁英的願望和目標，但是過去三百年的世界歷史顯示，只有成為海權國家才能成為真正的世界強權，因此拿下台灣對中國發展海權是一重要助力。

（三）經濟利益

雖然兩岸貿易占中國整體對外貿易之比例逐漸下降，但是台灣依舊是中國大陸的重要貿易伙伴。更重要的是台商在中國大陸投資高達兩千億美元以上，創造數百萬之就業機會，為中國賺取可觀的外匯，而且台灣在服務業及管理方面的的能力對中國經濟的進一步提升會有幫助。

陸、2000年以來美中在台灣問題上的衝突

中國官員在學者一再強調台灣問題是中美關係中最敏感的議題，而且認為美國和日本是導致兩岸分離最關鍵的兩個國家。美中兩國在台灣議題上之衝突，基本上可視為兩國結構性矛盾的一部分，中國的官員和學者認為美國不願見到台海兩岸統一，而且想要利用台灣來圍堵中國。

兩岸關係自兩千年以來經歷兩個截然不同的階段，第一個階段是2000年5月20日至2008年5月19日民進黨執政期間，在此一時期台海兩岸矛盾和衝突不斷，因為民進黨政府拒絕接受所謂「九二共識」，除了對春節包機之協商外，兩岸協商完全中斷，海基會與海協會之互動也僅限於傳真機的文件往來。在遭北京刻意排拒下，民進黨政府逐漸走向對立和衝撞的政策，尤其是接近陳總統的第一任任期結束之前，為了贏得連任不惜激化兩岸關係，包括推動防衛性公採，陳總統在2004年之後甚至可說已經放棄改善兩岸關係希望，採取包括廢除國統會、國統綱領、追求以台灣名義成為聯合國及世界衛生組織（World Health Organization, WHO）之會員國、

2007年3月提出「四要」的主張[17]。

　　第二階段始於2008年5月20日台灣再度政黨輪替，國民黨在馬英九總統的領導下再度執政，因為馬願意接受九二共識，而且支持統一的意識型態被北京所接受，台海兩岸於2008年6月13日恢復協商，並簽訂兩岸直航、大陸觀光客來台等影響兩岸關係深遠的協定，至今台海兩岸業已簽訂十六項協定，除了上述兩項重要協議之外，2010年6月29日所簽訂之兩岸經濟合作框架協議（Economic Cooperation Framework Agreement, ECFA）尤其關鍵，因為它使兩岸的經貿關係更密切的結合在一起，導致民進黨批評是犧牲台灣的主權，國際社會也關注台海兩岸關係是否會從經濟整合溢散到政治整合。兩岸關係在此一時期並非完全沒有矛盾，事實上兩岸互信仍然不足，但是與前一階段相比較，台海兩岸緊張情勢已大為降低，台灣問題在中美互動中出現的頻率也跟著下降，雖然中國領導人和官員在與美國總統和官員會談時，有時仍會提到台灣問題，但事實上台灣問題已不再成為美中對話的焦點。

一、美國對台政策

　　雖然美國當年接受北京提出對台灣「斷交、撤軍、廢約」三條件，與中國完成建交程序，但是基於上述之國家利益考量以及台灣關係法（Taiwan Relations Act）之規定，美國仍然高度關係台灣的安全，尤其在1990年代台灣轉型成為高度民主的國家，增加美國在處理台灣問題之複雜度。事實上，美國僅認知北京的立場，並未承認中國擁有台灣的主權，美國某種程度上有道義來保護台灣對抗中國之武力統一。

　　自1972年2月28日尼克森與周恩來簽署上海公報以來，美國對台灣政策持續不變的立場就是台灣的問題必須以和平的方式解決，華府鼓勵台海兩岸進行對話來解決彼此歧見。雖然華府一再提醒北京要與民進黨政府對話，但是美國拒絕充當調人。

　　柯林頓總統曾歸納出美國對台政策之三支柱（three pillars）：兩岸和平解決歧見、一個中國政策（與北京的一個中國原則有所不同）、兩岸對話[18]。為了讓台灣

---

[17] 在2007年3月4日的一項演說中，陳總統提到台灣的四要：要獨立、要正名、要一新憲法、漢要經濟和社會發展。

[18] White House, Office of the Press Secretary, "Press Conference by the President," Washington, D.C., July 21, 1999. Quoted in Shirley A. Kan, "China/Taiwan: Evolution of the 'one China' Policy—Key Statements from Washington, Beijing, and Taipei," *CRS Report for Congress* (June 24, 2011), p.61.

能夠不受北京脅迫、能夠在立足點上平等的與北京協商、嚇阻中國的可能武力進犯、及遵照台灣關係法的規定，美國持續銷售武器給台灣。歷任美國政府對這些政策均遵循不悖。但對美國是否武力介入台海軍事衝突之高敏感性問題，美國傾向於採取戰略模糊（strategic ambiguity），讓北京和台北去揣測美國的意圖。然而，小布希總統於2001年4月25日接受美國廣播公司（American Broadcasting Company, ABC）訪問時，強調美國「會不惜一切幫助台灣防衛自己（will do whatever it takes to help Taiwan defend herself）」，被認為是揚棄戰略模糊，走向戰略清晰（strategic clarity）[19]。

二、北京對台政策

　　北京對台灣的持續不變目標就是最終統一台灣，差別只是統一的策略是和或戰而已。和平統一對中國而言是最理想的結果，因此從1950年代以來中共就不斷呼籲國民黨進行第三次合作完成統一，但是北京一再強調必要時以武力統一台灣的決心，2000年2月21日的對台政策白皮書提出對台用武的三個如果，2005年3月14日通過「反分裂國家法」，都是在為必要時對台使用武力作準備。

　　在民進黨執政期間，北京一再對台灣進行文攻武嚇，北京那時對台政策是以「一國兩制、和平統一」為基調，但是向武力威脅的一邊偏移，2004年5月17日國台辦的「五一七聲明」、上述「反分裂國家法」、及不斷增加瞄準台灣的短程飛彈就是明顯例子。

　　馬英九政府上台之後被中國視為是推動兩岸關係的戰略機遇期，北京對台海兩岸和平統一的信心大增。然而，經過馬政府這幾年之執政，以及中國認為對台一再「讓利」下，台灣民眾對統獨之態度可能讓北京感到挫折，因為台灣民眾之統獨認同不僅沒有朝支持統一轉變，反而越來越傾向支持獨立。例如政大選研中心於於2007年4月所作的一項民調顯示，台灣具有統一傾向的民眾有15%（支持儘快統一2.1%、維持現狀以後統一12.9%）、具獨立傾向者39.1%（8.2%支持儘快宣布獨立、15.4%維持現狀以後獨立、15.5%永遠維持現狀）、其他36.3%支持維持現狀以後再決定，可是該中心於2012年3月所作的另一項民調顯示台灣具有統一傾向的民眾僅剩9.7%（儘快統一1.5%、維持現狀以後統一8.2%）、具獨立傾向者增至51.7%（6.1%儘快宣布獨立、15.7%維持現狀以後獨立、29.9%永遠維持現狀）、

---

[19] Ibid., p.66.

其他32.4%支持維持現狀以後再決定[20]。具統一傾向者不斷減少，但是具獨立傾向者卻大為增加，雖然北京深知購買台灣的代價絕對遠低於武力攻打台灣，但是挫折感是否讓北京在對台政策上轉向侵略性行為，是值得關切的問題。

三、美中在馬政府時期之衝突

雖然美國可能不支持或不樂見台海兩岸之最終統一，但是美國樂於看到台海緊張情勢走向緩和，尤其是美國仍然陷於伊拉克和阿富汗之泥淖，而在北韓和伊朗核武問題上仍須北京之合作和支持，加上要全力解決金融風暴帶來之經濟蕭條，美國自顧不暇，不希望台海地區節外生枝，因此華府對兩岸恢復協商及簽訂ECFA表示歡迎。如上所述，除了中國高層在與美國官員對話時，例行需要強調台灣是中國之核心利益之外，台灣問題已經不再是中美對話的焦點。美中對台灣問題表面上出現的爭議僅剩美國對台軍售。例如2010年10月美國總統歐巴馬宣布銷售台灣六十四億美元武器，引起北京之反彈與批評，指為在中國背上插刀（a stab in the back）[21]，以停止中美軍事交流作為報復，但是雙方之軍事交流九個月後已經恢復[22]。

柒、美中在台灣問題上的合作

一般認為美中在台灣問題上衝突多於合作，實者不然。或許北京與華府對台灣問題的終局安排有歧見，但是兩國對台灣問題在短程上有共同利益，此一共同利益就是要維繫台海之和平。

北京瞭解在短期內和平統一台灣難以實現，武力統一台灣除了要付出昂貴代價，還可能毀了中國和平發展的戰略機遇期。雖然1978年12月以來推動的經濟發展策略，已經取得巨大的成就，中國業已成為世界上第二大經濟體，但是以平均國民所得而言，中國仍然是發展中國家，軍力、科技、整體經濟實力仍無法與美國抗

---

[20] Http://www.mac.gov.tw/public/Attachment/242493974.gif.

[21] Wang Jisi, "Strategic Conflict Inevitable Between China and US," *Global Research*, August 6, 2010, in http://www.globalresearch.ca/index.php?context=va&aid=20496.

[22] Bonnie Glaser and Brittany Billingsley, "US-China Relations: Tensions Rise and Fall, Once Again," *Comparative Connections: A Quarterly E-Journal on East Asia Bilateral Relations* (October 2010), p.10.

衡，而且中國內部政經和社會問題嚴重（包括貪腐、環境生態惡化、三農問題、貧富差距擴大、民怨加深、城鄉差距擴大、人口結構失衡等），因此解決台灣問題並不是短期內中國政府的迫切課題。北京的策略仍然是維持一個和平的國際環境來全力發展經濟及解決複雜的國內問題。

雖然北京不奢望短期內可統一台灣，卻希望阻止甚至扭轉台灣內部走向獨立之動能和趨勢，但是從過去所學到的經驗教訓，北京認知到到台北最近的距離就是經過華府，否則北京自己出手打壓台灣，會引起台灣的強烈反彈，反而產生負面效果。華府則要避免可能陷入與中國軍事對峙之陷阱。1996年3月之台海準危機提醒華府，如果不妥適處理兩岸潛在衝突問題，美國可能會被捲入與中國之戰爭。小布希上台之初將中國定位為美國之競爭者（competitor），不是戰略伙伴（strategic partner），但是九一一事件之後，美國國家安全戰略之重心轉向全球反恐，中國之合作與支持是美國解決所面臨許多國際問題的重要因素。為了贏得北京之支持與合作，美國在台灣的問題傾向於向北京妥協、讓步，甚至必要時犧牲台灣。

一、對台軍售問題

如上所述，美國對台軍售是目前美中關係中涉及台灣最具爭議的問題[23]。北京持續對華府施壓，要求美國停止對台軍售，認為這是干涉中國內政，以及對台獨勢力送出錯誤訊號。但是美國基於台灣關係法有義務銷售台灣足以防衛自己之武器[24]，只是對何謂防衛性武器及多少數量才足夠台灣防衛自己，解釋權操之於美國。

雖然雷根總統於1982年7月14日對台灣所作的六項保證之一，強調美國在對台軍售上不會事先與中國磋商[25]，但是過去的事例顯示美國在對台軍售的決策上，一再將中國之可能反彈納入考量，而且經常作出妥協之決定，例如小布希政府拒絕台灣購買神盾艦；歐巴馬政府拒絕台灣採購F-16C/D戰機，均是要避免北京之可能強烈反彈。美國國防部長蓋茲（Robert M. Gates）在訪問中國時，曾暗示美國重新檢討長期對台軍售政策的可能性[26]。

---

[23] Susan V. Lawrence and Thomas Lum, "U.S.-China Relations: Policy Issues," *CRS Report for Congress* (March 11, 2011), p.15.

[24] Sec. 2(b)(5) and Sec.3(a) of the Taiwan Relations Act.

[25] Kan, "China/Taiwan," p.39.

[26] On a trip to Beijing in January 2011, Gates made the following statement: "Over time if the environment changed and if the relationship between Chin and Taiwan continued to improve and the security environment for Taiwan changed, then perhaps that would create the conditions for re-

二、台灣法律地位問題

1950年韓戰發生之後，美國調整對台灣法律地位之立場，主張台灣法律地位未定論。然而60年來美國對台灣的主權地位卻逐漸從此一立場退卻，1979年1月1日美中建交時，美國的基本立場是一個中國政策、不支持台灣獨立或一中一台或兩個中國。柯林頓總統曾經加上「台灣和中國間的問題需要和平解決及獲得台灣人民的同意（with the assent of the people of Taiwan）[27]。但是美國的官員，例如國務卿鮑威爾（Colin Powell）和副國務卿阿米塔吉（Richard Armitage）在接受訪問時，曾說出台灣不是主權國家的言論，這或許是口誤，但對台灣已造成傷害[28]。尼克森在1972年訪問中國時甚至私下承認台灣屬於中國，柯林頓則在1998年訪問上台時公開宣示對台灣的「三不政策」，這些行為和談話對台灣同樣造成嚴重傷害。

三、美中合作制約台灣

美國的政策是反對台海兩岸任何一方片面改變台海現狀[29]，因此這一政策並非單獨針對台灣，當中國全國人大於2005年3月14日通過反分裂國家法時，美國曾強烈批評中國，然而美國在2000～2008年間更多的是與中國合作來制約台灣，包括反對台灣舉行公採、批評台灣要申請加入世界衛生組織及聯合國、反對台灣廢除國統會和國統綱領、批評台灣制訂新憲法之企圖[30]。

---

examining all of this" (US policies related to arms sales to Taiwan). Quoted in Lawrence and Lum, "U.S.-China Relations," p.16.

[27] Remarks by President Clinton to the Business Council, February 24, 2000, quoted in Kan, "China/Taiwan," p.64.

[28] Quoted in Kan, "China/Taiwan," p.74.

[29] State Department Spokesman Richard Boucher, press briefing, December 1, 2003, quoted in Kan, "China/Taiwan," p.71.

[30] For instance, President Chen insisted to conduct a defensive referendum in March 2004. President Bush criticized such an idea in his meeting with PRC Premier Wen Jiabao on December 9, 2003 by saying: "We oppose any unilateral decision by either China or Taiwan to change the status quo. And the comments and actions made by the leader of Taiwan indicate that he may be willing to make decisions unilaterally to change the status quo, which we oppose." Quoted in Kan, "China/Taiwan," p.71.

捌、結語

美中兩國政經體制、文化、價值觀不同，國家利益也存在很大的競爭性，兩國之間有矛盾和衝突是必然的現象。但是現實之需要鼓勵這兩個目前國際體系最有影響力的兩國家家尋求彼此合作，只是合作越多，衝突也似乎增多，王緝思甚至表示「兩國之未來戰略合作空間將被壓縮，而重大的競爭將不可避免」[31]。原因在於崛起中的中國已更加有信心，更可能對美國說不和在國際領域挑戰美國[32]。

台灣被視為美中間最具爭議的問題，然而兩國對台灣問題的衝突已經逐漸降低，事實上兩國在台灣問題上的合作增加，例如美中合作制約陳水扁總統的一些激進政策，因此胡錦濤甚至建議美中共管台灣海峽[33]。導致美國在台灣問題上的合作之因素，大致可歸納為以下幾項：一、美國忙於全球反恐，無暇顧及台灣問題，也不希望台海地區節外生枝；二、中美兩國深切體認到台灣是可能將兩國捲入一場戰爭的唯一問題，因此必須妥適處理以避免失控；三、維持台海和平是兩國短期上的共同利益；四、馬政府的大陸政策降低台海兩岸衝突的可能性，也降低美中因台灣問題發生爭議的機會，對台軍售是美中過去四年在台灣問題上產生爭議的主要原因；五、台灣是中國之核心利益，而台灣或許僅是美國之重大利益，因此美國較可能在台灣問題上做出讓步。

然而，台灣只是美中兩國眾多衝突利益的一項，沒有台灣問題美中兩國依舊衝突不斷。美國歐巴馬總統已經公開宣示結束伊拉克戰爭後，要縮小阿富汗戰爭的規模，並將精力和軍事資源的重心擺在亞太地區[34]。美國政府許多措施顯示歐巴馬政府宣示要重返亞洲是玩真的，例如美國對南海問題採更加積極的政策和立場，支持跨太平洋戰略經濟伙伴關係協議（Trans-Pacific Strategic Economic Partnership, TPP）、加強與日本、南韓、菲律賓、澳洲、印度、越南之安全合作，展現美國的旺盛企圖心。美國要重返亞洲，很明顯是將中國當成競爭的對象，北京也有此認知，這涉及美中的結構性衝突問題，也可能因此增加美中兩國長程上在台灣問題上的矛盾。

---

[31] Wang, "Strategic Conflict Inevitable Between China and US."

[32] Ibid.

[33] http://www.boxun.com/news/gb/pubup/2005/09/200509231517.shtml.

[34] "Remarks by President Obama to the Australian Parliament," Parliament House, Canberra, Australia, November 17, 2011.

王海良

壹、前言

2012年台灣選舉塵埃落定，馬英九獲得了過半數台灣選民的支援，順利連任，為兩岸關係和平發展創造了必要的條件。台灣這次選舉反映出一個前所未有的轉變，就是台灣各個政治力量和廣大選民對兩岸關係進行了一次歷史性抉擇，其結果是多數人贊成「九二共識」。筆者認為，可以從兩個層面看這個轉變，一是從和平發展這個宏觀主題的層面看，二是從政治基礎這個中觀主題的層面看。無論怎樣看，意義都很大，影響都很深遠。兩岸關係處於一個承前啟後，趨向縱深的發展階段，對來兩岸雙方而言都需要有一個穩健的戰略方針。雙方如何處理下一階段的兩岸關係和平發展為好？是本文要探討並回答的第一個問題。

2012年台灣選舉同樣牽動了美國、牽動了亞太、牽動了中美關係。這場選舉的結果對美國而言，是一個有利於保持台海穩定的進展，故基本上符合美國亞太戰略的需要。但是，台灣政局發展演變和兩岸關係發展符合美國的戰略利益與否？中美關係與兩岸關係在未來一個時期將如何交叉互動？是本文要探討並回答的第二個問題。

貳、兩岸關係穩中求進趨向縱深

看兩岸關係，既要看人們說什麼，也要看人們做什麼，還要看人們想什麼。我們常常用「人心思穩」、「人心思變」之類的詞語來概括人們對客觀發展的主觀意願，其中既有願景和期許，也有觀察和判斷。同樣，這次選舉揭示了台灣的人心所向，他們看到的、想到的和要做的。

一、和平發展已成為不可抗拒的取向

從選戰中的辯論到選舉結果，人們無一例外地發現，無論是參加選戰的三方，還是發表重要意見的其他方，都主張和平發展，支援與大陸共同追求台海和平，為台灣謀求一個和平的發展環境。唯一的不同在於如何謀求和平，也就是如何與大陸互動。國民黨提出通過「九二共識」這個政治基礎去謀求和平，民進黨卻要在不承認「九二共識」的前提下去謀求和平。選民都知道，國民黨因為堅持「九二共識」而有與大陸互動的資格和手段，民進黨因為否定「九二共識」而沒有與大陸互動的可能，所以蔡英文無論提出「和而不同、和而求同」還是拋出「台灣共識」，都不能打動他們。正因如此，人們內心深處會有一桿秤，它能衡量出誰是真的追求和平，誰是假的追求和平。

馬英九的連任是台灣民眾和平意願的體現，承載的是事關重大的和平取向。和平環境對誰都重要，但對台灣民眾尤其重要。現在，台海和平有了更大希望，兩岸全面經濟合作以及文教、社會、司法、科技等交流，都將享有一個和平環境。筆者相信，既然台灣民眾通過選擇馬英九來選擇了和平取向，他們就會支持他把兩岸關係和平發展推進下去。同樣，既然台灣民眾通過選擇馬英九的兩岸政策來表達支持兩岸關係和平發展的意願，大陸方面一定會盡力給予配合與協助，爭取他們的願望，而他們願望同時也是大陸廣大同胞的願望。

二、鞏固政治基礎使和平發展更加穩固

人們普遍認為，這次台灣選舉結果做出了一個結論，就是作為兩岸關係和平發展政治基礎的「九二共識」獲得了多數人的贊同。這是客觀的認識，它符合實際情況。假如沒有「九二共識」，絕不可能有「五項願景」，更不可能有兩會商簽的十六項協議，也不可能有台海的風平浪靜。民進黨不承認「九二共識」是兩岸關係和平發展的政治基礎，甚至否認「九二共識」的存在，自然無法獲得多數選民的支持，連美國人都不放心。選後的發展也表明，民進黨受到了失敗的震動，似乎認識到敗在哪裡了——不少民進黨人都提出檢討和反思大陸政策，尤其是對「九二共識」的態度。現在，選民的選擇告訴我們，他們贊同「九二共識」，他們的行動是對「九二共識」這個政治基礎的鞏固，而更加鞏固的政治基礎將會使和平發展更加穩固。

但是，僅有這些還不夠，還需要更多來自各方面鞏固政治基礎的行動。首先是國民黨及其執政團隊的進一步行動。這就是進一步積極地與大陸互動，包括從深化

兩岸經貿合作到商簽文化、教育交流協議，乃至雙方妥善處理對外關係中的問題和就某些政治議題啟動非正式商談。這將是一個辯證的過程，雙方互動得順利，成效顯著，則政治互信便得到加深，政治基礎便得到鞏固。假如互動遇到障礙，雙方作出更大努力克服障礙，解決了難題，則將使互動能力得到加強，政治互信經受考驗。其次是民眾的進一步認同和支持。民眾認同和支持深化兩岸經貿合作到商簽文化、教育交流協議，乃至雙方妥善處理對外關係中的還只是對過去三年多發展的反應，無論在人數上還是在程度上都還遠遠不夠，還需要未來幾年不斷有更多民眾參加進來，更加積極熱情地支持和參與兩岸交流與合作。再者是民進黨陣營調整變化。不管民進黨如何思考和行動，總會有一部分民進黨人能面對現實、正視現實、尊重現實，改變立場，他們的變化將擴大「九二共識」在台灣的社會基礎。總之，只要島內朝野上下有識之士以實際行動堅持「九二共識」，就一定會有越來越多的人站到支持「九二共識」的隊伍中來，不斷鞏固和擴大兩岸關係和平發展的政治基礎。

　　堅持「九二共識」不是停留在口頭宣傳、文字表述上的事情，而是要體現在行動上即處理具體事務上的事情。只要是符合體現一中原則的「九二共識」的事，就要理直氣壯地做，並且要認真細緻地做好。例如台灣同胞免簽入境問題，就可以通過電副程式加以解決，極大地便利台胞來往兩岸之間。還有在許多情況下和許多場合上，可以根據「九二共識」的務實精神，通過變通方式，靈活處理兩岸交流合作事宜。凡是違背體現一中原則的「九二共識」的事，都要堅決抵制和反對，決不妥協讓步。作為兩岸關係和平發展的政治基礎，「九二共識」是關鍵要素，只有把握好、運用好它，才能使兩岸關係和平發展做到穩中有進。

三、「一國兩區」有歷史和現實基礎

　　中國國民黨榮譽主席吳伯與中共中央總書記胡錦濤第五次會晤時，首提「一國兩區」為台灣處理兩岸關係的法理基礎，引發兩岸各界高度關注。有分析認為，此次馬英九借吳伯雄之口提出的「一國兩區」對於兩岸定位有重大突破，而藍營在兩岸政策上，也由「求同化異」，從「九二共識」邁出了向「一中」靠攏的新一步。也有人認為，這是國民黨被迫向共產黨投桃報李，還大選的欠債。而在民進黨方面，則幾乎一如過往，萬炮齊轟「自我矮化」。筆者以為，對「一國兩區」問題，需要心平氣和地討論，更要客觀地、理性地分析。

（一）「一國兩區」是兩岸的客觀事實

　　吳伯雄首度當面向胡錦濤提出「一國兩區」（大陸地區與台灣地區）的概念，指這是台灣處理兩岸關係的法理基礎，台灣處理兩岸事務的部門是陸委會而非外交部，這足以說明兩岸不是國與國關係，而是特殊關係。吳伯雄表示，堅持「九二共識」是兩黨重要的政治互信基礎。根據雙方現行的體制及法律相關規定，我們彼此都堅持「一個中國」，但對「一個中國」的內容，雙方表述有差異，我們求同存異。同的是，兩岸同屬一中；對於異的部分，我們正視現實、擱置爭議。胡錦濤雖沒有直接評論「一國兩區」說，但卻回應說，兩岸雖然還沒有統一，但中國領土和主權沒分裂，大陸和台灣同屬一個中國的事實沒改變。他還用了「兩岸相關規定」一語，代指兩岸法規，似乎是間接表示同意吳伯雄的法理說。於是，幾乎可以判斷，吳的「一國兩區」說不是隨意之語，顯然大有背景，而胡的回應也非王顧左右而言他，雙方都圍繞著「一中」和「一國」在表達基本立場，並達成了共識。其客觀作用是進一步增進了政治互信，增強了推進兩岸關係和平發展的基礎。

　　筆者認為，國民黨此舉是經過深思熟慮的解套之舉。雖然馬英九在2008年上臺之初，就提出過「一國兩區」概念，稱「兩岸關係是特殊關係，卻不是國與國關係」。但此次由吳伯雄在北京主動地向大陸正式表達台灣的「一中各表」立場與「一國兩區」的概念，應該是審慎考慮、反覆推敲後做出的重大決定，意在尋求突破。國民黨這樣做，無論在戰略上還是在策略上都是正確的，因為「一國兩區」是兩岸的現實情況，或者說是客觀事實，做出符合實際的選擇是不會錯的。反觀在野黨，罔顧兩岸的現實情況，一味反對「一國兩區」，到頭來只會發現一錯再錯，難以自拔。國民黨選勝了，也更客觀了，而民進黨選敗了，雖想反省，卻不容自我否定，更不敢面對現實。這就是「一國兩區」與台灣兩大政黨關係的寫照。

（二）「一國兩區」也是兩岸的歷史事實

　　台灣方面現在推動兩岸關係發展的依據是《兩岸人民關係條例》，這是以「一國兩區」概念作為法理的基礎。吳伯雄說，《兩岸人民關係條例》已經存在二十多年了，如果沒有它，兩岸人民交流交往是難以為繼，甚至是不可能的。其實，「一國兩區」何嘗不是「中華民國憲法」規定的？馬英九於5月20日在其連任台灣地區領導人儀式上發表講話，十分肯定地說，「我們所說的『一中』，當然就是中華民國」，又進一步稱，二十年來兩岸的憲法定位就是「一個中華民國，兩個地

區」[1]。這符合「一中各表」，體現了「九二共識」，表明兩岸關係和平發展的政治基礎是沒有疑問的。只是中華民國政府1949年以來治權只及台澎金馬，不及大陸地區，但中華民國政府從來不曾宣布放棄大陸地區。至於《國統綱領》和國統會的誕生，進一步說明中華民國政府曾試圖解決國土暫時分治問題，實現國家統一。雖然陳水扁當局廢除了《國統綱領》和國統會，但廢不了中華民國政府，更廢不了包括大陸地區和台灣地區的中國國土。所以，六十多年來的歷史也能證明，「一國兩區」是一個客觀事實。

（三）與「一國兩區」相關的兩個問題

「一國兩區」一出來，立刻引起了一些人把它與「一國兩制」聯繫起來或進行比較的衝動。有人提出，「一國兩區」是「一國兩制」的翻版。還有人說，「一國兩區」不如「一國兩制」地位高。顯然，觀察點不在「一」上而在「兩」上。那麼，兩區和兩制是什麼關係？顧名思義，區是空間單位，也可以是行政區劃單位，故大陸地區和台灣地區是並列的關係。制是制度的簡稱，指的是一個地方實行什麼樣的政治制度。「一國兩制」在兩岸來說，是表示完全統一後的中國可以實行兩種基本政治制度，大陸繼續實行社會主義制度，台灣繼續實行資本主義制度，誰也不吃掉誰，誰也不強迫誰。把這兩條結合起來看，它們是彼此相互印證、支撐和補充的關係。如果說「一國兩區」不如「一國兩制」，就等於拿牙膏與牙刷作比較了。其實，兩者都是必要的，缺一不可。

「一國兩區」與「一中各表」是什麼關係呢？接受「一中各表」而不能接受「一國兩區」，是由於感覺「區」不同于「國」，在「一國兩區」裡，似乎台灣降低為地區了，而這裡的「國」是中華人民共和國。所以，有這種心態的人寧要「一中各表」，因為不管「中」怎麼理解，他們自己把它表述為中華民國就放心了，而誰都明白中華民國只管到台澎金馬。其實，他們大可以放心的，這裡的「國」和「中」是本體中國，它可以是歷史的中國、文化的中國、未來的中國，少了哪個「區」都不成。假入「國」和「中」一定是指中華人民共和國，那就不用「各表」了，也就只有「一國一區」了。所以，「一中」可以各表，「兩區」互不包含，而「一國」是兩岸雙方共有的家園。

由上述可見，「一國兩區」帶來的所謂衝擊並沒有什麼了不起的，直面事實，冷靜思考，不難得出一個客觀、公允的結論。還是先不要盲目批判，妄加指責，自

---

[1]　馬英九就職連任演說，中央社台北5月20日電。

我矮化為好。相信經過討論、爭論、辯論，人們最終能弄清「一國一區」的含義和意義，並能接受它，如同接受日月同在、相互輝映的白天一樣。

參、發展兩岸關係需要兼顧當前與長遠

未來四年兩岸應該做什麼？能夠做什麼？這取決於兩岸雙方對應該做什麼的認識甚或共識。從輿論看，基本上分為兩種主張，一種認為四年只夠解決經濟和民生問題並適當擴大文教社會交流的，另一種認為可以從經濟領域轉入政治領域。筆者以為，四年時間確實不長，能做的事情確實有限，按常理可以設定一個相對低的目標，而且不失為現實、穩健的方式。不過，就兩岸關係來說，現實和穩健並不與長遠相衝突，只要大方向正確，可以不斷推進，完全可以兼顧當前與長遠。

我們說，兩岸經濟合作的深化是當務之急，兩岸文教交流也很重要，二者都是需要未來兩三年要解決的問題，即當前要務。無論對馬英九當局還是對大陸方面而言，都需要積極認真地落實兩岸框架性經濟合作協定及其後續商談，特別是商簽投資保障協定，這既是合作的現實需要，也是為長遠目標積累政治互信的需要。最重要的是兩岸人民需要。兩岸文教交流協議的商簽也是一項要務，其現實意義和深遠意義顯而易見。完成這樣的任務需要開拓進取精神，但不會有冒進之嫌、激進之弊，可以說是穩中求進。

我們也清楚，兩岸政治關係是根本性的、決定長遠發展的問題，解決這個問題是非常關鍵的，頗似「長治久安」之道，即長遠目標。眾所周知，兩岸之間的問題，不向縱深推進，是不可能徹底解決的，但短時間內也不可能徹底解決，所以可以逐步解決。然而，客觀情況往往又不以主觀意志為轉移，有時會受到根本問題的困擾。所以，筆者主張，發展兩岸關係需要兼顧當前與長遠，就是說即要處理當務之急，又要矚目和趨向長遠目標。具體而言，要在深化兩岸經貿合作和商簽兩岸文教交流協定的同時，適時和適當地採取措施開展非正式的政治商談。前者可以解決現實問題，滿足現實需要，後者則能加強政治互信，促進和平進程。筆者不認為二者之間因有根本矛盾和嚴重衝突而不可調和，不可並行。恰恰相反，二者相互配合可能有如雙腳行步一樣，前腳邁出，後腳跟上，前後呼應，相互支撐，不斷前行。設想一下，單腿行動，單腳邁進，雖可以行，卻不能持久，故難以達到目標。所以，我們可以雙腳走路，遠近兼顧。需要注意的是步子不要太大，走路不要太急，

要穩步前行。

　　綜上所述，有了不可抗拒的和平取向與和平發展的政治基礎，兩岸關係和平發展一定會得到鞏固，而未來的發展還要兼顧現實需要和長遠目標。兩岸人民完全責任、有智慧、有能力把兩岸關係和平發展推向縱深。

肆、從台海和平的角度看中美關係的走向

　　未來四年兩岸關係仍需緊緊抓住和平這個主題，雙方都要把營造台海和平當作處理兩岸關係的頭等大事。不言而喻，馬英九必須以一個和平環境來回報選民，大陸方面也要充分展現愛護同胞的姿態。否則，選民將因感覺和平訴求和願望落空而不再信任和支持馬英九，同時也會對大陸產生失望情緒，其後果是社會輿論質疑馬英九的兩岸政策，冷對兩岸交流和互動。那不是我們希望看到的局面。從大環境看，歐債危機和伊朗核問題對台灣造成不小困擾，民眾有很大心理壓力，急需一股緩衝力量和心理撫慰，兩岸之間通過友好互動，維持和平局面即可提供這股緩衝力量和心理撫慰。而在整個東亞地區，當人們普遍為美國「重返亞洲」，可能引發中美對抗而擔憂之際，兩岸關係和平發展的良好態勢卻能讓台灣民眾別有安全感而掃除心頭的陰霾。有了一個和平環境，兩岸大交流、大合作、大發展就能順利進行，各項美好遠景就能早日實現。如果說過去一段時間有人還不明白兩岸關係和平發展意味著什麼的話，現在應該一清二楚了。

一、台海和平與中美關係

　　兩岸關係一直以來在中美關係中具有重要地位，對兩國關係影響甚大。眾所周知，中國政府把台灣問題視為自己的核心利益，把台灣問題的處理當成最重要事務之一，兩岸關係自然是中國政府的頭等大事之一。美國一向把台灣問題當成自己亞太戰略的一部分，視之為美國重要利益。中美在台灣問題上長期博弈的結果，是中國越來越有力地影響台海局面，包括兩岸關係發展趨向，美國越來越難以在掌控台海局面上稱心如意，兩岸力量對比越來越向大陸傾斜，中美台三邊關係出現了前所未有的變化——中國大陸占主動，美國變主動為被動，台灣有些無所適從；中國大陸日益獲得主導台海的能力，美國主導台海的能力正受到日益削弱，台灣在台海只有招架之力。

　　這樣，台海的局面就變得更清晰了，焦點也更清楚了——中國大陸更有信心通過兩岸關係和平發展走向國家統一，美國願意看到台海長期和平而不強力阻撓兩岸謀求雙方都能接受的前景，台灣力求「不統、不獨、不武」，焦點是和平。只要台海能保持和平，中美關係就少了一個主要衝突點、爆發點，就會比較和緩，而台美關係也會相應地平順。這對三方都有好處。但是，如果其中任何一方急劇改變自己的立場而造成台海和平局面變化，則情況對三方都不利。所以，美國堅持通過對台軍售來維持台海軍力平衡，其最好的理由是兩岸軍力對比失衡，大陸對台威脅增加。美國國防部於5月18日公布《2012年中國軍力報告》稱，中國大陸已提升攻擊台灣經濟和軍事目標的能力，一旦兩岸爆發戰爭，它有能力嚇阻、拖延或阻絕第三國的介入[2]。既然中國大陸不可能放棄自身軍力的提升，美國就一直有理由繼續進行對台軍售，直到有一天發現軍售的負面作用大於正面作用為止。

　　中國大陸則一邊盡力促進兩岸關係和平發展，一邊提升自己的軍事能力，一如既往地推進自己的經濟發展戰略、國家安全戰略和國家統一戰略，並不為美國的做法所干擾、動搖、調整。如果把中國大陸的軍事變革單純地視為對台武備，那就顯得很簡單幼稚，離開錯綜複雜的顯示距離太大了。台灣則借助軍購尋求自我保護，並盡可能地拖延兩岸分治現狀。

　　維持這樣一個脆弱的和平局面看似對美方有利，也讓台灣鬆一口氣，但潛在不利很大，精神負擔要重得多。一旦「台獨」風吹草動，局勢立刻緊張，隨時要緊急應對。在這樣的過程中，中國大陸變得越來越有應對之道，美國越來越力不從心而感到厭倦，台灣則更多地承受不利的後果。所以，對中美關係而言，台海和平仍然是焦點，但衝擊力不再很大了，美國或許已經認識到，台海博弈正在從中國的巨大麻煩變成中國的活動平臺，美國需要認真重新評估在其於台海的得失。

二、美國亞太戰略與中美關係

　　美國力求台海和平，既是理念所至，也是戰略動機所驅。所謂戰略動機就是美國整個亞太戰略對台海局面的要求。美國亞太戰略是什麼呢？美國是防備中國還是圍堵中國？筆者認為，美國亞太戰略是借助同盟體系和軍事防禦網路，維持美國主導的亞太國際關係格局和穩定的安全局面，在這個過程中與崛起中的中國保持適度緊張的既對抗又合作的關係。美國對中國的戰略意圖，與其說是圍堵，不如說是防備。圍堵，客觀上美國已經力不從心，主觀上受制於在全球多個地區和領域需要

---

[2]　「兩岸關係改善，中共軍力部署未減」，**聯合報**，2012年5月19日。

中國的合作而有所顧忌、防備，美國有必要也有條件做到，甚至可以因此而占據道德高地。在筆者看來，這就是所謂美國重返亞太的實質所在。實際上美國是把自己的全球戰略重心重新放回到亞太。正如美國學者沃爾特‧克萊門斯所言，「我們現在在安全問題上遭遇典型的進退維谷：美國看到中國海陸空三軍的現代化後會感覺必須鞏固美國在太平洋地區的資產。作為回應，中國會認為必須採取更多行動去制衡美國在該地區不斷增加的力量。這種行動和抵抗行動的模式有可能變成和當年美國和蘇聯之間的軍備競賽一樣，既危險又昂貴，以及像有的人說的一樣，毫無意義」[3]。筆者要說，假如這樣一場競賽真的在中美之間進行，中國一定不會像當年的蘇聯那樣愚蠢，而美國也不一定能做到像當年那樣稱心如意，笑到最後。

進而，筆者認為，從海峽兩岸的關切點來看，美國重返亞太不等於重返台海。在美國新的亞太戰略佈局中，美國的力量是更加靠近台海還是更加脫離台海？這個問題很重要。答案是明顯而又清楚的。從美國軍力後撤至關島，增加在澳大利亞駐軍，以及在新加坡部署濱海戰艦等，可以看出，美國不可能更靠近台海，而是更遠離台海。美國之所以用軍售手段為台灣軍隊撐腰，就是出於避免自己的力量靠近台海，其軍售的理由──大陸導彈優勢威脅台灣安全──恰好表明美國需要躲到導彈射程以外，正如把駐日軍事基地前往關島一樣。

三、如何看美國出現的「棄台論」

放棄台灣，撒手不管，任由中國大陸按自己的意願對待台灣，可能成為美國的選擇嗎？美國人保羅‧肯恩的觀點是「捨棄台灣救我們的經濟」，因為「今天台灣對美國已無多少戰略意義，無論通過到大陸投資或與大陸企業合資，台灣在經濟上已逐漸與中國成為一體。這個小島遲早會融入中國大陸」[4]。其實，這不是「棄台論」的濫觴，也不是最具想像力的觀點，倒算是同類觀點中比較保守的。筆者不認為這種觀點具有充分論據，而是認為美國不到台灣問題達到崩潰的邊緣，斷不可能採取「棄子」下招。然而，某種形式的戰略撤退也不是不可能的。歷史的影子就在英國撤出蘇伊士運河以東的「戰略收縮」之中，她放棄的豈止是一兩個島，簡直就是大英帝國的大部分海外殖民地！再看擅長戰略的美國歷史上在中國又是如何做的：1946～1949年國共內戰，美國調停失敗，最終放棄國民黨,背負「丟掉中國」罪名；根據1972年《中美聯合公報》，1979年美台斷交、撤軍，丟棄盟友台灣。

---

[3] 「為什麼要和中國打仗？」，日本外交學者雜誌網站，2012年5月5日。
[4] 海峽評論第256期第15頁，原載於紐約時報，2011年11月10日。

美國將放棄對台灣的保護還是轉而採取一種交換方式處理台灣問題？筆者傾向于認為，美國會以放棄阻撓兩岸和平統一來換取中國與美國相安無事，以台海和平的名義換取雙方在全球範圍的全面合作，雖然這種合作中也會包含基本的衝突。既然台海兩岸不可能永久維持分治現狀，只要是以和平的方式實現統一，美國有什麼不能交換的呢？台灣民主制度？那是兩岸中國人和平解決的問題。

其實，美國不是不想以保護台灣民主制度為理由阻止中國和平統一，但心有餘而力不足。單單從經濟上看，美國就要承擔她不願意承擔的代價，「美國沒有強制逼迫中國的實力，更不用說採取會給美國經濟帶來嚴重損害的措施了」[5]人們大多沒有注意到美國價值觀在台灣問題上的糾結——要保衛民主制度，又不能支持「台獨」，因為美國是少數曾用戰爭阻止自身分裂的國家之一，這一歷史遺產是其價值觀的核心要素之一。可以設想，如遇「台獨」，即使中國大陸動武，美國也難以出兵直接保護「台獨」——那等於摧毀自己的價值觀和歷史遺產！

四、中國的核心利益與美國的亞太戰略

主權與領土完整是中國的核心利益之一，就涉及亞太地區的問題來說，其中首屈一指的是台灣，其次是南海、東海島嶼及其周邊海域。在東海和南海與有關國家之間的海洋領土爭議，正是設計中國領土完整的事情，屬於中國核心利益範疇。至於人們所謂打破第一島鏈走向深海，嚴格說來，不屬於中國核心利益範疇，而是屬於中國重要利益範疇。這些，美國是很清楚的，筆者的表述正是按照美國關於國家利益劃分標準作出的。所謂「台灣是美國的核心利益，它作為美國特定聯盟的夥伴，在空海一體戰、聯合作戰介入概念和亞太地區戰略再平衡中發揮著關鍵的作用」[6]是缺乏法理和政治意識的單純軍事思維的表現，實際上台灣不是美國的核心利益，而是美國的重要利益；台灣也不能像日本那樣發揮關鍵戰略作用。

全面、正確理解台灣在美國戰略中的地位，才能準確判斷美國在台灣問題上可能採取的策略。美國在設計自己的亞太戰略時，即使十分重視台灣的牽制作用，也不可能不認真對待中國這樣一個正在迅速崛起而又牽動美國整體利益的亞太強國。美國當然沒有能力和辦法絞殺中國，而只能理性而又現實地對付中國，至少要以軟硬兩手對付中國，而實際情況可能遠比想像得要複雜得多。所以，筆者更欣賞李侃

5 紮卡裏‧卡拉貝爾，「美國不可能在每個有分歧的問題上與中國對抗」，**美國新聞週刊網站**，2012年5月5日。
6 馬克　斯托克斯、蕭良其，「美國軍方為什麼需要台灣」，**日本外交學者雜誌網站**，2012年4月13日。

如就中美互信問題提出的問題：「在亞洲什麼樣的全面軍事姿態即能使中國滿足其至關重要的安全需要，又能使美國保衛其盟友和利益？什麼樣的相互制約有助於帶來這樣的結果？[7]」這是雙贏思維指導下的問題，要用可以達到雙贏的方式來回答。

從博弈和妥協的角度看，美國的務實之道應該是，對於中國的核心利益，予以必要的尊重，並且後退，不予侵犯，而對中國核心利益以外的領域，則不退讓，甚至可能牢牢堅守。即使從純軍事角度看，美國也需要後退，以免期軍事基地和軍人在兩國發生嚴重衝突時遭到中國的毀滅性打擊。

美國後退一步海闊天空，得以全力掌控亞太大局，現實可行。而在第一島鏈以外，不會有來自中國的威脅，中國的手沒有那麼長，在領土領海以外，沒有她的勢力範圍。

從全球格局格局看，中美有共同利益，有共同利益就有合作基礎；有的領域沒有共識，局部就沒有互信。中美雙方的相互依存是不可改變的事實，違背這一事實就會違背雙方根本利益，雙方都不會冒險讓彼此之間的猜疑演變成激烈衝突，造成兩敗俱傷的結局。

伍、結語

綜上所述，兩岸在既有政治基礎上繼續增進政治互信，穩健地向兩岸關係和平發展的縱深推進，是有利於台海和平與兩岸人民的，也是有利於區域穩定和區域繁榮的。這樣的發展並不會受到中美關係的困擾，也不會困擾中美關係。美國的亞太戰略不能不正視並尊重中國的核心利益，因此不能以台海局勢的逆轉為條件來建構所謂的戰略再平衡，而是可能以維持台海和平來換取中國在整個亞太地區乃至全球與美國的合作。兩岸完全沒有理由不積極穩健地加深和平發展。

---

[7] 「美中必須克服互不信任」，美國有線電視新聞國際公司（CNN）網站，2012年4月10日。

張蜀誠、王瑋琦

壹、前言

　　美國總統歐巴馬（Barrack Obama）與國防部部長潘尼塔（Leon Panetta）於2012年1月5日發表「維持美國的全球領導地位──二十一世紀國防的優先任務」（Sustaining U.S. Global Leadership: Priorities for 21st Century Defense）的戰略規畫報告[1]，內容強調要將戰略重心置於亞太與中東地區，並著重在防制中共與伊朗對國家安全與全球秩序穩定的危害。因此，儘管美國在未來五年內將大幅削減國防預算近五千億美元，但亞太地區的預算仍將維持現有的水準，同時也將透過兵力轉移此區域、鞏固既有盟邦，以及尋求新的合作對象，來達到美國國家安全目標[2]。對大陸而言，美國政府和軍方拋出「中國威脅論」並不是什麼新鮮事，不過由歐巴馬在五角大廈對亞太軍事戰略現身說法，並親自向大陸叫陣的情況卻是史無前例[3]。大陸具有明顯民族主義傾向的報刊，立刻展開強烈的批判[4]。在美、「中」逐漸開展權力轉移之際，美國新戰略是否有助於確保其國家安全與利益同時，亦能有效穩住區域與全球體系秩序，殊值關注。

　　一般公認，從過去權力轉移的過程中，幾乎都會爆發戰爭，以解決新崛起的挑戰國與主宰國之間的權力分配問題。儘管二十世紀初美國取代英國成為全球霸權國家，並未發生戰爭，但那是由於德國的快速崛起，並急於挑戰大不列顛國際領導權，讓美國得以收割漁翁之利所致。未來美、「中」權力轉換是否能夠有效避免過

---

[1] "Sustaining U.S. Global Leadership: Priorities for 21st Century Defense," *World Freedom Watch*, January 9, 2012, http://worldpostnews.com/2012/01/sustaining-u-s-global-leadership-priorities-for-21st-century-defense.

[2] U.S. Dept. of Defense, "Sustaining U.S. Global Leadership: Priorities for 21st Century Defense," January 2012, http://graphics8.nytimes.com/packages/pdf/us/20120106-PENTAGON.PDF.

[3] Leon E. Panetta "Statement on Defense Strategic Guidance," *U.S. Department of Defense*, Jan. 5, 2012, http://www.defense.gov/speeches/speech.aspx?speechid=1643.

[4] 「社論不必過度解讀歐巴馬的新國防戰略」，泰國世界日報，2012年1月11日，詳參網址：http://mag.udn.com/mag/world/storypage.jsp?f_ART_ID=365972#ixzz1jCVoGdB9。

去戰爭的覆轍，重演美、英和平權力移轉的經驗，實有賴太平洋兩岸強權的善意與衝突避免機制的建構。對此，除了美國對大陸是否採取先制攻擊以外，國際關係學者認為，北京是否擁有挑戰當前主宰國，並順而改變現有國際秩序的意願與能力，將是未來和平與戰爭的重要因素[5]。因此，面對美國的新戰略規畫，大陸如何認知與回應，將決定雙方是朝著衝突抑或和平方向互動。

在美國頒布新戰略之後，分析北京對美國新戰略的「意圖」與「能力」的認知內容，如此，不僅有利理解並預測未來美、「中」關係走向，同時對於處在兩強夾縫之間的我國，能夠及早因應變局、未雨綢繆。

貳、權力轉移理論中的挑戰者

權力轉移理論（Power Transition）此一名詞是Kenneth Organski在其經典之作「世界政治」（World Politics）一書中所提出。此一理論主要在探討強權之間的動態關係對於國際關係所形成的重大影響；首先，這是有關一個大國的國力（土地與人口）明顯增加，導致其經濟快速增長；其次，該大國國力增長後對國際體系的衝擊，特別是對國際體系中處於霸權主宰地位的國家。從整個歷史發展歷程看，權力平衡的改變與努力維持或轉變國際秩序，促使大國之間的相互鬥爭，最終導致戰爭。其結果往往改變國際領導國家，並且重組國際秩序[6]。

吉爾平（Robert Gilpin）在「戰爭與世界政治的改變」（War and Change in World Politics）一書中指出，擴張中的國家盡一切手段去衝撞處於主宰性地位的國家，及其盟邦所定下管理現存國際秩序的規範，分割勢力範圍甚至領土國界。如果主宰國家與挑戰國家無法以和平手段解決彼此分歧，戰爭將無可避免，吉爾平稱此類戰爭為「爭霸戰」（Hegemonic War）。「爭霸戰」是強權間為解決關係分歧或創造新的世界秩序的主要手段。不幸的是，已知的每一個國際體系都是有關領土的、經濟的與外交的強權衝突的結果[7]。其中較有名的案例，即是霸權間的競爭促發第一次與第二次世界大戰[8]。

---

[5]　Henry A. Kissinger, *On China* (New York: The Penguin Press, 2011) pp.514-530.

[6]　A. F. K. Organski, *World Politics* (New York: Alfred A. Knopf, 1969), p.3.

[7]　Robert Gilpin, *War and Change in World Politics* (London: Cambridge University Press, 1981), pp.66-69.

[8]　John J. Mearsheimer, *The Tragedy of Great Power Politics* (New York: Norton, 2001), pp.23-24.

　　有關爆發強權之間戰爭的原因，雅典歷史學家修昔底德斯（Thucydides）指出，長達二十七年的伯羅奔尼薩戰爭（Peloponnesian）的主要原因，在斯巴達對於雅典的權力增長的擔心，讓戰爭不可避免[9]。Organski與Jacek Kugler指出，權力分配的轉變為強權間的衝突提供環境；當挑戰國與主宰國之間的國家力量差距縮小時，戰爭陰影將隱約浮現。Bruce Bueno de Mesquita進一步指出，比較有可能的狀況是，主宰國會在挑戰國獲得機會挑戰現狀之前，採取先發制人行動。另一個可能性是，挑戰國認為主宰國盡一切手段，防止其崛起；然其新生力量讓其得以對抗甚至超越主宰國，因此發動戰爭，迫使主宰國與其進行軍事對決。如果挑戰國贏得戰爭並成為國際體系中新且最強的國家，其將促使新的國際秩序產生[10]。

　　儘管「不滿」是一個主觀的用詞，Organski則提供兩個客觀的方式去處理此一概念。第一，一個不滿的崛起強權並非主宰國的盟邦；另外，崛起強權在現存的國際秩序創造過程中，沒有一席之地。因此，崛起強權基本上與現存秩序並沒有共用的基本價值。同時，崛起強權也發現，現存的國際秩序有違其利益，致使崛起的強權會想方設法地改變國際秩序。此外，根據Organski的定義，權力轉移必須是國際體系中的領導國家與挑戰者之間的行為，而且牽涉到改變或創造一個國際體系/秩序。因此，不應將權力轉移與國家間的敵對行為相混淆，因為後者可能，也可能不會牽涉到對國際體系/秩序的掌控[11]。

　　權力轉移理論提供對於理解強權之間關係的十分有用的視角。權力分配的改變與十九世紀和二十世紀上半葉的和平與戰爭時期的相關性，印證權力轉移理論的中心思想，那就是優越的權力能夠維持國際秩序，一旦缺乏此一權力就會引爆強權之間的戰爭。另一方面，超強雙方都無法取得對對方壓倒性的優勢，似乎是戰爭得以避免的主要原因之一。例如，核子的互相保證毀滅便是美蘇之間防止冷戰走向熱戰的關鍵性因素[12]。

　　此一理論對於分析二十一世紀初期的世界領導國家也同樣有用，因為國際體系並沒有發展到盡頭[13]，而是正在進行深層的改變。權力轉移理論指出，挑戰者的

[9] A. F. K. Organski and Jacek Kulgler, *The War Ledger* (Chicago, IL: The University of Chicago Press, 1980), pp.4-8.

[10] Bruce Bueno de Mesquita, "Risk, Power Distribution, and the Likelihood of War," *International Studies Quarterly (Bloomington, IN)*, Dec. 1981, pp.44-46.

[11] A. F. K. Organski, *World Politics*, pp.18-19。

[12] David Lai, *The United States and China in Transition* (Carlisle, PA: Strategic Studies Insititute, 2011)p.16.

[13] Francis Fukuyama, "The End of History?" *National Interests* (Northfield, Vermont) (Summer

條件首先必須在地理上與人口方面為次級強權；其次，是一個對現狀不滿意的次級強權。上述兩項基本要件提供機會，讓不滿意現狀的次級強權有意願，也有能力去改變現存的國際秩序，其行為也會導致與主宰國家之間爆發衝突[14]。擁有龐大人口規模的大陸，正快速崛起成為新的全球性強權[15]。上海2020年甚至可望取代紐約，對成為國際金融中心有信心[16]。根據諾貝爾經濟獎得主Robert Fogel預測，到了2040年，大陸經濟體將達一百二十三兆美元，或者說接近2000年全球經濟產出的三倍。三十年後大陸所占的全球GDP比例為40%，相較之下，美國14%、歐盟為5%[17]。在經濟高速成長下，政治影響力與軍事能力亦隨之擴張，對於現存強權與國際秩序均形成某種程度的衝擊。

目前，在核武相互嚇阻的情況下，儘管美、「中」雙方維持冷戰式的和平，但未來是否爆發衝突，不僅取決於處於領導地位的美國對於大陸的認知；也在很大程度上，取決於處於不滿狀態的挑戰者北京對華府戰略意圖與能力的解讀評估。因此，接下來將分析大陸在華府發表新戰略規畫後的戰略判斷，並以此評估北京對華盛頓發動先制攻擊的可能性。

參、北京對美戰略意圖的評估

有關美國新戰略的意圖，可以從戰略動機、戰略目標與戰略規畫三方面，分析中共對於美國戰略意圖的認知。

一、戰略動機

（一）維持美國單極霸權

華府推出的新戰略政策，對中共而言並不新，原因在於根據美國歷年來的戰略目標在於防止潛在的權力挑戰者出現[18]。華府坦言，為了維護美國在全球的領導地

1989), pp.89-96.

[14] David Lai, *The United States and China in Transition*, p.18.

[15] David Lai, *The United States and China in Transition*, p.16.

[16] 廖珪如，「2020上海可望成國際金融中心」，工商時報，2012年1月17日，版3。

[17] Henry Kissinger, *Diplomacy* (New York: Simon & Schuster, 1994) p.805.

[18] Mark Urban, "Re-ordering of priorities in new US defence strategy," *BBC News*, Jan. 6, 2012,

位，以及維持此一霸權體系下的國際秩序。對此，大陸專家學者也如此評價，不同在於，後者乃以負面方式進行詮釋。大陸海軍少將尹卓指出，從戰略層次來看，在被華府視為能夠控制稱霸世界主要的核心地區的整個歐亞大陸板塊，不允許出現能夠跟美國爭霸世界的大國[19]。大陸商務部國際貿易經濟合作研究院研究員梅新育也認為，在當今局勢下美國為了維護其政治經濟霸權不動搖，完全有必要動用包括軍事霸權在內的一切優勢力量[20]。

（二）減輕財政負擔

由於美國財政赤字嚴重，必須大幅削減持續大幅增加的國防經費[21]，以利維持經濟發展[22]。對此，大陸同樣以負面方式分析，《新華網》文章指出目前美國經濟的困境與其動輒濫用武力密切相關，因此提出大幅縮減預算的計畫[23]。《人民日報》的分析也認為，戰線過長、能力不足，稱霸全球野心太大、資源有限等矛盾，始終是制約美國國防戰略與軍事戰略的重要因素。近年來，金融危機、經濟衰退，再加上伊拉克和阿富汗兩場戰爭讓美國的綜合國力傷筋動骨，面對諸多挑戰確實讓美國捉襟見肘[24]。

（三）總統大選考量

此外，《國際先驅導報》還認為，從新軍事戰略宣布的時機看，歐巴馬的政治考量也非常明確，即以戰略調整重振美國民眾對政府的信心和希望，進而凝聚更多的選票和支持，以贏取即將到來的總統大選[25]。《新華網》文章亦指出，2012年為美國大選年，經濟狀況直接關乎歐巴馬政府的政治命運，促使美國對全球軍事戰略

---

http://www.bbc.co.uk/news/world-16435174.
[19] 「揮師東進咄咄逼人美為何重兵部署亞太」，新華網，2012年1月15日，詳參網址：http://news.xinhuanet.com/mil/2012-01/15/c_122588591_5.htm。
[20] 梅新育，「西方國家轉嫁國內危機發動新戰爭風險加大」，環球時報，2012年1月7日，版5。
[21] Shen Dingli, "A priority for Asia-Pacific shift," *China Daily(Beijing)* (Jan. 12, 2012), p.6.
[22] Phil Stewart, Paul Eckert, "No Big U.S. Naval Buildup in Asia, Top officer says," *Center for New American Security* (Jan. 10, 2012), website: http://www.cnas.org/node/7666.
[23] 支林飛、杜靜，「美國為何對軍事戰略進行重大調整」，新華網，2012年1月6日，詳參網址：http://news.xinhuanet.com/mil/2012-01/06/c_122543185_2.htm。
[24] 「美新軍事戰略是何算盤？」，人民日報（北京），2012年1月7日，版9。
[25] 「美國新軍事戰略令太平洋不太平」，國際先驅導報（北京），2012年1月15日，版5。

做出新的調整[26]。

二、戰略對象

在戰略對象方面，可以區分戰略重點區域及戰略重點國家進行分析。

（一）以亞太地區為重心

由於亞太地區新興國家經濟持續成長，未來全球經濟重心向該地區位移逐漸成為必然趨勢。在此情況下，美國的戰略重心，以亞太、中東與北非等動盪地區為主要著眼，以確保國家安全與利益，以及對全球的領導權[27]。對此，北京官媒幾乎認定主要重點在於亞太地區[28]。大陸海軍少將楊毅就指責，美國在軍事上介入亞太，是亞太地區安全的「麻煩製造者」[29]。

不過，仍有少數學者不認為美國只針對亞太地區與大陸；「中國國際問題研究所」美國研究部崔磊便指出，新戰略談到亞太地區時用「再平衡」（rebalance）一詞，透露出美國以前忙於反恐，忽略亞太，需要重新恢復戰略平衡的意味。美國尋

表25-1　大陸專家學者對美國戰略重點區域的觀點一覽表

專家學者	對美國戰略重點區域的觀點
軍事專家 陳虎	美國新版國家安全戰略體現兩個方面，一是全球範圍內經濟中心的東移；二是美國霸權的衰退。
解放軍邊防學院 宋立煒	這種軍事力量調整，其實包含著美國決策者對亞太地區形勢的重新判讀和應對。
國防大學戰研所前所長 潘振強	美國在軍事上對亞洲的關注由來已久，但「911」事件打亂美國的軍事步伐，反恐10年後，群體性崛起的亞太國家成了其戰略實施的落腳點。

資料來源：「陳虎點兵：美國試圖壓制別國維持霸權」，新華網，2012年1月13日，詳參網址：http://news.xinhuanet.com/mil/2012-01/13/c_122580780_4.htm；宋立煒，「美軍事重心轉向亞太將在關島重塑軍事力量」，中國青年報（北京），2012年1月6日，版8；張全、宰飛，「美國改變軍事戰略有啥考量？」，解放日報，2012年1月7日，版11。

---

[26] 支林飛、杜靜，「美國為何對軍事戰略進行重大調整」。

[27] 「美報：美國未來數十年難擔當世界領袖」，新華網，2012年1月23日，詳參網址：http://news.xinhuanet.com/mil/2012-01/23/c_122616568.htm。

[28] 支林飛、杜靜，「奧巴馬推出新軍事戰略將軍事重心轉向亞太」，新華網，2012年1月6日，詳參網址：http://news.xinhuanet.com/mil/2012-01/06/c_122542878.htm。

[29] 王超群，「陸媒：美軍事介入亞太令各國選邊站」，旺報，2012年1月9日，版8。

求的是全球大國，只注意美國國防戰略中有關亞太或者大陸的部分是不夠的[30]。

（二）以大陸為防範對象

　　美國戰略焦點置於能夠掌控海上交通要道的國家，就目前而言是伊朗與大陸[31]。一旦大陸阻止美國進入南海，或伊朗阻止美國進入波斯灣，美軍必須整合所有資源，全力反制[32]。其中，「中國崛起」毫無疑問已成為美國必須防範的戰略競爭者[33]。因此，在美國總統歐巴馬的報告中，便擔憂「中國崛起」可能影響美國經濟和安全。美國海軍作戰部部長喬納森・格林納特（Jonathan Greenert）2012年1月10日在美國智庫「新美國安全中心」（Center for a New American Security）舉行的關於南海問題的研討會上說：「中國的軍事崛起確實影響全球局勢」[34]；美國駐北京大使駱家輝1月18日接受美國國家公共廣播電臺（NPR）的專訪時指出：「中國是美國的強大競爭對手，中國的發展意圖讓全世界擔心」[35]；1月20日，美國新任太平洋艦隊司令塞西爾・哈尼（Cecil Haney）海軍上將亦表示，美國海軍的新挑戰是中國大陸[36]。

　　不過，有趣的是，1月13日，美國國防部主管東亞事務副助理部長薛邁龍（Michael Schiffer）和美國國防部主管南亞和東南亞事務的副助理部長羅伯特・謝爾（Robert Scher）在五角大廈就美國新軍事戰略舉行記者會上解釋說，美國新軍事戰略的宗旨並非將焦點對準大陸，也無意尋求遏制大陸。上述看似矛盾的說法，彰顯出美國有條件的接受「中國崛起」的態度，關鍵在於大陸是否有利於美國維持

---

[30] 崔磊，「專家稱美國新版國防戰略報告針對中國存在誤讀」，**新華網**，2012年1月15日，詳參網址：http://news.xinhuanet.com/mil/2012-01/15/c_122588635.htm。

[31] Subhash Kapila, "US Defense Strategic Review 2012: Global And Regional Implications – Analysis," *Eurasia Review* (Jan. 20, 2012), http://www.eurasiareview.com/20012012-us-defense-strategic-review-2012-global-and-regional-implications-analysis/.

[32] 馮克芸編譯，「美大刪軍費集中資源鎖定大陸」，**聯合報**，2012年1月6日，版11。

[33] John Cherian, "New Military Doctrine: America is 'Looking for Enemies': Threatening China," *Global Research* (January 29, 2012), http://www.globalresearch.ca/PrintArticle.php?articleId=28943.

[34] Jonathan Greenert, "Chief of Naval Operations Adm. Jonathan Greenert delivers remarks at The Center for a New American Security," (January 10, 2012), http://www.navy.mil/navydata/people/cno/Greenert/Speech/120110%20CNAS.pdf.

[35] 郭文靜，「美駐華大使稱全世界都質疑中國崛起意圖」，**新華網**，2012年1月22日，詳參網址：http://news.xinhuanet.com/mil/2012-01/22/c_122615741.htm。

[36] 蕭強、葛元芬，「美新任太平洋艦隊司令曾稱要重點針對中國海軍」，**環球時報**，2012年1月22日，版5。

其全球霸權地位的現行國際規範[37]。美國白宮國安副顧問羅德斯（Ben Rhodes）坦言，美國的目的就是「迫使中國遵守遊戲規則」[38]。

美國的新戰略發表之後，大陸方面隨即予以反駁（表25-2）。北京認定，「中國威脅論」是美國與西方冷戰思維的結果，美國需要一個敵人來維持其軍事支出，並且給予美國帝國的意義[39]。《新華網》文章指出，美國政客、智庫的專家和媒體的言論使人認為，大陸已取代蘇聯成為挑戰美國在全球核心地位的勁敵，如果不受到遏制的話，甚至會對美國的國家利益構成致命的挑戰[40]。大陸國際戰略研究所教授高祖貴指出：「（美國）儘管三次提到中國，沒有明確說中國是對手或者敵人，它主控亞太未來格局走向的裡面，美國認為中國改變亞太格局的一個重要的因素，

表25-2　大陸官方對美國新戰略的回應一覽表

大陸官方發言人	回應內容
國防部發言人耿雁生	美方在這份文件中對「中」方的指責是毫無根據的。眾所周知，大陸國防和軍隊建設的戰略意圖是一貫的、明確的，大陸的和平發展對包括美國在內的國際社會是機遇而非挑戰。希望美方順應時代潮流，客觀理性地看待大陸和大陸軍隊，謹言慎行，多做有利於雙方關係發展和地區和平穩定的事情。（2012年1月9日）
外交部發言人劉為民	大陸的國防現代化建設服務於國家安全和發展的客觀需要，是維護地區和平穩定的積極因素，不對任何國家構成威脅。這份文件中針對大陸的指責毫無根據，不可能取信於人。大陸將深入研究這份文件的內容。保持亞太和平、穩定、繁榮是本地區各國的共同利益所在。希望美方多為此發揮建設性作用。（2012年1月9日）
外交部副部長張志軍	無論在經濟還是安全上，亞洲對全世界都是一個加號而不是減號。東西方的發展不是零和關係，亞洲崛起是國際力量更均衡發展的標誌。大陸寓自身發展於亞洲整體發展之中，不謀求勢力範圍，無意也無力建立一個排他性的地區秩序。（2012年2月4日）

資料來源：邢世偉，「中方：所謂中國崛起影響美國安全說法毫無根據」，新京報，2012年1月10日，版6；張偉、劉向、韓墨，「國際觀察：從慕尼克安全會議看全球安全熱點」，新華網，2012年2月6日，詳參網址：http://news.xinhuanet.com/mil/2012-02/06/c_122662755_3.htm。

---

[37] "US Using Rules to Contain China," *People's Daily (Beijing)*, Feb. 2, 2012, p. 1.

[38] 陳曼儂，「美官員：TPP就是對中國施壓」，旺報，2012年2月1日，第3版。

[39] David Lai, The United States and China in Transition (Carlisle, PA: Strategic Studies Institute, 2011) pp. 58.

[40] 「美智庫：中國不是蘇聯，對美無致命威脅」，新華網，2012年1月12日，詳參網址：http://news.xinhuanet.com/mil/2012-01/12/c_122576248.htm。

要利用各種矛盾牽制中國崛起。[41]」至於大陸與伊朗執重？根據《解放軍報》的解讀，大陸力量的崛起，讓美國「一超」優勢明顯減少，因此歐巴馬政府產生「霸權焦慮症」，力求變革重振。雖然最近對伊朗動武風聲漸緊，但歐巴馬政府重新回歸「基於威脅」的國防規畫模式，採取「西收東進」的戰略，將全球戰略部署上重點轉向亞太，突出所謂「中國威脅」[42]。

在美國的戰略針對對象的動機，北京的觀點誠如羅援所認為，具有以下四個目的[43]：第一，是想「維持美國的全球領導力」；第二，是想通過利用亞太地區迅猛的經濟增長，解決國內的經濟困境；第三，是想在亞太地區製造麻煩，並利用矛盾結成同盟；第四，是想遏制大陸的崛起。

三、戰略規畫

「維持美國的全球領導地位」報告的戰略規畫，顯示美國在精簡軍費開支、削減10%～15%的地面作戰部隊同時，放棄長期堅持的同時打贏兩場戰爭的目標[44]，代之以「1＋」戰略[45]。因此，在戰略規畫上，美國以針對性軍力為基礎、鞏固盟邦並擴大圍堵圈為制衡大陸，同時以南海主權爭端議題作為戰略切入點[46]。

這項新軍事戰略保留美軍的一些傳統使命，包括打擊恐怖主義、維持核威懾、確保國土安全、阻止和挫敗任何潛在敵人的入侵等，同時強調將提高美軍在網路戰、導彈防禦等方面的能力，但將避免發動類似阿富汗和伊拉克戰爭這樣的持續時間很長的大規模戰爭[47]。此外，新軍事戰略前所未有地關注一個日漸嚴峻的威脅，地雷或者網路襲擊等成本低廉的武器投入使用，目的不是在戰鬥中擊敗美軍，而是拒之於一定距離之外[48]。在這方面，大陸成為美國亞太地區安全威脅的頭號目標。

---

[41] 轉引自「宋曉軍：美國重返亞太是想吃亞洲盟友霸王餐」，**新華網**，2012年1月11日，詳參網址：http://news.xinhuanet.com/mil/2012-01/11/c_122568321_3.htm。

[42] 林治遠，「美新國防戰略傳遞何種資訊？」，解放軍報（北京），2012年1月8日，版8。

[43] 斯年，「羅援：中國需警惕美戰略中心轉移做好多種準備」，**新華網**，2012年1月18日，詳參網址：http://news.xinhuanet.com/mil/2012-01/18/c_122600768.htm。

[44] Rupert Cornwell, "Obama: the US can no longer fight the world's battles," *Washington Post* (Jan. 6, 2012), p.A3.

[45] 所謂「一加」戰略就是指，在打贏一場主要戰爭的同時，有能力應對和毀掉第二個潛在敵手的戰略意圖。參見Andrei Akulov, "US Military Strategy – Is It Really New?" *Strategic Culture Foundation* (Jan. 19, 2012)，http://theglobalrealm.com/2012/01/19/us-military-strategy-is-it-really-new/。

[46] 張凱勝，「圍堵VS反圍堵美中亞太交鋒」，**旺報**，2012年1月13日，版4。

[47] 支林飛、杜靜，「美國為何對軍事戰略進行重大調整」。

[48] Andrew F. Krepinevich, *Why AirSea Battle*? (Washington, DC: Center for Strategic and Budgetary

新戰略明確規定，應對此軍方稱之為「反介入」、「區域拒止」威脅的工作將成為美國軍方的十大首要任務之一。為此，美國空軍和海軍設立專門機構，研發他們所謂「空海一體戰」的補充戰術和武器[49]。美國國防部一份名為「聯合作戰介入概念」（JOAC）文件中，也提出各軍種協同工作應對「反介入威脅」的三十項關鍵能力，其中包括指揮與控制、情報、火力、運動與機動、防護、維持、資訊與接合，要求各軍種在較低層次上實現集成和聯合[50]。

「中國社會科學院」美國研究所軍控中心洪源指出，繼1982年美國推出主要針對蘇聯和華沙公約組織的陸軍「空地一體戰」指導原則之後，2011年底，五角大廈再次公布一份被稱為「海空一體戰」的軍事新戰略，利用天基、海基與陸基等平臺，加上對第二島鏈關島的改造，推行整體的全天候、全維的作戰方式。從本質上來說，該作戰方式是在海洋霸權國家包圍陸權國家的過程中，就歐亞大陸、西太平洋和印度洋邊緣地區，針對大陸的海陸地理分布而量身打造的特殊作戰手段和作戰形式[51]。

北京注意到，美國進行軍事調整的同時高喊針對大陸的口號，又試圖鼓動亞太國家共同圍堵大陸。除日本、南韓等盟邦外，美國還分別與澳洲、印度及越南等國進行軍事合作。其中，南海海域成為美國戰略的切入點；2012年1月17日，時任美國太平洋艦隊司令瓦許（Patrick Walsh）即稱，他「擔心南海領土爭端會升級為範圍更大、更為嚴重的對抗」[52]。美軍太平洋司令部司令威拉德（Robert Willard）上將1月28日表示，太平洋司令部的主要任務是捍衛南海航道[53]。對此，《人民日報》高級編輯丁剛指出，美國著力於建立以華盛頓為主導的多邊安全機制，一種圍繞「美日韓澳菲」的聯盟模式，以應對大陸在南海問題上的「霸權」[54]。

儘管大陸外交部發言人曾一再重申，大陸對南海諸島及其附近海域擁有無可爭

Assessments, 2010).

[49] 「美軍研究如何對付中伊『不對稱作戰』」，新華網，2012年1月12日，詳參網址：http://news.xinhuanet.com/mil/2012-01/12/c_122575901_3.htm。

[50] 於紅，「美公布未來30項關鍵作戰能力應對『反介入』威脅」，新華網，2012年1月21日，詳參網址：http://news.xinhuanet.com/mil/2012-01/21/c_122615392.htm。

[51] 洪源，「海空一體戰，美國對誰張開網？」，新華網，2012年1月2日，詳參網址：http://news.xinhuanet.com/mil/2012-01/02/c_122526347.htm。

[52] 李宗澤，「美軍擔心南海問題升級為國家對抗稱將不可控制」，新華網，2012年1月23日，詳參網址：http://news.xinhuanet.com/mil/2012-01/23/c_122616622.htm。

[53] 張詠晴，「駁劍指大陸美：捍衛南海航道」，中時電子報，2012年1月28日，詳參網址：http://news.chinatimes.com/world/11050404/132012012800498.html。

[54] 丁剛，「望海樓：逆南海大勢而動者必自損」，人民日報海外版，2012年1月16日，版12。

表25-3　大陸認定之美國新戰略內涵一覽表

項目	戰略規畫
減法	新軍事戰略的一個核心主題就是大幅減少未來的國防預算和部隊規模，進一步實現美軍的集約化和精緻化。體現在美軍戰爭理念上的重大調整，由原來的「1+1」戰略轉型為「1+」戰略。
位移	美軍將把戰略重心由傳統的歐洲向亞太地區轉移，並把大陸設定為最富挑戰和最為真切的假想敵，同時，通過兵力調整，使美軍在全球範圍內的布局更加科學化、高效化。
巧實力	新軍事戰略都因循歐巴馬政府一直推崇的「巧實力」理念，新軍事戰略被觀察家分析為歐巴馬著重運用軍事「巧實力」實現「少花錢，辦大事」的一種嘗試。

資料來源：「美國新軍事戰略令太平洋不太平」，國際先驅導報（北京），2012年1月15日，版5。

辯的主權，並堅決反對與南海問題無關的國家插手南海爭議。但與此無關的美國仍積極介入，並多次在不同場合發表相關言論。根據大陸「中國社會科學院」2012年1月所發布的2012年亞太藍皮書指出，美國的亞洲戰略力圖實現雙重目標：一方面希望保持與大陸的合作關係，另一方面又在尋找遏制大陸的切入點。而南海問題作為大陸核心利益的組成部分，涉及大陸與其他國家的關係，自然就成為這些國家遏制大陸的戰略切入點，以擴大對亞洲地區秩序的影響力。另一方面是為了確立美國在亞洲秩序中的主導地位，把大陸納入這一秩序之內加以約束。這是霸主對潛在挑戰者所做出的自然反應[55]。

　　總而言之，大陸對美國戰略意圖的解讀，誠如《國際先驅導報》所分析，其意涵主要體現在「減、移、巧」三個字上（詳如表25-3）。

肆、北京對美戰略能力的評估

　　權力轉移理論指出，除了戰略意圖之外，戰略能力也是決定挑戰國是否透過戰爭取代主宰國，並且創造有利於自身國家安全與利益的國際體系與秩序。至於有無能力的判斷，主要在雙方力量對比上。

---

[55] 「2012年亞太藍皮書指出：中國面臨更複雜周邊環境」，新華網，2012年1月4日，詳參網址：http://news.xinhuanet.com/mil/2012-01/04/c_122535072_2.htm。

一、北京尚難挑戰美國霸主地位

美國國防部長潘尼塔2012年公布2013會計年度國防預算案，因應美國聯邦政府削減預算和調整戰略，預算從2011年的五千三百一十億美元減少為五千兩百二十五億美元，目標在十年內，削減軍費四千八百七十億美元[56]。未來美軍將大幅裁減陸軍和陸戰隊兵員近十萬人，檢討各軍種重大採購案，關閉部分基地[57]。同時也減緩採購新一代F-35隱形戰機，淘汰較舊式的戰機，海軍艦隻總數亦將會減少至二百五十艘[58]。

然而，隨著逐漸從兩個反恐戰場收縮兵力，以及為了威懾大陸此一亞太地區潛在對手，美國在亞太地區投放的兵力反而將呈遞增趨勢[59]。歐巴馬便指出，「縮減美國國防開支不會以犧牲亞太利益為代價」。美國海軍作戰部部長格林納特發表美國未來十到十五年的全球海軍戰略布局時更是直言不諱地稱，將把海軍三分之一戰艦轉移至西太平洋[60]。美國空軍也表示會在今後五年內投入三十七億美元研發遠端隱形轟炸機。上述作為可大幅提升美國在太平洋地區的戰略實力，因此美國國防部長潘尼塔2012年1月8日在接受哥倫比亞廣播公司採訪時警告其競爭者，不要對美國削減未來十年軍費開支的計畫做出錯誤判斷，他表示，即使削減軍費，「美國仍然擁有世界最強大的軍力」[61]。

中共對此務實評估認為，即便削減兵力、開支，美國軍費仍高於全球軍費開支第二名到第十名國家的軍費總和。因此，大陸專家學者及媒體對於美國軍力的評估（表25-4），堪屬務實客觀。

---

[56] 中廣新聞，「美國計畫10年內削減軍費4,870億美元」，中時電子報，2012年1月27日，詳參網址：http://news.chinatimes.com/world/110504/132012012700231.html。

[57] 張嘉浩，「美裁軍10萬戰略部署著重亞太」，中國時報，2012年1月28日，版22。

[58] 支林飛、杜靜，「美國為何對軍事戰略進行重大調整」。

[59] 陳政一，「美擬裁減陸軍但維持亞太軍力」，中時電子報，2012年1月27日，詳參網址：http://news.chinatimes.com/world/110504/132012012700193.html。

[60] 「陳虎點兵：美國試圖壓制別國維持霸權」。

[61] 「美防長稱一些國家不應對美削減軍費做出誤判」，新華網，2012年1月9日，詳參網址：http://news.xinhuanet.com/mil/2012-01/09/c_122556281.htm。

表25-4 大陸專家學者及媒體對美國軍力評估觀點一覽表

人物或媒體	對美國亞太軍力評估
大陸國防大學教授 孟祥青	總體上看，裁減仍然是以提高品質為主，不會削弱美國的軍事實力。
中央臺軍事評論員 梁永春	美軍的戰略目標確實在收縮，但如果就此認為美軍已經不行了，已經從戰略攻勢轉為守勢，顯然就犯了一個大錯誤。實際上，美國只是從先前的「全面進攻」轉成「重點進攻」，它確實在收縮戰線，但是它的軍事實力仍然比任何對手都要強的多。
《人民日報》	在未來的布局中，美國海軍將在西太平洋地區拉開由東京、釜山、沖繩、新加坡至澳大利亞達爾文港的海軍基地線。新加坡已經建立適合美國核動力航母停靠的港口，並有可供美軍太平洋司令部應急規畫和運作使用的運營中心。
「中國軍事科學院」研究員 李水生	美國正尋求國防投入減少和維持美國絕對軍事優勢之間的平衡，同時把握應對當前威脅和未來挑戰間的平衡，且使盟友和美國所承擔的義務更趨均衡。這三大平衡是美國當前要務，不能因為軍費減少，而給潛在挑戰者追趕美軍實力的機會。

資料來源：「專家稱美新裁軍計畫不會削減美軍實力」，新華網，2012年1月17日，詳參網址：http://news.xinhuanet.com/mil/2011-01/17/c_12990917.htm；郭林雄、朱江，「美新軍事戰略將推動中美軍事關係走向亦敵亦友」，中國廣播網，2012年1月9日，詳參網址：http://news.xinhuanet.com/mil/2012-01/09/c_122558650_3.htm；「美國海軍布局亞太引多國擔憂」，人民日報（北京），2012年1月13日，版6；王超群，「陸媒：美軍事介入亞太令各國選邊站」，旺報，2012年1月9日，版8。

　　Organski警告，在權力轉移過程中，挑戰國在力量未臻成熟之前，便發起對主宰國的對抗，是一件相當不智的行為，此舉將導致挑戰國因為準備不足、力量不夠而在戰爭中遭到毀滅性打擊，無法順利完成權力轉移的戰略目標。北京預估，未來至少三十年之內，美國仍是全球首屈一指的霸權，在亞太地區的盟邦不僅仍然穩固，甚至越南、印度、澳大利亞等對大陸威脅懷有疑慮的國家[62]，也逐漸整合至美國霸權體系之中[63]，並有助於加強軍事能力和防禦力[64]。例如，繼在美國「新國防

---

[62] 陳世欽，「抗衡中共印度砸百億美元擴軍力」，聯合報，2012年2月9日，版12。
[63] 「揮師東進咄咄逼人美為何重兵部署亞太」，新華網，2012年1月15日，詳參網址：http://news.xinhuanet.com/mil/2012-01/15/c_122588591_5.htm。
[64] 黃菁菁，「聯美制中日擬倡太平洋憲章」，中國時報，2012年1月19日，版12；魏東旭，「拉上盟友搞包圍分析稱美軍對華包圍已圖窮匕見」，世界新聞報，2012年1月15日，版8；張洛晴，「美印軍事合作關係不受美國防預算削減影響」，新華網，2012年1月9日，詳參網址：http://news.xinhuanet.com/mil/2012-01/09/c_122556725.htm。

戰略」挑明針對大陸後，象徵美日同盟的「美、日防衛合作指針」也以反制大陸的「反介入」戰略為重點進行修改，還將聯合澳洲、東協對其圍堵[65]。因此，目前北京並沒有能力挑戰華盛頓的主宰性地位。面對權力轉移過程中，主宰國的先制性行動[66]，大陸必須冷靜觀察、穩住陣腳、沉著應付[67]。同時，鑑於「中」、美之間在經濟發展、朝鮮半島、防核擴散、打擊海盜、能源安全、應對自然災害等問題上有共同利益和挑戰[68]。因此，大陸軍事將領羅援指出，「中」、美若發生衝突，其危害不僅是雙方都難以承受的，也將波及到亞太地區乃至全球[69]。

　　在雙方力量不對等，發生衝突屬下下策的情況下，展現合作的態度，並成為美國與現行國際秩序「負責任的利害關係者」，是大陸面對美國霸權焦慮的戰爭以外唯一選項。大陸國防部新聞發言人耿雁生於2012年1月9日表示，「中國的和平發展對包括美國在內的國際社會是機遇而非挑戰」[70]。1月16日舉辦上海公報發表四十周年紀念活動，大陸國家副主席習近平也表示，願「與美方共同努力，緊緊把握時代脈搏，順應時代潮流，以『只爭朝夕』的進取精神推進中美合作夥伴關係建設，為中美兩國人民的福祉、為人類的和平、發展作出新的更大貢獻。[71]」同時，對於荷姆茲、亞丁灣與麻六甲等攸關國際航運與大陸海洋經濟利益的海域，大陸國防大學戰略教研部教授梁芳也認為合作比武力解決要好[72]。

　　然而，大陸對美國採取戰略合作態度，絕非意味著事事對華府屈從，而是有其底線。換言之，凡與大陸「核心利益」抵觸者，北京將採取堅決抵制態度[73]。大陸國防部外事辦公室主任錢利華1月16日指出，對於地區安全局勢中的熱點敏感問題和雙邊關係中的分歧，大陸「正視問題，直面矛盾，坦誠表明安全關切，宣示原則

---

[65] 張凱勝，「美日修改防衛指針聯合抗中」，旺報，2012年2月9日，版8。

[66] 美國國防部官員表示，在大陸的彈導飛彈瞄準駐日美軍基地時，美國需要做出這樣的選擇。陳世昌，「防解放軍攻擊4,700駐日美軍遷關島」，聯合報，2012年2月9日，版12。

[67] 張全、宰飛，「美國改變軍事戰略有啥考量？」，解放日報（北京），2012年1月7日，版7。

[68] 葦，「習近平訪美前夕釋溫和信號」，旺報，2012年1月20日，版4。

[69] 羅援，「被誤讀的中美防務磋商」，新華網，2012年1月12日，詳參網址：http://news.xinhuanet.com/mil/2012-01/02/c_122526343.htm。

[70] 「中國國防部稱將關注美軍事戰略調整對亞太影響」，新華網，2012年1月9日，詳參網址：http://news.xinhuanet.com/mil/2012-01/09/c_111403793.htm。

[71] 中央社，「習近平：中美關係只爭朝夕」，中時電子報，2012年1月17日，詳參網址：http://news.chinatimes.com/mainland/11050501/132012011700870.html。

[72] 梁芳，「專家：應較大調整海軍編制破解海上通道被封」，環球時報（北京），2012年1月16日，版8。

[73] Robert Sutter, "Foreign Affairs a Secondary Priority but Salient Challenges Ahead," *China Brief (Washington, DC.)*, Vol.XII, No.2 (Jan. 20, 2012), pp.17-22.

立場，堅決維護國家利益」[74]。錢利華表示，「事實證明，只有尊重和照顧彼此核心利益與重大關切，切實解決影響雙邊軍事關係的重大障礙，「中」、美兩軍關係才能健康穩定可靠地向前發展[75]。」軍事將領羅援也強調，美國要遏制大陸的崛起，要顛覆中國共產黨的領導，這些問題大陸是說什麼也不能同意的[76]。軍事科學院「中」、美防務關係研究中心主任姚雲竹指出，長期以來，「中」、美兩軍關係主要有三大障礙：（一）是美國對台軍售；（二）是美軍不斷對大陸進行抵近海空偵察；（三）是美國法律對「中」、美軍事交流劃出禁區。此外，美國對大陸的軍事技術封鎖和武器禁運也已持續了二十多年。如果美國不為消除這三大障礙作出認真努力，「中」、美兩軍關係就很難順利發展[77]。面對上述無法妥協的衝突點，大陸軍事專家宋曉軍主張，「中國該進的時候就要進」[78]。

　　展望2012年，北京呼籲，「中」、美雙方都面臨更加複雜嚴峻的安全挑戰，共同應對新挑戰也為雙方軍隊提供合作的新機遇。在「中」、美致力於共同努力建設相互尊重、互利共贏的合作夥伴關係的大背景下，雙方軍隊應該致力於建設相互尊重、合作共贏的新型軍事關係[79]。

二、北京對於權力轉移前景樂觀

　　儘管人民大學分析家金燦榮警告，美國的新戰略將會讓北京感到不舒服，並可能影響雙邊關係。不過，北京樂觀預估，只要穩住陣腳，時間對大陸有利[80]。主要原因首先在於，華盛頓的經濟力量未來將持續呈現下降趨勢，無法長期在全球（包括亞太地區）維持高額度的軍事費用[81]。這方面，十年前美國軍費相當於其後二十個國家的總和，目前已下降到其後十個國家的總和，十年後美國軍費就可能進一步下降到只有其後三至五個國家的總和。如此展望，不僅美國經濟霸權將要結束，其

---

[74] 陶社蘭，「我少將稱解放軍正視地區敏感問題維護國家利益」，**新華網**，2012年1月17日，詳參網址：http://news.xinhuanet.com/mil/2012-01/17/c_122596014.htm。
[75] 「國防部外事辦錢利華主任解讀2011年中國軍事外交」，**解放軍報**（北京），2012年1月17日，版1。
[76] 羅援，「被誤讀的中美防務磋商」。
[77] 姚雲竹，「中美軍事關係艱難前行」，**解放軍報**（北京），2012年1月17日，版8。
[78] 宋曉軍，「美國已負債累累成假富翁來東亞吃白食」，**新華網**，2012年1月6日，詳參網址：http://news.xinhuanet.com/mil/2012-01/06/c_122544539.htm。
[79] 姚雲竹，「中美軍事關係艱難前行」。
[80] 陳向陽，「瞭望：周邊應是2012年外交領域『優先重點』」，**新華網**，2012年1月9日，詳參網址：http://news.xinhuanet.com/mil/2012-01/09/c_122558831.htm。
[81] 「陳虎點兵：美國試圖壓制別國維持霸權」。

軍事霸權也將維持不了多久[82]。

其次，儘管「中」、美雙方力量不對等，但身為全球霸權的美國，必須將軍力用於對付世界上每個出問題的角落[83]，扼守十六條海洋戰略要道的同時[84]，還要在刪減預算的情況下維持十種形態作戰任務[85]，因此產生「備多力分」的困境[86]。久拖不決的伊拉克和阿富汗戰爭漸成美國沉重負擔[87]，不僅損耗美國的硬實力，伊戰還嚴重損耗美國的軟實力[88]。在中東局勢不穩，朝鮮領導層更迭，美俄關係可能出現反復的當下，近年來，為確保未來戰略利益，美國還加大在非洲的軍事存在[89]。對此，有認為目前國際形勢亂象叢生，使其難以在亞洲多個方向上做到「一心一意」的戰略投入[90]。與此同時，中共則將力量專注於亞太地區，相對而言擁有「敵分我專」的優勢。

此外，亞太地區飽受金融危機衝擊，正努力走向脆弱復甦。過去以來，亞太已有比較成熟的多種地區機制。亞太經合組織、東協地區論壇、東協與「中」、日韓機制、東亞峰會以及多邊自貿區、雙邊機制，都在發揮作用。儘管一些國家之間還存在分歧，但就地區整體而言，合作是主流，通過相互尊重、平等友好的溝通，這些國家可以逐漸克服分歧達到互利共贏。如果地區軍事因素升級，勢必牽制發展精力[91]。美國的新戰略固然得以在減低軍費支出情況下，透過盟邦與利益結盟的國家構築對大陸的戰略圍堵態勢，卻也引發其他國家的焦慮[92]。有學者認為，東協最不願意面對的就是在「中」、美兩國之間「二選一」，抗衡任何一方對其來說都不

---

[82] 沈丁立，「美國宣告軍事收縮」，中國日報網站，2012年1月13日，詳參網址：http://www.chinadaily.com.cn/opinion/2012-01/12/content_14426713.htm。

[83] "Obama's New Defense Plan: Is it right for a war weary America?," *Washington Times (Washington, DC.)* (Jan. 14, 2012), p.A1.

[84] 新華，「世界『戰略咽喉』都有美插手」，廣州日報，2012年2月6日，版9。

[85] Catherine Dale, Pat Towell, "In Brief: Assessing DOD's New Strategic Guidance," *Congressional Research Service* (Jan. 12, 2012, R42146), pp.2-6.

[86] 「有戰爭的地方就有美國」，人民日報海外版（北京），2012年1月14日，版12。

[87] 支林飛、杜靜，「美國為何對軍事戰略進行重大調整」。

[88] 「伊戰終結美國並非無所不能」，新華網，2012年1月5日，詳參網址： http://news.xinhua-net.com/mil/2012-01/05/c_122541402_2.htm。

[89] 裴廣江、張建波、溫憲，「美對非關係加重政治軍事色彩」，人民日報（北京），2012年1月18日，版6。

[90] 張全、宰飛，「美國改變軍事戰略有啥考量？」。

[91] 「美軍重心轉亞太著眼威懾制衡凸現未來三大重心」，新華網，2012年1月7日，詳參網址： http://news.xinhuanet.com/mil/2012-01/07/c_122549175.htm。

[92] Hannah Middleton, "Bringing War to Our Doorstep," *Sydney Peace Foundation* (Feb. 3, 2012), http://politicsinthepub.org.au/downloads/Middleton_3Feb2012.pdf.

符合它們的利益[93]。此外，雖然日本表示支持美國的戰略，但有的國家擔心美國既然讓這些盟國或者夥伴發揮更大作用的話，也擔心讓它選邊站，使得亞太地區各個國家戰略選擇變得更加混亂[94]。此一客觀情況形成對美國戰略能力的抵銷態勢，也有利於大陸擴張其戰略空間[95]。在這樣的總體大環境下，以軍力為後盾介入地區事務，自然是緣木求魚[96]。

　　更有甚者，美國的「空海一體」戰，乃基於排除核子武器原則之下的作戰方針。面對大陸不斷快速擴張的核子武器數量與質量，以及美國從不與擁有核子武器國家戰爭的歷史經驗，華盛頓對北京的威脅有其限度。美國史丹福大學學者薛理泰即認為，美國沒有財力再同大陸這樣的地區性核大國在軍事上長期對峙，更不用說兩個核大國迎頭相撞[97]。更何況，美國海軍未來二百五十艘艦艇，也不足以應付中共海軍的挑戰。新美國安全中心（Center for a New American Security）資深研究員凱普蘭（Robert Kaplan）便指出，「美國戰艦數量的346和250之別，是不同世界秩序的差別。[98]」大陸軍事觀察家宋曉軍認為，所謂空海一體化只是一個戰法，而且還是沒邊沒沿的一個事[99]。羅援甚至評價認為，美國在一個錯誤的時間、錯誤的地點、採取一個錯誤的手段和一個根本打不敗的對手為敵，必將導致戰略透支，部署失衡，後方空虛，給恐怖分子以可乘之機[100]。

　　由於對於「中」、美權力轉移前景樂觀，因此，保持戰略耐性，持續進行軍事現代化，成為北京的避險措施[101]。

---

[93] 于景浩、韓碩，「亞太國家心態複雜看美國新軍事戰略」，人民日報（北京），2012年1月9日，版5。

[94] 「宋曉軍：美國重返亞太是想吃亞洲盟友霸王餐」。

[95] 「美國海軍佈局亞太引多國擔憂」，人民日報（北京），2012年1月13日，版5。

[96] 齊紫劍，「軍事地位、重心轉向亞太──美國最不該選擇的『選項』」，新華網，2012年1月6日，詳參網址：http://news.xinhuanet.com/mil/2012-01/06/c_122548240.htm。

[97] 薛理泰，「美學者稱美國沒有財力同中國在軍事上長期對峙」，新華網，2012年1月13日，詳參網址：http://news.xinhuanet.com/mil/2012-01/13/c_122580522.htm。

[98] 中央社，「美媒：美應添戰艦暢通南海」，中時電子報，2012年1月7日，詳參網址：http://news.chinatimes.com/world/11050404/132012010700629.html。

[99] 「宋曉軍：美國重返亞太是想吃亞洲盟友霸王餐」。

[100] 羅援，「美國的三大錯誤決策將導致滿盤皆輸」，新華網，2012年1月28日，詳參網址：http://news.xinhuanet.com/mil/2011-11/28/c_122343477_2.htm。

[101] 鐘聲，「大國崛起：時間在中國一邊應堅守走和平發展道路」，新華網，2012年1月13日，詳參網址：http://news.xinhuanet.com/world/2011-12/28/c_122495411.htm。

表25-5　大陸官方與學者對北京應有作為觀點一覽表

人物	觀點
國防部外事辦公室主任 錢利華	隨著大陸軍隊的不斷發展，受到的國際關注將與日俱增。這是正常現象。大陸在心態上要保持淡定從容，習慣來自國際社會的注目，加大向世界說明大陸軍隊的力度，當然也要及時駁斥相關謠言和歪曲炒作。
北京航空航太大學戰略問題研究中心主任 王湘穗	「中」、美之間的一些摩擦不過是「假議題」，是美國搶攻亞太市場的藉口，不足以作為「中」、美關係破裂的佐證。
國際戰略研究所教授 高祖貴	大陸立場是一貫的，還是按照所有的外交、所有的國防現代化的發展，還是按大陸的步驟、既定的政策走。
海軍少將 楊毅	大陸正在探索一條新興大國和平發展的道路，以避免歷史上傳統大國崛起會導致軍事擴張和與霸權國發生軍事衝突的教訓。
國防大學戰略研究所教授 江淩飛	未來大陸的大戰略，應當著眼於如何在這場大動亂到來之際保持相對穩定，以及在大動亂中如何因勢利導地引領國際社會的變革朝著進步與穩定的方向前進。
清華大學中國戰略與公共外交中心主任 趙可金	大陸不必過分在意美國的戰略調整，更無需擔心美國可能的戰略圖謀。同美國發展合作關係，是大陸自身發展的需要。
亞太安全合作理事會「中國委員會」會長 馬振崗	美國亞太戰略調整的行動，一定程度上影響到大陸周邊環境，對大陸發展周邊關係造成新的挑戰。面對新形勢，既要淡定，更要自信。
「中國現代國際關係研究院」美國研究所副所長 王鴻剛	從大陸方面講，「和平發展」既非有心無力的妥協之舉，也非表裏不一的權宜之計，而是後起大國實現低成本、高效率、可持續崛起的最合理選擇。
「中國軍事科學學會」常務理事 羅援	面對美國目前的戰略中心轉移，大陸需要保持警惕和冷靜。必須使自己對各種可能做好準備，不要大驚小怪，堅持自己的發展方式。只要繁榮，軍隊強大，同時建立有利的外部環境，任何力量都不會威脅到大陸。

資料來源：陶社蘭，「我軍少將稱解放軍要對國際關注增多保持淡定」，新華網，2012年1月17日，詳參網址：http://news.xinhuanet.com/mil/2012-01/17/c_122596017.htm；「學者稱中美之間會摩擦但不會正面衝突」，新華網，2012年1月30日，詳參網址：http://news.xinhuanet.com/mil/2012-01/30/c_122630315.htm；「宋曉軍：美國重返亞太是想吃亞洲盟友霸王餐」；「海軍少將：美國應理性看待中國軍力發展」，人民日報海外版（北京），2012年1月17日，版8；江淩飛，「學者：世界出現陷入大動亂的11個徵兆中國要自保」，新華網，2012年1月20日，詳參網址：http://news.xinhuanet.com/mil/2012-01/20/c_122610850_2.htm；趙可金，「專家：中國不能為一己之私而將美國假想為敵」，環球時報（北京），2012年1月18日，版7；「淡定看待美國亞太戰略調整」，新華網，2012年1月31日，詳參網址：http://news.xinhuanet.com/mil/2012-01/31/c_122631450.htm；「專家稱中國處理中美軍事關係要善於合理衝撞」，廣州日報（廣州），2012年1月21日，第9版；斯年，「羅援：中國需警惕美戰略中心轉移做好多種準備」，新華網，2012年1月18日，詳參網址：http://news.xinhuanet.com/mil/2012-01/18/c_122600768.htm。

　　儘管學者認為，從目前亞太地區的局勢看，爆發大規模軍事衝突的可能性極低，美國即便有可能調整軍力部署，也不會衝動到要和大陸開戰的地步[102]。隨著大陸軍事現代化大步前行和美國對亞太安全秩序深度重塑，兩軍關係不僅是雙方關係難以迴避的話題，而且日益成為引發緊張甚或對抗的誘因。對此，大陸認為既要善於與美在競技場上「合理衝撞」，更要防止戰略競爭升級為結構性對峙，確保雙方在亞太長期和平共存[103]。

三、北京另闢蹊徑進行權力轉移

　　誠如前面的分析，北京務實地認清美國在可見的未來仍然穩坐霸權寶座，只要懷著戰略耐心，未來前景是樂觀的。更重要的是，就像北京分析解決伊朗問題不只有「和」與「戰」兩種選項一樣[104]，面對美國的新戰略考驗，中共也試圖採取「以迂為直」、「避實擊虛」的安全戰略以為因應；《世界新聞報》一篇評論文章指出，「中」、美真正角逐的戰場，並非在軍事上而是經濟領域的較勁；因為在軍事上，大陸已經具備與美國對等毀滅的能力，美國絕不敢在這一領域冒險[105]。上海國防戰略研究所研究員趙楚認為，「中」、美互有針對性地部署，幾乎是歷史常態。但雙方是否會走向冷戰與全面軍事對抗，決定性因素不在軍事舉措，而在雙方關係的大局與大政[106]。顯示出，北京正試圖避開華盛頓的軍事強項，以外交為迂直之計，將主攻方向置於華府的弱點，也就是以經濟作為雙方鬥爭的決勝場域。

　　首先，在區域外交方面，大陸仍延續過去「友好睦鄰」政策，以達穩定周邊的戰略效果[107]。大陸外交部副部長張志軍2012年2月4日在第四十八屆慕尼克安全政策會議上表示，大陸奉行與鄰為善、以鄰為伴的周邊政策。他強調：「中國不謀求勢力範圍，無意也無力建立一個排他性的地區秩序。中國將繼續堅定地走和平發展道路，在辦好十三億人事情的同時，承擔維護國際和平發展的應盡責任。這是中國的

---

[102]「美國海軍佈局亞太引多國擔憂」。

[103]「專家稱中國處理中美軍事關係要善於合理衝撞」，**廣州日報**。

[104]楊麗明，「解決伊朗問題不只有戰與和兩個選項」，**中國青年報（北京）**，2012年1月18日。

[105]「評論稱中美真正角逐場並非軍事而是經濟與金融」，**世界新聞報（泰國）**，2012年1月9日，版5。

[106]趙楚，「評論稱美國新軍事戰略不是對華冷戰開端」，**新華網**，2012年1月19日，詳參網址：http://news.xinhuanet.com/mil/2012-01/19/c_122604803_2.htm。

[107]朱建陵，「李明博到訪中國拚睦鄰外交繼日本、巴基斯坦高層之後北京再與南韓總統峰會力塑『周邊穩定之弧』深化與亞洲各國合作」，**中國時報**，2012年1月9日，版13。

長期戰略，也是中國對全世界的莊嚴承諾。[108]」《新華網》文章指出，面對全球重大戰略迭出、周邊複雜因素增加的新情況，「與鄰為善，以鄰為伴」始終是大陸堅定奉行的周邊外交方針[109]。

在這方面，大陸與俄羅斯2011年6月建立平等信任、相互支持、共同繁榮、世代友好的全面戰略協作夥伴關係；同年7月，大陸與東協國家達成《南海各方行為宣言》後續行動指標；「中」、日以邦交正常化四十周年為契機，全面推進雙邊關係；大陸提出將2011至2012年確定為上海合作組織「睦鄰友好年」；大陸與東協國家的安全合作也邁出新步伐，「中」、寮、緬、泰四方12月正式啟動在湄公河開展聯合巡邏執法工作，共同維護瀾滄江－湄公河國際航道安全[110]。對於南海主權爭端，北京強調願意在和平原則下，解決各方的問題。大陸外交部發言人劉為民1月16日表示，大陸將東協國家共同推動全面落實《南海各方行為宣言》，推進南海務實合作[111]。大陸上述外交作為旨在凸顯，其不但不會構成地區安全的風險，反而是促進地區穩定與發展不可或缺的重要力量之一。

其次，在對抗單邊主義威脅方面，大陸主張國際多邊主義，並且強調要透過聯合國等國際機制解決國際危機與衝突，同時也可以抵銷美國單邊主義的霸權威脅。《人民日報》高級編輯丁剛指出，用自己的規則代替世界的規則，讓世界的規則服從於自己的規則，這幾乎是任何霸權共有的特徵[112]。「國際問題研究」主編阮宗澤指出，當前，國際秩序正經歷深刻變革，規則博弈將是「中」、美競爭的新領域。大陸應更主動、更前瞻性地參與國際規則的制訂和議題的設置，並運用規則來維護自身利益。只有這樣，才能更有效地增強自身的國際話語權，並進一步提升在塑造國際規則方面的競爭力[113]。大陸學者沈丁立也認為，美軍在未來勢必增加它在亞太地區的威懾效率，但只要它基於國際法規則行事，就無法阻擋同樣基於國際法規

---

[108] 劉向、韓墨，「亞洲崛起是國際力量更均衡發展的標誌」，新華網，2012年2月5日，詳參網址：http://news.xinhuanet.com/mil/2012-02/05/c_122657037.htm。

[109] 「對華合作理性之選——鄰居眼中的中國」，新華網，2012年1月29日，詳參網址：http://news.xinhuanet.com/world/2012-01/29/c_111466246.htm。

[110] 丁宜，「國際時評：毫無根據的『中國風險論』」，新華網，2012年1月18日，詳參網址：http://news.xinhuanet.com/mil/2012-01/18/c_122598960.htm。

[111] 張藝、劉華，「外交部發言人：中國和東盟國家推動全面落實南海各方行為宣言」，新華網，2012年1月16日，詳參網址：http://news.xinhuanet.com/mil/2012-01/16/c_122593473.htm。

[112] 丁剛，「望海樓：逆南海大勢而動者必自損」，人民日報海外版（北京），2012年1月16日，版12。

[113] 阮宗澤，「美國欲打『規則』牌制約中國」，人民日報海外版（北京），2012年1月30日，版12。

則崛起的大陸[114]。例如，對伊朗發展核武議題上，大陸表示願與與其他國際力量一起[115]，在維護中東地區和平的同時，也要防止伊朗戰爭爆發的可能[116]。此外，中共仍堅持基於國家安全與利益的獨立外交政策，因此在美國企圖藉著制裁伊朗、北韓與蘇丹等國家時，北京往往採取抵制態度[117]。更有甚者，聯合國安理會2012年2月4日就敘利亞問題決議草案進行表決時，大陸以違背《聯合國憲章》的宗旨以及國際關係基本準則為由，動用否決權[118]。對此，大陸外交部發言人劉為民指出，安理會在敘利亞問題上的行動，提案國在各方仍有嚴重分歧的情況下強行推動表決。這種作法無助於維護安理會的團結和權威，無助於問題的妥善解決。因此，大陸對這一決議草案投了反對票[119]。大陸海軍少將楊毅更呼籲，在多邊舞臺，特別是聯合國安理會框架內，要敢於旗幟鮮明地捍衛國際關係準則，反對動用軍事力量干涉其他國家內政，堅定維護大陸的利益[120]。

至於轉移霸權衝突戰場上，中共以其經濟強項作為主要場域，對美國外交與軍事強項避實擊虛。在這方面，大陸國內生產總值（GDP）每七年就翻一倍、第一個富豪打進全球百富榜、亞洲一半中產階級在大陸，還有外匯存底去（2011）年突破三兆美元[121]。大陸經濟的持續增長導致國際地位和影響力的相應提高[122]，甚至讓英國《經濟學人》週刊打破1942年以來僅以美國為分析對象，增加對大陸情勢分析的篇幅[123]。「北京共識」更表明存在政經問題的「中國模式」[124]，正在成為越來越多國家汲取發展養分的來源[125]。亞洲開發銀行總裁黑田東彥1月25日指出，2012

---

[114] 沈丁立，「美國宣告軍事收縮」，**中國日報網站**，2012年1月13日，詳參網址：http://www.chinadaily.com.cn/opinion/2012-01/12/content_14426713.htm。

[115] 戴旭，「中俄應構建歐亞大聯盟」，**環球時報**（北京），2012年1月30日，版8。

[116] 「中國應為伊朗戰爭早做準備」，**世界新聞報**（北京），2012年1月17日，版17。

[117] 「社評──伊朗核武危機『中』、美關係雪上加霜」，**旺報**，2012年1月7，版2。

[118] 「歷數新中國歷史上8次行使否決權該出手時就出手」，**新華網**，2012年2月7日，詳參網址：http://news.xinhuanet.com/mil/2012-02/07/c_122669251_4.htm。

[119] 「外交部發言人就中方投反對票、被劫工人等答問」，**新華網**，2012年2月6日，詳參網址：http://news.xinhuanet.com/mil/2012-02/06/c_122663206_4.htm。

[120] 楊毅，「中國應敢於維護友好國家利益樹可靠形象」，**環球時報**，2012年2月8日，版7。

[121] 邱詩文，「中國強勢崛起料成G20大咖」，**旺報**，2012年1月28日，版12。

[122] 「從達沃斯論壇看全球經濟困境」，**工商時報**，2012年2月8日，版2。

[123] "The paradox of prosperity: For China's rise to continue, the country needs to move away from the model that has served it so well," *The Economist*, Jan. 28, 2012, website: http://www.economist.com/node/21543537?fsrc=scn/fb/wl/ar/theparadoxofprosperity.

[124] 鄭永年，**中國模式：經驗與困局**（新北市：揚智出版社，2011年8月）。

[125] 段聰聰，「專家：中國應對美國新軍事戰略保持淡定」，**環球時報**（北京），2012年1月6日，版5。

年全球經濟成長減緩將影響亞洲，但在大陸、印度與印尼等國家的帶領之下，亞洲地區仍繼續成為全球經濟成長的動力泉源[126]。顯示出，美、「中」一方面強調在安全上彼此造成威脅，另一方面經濟相互依存度之深已關乎生死。這意味著，美、「中」之間的關係完全不同於冷戰時期的美蘇對抗[127]。

大陸官媒《環球時報》發表社評說，大陸無須為了反制美國圍堵而進行「新冷戰」，應善用經濟優勢，把戰場鎖定在經濟上，雙方博弈時間越長、面越廣，對大陸越有利[128]。歐巴馬年初批准制裁伊朗石油與金融業的法案後，歐盟隨即表態支持，但大陸明確表示反對。美國財長蓋特納近期專程前往北京尋求支持，換來的還是「願與美方平等協商解決分歧，而非經濟問題政治化」的客套[129]。反映出北京對於如何在這場權力競逐中，維護自身利益與未來權力的計算。

伍、結語

從上個世紀末開始的「中國威脅論」的理論基礎，主要是所謂的「權力轉移理論」，即一個新興大國崛起往往伴隨著衝突和戰爭，因為新興大國隨著實力的增長國際野心也會膨脹，進而挑戰既有大國和舊國際秩序。然對大陸而言，以「權力轉移論」為基礎的「中國威脅論」，存在明顯的不平衡性和缺陷；首先，「中」、美之間的安全實力極不對稱，「中國威脅論」沒有實力基礎；第二，大陸的大戰略的立足點在國內，「中國威脅論」沒有意願支撐[130]。然而，在美國自覺處於戰略轉捩點之際[131]，北京卻同樣也以「權力轉移」看待雙方力量的消長，並策定務實策略以為因應。

從分析可知，面對美國新戰略規畫，北京的解讀為「霸權」的挑釁，因此顯得相當憤慨。大陸外交部發言人劉為民表示，文件（指美國新戰略規畫）針對大陸的

---

[126]諶悠文，「亞銀預估：中國續帶領亞洲經濟成長」，**中國時報**，2012年1月27日，版11。

[127]「日媒：美中關係完全不同於美蘇對抗」，**新華網**，2012年1月16日，詳參網址：http://news.xinhuanet.com/mil/2012-01/16/c_122590685.htm。

[128]張凱勝，「中國應善用經濟力反制美圍堵」，**旺報**，2012年1月7日，版4。

[129]「社評——制裁伊朗中國未必是輸家」，**旺報**，2012年1月19日，版2。

[130]張雲，「中國威脅美國安全係偽命題」，**新華網**，2012年1月22日，詳參網址：http://news.xinhuanet.com/mil/2012-01/22/c_122615744.htm。

[131]Leon E. Panetta "Statement on Defense Strategic Guidance," *U.S. Department of Defense*, Jan. 5, 2012, website: http://www.defense.gov/speeches/speech.aspx?speechid=1643.

指責毫無根據，不可能取信於人[132]。鷹派官媒《環球時報》甚至發表社評警告雙方應避免出現「新冷戰」[133]。美、「中」雙方的軍事專家或學者，也早就有「美中必有一戰」的悲觀論調[134]；不同在於，美國認為應該及早下手。然而，北京卻冷靜的評估，在未來三十年內其所增長的權力，仍非華盛頓的對手[135]，因此不願意在時機未成熟、力量未穩之際，就進行不利於北京霸權轉移對決。

　　幸運的是，儘管太平洋兩端存在相當大的不信任感，大陸倡議和平發展，以及美國以負責任的利益相關者的回應，可說是兩個猜忌強權之間史無前例的善意互換[136]。美國國務院發言人紐蘭（Victoria Nuland）於今年初強調，美國希望與大陸在全球範圍內進行合作，並致力於與大陸建立一個和平而又強有力的合作關係[137]。大陸外交部1月20日回應美國新戰略時也表示，「國強必霸」絕不是大陸的選擇。並稱大陸願與美國加強對話、擴大合作、增進戰略互信，而且「太平洋夠寬廣，能容得下「中」、美兩個大國共存與合作。[138]」北京評估，「中」、美兩軍發生衝突的可能性並不大，雙方是一種「鬥而不破」的較量[139]。更有甚者，中共認為美國由於財力限制與在全球安全上「備多力分」，加上區域國家也不願意在經濟依賴大陸情況下，被迫選邊站，所以只要保持戰略耐心，並扮演好美國的「負責任的利害相關者」，並從經濟層面對美國的外交與軍事採取避實擊虛之策，時間對北京有利。自信與冷靜應對美國「重返亞太」，拓展「中」、美在亞太的互利合作，加強溝通，增加互信，主動引導，力爭「中」、美關係平穩過渡[140]。

　　不過，這不意味中共對美國會事事屈從，而是有其「核心利益」底線[141]。可以說，未來雙方究竟會重蹈歷史覆轍，在權力轉移過程中引爆血腥戰爭，或是能夠開

---

[132]張凱勝，「陸外交部：美國的指責毫無根據」，旺報，2012年1月10日，版7。

[133]轉引自李英明，「名家──以軟實力化解中國威脅論」，旺報，2012年1月12日，版12。

[134]John J. Mearsheimer, *The Tragedy of Great Power Politics* (New York: Norton, 2001).

[135]「社論不必過度解讀歐巴馬的新國防戰略」，泰國世界日報網站，2012年1月11日，詳參網址：http://mag.udn.com/mag/world/storypage.jsp?f_ART_ID=365972#ixzz1jCVoGdB9。

[136]David Lai, *The United States and China in Transition*, p.75.

[137]吳慶才，「美回應奧巴馬國情諮文五提中國稱對華政策未變」，新華網，2012年1月27日，詳參網址：http://news.xinhuanet.com/mil/2012-01/27/c_122620748.htm。

[138]張凱勝，「回應駱家輝中國強必霸非所願」，旺報，2012年1月21日，版7。

[139]趙捷、魏東旭，「中國軍方強硬告誡美國？媒體稱與美較量要善於鬥嘴」，世界新聞報（北京），2012年1月15，版13。

[140]陳向陽，「瞭望：周邊應是2012年外交領域『優先重點』」，新華網，2012年1月9日，詳參網址：http://news.xinhuanet.com/mil/2012-01/15/c_122588090.htm。

[141]「國防部稱希望美方客觀理性看待中國軍隊」，解放軍報（北京），2012年1月10日，版2。

創和平轉移的新典範，以協商談判方式取代武裝衝突，不僅有賴美國克制其先制打
擊的衝動[142]，也有賴大陸能否壓抑不滿，堅持韜光養晦，並建構起異於西方模式的
強權發展路徑[143]。如果雙方發生軍事對決，只會導致「中」、美利益共損而不是雙
贏[144]。

　　在過去，你死我活的對抗是權力轉移的鐵律。然而，就美、「中」關係而言，
有複數理由相信並不會重蹈覆轍。首先，大陸與美國都關注權力轉移，並且採取某
些措施以控制演變過程。互釋善意，無論存在哪些問題，都跨出正確方向的步伐；
第二，繼互釋善意之後，「中」、美雙方建立起制度性高階的溝通管道；第三，美
國擁抱大陸作為一個負責任的利益相關者的角色，開啟大陸得以藉此從內部改變國
際體系之門，因此雙方得以透過協商而不是驚天動地的革命從外部顛覆國際體系；
第四，儘管大陸想要改變現存的國際體系，但它並沒有其他的替代性體系取而代
之；最後，權力轉移理論指出，一個透過內部發展來增長權力的聰明挑戰者，會有
耐心地等待其力量與主宰國及其盟邦並駕齊驅之後，在威脅改變國際體系。毫無疑
問，在力量尚未成熟時採取行動，是一件愚不可及之事[145]。展望未來兩強關係，可
以預期中共第五代領導人習近平，在外交政策上仍可能會對美採取合作立場，建立
與華府之間的良好關係[146]，以維持大陸發展所需穩定的外部情勢，至少避免過早攤
牌。

　　我國在馬總統連任後，政治大學預測市場研究中心2012年2月8日指出，選後
「兩岸和平溫度計」與「兩岸互動溫度計」雙雙上升，主權、軍事及外交等衝突明
顯下降，可見兩岸在選後互動更加熱絡[147]。然亞太地區權力轉換之際[148]，從軍事戰

---

[142]在2011年出版的「論中國」中，季辛吉警告，今天美國決策層仍然認為大陸崛起與
美國在太平洋地區的位置無法相容，因此最好先敵視、遏制，如果這種思維方式持續、蔓
延，那僵局將不可避免，嚴重時，甚至可能導致下一場冷戰。

[143]Mark Leonard, *What Does China Think?* (London: Fourth Estate, 2008) pp.15-166.

[144]郭林雄、朱江，「美新軍事戰略將推動『中』美軍事關係走向亦敵亦友」，中國廣
播網，2012年1月9日，詳參網址： http://news.xinhuanet.com/mil/2012-01/09/c_122558650_3.
htm。

[145]David Lai, The United States and China in Transition (Carlisle, PA: Strategic Studies Insiti-
tute, 2011), pp.81.

[146]中央社，「習近平將訪美　外交立場傾向合作」，聯合新聞網，2012年2月7日，詳
參網址：http://udn.com/NEWS/MAINLAND/MAI1/6884098.shtml#ixzz1leUO0100。

[147]張凱勝，「馬連任後兩岸升溫衝突下降」，旺報，2012年2月9日，版2。

[148]敏燤、崔有植、權景福，「中美俄領導人更替東北亞權力格局前瞻」，朝鮮日報中文
網，2012年1月2日，詳參網址：http://mag.udn.com/mag/world/storypage.jsp?f_ART_ID=36409
0#ixzz1iXbGBdIr。

略情勢觀之，美國重返亞洲的外交政策，將因美軍的戰略與力有未逮的實力，無力支配全局發展，而不得不與中共妥協。因而美軍與地區盟友，進行建設性防務合作關係，將不再是「戰略保證」，而是兩強之間的戰略緩衝[149]。處於第一島鏈中間位置的台灣，是牽動美、「中」和戰的關鍵之一[150]。因此，儘管我國外交部對美方以具體行動強化亞太區域安全的作為表示歡迎[151]。同時有論者指出，未來台、美高層互信若得到進一步提升，我國戰略價值也將得到提升與重視[152]。但從歷史角度以觀，台灣自1621年迄今，都由東亞海上霸權所掌控。因此，如何在兩強戰略較勁過程中[153]，基於自身利益推動「親美、和中」外交策略[154]，尋求在經濟依存度不斷升高的情況下，仍能夠維持國家主權、安全與利益的戰略[155]，並達成兩岸和平交往制度化[156]，以避免因兩岸關係破裂引爆北京與華盛頓均不樂見的軍事衝突，是我國應及早未雨綢繆的戰略課題。

---

[149]傅應川，「名家—美國重返亞洲力有未逮」，旺報，2012年1月19日，版12。
[150]戴定國，「聯合筆記／從國際戰略到台灣選舉」，聯合報，2012年1月7日，版3。
[151]中央社，「美強化亞太安全交部歡迎」，聯合新聞網，2012年1月7日，詳參網址：http://udn.com/NEWS/NATIONAL/NAT1/6830036.shtml#ixzz1ijUf5dKo。
[152]盧業中，「美戰略調整臺、美互信更須提升」，聯合報，2012年1月7日，版13。
[153]中央社，「墨媒：台灣大選牽動美陸利益」，中時電子報，2012年1月19日，詳參網址：http://news.chinatimes.com/world/11050404/132012011900752.html。
[154]卜睿哲著、林添貴譯，台灣的未來：如何解開兩岸的爭端（台北：遠流出版社，2010年5月），頁385-388。
[155]Daniel Lynch, "Why Ma Won the Elections and What's Next for Taiwan and China?," *Foreign Policy*, Jan. 15, 2012, website: http://www.foreignaffairs.com/articles/137029/daniel-lynch/why-ma-won-the-elections-and-whats-next-for-taiwan-and-china.
[156]慶正，「馬：江陳16協議廣義和平協議」，旺報，2012年2月9日，版1。

馬祥祐

壹、前言

　　歐盟是當前世界最大的自由貿易區，在貿易、農業、金融等方面的整合已經趨近於一個統一的聯邦國家，歐盟同時也是當前世界最有力的國際組織，其成員國在內政、國防、外交等方面的協同與整合，更是人類歷史所僅見。中國是亞洲最大國家，自1979年改革開放以來，經濟發展的速度備受各方矚目，目前在經濟上中國正準備從世界製造工廠轉型為世界重要消費市場，而在外交上，中國正在逐步揚棄其過去「老二哲學」的作法，開始強調「和平崛起」、「大國外交」。歐亞這兩大政治實體的往來與互動情形，不僅牽動當前國際局勢的發展，更是研究國際關係、關心歐盟或者中國發展者，所不能忽視。

　　為讓讀者能清晰與快速的掌握中國與歐盟關係的發展走勢，本文將首先回顧中國與歐盟關係的發展歷程[1]，繼而探討中國與歐盟間對話平台的建構與發展，然後進一步分析中國與歐盟之間的合作與衝突，最後則對中國與歐盟關係的發展作一評估與展望。

貳、中國與歐盟關係發展歷程

　　遠在中國展開改革開放之初，歐盟便與中國發展經貿關係。1978年4月，中國與歐盟簽訂了五年的《貿易協定》，這是雙方經貿關係的開端，也是政治關係的基石。五年後（1983年11月1日），中國與歐盟前身、歐洲煤鋼共同體和歐洲原子能共同體建立正式關係，實現全面建交。1985年中國進一步同歐盟簽訂了《貿易和

---

[1] 本文所論述的歐洲與中國的關係，橫跨了歐洲煤鋼共同體（歐洲經濟共同體和歐洲原子能共同體）、歐洲共同體及歐盟時期，基於論述的方便，一律以歐盟來稱之，不另特別區隔。

經濟合作協定》，並建立了部長級經貿混委會制度。雖然中國與歐盟的關係開展得算早，但是雙方的實際往來與互動並不多，在80年代雙邊貿易額並不多。歐盟對中國的態度偏向消極，主要是與歐盟一貫的重白人世界輕亞洲的思維有關，而中國不注重發展與歐盟的關係，則是因當時的重心著重在發展與美、日的關係。這種情形一直到90年代，歐盟意識到這樣的態度將對歐盟在全球化時代中，爭取本身利益造成嚴重的侷限，而此時中國則因市場過度集中在美日，尋求分散市場與開拓技術引進來源，雙方因此一拍即合，雙邊態度開始轉向積極，從而有了全新的交往局面。

1994年7月歐盟正式提出「走向亞洲新戰略」[2]，期望藉此擴展歐盟與亞洲國家的經濟及政治關係，擴大歐盟在亞洲的經濟勢力。在此一構想指引下，1995年歐盟通過《中國－歐洲關係長期政策》（*A Long Term Policy for China-European Relations*, COM (1995) 279/final），中國與歐盟關係開始出現「質」的轉變，這是中國與歐盟關係的重要轉捩點。歐盟對中國政策自此正式放棄過去短線思維，改採長期的戰略思考，並且明確提出「歐洲和中國應建立一種長期的合作關係，以保證實現雙方共同的目標」，至此開始強調對中國關係的長期性和全面性。

歐盟之所以採行此一「新中國政策」，主要是基於幾點考量[3]：

一、政治方面的考慮。西歐各國意識到中國將成為下一世紀全世界福或是禍的泉源，期望透過交往，促進其改革成為「良性中國」，成為亞洲或是全世界的穩定力量，而不是造成世界負擔的「惡性中國」。

二、經貿方面的考慮。由於西歐國家過去採行「重美輕亞」政策的結果，使其對中國的貿易、投資等方面均遠遠落後於美、日等國。基於經濟利益的考量，歐盟希望藉由與中國關係的加強，打開中國的市場。

三、戰略上的考慮。前蘇聯雖已解體，東歐國家亦已建立民主政體，但東歐與獨立國協境內內戰頻繁，經濟亦不穩定。在戰略上，與中國加強合作，可以防患未然，也可以強化運作力量。

此外，當時中國正積極申請加入GATT、WTO，在全球化的趨勢下，中國重新融入世界體系已是必然，一個欠缺中國的WTO體制不能稱之為成功，相對的，歐

---

[2] 楊逢瑨，「歐盟與發展中國家的成功合作」，**華東理工大學學報社會科學版**，20卷3期（2005年9月），頁42。

[3] 沈玄池，「歐洲聯盟『新中國政策』評析」，**國策**，119期（1995年8月22日）。

盟也不應在與中國關係發展上落後於其他國家，錯失中國這個龐大市場。因此，協助中國入世，不僅有利於建立WTO體制，符合全球化時代的要求，更符合歐盟的長期利益要求。

　　在此一長期政策的指導下，1996年11月，歐盟正式提出《歐盟對華新戰略》[4]，並具體提出了促進中國公民社會、扶持工商業、扶貧、改善環境和持續發展等戰略。這項新戰略與過去最大的不同是，歐盟對中國的態度由過去的消極觀望改為積極，並將對華援助集中，配套應用政治壓力，以促進中國的改革。到了1998年6月，歐盟與中國關係獲得更進一步的提升，雙方建立正式的夥伴關係。歐盟通過了《與中國建立全面夥伴關係》（*Report on the Implementation of the Communication Building a Comprehensive Partnership with China*, COM (1998) 181－Brussels, COM (2000) 552）的新政策，表示要把對中國的關係提升到與美、俄、日同等重要的地位，雙方關係因此獲得全面提升，也擴大了雙方的合作。

　　自1994年歐盟提出「走向亞洲新戰略」後短短四年，歐盟便大幅改善、提升與中國的關係，其速度之快前所未見，到了2003年10月，歐盟更指雙方關係邁向「成熟的夥伴關係」[5]。雙方外交關係這樣的飛速進展所獲得的回報是，歐盟在中國市場的占有率，從過去遠遠落後於美、日，轉而一舉迎頭趕上，從表26-1、圖26-1、圖26-2及圖26-3中，我們可以清楚看見歐盟在進口、出口及進出口總額上，由於中國、歐盟關係快速改善，使得歐盟與中國的貿易快速發展，雙邊貿易額增長速度，遠大於中國與任何其他貿易夥伴的貿易額增長速度，歐盟二十五國並於2004年取代美日成為中國最大的貿易夥伴。

---

[4] 2001年6月歐洲委員會發表歐盟對華戰略：1998年聲明執行情況與今後使歐盟政策更為有效的措施，對此一戰略進行修正，以使其更明確化與更有效率。Commission of the European Communities, *EU Strategy towards China: Implementation of the 1998 Communication and Future Steps for a more Effective EU Policy*, COM(2001) 265/final of 15.5.2001.

[5] 歐盟通過了歐盟對華政策：歐盟－中國關係的共同利益與挑戰－走向成熟的夥伴關係的決議。決議中將對大陸政策目標明確為：1.歐盟與中國分擔促進全球治理的責任。2.依據法治和尊重人權，支持中國轉型為開放社會。3.促進中國對內與對外的經濟開放。4.歐盟－中國合作計畫，以雙方互惠互利的合作夥伴關係，來支撐歐盟發展目標。5.提高歐盟在中國的形象。請見Commission of the European Communities, A maturing partnership - shared interests and challenges in EU-China relations, Brussels, COM (2003) 533 of 10.09.2003.

表26-1 中國和主要貿易夥伴之貿易情況

單位：億美元

		歐盟＊	美國	日本	香港	台灣
1995	出口	190.9	247.1	284.7	359.8	31
	進口	212.5	161.2	290	85.9	147.8
	總額	403.4	408.3	574.7	444.7	178.8
1996	出口	198.3	266.9	308.7	329.1	28
	進口	198.7	161.6	291.8	78.3	161.8
	總額	397	428.4	600.5	407.3	189.4
1997	出口	238.3	327.2	318.4	437.8	34
	進口	192	163	289.9	69.9	164.4
	總額	430.3	490.2	608.3	507.7	198.4
1998	出口	281.5	379.8	296.9	387.5	38.7
	進口	207.2	169.6	282.1	66.6	166.3
	總額	488.6	549.4	579	454.1	205
1999	出口	302.2	419.5	324.1	368.6	39.5
	進口	254.6	194.8	337.6	68.9	195.3
	總額	556.7	614.3	661.7	437.5	234.8
2000	出口	381.9	521	416.5	445.2	50.4
	進口	308.4	223.6	415.1	94.3	254.9
	總額	690.4	744.6	831.6	539.5	305.3
2001	出口	409	542.8	449.6	465.5	50
	進口	357.2	262	273.4	94.2	273.4
	總額	766.3	804.8	877.5	559.7	323.4
2002	出口	482.1	699.5	484.4	584.7	65.9
	進口	385.4	272.3	534.7	107.4	380.6
	總額	867.6	971.8	1019.1	692.1	446.5
2003	出口	721.5	924.7	594.2	762.9	90
	進口	530.6	338.6	741.5	111.2	493.6
	總額	1252.1	1263.3	1335.7	874.1	583.6
2004	出口	1071.6	1249.5	735.1	1008.8	135.5
	進口	701.2	446.8	943.7	118	647.8
	總額	1772.9	1696.3	1678.9	1126.8	783.2

		歐盟＊	美國	日本	香港	台灣
2005	出口	1437.1	1629.0	839.9	1244.8	165.5
	進口	735.9	487.3	1004.5	122.3	746.8
	總額	2173	2116.3	1844.4	1367.1	912.3
2006	出口	1819.8	2034.7	916.4	1553.9	207.4
	進口	903.1	592.1	1157.2	107.9	871.1
	總額	2723	2626.8	2073.6	1661.7	1078.5
2007 （27國）	出口	2451.9	2327.0	1020.7	1844.3	234.6
	進口	1109.5	693.8	1339.5	128.2	1010.2
	總額	3561.5	3020.8	2360.2	1972.5	1244.8
2008	出口	2928.8	2523.0	1161.3	1907.4	258.8
	進口	1327	814.4	1506.5	129.2	1033.4
	總額	4255.8	3337.4	2667.8	2036.7	1292.2
2009	出口	2362.8	2208.2	979.1	1662.3	205.1
	進口	1278	774.4	1309.4	87.1	857.2
	總額	3641	2982.6	2288.5	1749.5	1062.3
2010	出口	3112.3	2833.0	1210.6	2183.2	296.8
	進口	1684.7	1020.4	1767.1	122.6	1156.9
	總額	4797.1	3853.4	2977.7	2305.8	1453.7
2011	出口	3560.1	3244.9	1483.0	2680.3	351.1
	進口	2111.9	1221.5	1945.9	155	1249.2
	總額	5672.1	4466.4	3428.9	2835.2	1600.3

資料來源：2004年前數據引自葉怡君，國際體系轉型下中國與歐盟外交關係之發展與磨合（高雄：國立中山大學大陸研究所博士論文，2005年7月），頁436。2005年後彙整自中國商務部、海關總署、國務院台灣事務辦公室網站。

＊歐盟統計數字因涉及歐盟東擴，涵蓋國家數有所變動，然因中國與歐盟經貿主要集中在西歐的歐盟原創始國，東擴新增國家數對中歐經濟往來數據影響有限。

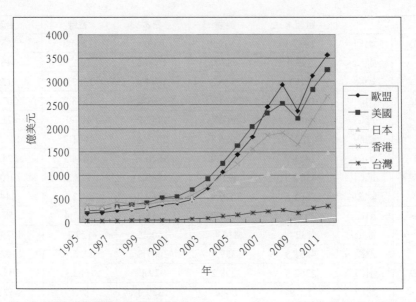

圖26-1　中國對主要貿易夥伴出口額

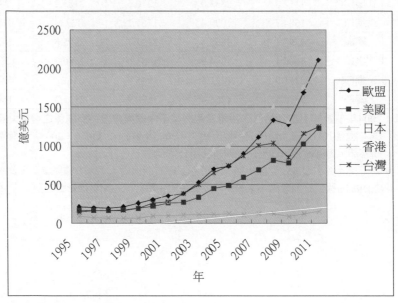

圖26-2　中國對主要貿易夥伴進口額

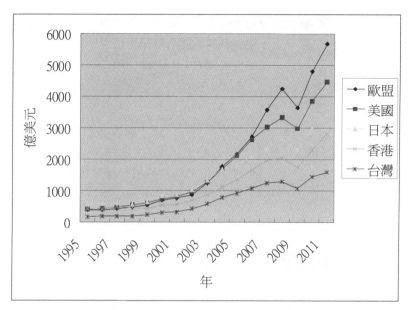

圖26-3　中國對主要貿易夥伴進出口總額

　　當前歐盟對中國政策主要是依據2006年10月所發布的《歐盟與中國：更緊密的夥伴、承擔更多責任》[6]，文件中歐盟強調「支援中國轉型為更加開放和多元社會」、「可持續發展」及「加強雙邊合作」等，但是文件中卻也對中國諸多問題提出批判與期待，列舉了大約二十項中歐關係改善的前提條件，雙邊關係一度緊張。到了2008年，北京奧運聖火在歐洲遊行時遭到不斷抗議；10月，歐洲議會把歐洲最高人權獎薩哈羅夫獎授予中國異議人士胡佳；11月，時任歐盟輪值主席的法國總統薩科齊接見達賴，都進一步讓中歐關係陷入低潮。然而，2008年下半年全球金融風暴爆發的衝擊，卻又將中國與歐盟的關係拉近。雖然金融風暴對世界經濟造成嚴重打擊，然而中國與歐盟的經貿關係依舊穩定提升，同時在歐債危機的影響下，由於需要中國的援助與採購，中國與歐盟的關係似乎更加的緊密。但對此歐盟內部是存在憂慮的，德國《世界報》便稱「歐洲應小心陷入對中國的永久依賴」，英國《每日郵報》的報導則稱，這「正是中國謀求擴大在歐洲影響力的最好時機」[7]。

---

[6] 歐盟與中國：更緊密的夥伴、承擔更多責任，www.delchn.cec.eu.int/en/whatsnew/communication%20paper-CHN.pdf。

[7] 「歐債危機加劇歐洲面對中國援助心態複雜」，http://news.sina.com.cn/o/2010-12-29/090421726235.shtml。

就這樣在金融風暴的衝擊與內部疑慮聲中，中歐貿易額繼續向上攀升，2011年貿易額達到五千六百七十二億美元，增長18%，進出口額均超過了2010年的水準，其中中國對歐盟出口三千五百六十億美元，增長14%，進口兩千一百一十二億美元，增長25%，進口增幅遠遠高於出口。儘管中國加大了從歐盟進口的力度，但貿易順差依然成長到一千四百四十八億美元，超過2010年一千四百二十七億美元的水準。其中，德、荷、英、法、義是前五大貿易夥伴，占中歐貿易的70%，最大的則是德國，占到中歐貿易的30%[8]。目前，歐盟是中國最大的貿易夥伴，第一大出口市場與進口市場，最大的技術引進來源地和和第四大利用外資來源地[9]。中國則超過美國，成為歐盟第一大進口來源國、第二大貿易夥伴和第三大出口市場。

參、中國與歐盟的對話平臺建構

中國與歐盟的關係之所以進展的如此神速，主要是雙方建構了多層次的高層對話管道，並且充分的發揮對話管道的功用所致。歐盟駐華代表團在其網站中，明示指出當前歐盟對華政策作為第一重點便是「高級別的政治對話」[10]。而中歐之間所建立對話管道，包括了「中歐領導人會晤」、「戰略對話」（後升級為高級戰略對話）、「中歐經貿高層對話」等。其中，中歐領導人會晤的歷史最為悠久也最為關鍵，這是1996年11月歐盟委員會發表《歐盟對華新戰略》後，對中國態度轉向積極的具體表現。從1998年起中歐領導人會晤幾乎每年舉行[11]，而在第一次中歐領導人會晤（4月）舉辦後的兩個月（6月），歐盟外長會議便通過了《與中國建立全面夥伴關係》，凸顯歐盟的積極與此一管道有效性。到目前為止，中歐領導人會晤

---

8 中國社會科學院歐洲研究所「中歐關係」重點學科課題組，「2011年中歐關係的回顧與展望」，歐洲研究，2012年1期，頁2。
9 在歐盟成員國中，英國、德國、法國、荷蘭位居投資國前四位。截至2011年10月，四國當年累計對華投資總額為38.67億美元，四國投資總和占歐盟27國對華投資的70%左右。同前註，頁3。
10 當前歐盟對華政策作為：1.通過高級別的政治對話，在雙邊和全球舞臺上同中國保持進一步的接觸。2.支援中國朝著一個基於法治和尊重人權的開放型社會轉變。3.將中國全面帶入世界貿易體系，並支持中國正在進行的經濟和社會改革，以鼓勵中國融入世界經濟之中。4.提升歐盟在中國的形象。參見：http://eeas.europa.eu/delegations/china/eu_china/political_relations/index_zh.htm。
11 2008年第十一次會晤因為北京舉辦奧運、西藏事件和達賴問題等爭議，致使年底的中歐領導人會晤推遲至隔年。原訂於2011年10月舉行的第十四次會晤，則是因歐盟臨時決定舉行領袖會議討論內部的歐債問題而被推遲。

共舉行十四次（參見表26-2），成為中國與歐盟之間最重要的溝通管道，而歷次與會的中方代表都是國務院總理，歐盟則以輪值主席國為主，在雙方的對話位階都夠高的情況下，使得歷次會晤備受外界關注。

而在此一管道成效的外溢影響下，遂有後續針對外交議題的「戰略對話」與經濟議題的「中歐經貿高層對話」。「戰略對話」於2005年展開，共舉行四輪，都是由歐盟輪值主席國副外長與中國外交部副部長共同主持。2010年起，中歐戰略

表26-2 歷次中歐領導人會晤

次數	年份	中國代表	歐盟輪值主席國代表	歐盟委員會代表	地點
1	1998年	總理朱鎔基	英國首相布萊爾	主席雅克·桑特	倫敦
2	1999年	總理朱鎔基	芬蘭總理帕沃·利波寧	主席羅馬諾·普羅迪	北京
3	2000年	總理朱鎔基	法國總統席哈克	主席羅馬諾·普羅迪	北京
4	2001年	總理朱鎔基	比利時首相伏思達	主席羅馬諾·普羅迪	布魯塞爾
5	2002年	總理朱鎔基	丹麥首相安諾斯·福格·拉斯穆森	主席羅馬諾·普羅迪	哥本哈根
6	2003年	總理溫家寶	義大利總理貝盧斯科尼	主席羅馬諾·普羅迪、哈維爾·索拉納	北京
7	2004年	總理溫家寶	荷蘭首相揚·彼得·巴爾克嫩德	主席若澤·曼努埃爾·巴羅佐	海牙
8	2005年	總理溫家寶	英國首相布萊爾	主席若澤·曼努埃爾·巴羅佐	北京
9	2006年	總理溫家寶	芬蘭總理馬蒂·萬哈寧	主席若澤·曼努埃爾·巴羅佐	赫爾辛基
10	2007年	總理溫家寶	葡萄牙總理若澤·蘇格拉底	主席若澤·曼努埃爾·巴羅佐	北京
11	2009年（5月）	總理溫家寶	捷克總統瓦茨拉夫·克勞斯	主席若澤·曼努埃爾·巴羅佐	布拉格
12	2009年（11月）	總理溫家寶	瑞典首相賴因費爾特	主席若澤·曼努埃爾·巴羅佐	南京市
13	2010年	總理溫家寶	主席范龍佩	主席若澤·曼努埃爾·巴羅佐	布魯塞爾
14	2012年（2月）	總理溫家寶	主席范龍佩	主席若澤·曼努埃爾·巴羅佐	北京
15	2012年（9月）	總理溫家寶	主席范龍佩	主席若澤·曼努埃爾·巴羅佐	布魯塞爾

資料來源：http://news.xinhuanet.com/ziliao/2004-05/08/content_1457067.htm。

對話升級，由副外長級提高到國務委員與歐盟委員會副主席級，到目前共舉行過三次高級別對話，這三次均是由中國國務委員戴秉國和歐盟外交與安全政策高級代表兼歐盟委員會副主席凱瑟琳‧阿什頓（Catherine Ashton）出席對話。「中歐經貿高層對話」則是在2007年第十次中歐領導人會晤中由溫家寶倡議提出，這個對話機制很大程度上是借鑒了中美戰略經濟對話（SED）的模式。中美戰略經濟對話是於2006年9月啟動，屬於副總理級的對話管道，當時分別由美國財長保爾森和時任中國副總理吳儀作為特派代表。而在第十次中歐領導人（11月底）會晤後，中日也將展開首輪副總理級別的高層經濟對話（12月1日）。因此，溫家寶的提議除了期望藉由成立副總理級的對話機制，來處理日益重要與紛雜的中歐貿易關係外，更重要是「平衡大國間外交關係」[12]。

表26-3　戰略對話與高級戰略對話

戰略對話		
日期	地點	與會者
第一輪2005年12月	倫敦	中國外交部副部長張業遂與以歐盟輪值主席國英國外交兼貿工國務大臣皮爾遜為首的歐盟代表團出席
第二輪2006年6月	北京	中國外交部副部長張業遂與以歐盟輪值主席國奧地利外交部國務秘書溫克勒爾為首的歐盟代表團出席
第三輪2007年10月	里斯本	中國外交部副部長張業遂與以歐盟輪值主席國葡萄牙外交和合作國務秘書克拉維尼奧為首的歐盟代表團出席
第四輪2009年1月19日	北京	中國外交部副部長李輝與以歐盟輪值主席國捷克外交部第一副外長波亞爾為首的歐盟代表團出席
高級戰略對話		
第一輪2010年9月1日	貴陽	中國國務委員戴秉國和歐盟外交與安全政策高級代表兼歐盟委員會副主席凱瑟琳‧阿什頓
第二輪2011年5月13日，	布達佩斯	中國國務委員戴秉國和歐盟外交與安全政策高級代表兼歐盟委員會副主席凱瑟琳‧阿什頓
第三輪2012年7月10日	北京	中國國務委員戴秉國和歐盟外交與安全政策高級代表兼歐盟委員會副主席凱瑟琳‧阿什頓

資料來源：筆者彙整。

---

[12] 商務部歐洲司司長孫永福表示：「基於平衡大國間外交關係考慮，鑒於中美、中日已經設有副總理級的相關機制，為了顯示中國對歐盟的同等重視，中方於去年底峰會期間，提出了建立中歐之間副總理級的經貿對話機制。」見「中歐首次經貿戰略對話」，http://magazine.caixin.com/2008-04-28/100082037.html。

表26-4　中歐經貿高層對話

時間	地點	與會者
2008年4月25日	北京	國務院副總理王岐山
歐盟委員會貿易委員彼得·曼德爾森	2009年5月7~8日	布魯塞爾
歐盟總部	國務院副總理王岐山	歐盟委員會委員凱瑟琳·阿什頓
2010年12月21日	北京	國務院副總理王岐山 歐方聯合主席歐盟委員會副主席兼競爭委員阿爾穆尼亞（Joaquin Almunia）、經濟與貨幣事務委員雷恩（Olli Rehn）、貿易委員德古特（Karel De Gucht）

資料來源：http://news.xinhuanet.com/ziliao/2009-05/06/content_11322852.htm

　　除此之外，自1997年起，中國與歐盟每半年舉行一次人權對話，雙方針對各自關心的人權議題進行對話，此一對話平台為司長級，中方代表為外交部國際司司長，歐盟則是輪值主席國外交部官員出席。歐盟認為經由這個途徑向中國表達對相關人權問題的關切，讓中國感受到國際壓力，是有具體成效的，包括促成了聯合國人權專員對中國的訪問、中國簽署和批准《聯合國公民權利與政治權利公約》及《聯合國社會、經濟和文化權利公約》等等[13]。

　　歐盟與中國透過建立上述四大對話機制[14]，使得中國與歐盟之間對話頻仍，關係進展快速。中共本身則自2010年起每年舉辦「中歐政黨高層論壇」，邀請歐洲諸多政黨和政治組織的高層領導人、資深政治家出席論壇，針對不同議題進行對話與交流，使得中國跟歐盟的對話管道更加寬廣，也深入歐洲各界。而在政治、經濟等議題之外，歐盟與中國也積極推動各種民間組織的對話與交流，其中，人文交流是近來的重點[15]，歐盟啟動伊拉斯莫斯世界計畫（Erasmus Mundus），招收中國學生和學者赴歐學習、進修，中方則啟動「中歐學生交流獎學金專案」和「中歐語言

---

[13] 「歐盟—中國人權對話」，http://eeas.europa.eu/delegations/china/eu_china/political_relations/humain_rights_dialogue/index_zh.htm。

[14] 中國與歐盟之間的對話管道還有每年在聯合國大會期間舉行的歐中外交部長年會，與根據需要可隨時召開外長會議；中國外交部長與歐盟成員國華大使每半年舉行一次會議；歐盟輪值主席國外交部長與中國駐該輪值主席國首都的大使每半年舉行一次會議；歐盟和中國的專家就國際安全、軍控、防止擴散和出口控制問題每年至少舉行一次會議。參見「歐盟-中國政治對話」，http://eeas.europa.eu/delegations/china/political_relations/pol_dialogue/index_zh.htm.

[15] "EU and China set to boost co-operation on education, culture, youth and research (23/10/2011)," http://eeas.europa.eu/delegations/china/press_corner/all_news/news/2011/20111023_en.htm。

交流專案」。此外,中歐雙方並開始展開主題年的交流活動,2011年是中歐青年交流年,2012年是中歐文化對話年,同時也舉行歐洲電影展、中歐文化論壇等活動,藉此以增進雙方民間的交流和理解。

　　彙整觀之,中歐之間的對話與合作有三大支柱,分別是高層經貿對話(第一支柱)、高層戰略對話(第二支柱)以及人與人之間的對話(第三支柱)。而從具體交往觀之,則有「兩個層面」,亦即歐盟機構和成員國兩層面。藉由三大支柱與兩層面的交叉運作,從而建構出中歐雙邊多層次的對話管道。

肆、中國與歐盟的合作

　　中歐在頻繁的高層對話下,雙邊互動與合作頻仍,除了快速擴大雙邊貿易往來外,具體成就包括以下幾個層面:

一、外交上的合作:多邊主義的唱和

　　歐洲區域是目前世界上最重要的多邊主義鼓吹者,也是多邊主義的具體實踐者,其中歐盟和北約是具體成就,也是冷戰後歐洲多邊主義發展的重要標誌,這兩者在安全問題上的相互補充和支持[16],成為外界高度重視、深入研究,與其他地區借鑒的成功模式。歐洲多邊主義更因此被認為是迄今為止,世界上最為成功和成熟的多邊主義模式[17],不管在經濟、政治還是安全領域,都是制度化程度最高的典範。歐盟的多邊主義思維不僅表現在推動歐洲內部整合上,歐盟也試圖將多邊主義出口到全世界。在全球層面,歐盟大力支持聯合國、世貿組織、國際奧會、世衛組織等國際多邊組織。在地區層面,歐盟支援所有多邊合作方式,如透過拉美和加勒比─歐盟首腦會議[18],與美洲國家進行多邊對話與合作。透過亞歐外長會議、亞歐

---

[16] 有多位學者持這樣的看法。請見下列文章:

Philip H. Gordon, "Their Own Army?" *Foreign Affairs*, July/ August, 2000, pp.12-17.

Alexander Moens, "Developing a European Intervention Force," *International Journal*, Spring 2000, pp.247-269.

Gilles Andreani, "Why Institutions Matter," *Survival*, Vol.42, No.2 (Summer 2000), pp.81-95.

[17] Craig A. Snyder, "Building Multilateral Security Cooperation in the South China Sea," *Asian Perspective*, Vol.21, No.1 (Spring/ Summer, 1997), pp.5-36.

[18] 此一會議是法國前總統席拉克所提議,於1999年6月在巴西裏約熱內盧舉行第一屆會議。當時外界便認為,法國的用意在於重新推動兩個大陸之間的關係,並與美國在拉美抗衡。

首腦會議與亞洲國家進行多邊對話與合作。上述這些會議的主軸始終不脫「強調多邊主義」與呼籲讓「聯合國發揮主導作用」以應對全球挑戰。此外，歐盟也支持中國與東盟、東盟加六、北核問題六方會談、上海合作組織等多邊對話的進行。除了歐盟的動作外，歐盟成員國大多數也都主張世界「多極化」的發展，強調多邊主義、集體合作與集體安全。

　　歐盟這樣的立場與中國外交過去的反霸主義立場有所重合，使得雙方在外交上出現密切互動。2003年10月，雙方關係進一步提升為「成熟的夥伴關係」後，歐盟宣稱與中國在「切實有效的多邊基礎上建立更加均衡的國際秩序」問題上找到了共同點；2004年4月亞歐外長會議中與會國家發表了多邊主義宣言[19]；2006年9月第六屆亞歐首腦會議中也做多邊主義方面的訴求等等[20]。中歐雙方不僅在國際場合不斷聯手大力鼓吹多邊主義，強調建立公正合理、以國際法為基礎、以強有力的聯合國為核心的國際秩序，來解決國際爭端、促進全球化的良性發展並實現國際關係民主化。在實務上，包括防止核擴散和軍備管制、伊朗問題、中東問題、以巴衝突、朝鮮半島核問題，乃至於全球金融風暴後，如何改革IMF、WB與世界經濟體制等問題上，立場上也多所唱和，這對於美國的單邊主義外交作為形成相當大的壓力與挑戰。David Shambaugh便稱，中歐將成為世界事務中的一個新軸心，並且在變幻莫測的世界裏充當重要的穩定源[21]。

二、科技合作

　　除了國際政治上的多邊主義唱和，中歐間密切互動，也讓中國在技術引進上獲得重大突破。中國過去由於受到美國、日本以各種方法管制技術取得，使得中國在技術提昇上面臨極大困擾，然而因為中歐多邊主義觀點的共鳴，歐盟對於技術出口中國採取較美日更為寬鬆的態度，也願意協助中國的永續發展，當然其中也有歐盟開拓其科技與軍事工業在中國市場占有率的考量。在採取與美日不同的合作模式下，使得歐盟自2004年以來便超越美日，成為中國第一大技術引進地。截至2011年6月，中國自歐盟引進技術共三萬六千七百三十項，累計合同金額

---

[19] 「亞歐會議多邊主義宣言（2004年4月18日，基爾代爾）」，www.fmprc.gov.cn/chn/wjb/zzjg/gjs/gjzzyhy/1132/1134/t127975.htm。

[20] 「李肇星部長在亞歐外長會議上關於多邊主義問題的主旨發言」，http://www.fmprc.gov.cn/chn/wjdt/zyjh/t85514.htm。

[21] David Shambaugh, "China and Europe: The Emerging Axis," *Current History*, September 2004, pp.243-248.

一千三百九十億美元[22]。

在技術引進上，對中國而言最大成就莫過於，中歐聯手進行伽利略計畫。伽利略計畫是一種中高度圓軌道衛星定位方案，是世界上第一個民用的全球衛星導航定位系統，系統完成後，將可為參與國家提供精度為一米的定位導航服務。中國與歐盟在2003年高峰會議中簽署合作，正式加入此一綜合性太空合作計畫，這也是中國與歐盟有史來最大的合作計畫。此計畫不僅打破美國獨霸全球衛星導航系統的格局，挑戰美國的太空霸權，分食衛星導航市場，有利於中歐戰略夥伴關係的建構[23]，也為中國航太科技升級開闢一扇窗，並對中國科技、國防工業帶來相當的助益。但此案於2008年後因美國的反彈與施壓、中國威脅論的興起，以及中國自行研發的「北斗」導航系統與伽利略計畫重疊衝突等而陷入停頓，直到2011年11月，中國科技部與歐洲空間局簽署了中歐空間科技合作協定，與歐盟企業與工業總司草簽了中歐空間合作共識要點文件後，雙方合作再度重啟。

而自2007年歐盟啟動第七研發框架計畫後，中國與歐盟的科技合作範圍也越來越廣，從資訊與通訊技術合作[24]、環境治理、應對氣候變化，乃至於在中國西部地區進行能源、中醫藥等領域的技術合作，甚至是在軟層次的「創新」上，雙方也開始推動合作，如歐洲資訊與創新中心（EEN）中國西部中心的正式啟動[25]，便是一個具體案例。總體觀之，中歐雙邊科技合作的深度與廣度都在大幅提昇。而最近中歐科技領域合作的具體成就，則屬遙感對地觀測技術領域的「龍計畫」（Dragon Programme）合作專案最受外界關注，目前該案已經進入第三期計畫。第一期於2004～2008年間展開，共資助了十六個專案。第二期於2008～2012年間進行，共資助二十五個專案，涉及陸地資源與環境、海洋學與海洋帶、災害監測及地形測繪等六個領域。前兩期合作在中國舉辦了七次陸地、大氣、海洋遙感高級培訓班，歐洲空間局還向中國無償提供了四萬多景地球遙感衛星及歐洲環境衛星的遙感影像資料，使中國在遙感應用領域的研究水準獲得明顯提升。

---

[22] 「中國駐歐盟使團團長宋哲大使在中國歐盟商會午餐會上的講話（2011/09/21）」，http://www.chinamission.be/chn/stxw/t860976.htm。

[23] 於宏源、陳輝，「『伽利略』計畫刺痛美國」，山西老年，2005年10期，頁54。

[24] 在歐盟第七研發框架下，中國科學家參與申請了160個資訊與通訊技術合作專案，2011年已簽約31項。2011年11月，中歐在成都舉行的第三次中歐資訊技術、電信和資訊化對話會中確定「高性能電腦、雲計算、未來互聯網/IPV6、智慧電網、物聯網、新一代通信技術」等為雙方合作的重點。

[25] 「EEN」是歐洲一個專門為中小企業提供技術創新、成果轉化、經貿支援的全球性服務型平臺，已覆蓋全球47個國家，擁有600多個技術轉讓與商業合作組織。「EEN」中國西部中心則涵蓋四川、重慶、陝西、雲南、貴州、寧夏、新疆、青海、西藏和甘肅10個省市區。

　　除了歐盟與中國積極進行技術合作外，各歐盟成員國近年來也與中國進行密切的技術合作，包括德國、英國、法國與義大利等均透過各自與中國建立的對話平台，積極推動與中國的技術合作，這樣的發展走勢與歐債危機的爆發脫不了關係。而基礎設施建設、新能源等重要的戰略性行業的合作，受到歐洲各國高度青睞，如中國和德國設立「中德船舶發展資金」，深化雙方在船舶製造、遠洋運輸、港口建設等領域的合作[26]。中法則在核能發電上建立全球性的合作夥伴關係，聯手進軍國際市場，向海外輸出最新核電技術[27]，同時，法國電力集團（EDF）更於2011年6月在北京設立了研發中心[28]。

三、內政上的合作

　　中歐頻繁的對話活動，除了讓雙方在外交與科技方面擴大合作，也讓中方爭取到龐大的歐盟援助，歐盟則藉由援助將歐盟的價值觀念、商品與技術等輸入中國。歐盟對中國援助主要是依據其《對華國家戰略文件》，從《2002－2006年對華國家戰略文件》和《2007－2013年歐盟對華國家戰略文件》觀之[29]，其援助主要集中在支援中國改革與永續發展上。根據《2007－2013年歐盟對華國家戰略文件》，在中國的合作專案分屬「環境和自然資源可持續管理」、「治理、民主、人權及支持經濟和體制改革」、「跨部門」、「鄉村發展、土地規畫、農業和食品安全」、「社會團結和就業」、「貿易和區域一體化」及「人力資源開發」七個類別。

　　在歐盟對中國援助項目中，值得注意的是，其中不少項目是積極介入中國內政之中[30]，這在美國與日本對中國援助中非常罕見。中國之所以容許歐盟如此介入中國的內政，最主要是因為歐盟本身的多元特性，援助的方案與執行都包含多元的國家與民族特色，不至於形成單一國家主導與介入中國內政的窘境。此外，接受歐盟的援助，允許歐盟夾帶西方價值的輸入，對中國的另一項具體好處是讓西方世界認為中國是願意改變的，且西方世界是可以在改變中國上著力的！而從2002年起歐

---

[26] 「首輪中德政府磋商聯合新聞公報（全文）」，http://www.china-botschaft.de/chn/sbwl/t835192.htm。

[27] 「中法核能合作為世界樹立典範」，http://fr.china-embassy.org/chn/zfjl/t831781.htm。

[28] 「法電集團在中國設立研發中心，致力於研究氣候變化、環境保護以及資源的合理利用等問題」，http://www.amb-chine.fr/chn/zfjl/t815759.htm。

[29] "China Strategy Paper 2007-2013," http://eeas.europa.eu/delegations/china/documents/eu_china/china_sp_en-final.pdf.

[30] 馬祥祐，「歐盟對中國援助之政經分析」，**展望與探索**，5卷4期（2007年4月），頁57-83。

盟對中國援助中，值得關注的項目包括了[31]：

（一）歐盟－中國村務管理培訓項目，此一專案直接介入了村民自治與選舉中。歐盟一方面與中國民政部合作，加強中國民政學院和各省級培訓中心的能力，另一方面在中國中央和各省提供大量涉及地方治理的培訓課程，積極培訓村民自治的種子教員。同時，還安排大陸專家學者前往歐洲考察，以貼身觀察歐盟的相關作為供中國改革做參考。

（二）中國－歐盟公共管理項目，此一專案直接介入中國高級公務員的培育。歐盟不僅協助加強國家行政學院的組織機構能力，同時還透過舉辦政策分析研討會、公共管理碩士專案、為期兩年的青年公務員培訓專案、培訓經理和培訓師專案，以及建立中歐公共管理網路等方式，來協助提升中國公務人員的水準。

（三）歐盟－中國法律和司法合作項目，此一專案則是直接介入司法部門。歐盟透過交流參訪來參與中國律師、法官以及檢察官的培育。每年有一批中國律師被派到歐洲進行九個月的培訓，有一批高級法官和檢察官會到歐洲進行為期三個月的訪問，並有一批重要的司法官員被安排至歐洲進行4周的學習訪問。透過這項作為，歐盟向中國灌輸了西方法治社會的觀點，衝擊了中國司法界，也大大宣傳了歐盟的法治形象。

（四）歐盟－中國公共採購領域合作試點項目，此專案重心在協助中國開發更為開放和更具競爭力的採購程式，但是其實務運作卻是高度介入中國內政與官員培訓。此一專案分別鎖定了與公共採購相關的立法人員、執行人員、採購官員及招標人員進行培訓，培訓相關材料更成為中國往後人員培訓的重要基石。

　　上述這些援助合作案多所涉及過去中國堅持不宜讓外人介入的內政與主權尊嚴不容挑戰的相關層面，然而歐盟卻一一切入與合作。近來歐盟更是介入中國社會保障，進行政策開發和實施政策的能力培訓[32]。歐盟藉由對中國援助的作為，一方面輸出其宏觀價值理念，如促進他國經濟發展、鼓吹民主、法治、人權，及推動全球化完善WTO外，也建立中國當局與民眾對歐洲的親善，這不僅能夠縮短雙方在政

---

[31] 同前註。

[32] 「中國—歐盟社會保障合作項目為中國社會保障事業發展做出積極貢獻」，http://news.cntv.cn/20110711/110577.shtml。

治上的差距，最終也能夠擴大歐洲商品在中國的市場，達到經濟上的效果[33]。

中歐除了上述外交、科技與內政三大層面的合作外，在文化、教育、觀光、青年交流等層面也有密切往來，但限於篇幅本文將不多做論述。

伍、中國與歐盟的競爭與衝突

中歐透過頻繁的對話，固然讓雙方更加瞭解對方的思維，促成了眾多的合作，然而交往越多同時也意味著衝突越多，因此中歐雙方的衝突也非常頻仍，貫穿在中歐往來的發展歷史中，是以中歐關係出現了高度合作又高度競爭的特殊現象。在衝突與競爭部分主要集中在下面幾點：

一、價值規範的競爭與衝突

歐盟的多邊主義運作基本上是帶有其價值觀的，歐盟本身也不諱言，其輸出歐盟價值的企圖。1997年通過的阿姆斯特丹條約，對歐盟實行共同的外交與安全政策(CFSP)規定了五項基本目標[34]，包括了：（一）保衛聯盟的共同價值、基本利益、獨立和完整；（二）通過各種方式加強聯盟的安全；（三）維持和平和加強國際安全；（四）促進國際合作；（五）發展和鞏固民主與法治，尊重人權和基本自由。而在歐盟的發展政策中也明白揭示，歐盟對自我價值的堅持，根據歐盟2005年的The European Consensus on Development所示[35]，歐盟對外協助發展，是必須基於歐盟的人權、民主、自由、法治及善治等基本價值。因此，雖然歐盟與中國往來密切，但歐盟對於其基本價值依然是有所堅持，而這就引發中歐之間的衝突。

大陸便有學者抨擊，歐盟的國際作用具有兩重性[36]，歐盟是積極宣導多邊主義和對外干預冒險兩種傾向並存，絕不是國際關係中的「道德模範」。例如1999年3月，歐盟主要國家以「人道」為名，介入科索沃危機便被中國認為是追隨美國搞

---

[33] 張淑靜，「歐盟對華援助的政策目標」，**中國特色社會主義研究**，2004年3期（2004年6月），頁47-49。

[34] 陳志敏，「歐盟的有限戰略行為主體特性與中歐戰略夥伴關係—以解除對華軍售禁令為例」，**國際觀察**，2006年5期，頁1-10。

[35] "The European Consensus on Development," http://ec.europa.eu/development/policies/consensus_en.cfm.

[36] 火正德，「論中歐戰略關係」，**國際問題研究**，2005年第2期，頁4。

「炮艦政策」。2004年烏克蘭大選危機，歐盟以「民主」為由介入干涉，則被中國視為干涉烏克蘭的內政。而歐盟對華政策更是被中國左派抨擊暗藏對華進行「西化」、「分化」的圖謀，檯面上是「支持中國改革開放」和「向基於尊重民主和法治的開放性社會轉變」，實際上是企圖讓中國接受西方意識形態，「將中國進一步納入國際社會」。

中歐在意識型態上存在衝突，並不令人意外，因為雖然中國推動改革開放已經近三十年，但是真正的全面開放卻是在加入WTO之後。然而這方面的衝突，隨著中國的越來越開放與融入世界體系，許多普世人權價值開始被中國接受。具體的案例是中東茉莉花革命爆發後，中國對於國際社會所發動的制裁與介入並沒有積極加以反對，間接向世界表態接受政府沒有屠殺百姓的權利此一觀念，這對於曾經發生過八十九天安門民運的中國而言，可謂一大進步。然而中國對於普世人權價值基本上採取的是內外有別的作法，如北京奧運前後西藏爆發的衝突事件，中國便拒絕國際的干涉，但持平而言，其處理作法相較過去更加溫和與克制，但是卻遠遠落後於歐盟的標準，雙方的價值觀衝突因此不斷發生。

例如2011年4月7日，歐洲議會便就中國警方拘留艾未未事件進行了緊急辯論，並通過決議呼籲中國當局立即釋放艾未未。6月22日，歐洲議會議長布澤克就胡佳獲釋發表聲明，指稱支持「政治活動家和人權捍衛者」。8月15日，布澤克於中國人權律師高智晟被捕五周年作出聲明，呼籲中國政府遵守基本的國際準則，釋放高智晟。12月5日，歐洲議會又邀請包括「世界維吾爾代表大會」在內團體代表，前來討論中國人權狀況。這些事件凸顯了雙方觀念的落差，歐盟外交和安全政策高級代表卡瑟琳‧阿什頓（Catherine Ashton）甚至直言，「在未來很長一段時間內，中國不會達到歐盟的人權和法治標準。要尋求未來的融合最好著眼共同利益……我們需要調整對彼此的期望」[37]。這一說法不僅凸顯歐盟正在失去耐性，也意味著此一問題短期內難以解決，衝突將會持續不斷。

二、戰略衝突與競爭

雖然中國與歐盟在國際上密切合作，但是雙邊在戰略上仍存在衝突與競爭。在國際戰略上，歐盟與美國長期以來密切合作，雙方不論在政治、經濟、社會各層面均互動頻繁、合作交流不斷。在維護現有的國際體系，特別是規範世界經濟秩序、

---

[37] 王雅平，「中國與困境中的歐洲」，卡內基中國透視，總第73期（2011年9/10月），http://chinese.carnegieendowment.org/chinaNet/?fa=45876。

共同約束發展中國家行為等方面，歐美的利益更是一致。2007年5月歐美雙邊經貿關係正式跨入「跨大西洋經濟夥伴關係」階段[38]，更是歐美雙方繼續合作維持其國際經濟主導地位的具體表現。即便歐盟對美國有所不滿，歐盟依舊支持美國超級大國的地位，也支持美國在全球及亞太地區的重要戰略地位和作用，在涉及全球戰略的重大問題上，歐盟還是難以與美對抗，甚至不得不追隨美國。因此，歐盟目前對美國的態度，是與美國既鬥爭又合作，對美國既獨立又配合，「自主而不反美」可以說是歐盟對美國政策的主軸。

　　而對中國而言，與美國的關係仍是最重要的。人大教授時殷弘便表示[39]，中國和平崛起需要的五大平臺，其中第一大平臺就是中美關係，畢竟美國是世界上目前對中國影響力最大的國家，也是影響中國周邊安全環境的最主要的外部因素[40]。同時，中國與美國之間還是存在許多共同的利益，在許多全球共同性問題上可以合作。因此，中歐雙方聯手提倡多邊主義抗衡美國的單邊主義，對中歐雙方而言都並非是絕對的，而只是一種戰術運用！雙邊仍然將美國視為最重要的外交對象，雙方在對美外交利益上的競逐是明顯與直接的。在反恐等問題上，中國也認為歐盟是搞雙重標準，尤其是對疆獨、藏獨及台灣問題，歐盟都在玩弄兩面手法，歐盟執委會採取偏向中國的立場，但是歐洲議會卻是偏向另一方，這讓中國感到困惑也不能接受。此外，中國與歐盟近來在非洲大陸上，也呈現相互競爭的格局，中國在非洲外交與天然資源開採上的豐碩成果，業已引起歐盟的緊張與關注。

三、武器禁運與高科技技術出口

　　歐盟對中國武器禁運是因1989年六四天安門事件所引發，這項禁令維持了二十幾年，期間雖然中國多次反映，部分歐盟成員國也贊成解除禁運，然而一直未能獲得解禁，其中最大的關鍵是美國的反對，美國憂心技術外流與解放軍的軍事能力因此獲得大幅提昇，將不利於美國在亞太的軍事強權地位。2004年前後，面對歐洲內部解除對中國軍售管制的聲浪，美國不僅對英國的軍火工業提出警告，甚至

---

[38] 「美國與歐盟簽協議　建立新經濟夥伴關係」，http://www.chinareviewnews.com/doc/1003/5/9/8/100359871.html?coluid=7&kindid=0&docid=100359871。

[39] 「中國和平崛起需要五大『平臺』」，國際先驅導報，2004年3月19日，7版。
　　另外四個平臺依序為多邊安全體系、國際組織、對外經濟戰略，及與某些國家的「特殊關係」。

[40] 近年來，美國亞太戰略中「遏制中國」的概念日益突出，美國「重返亞洲」的聲浪不斷。美國不僅開始深化和擴大其亞太地區的雙邊安全同盟，也推行大國平衡戰略，以制約中、俄、印等國。

也對歐盟表示將採取報復性制裁。當時的美國國務卿鮑威爾便威脅說，任何贊同解除對中國禁令的歐洲國家，從此以後都不可能從美國得到任何軍事技術。美國眾議院則通過了一項法案，威脅要對那些向中國出口武器裝備的歐洲國家進行制裁。五角大廈則放話，任何向中國出售武器的歐洲公司，別想在五年內同其有經濟往來[41]。在美國如此強力表態下，此案最後停擺。

2010年解除軍售管制案再度重新浮上檯面，在12月歐盟首腦峰會上，歐盟外交與安全政策高級代表阿什頓在其歐盟主要外交政策的戰略報告中稱，「歐盟對中國實施的武器禁運已經成為中歐進一步發展外交和安全合作關係的主要障礙」[42]，認為歐盟應重新評估此事，並設計一條可以向前邁進的道路。美國和日本對此立刻表示關注，美國國務院官員強調，「這將給美國與歐洲未來的防務合作帶來大麻煩」[43]，此案雖然最後在峰會中並沒有達成共識。此一問題預料將繼續成為中歐關係發展中的一大爭議。

而延續這樣的邏輯，中歐間科技合作其實也存在一大門檻，歐盟其實在高科技出口中國的立場上，雖然相較美日更為寬鬆，然而中國期望的尖端科技，或者可供軍事用途的科技，歐盟其實仍有所管制！在其科技轉移與輸出的過程中，擴大市場占有率與打擊中國新生的競爭對手，恐是歐盟對外科技合作的核心價值，因此中國能加入伽利略計畫，中國有論者便稱，是因中國已經在自力發展北斗導航系統，因此歐盟才會邀請中國加入該計畫。持平而論，在未來中歐的科技合作中，這樣的論爭將會持續不斷。

四、經濟利益的競爭與衝突

中歐雙方的經濟關係雖然發展快速，然而雙邊的衝突卻是非常激烈，歐盟（歐共體時期）是世界第一個對中國提出反傾銷調查的地區，在WTO成立後，歐盟向WTO控訴中國傾銷之事更是時有所聞[44]。目前歐盟與中國的經濟衝突主要集中在下

---

[41] 「美阻撓歐洲國家解除對華軍售禁令」，**新聞晨報**，2004年6月2日，http://big5.china.com.cn/chinese/2004/Jun/577199.htm。

[42] Vincent Metten, "Should the EU Lift the Arms Embargo on China?" http://www.euractiv.com/global-europe/eu-lift-arms-embargo-china-analysis-502529.

[43] Andrew Rettman, "EU to Keep China Arms Embargo Despite Massive Investments," EU Observer, January 5, 2011, http://euobserver.com/884/31592.

[44] 中歐在WTO中爭端案件情況，參見歐盟委員會網站2011年12月14日發布的資料，"General Overview of Active WTO Dispute Settlement Cases Involving the EU as Complainant or Defendant and of Active Cases under the Trade Barriers Regulation," http://trade.ec.europa.eu/doclib/docs/2007/may/tradoc_134652.pdf。

列事項：

（一）市場經濟定位

　　歐盟始終將中國定位為非市場經濟體制（non-market economy, NME），認為中國是國營貿易國家，尤其在前蘇聯與東歐共產國家都被視為過渡經濟後，這讓中國覺得受到歧視。中國認為，歐盟在市場經濟地位認定過程中充滿了不公平，這包括認定標準不公平、對大陸替代國選擇過於任意、替代國與中國的巨大差異性未被考慮、計算過程的不透明性等諸多問題[45]。雖然中國對此向歐盟多次表達不滿，然而到目前為止，中國依然未能獲得歐盟的市場經濟地位認同。

（二）反傾銷調查與技術壁壘

　　在西方世界中，歐盟是第一個對中國提出反傾銷案的，早在1979年歐盟便對中國發動過反傾銷調查，目前雙方的經貿關係雖然大幅提昇，然而歐盟卻是對中國提出反傾銷控訴最多的地區之一，幾乎每年都有控訴案例。2011年，歐盟對中國的反傾銷調查共計二十四起[46]，是歐盟反傾銷調查首位，占全部新發起調查數的一半左右，而中國於2011年也對歐盟新開啟兩起反傾銷調查。除了反傾銷衝突外，近來雙邊的戰火有擴大的趨勢，2011年歐盟對中國銅版紙採取了「反傾銷」、「反補貼」的「雙反」調查，2012年歐盟指控中國政府提供華為（Huawei Technologies）和中興通訊（ZTE）等電信設備公司非法補貼，因此他們才能快速增長，搶走諾基亞和阿爾卡特等西方競爭對手的業務。這二件事意味著，歐盟對中國的貿易打擊層面正在擴大與深化，除了手段更激烈外，範圍已經從傳統產業擴大到高科技產業。而這也反映出歐盟長期批評，中國官商界線不明，政府補助難以劃分，市場准入障礙過多等問題，在無法獲得中國正面回應下，歐盟展開正式的反擊。

　　而中國則批評歐盟的反傾銷調查過於政治化外，也指責歐盟設立層層的技術壁壘（technical barriers to trade, TBT）。中國指控歐盟：繁瑣的技術標準和技術法規約十多萬個，幾乎涉及所有進口產品[47]；繁瑣的合格評定程序，共有八種基本模組

---

[45] 趙曉霞，「歐盟對華反傾銷不公平性的研究」，**經濟問題**，2004年10期，頁68-70。

[46] 新發起的有8起，其他調查還包括1起全面復審、5起中期復審、7起日落復審、1起新出口商復審、2起反規避調查。詳見"Trade Defence Investigations," http://trade.ec.europa.eu/tdi/。

[47] 張瑞莉，「歐盟新成員國帶給中國經貿關係的挑戰」，**黑龍江對外經貿**，2004年11期，頁4-5。

和8種變形模組及其組合非常複雜[48]；嚴苛的衛生檢驗、檢疫標準；複雜的商品包裝和標籤的規定；大量的綠色壁壘，包括了環境標誌制度、技術標準、包裝制度、衛生檢疫制度及補貼制度[49]。這些層層疊疊的技術壁壘使得中國產業競爭力大幅降低，雙邊為此爆發過多次的辯論及抗議。中國認為，這既不利中國廠商出口，更不利歐盟消費者權益，只會大量增加雙邊公私部門不必要的成本，扭曲經濟效益。

　　中歐雙邊貿易摩擦在短期內不可能化解，隨著世界經濟的惡化，在各國錙銖必較下甚至可能進一步惡化，這將成為中歐未來一段時間內一個重大的衝突來源。

（三）貿易逆差問題

　　貿易逆差問題與反傾銷問題可以說是一體兩面，而中國勞動密集產品的大量輸出，正是反傾銷與中歐貿易逆差問題的根源。2005年中國的貿易順差正式突破一千億歐元，僅次於美國[50]，隨著中歐雙邊貿易額的持續上升，中國的順差額度不斷上升，即便全球金融風暴爆發，中國加大了從歐盟進口的力度，也沒有徹底改變此一趨勢，到了2011年，中國的順差成長到一千四百四十八億美元，超過2010年的水準。這樣的趨勢引起歐盟成員國與內部人民的高度不滿，認為是中國傾銷並刻意保護本國市場所致。中國則認為，逆差根本原因是雙方產業結構所致，加上歐盟在技術貿易上仍然有所管制所引起。

（四）智慧財產權爭議

　　中國對智慧財產權保護不足是世界所公認，歐盟更在2004年11月將中國列為「侵權現象最為嚴重的國家」，並估計在中國市場上出售的品牌產品中，有15～20%使用的是假冒商標[51]。另根據2011年7月歐盟所發布知識產權海關執法情況年度報告顯示[52]，2010年度截獲的侵犯知識產權的產品首要來源地是中國，占全部侵權產品的85%。對此歐盟向中國多次施壓，並開始在此議題上逐漸失去耐性。歐盟在

---

[48] 林偉、楊松等，「合格評定程式及其理解」，**檢驗檢疫科學**，2002年12卷5期，頁8-11。

[49] 方英，「技術性貿易壁壘的現狀及我國的對策」，**商業研究**，2003年7期，頁151-153。

[50] 「歐盟駐華大使：中歐貿易摩擦不足為奇」，http://www.cinic.org.cn/HTML/2005/1889/20062123734.html。

[51] 「歐委會誣我為侵犯知識產權現象最嚴重國家」，http://eu.mofcom.gov.cn/aarticle/zxhz/hzjj/200412/20041200316048.html。

[52] "Report on EU Customs Enforcement of Intellectual Property Rights Results at the EU Border – 2010," http://ec.europa.eu/taxation_customs/resources/documents/customs/customs_controls/counterfeit_piracy/statistics/statistics_2010.pdf.

其「2020戰略」中強調，知識產權保護是歐盟經濟的基石，是歐盟在研究、創新與就業領域的重要推動力，因此，歐盟十分重視對知識產權的保護。為協助中國改善此一問題，歐盟特別提供援助協助中國進行法規修定、執法培訓等，但因雙方政治制度歧異、文化風俗不同，中歐在知識產權問題上的分歧與落差，恐怕不是短期間內可以彌平。

陸、結語

中國與歐盟的關係，在90年代後，歐盟的積極推動與中國的有意接納下，透過建構多層次的高層對話機制，在積極與頻繁的對話中，雙邊關係獲得快速進展。對中國言，在國際關係上爭取到數量龐大的友善國家，為中國的和平崛起創造了好的氛圍，也突破早期經濟上市場過度集中美、日，技術引進受到美、日限制的難題。對歐盟而言，在政治上爭取到中國此一多邊主義的盟友，增加其與美國抗衡的資本，同時，也快速的提升歐盟在中國的市場占有率，打開了中國此一龐大的市場，超越了美、日在中國的市場占有率。可以說中歐雙方，都成功的實現「以經貿換政治」[53]，也進一步「以政治帶動經貿」，達成雙贏局面，獲得相近的政經效益。

雖然中歐雙邊由於歷史發展經驗、經濟發展水準及政治文化傳統的不同，在有關人權、主權、民主的實踐方式、環境保護的認識上仍存在明顯的價值觀差異，這些價值觀差異配合上中歐之間的經濟利益衝突，的確阻礙了中歐關係的進一步發展，然而在歐債危機的催化下，歐盟對中國的需要卻在上升，從而形成一種矛盾困境。根據英國廣播公司2011年3月發布的調查結果顯示，與2005年相比，2011年對中國實力增強持負面看法的歐洲公眾比例大幅增加[54]，但是另一方面，歐洲民眾卻對歐中經濟關係重要性充分肯定，認為是未來十年內本國最重要的經貿關係[55]。這其實也在反應歐洲被內部問題纏身所造成的自信心大減，以及對中國在改善透明

---

[53] 張登及，「後冷戰時期的『中』歐外交關係」，**共黨問題研究**，28卷9期（2002年9月），頁33。

[54] 法國由31%增加到53%，德國由44%增加到53%，義大利從47%增加到57%，英國也從34%增加到41%。該調查是由「Globe Scan /PIPA」實施的，覆蓋27個歐美國家，入戶或電話訪問總量28619人。"Rising Concern about China's Increasing Power: Global Poll," http://www.world-publicopinion.org/pipa/articles/views_on_countriesregions_bt/683.php。

[55] 對「未來十年內本國與美國、歐盟、中國經濟關係重要性」的評估中，中國的得分（7.29）高於美國（7.12）和歐盟（7.10）。同前註。

度、保護知識產權、消除行業補貼和貿易壁壘等方面越來越失去耐心。

　　然而中歐雙邊的衝突，持平而言，並非全然無法逾越，雙邊理念落差的部分可望隨著時間推移而改善，其中歐盟主張的「善治」（good governance）觀念，更能轉化用來「完善共產黨的領導」，加上中國內部對於調整其意識型態與價值觀已然有所準備，因此只需假以時日，這方面的落差可望逐漸縮小。而經濟上的磨擦則可望隨著雙邊對話與貿易逆差的改善逐步有所緩解，加上在多邊主義的引導下，中歐雙邊的合作不僅可以實踐各自的經濟獲利，還能聯手在國際政治上有所表現，爭取更多發言權，很明顯的對中歐雙方而言，持續推進雙邊關係是利大於弊的選項，畢竟一個因歐債危機嚴重削弱的歐洲並不符合中國長遠的戰略利益，一個不穩定的中國也不符合歐盟的長遠戰略利益。對中歐雙方而言，聯手一起面對歐債與世界經濟危機，在十二五計畫與歐洲2020戰略中尋找共同利益，將是雙方未來的重點工作！因此可以預見中歐關係仍將在「爭吵之中繼續前進」，未來中歐關係或許無法發展成為Karl Deutsch所稱的「安全共同體關係」，但至少可以維持在洛克式對手關係與康得式朋友關係之間[56]。

---

[56] 張亞中，「歐洲聯盟中國政策的戰略分析」，**問題與研究**，45卷4期（2006年7-8月），頁57。

余元傑、張蜀誠

壹、前言

2012年9月11日，日本政府決定將中、日、台主權爭議數十年的釣魚台（日稱尖閣群島）予以國有化，隨即引起台灣、中國大陸反彈，特別是北京當局採取前所未有的抗議手段，使得日中關係不只政冷、經冷，連社會、文化交流都受到阻礙[1]。同時，軍事安全情勢的惡化也令國際感到憂慮。此期間，華盛頓更多次派遣特使前往兩造進行外交斡旋，甚至透過軍事部署與演習，表達維持該地區和平穩定局勢的決心。

客觀而言，大陸在東海與南海存在主權紛爭數十年，過去由於美國的撐腰，北京在區域地緣政治上處於相對弱勢，因此在缺乏能力的情況下，以「主權歸我、擱置爭議、共同開發」等三項原則處理領海主權爭議。在釣魚台方面，過去四十年來，儘管日方一再在釣魚台主權方面採取行動，然為維護兩國關係穩定發展，大陸確實信守當年的主權擱置共識，甚少派遣漁政、解放軍等船艦赴釣魚台宣揚主權，以免影響中日友好大局。例如，2002年，小泉首相為強化對島嶼的控制，租用釣魚台三島；2005年將日本右翼政治團體「青年社」於釣魚台非法設置的燈塔「國有化」[2]。對此，北京過去為了表面和諧，默認釣魚台被日本侵占的事實。[3]由此可知，大陸在戰略上堅持「主權歸我」，但在戰術上則先擱置爭議，再共同開發，以因應時勢所需。

不過，值得注意的是，2012年日本政府決定對將釣魚台「國有化」，引發中日雙方激烈爭執。李英明教授對此指出，北京與東京之間的釣魚台之爭，表面上是

---

[1] 黃菁菁，「東京風向球－歷史問題是中日關係的障礙」，**中國時報**，2012年10月20日，版13。

[2] 何思慎，「日釣島『切香腸』我應軟硬兼施」，**國家政策研究基金會**，內政（評）101-173號，2012年9月12日，網址：http://www.npf.org.tw/post/1/11305。

[3] 陳東旭，「聯合筆記／文攻武嚇釣魚台」，**聯合報**，2012年10月17日，版12。

主權之爭，但實際上是「誰才是亞洲領袖」之爭。陸日之間的歷史觀、民族認同感和主權的對立，不過是表象，真正的癥結在於雙方爭奪亞洲領袖地位的對抗[4]。筆者認為，此一事件是中日權力關係轉變的關鍵點[5]，因為北京不再隱忍低調[6]。本章目的即在於從日本國有化釣魚台事件，從北京一改過去「維護中日關係大局」的態度，分別在政治、經濟與軍事方面做出回應分析中日權力關係的轉變。

貳、北京在2012年釣魚台爭端的政治回應

　　大陸全國政協主席賈慶林9月27日在北京會見日本前眾議長、日本國際貿易促進協會會長河野洋平等日本友好人士代表時表示，日方應充分認識當前事態的嚴重性，正視釣魚台爭議問題，盡快糾正錯誤，避免對中日關係造成更大損害[7]。國家副主席習近平10月4日指出，日本國內一些政治勢力非但不深刻反省對鄰國和亞太國家造成的戰爭創傷，反而變本加厲、一錯再錯，演出「購島」鬧劇，公然質疑《開羅宣言》和《波茨坦公告（宣言）》缺乏國際法效力，激化與鄰國的領土爭端。他強調，國際社會絕不能容許日方挑戰戰後國際秩序。日方應該「懸崖勒馬」，停止一切損害中國主權和領土完整的錯誤言行[8]。

　　在外交與法律戰方面，日本宣布「購島」後，大陸就開始發表釣魚台及其附屬島嶼領海基線、印發領海基線範圍及保護辦法、向聯合國祕書長交存基線座標與海圖，以及公布釣魚島地理座標。至此，大陸完成了《聯合國海洋法公約》規定的相關義務與法律程序。其後，北京再向聯合國大陸棚界限委員會提交東海部分海域兩百浬大陸棚劃界案，大陸國家海洋局、民政部還將釣魚台等島嶼及其周邊海域部分地理實體的標準名稱及位置示意圖，正式對外公布[9]。意圖從國際法原則步步進

4　李英明，「美陸日…獅俯視一山二虎鬥」，國家政策研究基金會，內政（評）101-180號，2012年9月19日，網址：http://www.npf.org.tw/post/1/11348

5　「特稿／『東海和平倡議』的意義與實踐」，中央社，2012年9月19日，網址：http://www.cdnews.com.tw/cdnews_site/docDetail.jsp?coluid=141&docid=102043727。

6　「陳虎點兵：中國政府『保釣』態度——堅定、明確」，新華網，2012年09月12日，網址：http://news.xinhuanet.com/mil/2012-09/12/c_123706358_3.htm。

7　陳築君，「中轟日：戰敗國霸占戰勝國領土」，旺報，2012年9月28日，版10。

8　林琮盛，「處理釣島試身手　習氏風格鮮明」，旺報，2012年10月5日，版8。

9　公布的地理實體標準名稱共二十六處，其中主要是最大島釣魚台，其次包括黃尾嶼、赤尾嶼、北小島、南小島等地。釣魚台方面，標上了高華峰及神農峰，島的週邊分別為東釣角、西釣角、北釣角，島嶼南邊突出兩地為東龍尾、西龍尾，西邊平整地標為順風港，島南邊凹

表27-1　大陸捍衛釣魚島主權法律手續

時間	法律戰作為
9月10日	公布釣魚島及其附屬島嶼領海基線
9月11日	國家海洋局印發《領海基點保護範圍選劃與保護辦法》
9月13日	中國向聯合國秘書長交存領海基點基線座標表和海圖
9月15日	國家海洋局公布釣魚島及其部分附屬島嶼地理座標
9月16日	中國決定提交東海部分海域二百海里以外大陸架劃界案
9月21日	大陸國家海洋局根據《中華人民共和國海島保護法》，對釣魚台等島嶼及其周邊海域部分地理實體，進行名稱標準化處理。
9月25日	中日雙方正式啟動兩國副外長級釣魚台問題磋商，中方在磋商中嚴正重申對釣魚台的主權立場，要求日方承認錯誤、改弦更張。
10月11日	中共外交部亞洲司長羅照輝應邀訪問日本，與日本外務省亞大局局長杉山晉輔就釣魚台爭端交換意見。

資料來源：「反制日『購島』我國陸續完成捍衛主權法律手續一覽」，新華網，2012年9月17日，網址：http://news.xinhuanet.com/mil/2012-09/17/c_123722231.htm。

逼，在主權問題上搶占法理制高點。顯示出，北京在法律戰作為最核心的一點，就是尋求國際法的基本規則實施法律制裁，關鍵是打破日本的非法控制權[10]。中山大學海洋政策研究中心主任胡念祖指出，這種在外交抗議後的一連串具體法律行動，顯示出中共有計畫、有步驟的作為[11]。

　　從上表看來，大陸對釣魚台的法理主權伸張，從最強烈的公布領海基線到最薄弱的為各島嶼命名都有[12]。其目的如邊界與海洋事務司司長鄧中華所強調，在於向國際社會宣示中國對釣魚島擁有無可爭辯的主權，也是通過這種方式對那些侵犯我們領土主權的行徑予以有力的反制和震懾[13]。其中，大陸最引人注目的莫過外長楊潔篪於9月27日的六十七屆聯合國大會上，譴責東京竊取釣魚島[14]。針對日本首相野田佳彥在聯大記者會聲稱釣魚台是日本固有領土，大陸外交部發言人秦剛也

處則名為匯魚灣。釣島四條小溪，命名龍頭溪、雙溪、西溪及小西溪。此外，黃尾嶼中部有個黃毛峰，赤尾嶼中部為赤坎嶺，北小島上有獅峰、鷹峰、孔明石與蓮花石，南小島則有拳頭嶺、拇指峰。

[10] 白德華，「陸公布釣魚台周邊26處地理名稱」，中國時報，2012年9月22日，版3。
[11] 胡念祖，「觀念平臺—兩個中國與海洋維權」，中國時報，2012年9月24日，版15。
[12] 林琮盛，「日外交界：中日關係惡化恐長期化」，旺報，2012年9月25日，版11。
[13] 「釣魚島相關海圖將交存聯合國」，京華時報，2012年09月14日，版2。
[14] 「日本邊喊冷靜邊搞對抗　楊潔篪痛批日竊取釣魚島」，新華網，2012年9月29日，網址：http://news.xinhuanet.com/mil/2012-09/29/c_123777808.htm

指出，日本是第二次世界大戰戰敗國，卻要霸占戰勝國領土，「豈有此理」[15]。對此，日本駐北京大使丹羽宇一郎坦承，日本是小偷的想法已深植大陸年輕人的心中[16]。除了外交管道的發聲譴責外，北京也透過官方媒體對國內外進行宣傳，擴大對日譴責的宣傳戰效果。其中，9月25日，大陸國務院新聞辦公室甚至以中、英、日文發布《釣魚島是中國固有領土白皮書》，宣告美日對釣魚島的私相授受，非法而無效[17]。

　　除上述法理文件作為之外，大陸也以實際行動對日本進行法律戰。自日本政府9月11日宣布釣魚台國有化後，大陸船隻已多次進入釣魚台周邊海域，更多次駛入十二浬領海，開啟大陸船隻到釣魚台海域宣示主權的首次紀錄。此舉被認為在抗議日本把釣魚台列嶼「國有化」，並宣揚中國大陸主權[18]。大陸外交部部長助理樂玉成指出，北京一系列反制措施，打擊了日方囂張氣燄[19]。另一方面，對於日本公務船進入中國領海問題，洪磊強調：「中國公務船到釣魚島海域體現主權，遏制侵權行為，理所當然。[20]」

　　客觀來說，北京在轉變維權的實際做法上，初步已見成效。最明顯的例證是美國防部長潘尼塔9月19日在北京指出，美國有義務捍衛日本安全，但不會因此就讓日本為所欲為，等於間接否定日方片面國有化釣島的舉措，同時再度向大陸保證，美國在釣魚台主權爭議上，不持特定立場[21]。日本《朝日新聞》9月30日甚至曝光了兩份美國機密文件，從側面證明美國將釣魚台的管轄權交給日本是一種違反國際法的私相授受行為[22]。

---

[15] 中央社，「日堅持釣島立場　陸：豈有此理」，**中時電子報**，2012年9月27日，網址：http://news.chinatimes.com/focus/501012009/132012092701056.html

[16] 張凱勝，「丹羽：日本是小偷深植大陸人心」，**旺報**，2012年10月23日，版5。

[17] 「社評－美促日懸崖勒馬　才可能避免衝突」，**旺報**，2012年10月1日，版2。

[18] 中央社，「陸公務船　全離釣魚台毗鄰海域」，**聯合新聞網**，2012年9月23日，網址：http://udn.com/NEWS/WORLD/WORS3/7382608.shtml。

[19] 藍孝威、黃菁菁，「挺進12浬內　中國6船巡航釣島日船盯船　未攔截」，**中國時報**，2012年9月15日，版1。

[20] 韓娜，「外交部回應『軍事準備』：始終敦促日本回到談判」，**北京晨報**，2012年9月20日，版3。

[21] 羅印沖，「維權　北京循國際法外交施壓」，**旺報**，2012年9月23日，版11。

[22] 林永富，「美日違法私相授受釣島管轄權，**旺報**，2012年10月3日，版3。

參、北京在2012年釣魚台爭端的經濟反應

　　儘管在國際關係上，經濟制裁做為外交武器的效果極具爭議，而且往往在懲罰別國的同時，也傷害到自己國家經濟的發展。稍有理性的政府與國家，絕對不敢輕啟戰端[23]。全球第二大經濟體的大陸，要對第三大經濟體的日本進行經濟制裁，儘管短、中期日本將承受經濟復甦的打擊，但長期而言，對中國亦有損傷，最終容易導致兩敗俱傷的結果[24]。然大陸仍循2010年9月撞船事件模式，採取逐漸加壓方式，對日本進行經濟制裁，意圖讓東京政府屈服。

　　自釣魚台事件發酵以來，大陸紛紛出現各式抵制日貨的活動，不僅旅遊、汽車業，現在連醫院也受波及，甚至已擴及醫藥、工程建築及化妝品等其他領域，日本多家醫藥公司反映，自大陸醫院退回的醫藥品數量已大幅增長。目前約有三十家大陸醫院退還已採購的日製醫藥產品，或者拒絕續簽採購契約。大陸多家建築公司也表示，不會採用日本製的升降機或建築材料。此外，日本化妝品專櫃和日系品牌服裝店的業績也有向下滑落趨勢，網路購物不少大型化妝品專銷商城也都悄然撤下日本品牌。大陸民眾抵制日貨，導致部分在大陸的日資工廠或商店，不是暫停運轉就是關閉，往來大陸與日本的熱門航班更是被迫取消。路透報導，標準普爾10月3日公布的報告指出，隨著日本與中國大陸因領土（指釣魚台列嶼）爭端關係緊張，正苦苦應對強勁日元及全球經濟趨緩的日本企業，又得面對新的問題[25]。日本百貨協會最近調查全國四十四家主要商場的銷售情況，赫然發現從9月陸日領土爭端發生以來，以大陸顧客為主的消費金額大幅滑落近40%，而且對產業的影響有日益擴大的危機。除了百貨業之外，東京秋葉原的3C家電量販店也受到極大打擊，以前平均每天有七百名左右的大陸遊客進店「掃貨」，現在陸客不見蹤影，每天的免稅銷售額下降近兩成[26]。更有甚者，2010年因釣魚台問題引發中國對日實施稀土貿易制裁，此次恐怕又將重演。《中國證券報》報導，數據顯示大陸對日稀土出口確有部分產品數量下滑[27]。

　　除了上述經濟制裁措施之外，大陸還加強對日本進口商品的海關檢查力度，同時延遲向日本商務人士發放工作簽證，意味著大陸正因釣魚台主權爭議向日本施加

---

[23] 呂紹煒，「我見我思－經濟戰是七傷拳」，中國時報，2012年9月24日，版8。
[24] 「中日經濟戰誰勝誰負」，泰國世界日報，2012年10月13日，版2。
[25] 轉引自張凱勝，「中日島爭衰到日企危及信評」，旺報，2012年10月5日，版2。
[26] 「陸客反日不消費　重創日百貨」，旺報，2012年10月24日，版4。
[27] 黃佩君，「陸加壓反日企　擴至醫藥、工程」，旺報，2012年9月28日，版10。

更嚴峻的經濟壓力[28]。如果情況持續，日本企業在中國市場的業務勢必受到影響。中國大陸海關總署10月13日宣布9月貿易統計指出，相較於去年同期，進出口額都增加，但從日本的進口額減少9.6%[29]。

　　中日釣魚台主權爭議持續升高，已由海事衝突延燒到經濟及金融領域，正在東京召開的國際貨幣基金組織及世界銀行年會也受到衝擊[30]。此外，10月9日在東京召開的「2012年國際貨幣基金（IMF）及世界銀行年會」，北京卻在當天晚上間接宣布中國人民銀行（大陸央行）行長周小川及財政部長謝旭人都將缺席，衛生部長陳笙也不參加IMF的各項活動[31]。而日方似乎先前並未收到通知，顯示兩國因領土爭議而起的齟齬仍在持續發酵[32]。多家大型陸銀包括農業銀行、交通銀行等，規模大的世界重量級銀行，也緊急取消參加活動，部分銀行還準備取消10月底在大阪舉行的另一個大型產業會議Sibos的行程[33]。致使國際貨幣基金（IMF）總裁拉加德（Christine Lagarde）出面喊話，呼籲中日兩國相互退讓。若兩國因領土爭議分心，將讓全球無法負擔[34]。

　　對於北京在島嶼主權上的外交纏鬥，目前各界都很關注中日經貿冷戰將持續多久，很明確地可看出雙方將兩敗俱傷，問題是最後那一方受傷較嚴重。大前研一認為對日本經濟並不會造成太大影響，因為日本早有面對風險準備[35]。日本首相野田佳彥也公開警告，若衝突持續下去，外資會逃離大陸，中國經濟受害程度更甚日本[36]。不過，釣魚台事件對日本製造業供應鏈帶來衝擊的影響規模無法精確化，但許多觀察家認為，這至少等同於日本去年福島災難的影響[37]。日本經濟團體聯合會會長米倉昌弘，10月9日批評日本政府是釣魚台問題的麻煩製造者，並稱這些問題都是日方引起，十分遺憾」，日本商界期待下屆政府能修補低迷的日中關係[38]。北京師範大學金融研究中心教授鍾偉指出，綜合看來，釣魚台事件對日本經濟的衝擊將遠大於大陸，中日釣魚台衝突惡化可能使中日經貿關係持續倒退，將加速日本的

---

[28] 郭芝芸，「日製藥品免談　陸30醫院全退回」，旺報，2012年10月1日，版11。
[29] 中央社，「釣島爭議　大陸自日進口減少」，聯合報，2012年10月13日，版12。
[30] 「社評－中日如爆發貨幣戰爭　後果嚴重」，旺報，2012年10月13日，版2。
[31] 陳世昌，「再杯葛！陸衛生部長　缺席IMF年會」，聯合報，2012年10月13日，版11。
[32] 董佩琪，「東京IMF、世銀年會　周小川不來」，旺報，2012年10月11日，版10。
[33] 陳敏鳳，「釣魚台爭議衝擊東亞經濟圈」，兩岸商情月刊，2012年10月號，頁1-3。
[34] 廖珪如，「IMF：全球擔不起中日島爭」，工商時報，2012年10月4日，版4。
[35] 戴瑞芬，「大前研一：陸制裁對日影響不大」，旺報，2012年9月25日，版6。
[36] 張凱勝，「日相：持續衝突中比日慘痛」，旺報，2012年10月9日，版11。
[37] 龔俊榮，「島爭撼經濟衝擊亞洲供應鏈」，旺報，2012年9月28日，版10。
[38] 張凱勝，「日官員：中擁有主權也可以」，旺報，2012年10月11日，版10。

衰落，但對中國大陸的崛起和結構轉型，影響不大[39]。

　　與此同時，日本企業已加速「脫中國化」，在東南亞布局生產據點。而菲律賓、緬甸和泰國，也紛紛祭出優惠政策，吸引日商前往當地投資設廠。此外，日本逐漸擺脫對中國稀土資源的依賴。在日本占據主導地位的汽車和電器製造業中所需稀土，如今已漸轉向馬來西亞購買，從中國進口的稀土量已降至全部進口量的一半[40]。可確定的是，若兩邊持續打經濟牌升高對立，已受全球景氣拖累的東亞經濟勢必雪上加霜，就經濟而言，沒有人會是贏家[41]。

　　不過，用經濟手段解決島嶼主權紛爭，絕非意味著北京願意透過國際組織的管道進行。大陸外交部副部長崔天凱10月12日在莫斯科表示，G20是全球經濟平台，不應討論釣魚台問題[42]。

肆、北京在2012年釣魚台爭端的軍事反應

　　日本駐美大使藤崎一郎（Ichiro Fujisaki）10月11日在華府說，東海的緊張情勢全都是其他國家引起的，日本沒有錯。他並強調，「每一方都不應動用武力或脅迫，而是真正用理性來處理這些問題。[43]」聯合國祕書長潘基文也呼籲雙方透過和平對話解決爭端[44]。大陸媒體認為「中日雙方必有一戰。[45]」，然事實上中日釣魚台衝突升至海上戰爭的機會並不太大，因為大陸至今為止發動的是口水戰，並利用軍演來擺陣勢[46]。軍事專家張漢平指出，北京採取先經後政，同時以武力宣示的方式[47]，促使日本放棄國有化政策。

　　為了達到軍事嚇阻目的，北京派遣軍艦前往該海域或護航、或巡航，並發動一連串軍事演習。目的在迫使日本回釣魚台處於雙方爭議的狀態。國安局局長蔡得勝9月27日在立法院分析釣魚台情勢時指出，釣魚台引起的區域情勢惡化可能性不

[39] 鍾偉，「釣島經濟戰日將加速衰落」，經濟日報，2012年9月24日，版15。
[40] 藍孝威，「穿越主權爭議黃岩島　美航母訪菲」，中國時報，2012年10月21日，版14。
[41] 高行，「新聞分析－中日反目　一場沒有贏家的戰爭」，旺報，2012年9月18日，版11。
[42] 李鋅銅，「陸外交部：反對G20討論釣島問題」，旺報，2012年10月14日，版8。
[43] 劉屏，「日駐美大使：東海緊張　別國的錯」，旺報，2012年10月13日，版5。
[44] 陳築君，「潘基文晤野田　憂中日對立」，旺報，2012年9月28日，版11。
[45] 楊俊斌，「野田不讓步　中日必有一戰」，旺報，2012年9月28日，版11。
[46] 賴昭穎，「日駐美大使：中日不會為釣魚台開戰」，聯合晚報，2012年10月13日，版6。
[47] 張漢平，「中共軍演穿越水域測試美國反應？」，聯合報，2012年10月18日，版16。

大，但若是日本在釣魚台派駐人員，可能會碰觸到中國大陸的底線，衝突就可能惡化[48]。

表27-2 大陸針對釣魚台紛爭的軍事嚇阻行動一覽表

時間	活動	目的
9.11	南京、濟南、成都、廣州四大軍區舉行演習，其中，南京軍區解放軍海陸空三軍聯合演習。	北京戰略學者胡思遠說，這種攻防作戰演習信號很清楚，就是警告日本，中國不怕攤牌，不說空話，對保衛釣魚島有準備有能力有信心。
9.18	大陸和美國兩國的國防部長舉行會談。	中國國防部長梁光烈表示，反對美方宣稱《美日安保條約》適用於釣魚台，切實履行對釣魚台主權歸屬問題不持立場的承諾。
9.23	大陸首艘航空母艦「遼寧」號移交海軍。	大陸輿論分析，解放軍選擇昨日高調交付航母，對日本震懾意義不言而喻。
9.20	兩艘海軍054A護衛艦，在釣魚台海域進行巡邏訓練。	大陸國防部發言人楊宇軍指出，中國軍隊堅持常態化的戰備執勤，堅決維護國家領土主權和海洋權益。
9.30	東海艦隊戰鬥機、戰略轟炸機和飛彈驅逐艦在東海進行大規模海空聯合實彈演練。	新華網引述不具名觀察家談話指出，大陸海軍的核子潛艇和二炮的彈道飛彈可能瞄準了美國航母。
9.	海軍陸戰隊某旅組織部隊開展實兵實裝實彈拉動演練，演練中、遠程突襲，封鎖滲透、奪控島礁等戰法。	香港媒體報導，其目的似乎在回應美日先前的奪島聯合軍演，對周邊鄰國「亮劍」。
10.4	七艘軍艦包括051型飛彈驅逐艦、052型驅逐艦、054A型護衛艦、053型護衛艦、洪澤湖號遠洋補給艦、大江級遠洋打撈救生船和大浪級型遠洋打撈救生船，通過沖繩縣宮古島東北公海駛向太平洋。	這次是日本政府9月宣布將釣島國有化後第一次。日本防衛大臣森本敏5日在內閣會議後記者會表示，七艘中國軍艦通過沖繩（琉球）本島與宮古島間的公海，可能是為確保海洋權益的示威活動並牽制美軍。
10.13	二炮部隊野外吊裝疑似新型東風—25中程戰略導彈。	這是東風—25首次公開曝光。研判有嚇阻美、日的戰略意味。

---

[48] 盧素梅，「國安局：台日維持對話避衝突有共識」，旺報，2012年9月28日，版3。

10.16	七艘艦艇包括051型飛彈驅逐艦、052型驅逐艦、054A型護衛艦、053型護衛艦、洪澤湖號遠洋補給艦、大江級遠洋打撈救生船，以及大浪級遠洋打撈救生船穿過沖繩（琉球）與那國島及西表島間的公海海域，朝釣魚台方向北上航行。	這是自「購島」事件爆發後，中國海軍艦艇首次進入該海域。大陸國防部亦發表聲明指出，「中國海軍艦艇在相關海域進行例行訓練和航行，是正常、合法的。
10.19	在東海展開「東海協作—2012」軍地海上聯合維權演習。這次演習由中國海軍東海艦隊、農業部東海區漁政局、國家海洋局東海分局聯合完成，囊括從軍隊到地方各海上維權力量，共有十一艘艦船、八架各型飛機參演。	演習總指揮、東海艦隊副參謀長沈浩少將表示，這次演習為檢驗提高軍地海上聯合維權鬥爭指揮協同和應急處置能力，這是對艦隊部隊與國家海上執法力量協同能力鍛鍊，也是對艦隊部隊處置海上突發情況與海上執法力量維權的有力檢驗，目的在提高軍地海上聯合維護國家海洋權益能力。
10.22	編號168的廣州號旅洋I級驅逐艦、171海口號旅洋II級驅逐艦、571的「運城」號江凱II級護衛艦在沖繩縣宮古島東北大約一百三十公里海域，從太平洋向西北的東海方向航行。	日本防衛省稱，因為在公海上行駛，沒有觸動國際法的問題。但是如果中國艦隊繼續北上的話，有可能會通過沖繩周邊海域，因此日方將會對此進行嚴密的跟蹤偵查。
10.23	上表三艘軍艦又在沖繩宮古島東北約一百三十公里的海域，以二十五公里的時速從太平洋向西北的東海航行	依其航路判斷，會通過釣魚台列嶼以北，但不會進入日本鄰接海域。

資料來源：宋丁儀，「劍指釣島陸4大軍區頻軍演」，旺報，2012年9月13日，版11；林琮盛，「陸防長：反對美日安保納入釣島」，旺報，2012年9月19日，版10；中央社，「殲31疑為艦載機對日造成壓力」，聯合新聞網，2012年10月2日，網址：http://udn.com/NEWS/MAINLAND/MAI1/7403471.shtml；林琮盛，「震懾日本大陸航母高調服役」，旺報，2012年9月24日，版10；林琮盛，「陸證實兩護衛艦確在釣島巡邏」，旺報，2012年9月28日，版11；中央社，「與美較勁共軍在東南黃海軍演」，中國時報，2012年10月7日，版12；韓娜，「我國海軍陸戰隊實彈演練檢驗奪控島礁戰法」，北京晨報，2012年10月7日，版2；「解放軍演練搶灘登陸」，新華網，2012年10月7日，網址：http://news.xinhuanet.com/mil/2012-10/07/c_123790814_3.htm；葉柏毅，「中國軍艦開往釣島日本『恐慌』」，中時電子報，2012年10月16日，網址：http://news.chinatimes.com/mainland/11050501/132012101600960.html；中央社，「日：派艦艇警戒陸7艦」，中時電子報，2012年10月16日，網址：http://news.chinatimes.com/mainland/11050501/132012101600960.html；黃菁菁，「日本視為示威7艘中國軍艦通過沖繩公海」，中國時報，2012年10月6日，版12；李錚銅，「東風—25亮相可

攜3核彈頭」，旺報，2012年10月13日，版13；張凱勝，「陸7軍艦經鄰接海域日緊
張」，旺報2012年10月17日，版10；黃菁菁，「購島事件後中軍艦首次穿越釣島海
域」，中國時報，2012年10月17日，版13；「國防部回應中國海軍艦艇釣魚島海域活
動事」，新華網，2012年10月16日，網址：http://news.xinhuanet.com/mil/2012-10/16/
c_123829968.htm；中央社，「陸海上維權東海軍地聯合演習」，中時電子報，2012
年10月19日，網址：http://news.chinatimes.com/mainland/17180502/132012101900837.
html；中央社，「軍艦出沒沖繩大陸：勿小題大做」，聯合新聞網，2012年10月23
日，網址：http://udn.com/NEWS/WORLD/WOR3/7449521.shtml；楊俊斌，「日防省：
3陸艦距沖繩470公里」，旺報，2012年10月24日，版4；黃菁菁，「兩岸放送頭－三
艘中國艦艇航行沖繩海域」，中國時報，2012年10月24日，版11。

　　上表內容中，最引人注目的是，大陸隸屬北海艦隊的七艘軍艦，14日從釣魚台
正南前方沿西側北上，首次進入釣魚台海域巡航，距離釣島最近時僅三十浬左右。
引起日方焦慮並全程跟蹤[49]。其中，054A型護衛艦上安裝有HQ-16垂直發射的艦
空導彈，軍事宣示意味濃厚。此舉意味著中國大陸正加強對日本政府的警告[50]。對
此，日本《產經新聞》指出，中國海軍實施心理戰，以動搖日本國民的信心[51]。值
得注意的是，大陸前往釣魚台周邊海域的艦隊，是在不違反國際法的前提下為之。
俾利北京能再不升高衝突，不留下藉口的情況下，發揮軍事嚇阻的效力。10月4日
與16日兩次行動，就是根據《聯合國海洋法公約》規定，包括軍艦在內的外國船
隻，行經鄰接海域時有無害通行權[52]。美國太平洋艦隊司令韓奈（Cecil Haney）在
東京舉行記者會上指出，「中國和美國一樣，有在公海航行的權利」[53]。但琉球水
域向來被美、日視為後院，共軍卻前往「踩線」，強調在「公海」可以自由來去，
並將「鄰接區航行權」發揚到極致。由於完全沒有侵入領海，因此日方對這種拿捏
精準的「鬥而不破」也無權制止[54]。

　　此外，日本防衛省指出，在釣魚台事件發生後，中國軍機逼近日本防空區域，
日方戰鬥機緊急升空攔截的次數明顯增加[55]。日本防衛省統計數據顯示，日本政府

[49] 張凱勝，「陸艦進釣島30浬日警戒跟監」，旺報，2012年10月22日，版3。
[50] 廖珪如，「陸艦前進釣島中日緊張」，工商時報，2012年10月17日，版6。
[51] 轉引自「艦船持續對峙比拼耐力」，新華網，2012年10月4日，網址：http://news.xinhuanet.
com/mil/2012-10/04/c_123786883.htm。
[52] 張凱勝，「陸7軍艦經鄰接海域日緊張」，旺報，2012年10月17日，版10。
[53] 「美回應中國軍艦通過沖繩：中國有權在公海航行」，新華網，2012年10月18日，網址：
[54] 程嘉文，「聯合筆記／共艦「踩線」之後」，聯合報，2012年10月18日，版4。
[55] 「釣島爭端後中國軍機頻繁出現釣島空域」，中廣新聞，2012年9月19日，網址：http://
news.chinatimes.com/mainland/17180502/132012101900757.html。

實施尖閣諸島（釣魚台）「國有化」後，近三個月以來，日本空自隊針對中國飛機的緊急升空次數，較上一季更猛增三點六倍。7月後，該數字一下增加至五十四次，為前一季的三點六倍[56]。另一方面，日方派出軍用飛機前往釣島附近海域活動，嚴重侵犯中國主權權益。」大陸國防部表示，中方正密切關注日方動向，要求日方停止採取任何使事態複雜化、擴大化的行動[57]。

　　北京反對外力介入大陸與其他國家之間的領土紛爭。台灣、南海問題如此，釣魚台糾紛也不例外。因此除了日本之外，大陸軍事嚇阻的對象也針對美國，意圖勸阻華盛頓在釣魚台爭議上，保持中立。美國國務院主管東亞暨太平洋事務助理國務卿康貝爾（Kurt Campbell）9月29日說，美國不會介入釣魚台爭議。國務卿希拉蕊‧柯林頓（Hillary Clinton）則堅持，亞洲各國「有責任」降低緊張對峙，特別是朝鮮半島週邊地區[58]。美方值此敏感時刻部署F-22戰機在日本美軍基地、出動「喬治‧華盛頓」（USS George Washington）號與「約翰.史坦尼斯」（USS John C. Stennis）號兩航母打擊群，以及「理查德（Bonhomme Richard）」號兩棲攻擊艦隊[59]。儘管美國曾公開表示，無意在中日釣魚台爭端中扮演調解人，西太平洋部署航母與正常演訓有關，無涉釣魚台的緊張情勢[60]。然美國高官不斷在各種場合表態釣魚台適用於《美日安保條約》，讓北京懷疑日本因此「挾美自重」。為了回應美方可能的軍事威脅，大陸持續派艦至釣魚台海域[61]，並多次進行針對性奪控島礁軍演[62]，中共東海艦隊也在中秋節當天出動戰鬥機、戰略轟炸機和飛彈驅逐艦在東海進行大規模海空聯合實彈射擊演練。期間，核子潛艇和二炮的彈道飛彈甚至可能瞄準了美國航母[63]。其目的可能是向與其有領土爭端的日本和越南等施壓，並針對投入這一帶海域的美國航母編隊較勁[64]。中華戰略學會常務理事傅應川指出，由於中共軍力今非昔比，不但未能嚇阻中共，反使剛趨緩和的態勢更複雜化。且因中共以軍力予美方答覆，顯然針對中共的「軍力嚇阻」失效[65]。

56 陳築君，「國有化釣島後日軍機疲於奔命」，旺報，2012年10月21日，版14。
57 黃菁菁，「購島事件後中軍艦首次穿越釣島海域」，中國時報，2012年10月17日，版13；林克倫，「陸：進行例行訓練航行正當合法」，聯合報，2012年10月17日，版12。
58 中央社，「釣魚台爭議美：不介入」，聯合報，2012年9月29日，版11。
59 劉屏，「美艦前進東海規模逾台海危機」，中國時報，2012年10月3日，版7。
60 陳築君，「美在東亞集結航母戰鬥群」，旺報，2012年10月4日，版9。
61 「社評－讓釣魚台爭端回歸理性」，旺報，2012年10月8日，版2。
62 陳築君，「奪島陸以大型軍演回應美日」，旺報，2012年10月7日，版10。
63 中央社，「與美較勁共軍在東南黃海軍演」，中國時報，2012年10月7日，版12。
64 中央社，「與美較勁共軍在東南黃海軍演」，中國時報，2012年10月7日，版12。
65 傅應川，「名家－中共艦隊挑戰美日同盟」，旺報，2012年10月19日，版12。

最明顯的案例是，中共海軍東海艦隊10月19日將與農業部東海區漁業局、國家海洋局東海分局，在東海某海空域組織《東海協作－二〇一二》軍地海上聯合維權演習[66]，動用十一艘艦船、八架各型飛機參加演習[67]。演習內容著眼於有效維護領土主權和海洋權益，檢驗提高軍地海上聯合維權鬥爭指揮協同和應急處置能力，完善方案預案，積累維權鬥爭經驗。這是釣島主權衝突爆發以來，中方最具針對性的一次反擊[68]。為避免刺激中國，日本時事社稱，日美兩國政府決定取消下月的聯合奪島演習[69]。美國國防部長潘尼塔指出，《美日安保條約》規定美國有義務捍衛日本安全，但美國不會因此就讓日本為所欲為[70]。大陸軍事專家分析認為，美國在釣魚台問題上採取模棱兩可的政策，若中日真的爆發小規模武裝衝突，且中方是為應對日本挑釁，那美國將必定退縮並「出賣日本」[71]。

伍、結語

一直以來，北京在釣魚台主權紛爭的兩個極端目標，也就是主權歸我與擱置爭議兩端，處於擱置爭議這端。從日本購島風波打破「爭議」狀態開始，大陸一改過去吞忍態度，密集打出連串的「組合拳」[72]，依照外交談判、經濟制裁、軍事進逼的戰略循序漸進。北京不惜打破與日方「擱置爭議」的默契，進入實質的「軍事備戰」狀態，其目的主要為逼使日本重回釣魚台主權具爭議性的起點[73]。最後逼到野田首相自承「誤判」情勢，日本副首相岡田克也也表示，所謂釣魚台「國有化」問題，是因東京都政府提出購島而起，並首次公開承認中國與日本政府在釣魚台主權問題上存有爭議[74]。美國雖仍主張《美日安保條約》包括釣魚台，但聲言「對釣魚

---

[66] 朱建陵，「大陸船艦維權東海聯合軍演」，中國時報，2012年10月19日，版13；林琮盛，「比拳頭東海艦隊今起海空軍演」，旺報，2012年10月19日，版8。

[67] 王凌碩、方立華，「海軍19日在東海某海空域組織軍地海上聯合維權演習」，解放軍報，2012年10月19日，版2。

[68] 林琮盛，「大陸東海軍演日本繃緊神經」，旺報，2012年10月20日，版8。

[69] 藍孝威，「穿越主權爭議黃岩島美航母訪菲」，中國時報，2012年10月21日，版14。

[70] 劉屏，「美防長：日勿仗安保為所欲為」，旺報，2012年9月21日，版9。

[71] 楊慈鬱，「中日釣島開戰美將出賣日本」，旺報，2012年10月1日，版9。

[72] 王銘義，「中打組合拳靜待日變天」，中國時報，2012年10月20日，版12。

[73] 「社評－中美戰略互信才是東亞安全保證」，旺報，2012年9月23日，版2。

[74] 鳳凰網向岡田辦公室及外務省確認，他原話是日方留意到釣魚台主權存在各種「議論」，並沒有出現承認爭議的表述。張凱勝，「日首次承認釣島有主權爭議」，旺報，2012年10月23日，版4。

台主權不持立場」，國防部長潘尼塔又說「不會讓日本為所欲為」[75]；顯示出，北京在再次主權風波中占了日本上方。

容安瀾（Alan Romberg）在華府智庫「戰略暨國際研究中心」（CSIS）舉辦「東海主權爭議升高，台灣的方略」研討會表示，從各種角度觀察，包括中國大陸和日本觀點，大陸做法（軍艦駛入釣魚台海域）不可能改變釣魚台法律現狀[76]。值得注意的是，現從北京角度看，實力已非吳下阿蒙的大陸以此為契機向世界主張了本國主權，最終演變為日本失策而中國獲利的局面[77]。因為「國有化」是日方毀諾在先，既然默契已破，中方絕對要在國際法上累積擁有釣魚台主權的事實，故未來大陸漁政船將例行性巡航釣魚台，解放軍軍艦也可能常態化巡弋該區域[78]。政治大學國際關係研究中心亞太所長蔡增家指出，日本國有化釣魚台列嶼舉措，打破釣魚台長期以來的現狀，最大的失策是引進大陸軍事力量進入西太平洋海域，進而突破第一島鏈封鎖[79]。韓國高麗大學名譽教授徐鎮英也認為，日本宣布國有化此舉打破了現有平衡，給中國介入的機會。因此，我們不僅可以藉此事件觀察中日權力關係的轉變。同時，也有理由預測，隨著大陸國力持續上升，並擁有對日本壓倒性優勢之後，北京連帶會將釣魚台的實質地位，由「爭議」拉往「歸我」一端。

---

[75] 「在釣魚台看兩岸關係」，**聯合報**，2012年9月27日，版2。

[76] 中央社，「美學者：陸艦駛入不改釣島現狀」，**聯合新聞網**，2012年10月18日，網址：http://udn.com/NEWS/WORLD/WOR1/7437853.shtml#ixzz29d5Vjzxl

[77] 中廣新聞，「韓專家看釣島日本失策中國獲利將趨平靜」，**中時電子報**，2012年10月5日，網址：http://news.chinatimes.com/world/130504/132012100501339.html。

[78] 林克倫，「新聞眼／陸艦進逼『敵人天天到我家門溜達』」，**聯合報**，2012年10月17日，版12。

[79] 羅印沖，「日釣島失策引陸進入第一島鏈」，**旺報**，2012年9月27日，版3。

第 28 章　中國與領海主權紛爭

王志鵬

壹、前言

　　中國的戰略發展脫離不了西太平洋的地緣戰略環境，西太平洋地區是一塊集中了東亞全部海上戰略要地和熱點地區，匯聚了中國、日本、美國、韓國、台灣、東南亞等眾多國家戰略利益的非常狹窄的海域[1]。就目前中國所強調的領海主權所衍生的「海洋權益」紛爭，於黃海與朝鮮及南韓存在相互各執一詞十八萬平方公里的爭議海域、於東海與日本有十六萬平方公里、與南韓有十八萬平方公里的爭議海域、於南海則有越南、菲律賓、馬來西亞、汶萊和印尼等各自宣示擁有不等又複雜重疊的海域主權。

　　1894年冬，日本在甲午戰爭即將取勝的形勢下，於1895年1月1日的內閣會議上決定將釣魚台劃歸沖繩縣管轄，並改名為「尖閣群島」。中日甲午戰爭後，簽訂《馬關條約》將台灣全島及其所有附屬島嶼和澎湖群島割讓給日本。1951年美日簽定《舊金山和約》，把日本所奪取的釣魚台等島嶼歸在美國託管的琉球管轄區內，當時中國總理周恩來即聲明堅決不承認此和約[2]。中日之間依據兩百海里專屬經濟區劃分存在爭議的海域面積相當於三個浙江省[3]。

　　釣魚台及其周邊島嶼位於台灣基隆市東北方一百九十公里，整個群島由釣魚台、黃尾島、赤尾島、南小島、北小島、南嶼、北嶼和飛嶼等島礁所組成，群島陸地總面積約五點六九平方公里，其中以釣魚台面積最大約三點九平方公里[4]。除蘊含豐富漁業資源，年捕獲量可高達十五萬噸，二十世紀60年代末聯合國委員會即宣布可能蘊藏大量石油與天然氣，估計超過三十至七十億噸以上[5]。

---

[1] 鞠海龍，中國海權戰略（北京：時事出版社，2009年），頁8。

[2] 李春明，海洋權益與中國崛起（北京：海洋出版社，2007年），頁61。

[3] 李春明，海洋權益與中國崛起，頁66。

[4] 中國國家海洋資訊中心編，釣魚島－中國的固有領土（北京：海洋出版社，2012年），頁1-3。

[5] 李春明，海洋權益與中國崛起，頁61、75。

　　南沙群島由兩百三十多個島、礁、灘和沙洲組成，分布面積達二十四點四萬平方海里（約八十多萬平方公里），占中國海洋國土總面積三分之一，南海總面積為三百五十萬平方公里，中國聲明的九段線內約占兩百多萬平方公里，其中漁場面積為一百八十二萬平方公里，是中國全國漁場的總面積的65%，漁場資源豐富，石由蘊藏量達兩百億噸，天然氣達二十五萬億立方公尺[6]。

　　本文侷限篇幅，因此並不針對該海域過去歷史的淵源和糾葛再做闡述，主要將探討這些存在爭議與台灣有著直接關係的東海（釣魚台）和南海（太平島）的問題，並藉由現勢的案例與狀況進行分析，印證中國對領海主權動態作為可能的轉變。

貳、中國對「領海主權」政策與立場之轉變

　　中國海權問題研究區分三的階段：第一階段主要是源自於1900年前後對馬漢「海權論」《海權對歷史的影響1660－1783》（The influence of sea power upon history, 1600-1783）相關思想的引進；第二階段則是抗日時期，主要擔任沿海阻擊日軍、掩護撤退的戰略任務；第三階段研究主要始於改革開放以後，鄧小平依據國際與國內情勢對中國海權發展提出的見解[7]。

　　發展海權的主要力量即是海軍，中國海軍發展的戰略規畫始自於前海軍上將劉華清在1985年正式提出的「近海防禦」戰略，其「近海」的定義係按鄧小平的指示包含「黃海、東海、南海、南沙群島及台灣、沖繩島鏈內外海域，以及太平洋北部海域。」並認為未來的中國海軍必須以下四點作戰能力：「第一、能在近海主要作戰方向上一定的時間內奪取並保持制海權，第二、能在必要的時間內，有效控制與中國海域相連的重要海上通道，第三、能在與中國海域相鄰海域進行作戰，第四、具有較強的核反擊能力[8]。」自此確立中國海軍長期發展的方向。中國於1985年設定長期軍事現代化進程策略，係針對其海軍、空軍、戰略飛彈部隊（即二砲部隊）及陸軍等四大軍種之任務優先順序進行改革[9]。

---

6 李春明，**海洋權益與中國崛起**，頁105。
7 鞠海龍，**中國海權戰略**，頁2-5，
8 劉華清，**劉華清回憶錄**（北京：解放軍出版社，2004年），頁434-438。
9 Dennis J. Blasko著，國防部史政編譯室譯，**中國研究彙編**（Chinese Army Modernization：An Overview）（台北：國防部史政編譯室，2006年），頁9。

　　中國於1950年代著手社會經濟發展，進行了第一個五年計畫開始，直到1978年鄧小平積極推動改革開放之後，自1989年經濟始為中國國防發展奠定穩定成長的基礎。隨著經濟成長中國解放軍軍費於1990年代後，軍費持續以二位數字增長。中國海軍也自1990年特別是第二次美伊戰爭之後，依據現實環境的變化做出相應的政策調整，落實開展真正的現代化進程，促使中國解放軍試圖逐漸由陸權轉型成為海權國家[10]。

　　中國的南海政策目前已經出現變化：由「70年代前係僅『主權宣示』，70年代初期到80年代末期係採取『主權宣示與有限自衛』，90年代以來運作『擱置爭議，推動合作』，近期2009至2010年則採取『被動回應』模式[11]。」不過，如今可以確定中國已有別以往，將以「實際行動」代替抗議積極回應南海問題。然而對於東海釣魚台，由仍維持1978年10月25日時任中國國務院副總理鄧小平所提出的「擱置爭議，共同開發」的概念[12]。不過近期由於日本的逐步作為，中國也開始採取「被動回應，實際行動」方式因應。

參、典型案例「中國與菲律賓黃岩島衝突」

　　2012年4月10日的清晨，十二艘中國漁船於黃岩島進行捕魚工作，約8點左右

---

[10] 張蜀誠，「中共海軍現代化：組織發展觀點」，展望與探索，第6卷第3期（2008年3月），頁61、81。

[11] 劉復國、吳士存主編，2010年南海地區形勢評估報告（台北；政治大學國際關係研究中心、中國南海研究院，2011年），頁55-62。

[12] 「擱置爭議，共同開發」，中國外交部官網，2012年9月21日，詳見網址：http://www.mfa.gov.cn/chn/gxh/xsb/wjzs/t8958.htm；1978年10月25日鄧小平訪日，在同日本首相福田赳夫的會談中，鄧小平同志強調雙方在釣魚島問題上要以大局為重，並在之後舉行的記者招待會上高瞻遠矚地指出，實現邦交正常化時，雙方約定不涉及這個問題，談中日和平友好條約時，我們雙方也約定不涉及。我們認為，談不攏，避開比較明智，這樣的問題放一下不要緊。我們這一代人智慧不夠，我們下一代人總比我們聰明，總會找到一個大家都能接受的好辦法來解決這個問題。1979年5月31日鄧小平會見來華訪問的自民黨眾議員鈴木善幸時表示，可考慮在不涉及領土主權情況下，共同開發釣魚島附近資源。同年6月，中方通過外交管道正式向日方提出共同開發釣魚島附近資源的設想，首次公開表明了中方願以「擱置爭議，共同開發」模式解決同周邊鄰國領土和海洋權益爭端的立場。「擱置爭議，共同開發」的基本含義是：第一，主權屬我；第二，對領土爭議，在不具備徹底解決的條件下，可以先不談主權歸屬，而把爭議擱置起來。擱置爭議，並不是要放棄主權，而是將爭議先放一放；第三，對有些有爭議的領土，進行共同開發；第四，共同開發的目的是，通過合作增進相互瞭解，為最終合理解決主權的歸屬創造條件。

一艘菲律賓的軍艦接近，中午時分十二名菲律賓士兵從軍艦上下來，其中6名攜帶著衝鋒槍登上了中國的漁船檢查並拍照；其中一艘中國漁船運用船上的衛星電話發出求救信號，三個小時之後，隸屬於中國國家海洋局海監南海海區總隊的兩艘海監船「海監75」和「海監84」號抵達現場，橫亙在了中國漁船和菲律賓軍艦之間，自此展開兩國長達一個月的海上對峙[13]。

一、中國展現整體戰略規畫布局，採取「組合拳」方式積極回應

　　觀察中菲黃岩島衝突事件，可以發現係中國一連串整體戰略規畫布局的展現，誠如曾復生教授所指出的：中國「越來越重視打『組合拳』，外交、軍事、情報、經濟、輿論、心理、宣傳、網路等一樣都不能少」；同時認知「往往不單純是兩國之間的衝突，而是全球背景下的多方博弈」；最後期能夠達到「巧戰而屈人之兵」的意圖[14]。

　　中國《環球時報》旗下的環球輿情調查中心於2012年4月25日至28日以電話調查的方式在全國七個具有代表性的城市進行了民意調查。結果顯示六成受訪者認為在南海不會發生戰爭或發生戰爭的可能性不大；近八成受訪者支持中國對在南海遭遇的挑釁和侵犯進行軍事回擊[15]。中國全國政協委員、中國軍事學會副秘書長羅援少將呼籲，中國要加強管理水域和島礁的權益保護，能駐軍的要駐軍，不具備駐軍條件的要建設相應的軍事設施，即使不能建設相應的軍事設施也要設立主權標誌，比如豎立主權碑或國旗，並派遣軍艦加強水域巡邏、警戒[16]。對於南海與菲律賓黃岩島的衝突，4月13日中國評論社評即指出：「中國其實不妨考慮一下小規模的可控出擊、適當出擊，速戰速決，未必死守，加強震懾即可[17]。」4月21日羅援公開

---

13 「海洋局局長：海軍導彈完全覆蓋中菲對峙海域」，中國評論新聞網，2012年6月10日，詳見網址：http://www.zhgpl.com/crn-webapp/doc/docDetailCNML.jsp?coluid=7&kindid=0&docid=102136233。

14 曾復生，「大陸練組合拳發揮巧戰力」，旺報，2012年5月16日，版C7。

15 「環球時報7城市調查：8成民眾支援軍事回擊南海挑釁」，環球時報，2012年05月02日；環球輿情調查中心本次調查的對象為北京、上海、廣州、成都、西安、長沙、瀋陽7座城市15歲以上的普通居民，共回收有效問卷1482份，詳見網址：http://big5.xinhuanet.com/gate/big5/news.xinhuanet.com/world/2012-05/02/c_123067536.htm。

16 丁　磊、王宗磊、劉　典，「解放軍：島礁能駐軍就要駐軍」，旺報，2011年3月8日，詳見網址：http://news.chinatimes.com/mainland/50506482/112011030800118.html。

17 蕭琴箏，「專論：捍衛南沙主權不妨適當出擊」，中國評論新聞網，2012年4月13日，詳見網址：http://www.chinareviewnews.com/crn-webapp/doc/docDetailCNML.jsp?coluid=93&kindid=7530&docid=102071483。

提出警告：「如果菲律賓再挑釁，中國海軍必重拳出擊[18]。」羅援5月5日再次就黃岩島及南海問題發表觀點：「菲律賓在黃岩島上採取強勢態度，是一種戰略試探，試探國際社會底線，海洋法公約解決島礁歸屬能否獲認同；試探中國底線，能否實現拿島礁換和平；試探美國底線，能否為其買安全保單。中方完全有實力在對峙中奉陪到底，也不怕美國介入，我們有這種準備[19]。」同日中國海監西南中沙支隊在西沙群島的永興島正式掛牌成立[20]。

中國外交部副部長傅瑩5月7日三度約見菲律賓駐中國使館臨時代辦蔡福炯，稱中方對目前兩國關於黃岩島爭端的形勢難以樂觀，並警告「中方也做好了應對菲方擴大事態的各種準備」。與此同時，中國駐菲使館經商處也在同日發布緊急通知，要求在菲的中資機構近期做好安全保衛工作，以防菲國大規模反大陸示威活動[21]。中國首座自主設計，建造的第六代深水半潛式鑽井平台「海洋石油981」於5月9日在中國南海海域正式開鑽，開鑽水域距離香港東南三百二十公里處，開鑽井深一千五百公尺[22]。5月10日中國國家旅遊局發布，提醒中國遊客除非必要應暫緩前往菲律賓旅遊；中國旅遊研究院國際所副所長蔣依依表示，每年赴菲律賓旅遊的中國遊客人數在一百萬人次以上，如果中國暫停赴菲旅遊，估計將造成菲律賓至少上千萬美元的損失[23]。同時，中國國家質檢總局也開始暫停菲律賓的香蕉和鳳梨等主力水果進口，理由是檢驗出「檢疫性有害生物」害蟲；2011年菲律賓香蕉出口中國占其香蕉出口量的50%以上，鳳梨也是如此；菲律賓香蕉占了中國進口香蕉總量的84.75%，而鳳梨更高達94.27%[24]。

---

18 陳思豪，「解放軍少將羅援：菲律賓再挑釁，大陸海軍必重拳出擊」，2012年4月21日，詳見網址：http://www.nownews.com/2012/04/21/301-2806768.htm。
19 「少將：中方有實力對菲奉陪到底，不怕美介入」，**中國評論新聞網**，2012年5月5日，詳見網址：http://www.chinareviewnews.com/crn-webapp/doc/docDetailCNML.jsp?coluid=4&kindid=18&docid=102097967。
20 慶　正，「維權：陸海監成立西南中沙支隊」，**旺報**，2012年4月7日，版A7。
21 朱建陵，「黃岩島爭端，陸警告菲勿再挑釁」，**中國時報**，2012年5月9日，版A13；「中方做好了應對菲方擴大事態的各種準備」，**解放軍報**，2012年5月9日，版4。
22 「中國首座深水鑽井平臺，將於南海開鑽」，**中國評論新聞網**，2012年5月7日，詳見網址http://www.chinareviewnews.com/doc/1020/9/9/9/102099959.html?coluid=45&kindid=0&docid=102099959&mdate=0507162820。
23 「專家：若中國暫停赴菲旅遊，菲將損失千萬美元」，**中國評論新聞網**，2012年5月13日，詳見網址：http://www.chinareviewnews.com/doc/1021/0/6/4/102106493.html?coluid=7&kindid=0&docid=102106493。
24 「中菲黃岩島對峙，台水果商發衝突財」，**中國評論新聞網**，2012年5月14日，詳見網址：http://www.chinareviewnews.com/doc/1021/0/6/8/102106848.html?coluid=7&kindid=0&docid=102106848。

　　2012年5月21日中國發布的〈海洋觀測預報管理條例〉將於6月1日起實施，中國國家海洋局表示，將開展包括黃岩島、釣魚島等海島及其附近海域的海洋環境預報，亦即可能對黃岩島實施更進一步的控制[25]。5月30日中國退役海軍少將鄭明撰文指出：「中國是亞洲的大國，對大國來說，要真正睦鄰，立威、立信永遠比無限制的懷柔更有效。要實現睦鄰，必須懲戒『賴鄰』。中國要通過在東亞地區獎善懲惡，逐步建立周邊與中國相處的新規矩。所謂無規矩不成方圓，現在亞洲缺失的是國際政治經濟新秩序的規矩[26]。

二、非軍事能力前置部署，軍事力量積極作後盾

　　近年中國解決南海問題的實質行為，轉向採取「小棍棒」政策，運用非武裝或者輕型武裝的兵力，如漁政、海監或者其他民用機構的船隻，代替正規海軍作戰艦艇作出回應。上海復旦大學的國際問題家沈丁立即指出：「這些船隻的角色既能展現中國海權『軟實力』，同時又可以避免致使中國陷入以戰艦策略解決的負面印象，因此這種方式既和平也符合王道。」對此，倫敦國際戰略研究所海洋安全研究員克利斯蒂安‧勒米爾（Christian Le Miere）也有類似的看法：「排除運用海軍作戰能力，意味中國將繼續採取民用巡邏船遞出強烈的信號；如果想宣示求主權，同時又必須降低升高成為武裝衝突的可能性，使用准軍事艦船將更為得心應手，如此可以面對更多可控事件以及突發意外。」2009年初中國在接近海南島的南方海域對美國海軍「無暇號」進行持續干擾就已經展現出了這項戰略的效果。中國巡邏船以及海監船對美國海軍「無暇號」進行了長達數天的干擾與糾纏，甚至在這期間還曾試圖捕撈「無暇號」水下偵測設備，用以偵蒐潛艦的水下拖曳式陣列聲納[27]。

　　依據2010年5月21日理查德‧費雪爾（Richard D. Fisher）的研究分析，中國於南京和廣州軍區各配屬了至少一個訓練和裝備水準頂尖的兩棲師。中國解放軍近些年的演訓相當注重「島嶼聯合作戰」，力求在未來的戰爭中，能夠經由電磁環境作

---

[25] 「專家：黃岩島已被中方實際控制」，中國評論新聞網，2012年5月23日，詳見網址：http://www.chinareviewnews.com/doc/1021/1/8/3/102118313.html?coluid=45&kindid=0&docid=102118313&mdate=0523135457。

[26] 「退役海軍少將：懲戒賴鄰，才能睦鄰」，中國評論新聞網，2012年5月30日，詳見網址：http://www.chinareviewnews.com/crn-webapp/doc/docDetailCNML.jsp?coluid=7&kindid=0&docid=102125522。

[27] David Lague, "Analysis: China's 'small stick' approach to South China Sea," *Reuters* (May 15, 2012), http://www.reuters.com/article/2012/05/16/us-china-sea-paramilitary-idUSBRE-84F03H20120516.

戰、導彈先制攻擊、空中突襲等多種同步手段為兩棲登陸部隊開闢良好的機會[28]。

　　觀察近年來中國三軍聯合軍事演習，2007年8月23日中國解放軍報導：中國南海艦隊某登陸艦支隊派出六艘登陸艦，裝載大批海軍陸戰隊員及裝備，連續航行一百四十四個小時，長途奔襲一千多海里，圓滿完成八項帶實戰背景的戰術課題演練。該次演練為鍛煉各級指揮員在複雜電磁環境下的指揮作戰能力，因此設置全程複雜電磁環境和多種複雜戰術背景，當編隊受到敵方強電磁干擾下，迅速轉換通信手段，登陸兵力採取多種方法破除水際灘頭障礙，在登陸艦縱深火力的支援下，近百艘衝鋒舟、水陸兩棲戰車，破浪前行迅速搶灘[29]。另依據中國解放軍報導，中國海軍第六批護航編隊於2010年6月期間在南海進行艦艇協同演練時，首次演練自製之氣墊艇自崑崙山號船塢登陸艦艦艉跳板施放，進行了進出母艦、海上航渡等多個課目的訓練[30]。

　　2012年5月8日日本產經新聞指出，日本防衛省證實，海上自衛隊的P-3C巡邏機5月6日於琉球西南六百五十公里處，發現五艘中國軍艦駛向太平洋公海，其中包括兩艘旅洋 I 級（052B）飛彈驅逐艦、兩艘江凱 II 級（054A）飛彈護衛艦以及1艘玉昭級（071）兩棲登陸艦，行進間並執行變換隊型與直昇機操演[31]。該艦隊一路從沖繩島西南海域駛向南海，而這時在中國與菲律賓爭議的黃岩島海域，中國的艦船從十四艘擴增到三十三艘[32]。在中國與菲律賓就南海黃岩島的爭議愈趨激烈之際，5月9日傳聞中國廣州軍區和南海艦隊已經同時宣布進入二級戰備狀態，所有人員取消休假，海軍航空兵開始轉場，海軍艦艇進入戰備值班，相鄰的南京軍區海空軍、第二炮兵部隊、空降第十五軍則同時提升至三級戰備狀態。不過，此相關訊息未獲得北京當局證實[33]。

---

[28]　Richard D. Fisher, "China Builds Up Amphibious Forces," *Aviation Week* (May 21, 2010), http://www.aviationweek.com/aw/generic/story_channel.jsp?channel=defense&id=news/dti/2010/05/01/DT_05_01_2010_p23-218195.xml.

[29]　「一次海上聯訓攻克多個戰法難題：連續航行144個小時，長途奔襲1000多海浬」，**解放軍報**，2007年08月24日，版2。

[30]　「我海軍中型艦載氣墊艇首次亮相深藍」，**解放軍報**，2010年7月6日，版4。

[31]　「中国海軍艦艇5隻が太平洋を東に，海自が警戒強化」，**日本產經新聞**，2012年5月8日，詳見網址http://sankei.jp.msn.com/politics/news/120508/plc12050822570019-n1.htm。

[32]　羅印沖，「5軍艦駛向南海，陸船增至33艘」，聯合報，2012年5月10日，版A17。

[33]　中國戰備等級分為一至四級，一級最為嚴重；二級戰備的意義是局勢惡化，對中國已構成直接軍事威脅；「中菲對峙，傳廣州軍區二級戰備」，**中央社**，2012年5月10日，詳見網址：http://news.chinatimes.com/mainland/17180502/132012051000951.html。

三、成功塑造「黃岩島模式」

2012年5月10日中評社即指出：「中國的船隻數量比菲律賓的多，噸位比菲律賓的大，要擠要撞，中國都可以奉陪。如果菲律賓軍艦敢開第一槍，中國海軍一定對其嚴懲，將其葬入海底。中國應堅決建立一個『黃岩島模式』，用中國在南海的底線做它的框架，讓外界的各種疑問都在其中得到回答，菲律賓和越南不切實際的幻想都應在這種模式裡破滅[34]。」並表示，中國的南海方略已經明晰化，即「民用開發作先鋒，軍事跟進作後盾[35]」。

中國與菲律賓於黃岩島衝突事件，讓中國整體海洋力量出師有名，進一步落實「長期進駐巡弋」的規畫。國海監定期維權巡航2012年6月26日自三亞基地檢派「海監84、66、71」三艘艦船，經航行一千七百海浬，於7月1日抵達南沙群島華陽礁[36]。7月2日8時由海監83率領指揮該三艘，由永暑礁東北錨地起錨，進行海上編隊演練[37]。並在南沙群島中業島西南約十五海里，實質所控制的「渚碧礁」（Subi Reef）上，開始興建大型雷達站[38]。

此外，並藉此提升實質的地方行政管制層級與軍事保障，2012年6月28日中國國防部新聞發言人耿雁生大校表示，國務院批准設立地級三沙市，根據中國行政區域劃分情況和軍事機構設置有關規定，中國在省級、地級、縣級行政區劃單位都設置相應的軍事機構，作為地區的軍事領導指揮機關。中國堅決反對任何軍事挑釁行為，對於危害國家安全利益的行為，中國軍隊將根據相關規定採取相應的行動[39]。

---

[34] 「如果菲敢開第一槍中國海軍一定對其嚴懲」，中國評論新聞網，2012年5月10日，詳見網址：http://www.chinareviewnews.com/crn-webapp/doc/docDetailCNML.jsp?coluid=7&kindid=0&docid=102103080。

[35] 「中國南海方略顯雛形，軍隊是後盾」，中國評論新聞網，2012年5月10日，詳見網址：http://www.chinareviewnews.com/crn-webapp/doc/docDetailCNML.jsp?coluid=137&kindid=5291&docid=102090488。

[36] 「海監南海定巡編隊與華陽礁駐守官兵互致問候」，中國評論新聞網，2012年7月1日，詳見網址：http://www.zhgpl.com/doc/1021/5/6/0/102156038.html?coluid=45&kindid=0&docid=102156038&mdate=0701120058。

[37] 「中國海監南海巡航編隊進行海上演練」，中國評論新聞網，2012年7月1日，詳見網址：http://www.zhgpl.com/crn-webapp/doc/docDetailCNML.jsp?coluid=7&kindid=0&docid=102157023。

[38] Greg Jaffe, "U.S. model for a future war fans tensions with China and inside Pentagon", *Washington Post*, Aug 2, 2012, http://www.washingtonpost.com/world/national-security/us-model-for-a-future-war-fans-tensions-with-china-and-inside-pentagon/2012/08/01/gJQAC6F8PX_story_3.html.

[39] 「2012年6月國防部例行記者會」，中國國防部官網，2012年6月28日，詳見網址http://news.mod.gov.cn/headlines/2012-06/28/content_4381066.htm。

肆、現勢與未來可能之發展

一、南海「雙邊vs.多邊」與「合縱vs.連橫」

對於南海爭議問題，美國持續強調南海自由航行權，採取多邊關係方式強力介入，期東協發揮影響促使南海問題國際化[40]；中國仍堅持南海爭議應由直接有關的主權國家通過談判加以解決，並持續表示這是中國與東盟國家在《南海各方行為宣言》中達成的共識[41]。

然而就南海周遭國家的立場多所不同，越南是當前南海東協化、地區化和國際化的主要推手，並且試圖與美國建立更友好的戰略關係[42]；菲律賓的作為除加強對占領島礁實際控制和主權宣示外，具體措施包括：抓扣漁民、強化海空軍力量、修建中業島跑道、挑起美濟礁與黃岩島衝突、多方外交和輿論造勢、推動南海問題國際化、將南海問題提交國際法庭仲裁、牽涉美菲共同防禦條約等[43]，並向日本政府請求協助，計劃將通過政府開發援助（ODA）向菲律賓提供巡邏艇[44]；馬來西亞則係以積極經營實際占領島礁作為主軸，考量自身利益，並不熱衷南海問題國際化，主張雙邊談判協商[45]；印尼的南海政策則是試圖透過「處理南海潛在衝突研討會」由非官方提升至官方形式，並邀請美國、日本等國家參與，無疑有推動南海國際化的傾向[46]；新加坡主要強調南海安全與航行自由，希望東協、美國、日本乃至聯合國能夠從中發揮作用，透過區域外力量和國際社會制衡南海爭議各方[47]；泰國僅對南海資源分配與提升自己在區域事務中的地位和影響力感興趣[48]；柬埔寨、寮國緬甸等其他非聲索國，多不願捲入南海問題之中，不希望中國—東協關係受到影響，但礙於東協內部的團結，在越南、菲律賓和馬來西亞的逼迫下，有時也隨之起舞[49]；近期比較特別的是俄羅斯，對於中菲黃岩島對峙，俄羅斯駐菲律賓大使庫達

---

[40] 劉復國、吳士存主編，**2010年南海地區形勢評估報告**，頁22。
[41] 曹欣陽、廖雷，「外交部發言人：南海爭議應由直接有關國家談判加以解決」，**解放軍報**，2011年10月18日，版4。
[42] 劉復國、吳士存主編，**2010年南海地區形勢評估報告**，頁49-50。
[43] 劉復國、吳士存主編，**2010年南海地區形勢評估報告**，頁50。
[44] 「日本擬向菲律賓提供相當於武器的巡邏艇」，**日本共同社**，2012年3月23日，詳見網址：http://china.kyodonews.jp/news/2012/03/27235.html。
[45] 劉復國、吳士存主編，**2010年南海地區形勢評估報告**，頁50-51。
[46] 劉復國、吳士存主編，**2010年南海地區形勢評估報告**，頁51。
[47] 劉復國、吳士存主編，**2010年南海地區形勢評估報告**，頁51。
[48] 劉復國、吳士存主編，**2010年南海地區形勢評估報告**，頁52。
[49] 劉復國、吳士存主編，**2010年南海地區形勢評估報告**，頁52。

舍夫（Kudashev）表示：「反對任何非當事國干預南海爭端。」這是俄羅斯官方首次就黃岩島僵局直接表態，並反對美國介入此問題[50]。

　　目前南海問題衍生的紛爭，在中國與美國兩大陣營相互部局之下，正形成誠如中國戰國時代「連橫」與「合縱」的態勢[51]。然而目前南海周邊形勢與當時的戰國時期有所不同的是，因為現今所產生「連橫」與「合縱」策略是同時存在，未來是否會因為突發事件引爆「連橫」與「合縱」的直接轉換，或是逐漸形成新的冷戰態勢，則待後續密切觀察。

二、東海複製「黃岩島事件」形成新「釣魚台模式」

　　面對日本購買釣魚台「國有化」的作為，中國同樣採取組合拳方式：第一步利即公布釣魚島及其附屬島嶼的領海基線[52]；第二步是派遣海監船前往釣魚台巡航（最出海監四十六、四十九兩艘[53]，並持續增強為四艘[54]，後續再增強為六艘[55]，最後增強為十四艘以上[56]。）第三步是中國國家主席胡錦濤、全國人大常委會委員長吳邦國、國務院總理溫家寶、國務院副總理李克強先後發表聲明嚴正抗議[57]，中國

---

[50] 張凱勝，「黃岩島爭端，俄表態反對美國幹預」，**旺報**，2012年5月22日，版A10。

[51] 「連橫」與「合縱」是戰國時期各大國之間爭取盟國與對外擴展的不同策略。「連橫」就是「事一強以攻眾弱」，係西元前322年張儀要魏國「先事秦而諸侯效之」；「合縱」就是「合眾弱以攻一強」，係西元前319年齊、楚、燕、趙、韓五國支援魏國改採公孫衍策略，於西元前318年有魏、趙、韓、燕、楚五國合縱攻秦。

[52] 「中華人民共和國政府關於釣魚島及其附屬島嶼領海基線的聲明」，**解放軍報**，2012年9月11日，版1。

[53] 「海監船抵釣島或發生撞船等小衝突」，**中國評論新聞網**，2012年9月12日，詳見網址：http://www.chinareviewnews.com/crn-webapp/doc/docDetailCNML.jsp?coluid=7&kindid=0&docid=102231261。

[54] 「釣魚島周邊的中國海監船增加到四艘」，**中國評論新聞網**，2012年9月12日，詳見網址：http://www.chinareviewnews.com/crn-webapp/doc/docDetailCNML.jsp?coluid=7&kindid=0&docid=102232239。

[55] 「中國海監編隊，直衝釣魚島」，**中國評論新聞網**，2012年9月14日，詳見網址：http://www.chinareviewnews.com/doc/1022/3/4/6/102234673.html?coluid=151&kindid=0&docid=102234673&mdate=0914121507；其中「海監51、海監66」二艘漁政船在赤尾嶼海域巡航，「海監15、海監26、海監27以及海監50」在釣魚島黃尾嶼海域進行巡航。

[56] 「中國海監編隊繼續在我國釣魚島附近海域維權巡航」，**解放軍報**，2012年9月19日，版1，此時在東海海域執行定期維權巡航執法任務的中國國家海洋局海監巡航編隊計有海監50、66、75、83、51、15、26、27、46、49等船；而根據日本海上保安廳發布的消息18日已經增加至十五艘，22日增加到二十艘；另依據日本富士電視台報導，19日中國海軍的兩艘護衛艦（據研判為054A型護衛艦，排水量近四千噸，配備三十二枚垂直發射系統，使用海紅旗16中程防空飛彈與八枚鷹擊83反艦飛彈）出現在釣魚台北北西八十海浬處。

[57] 「四位政治局常委先後就釣魚島問題表態」，**中國評論新聞網**，2012年9月12日，詳見網

全國政協外事委員會與全國人大外事委員會亦同步聲明譴責[58]；第四步是進行大規模聯合軍事演習（南京、濟南、成都、廣州四大軍區相繼舉行演習[59]）；第五步是國防部表態保留採取相應措施的權利[60]；最後是民間對日式產品的暫停消費（如飲食、旅遊、家電與汽車等）以及官方可能的經濟干擾與制裁（如海關通關和檢疫、降低貿易可投資額度、稀土減產等[61]）。

三、積極準備、被動因應，發揮「整體組合拳」力量，但是保持「鬥而不破」態勢

綜上所述，歸納近期中國對於東海和南海衝突之反應與態勢，已形成遂行「組合拳」的模式（參考圖28-1），中國先行預判可能發生衝突之事態，積極準備被動因應，一旦意外事件發生，即採取整體力量因應，此「組合拳」的方式與手段，包括「政治宣示」（政策或立場）、「外交斡旋交涉」（設法降低衝突）、「媒體宣傳與控制」（朝有利方導向）、「民間組織反應」（民族意識誘導）、「非傳統能力展現」（非軍事力量）、「非傳統能力展現」（非軍事力量）、「軍事力量之動作」（軍事鬥爭準備）等等，至於操作這些「組合拳」的方式與手段，是先後、分

址：http://www.chinareviewnews.com/crn-webapp/doc/docDetailCNML.jsp?coluid=7&kindid=0&docid=102231236。

[58] 「全國政協外事委員會聲明」、「全國人大外事委員會聲明」，**解放軍報**，2012年9月12日，版1。

[59] 「中國四大軍區演習，釋『不說空話』信號」，**中國評論新聞網**，2012年9月12日，詳見網址http://www.chinareviewnews.com/doc/1022/3/1/2/102231266.html?coluid=45&kindid=0&docid=102231266&mdate=0912090829。

[60] 「國防部新聞發言人耿雁生就日本政府實施所謂釣魚島『國有化』發表談話」，**中國國防部官網**，2012年9月11日，詳見網址http://news.mod.gov.cn/headlines/2012-09/11/content_4398795.htm。

[61] 北京大學國際關係學院副院長王逸舟教授認為，中國後續階段的反制措施可以外交戰略手段為主，其建議可針對東京都及石原家族進行專項制裁；在經貿領域，如稀土方面限制日方在華開採，削減稀土對日本的出口量；暫停或降格中日邦交正常化40周年各種交流活動，如文化、教育、旅遊、衛生等領域交流；加強海監、漁政對釣魚島及其周邊海域的巡邏與護漁；如果日方對中方海監、漁政船隻予以威脅或衝撞，中方將採取有針對性的防範措施，如推進軍演。除此之外，中國還可暫停聯合國安理會框架內中日關於安理會改革的對話；向國際法庭申訴宣示中方立場；儘快組織出版有關釣魚島及其周邊海域海洋權益的手冊；加強兩岸三地及全球華人在釣魚島問題上的聯手協調；向美國和有關國家解釋中方立場的正當性；「王逸舟提多項建議反制日本」，中國新聞網，2012年9月11日，詳見網址http://www.chinanews.com/gn/2012-09-11/4175940.shtml；依據日本共同社報導，日本貿易振興機構及日本企業內部透露，中國各地海關透過提高通關檢查比例等措施加強對日本貨物檢查，日本財務大臣安住淳表示，對於中方延遲日本貨物入關事關重大，日本政府正著手調查；黃佩君，「大陸海關嚴查，日貨通關受阻」，旺報，2012年9月22日。

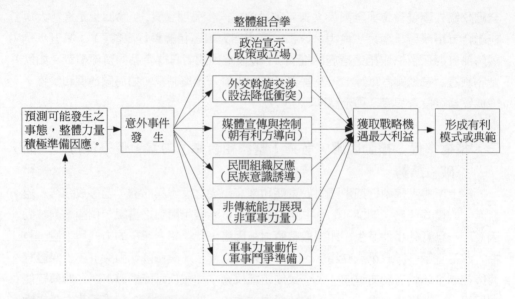

圖28-1　中國東、南海衝突遂行「組合拳」模式
作者王志鵬2012年9月25日繪製

輕重緩急、還是合併使用，則端視衝突事態的變化彈性考量，目的就是藉此獲取該次事件戰略機遇最大利益，以形成有利模式或典範。是故個人認為中國未來均將採取此類模式，靈活彈性來因應周邊國家衍生之衝突作為。

　　此外，對於中國面對東海與南海的海權衝突，個人相當認同林中斌教授的觀點：「即當年鄧小平所指示『鬥而不破』，這原則北京奉行至今已三十年，二十一世紀各國經濟互賴上升，你中有我、我中有你。捲入爭端的國家必須互相『鬥而不破』，否則彼此雙輸[62]。」因此為未來東海與南海周遭國家的部署或許彼此會持續增強力度，衝突與升高，但都應該會「鬥而不破」，唯一必須特別注意的就是避免重大的特殊突發意外打破了這樣的可控制之變動循環。

---

[62] 林中斌，「鬥而不破，東亞海域爭端的戲碼」，旺報，2012年9月26日，版A4；林中斌教授近年一再強調此一態勢，可參考：林中斌，「二元論－中美關係仍是鬥而不破」，旺報，2011年11月18日，版C5；以及陳奕儒、林中斌，鬥而不破-北京與華府的後金額危機關係（台北：秀威資訊科技，2012年）。

伍、結語

　　台灣位居東海（釣魚台）和南海（太平島）之間關鍵位置，無論是主權或戰略問題都無從迴避，這二處未來將是攸關美國與中國西太平洋海權戰略爭奪的「雙活[63]」，這樣的態勢在美國與中國雙方整體部署態勢到了最後，雙方可能終將攤牌並針鋒相對來因應所發生的變動。

　　2012年8月5日馬總統再次強調認同聯合國憲章和平解決國際爭端的規定，故一向主張處理釣魚台問題應當秉持「主權在我、擱置爭議、和平互惠、共同開發」的原則；並鄭重提出「東海和平倡議」五點聲明，呼籲相關各方：「應自我克制，不升高對立行動」；「應擱置爭議，不放棄對話溝通」；「應遵守國際法，以和平方式處理爭端」；「應尋求共識，研訂『東海行為準則』」；「應建立機制，合作開發東海資源[64]」。有趣的是這與1978年10月25日時任中國國務院副總理鄧小平訪問日本時，於記者招待會上首度提出「擱置爭議，共同開發」的概念[65]，相當雷同。兩者不同的不過是當時與現今的時空背景，以及存在的實力消長罷了！這樣的理性和平解決衝突和紛爭的理念，能否成功推行實踐，避免衝突逐步升高引發局部戰爭，確實有賴高度政治智慧。

---

[63] 「雙活」是圍棋的專用術語，係指雙方黑白棋子互相形成包圍，但是每一方都無法將對方的棋子提掉的棋形，也就是說黑白雙方一時之間都無法吃掉對方的棋，如果一方硬要下雖然可以吃掉對方，但另一方隔手同樣也可以在同一個位置吃掉對方；不過，這樣的態勢在整個棋局下到最後決勝階段，雙方彼此就必須針鋒相對因應。

[64] 「總統出席『中日和約60周年紀念活動』」，總統府官網，2012年08月05日，詳見網址：http://www.president.gov.tw/Default.aspx?tabid=131&itemid=27837&rmid=514。

[65] 「擱置爭議，共同開發」，中國外交部官網。

國家圖書館出版品預行編目資料

國際關係新論／吳建德等著. －－初版.
－－臺北市：五南, 2013.01
　　面；　公分
　　ISBN 978-957-11-6956-9（平裝）

1.國際關係

578　　　　　　　　　　101027253

1PO1

國際關係新論

主　　編	翁明賢	吳建德	張蜀誠	王海良
	朱顯龍	王瑋琦	林文程	李銘義
	李樑堅	余元傑	夏立平	馬祥祐
	蔡宗哲			
作　　者	廖舜右	李明正	李黎明	黃清賢
	葉怡君	蔡裕明	羅天人	楊仕樂
	梁文興	許克文	戴振良	林信雄
	朱家敏	王志鵬		

發 行 人 ― 楊榮川

總 編 輯 ― 王翠華

主　　編 ― 劉靜芬

責任編輯 ― 蔡惠芝

出 版 者 ― 五南圖書出版股份有限公司

地　　址：106台北市大安區和平東路二段339號4樓

電　　話：(02)2705-5066　　傳　　真：(02)2706-6100

網　　址：http://www.wunan.com.tw

電子郵件：wunan@wunan.com.tw

劃撥帳號：01068953

戶　　名：五南圖書出版股份有限公司

台中市駐區辦公室/台中市中區中山路6號

電　　話：(04)2223-0891　　傳　　真：(04)2223-3549

高雄市駐區辦公室/高雄市新興區中山一路290號

電　　話：(07)2358-702　　傳　　真：(07)2350-236

法律顧問　元貞聯合法律事務所　張澤平律師

出版日期　2013年1月初版一刷

定　　價　新臺幣520元